H.-J. Schlütter · Lyrik - 25 Jahre

Bibliographien zur deutschen Literatur

1

Lyrik – 25 Jahre

Band I

Herausgegeben von
Hans-Jürgen Schlütter

1974
Georg Olms Verlag
Hildesheim · New York

Lyrik – 25 Jahre

Bibliographie der deutschsprachigen Lyrikpublikationen 1945 - 1970

Herausgegeben von
Hans-Jürgen Schlütter

Band I

1974
Georg Olms Verlag
Hildesheim · New York

Bearbeitet von Hans-Jürgen Schlütter, London/Ontario
und Anneliese Schlütter, Hamburg

Die Niederschrift wurde unterstützt durch den

Canada Council

© Georg Olms, Hildesheim, 1974
Printed in Germany
Herstellung: G. Messer KG, Pfungstadt
ISBN 3 487 05440 X

HINWEISE

Die Eintragungen sind alphabetisch nach Autoren, chronologisch / alphabetisch nach Titeln angeordnet. (Titel eines Autors, die in demselben Jahr erschienen sind, stehen in alphabetischer Folge.)

Unveränderte Neuauflagen innerhalb des Berichtszeitraumes werden nicht angeführt.
Ohne eigene Eintragungsnummer werden veränderte Auflagen erwähnt, die in demselben Verlag erschienen sind.
Neuausgaben, die mit Verlagswechsel oder Aufnahme des Titels in Reihen verbunden sind, erhalten neue Eintragungsnummern und folgen, die Titelchronologie des Autors unterbrechend, auf die Ersteintragung.

Sprechplatten erhalten eigene Eintragungen nur, wenn sie nicht (nur) als Beilage in Büchern, sondern (auch) selbständig gehandelt werden.
Vereinheitlichend ist auf alle Schallplatten durch das Leitwort 'Sprechplatte' hingewiesen, auch wenn es sich um durchgehend musikalische Song-, Chanson- usw. Darbietungen handelt.

Unterstrichener Autorname nach Pseudonym weist darauf hin, daß der Verfasser auch unter seinem eigenen Namen Lyrik veröffentlicht hat.

Für Frankfurt am Main steht im Impressum immer Frankfurt.

(b.n.e.) bedeutet bibliographisch nicht ermittelt.

Im Impressum wird nur bei der Anführung des Publikationsjahres unterschieden zwischen Angaben auf dem Titelblatt - 1967 -, an anderer Stelle des Buches - (1967) - und Informationen durch andere Quellen - /1967/ -. Eine Ausnahme bildet die Formel 1967 (b.n.e.)

Am Ende des Buches befinden sich eine Corrigendaliste und ein Nachwort mit Erläuterungen des Aufnahmeverfahrens. Das Verzeichnis der Einzeltitel wird durch einen Nachtrag im zweiten Band ergänzt.

ABBONDIO-KÜNZLE, Christine
    Chrut und Uchrut im Seelegärtli. (Gedicht) - Fryburg:
    Schwyzerlüt-Vlg. (G. Schmid) /1952/. /1

    Waldleben. - Affoltern: Aehren-Vlg. (1957). /2

    Das Märchen schreitet durch den Garten. - Locarno-Minusio:
    Salvia-Vlg. 1962. /3

ABEL, Hugo
    Ernte der Jugend. - Wien: Europ. Vlg. /1947/. /4

    Es steht ein Kreuz im Niemandsland. Gedichte. - Wien:
    Globus-Vlg. 1951. /5

    Armut, mein Vaterland. Gedichte. - Wien: Europ. Vlg. /1954/. /6

ABEL-RAU, Sofie   d.i. Sofie Abel   (1880)
    Aus Schicksal und Leben. Gedichte. - 1948 (b.n.e.) /7

    Der Weg ist frei Gedichte. - Reutlingen: Knödler 1951. /8

    Was um uns lebt und webt. Gedichte. Zeichn. von Karl-Heinrich
    Hofmann. - Reutlingen: Knödler /1954/. /9

    Wir gedenken Euer! Gedichte. Holzschn. von Karl-Heinrich
    Hofmann. - Reutlingen: Knödler /1955/. /10

    Reutlingen - dichterisch erlebt. - Reutlingen: Knödler 1960. /11

    Ausklang. Gedichte. - Reutlingen: Knödler (1965). /12

    Spätlese. Gedichte. - Reutlingen: Knödler 1968. /13

ABL, Paul   (1906)
    Saat und Stern. Gedichte. - Wien: Europ. Vlg. 1953. /14

    Traum und Tag. Gedichte. - Wien: Europ. Vlg. 1955. /15

ABLEITNER, Augustin
    Rotweißer Naglstock. Gedichte in Salzburger Mundart. Buchschmuck
    von Franz Korger. - Graz, Wien: Stiasny (1957) = Lebendige Heimat. 10. /16

ABLER, Franz
    Von der Sonnseitn. Tiroler Mundart-Gedichte. - Innsbruck:
    Ditterich /1947/. /17

ABSOLON, Paul   (1906)
    Im weißen Kittel. Physiognomica poetica. - Wien: Mont Blanc-
    Verlagsbuchh. (1965). /18

ACHENRAINER, Anna Maria   d.i. Anna Maria Newesely   (1909-1970)
    Apassionata. Gedichte. - Innsbruck: Inn-Vlg. /1949/. /19

    Der zwölfblättrige Lotos. Gedichte. - Imst: Egger /1960/ =
    Schriftenreihe d. Innsbrucker Turmbundes. 2. /20

    Der grüne Kristall. Linolschn. von Margarethe Krieger. - Gießen:
    Gideon (1960). /21

    Die Windrose. Gedichte. - Wien, Innsbruck: Rohrer (1962). /22

    Das geflügelte Licht. Gedichte. Rohrfederzeichn. von Rudolf Kreuzer

- Innsbruck: Universitätsverlag Wagner /1963/. /23

Horizonte der Hoffnung. Eingel. und ausgew. von Franz Hölbing. - Graz, Wien, Köln: Stiasny (1966) = Stiasny-Bücherei. 164. /24

Lob des Dunkels und des Lichtes. Gedichte. - Wien: Österr. Verlagsanstalt (1968). /25

ACHLEITNER, Friedrich (1930)
Friedrich Achleitner, Hans Carl Artmann, Gerhard Rühm: hosn rosn baa. - Wien: Frick (1959) mit 3 Schallplatten. /26

Sprechplatte: Hosn. - Wien: Frick 1959 (Beilage zu: Achleitner, Artmann, Rühm: hosn rosn baa.) /27

schwer schwarz. - Frauenfeld: Gomringer Press 1960 = konkrete poesie - poesia concreta. 10. /28

prosa, konstellationen, montagen, dialektgedichte, studien. - Reinbek b. Hbg.: Rowohlt (1970). /29

ACHTERNBUSCH, Herbert
Südtyroler. Gedichte und Siebdrucke. - München: Maistraßenpresse 1966 (200 num. u. sign. Ex.). /30

ACKLIN, Jörg
Der einsame Träumer. - Zürich: Regenbogen-Vlg. (1967). = Regenbogen-Reihe. 3. /31

d'ACY, Claude d. i. Eugen Claudius Kerpely (1896)
Fanal aus Tomi. Gedichte. - Wien, Stuttgart: Pergamon-Presse (1958). /32

Vom Daimon, vom Aufruhr und vom Tode. Gedichte. - (b. n. e.) /33
Triptychon. Nachdichtungen. - Wien: Prachner /1960/. /34

Kassiopeia. Gesammelte Gedichte. - Wien, Stuttgart: Pergamon-Presse Prachner (1961). /35

ADAM, Ursula
Im Durchgang der Gesellschaft. 16 Gedichte. Mit 5 Farbholzschnitten von Erich Schönig. - Berlin: Neue Rabenpresse 1968 = Gedichte ... Gedichte. 1. (250 num. u. sign. Ex.) /36

ADAMETZ, Elisabeth
Von Himmel und Erde. - Horn NdÖ.: Berger /1967/. /37

ADAMETZ, Fritz
Der Igel und der Regenwurm. Fröhliche Reimereien. - Wien: Europ. Vlg. (1966). /38

ADAMETZ, Wilhelm
Die ewige Stafette. Gedichte. - Wien: Bergland-Vlg. (1957) = Neue Dichtung aus Österreich. 42. /39

...vorüber der Reigen der Monate. Zeichn. von Willi und Lislott Kriegl. - Wien: Wiener Städt. Wechselseitige Versicherung /1965/. /40

ADAMS, Hannelore
9 Doppel-Gedichte. Bilder von Volker H. Steinhau. - Henstedt-Ulzburg: Henstedter Handdruck Vlg. (1970) = Gedichtreihe. 1. /41

ADELMANN, Raban Graf
 Das Lied vom Wein. Hrsg. u. illustr. von Marianne von Adelmann.
 - Olten, Freiburg i. Br. : Urs Graf Vlg. 1968 = Dreiklang Text, Bild,
 Ton. 14. (mit Schallplatte) /42

ADLER, Hermann (1911)
 Gesänge aus der Stadt des Todes. - Zürich, New York: Verlag
 Oprecht 1945. (zuerst 1943) /43

 Balladen der Gekreuzigten, der Auferstandenen, Verach-
 teten. - Zürich, New York: Verlag Oprecht (1946). /44

 Fieberworte von Verdammnis und Erlösung. - Basel: Verlag
 der Jüdischen Rundschau, Maccabi (1948). /45

 Bilder nach dem Buche der Verheißung. - Basel: Verlag der
 Jüdischen Rundschau, Maccabi (1950). /46

 Vater... vergib! Gedichte aus dem Ghetto. Ausw. u. Nachw. von
 Karl Thieme. - Berlin, Hamburg, Stuttgart: Christian Vlg. (1950). /47

ADOLF, Helene
 Werden und Sein. Gedichte aus 5 Jahrzehnten. - Horn: Berger (1964).
 /48
ADOLPHI, Roland
 (Aus dem Nachlaß des Dichters als num. Liebhaber-Ausgabe hrsg. durch
 das Nordstadt-Kulturwerk.) - Lüneburg: Nordstadt-Kulturwerk /1962/. /49

ADRIAN, Günter (1925)
 Bierbilderbuch. Reime von Günter Adrian, Holzschn. von Michael
 Mathias Prechtl. - Gütersloh: S. Mohn (1964) = Das kleine Buch. 172. /50

ADRIAN, Henri
 Heimat... Gedichte. - Strasbourg: Muh-Le Roux 1964. /51

 Erinnerung... Gedichte. - Strasbourg: Muh-Le Roux 1965. /52

 Stille Wege. Gedichte. - Colmar, Freiburg, Paris: Alsatia-Vlg.
 (1968) = Beiträge zur europäischen Verständigung. 2. /53
ADT, Wilhelm
 Die Sterne dauern. - Braunschweig: Westermann 1947. /54

AEBI, Miny
 Ein Lied: "Ein Leben". Gedichte. - Langenthal: Selbstverl.
 (Auslieferg. Volksverlag Elgg) /1960/. /55

AICHELBURG, Wolf
 Herbergen im Wind. Gedichte. - Bukarest: Literatur-Vlg. 1969. /56

AICHINGER, Ilse d.i. Ilse Eich (1921)
 Wo ich wohne. Erzählungen, Gedichte, Dialoge. - Frankfurt: S. Fischer
 (1963) = doppelpunkt. 1. /57

AICHNER, Fridolin d.i. Irmfried Benesch (1912)
 Der Kuckuck lacht aus dem Dornenstrauch. Tragikomisch
 gereimte Rufe eines vertriebenen Federviehs oder Ein unpolitischer Vogel
 macht Politik. - Wunsiedel: Ackermann-Vlg. (1952). /58

AICHROTH, Richard W.
 Rückblick und Ausblick. Gedichte. - Karlsruhe: Der Karlsruher
 Bote /1964/. /59

AID, Heinz-Max
Blockflöte. Gedichte. Mit Holzschn. von Hans Schultz-Severin. -
Gerlingen-Stuttgart: Bleicher (1968). /60

AIGNER, Alexander (1909)
Einsamer Weg. Gedichte. - Wien: Europ. Vlg. 1958. /61

Zwischendurch zugeschaut. Gedichte. - Wien: Europ. Vlg. 1966. /62

AIGNER, Anton
Auswahl. Gedichte. - Wien: Europ. Vlg. 1957. /63

AJCHENRAND, Lajser
s.u. Jo Mihaly, Stephan Hermlin, Lajser Ajchenrand: Wir verstummen nicht.

ALBERS, Will
Minsche wie do un ich. Kölsche Gedichte u. Erzählungen. Illustr. von Paul Dümpelmann. - Köln: Greven (1968). /64

Us däm Nihkörvche. Kölsche Gedichte u. Erzählungen. - Köln: Greven (1970). /65

ALBERT, Ludwig
Guck in's Lándl. - Linz-Puchenau: Albert (1960). /66

ALBICKER, Josef (1896-1968)
Mein goldener Ährenkranz. Gedichte. Mit einem Vorw. von Max Rieple. - Freiburg i.Br.: Rombach in Komm. 1961. /67

ALBRECHT, Wilhelm (1889-1962)
Heimliche Weltmusik. Gedichte und Lieder. 1. - Karlsruhe: Der Karlsruher Bote 1957. /68

dasselbe. 2. - Ebenda /1958/. /69

ALDINGER, Wolff
Die Enge drängt - Die Weite sprengt. - Karlsruhe: Der Karlsruher Bote (1959). /70

ALEF, Hermann
Impromptus. - Bonn: Schwippert 1947. /71

ALEXANDRE, Maxime (1899)
Durst und Quelle. - Amriswil: Bodensee-Vlg. 1952. /72

ALIAS
Bilder und Zeilen 60. Zeichn. von Pen (d.i. Klaus P. Petersen), Verse von Alias. Hrsg. von Kurt Wagenführ. - Hamburg, Berlin, Bonn: v. Decker (1960). /73

ALIBERTI, Aline d.i. Marie Knittelfelder (1885-1959)
Schwermut löscht der goldenen Zeile Glänzen. Gedichte. Die Ausw. besorgte Otto Hofmann-Wellenhof. - Graz, Wien: Stiasny (1955) = Steirische Autoren. Dichtung der Gegenwart. 59. /74

Aus Herbst und Schweigen. Aus dem Nachlaß hrsg. von Paul Anton Keller. - Wolfsberg in Kärnten: Plötz (1959). /75

Nachklang. Verse aus der Frühzeit und letzte Ernte. Aus dem Nachlaß hrsg. von Paul Anton Keller. - Wolfsberg in Kärnten: Plötz (1960). /76

ALKER, Hugo
  Abendlicher Anruf. Gedichte. - Wien: Berghold 1953. /77

ALLENSPACH, Max   (1898)
  Lieder. - St. Gallen: Tschudy /1950/. /78

  Florentinische Sonette. - St. Gallen: Tschudy /1950/. /79

ALONI, Jenny   d. i. Jenny Aloni-Rosenbaum   (1917)
  Gedichte. - Ratingen bei Düsseldorf: Henn (1956). /80

ALSHOVEN, Petra
  Die Regenharfe. - Hannover-Misburg: Dt. Presse Korrespondenz,
  Oppermann Nachf. /1968/. /81

ALTENDORF, Wolfgang   (1921)
  Landhausberichte. - Krefeld, Baden-Baden: Agis-Vlg. (1955). /82

  Leichtbau. Gedichte. Zeichn. von Klaus J. Fischer. - Krefeld, Baden-
  Baden: Agis-Vlg. /1957/. /83

  Schallgrenze. Gedichte. - Freudenstadt-Wittlensweiler/Schwarzwald:
  Selbstverl. 1961. /84

  Gedichte zum Vorlesen. - Freudenstadt-Wittlensweiler/Schwarzw.:
  Selbstverl. 1964. /85

ALTENHÖFER, Ludwig   (1921)
  Sterne in der Dämmerung. Gedichte. - Würzburg: Augustinus-Vlg.
  /1947/. /86

  Der frohe Tag. Gedichte für weltl. Feiern in Familie, Gemeinde,
  Verein und Betrieb. - Heidelberg: Kemper (1957). /87

  Die Stunde rinnt. Gedichte. Graph. Gestaltg. von Fritz Möser. -
  Buxheim/Allgäu: Martin-Vlg. (1960). /88

  Das gesegnete Fest. - Heidelberg: Kemper (1957). /89

ALTHAUS, Peter Paul   (1892-1965)
  "in der traumstadt". - Karlsruhe: Stahlberg (1951). /90

  Dr. Enzian. - Karlsruhe: Stahlberg (1952). /91

  Laßt Blumen sprechen. (Flower Tales.) - Karlsruhe: Stahlberg:
  (1953). /92

  Wir sanften Irren... - Karlsruhe: Stahlberg (1956). /93

  Seelenwandertouren. - Karlsruhe: Stahlberg (1961). /94

  PPA läßt nochmals grüßen. - Karlsruhe: Stahlberg (1966). /95

  In der Traumstadt.   Dr. Enzian. Gedichte. - München:
  Dt. Taschenbuchvlg. (1969) = dtv. 560. /96

ALTHAUS, Richard   (1905)
  Ewige Wanderung. Gedichte und Geschichten. - Gevelsberg:
  Weggefährten-Vlg. 1966 = Die bunten Weggefährten-Bücher. 1. /97

ALTHEER, Paul   (1887-1959)
  Fröhliche Menagerie. Gedichte. - Affoltern a. A.: Aehren-Vlg.
  (1947). /98

ALTMUTTER, Karl (1902)
Gedichte und Balladen. - Orth a. d. Donau: Selbstverl. /1950/. /99
Buch der tausend Sprüche. Wien: Europ. Vlg. /1953/. /100

AMACHER, Ernst
Dihaim im Zürioberland. Es Hämpfeli Vers. - Wetzikon: Buchdr. Wetzikon 1965. /101

AMACHER, Francis E.
Psalmen der Minne. Graphik von Walter Roshardt. - Zürich: Artemis 1958. /102

AMANN, Paul (1884-1958)
Kristall meiner Zeit. Verschonte Verse 1914-1955. - Nördlingen: Wagner 1955; Fairfield/Conn.: Selbstverl. (1956). /103

AMBROSI, Gustinus
Das Buch der Einschau. Enthaltend die drei Bücher: Vom In-sich-Verstürzen, Von der Bedrängnis des Innern und Vom innern Ausgang zur Heimkehr in sich. (Mit 12 Abbildungen seiner skulpturalen Werke) - Wien, Stuttgart: Prachner (in Komm.) 1959. /104

AMEZ-DROZ, Jules
Murmeln. Auslese offenbarter Geheimnisse in Versen von Jules Amez-Droz (dem Älteren). - Zürich: Selbstverl. /1953/. /105

AMFALDERN, Ulrich
Sonette. - Düsseldorf: Bastion-Vlg. 1947. /106

AMMANN, Anna
Us em Heimetgärtli. Gedichte. - Wildhaus: Selbstverl. (1948). /107

AMMANN, Josef
Am Wegrand. (Gedichte u. a.) Ausw. u. Nachw. von Albert Beerli. - Rapperswil: Gasser 1960. /108

AMMANN, Julius (1882)
En neue Appezeller Rondgesang. - Herisau: Buchdr. Schläpfer & Co. 1947. /109

Appenzellerländli, du bischt so tonders nett. Appezeller Spröch ond Liedli. - Herisau: Schläpfer /1952/. /110

AMON, Thomas
Thomas Amon und Angela Kunze: Weihnachtslied für fette Jahre. - Birkenfeld: beckpresse 1968. /111

AMSLER, Fritz (1896-1954)
Gedichte. - Bern: Francke (1947). /112

AMSTUTZ-KUNZ, Frieda
Gedichte. - Bern: Selbstverl. /1967/. /113

ANACKER, Heinrich
Goldener Herbst. Sonette. - Privatdruck 1951. o. O. /114

ANDERGASSEN, Eugen (1907)
Es spricht das Gedicht zu dir. - Feldkirch: Montfort-Vlg. /1948/. /115

Das Weihnachtsbuch. Erzählungen und Gedichte für den Weihnachtskreis. - Wien: Europ. Vlg. 1961. /116

Muscheln im Sand. - Ried im Innkreis: Oberösterr. Landesvlg. 1963. /117

Kleines Harfenspiel. Gedichte. - 1945 (b.n.e.) /118

ANDERS, Maria   d.i. Maria Anders-Thilo   (1899)
Im verklärten Licht. Gedichte. Scherenschnitte von Maria Anders. - Kreuztal: Jung-Stilling-Vlg. 1948. /119

ANDERT, Herbert   (1910)
Ba uns derheeme. A buntes Liederbichel aus dr Äberlausitz. Illustr. von Karl W. Schmidt. (1.) - Ebersbach (Sachsen): Oberlausitzer Kunstverlag, Ch. Schubert 1953. /120

dasselbe. 2. - Ebenda /1954/. /121

Mir senn aus dr Äberlausitz. Ein fröhliches Mundartliederbuch. Hrsg. im Auftr. d. Abt. Volksbildung beim Rat des Kreises Löbau u.d. Kulturbundes zur demokratischen Erneuerung Deutschlands, Löbau. Mitarbeit: Richard Wünsche, Illustr. von Karl W. Schmidt. - Ebersbach (Sachsen): Oberlausitzer Kunstvlg., Ch. Schubert 1958. /122

ANDRATSCHKE, Richard
Trostbüchlein für Vertriebene. Im Gedenken an mein liebes Jägerndorf. Gedichte. - Bayerhof bei Schweinfurt: Burgberg-Vlg. 1950 = Die Burgbergwarte. 1. /123

ANDRES, Aloyse   (1890)
Rückschau. Gedichte. - Colmar: Impr. Alsatia 1963 /124

ANDRES, Stefan   (1906-1970)
Requiem für ein Kind. 22 Sonette. - Hamburg: Ellermann (1948) = Das Gedicht. 1948. 2. /125

Der Granatapfel. Oden, Gedichte, Sonette. - München: Piper (1950). /126
Gedichte. - München: Piper (1966) = Piper-Bücherei. 215. /127

ANDRESEN, Heinrich
Footfast. Gedichten. - Hamburg-Wellingsbüttel: Vlg. d. Fehrs-Gilde 1954. /128

ANDRIAN, Leopold   d.i. Leopold Frhr.von Andrian-Werburg   (1875-1951)
Das Fest der Jugend.(zuerst 1919) Der Garten der Erkenntnis, erster Teil. Die Jugendgedichte. Sonett. - Graz: Schmidt-Dengler /1949/ (6. Aufl.). /129

ANGELA Sr   d.i. Angela Locher
Aehrenlese. Religiöse Gedichte. - Brig (Kloster St. Ursula): Selbstverl. /um 1950/. /130

Heimatklänge. Gedichte. - Brig (Kloster St. Ursula): Selbstverl. /um 1950/. /131

Singe, meine Seele, Singe. Gedichte. - Brig (Kloster St. Ursula) : Selbstverl. /um 1950/. /132

Im Schatten seiner Flügel. Schlichte Verse für dich. - München: Verlag Ars sacra (1956). /133

ANGER, Gertrud d.i. Gertrud Weitensfelder-Anger (1915)
Harfe im Dämmern. Gedichte. - Wien: Donau-Vlg. (1950). /134
Zu den hohen blauen Toren. - Wien: Europ. Vlg. 1967. /135

ANGERER, Wilhelm
Vom Einen im Grunde. Gedichte. - Oldenbourg: Schleppegrell
/1967/. /136

ANONYM
Das graue Haus. Hrsg. von Johannes Dietz Degen. - Härnösand:
Selbstverl. 1967. /137

ANONYM
Ein Liederabend. (Zeichn. d. Autorin) - Dassel Kr. Einbek:
Büttenpapierfabrik Hahnemühle 1965. /138

ANTHES, Otto
Ein Kranz von Versen um die schönste Stadt. - Lübeck:
Schmidt-Römhild 1947. (300 handgeb. u. sign. Ex.) /139

ANTON, Hans-Rolf
Reden in den Wind. - Wien: Europ. Vlg. 1970. /140

APELLUS, Josephus d.i. Josef Eberle (1901)
Echo perennis. Elegiae, Satirae, Didactica. Nie verstummendes Echo.
Elegien, Satiren, Lehrgedichte. (latein. + dt.) - Stuttgart: Dt. Verlags-
Anstalt 1970. /141

Ars fumatoria. Die Kunst des Pfeifenrauchens. Carmen didacticum.
Ein Lehrgedicht. (latein. + dt.) Illustr. v. Christoph Brudi. - Stuttgart:
Staatl. Akademie der Bildenden Künste /1970/ = Veröffentlichungen des
Instituts f. Buchgestaltung a. d. Staatl. Akademie d. Bildenden Künste. /142

APPEL, Paul (1896)
Neue Gedichte. - Hamburg: Goverts /1946/. /143

Reiner Imre und Paul Appel: Garten im Herbst. 8 zumeist zweifarb.
Original-Lithogr. zu einer Gedichtfolge. - Frankfurt, Bern: Vlg. Ars
librorum, G. de Beauclair (1964) = Ars librorum - Druck. 6. (130 num. Ex.
Bei weiteren 30, u. 5 Vorzugsex. m. e. Originalzeichn., wurden die Lithogr.
einzeln sign.) /144

Liedgedichte und Bildgedichte. - Darmstadt: Roether (1965)
= Hessische Beiträge zur deutschen Literatur. /145

APPENZELLER, Hans Eduard
Gedanken aus der Stille. - Bern: Troxler /1970/. /146

APPENZELLER, Heinz (1914)
Poesie. Ein populärphilosophisches Vademekum. Einl. von Kurt
Flückiger. - Zürich: Energetica 1949. /147

Folien. Sprüche, Sinngedichte, Studien. - Zürich: Energetica (1952). /148

Blindheit als Heilsweg. Zeichn. von Verena Anderegg. - Zürich:
Energetica (1954). /149

APPENZELLER, Paul
D' Plaudertäsche. Neui lustigi Vorträg, frohi dramatischi Szene und
Theaterstückli i Dialekt für Fraue und Töchtere. - Zürich: Justus

Hebsacker /1945/. /150

AQUINATA, Maria Sr
   Schritte zu Dir. - Zürich: NZN Buchvlg. 1951; 2. erg. Aufl. (1955). /151

ARENDT, Erich (1903)
   Trug doch die Nacht den Albatros. Gedichte. - Berlin:
   Rütten & Loening (1951). /152

   Bergwindballade. Gedichte des spanischen Freiheitskampfes. -
   Berlin: Dietz 1952. /153

   Tolú. Gedichte aus Kolumbien. - Leipzig: Insel 1956 = Insel-Bücherei
   603. (1.-7. Tsd. d. neuen Bearbeitg.) /154

   Über Asche und Zeit... - Berlin: Volk und Welt 1957
   = Antwortet uns!9. /155

   Gesang der sieben Inseln. - Berlin: Rütten & Loening (1957). /156

   Flug-Oden. Der Mensch inmitten von Zeit und Raum. - Leipzig:
   Insel 1959. /157

   dasselbe. - Wiesbaden: Insel 1959. /158

   Unter den Hufen des Winds. Ausgew. Gedichte 1926-1965.
   Hrsg. m. einem Vorw. von Volker Klotz. - Reinbek b. Hbg.: Rowohlt
   (1966) = Rowohlt Paperback. 51. /159

   Ägäis. - Leipzig: Insel 1967. /160

   Aus fünf Jahrzehnten. Gedichte. Nachw. von Heinz Czechowski. -
   Rostock: VEB Hinstorff 1968. /161

ARENS, Eugenie
   Weggenossin "Einsamkeit". Leben und dichterischer Nachlaß.
   Hrsg. von Gaspard Krettels. - Luxemburg: P. Linden 1960 = Die kleine
   Heimatbücherei. 12. /162

ARNDT, Willy (1888-)
   Maß und Überschwang. Gedicht. - Heidelberg: Meister 1954.
   (zuerst 1942) /163

   Erde ruft und Ewigkeit. Gedichte. - Heidelberg: Meister 1958. /164

ARNET, Edwin (1901-1962)
   Gedichte des Tagebuchs. - St. Gallen: Tschudy 1957 = Der
   Bogen. 56. /165

ARNHEITER, Ilse
   Bekehrung des Nordens. - Wien: Europ. Vlg. (1969) /166

ARNOLD, Fritz (1893-1959)
   Spätsommer. Gedichte. - Innsbruck: Rauch /1949/. /167

   Goldener Ahorn am Ufer des Inn. Zeichn. von Traude Lutz-
   Arnold. - Innsbruck: Universitätsvlg. Wagner 1963 = Schöpferisches
   Tirol. 4. /168

ARNOLD, Karl
   Dorfhoamat. Gedichte in niederösterr. Mundart. Buchschmuck Franz
   Korger. - Wels: Welsermühl (1965) = Lebendiges Wort. 28. /169

ARNOLD, Oskar S. M.
    Kleine Serenade zur Himmelskönigin. Gedichte. - Freiburg:
    Kanisiuswerk (1948). /170

    Bei der Waldmadonna. Gedichte. - Freiburg: Kanisiusdruckerei
    (1951). (Umschlagtitel: Madonna im Walde) /171

    Gedanken im Abendrot. Gedichte. - Dayton/Ohio: Selbstverl. (1967). /172

ARNOLD, Wolfgang (1921)
    Herr, wohin sollten wir gehn? Gedichte. Ausw. von Otto
    Hofmann-Wellenhof. - Graz, Wien, München: Stiasny (1953) =
    Steirische Autoren. Dichtung der Gegenwart. 52. /173

    Hymnen. - 1962 (b.n.e.) /174

ARRO, Elmar
    Der Feuergeiler. Balladen. - Kiel: Schmidt u. Klaunig /1968/. /175

    Rastloses Wandern. Gedichte. - Ebenda /1968/. /176

    Stahl. Ein Zeitpoem. - Ebenda /1968/. /177

    Zwölfhundert. („dawaj-dawaj") - Ebenda /1968/. /178

ARP, Hans (1887-1966)
    On my way. Poetry and essays. Gedichte und Essays. 1912-1947. -
    New York: Wittenborn, Schultz 1948 = The Documents of modern art.
    (teilw. dt. Text) /179

    Die Engelsschrift. Gedicht. Steindruck von Sophie Taeuber-Arp und
    Hans Arp, Typographie von Jan Tschibold. - Tübingen: H. Laupp jr. 1952.
    (Privatdruck. 110 Ex.) /180

    Behaarte Herzen. 1923-1926. Könige vor der Sintflut. 1952-
    1953. Gedichte. Originalholzschnitt 'Fisch' und sign. Holzschnitt
    'Muschelgesicht'. - Frankfurt: Meta-Vlg. 1953. (mit Bibliogr., 100
    num. Ex.) /181

    wortträume und schwarze sterne. Ausw. aus den Gedichten
    der Jahre 1911-1952. Hrsg. von Flora Klee-Pályi. - Wiesbaden: Limes
    (1953). (100 gez. Ex. als Vorzugsausg.) /182

    Auf einem Bein. (Neue Gedichte) - Wiesbaden: Limes (1955)
    = Dichtung unserer Zeit. 1. /183

    Unsern täglichen Traum... Erinnerungen, Dichtungen und
    Betrachtungen aus den Jahren 1914-1954. - Zürich: Arche 1955. /184

    Worte mit und ohne Anker. Mit 9 Zeichn. von Hans Arp. -
    Wiesbaden: Limes (1957). /185

    Mondsand. Gedichte und 7 Originalradierungen. - Pfullingen: Neske
    (1959); Aufl. ohne die Radierungen (1960). /186

    Sophie Taeuber-Arp und Hans Arp: Zweiklang. (Zeichnungen, Photos,
    Gedichte) Hrsg. von Ernst Scheidegger. - Zürich: Arche (1960). /187

    Sinnende Flammen. Neue Gedichte. Zeichn. von Hans Arp. -
    Zürich: Arche (1961). /188

    Sprechplatte: Hans Arp liest Hans Arp. Gedichte. - Pfullingen:

Neske /1963/. Ausliefg. f. d. Schweiz: Classen, Zürich. (m. Texth.) /189

Hans Arp und die Worte der Dichter. Gedichte von und für
Arp. - St. Gallen, Stuttgart: Tschudy (1963) = Die Quadrat-Bücher. 32. /190

Gesammelte Gedichte. In Zusammenarb. mit dem Autor hrsg. von
Marguerite Arp-Hagenbach und Peter Schifferli. I: 1903-1939. - Zürich:
Arche (1963). /191

dasselbe. - Wiesbaden: Limes (1963). /192

Logbuch des Traumkapitäns. Mit Zeichnungen. - Zürich:
Arche (1965). (40 Ex. in biblioph. Ausg.) /193

ARTAKER, Anni
Liebesblüten. Gedichte. - Wien: Europäischer Vlg. 1951. /194

ARTHUR-PETROS, Gabriele Maria
Stimmen des Lichts. Gedichte. - Wien: Österr. Verlagsanstalt
(1968). /195

ARTMANN, Hans Carl (Bronislavius) (1921)
med ana schwoazzn dintn. gedichta r aus bradnsee. Vorw. von
Hans Sedlmayer. Einf. von Friedrich Polakovics. - Salzburg: Otto
Müller /1958/. (mit Schallplatte) /196

Sprechplatte: med ana schwoazzn dintn. Aus dem Buch lesen Hans
Carl Artmann und Friedrich Polakovics. - Salzburg: Otto Müller
/1958/. /197

Sprechplatte: A Blumandschdschandal fia dii. liada r aus bradnsee fia a midlare schdim und hapfm (oda glawia) auf gedichta fon h. c. artmann. musi: H. J. Hirsch, schdim: Richard Eybner, hapfm: Luise Dreyer-Zeidler. - Wien: Amadeo /1958-59/. /198

Sprechplatte: Auf ana schwoazzn Blotn. Es liest Friedrich Polakovics. - Wien: Amadeo /1958-59/ = Österreichs geistiges Leben. /199

s.a. Friedrich Achleitner, Hans Carl Artmann, Gerhard Rühm: hosn
rosn baa.

Sprechplatte: Rosn. - Wien: Frick 1959. (Beilage zu: Achleitner, Artmann, Rühm: hosn rosn baa) /200

Hans Carl Artmann, Konrad Bayer, Gerhard Rühm: Montagen 1956.
- Aich/Kärnten: H. F. Kulterer (1964). /201

Sprechplatte: Kinderverzahrer und andere Wiener. Musik:
Ernst Kölz. Sprecher: Helmut Qualtinger. - Köln: Preiser Record
/1965/. (mit Texth.) /202

verbarium. Gedichte. Nachw. von Peter Bichsel. - Olten, Freiburg:
Walter Vlg. (1966). /203

allerleirausch. neue schöne kinderreime. - Berlin: Rainer Vlg.
(1967). /204

ein lilienweißer brief aus lincolnshire. Gedichte aus 21
Jahren. Hrsg. mit einem Nachw. von Gerald Bisinger. - Frankfurt:
Suhrkamp (1969). /205

The Best of H. C. Artmann. Auswahl aus dem Werk. Hrsg. von

Klaus Reichert. - Frankfurt: Suhrkamp 1970. /206
ARYBERT, Hanns
    Gras und spitze Steine. Lyrisches und Satirisches. - Wien:
    Europ. Vlg. 1963. /207
ASCHER, Karl Wolfgang
    Aus sechs Jahrzehnten. - Wien: Europ. Vlg. 1963. /208
ASTEL, Arnfried   (1933)
    Notstand. 100 Gedichte. - Wuppertal-Barmen: Hammer (1968). /209

    Kläranlage. 100 Epigramme. - München: Hanser 1970
    = Reihe Hanser. 52. /210
ATABAY, Cyrus   (1929)
    Einige Schatten. Mit einem Nachw. von Max Rychner. - Wiesbaden:
    Limes (1956) = Dichtung unserer Zeit. 5. /211

    An- und Abflüge. Gedichte. - München: Hanser /1958/. /212

    Meditationen am Webstuhl. Neue Gedichte. - München:
    Hanser (1960). /213

    Gegenüber der Sonne. Gedichte und kleine Prosa. - Hamburg:
    Claassen (1964). /214

    Doppelte Wahrheit. Gedichte und Prosa. - Hamburg, Düsseldorf:
    Claassen (1969) = claassen poetica. /215
ATTENHOFER, Adolf   (1879-1950)
    Alles ist Gnade. Gedichte. - Chur: F. Schuler 1965. /216
AU, Annemarie in der   (1924)
    Die Schatten weilen länger. Gedichte. - München: Delp'sche
    Verlagsbuchh. (1965). /217
AUE, Walter   (1930)
    worte die worte die bilder. Texte hinter der Wirklichkeit. Graph.
    von Christoph Meckel. - Köln: Hake (1963). /218

    Einbrüche. - Eßlingen, München: Bechtle (1964) = Bechtle Lyrik. 10.
    /219
    Cocon. Gedichte. - 1964 (b. n. e.)
    /220
    Der Tod des Gregori Rasputin. Gedichte. - 1965 (b. n. e.) /221

    Chronik des Galilei. Gedichte. Mit 4 sign. u. num. zweifarb. Radie-
    rungen von K. F. Dahmen. - Köln: Hake (1965). (100 num. Ex.; dasselbe
    ohne die Radierungen 300 num. Ex.) /222

    Michelangelo oder die Art des Fleisches. Textmontage.
    1965 (b. n. e.) /223

    Galaxis. Gedichte. Radierungen von Rolf Szymanski. - Olef/Eifel:
    Olefer Hagarpresse (Rolf Kuhn) 1967. /224

    New York New York. Gedichte. - Olef: Olefer Hagarpresse 1968 /225

    Marylyn oder Der Astronaut. Gedichte. Mit Illustr. von
    Siegfried Neuenhausen. - Frankfurt: Patio 1969. /226

    Memorandum. Gedichte von Berlin. 7 Holzschn. von Bert Gerresheim.

- Duisburg: Hildebrandt (1966) = Hundertdruck. 3. /227

AUERBACH, Frank
s. u. Richard Salis, Frank Auerbach: Respektlose Lieder.

AUFFARTH, Susanne (1920)
Gedichte. - Karlsruhe: Der Karlsruher Bote (1960). /228

Haus aus Jade. Gedichte. - Memmingen: Dietrich (1962). /229

Parallelen. Gedichte. Mit Bildern von Hanns-Jörg Anders. - Wien: Europ. Vlg. 1966. /230

AUGUSTIN, Elisabeth
Das unvollendete Leben des Malcolm X. Mit 6 Originalgraph. von Chiron. - Rothenburg o. d. T.: Peter, Gebr. Holstein 1970. (auch num., von Autor u. Künstler sign. Ausgabe von 100 Ex.) /231

AUHUBER, Eduard
Heiteres, Besinnliches, Ernstes in Versen. - Günzburg: Donau-Vlg. (1961). /232

AULKE, Anton (1887)
Nao Hus. - Münster/Westf.: Aschendorff (1951). /233

Unner de Eeken. - Münster/Westf.: Aschendorff (1955). /234

En Kranss för di. - Münster/Westf.: Aschendorff (1963). /235

Münsterland. Gedichte. - Warendorf: Schnell 1967. (mit Bibliogr.) /236

AUMÜLLER, Peter (1909)
Jahreskreis Gedichte. - Nürnberg: Frankenvlg. Spindler 1960. /237

AUSLÄNDER, Rose (1907)
36 Gerechte. Gedichte. - Hamburg: Hoffmann & Campe (1967) = Cabinet der Lyrik. /238

s. a. SCHERZER-AUSLÄNDER, Rose

AUST, Benno Alfred (1897)
Die Ausgewiesenen. Gedichte. - 1950 (b. n. e.) /239

Brasilianisches Tagebuch. Eintragungen in freien und gebundenen Versen aus den Jahren 1951-1960. Mit 5 Originalzeichn. von Walter Lewy und e. Geleitw. von Anatol H. Rosenfeld. - Sao Paulo: Livraria Kosmos ed. (1961) = Deutsche Dichtung in Brasilien 3/4. /240

AUSTERLITZ, Valentin
Provokationen. In Lyrik von Valentin Austerlitz, in Skizzen von Ernst Zdrahal. - Linz: Selbstverl. Club der Begegnung /1970/. /241

AUTENRIETH, Hans Friedrich (1906)
Um Gleichgewicht. Aus der Ernte eines Lebens. - Karlsruhe: Der Karlsruher Bote 1961. /242

BAAKE, Franz
Lyrik. Essays. Mit 6 Lithogr. von Siegfried Kischko. - Berlin: Erich Holtkamp (1966). /243

BAAR, Christine
Völker, Dämonen und Symbole. - Wien: Europ. Vlg. 1964. /244

BACH, Rudolf (1901-1957)
Bild und Gedanke. Gedichte und Prosa. - Bad Wörishofen: Drei-
Säulen-Vlg. (1947) Ausg. /1948/ = Das kleine Säulenbuch. 5. /245

Klage und Lob. Gedichte. - München: Hanser (1958). /246

BACHER, Karl
A Loabl Brot vo dahoam. Mundartgedichte aus dem verlorenen
Südmähren. - Wien: Europ. Vlg. 1951. /247

Ausklabte Äpfln. 4 Körbln Äpfln vo dahoam. - Wien:
Europ. Vlg. 1952. /248

Herdfeuer vo dahoam. Mundartdichtungen aus Südmähren. -
Geislingen/Steige: Heimatverlag „Thaya" /1964/. /249

BACHLEITNER, F.
Erkennen. Gedichte. - Wien: Europ. Vlg. 1969. /250

BACHMANN, Guido
Ad Astra. Ein kosmischer Sonettenkranz. Mit Holzschnitten aus dem
15. Jahrhundert. - Bern: Edition Rüedi (1968). /251

BACHMANN Ingeborg (1926-1973)
Die gestundete Zeit. Gedichte. - Frankfurt: Frankfurter Verlags-
anstalt 1953 = studio frankfurt. 12. /252

dasselbe. - München: Piper (1957). /253

Anrufung des Großen Bären. - München: Piper (1956). /254

Sprechplatte: Ingeborg Bachmann liest Gedichte und Prosa.
- München: Piper /1963/ = Piper Sprechplatte. 6. /255

Gedichte, Erzählungen, Hörspiele, Essays. - München:
Piper (1964) = Die Bücher der Neunzehn. 111. /256

dasselbe. - Stuttgart: Dt. Bücherbund /1967/. /257

dasselbe. - Frankfurt: Büchergilde Gutenberg (1968). /258

Gedichte. Eine Auswahl. - Berlin, Weimar: Aufbau-Vlg. 1966. /259

BACHMANN, Marcel Ernst
Lieber Mitbruder. Reflexionen. Zeichn. von Fredy Pletscher. -
Dietikon-Zürich: Stocker-Schmid (1963). /260

Der Klassiker im Bücherschrank... frißt keinen Hafer,
gottseidank! - Dietikon-Zürich: Stocker-Schmid /1966/. /261

BACKHAUS, Helmuth Manuel (1920)
Kleines Gedeck. Verse. - München: Drei-Fichten-Vlg. (1947). /262

BADITZ, Nora von
Im Dienste des Gral. - Ascona: La Varalda, N. von Baditz /1950/.
/263
BÄCHLER, Wolfgang (1925)
Tangenten am Traumkreis. Hrsg. von Helmut Knaupp. - Frank-
furt: Eremiten-Presse 1950 = Eremitage. 5. (für Oda Schäfer) /264

Die Zisterne. Gedichte. - Eßlingen: Bechtle 1950. /265

Lichtwechsel. Neue Gedichte. (1.) Holzschnitte von H.A.P. Grieshaber. - Eßlingen: Bechtle (1955). /266

Lichtwechsel. Neue Gedichte. (2.) Mit neuen Tuschen von H.A.P.
Grieshaber. - München, Eßlingen: Bechtle 1960. /267

Türklingel. Balladen, Berichte, Romanzen. - München, Eßlingen:
(1962) = Bechtle Lyrik. 4. /268

Türen aus Rauch. Gedichte. - Frankfurt: Insel 1963. /269

BÄCK, Walter
Plan von Wien. Lyrisch. - Wien: Bergland (1969) = Neue Dichtung
aus Österreich. 154. /270

BÄNNINGER, Konrad (1890)
Zwiesprache. In memoriam Eduard Bick. - Zürich: Zürcher Kunstgesellschaft 1947. /271

Das Korn. Gedichte aus dem „Pflüger" - St. Gallen: Tschudy 1950 /272
= Der Bogen. 8.

Schweizer Ballade. Gedichte. Ein vaterländischer Zyklus. Mit
Zeichnungen von Gudrun Bänninger. - Bülach: Lesegesellschaft,
W. Schmid-Romann (1956). /273

BAER DE FOUQUÉ, Hans-Georg
Gedichte zum Unermüdlichen (Rückentitel). - Mannheim:
Schmitt-Sacrisc /1967/. /274

Ein schönes Land. Zehn Gedichte zur Erbauung, Entspannung und
Erheiterung. Bearb. von Eva Maria Schmitt-Sacrisc. - Mannheim:
Schmitt-Sacrisc /1967/. /275

BÄREND, Hans
Figura minor. - Wiesbaden: Dieterich (1949). /276

BAERMANN STEINER, Franz
s.u. Franz Baermann STEINER

BAERWART, Theobald
Im diefschte Glaibasel. Erschte Dail vo de gsammlete Wärgg. -
Basel: Pharos-Vlg. (1967). /277

My glaini Wält. Der zwait Dail vo de gsammlete Wärgg. - Basel:
Pharos-Vlg. (1969). /278

BÄTE, Ludwig (1892)
Weg und Ziel. - 1947 (b.n.e.) /279

Der Morgenstern. Gedichte. - Gütersloh: Bertelsmann (1948). /280

Alles ist Wiederkehr. Gedichte. - Warendorf: Schnell 1952. /281

Flechte enger den Ring. Gedichte. - Warendorf: Schnell 1957. /282

Weimarer Elegie. Gedichte. Illustr. von Hans Wiegandt. - Berlin:
Union Vlg. (1961). /283

Gaben des Herbstes. Erzählungen und Gedichte. Ausgew. und mit
e. Nachw. hrsg. von Klaus Walther. Illustr. von Gitta Kettner. - Berlin:
Union Vlg. (1964). /284

Der tönende Tag. Alte und neue Gedichte. Zusammengest. u. eingel.

von Detlev Block. - Hamburg-Bergstedt: Reich 1967. /285
BÄUMLEIN, Walter
   Durch Jahr und Tag. Gedichte. - Winterthur: Gemsberg (1960). /286
BAGINSKI, Bodo   d.i. Harry Max Baginski   (1914)
   Die goldene Laute. Neue Gedichte. Geschrieben im Frühjahr 1947
   zu Bad Soden a. Ts. - Berlin-Neukölln: Augustin 1953. /287

   Die Himmelsbraut. Ein Nachtlied der Liebe. 2. überarb. Aufl. -
   Bad Soden a. Ts.: Selbstverl. 1956. (zuerst 1939) /288

   Diamanten. Eine Sinnspruchfolge. - Ebenda 1957. /289

   Bunte Klänge. Ein lyrischer Gedichtreigen. - Ebenda 1958. /290

   Schöpfung. Der Weg eines Dichters. - Ebenda 1958. /291

BAHRO, Rudolf
   In dieser Richtung. Gedichte. - Berlin: Volk und Welt 1960
   = Antwortet uns! 21. /292

BAHRS, Hans   (1917)
   Alles wird sein, was von Dauer ist. Gedichte. - Karlsruhe:
   Der Karlsruher Bote (1958). /293

   Im Schein meiner Lampe. - Dülmen/Westf.: Kreis der Freunde
   (1963) = Der Vier-Groschen-Bogen. 21. /294

   „und dennoch Licht". Gedichte. - Wien: Europ. Vlg. 1963. /295

BAILLY-FANDREY, Theodora   (1902)
   Im Wandel des Lebens. Gedichte. - Tübingen: Heliopolis-Vlg.
   (1965). /296

BAKER, Dora   (1899)
   Im Schatten des Lebensbaumes. Gedichte. - Dornach:
   Philosoph.-anthroposoph. Vlg. am Goetheanum (1957). /297

BALADIN   d,i, Bertram Otto   (1924)
   sie hängten uns den vorhang vor die schnauzen. zeitkritische satiren. - Heidelberg: Bergmann (1952). /298

BALDUIN   d.i. Henri Sternberg   (1905)
   Der Uhrmacher unter dem Werktisch. Gedichte. - Ulm:
   Kempter (1949). /299

BALMER, Emil
   Mümpfeli. - Bern: Francke 1945. /300

BALTZER, Eduard
   Der Blütenkranz. Gedichte. Ausgew. u. neu zusammengest. von
   Georg Herrmann. Scherenschn. von Georg Herrmann. - Obersontheim:
   Kultur-Vlg. (1966). (zuerst 1962 b.n.e.) /301

BALZLI, Ernst   (1902-1959)
   Jahrringe. Mundart-Värse. - Bern: Francke (1946). /302

   dasselbe. - Bern: Scherz 1956. /303

   Silberfäde. Wiehnachtsvärsli. - 2. Aufl. Bern: Scherz (1946). /304

   Chuchichrütli. Es Spruchbüechli. - Bern: Schade: 1949. /305

dasselbe. - Bern: Francke 1954; 3. veränd. Aufl. (1955). /306
Der barmherzige Samariter. Verse. Zeichn. von Felix Hoffmann. - Olten: Schweizerischer Samariterbund (1957). /307
Blick uf d'Wält. Gedicht us Ärnscht Balzlis Schribtisch. - Bern: Scherz (1959). /308
Bärn. Es Bilderbuech i Värse. - 16. Aufl. Bern: Scherz /1961/. /309
Holzöpfeli. Es neus Spruchbüechli. - (Faksimile-Wiedergabe des Manuskripts.) - Bern: Viktoria (1962). /310

BAMBERGER, Otto (1905)
Unter dem Leuchter. Gedichte. - Witten/Ruhr: Bundes-Vlg. (in Komm.) (1956). /311
Bild und Sinnbild. Gedichte. Mit Illustr. von Fritz Möser. - Karlsruhe: Der Karlsruher Bote (1958), /312
Lichter im Schatten. Gedichte. - Karlsruhe: Der Karlsruher Bote (1959). /313
Denke einmal nach. Sinnsprüche. - 1960 (b. n. e.) /314
Bilder und Balladen. - Karlsruhe: Der Karlsruher Bote (1962). /315

BAMMER, Richard
Wie ist die Welt so morgenschön. - Wien: Europ. Vlg. 1969. /316

BARBIER, Walter (1912)
Von der Liebe, von der Kunst und vom Tode. - Frankfurt, Schmitten i. Ts.: Barbier (1946). /317

BARCK, Lisa (1894)
Die stille Stunde. Gedichte. Federzeichn. von Manfred Bicheroux. - Vier Falken Vlg., Düsseldorf (1946). /318

BARDILL, Hans
Stimmen aus der Bergheimat. Gedichte. - Schiers: Buchdr. Schiers (1949). /319
Weggenossen des Alltags. Gedichte. - Ebenda (1966). /320

BAREIS, Erwin
Wilder Wein. Gedichte. - Stuttgart-Möhringen: Selbstverlag 1954. /321

BARON, Gerhart (1904)
Die Wiedergeburt. 80 Gedichte. - Regensburg: Josef Habbel 1964. (Endgült. Ausg., für das Buch Ankunft 2. Aufl.) /322

BARTELS, Adolf Georg (1904)
Gesang der Quellen. Gedichte. - Freiburg: Kirchhoff-Verl. 1954. /323
Ich bin und singe die Zeit. Gedichte. - Stierstadt i. Ts.: Eremiten-Presse 1959. /324
Einsames Flötenspiel. Gedichte. Zeichn. von Henry Hisch. - München: Verlag Graphikum Mock 1963 = Dichter und Zeichner. 2. /325
Der siebenfarbige Bogen. Gedichte. - 1967 (b. n. e.) /326
Hell und Dunkel. Gedichte. Zeichnungen von Gerhard Deneke. -

München: Verlag Graphikum Mock 1970. /327

Skizzen aus Sizilien. Worte und Verse. Zeichnungen von Heiner Mock. - Ebenda 1970 = Dichter und Zeichner. 7. /328

BARTH, Emil (1909-1958)
Totenfeier. Für meine Mutter. - (Neuaufl.) Düsseldorf: Schwann 1946. (zuerst 1928) /329

Gedichte. - Hamburg: Claassen & Goverts (1948). (zuerst 1938) /330

Gedichte aus den Kriegsjahren. - 1948 (o.O., o.Vlg.). /331

Xantener Hymnen. - Hamburg: Claassen & Goverts 1948. /332

Gedichte und Gedichte in Prosa. Dem Dichter zu seinem 50. Geburtstag ... dargebracht von s. Freunden und Verehrern. - Hattingen: Westdt. Bibliophilen-Ges. 1950. /333

Nachtschatten. Dichtungen in Prosa. - Bonn: Auer-Vlg. (1952). /334

Tigermuschel. Gedichte. - Hamburg: Claassen (1956). /335

Meerzauber. Gedichte. Linolschn. von Flora Klee-Palyi. - Gießen: Walltor-Vlg. (1959). /336

Ge ammelte Werke in 2 Bänden. Hrsg. von Franz Norbert Mennemeier. Bd. 1: Gedichte, Dichtungen in Prosa. - Wiesbaden: Limes (1960). /337

Enkel des Odysseus. Erzählungen und Gedichte. - München: List (1961) = List Bücher. 172. /338

Poèmes. Gedichte. Traduction de Flora Klee-Palyi, Louis Guillaume und Gilbert Socard. (dt. + franz.) - Paris: A. Silvaire (1962). /339

BARTH, Herbert (1910)
Im Nebel unbeseelter Engigkeiten. Aus den Jahren 1933-1945. - Bayreuth: Ellwanger (1945). /340

BARTH, Werner
Im Frühlicht. Ausgew. Gedichte. Hrsg. zu Ehren des 10. Jahrestages unserer Republik unter Mitarb. des Schriftstellers P. Schmidt-Elgers. - VEB Maxhütte, Unterwellenborn /1959/. /341

Gedichte eines Maxhüttenkumpels. Mit Illustr. von Kurt Römhild und e. Vorw. von Hans-Joachim Malberg. - Rudolstadt: Greifenvlg. (1960). /342

Schatten fliehen von den Wegen. Neue Gedichte. Zeichn. von Rolf F. Müller. - Rudolstadt: Greifenvlg. /1964/. /343

BARTHEL, Friedrich
Erdepfelblumme. Geschichten, Lieder und Gedichte in der Mundart des östl. Vogtlandes. Holzschn. von Heiner Vogel. - Leipzig: Hofmeister (1966). /344

BARTHEL, Ludwig Friedrich (1898-1962)
Blumen. - 1951 (b.n.e.) /345

Kleine Danksagung. Ein Bogen Gedichte. Die Ausw. bes. Rudolf Ibel. - Düsseldorf, Köln: Diederichs 1951. /346

Kelter des Friedens. - Düsseldorf, Köln: Diederichs (1952). /347

In die Weite. - Ebenda (1957). /348

Die Auferstandenen. - Ebenda (1958). /349

Das Frühlingsgedicht. - Ebenda (1960). /350

Sonne, Nebel, Finsternis. - Ebenda (1961). /351

Kniend in Gärten von Dasein. Gedichte. Ausgew. u. eingel. von Rudolf Ibel. - Hamburg: Holsten Vlg. (1963). /352

Ausklang. Gedichte aus dem Nachlaß. - Düsseldorf, Köln: Diederichs (1967). /353

BARTL, Fritz (1894-1962)
Große Menschen. - Wien: Titan-Vlg. /1948/. /354

BARTSCH, Albert (1913)
Sonne und Segen. Ausgew. Gedichte und Lieder. - Berlin: Union 1954; 2. erw. Aufl. (1957). (mit Noten) /355

Zeit ist Gnade. Erzählungen und Gedichte aus unseren Tagen. Zeichn. von Helmuth Rudolph. Hrsg. vom Evang. Kirchl. Gnadauer Gemeinschaftswerk. - Berlin: Evangel. Verlags-Anstalt (1958). /356

Das Zeichen des Heils. Symbolzeichn. von Christian Rietschel. - Berlin: Ev. Verlags-Anstalt (1961). /357

Herr, bin ich's? Ausgew. Gedichte. - Hamburg-Bergstedt: H. Reich 1964, /358

BARTSCH, Kurt (1937)
(Gedichte.) - Berlin: Neues Leben (1968) = Poesiealbum. 13. /359

zugluft. Gedichte, Sprüche, Parodien. Illustr. vom Autor. - Berlin, Weimar: Aufbau-Vlg. (1968). /360

BARTUSCHEK, Helmut (1905)
Fährten und Horizonte. - Dülmen/Westf.: Kreis der Freunde (1962) = Der Vier-Groschen-Bogen. 11. /361

Verwandelte Welt. Gedichte. - Berlin: Union Vlg. (1962). /362

de BARY, Erika (1917)
Ein Kind und die Welt. Gedichte in Prosa. - Essen: v. Chamier (1947). /363

BASIL, Otto (1901)
Sternbild der Waage. Gedichte aus 2 Zyklen. - Wien: E. Müller 1945 = Stimme aus Österreich. /364

Apokalyptischer Vers. Gedichte. - Wien: E. Müller, Druck der Aldus Officina discipuli 1947. /365

Anruf ins Ungewisse. Gedichte und Betrachtungen. Werkauswahl u. Information von W. Schneider. - Graz, Wien: Stiasny 1963 = Stiasny-Bücherei. 151. /366

BASILIDES, Hilde von
Die Spanne. Gedichte. - Neuchatel: L'Imprimerie A & W Seiler (Comité cant. d'aide aux réfugiés) (1957). /367

BASS, Gustav A.   (1922)
   Herz findet Heim. Gedichte. - Lorch/Württ.: G.Weber 1960.   /368
   Aufblick. Gedichte und Lieder. - Ulm: Hess (1964).   /369
BASTIAN, Heiner
   beobachtungen im luftmeer. Gedichte. - München: Hanser (1968).   /370
BATTKE, Ada   d.i. Ada Zimmermann   (1877-   )
   Letzte Liebe. Gedichte. - Baden-Baden: Klein 1949.   /371
   Palomar. Gedichte. Zur Jahreswende 1958/1959 für d. Freunde der Trajanus-Presse. - Frankfurt: Trajanus-Presse (1958).   /372
BAUCH, Hermann
   Erzählungen und Gedichte in schlesischer Mundart. 1: Quietschvergnügt. - München: Bergstadtvlg. Korn (1960).   /373
   dasselbe. 2: Huch de Schläsing! - Ebenda (1960).   /374
   dasselbe. 3: Schläsch ihs Trumpf. - Ebenda (1961).   /375
BAUDERT, Walther   (1888)
   Brücke ins Licht. Gedichte. - Hamburg: Ludwig Appel (1952).   /375a
BAUER, Andreas W.   (1908)
   Mexiko - China. Gedichte. - Tübingen: Heliopolis-Vlg. 1962.   /376
   Gedichte. 2. Fülle des Lebens. - Tübingen: Heliopolis 1964.   /377
BAUER, Emil   (1884-1969)
   Der silberne Strom. Novellen und Gedichte. - 1966 (b.n.e.)   /378
BAUER, Franz   (1901-1969)
   Dreiklang. Gedichte. - Worms: R.Meier (1947).   /379
   Die Spilldusn. Lauter neie Gedichtla aff närnbergisch. - Nürnberg: Sebaldus-Vlg. (1952).   /380
   Betthupferla. Neie Gedichtla und alti Lodnhüter aff närnbergisch. - Nürnberg: Edelmann (1955); 4. neu bearb. u. erw. Aufl. 1963.   /381
   Die kla Schatulln. Gedichte. - Nürnberg: Glock & Lutz /1958/.   /382
   = Nürnberger Mundartdichtung in der Gegenwart.
   Lachkabinettla. Gedichtla und Geschichtla in Nürnberger Mundart. - Nürnberg: Edelmann 1962.   /383
   Was bist'n Du für ahner? Die 12 Sternbilder aff närnbergisch. Illustr. von Jules Stauber. - Nürnberg: Edelmann 1967.   /384
BAUER, Heribert F.   (1944)
   Das Seemannsgrab. Gedichte. - Hobbach üb. Aschaffenburg: Vlg. d. Zeitschr. Lampion (1962) = Lampion-Reihe. 1. Lampion Sonderdruck (100 num.u. sign. Ex.)   /385
BAUER, Isa
   Rauchsegel. Gedichte. - München: Delp (1970).   /386
BAUER, Josef. F.   (1894)
   Werk vor Gott. - Bonn: Schwippert (1948) = Wort und Kunst. 4.   /387
BAUER, Rolf Peter
   Das große Spiel. Lustige Verse und Zeichn. um eine Fußballmannsch.

- München: Braun & Schneider (1953). /388

BAUER, Walter (1898-1970)
Perpendiek. Anekdotischer Gedichtzyklus. - Hamburg: Hans Köhler
(1946). /389

Der tausendfache Mund. Aus den Gedichten von Walter Bauer. -
Hamburg: Köhler (1947). /390
(weitere Titel als Typoskripte im Nachlaß)

BAUER, Walter (1904)
Dämmerung wird Tag. Gedichte. - Kassel: Schleber (1947). /391

Botschaften. Gedichte. - 1949 (b.n.e.) /392

Mein blaues Oktavheft. - Hamburg: Ernst Tessloff /1953/. /393

dasselbe. - Frankfurt: Büchergilde Gutenberg (1953). /394

Nachtwachen eines Tellerwäschers. Gedichte. - Wien,
München, Basel: Desch (1957). /395

Klopfzeichen. Gedichte. - Hamburg: Ernst Tessloff 1962. /396

Der Weg zählt, nicht die Herberge. Prosa und Verse 1928-
1964. Hrsg. von Ernst Tessloff. - Hamburg: Ernst Tessloff (1964). /397

Fragment vom Hahnenschrei. Gedichte. Holzschn. von Frans
Masereel. - Hamburg: Merlin (1966). /398

BAUER, Walter Alexander (1921)
eros und maske. Gedichte. Zeichn. von Dieter Wallert. - Egnach/TG:
Clou-Vlg. (1960). /399

Nagaika. Ein russisches Tagebuch. - Dülmen/Westf.: Kreis der
Freunde (1963) = Der Vier-Groschen-Bogen. 19. /400

Strassen abseits. Gedichte. - Rothenburg: Hegereiter Vlg. 1963. /401

BAUER, Werner Maria
Lebensminuten. Gedichte. - Wien: Europ. Vlg. 1963. /402

BAUER, Wolfgang d.i. Josef Mühlbauer (1926)
Das stille Schilf. Gedichte. Ein schlechtes Meisterwerk: Schlechte
Texte mit schlechten Zeichnungen und einer schlechten Schallplatte. -
Frankfurt: Bärmeier & Nikel (1969). (mit Schallplatte) /403

BAUMANN, Hans (1914)
Gedichte. (Eine Auswahl aus den Jahren 1943-1950). - Wolfenbüttel:
Möseler 1950. /404

Boote für morgen. - Düsseldorf, Köln: Diederichs (1963). /405

Wer Flügel hat, kann fliegen. - 1966 (b.n.e.) /406

A Türl zum Nachbarn. Gedichte auf Bairisch. - München:
Ehrenwirth (1967). /407

BAUMGÄRTL, Karl Emmerich (1889-1958)
Das goldene Jahr. Hrsg. v. Oberösterr. Künstlerbund. - Linz:
Länderverlag (1952) = Die Bücher der silbernen Rose. /408

BAUR, Paul
    Gedichte über Musiker und Dichter. - Basel: Selbstverl. 1967. /409
    Mensch und Landschaft. Gedichte. - Ebenda 1968. /410
    s. a. u. NURVONMIR

BAUR, Viktor
    Eifel-Balladen. - Düren: Eifelverein (1965). /411

BAUSENWEIN, Hans (1924)
    Begegnungen. Gedichte. - Wien: Bergland (1955) = Neue Dichtung aus Österreich. 8. /412

    Heute geschieht es. Neue Gedichte. - Ebenda (1957) = Neue Dichtung aus Österreich. 36. /413

BAVIERA, Silvio Riccardo
    Der Sechzehnkampf des Hans Anders. Gestaltung von Michael Baviera, Illustr. von Peter Baviera. Geleitw. von Vinzenz Baviera. - Zürich: Hürlimann (1969). /414

    Ein Tage- und Nächtebuch des Hans Anders. Lyrik. Illustr. von Peter Baviera. Geleitw. von Vinzenz Baviera. - Ebenda (1969). /415

BAXA, Jakob (1895)
    Orion. Gedichte. - 1963 (b. n. e.) /416

    Die goldene Leier. Jugendgedichte. - Wien: Elbemühl 1964. /417

    Artemis. Gedichte. - Wien: Geyer Vlg. 1966. /418

BAYER, Konrad (1932-1964)
    der stein der weisen. texte. - Berlin: Fietkau (1963) = schritte. 7. /419

    der sechste sinn. texte. Hrsg. mit e. Vorw. von Gerhard Rühm. - Reinbek b. Hbg.: Rowohlt (1966). /420

BAYER, Nelly Lia d. i. Cornelia Bayer (1881)
    Vielerlei Klang. Ausgew. Gedichte. - Wien: Europ. Vlg. /1949/. /421
    Ringender Mensch. Gedichte. - 1961 (b. n. e.) /422

BAYR, Rudolf (1919)
    Der Dekalog. 10 Oden. - Wien: Borotha-Schoeler (1951). /423

    Kalendarium. Gedichte. - Linz: Kulturamt der Stadt Linz 1952. /424

    Der Wolkenfisch. Gedichte. - Salzburg: Residenz-Vlg. /1965/. /425

de BEAUCLAIR, Gotthard (1907)
    Das verborgene Heil. Ein Buch der Besinnung. - Krefeld: Scherpe (1946). /426

    Die Rast des Pirols. Kurzgedichte. Mit Zeichn. von Robert Pudlich. - Ebenda (1948). /427

    Das Buch Sesam. Gedichte. - Gesellschaft der Bibliophilen, Berthold Bein 1951. /428

    Blühendes Moos. Ein besinnliches Alphabet in Kurzgedichten. - München: Weisz (1953). (zum 75. Geb. Hans Carossas) /429

    Suite für Euralda. Eine Gedichtfolge mit Illustr. von Adolf Wamper.

- Frankfurt: D. Stempel (1953). (350 num. Ex.) /430

Sinnend auf Stufen der Zeit. Gedichte. - Heidelberg:
Schneider /1957/. /431

BECHER, Johannes Robert (1891-1958)
Ausgewählte Dichtung aus der Zeit der Verbannung
1933-1945. - Berlin: Aufbau /1945/. /432

Heimkehr. Neue Gedichte. - Berlin: Aufbau 1946. /433

Die hohe Warte. Deutschland-Dichtung 1933-1945. - Berlin: Aufbau
1946. (erw., zuerst Moskau 1944) /434

München in meinem Gedicht. - Starnberg: Bachmair 1946. /435

Wir - unsere Zeit. Gedichte, Prosa, Dramen. Einf. von Paul
Wiegler. - München: Kurt Desch (1947). /436

Wir, unsere Zeit, das 20. Jahrhundert. - Berlin: Aufbau
1956 = Deutsche Volksbibliothek. /437

Lob des Schwabenlandes. Schwaben in meinem Gedicht. -
Konstanz, Leipzig: Asmus-Vlg. 1947. (300 Ex. v. Autor sign.) /438

Wiedergeburt. Buch der Sonette. - Leipzig: Insel 1947. (zuerst '40)/439

Volk im Dunkeln wandelnd. - Berlin: Der Neue Geist Vlg.
(1948). /440

Auswahl in vier Bänden. 1., 2.: Dichtung, T. I u. II. - Berlin:
Aufbau 1949. /441

Die Faust. Zwölf ausgew. Gedichte. - Bukarest: Staatsvlg. 1949. /442

Neue deutsche Volkslieder. (Vertont von Hanns Eisler). -
Berlin 1950 (b. n. e.) /443

Vollendung träumend... Ausgew. Gedichte aus dem frühen
Werk. - Leipzig: Insel 1950. /444

Ein Mensch unserer Zeit in seinen Gedichten 1911 bis
1951. Nachw. von Alexander Abusch. - Berlin: Aufbau 1951 =
Bibliothek fortschrittl. dt. Schriftsteller. /445

Glück der Ferne - leuchtend nah. Neue Gedichte. - Berlin:
Aufbau 1951. /446

Sterne unendliches Glühen. Die Sowjetunion in meinem Gedicht
1917-1951. - Berlin: Rütten & Loening im Vlg. Volk und Welt 1951. /447

Auswahl in sechs Bänden. Hrsg. von Paul Rilla. 1. Dichtung T. I.
Einf. von Paul Rilla. - Berlin: Aufbau 1952. /448

dasselbe. 2. Dichtung T. II. Nachw. von Georg Lukács. - Ebenda
(1952). /449

dasselbe. 3. Dichtung T. III. - Ebenda (1952). /450

Deutsche Sonette 1952. Beendet am Tag der Unterzeihnung des
Generalvertrags, Saarow, im Mai 1952. - Berlin: Aufbau 1952 -
Schriften an die deutsche Nation. /451

Schöne deutsche Heimat. Hrsg. v. Kulturbund zur demokratischen

Erneuerung Deutschlands, Sektion Natur- u. Heimatfreunde. - Berlin:
Aufbau 1952; 2. verm. Aufl. zum 65. Geb. d. Autors gedr. 1956.   /452

Als ich wiederkam. Dichtungen. Mit einem Nachw. von Georg
Lukács. - Aufbau, Berlin 1955. (3.-5. Buch d. ausgew. Dichtg.)   /453

Sternbilder auf Erden. Dichtungen. - Berlin: Aufbau 1955.
(6.-10. Buch d. ausgew. Dichtg.)   /454

Vollendung träumend. Dichtungen. Mit einer Einf. von Paul Rilla.
- Berlin: Aufbau 1955. (1. u. 2. Buch d. ausgew. Dichtg.)   /455

Sonett-Werk 1914-1954. - Düsseldorf: Progreß Vlg. 1956.   /456

Sonett-Werk 1913-1955. - Berlin: Aufbau 1956.   /457

Liebe ohne Ruh. Liebesgedichte 1913-1956. - Berlin: Aufbau 1957.   /458

dasselbe. 2. um eine Nachlese 1934-1958 erw. Aufl. - Ebenda 1961.   /459

Als namenloses Lied. Gedichte. Vorw. von Ernst Stein. -
Leipzig: Reclam 1958 = Reclams Universal-Bibliothek 8523/25.
(später RUB 19)   /460

Der Glückssucher und die sieben Lasten. Verlorene
Gedichte. - Berlin: Aufbau 1958.   /461

Schritt der Jahrhundertmitte. Neue Dichtungen. - Berlin:
Aufbau 1958.   /462

Johannes R. Becher zum Gedenken 22. Mai 1891 - 11. Oktober
1958. Zusammenstellg. von Lilly Becher und Ernst Stein. - Berlin:
Dt. Kulturbund (1959). (Als Ms. gedr., mit Bibl.)   /463

Ein Staat wie unser Staat. Gedichte und Prosa vom Werden und
Wachsen der Deutschen Demokratischen Republik. Ausgew. vom Johannes-
R.-Becher-Archiv. Vorw. von Walter Ulbricht. - Berlin: Aufbau 1959;
2. veränd. Aufl. 1963.   /464

Sicht in alle Fernen. Dichtung für junge Menschen. Ausw. von
Lilly Becher und Ernst Stein. Einführung von Ernst Stein. Illustr. von
Kurt Zimmermann. - Berlin: Neues Leben 1959.   /465

Anders ist der neue Tag. Gedichte. Die Auswahl bes. Uwe Berger.
Berlin: Aufbau 1960 = Das Taschenb. d. Aufbau-Vlgs. 87.   /466

Das Gemeinsame. 10 Gedichte. Kupferstiche von Heinrich Ilgenfritz.
- Leipzig: Hochschule für Grafik u. Buchkunst (1960). (12 num. Ex.)   /467

Sprechplatte: Deutschland, meine Trauer, du mein Fröhlich-
sein. Aus der Becher-Matinee des Dt. Theaters. Gesprochen von Inge
Keller (u. a.). - Berlin: Dt. Schallplatten, Eterna 1960.   /468

Du bist für alle Zeit geliebt. Gedichte. Ausgew. vom Johannes-
R.-Becher-Archiv. Illustr. von Frans Masereel. - Berlin: Aufbau 1960.   /469

Sprechplatte: Glück der Ferne - leuchtend nah. Seid euch
bewußt. (u. a.) Gesprochen von Johannes R. Becher. - Berlin:
Dt. Schallplatten, Eterna /1960/.   /470

Johannes R. Becher. 1., 2. (die Gedichte in Bd. 1) - Berlin:
Aufbau 1960 = Dt. Volksbibliothek, Sonderreihe.   /471

Sterne unendliches Glühen. DieSowjetunion im Dichten und
Denken eines Deutschen. Hrsg. und mit einer Nachlese vers. vom
Johannes-R.-Becher-Archiv. (2 Bde.) 1. Dichtung. - Berlin:
Aufbau 1960. /472

Becher. Ein Lesebuch für unsere Zeit. Von Uwe Berger unter Mitarb.
des Johannes-R.-Becher-Archivs. - Weimar: Volksvlg. Weimar 1961. /473

Gedichte für L. (Auswahl von Liebesgedichten nach Aufzeichnungen
des Dichters) - Berlin: Aufbau 1961. /474

"Vom Verfall zum Triumph". Aus dem lyrischen Werk
1912-1958. Mit 50 Originalholzschn. von Frans Masereel. Hrsg. v. d.
Deutschen Akademie der Künste. Zusammenstellg. von Johannes-R.-
Becher-Archiv, Ernst Fischer (u. a.). - Berlin: Aufbau 1961. /475

Geheimnis und Größe der Poesie. Handschriften von letzten
Gedichten. - Berlin, Weimar: Dt. Akademie d. Künste (Aufbau in Komm.)
1963. /476

Johannes Robert Becher und Frans Masereel: Gedichte und Holzschnitte. Aus "Vom Verfall zum Triumph". - Berlin: Aufbau 1964. /477

Des Menschen Elend und des Menschen Größe. Dichtung
des Widerstands. - Berlin, Weimar: Aufbau 1965. Umschlagtitel:
Dichtung des Widerstands. /478

Lyrik - Prosa - Dokumente. Eine Auswahl. Hrsg. von Max
Niedermayer. Holzschnitte von Frans Masereel. - Wiesbaden: Limes
(1965) = Limes nova. 9. /479

Gesammelte Werke. Hrsg. vom Johannes-R.-Becher-Archiv der
Dt. Akademie der Künste zu Berlin. 1. Ausgewählte Gedichte
1911-1918. Nachw. und Sacherläuterungen von Alfred Klein. - Berlin,
Weimar: Aufbau (1966). /480

dasselbe. 2. Ausgewählte Gedichte 1919-1925. Nachw. und Sacherläutergn. von Alfred Klein. - Ebenda (1966). /481

dasselbe. 3. Gedichte 1926-1935. Nachw. u. Sacherläutergn. von
Alfred Klein. - Ebenda (1966). /482

dasselbe. 4. Gedichte 1936-1941. Nachw. u. Sacherläutergn. von
Ernst Stein. - Ebenda (1966). /483

dasselbe. 5. Gedichte 1942-1948. Nachw. u. Sacherläutergn. von
Ernst Stein. - Ebenda (1967). /484

Sprechplatte: Kleine Chronik. Lieder, Balladen und Kantaten aus der
ersten Hälfte des 20. Jahrhunderts. Sprecher: Ernst Busch. - Berlin:
Dt. Schallplatten, Aurora 1968. (2 Schallplatten, Text-u. Bildanhang) /485

Das Atelier. Ausgew. Gedichte 1914-1958. Hrsg. von Alfred Klein. -
Leipzig: Insel 1969 = Insel-Bücherei. 862. /486

Sprechplatte: Deutschland, meine Trauer, Du mein Fröhlich-
sein. Gedichte (u. a.) Sprecher: Gisela May (u. a.) - Berlin: Dt. Schallplatten, Litera 1969. /487

(Gedichte) Ausgew. von Erika Hinckel. - Berlin: Neues Leben (1969)
= Poesiealbum. 24. /488

Sprechplatte: **Nacht und Träume werden Licht.** Lyrik und Musik.
Sprecher: Marga Legal und Wolf-Dieter Panse. Musik für Oboeninstrumente und Klavier von Siegfried Matthus. Regie: Rudolf Böhm. - Berlin: Dt. Schallplatten, Litera 1969. /489

Laßt eure Verse teilnehmen am Sportfest. Eine Auswahl. Zusammengest. u. eingel. von Günter Witt. - Berlin: Sportvlg. 2. Aufl. 1970. (1. Aufl. b. n. e.) /490

BECHER, Martin Roda (1944)
Das wahre Leben. - Basel: Papillons-Vlg. (1953) = Werkstatt-Drucke. /491

BECHER, Ulrich (1910)
Reise zum blauen Tag. Verse mit einer Federzeichn. von Georg Grosz. - St. Gallen: Buchdr. Volksstimme (1946). /492

Brasilianischer Romanzero. (Zyklus) - Reinbek b. Hbg.: Rowohlt (1962). /493

BECHER, William
Der Wanderer. Gedichte. - Lindau/Bodensee: Werk Vlg. (1948). /494

BECK, Enrique (Heinrich) (1904)
Gedichte. Eine Auswahl. - Frankfurt: Insel (1963). /495

BECK, Hilde
Des Dorfes Jahr. - Wien: Europ. Vlg. 1969. /496

BECK, Knut (1938)
Vergiß nicht das Rätsel der Erde. Gedichte. - Dülmen/Westf.: Kreis der Freunde (1963) = Der Vier-Groschen-Bogen. Sonderausg. 8. /497
= Reihe Junge Talente.

BECK, Ludwig-Maria (1905)
Ludwig-Maria Beck und Hellmut von Cube: **Bestiarium humanum oder das Spiegelkabinett des Allzumenschlichen.** - München: Alber 1948. /498

BECKELMANN, Jürgen (1933)
Der Wanderwolf. Gedichte. Mit Graphiken von Carlo Schellemann und faksimilierten Tagebuchnotizen des Vfs. - München: Steinklopfer-Verlag 1959. = Komma-Reihe. 4. /499

BECKER, Alfred (1914)
Erste Ernte. Gedichte. - Berlin: Dietz (1947). /500

BECKER, Franz (1919)
Der Brunnen. Gedichte. - Köln: Pick 1947 = Gürzenichbücherei. /501

BECKER, Jürgen (1932)
Phasen. Texte von Jürgen Becker. Typogramme von Wolf Vostell. Einleitung ‹Phasentheorie› von Max Bense. - Köln: Verlag Galerie Der Spiegel (1960). (Mappe) /502

Felder. - Frankfurt: Suhrkamp (1964) /503

Ränder. - Ebenda (1968); (1969) = edition suhrkamp. 351. /504 und /504a

BECKER, Reinhard Paul (1928)
Gedichte. - St . Ts.: Eremiten-Presse 1950. /505

Die Arche unter dem Pilz. - Wiesbaden: Limes (1955) = Dichtung unserer Zeit. 3. /506

Veränderungen auf eine Briefstelle. Gedichte. - Wiesbaden:
Limes (1960). /507

BECKER, Rolf
   Das Lieben und das Grasen. In Verse gesetzt. - Ulm: Hess
   (1968). /508

BECKERATH, Erich von   (1891)
   Balladen um Li-Tai-Pe. - Lorch/Württ., Stuttgart: Bürger 1947. /509

BEDNERS, Ursula
   Im Netz des Windes. Gedichte. - Bukarest: Jugendverlag (1969). /510

BEER, Natalie   (1903)
   Traum des Weibes. Gedichte. - Wien: Schmeidel (1947). /511

   Die eherne Waage. Gedichte aus 15 Jahren - Wien: Europäischer
   Verlag 1951. /512

   Glück und Dank zu sagen. Oden. - 1954. (b.n.e) /513

   An die Großen der Welt. Gedichte. - 1955. (b.n.e.) /514

   Weil ich dich liebe. Gedichte - Ried im Innkreis: Oberösterr.
   Landesverlag /1958/. Mit 4 Holzstichen von Ernst von Dombrowski. /515

   Im Vorübergehen. Gedichte. - Ebenda /1961/. /516

BEER, Oskar
   Deutung der Zeit. - Affoltern: Aehren-Verlag (1945). /517

   Bruder Mensch. - Ebenda (1945). /518

BEER, Sanel
   Die Muse meiner Muße Ausgewählte Gedichte. Zeichnungen von
   Lisl Beer. - Wien: Europäischer Verlag 1962. /519

   Zwischen Linden und Palmen. - Ebenda 1966. /520

BEER, Walther J.
   Walther J. Beer, Heinz Kleimert und Gertrud Zasche: bis ock nemieh
   biese. Geschichten und Gedichte in Gablonzer Mundart. Zeichnungen von
   Hans Müksch. - Kaufbeuren-Neugablonz: Gablonzer Archiv und Museum
   1965 = Gablonzer Bücher. 14. /521

BEERLI, Friedericke
   Magie. - Zürich: Regenbogen-Verlag (1967) = Regenbogenreihe. 4. /522

BEGLINGER, Leonie Eugenie
   Geliebtes Leben. Gedichte. - St. Gallen: Zollikofer & Co. in
   Komm. (1947). /523

   Die leuchtende Spur. Gedichte. - St. Gallen: Zollikofer & Co.
   in Komm. (1955). /524

   Die Schwelle. Gedichte. - Ebenda (1958). /524a

BEHEIM-SCHWARZBACH, Martin   (1900)
   Der deutsche Krieg. Gedichte. - Hamburg: Dulk /1946/. /525

   Die Krypta. Gedichte. - Hamburg: Dulk /1946/; 2. verm. Aufl.
   (1947).   (zuerst 1937) /526

Herz von Glas. Heart of glass. Zwanzig Gedichte. (dt. + engl.)
Ins Englische übers. von C.van OBruyn. - Hamburg: Dulk /1947/ /527

BEHEMER, Johannes d.i. Jean Bechtold
Fröhlich Pfalz, Gott erhalt's. E'Heimatbuch in pälzer Mundart
for luschdige un besinnliche Leut! Mit Bildern von Leo Faller. - Karlsruhe: Kunstdruckerei Künstlerbund Karlsruhe in Komm. (1949) /528

BEHL, Carl Friedrich Wilhelm (1889-1968)
Die kleine Stadt. Ein Jahreskreis in Sizilianen. Geschrieben in
Kemnath/Oberpf. 1945/46. (Zu seinem 60. Geb., am 3.März 1949
dargebracht...) - Lichtenfels: Fränkische Bibliophilen Ges. (1949) /529

Mainland, Weinland. Ein Gedichtkreis. Illustr. von Wini Kluge. -
Kitzingen: Holzner /1957/ /530

Wohin der Weg... Gedichte aus 4 Jahrzehnten. - Lichtenfels:
Schulze 1954. /531

Unterm Abendstern. Gedichte 1920-1958. München-Solln:
Herbert-Post-Presse /1961/ /532

Adonis und Aphrodite. Gedichte. - Viernheim/Hess.: Viernheim-Verlag 1961. /533

Mein kleines Versbrevier. Gedichte. - Dülmen/Westf.: Kreis
der Freunde (1962) = Der-Vier-Groschen-Bogen.14. /534

"Gott grüß' die Kunst!" Gedichte und Prosa. - Würzburg:
Leonhardt (1963) = Neue Begegnung. 5. /535

BEHLE, Franz
Verlorene Spuren. Gedichte. - Hamburg: Hans Christians Vlg.
/1962/. /536

BEHNISCH, Franz Joachim (1920)
Assisi. (Eine Folge von 4 Gedichten.) Kohlezeichn. von Wilhelm Lemm.
- Heidelberg: Profile Vlg. (1954). /537

BEHR, Hildegard
Solang noch Wälder rauschen. Gedichte. - Leichlingen:
Ostsee-Vlg. 1965. /538

BEHREND, Heinz (1907)
Die Welt in Hemdsärmeln. Gewaschene und ungewaschene auf
Reim gebügelte Alltäglichkeiten. Mit 27 Zeichn. von Robinson. - Bad
Wörishofen: Holzmann (1953). /539

BEHREND, Hildegard
Freuet euch an Gottes Erde. - Berlin: Evangel. Verlagsanstalt
1963. /540

BEHRENDS, Ernst (1891)
Der Weg in die Heimat. Gedichte. - Karlsruhe: Der Karlsruher
Bote (1960). /541

Die vergnügte Kreatur. - Ebenda 1962. /542

Freunde sterben nicht. 1914-1964. Berichte und Gedichte. Hrsg.
von Kurt Rüdiger. - Ebenda 1964. /543

BEHRENS, Ernst (1878-1970)
Stunden der Stille. Gedichte. - Hamburg: Richard Hermes 1946. /544

Ut min Lütt Welt. Gedichte. - 1957 (b.n.e.) /545

BEISS, Adolf (1900)
Der stille Garten. Gedichte. - Bad Godesberg: Voggenreiter (1950).
Gedichte. - 1965 (b.n.e.) /546
/547
Gefährten und Gesichte. Gedichte. Mit Zeichn. von Hanna Nagel.
12 Gedichte. - München: Graphikum Dr. Mock 1967 = „Dichter und
Zeichner". (Nr. 1-50 Vorzugsausgabe) /548

BELART, Urs (1900)
Farbenreigen. Gedichte und Lieder der Freude. - Bern: Feuz /1956/.
Glockenschlag und Wellenschlag. Zeitlose Gedichte. - /549
Ebenda /1957/. /550

Alles um Liebe. Die ewige Legende in Gedichten. - Ebenda /1958/. /551

BELLMANN, Dieter d.i. Johann Diedrich Bellmann (1930)
Inseln ünner den Wind. Gedichte. - Hamburg-Wellingsbüttel:
Fehrs-Gilde (1964). /552

BELTLE, Erika (1921)
Wanderung. Gedichte - Stuttgart: Mellingen /1956/. /553

Schaue, lausche... Gedichte. - Ebenda /1962/. /554

Stern überm Dunkel. Gedichte. Ebenda /1967/. /555

Welt im Widerklang. Gedichte. - Ebenda 1970. /556

BEN-CHORIN, Schalom (Fritz Rosenthal) (1913)
Aus Tiefen rufe ich. Biblische Gedichte. - Hamburg: Evangelischer
Verlag Herbert Reich 1966. /557

BEN-GAVRIEL, M.Y. (Mőse Ja'aqob Ben-Gabrī'el) (1891-1965)
Die Gedichte. - Rothenburg o.d.T.: Peter, Gebr. Holstein (1964).
(Gesamtausgabe) /558

BENDER, Hans (1919)
Fremde soll vorüber sein. - 1951 (b.n.e.) /559

Lyrische Biographie. Hrsg. von Flora Klee-Palyi. - Wuppertal:
Sonderdruck der Werkkunstschule Wuppertal 1957. /560

BENN, Gottfried (1886-1956)
Statische Gedichte. - Zürich: Arche (1948) = Die kleinen
Bücher der Arche. 190/191. /561

dasselbe. - Wiesbaden: Limes /1949/. /562

dasselbe. - Graz, Wien, München: Stiasny (1949) = Dichtung der
Gegenwart. 13. /563

Trunkene Flut. Ausgewählte Gedichte (bis 1935, mit Epilog 1949;
2. veränd. und verm. Aufl. des 1936 u.d. Titel Ausgewählte Gedichte
erschienenen Bandes). - Wiesbaden: Limes (1949). /564

Fragmente. Neue Gedichte. - Wiesbaden: Limes (1951). /565

Frühe Lyrik und Dramen. - Wiesbaden: Limes (1952). /566
Destillationen. Neue Gedichte. - Wiesbaden: Limes (1953). /567
Aprèslude. Gedichte 1955. - Wiesbaden: Limes (1955). /568
Gesammelte Gedichte. - Wiesbaden: Limes; Zürich: Arche (1956). /569
Poèmes. Trad. par Pierre Garnier. (dt. + franz.) - Paris: Librairie "Les Lettres" (1956) = Collection Parallele. 5. /570
Sprechplatte: Gottfried Benn liest Gedichte und Prosa (Der Ptolemäer, Ausz.) - Hamburg: Dt. Grammophon-Ges., Literarisches Archiv; Wiesbaden: Limes; Zürich: Arche (1958). (mit Texth.) /571
Primäre Tage. Gedichte und Fragmente aus dem Nachlaß. - Wiesbaden: Limes (1958). /572
Gesammelte Werke in 4 Bänden. Hrsg. von Dieter Wellershoff. 3.: Gedichte. - Wiesbaden: Limes (1960). /573
Primal Vision. Selected writings. (dt.+ engl., Gedichte u.a.) Ed. by E. B. Ashton. - Norfolk, New York: New Directions /1960/. /574
Sprechplatte: Jazz und Lyrik. Sprecher: Gert Westphal. Musik: J.J. Johnson und Kai Winding, Dave-Brubeck-Quartett. Zusammengest. von Joachim E. Berendt. - Hamburg: Philips /1961/. /575
Auswahl aus dem Werk. Hrsg. von Dieter Wellershoff. - Berlin, Darmstadt, Wien: Dt. Buchgemeinschaft (1962). /576
dasselbe. - Darmstadt: Moderner Buch-Club (1962). /577
Sprechplatte: Die neue literarische Saison. Gedichte. - Sprecher: Gottfried Benn. - Wiesbaden: Limes 1962 /578
Sprechplatte: Urgesicht. Gedichte. Sprecher: Gottfried Benn. - Wiesbaden: Limes /1962/. /579
Lyrik und Prosa, Briefe und Dokumente. Eine Auswahl. Hrsg, von Max Niedermayer. - Wiesbaden: Limes (1962) = Limes-Paperback. /580
Aprèslude. Poesie 1955. (dt.+ ital.) A cura di Ferruccio Masini. - Milano: All' insegna del Pesce d'Oro (V. Scheiwiller) 1963 = Acquario. 17. /581
dasselbe. - Torino: Einaudi (1966) = Collezione di poesie. 34. /582
Leben ist Brückenschlagen. Lyrik und Prosa, Briefe und Dokumente. Ausw. von Max Niedermayer. - München, Zürich: Droemer/Knaur (1965) = Knaur Taschenbücher. 85. /583
Späte Gedichte. - Wiesbaden: Limes (1965). /584
Lyrik und Prosa, Briefe und Dokumente. Eine Auswahl. Hrsg. von Max Niedermayer. - Gütersloh: Bertelsmann-Lesering /1966/. /585
Späte Strophen. Gedichte. (zum 10. Todestage Gottfried Benns) - Berlin: Berliner Bibliophilen Abend (1966). /586

Gesammelte Werke in 8 Bänden. Hrsg. von Dieter Wellershoff.
1.: Gedichte (1956 von Gottfried Benn getroffene Auswahl). -
Wiesbaden: Limes /1968/. /587

2.: Gedichte (Anhang). - Ebenda (1968). /588

Sprechplatte: Kommt, reden wir zusammen... Gottfried Benn
liest Prosa und Gedichte. - Hamburg: Dt. Grammophon-Ges., Literar.
Archiv /1970/. /589

Sprechplatte: Lyrik und Jazz. Sprecher: Hans-Dieter Zeidler. Musik-
Einrichtg. u. Textausw. von Jürgen Barz. - Hamburg: Philips /1970/. /590

BENNING, Maria Christiane (1923)
Annus Domini. Terzinen. - Ahrweiler/Rheinld.: Are-Vlg. /1951/ =
BENRATH, Henry d.i. Albert Heinrich Rausch (1882-1949) Are-Bücherei. /591
Stoa. Gedichte aus den Jahren 1921-1938. - Stuttgart: Dt. Verlags-
Der Gong. Gedichte. - Ebenda (1949). Anstalt 1949. /592
/593
Erinnerung an die Erde. Mnemosyne. Aus dem Nachlaß hrsg.
von Fritz Usinger. - Ebenda (1953). /594
Liebe. - Ebenda (1955). /595

BENSE, Max (1910)
grignan - serie. beschreibung einer landschaft. - Stuttgart:
E. Walther /1960/ = rot.1. /596

Reste eines Gesichtes. Mit Lithographien von Georg Karl Pfahler.
- Stuttgart: Galerie Müller /1960/. /597

Bestandteile des Vorüber. Dünnschliffe Mischtexte Montagen.
- Köln, Berlin: Kiepenheuer & Witsch 1961. /598

vielleicht zunächst wirklich nur. monolog der terry jo im
mercy hospital. - Stuttgart: Walther /1963/ = rot. 11. /599

Die präzisen Vergnügen. - Wiesbaden: Limes (1964) /600

tallose berge. - Stuttgart: edition hansjörg mayer 1965 = futura. 3./601
Die Zerstörung des Durstes durch Wasser. Einer Liebes-
geschichte zufälliges Textereignis. - Köln: Kiepenheuer & Witsch 1967./602

Nur Glas ist wie Glas. Werbetexte. - Berlin: Fietkau 1970 =
schritte. 17. /602a

Existenzmitteilung aus San Franzisko. Text von Max Bense
mit einer sign. Handzeichnung und 3 sign. und num. Radierungen von
Helgart Rothe. - Köln: Hake (1970). (100 num. Ex.) /602b

BERG, Lotte d.i. Lucia Bacinschi (1907)
In seiner Vielfalt singt das Leben. Gedichte. Viata cîntă
din plin (dt.). - Bukarest: Staatsverlag für Kunst und Literatur 1954. /603

Fahrt in den Frühling. Gedichte. - Ebenda 1957. /603a

Augustlese. Roadele lui August (dt.) Gedichte. - Bukarest:
Jugendverlag 1959. /604

Der rote Faden. Gedichte. - Bukarest : Literatur-Verlag 1962./605

BERGAMMER, Friedrich d.i. Friedrich Glueckselig (1909)
Von Mensch zu Mensch. Gedichte. Mit 6 Zeichn. von Kurt Moldowan.
- Wien, München, Basel: Desch (1955) = Neue Lyrik aus Österreich. /606

Fahrt der Blätter. Gedichte. Mit einem Nachw. von Ernst Schönwiese. - Wien: Bergland (1959) = Neue Dichtung aus Österreich. 62. /607

BERGAUER, Franz Maria
Gedankensplitter. Rufe und Reime. - Wien: Europ. Vlg. 1962. /608

BERGENGRUEN, Werner (1892-1964)
Dies Irae. Eine Dichtung. - Zürich: Arche 1945 = Arche-Bücherei./609

dasselbe. - s.u. Rudolf Alexander Schröder: Geistliche Gedichte.

dasselbe. - München: Zinnen-Vlg. /1945/. /610

dasselbe. - Berlin: Vlg. Haus und Schule (1946). /611

dasselbe. - München: Kurt Desch 2. Aufl. (1947). /612

Der hohe Sommer. - Olten: Privatdruck der Vereinigung Oltner
Bücherfreunde 1946. /613

Die Rose von Jericho. Gedichte. - Zürich: Arche (1946); 2. Aufl.
/1956/ = Die kleinen Bücher der Arche. 214/215. (zuerst 1936) /614

Lobgesang. - Basel: H. R. Linder 1946 = Papillon-Handdrucke der
Gryff-Presse. 5. /615

Die verborgene Frucht. - Zürich: Arche (1947) = Die kleinen
Bücher der Arche. 165/166. (zuerst 1938) /616

Zauber- und Segenssprüche - Zürich: Arche (1947) = Die
kleinen Bücher der Arche. 189. /617

Ballade vom Wind. Die Geisse Gaugeloren. - Olten:
Privatdruck der Vereinigung Oltner Bücherfreunde (1948). /618

Dir zu gutem Jahrgeleit. Eine Glückwunschgabe. - Zürich:
Arche (1949). /619

Die heile Welt. Gedichte. - Zürich: Arche (1950). /620

dasselbe. - München: Nymphenburger Verlagshandlg. (1950). /621

dasselbe. - Berlin, Darmstadt, Wien: Dt. Buch-Gemeinschaft (1965). /622

Der ewige Kaiser. (Gedichtzyklus) Mit einem Nachw. des Autors. -
Graz: Schmidt-Dengler (1951) (zuerst 1937 anonym) /623

Lombardische Elegie. - Zürich: Arche (1951). /624

dasselbe. - Zürich: Arche (1951) = Die kleinen Bücher der Arche.
168/169. /625

Nie noch sang ich ein Lied, das die Heimkehr priese. -
Offenbach am Main: Kumm (1955). /626

Mit tausend Ranken. Gedichte. - Zürich: Arche (1956); Neuaufl.
(1960) = Die kleinen Bücher der Arche. 308/309. /627

Figur und Schatten. Gedichte. - Zürich: Arche (1958). /628

dasselbe. - München: Nymphenburger Verlagshandlg. (1958). /629

Glückwunschgabe. Mit einem Zuspruch auf alle Fest-, Pest-,
Jahres- und Wochentage. Zeichn. von Henri Matisse. - Zürich: Arche
(1958) = die kleinen Bücher der Arche. 259/260. /630

dasselbe. Graf. Gestaltg. von Hans Bächler. - Zürich: Sanssouci
(1966) = Sanssouci Souvenirs. /631

Zur heiligen Nacht. Illustr. nach alten dt. Holzschnitten. - Zürich:
Arche (1958) = Die kleinen Bücher der Arche. 265/266. /632

Sprechplatte: Gedichte (u.a.) Sprecher: Werner Bergengruen. -
Freiburg: Christophorus. /633

Herbstlicher Aufbruch. Gedichte. - Zürich: Arche; München:
Nymphenburger Verl.handlg. (1965). /634

Der Pferdegruß. Erzählungen und Gedichte von Pferd und Reiter.
Hrsg. von Charlotte Bergengruen. - Zürich: Arche (1967). /635

Kern der Welt. Gedenkband. Hrsg. von Herbert Gorski. - Leipzig:
St. Benno-Vlg. (1969) = Buchreihe kathol. Dichter unserer Zeit. 19. /636

Der Kranke. Dichtung. Zeichn. von Hanny Fries. - Zürich: Arche
(1969). /637

BERGER, Edith
Abseits der lauten Straßen. Graphik von Klaus Amsüß. - Landskorn/Villach, Wien: Buch-, Zeitschriften- u. Werbeverlag Fitzek /1966/. /638

BERGER, Uwe (1928)
Uwe Berger, Manfred H. Kieseler, Paul Wiens: Begeistert von
Berlin. Gedichte. - Berlin: - Aufbau 1952. /639

Straße der Heimat. Gedichte. Berlin: Ebenda 1955. /640

Der Dorn in dir. Gedichte. - Berlin: Ebenda 1958 = Die Reihe. 2. /641

Der Erde Herz. Gedichte. - Berlin: Ebenda 1960 = Die Reihe. 36. /642

Hütten am Strom. Gedichte 1946-1961. - Berlin: Ebenda 1961. /643

Mittagsland. Gedichte. - Berlin, Weimar: Ebenda 1965. /644

Gesichter. Gedichte. - Berlin, Weimar: Ebenda (1968). /645

BERGER, Walter (1920)
Ich bin ein Spielmann. - Buxheim/Iller: Martin Vlg. (1955). /646

Roter Mohn. Zeichnungen von Sigrid Dietz. - Ebenda (1963). /647

BERGHOFER, Josef (1913)
Hoadbliah. Bauernjahr in burgenländischer Mundart. Buchschmuck
von Franz Korger. - Graz, Wien: Stiasny (1955) = Lebendige Heimat. 3. /648

BERGLAR-SCHRÖER, Hans-Peter (1919)
Terra Nova. Ein Gedichtbuch. - Frankfurt: Carolusdruckerei
Knecht /1948/. /649

Proteus. Eine Dichtung. - Frankfurt: Verlag d. Frankfurter Hefte
(1948). /650

BERGMANN, Max Eugen
Der Abend ist gekommen. Verse geschrieben von M.E.B.,

in Holz geschnitten von Gottfried Grieshaber. - Altdorf UR, St. Moritz:
Selbstverlag 1965. /651

BERGMANN, Theodor (1868-1948)
Maisüches on Heijblumme. Gedichte und Erzählungen in niederrhein. Mundart. - Köln, Krefeld: Staufen-Vlg. (1948). (zuerst 1924) /652

BERGMÜLLER, Johann Friedrich
A Pukettla Feldbluuma aus der schinn Groofschoft Glootz. Schlesische Mundart. Den Buchschmuck besorgte Joseph Andreas Pausewang-Mittelwalde. - Leimen: Die Heimatbrücke 1968. /653

BERGSTEDT, Michael d.i. Erich Schulte Berge (1927)
Heiṭere Verse. - Münster: Selbstverl. /1959/. /654

BERGSTRÄSSER, Walther
"Ich will den Frauen Verse senden..." Ein Gedichtreigen. - Wien: Helwich (1947). /655

BERKENKOPF, Galina (1907)
Der Rosenkranz Unserer Lieben Frau. - Freiburg i.Br.: Herder 1947. /656

BERLEPSCH, Karl Graf von (1882-1955)
Alte Liebe und neue Lieder. Gedichte. - Locham bei München: Türmer Vlg. /1953/. /657

BERLINGER-HILTY, Max
Gedichte. Zeichn. von Gunter Böhmer. - St. Gallen: Tschudy 1951. /658

Jäger und Jahreszeiten. - Ganterschwil: Selbstverl. (1970). /659

BERLINER, Robert (1929)
bitte an vorübergehende. Vorw. von Wolfgang Weyrauch. - Hamburg: Claassen (1964). /660

BERMEITINGER, Franz
s.u. Benno Käsmayr: do faregg Franz Bermeitinger: Do fareck.

BERNDAL, Franz (1899)
Stilles Leuchten. Gedichte. - Herne: Grabski /1958/. /661

Klang der Seele. Gedichte. - Stollhamm/Oldb.: Rauschenbusch 1959. /662

Lob der Mutter. Verse. - Berlin: Selbstverl. 1959. /663

Det kann nur een Berliner sein... Gedichte. - Karlsruhe: Der Karlsruher Bote 1964. /664

Im Schimmer der vier Kerzen. Gedichte. - 1964 (b.n.e.) /665

Lustige Seifenblasen. Gedichte. - 1965 (b.n.e.) /666

Im Atem Gottes. Handscherenschn. von Michael Breuer. - Wien: Europ. Vlg. 1967. /667

Akkorde des Meeres. Gedichte. - Herne: Schulte-Kortnack 1968. /668

Von Mensch zu Mensch. - Wien: Europ. Vlg. 1968. /669

Herz für Berlin. Verse in Berliner Mundart. Mit Zeichn. von Richard Gohlke. - Wien: Europ. Vlg. (1970). /670

BERNDT, Alfred
Eine Scheibe Brot. Elegien vom Alltag. - Berlin-Schmargendorf:
Der Neue-Geist-Vlg. (1946). /671

BERNET, Hildebrand
Eliade der Welt. Gedichte. - Zürich: NZN-Buchverlag (1954). /672

BERNHARD, Thomas (1931)
Auf der Erde und in der Hölle. Gedichte. - Salzburg: Otto
Müller (1957). /673

In hora mortis. - Salzburg: Ebenda. (1958). /674

Unter dem Eisen des Mondes. Gedichte. - Köln: Kiepenheuer
& Witsch (1958). /675

die rosen der einöde. 5 sätze für ballett, stimmen und orchester.
Frankfurt: - Fischer 1959. /676

BERNHARD-von-LUTTITZ, Marieluise d.i. Marieluise Bernhard (1913)
Jelängerjelieber. Verse. - 1952 (b.n.e.) /677

Diesbezügliches. Heitere Verse erlebt und gereimt. Zeichnungen
von Reinhard Matthäus. - LorchWürtt.: - Weber /1961/. /678

BERNHARDT, Waldemar
Gedichte. Nachw. von Alfred Kittner. - Bukarest: Literaturverlag
1969. /679

BERNSTEIN, Leo
Du bist mir nah. Fragmente eines Poems. - Basel: Vlg. Jüdische
Rundschau Maccabi /1960/. /680

BERNUS, Alexander Frhr. von (1880-1965)
Das goldene Vlies. Ein Gedichtbuch. 1946 (b.n.e.) /681
Gesang an Luzifer. 2. veränd. Aufl. - Heidelberg: Meister 1946
(zuerst 1923). /682

Maria im Rosenhag. Liebesgarten. Volker der Spielmann. Neuauflage. - Heidelberg: - Meister 1947. (zuerst 1909) /683

Gold um Mitternacht. Die Gedichte in Auswahl. 1902-1947.
- Nürnberg: Vlg. Hans Carl (1948). (zuerst 1930) /684

Weltgesang. Ein Gedichtwerk. - Nürnberg: Carl /1948/; 2. erw. Aufl.
(1949); 3. überarb. u. erw. Aufl. (1962). / 684a

Der Gartengott. Strofenreihen. - Heidelberg: Meister (1955) /685

In der Zahl der Tage. Gedichte, Szenen und Prosa aus 6 Jahrzehnten. Alexander von Bernus zum 80. Geburtstag. - Heidelberg:
Schneider 1960. /686

Leben, Traum und Tod. Die Gedichte in Auswahl. - Nürnberg:
Carl (1962). /687

Achtundzwanzig ausgewählte Gedichte aus dem Erstlingswerk: Aus Rauch und Raum: Die Gedichte vom Leben, Traum
und Tod. - Nürnberg: Carl 1965. /688

BERRON, Gottfried (1910)
Laß zum Lächeln dich verleiten. Zeichnungen von Kurt Stei-

nel. - Berlin-Dahlem: Burckhardthaus-Vlg. (1960) = Kleine Burckhardthaus-Bücherei. 10. /689

BERTHOLY-GRUNWALD, Friedrich von (1892-1951)
Kommt nie vergess'ne Tage. Linolschnitte von Fritz Möser. - Karlsruhe: Der Karlsruher Bote (1958). /690

Theatrum mundi. - Karlsruhe: Ebenda. 1960. /691

Wir bleiben Vagabunden. Gedichte. Graphik von Fritz Möser Karlsruhe: Ebenda 1962. /692

BERTRAM, Ernst (1884-1957)
Heiligtum der Not. Gedichte. - Leipzig: Insel 1945. /693

Patenkinderbuch. - Wiesbaden: Insel 1947. /694

Die Sprüche von den edlen Steinen. - Donauwörth: Selbstverlag 1951. /695

Radierungen. - Köln: Privatdruck (1951) /Bachem in Komm/. /696

Gedichte und Sprüche. - Wiesbaden: Insel (1951) = Insel Bücherei. 154. /697

Die Fenster von Chartres. - Köln: Bachem in Komm. (1951). (zuerst 1940) /698

BERZAU, Henning
Wohin? Photographien von Helmut Hellberg. (Pferde und Menschen.) - Köln: Hestar-Verlag (1966). /699

BESCH, Paul
Nördlich von Eden. Gedichte. - Luxemburg: J. Beffort (1962). /700

BESSENICH, Jérôme
Die Rechtfertigung des Schönen. Gedichte. - Dornach: Philosophisch-anthroposophischer Vlg. am Goetheanum (1957). /701

BEYER, Elisabeth (Platten-Liesei)
Auf der Sunnseitn. Gedichte in Salzburger Mundart. Buchschmuck von Franz Korger. - Wels: Welsermühl (1964) = Lebendiges Wort. 24. /702

BEYER, Hubertus von (1912)
Pariser Impressionen. Vers-Chronik einer Liebe in 7 Kapiteln. - Hannover: Beeck (1947). /703

BEYER-HARASCHIN, Heinrich
Ruf der Stille. - Wien: Europäischer Verlag 1966. /704

Im Zeitstein. - Wien: Europäischer Verlag 1969. /705

Was geräuschlos naht. - Wien: Europäischer Verlag 1970. /706

BEZZEL, Christoph (1937)
Grundrisse. (Entstehungszeit 1960-1967) Mit einem Nachwort von Helmut Heissenbüttel. - Neuwied, Berlin: Luchterhand (1968) = Luchterhand-Druck. 3. /707

BIBER, Rudolf
Gedichte eines Briefträgers. Zeichnungen von Gernot W. Stuchlik. - Salzburg: Festungsverlag 1964. /708

BIBERGER, Erich Ludwig
    Dreiklang der Stille. Gedichte. - Regensburg: Walhalla und
    Praetoria Vlg. 1955. /709

    Denn im Allsein der Welt. Gedichte. - Kallmünz: Laßleben /1966/ /710

BICHLBAUER, Egon
    Welt im Kristall. - Wien: Europäischer Vlg. (1967) /711

BICKEL, Bea
    Der Weg. - Adelsheim/Nordbaden: Selbstverlag 1964 (Ausg. 1965).
    Vortitel: Weiße Segel. Umschlagtitel: Glockenturm im Wind. /712

BIEDERMANN, Otto
    Unter dem Schirm des Höchsten. Gedichte. - Salzburg:
    Salzburger Druckerei u. Verlag 1955. /713

BIELING, Theodor
    Und alle sind wir Brüder. Ein Requiem. - Münster/Westf.:
    Der Quell (1947) = Der junge Quell. /714

BIENEK, Horst   (1930)
    Traumbuch eines Gefangenen. Prosa und Gedichte. - München:
    Hanser (1957) = Junge Autoren. /715

    was war was ist. Gedichte. - München: Hanser (1966). /716

    Nachtstücke. Traumbuch eines Gefangenen. - München:
    Dt. Taschenbuch-Vlg. (1968) = dtv. sonderreihe. 63. /717

    (Gedichte) (dt. + engl.) Transl. by Ruth and Matthew Mead. - Santa
    Barbara: Unicorn Press 1969 = Unicorn German Series. /718

BIERMANN, Wolf (1936)
    Die Drahtharfe. Balladen, Gedichte, Lieder. Mit Notenbeispielen
    des Autors. - Berlin: Wagenbach (1965) = Quarthefte. 9. /719

    dasselbe. - Frankfurt, Wien, Zürich: Büchergilde Gutenberg (1967). /720

    Sprechplatte: Wolf Biermann, Ost, zu Gast bei Wolfgang
    Neuss, West. - Hamburg: Philips /1966/ = Philips twen-serie. 42. /721

    Mit Marx- und Engelszungen. Gedichte, Balladen, Lieder.
    Mit Noten zu allen Liedern. - Berlin: Wagenbach (1968) = Quarthefte. 31.

    Sprechplatte: Vier neue Lieder. - Berlin: Wagenbach 1968 = /722
    Wagenbachs Quartplatte. 3. /723

    Sprechplatte: Chausseestraße 131. - Ebenda /1970/ = Wagenbachs
    Quartplatte. 4. /724

    Sprechplatte: Der Biermann kommt. - /1970/ (unveröffentlichte
    Biermann-Songs, Raubdruck, b. n. e.) /725

BIESOLD, Richard Willy   (1910)
    Krippe, Kreuz und Krone. Ein Sonettenkranz zu Gottes heiligem
    Advent. - Stuttgart: Quell-Vlg. in Komm. (1948). /726

    Zwölf Balladen. - Stuttgart: Heesen 1951. /727

BILLETER, Fritz   (1929)
    Fritz Billeter, Franz Xaver Erni: Messen und Schweben. Gedichte.

Hrsg. von Joerg Steiner. Holzschnitt von Ernst Anderfuhren. - Biel:
Vorstadtpresse (1958). /728

BILLINGER, Richard (1893-1965).
Sichel am Himmel. - Wiesbaden: Insel 1949. (zuerst 1931) /729

Lobgesang. Gedichte. - Linz: Kulturamt der Stadt Linz: 1953. /730

Über die Äcker. Gesammelte Gedichte. - Graz, Wien: Stiasny
(1956) = Billinger: Gesammelte Werke. Lyrik. 1. /731

Sprechplatte: Gedichte und Balladen. Sprecher: Richard Billinger.
- Köln: Electrola /1963/. /732

BINDER, Josef Alexander (1915)
Das lichte Antlitz. - Linz: Ganymedes-Vlg. 1949 /733

BINDER, Theo (1924)
Vom Ufer löst sich ein Kahn. Gedichte. Vorw. von Heimito
von Doderer. - Wien, Innsbruck, Wiesbaden: Rohrer (1960). /734

Die Wandlung. - Wien, Innsbruck, Wiesbaden: Rohrer (1964). /735

BINDER, Wilhelm
Nach einer Münze. Gedichte. - München, Würzburg, Wien:
Relief-Vlg. (1965) = Der Viergroschenbogen. 61. /736

Im Zeitwind. Lyrik. Bd. 1. - München: Relief-Vlg. 1966. /737

BINDER-ZISCH, d. i. Auguste Binder (1914)
Der Regnbogn. Gedichte in Waldviertler Mundart. - Wien: Europ.
Vlg. 1951. /738

BINGEL, Horst (1933)
Kleiner Napoleon. Gedichte. - Stierstadt i. Ts. : Eremiten-
Presse 1956. /739

Auf der Ankerwinde zu Gast. Mit einem Holzschnitt und 4
Linolschnitten von Wolfgang Jörg. - Ebenda 1959. /740

Wir suchen Hitler. Gedichte. (Mit Leserbriefdiskussion) -
München, Bern, Wien: Scherz (1965). /741

BINSWANGER, Hertha
Lebensreise. Gedichte. - 1960 o.O. , o.Vlg. /742

BINSWANGER, Robert
Uns ist gegeben. Gedichte und Prosa. Hrsg. von Hans Christoph
Binswanger. - Amriswil: Amriswiler Bücherei 1965. /743

BIRKLBAUER, Malachias
"Da Seppl hat g' sagt..." Gedichte in oberösterr. Mundart.
Buchschmuck von Franz Korger. - Graz, Wien: Stiasny /1957/ =
Lebendige Heimat. 9. /744

BIRMELIN, John
E bissel vun dem un e bissel vun sellem. Mundartverse aus
Pennsylvanien. - Kaiserslautern: Heimatstelle Pfalz (1960). =
Pfälzer in der weiten Welt. 4. /745

BIRNBAUM, Uriel (1894-1956)
Eine Auswahl. Gedichte. Zeichn. des Autors. - Amsterdam:

Erasmus (1957). /746
BIRNSTIEL, Walter (1893)
Aus der Stille. Gedichte. - Basel: Reinhardt /1949/. /747
BIRON, Hans d.i. Hans Brüstle (1907)
Noch im Staube klingt ein Lied. Dichtungen. - Herne:
Grabski (1956). /748
BISANZ, Hans
Himmelbett des Windes. Gedichte. (Hrsg. von Rudolf Felmayer.)
- Wien: Bergland-Vlg. (1966) = Neue Dichtung aus Österreich. 135/136. /749
BISCHOF, Berchtold
Der Rosenkranz. (Aus dem Nachlaß des Dichters...) - Engelberg:
Stiftsdruckerei (1955). /750
BISCHOF, Walter Gort (1923)
Sieben blaue Sommer. Gedichte. Mit 11 Bleistiftzeichn. von Paul
Leber. - Zürich: Fretz & Wasmuth (1952). /751
Die Stundenpost. Gedichte. - 1955/1956 (b.n.e.) /752
Die ungleichen Jahre. Gedichte. - Zürich: Artemis (1958). /753
BISCHOFF, Friedrich (1896)
Sei uns Erde wohlgesinnt. Neue Gedichte mit den Liedern und
Balladen der Kindheit und die ausgewählten Gedichte des Schlesischen
Psalters. 4 Farbtafeln von Alfred Finsterer. - Tübingen: Fritz
Schlichtenmayer (1955). /754

dasselbe. Der schlesische Psalter. Lieder und Balladen der Kindheit.
Neue Gedichte. - München: Ehrenwirth 1965. /755

Sprechplatte: Friedrich Bischoff liest aus seinem Gedichtband: Schlesischer Psalter. - Gütersloh: Ariola /1959/. /756

Sprechplatte: Friedrich Bischoff spricht: Schlesischer
Psalter und neue Gedichte. Seblon. - Freiburg:
Christophorus-Vlg. /1965/. /757
BISCHOFF, Irma
Der Pegasus. - Wien: Europ. Vlg. 1968. /758
BISINGER, Gerald (1936)
7 Gedichte zum Vorlesen. - Berlin: Literarisches Colloquium
(1968) = LCB-Editionen. 7. /759

5 kurze Gedichte für Kenner. - Berlin: Polyphem Vlg. 1968. /760
BITSCH, Heinrich (1901)
Entsiegelte Zeit. - Gießen: Gideon (1960). /761
BLAAS, Erna (1895)
Abendliche Flöte. Gedichte. - Linz: Kulturamt der Stadt Linz 1955.
/762
Das Lied der Mutter. Holzschn. von Ernst von Dombrowski. -
Klosterneuburg, Salzburg: Stifterbibliothek (1956) = Stifterbibliothek.
Dichtung der Zeit. 59. /763

Der Garten Mirabell. Illustr. von Ernst von Dombrowski. -
Salzburg, Stuttgart: Vlg. Das Bergland-Buch (1960). /764

Durch Bild und Zeichen. Gedichte. - Wien: Bergland (1961)
= Neue Dichtung aus Österreich. 82. /765

Schattenlicht. Neue Gedichte. - Wien: Österr. Verlagsanst. (1969). /766

BLAHA, Johann Andreas (1892)
1. Wir tragen die Heimat im Herzen. Gedichte. - Altötting: Selbstverl. 1950. /767
2. Alte und neue Heimat. - Ebenda 1951. /768
3. Neue Gedichte. - Ebenda 1952. /769
4. Glocken der Heimat. Gedichte. - Ebenda 1953. /770
5. Auf Heimwegen überall. - Ebenda 1954. /771
6. Fern leuchtet ein Land. - Ebenda 1956. /772
7. Fallende Blätter. - Ebenda 1958. /773
8. Leuchtender Abend. Gedichte. - Ebenda 1959. /774
9. Sternengrüße. Gedichte. - Ebenda (1960). /775
10. Letzte Ernte. Gedichte, kurze Prosastücke und biograph. Skizzen. - Ebenda (1962). /776
11. Nachlese. Gedichte und Prosastücke. - Ebenda 1962. /777
12. Wanderer über die Brücke. Gedichte und Prosastücke. - Ebenda (1963). /778
13. Büchlein der Einkehr. Gedichte und Prosastücke. (1965). /779
14. Rosen im Schnee. Gedichte und Prosastücke. (1966). /780
15. Heimkehr. Gedichte und Prosastücke. (1967). /781

Was die Schwalbe sang. Prosa und Lyrik. - Ebenda 1969. /782

BLAISE, Henry
kardiogramme. gedichte. Skizzen von Ben Heyart. - Luxemburg: Selbstverlag, St. Paulus-Druckerei 1964. /783

BLANK, Jupp d. i. Josef Blank
Wann et Hätz meer üvverläuf... Kölsche Gedeechte. Hrsg. vom Heimatverein Ahl Kohgässer e. V., Köln-Dellbrück. Illustr. von Willy Key. - Köln: Greven (1962). /784

Stell Strosse, verdräumte Wäch. Kölsche Gedeechte un Verzällcher. Hrsg. vom Heimatverein Ahl Kohgässer e. V., Köln-Dellbrück. - Köln: Greven (1970). /785

BLANKMEISTER, Helmut (1911)
Gedichte. (Als Manuskript gedr.) - Frankfurt: Selbstverl. /1948/. /786

Die Songs vom schändlichen Leben. (Als Ms. gedr.) - Ebenda 1948. /787

Stationen der Heimkehr. (Als Ms. gedr.) - Ebenda (1948). /788

BLASIUS d. i. Felix Burckhardt (1906)
Vorwiegend heiter. Ein Büschel Verse von Blasius mit Zeichn. von Niklaus Stöcklin. - Basel: Amerbach-Vlg. (1949). /789

Kleine Stadtmusik. Mit Bildern von Max Sulzbacher. - Basel:
Schwabe & Co. (1951) /790

Soll i oder soll i nit? Neue Verse. Mit Zeichnungen vom jungen
Blasius. - Ebenda. (1954) /791

Verzell du das em Fährima! E Hampfle Gedicht linggs und
rächts vom Rhy. Mit Zeichnige vom AHP (d. i. Alfred Heinrich Pellegrini). Privatdruck. - Basel: National-Zeitung (1955) /792

Spritzfährtli. Genf-Hamburg-Schwarzwald-Basel. - Baseldt. und
hochdt. Gedichte mit 20 Zeichnungen vom jungen Blasius. - Basel:
Schwabe (1958). /793

I bin e Bebbi. Gedichte und Verse. - Basel, Stuttgart: Schwabe
(1967). /794

BLASL, Franz Xaver (1890)
Unsere kloan liabm Viecherl im Joahrlauf. Gedichte in
oberösterr. Mundart. Buchschmuck von Franz Korger. - Graz, Wien:
Stiasny (1956) = Lebendige Heimat. 4. /795

D'Liab. Vom Kirtatanz zan Traualtar. Gedichtzyklus in oberösterr.
Mundart. Buchschmuck von Franz Korger. - Ebenda. (1956) = Lebendige Heimat. 7. /796

Mein Hoamat Oberösterreich. Gedichte in oberösterr. Mundart. Buchschmuck von Franz Korger. - Wels: Welsermühl (1959) =
Lebendiges Wort. 3. /797

In Hof und Roan. A Plausch mit alln, was drinnat löbt. Gedichte in
oberösterr. Mundart. Buchschmuck von Franz Korger. - Wels: Welsermühl (1961) = Lebendiges Wort. 11. /798

Rund ums Kripperl. Gedichte in oberösterr. Mundart. Buchschmuck
von Franz Korger. - Ebenda: (1963) = Lebendiges Wort. 20. /799

Vorn Hoamgang. Gedichte in oberösterr. Mundart. Buchschmuck
von Franz Korger. - Ebenda: (197o) = Lebendiges Wort. 55. /800

BLAU, Paul
Du meine Seele singe. Gedichte. - Neuendettelsau: Freimund-
Verlag 1949. /801

BLAUENSTEINER-STEPAN, Yvonne
Das stille Jahr. Gedichte. - Wien: Kurt Klebert 1946 = Buchreihe
blinder Schriftsteller. /802

BLECH, Gerhard
Meldungen. (Lyrische Telegramme.) - Darmstadt, Neuwied, Berlin-
Spandau: Luchterhand (1959) = Die Mainzer Reihe. 12. /803

BLEI, Julius
Alles ist der Mensch... Gedichte. - Bern: Francke 1945. /804

BLEIER, Else (1914)
Vulkane ruhen lange. Gedichte. Linolschnitte von Eleonore Kohlhagen von Tessin. - Karlsruhe: Der Karlsruher Bote 1957. /805

Von einer Insel. Gedichte. Linolschnitte von Eleonore Kohlhagen
von Tessin. - Ebenda. 1958. /806

BLEISCH, Ernst Günther (1914)
    Traumjäger. - München: Bergstadtverlag Wilh. Gottl. Korn (1954). /807

    Frostfeuer. - Ebenda (1960). /808

    Spiegelschrift. - Ebenda (1965). /809

    Oboenghetto. Gedichte. - Freising: Marburger Kreis 1968 = Marburger Bogendrucke. 12. /810

BLETSCHACHER, Richard (1936)
    Lebenszeichen. - Wien, München: Jugend und Volk (1970) = Neue Perspektiven. /811

    Milchzahnlieder. Bilder von Erika Fukal. - Ebenda 1970. /812

BLEYLE, Karl (1880)
    Im Wellenspiel. Gedichte aus 5 Jahrzehnten. - Stuttgart: Steinkopf (1955). /813

BLOCK, Detlev (1934)
    Gärten am Wege. Gedichte. - Hildesheim: Verlag A. Lax 1964. /814

    Heimweh und Gnade. Ausgew. Gedichte. - Hamburg-Bergstedt: Evangel. Verlag Herbert Reich 1965. /815

    Leise Ausfahrt. - Wien: Europ. Verlag 1967. /816

    Amateur-Astronomie. München: Relief-Verlag 1969 = Der Viergroschenbogen. Sonderb. 65. /817

    Argumente für Ostern. Gedichte. - Hamburg: Evangel. Vlg. Reich 1969 = Hamburger Lyriktexte. 1. /818

BLOME, Horst Wilhelm (1937)
    Durchsage. Gedichte. Mit 4 Grafiken von Pierre Gürtler. - Egnach: Clou (1962). /819

BLÜSE, Otto
    Der ferne Klang. Gedichte. - Melsungen: Heimatschollen-Vlg. A. Bernecker /1951/. /820

    Heimat in Hessen. Gedichte. - Karlsruhe: Der Karlsruher Bote (1963). /821

BLUM, Ruth (1913)
    Die Narrenkappe. Eine satirische Blumenidylle. Illustr. von Pia Roshardt. - Schaffhausen: Meier (1963). /822

BLUMENTHAL-WEISS, Ilse d. i. Ilse Blumenthal (1899)
    Das Schlüsselwunder. Gedichte. - Zürich: Werner Classen (1954). /823

    Mahnmal. Gedichte aus dem KZ. Hrsg. von der Akademie der Wissenschaften und der Literatur, Klasse der Lit., Mainz. - Hamburg: Chr. Wegner (1957) = Die Mainzer Reihe. 8. /824

    dasselbe. - Darmstadt, Neuwied, Berlin-Spandau: Luchterhand (1960). = die mainzer reihe. 8. /825

BLUNCK, Andreas
    Der Inbegriff. - Hamburg: Vlg. Friedrich Oetinger 1947. /826

BLUNCK, Hans Friedrich (1888-1961)
    Buch der Balladen. - Flensburg, Hamburg: Wolff (1950). /827

Gedichte von Gott, weiter Welt und dir, Herz, tief-
innen. - Flensburg, Hamburg: Wolff (1950). /828

Buch der Sprüche. - Ebenda /1953/. /829

BLUTH, Karl Theodor (1892-1964)
Gesang vom Staub! Sonette. - Hamburg: Hansischer Gilden-
verlag 1947. /830

Gesang des Lebens. Gedichte. - 1953 (b.n.e.) /831

BOBROWSKI, Johannes (1917-1965)
Sarmatische Zeit. Gedichte. - Berlin: Union Vlg. (1961). /832

dasselbe. - Stuttgart: Dt. Verlags-Anstalt /1961/. /833

Schattenland, Ströme. Gedichte. - Stuttgart: Dt. Verlags-Anstalt
(1962). /834

dasselbe. - Berlin: Union Vlg. (1963). /835

Das Land Sarmatien. Gedichte. Nachw. von Horst Bienek. -
München: Dt. Taschenbuchvlg. (1966) = dtv. Sonderreihe. 55.
(vereinigt die beiden Gedichtbände Sarmatische Zeit und
Schattenland, Ströme) /836

Wetterzeichen. Gedichte. - Berlin: Union Vlg. (1966). /837

dasselbe. - Berlin: Wagenbach (1967) = Quarthefte. 19. /838

Johannes Bobrowski liest Lyrik und Prosa. - Berlin:
Union Vlg. (1966). (mit 2 Schallplatten) /839
Sprechplatte: dasselbe. - Berlin: Dt. Schallplatten, Litera /1966/.(2 SP) /840

Nachbarschaft. 9 Gedichte, 3 Erzählungen, 2 Interviews. Mit Reden
von Stephan Hermlin und Hans Werner Richter. - Berlin: Wagenbach
(1967). (mit Biogr., Bibliogr.) (2 Schallplatten) /841

Sprechplatte: Johannes Bobrowski liest Gedichte und Prosa.
- Berlin: Wagenbach 1967. (2 SP) /842

Im Windgesträuch. Gedichte aus dem Nachlaß. Ausgew. und hrsg.
von Eberhard Haufe. - Berlin: Union Vlg. (1970). /843

dasselbe. - Stuttgart: Dt. Verlags-Anstalt (1970). /844

Sarmatische Zeit. Schattenland Ströme. Gedichte. -
Stuttgart: Dt. Verlagsanst. /1970/. /845

BOCK, Werner (1893-1962)
Petrarca con Variazioni. Canzone 6 perchè la vita. Strophe 1.
Vers 7-15. Übers.von Ottilie Bock. Variationen von Friedrich
Bock. - Nürnberg: Buchhandlung Edelmann /1966/. /846

BOCK, Werner (1893-1962)
Tröstung. Auswahl der Gedichte aus den Jahren 1909-1950. -
Buenos Aires: Erato-Verlag (1951). /847

Wenn ich Staub bin. Gedichte aus d. Jahren 1952-1956. Nachw. von
Fritz Martini. - Wiesbaden: Limes (1956) = Dichtung unserer Zeit. 11. /848

Ausgewählte Gedichte aus drei Jahrzehnten. - Wiesbaden: Limes
(1958). /849

BOCKEMÜHL, Carl-Heinz (1917)
Kleinigkeiten am Wege. Gedichte. - Karlsruhe: Der Karlsruher
Bote (1961). /850

Was Freude macht. Illustr. von Luise Margarete Lohss. -
Karlsruhe: Der Karlsruher Bote (1962). /851

BOCKEMÜHL, Erich (1885-1968)
Stille Stadt im Kranz der Wälder. Ein Gedichtkreis. Bilder
nach Originalradierungen von Hans Pingsmann. - Kettwig: Flothmann
/1950/. /852

Die Weihnachtsstrophen. - Ebenda 1951. /853

Die Amsel sang. - Ebenda 1952. /854

Am unteren Niederrhein. Zeichn. von August Oppenberg. -
Wesel: Peitsch 1954. /855

Gedichte. Ausgew. von Christian Jenssen. - Kettwig: Flothmann
/1955/. /856

Es ist dennoch die Liebe. Gedichte. - 1957 (b.n.e.) /857

Atem des Ewigen. Auswahl religiöser Gedichte. - Eutin: Struwe
Verlag 1960. /858

Der Stunde Innigkeit. - Dülmen/Westf.: Kreis der Freunde
(1963) = Der-Vier-Groschen-Bogen. Sonderausg. 12. /859

Wölben sich die dunklen Bogen. Gedichte. - Mönchengladbach:
G. Bockemühl (1968). /860

BODDEN, Ilona (1933)
Pappeln, schwarze Federn aus Nacht. Gedichte. - Hamburg:
Chr. Wegner (1960). /861

BODE, Hermann
Ein Leben. Gedichte 1920-1951. - Heusenstamm: Orion-Vlg. (1964)./862

BODENSIEK, Karl Heinz (1906)
In den gläsernen Fluten der Zeit. Gedichte. - Dülmen: Kreis
der Freunde (1963) = Der-Vier-Groschen-Bogen. Sonderausg. 20. /863

Landschaften. - Wien: Europ. Vlg 1967. /864

Zeit und Leben. Ein lyrisches Tagebuch. Nachw. von Gunnar N.
Herchenröder. - Horn/Niederösterr.: Berger Vlg. /1969/. /865

BODMAN, Emanuel von d.i. Emanuel Frhr. von und zu Bodman (1874-1946)
Blumen. - Olten: Privatdruck der Vereinigung Oltner Bücherfreunde
1947. /866

Die gesamten Werke. Im Auftrag von Clara von Bodman hrsg. von
Karl Preisendanz. 3.: Herz eines Bildners (Sonette). Die
kleine Stimme. - Stuttgart: Reclam (1951). /867

dasselbe. 2.: Der tiefe Brunnen. Funken. - Ebenda (1952). /868

dasselbe. 1.: Der Wanderer und der Weg. - Lyrik der Frühzeit. Emanuel von Bodmans Leben und Werk von Karl Preisendanz. -
Ebenda (1960). /869

Gedichte und Erzählungen. Eine Auswahl. Mit einem Nachw. hrsg. von Otto Heuschele. - Marbach: Schiller-Nationalmuseum (1964) = Turmhahn-Bücherei. 4. (vielm. 5.) /870

BODMER, Vera d.i. Helen Schoch-Bodmer (1897)
O du göttliches Leben. Gedichte. - St. Gallen: Tschudy 1945. /871

Wiegendes Wort. Gedichte. Zeichn. von Hanny Martin. Hrsg. von Adrian Wolfgang Martin. - St. Gallen: Eirene (1954). /872

BODMERSHOF, Imma d.i. Imma von Bodmershof (1895)
Haiku. Mit Zeichn. von Ruth Stoffregen. - München: Langen-Müller (1962). /873

Unter acht Winden. Eingel. und ausgew. von Hajo Jappe. - Graz, Wien, München: Stiasny (1962) = Stiasny-Bücherei. 106. /874

Sonnenuhr. Haiku. (Darin: Wilhelm Bodmershof: Studie über das Haiku.) - Salzburg: Stifterbibliothek; Bad Goisern: Neugebauer Press (1970). /875

BÖ, d.i. Carl Böckli
Abseits vom Heldentum. 90 Zeichn. und Verse aus dem Nebelspalter 1939-1946. - Rorschach: Nebelspalter-Vlg. /1946/. /876

Seldwylereien. 92 Zeichn. und Verse aus dem Nebelspalter. Vorw. von E. Löpfe-Benz. - Rorschach: E. Löpfe-Benz /1948/. /877

Figürli aus dem Nebelspalter. - Rorschach: Nebelspalter-Vlg. (1951). /878

So simmer. 84 Zeichn. und Verse von Bö aus dem Nebelspalter. Vorw. von C. A. Loosli. - Ebenda (1953). /879

Euserein. Zeichn. und Verse aus dem Nebelspalter. - Ebenda (1955)./880

Ich und anderi Schwizer. 90 Zeichn. und Verse aus dem Nebelspalter. - Ebenda (1957). /881

Neunzig mal Bö. Zeichn. und Verse aus dem Nebelspalter. Vorw. von Sepp Lempacher. - Ebenda (1959). /882

Bö-iges aus dem Nebelspalter. - Ebenda /1962/. /883

Tells Nachwuchs. 62 Zeichn. und Verse aus dem Nebelspalter. Vorw. von Bruno Kobel. - Ebenda (1964). /884

BÖCKER, Juliane (1905)
Durch meine Träume weht dein Atem. Gedichte. Nebst dem Drudenspiel „Die Gefeiten" und dem Zyklus „Die Geschwister". - Köln, Garmisch-Partenkirchen 1960 = Schweitzers Weltbücherei. /885

BÖCKLI, Carl
Ich bin ein Schweizer Knabe. Geleitw. von Edwin Arnet. - Zürich: Sanssouci (1953). /886

Elsa von Grindelstein und ein gewisser Bö. Vignetten von Carl Böckli. - Rorschach: Nebelspalter-Vlg. (1964). /887

s.a.u. Pseud. BÖ und LAPIDAR, Dadasius

BOEGLIN, Hans d.i. Willy Hellemann (1893-1969)

Der Umriß. Gedichte und Sprüche. - Offenbach/M.: Post Presse
1953. /888
BOEHEIM, Carl von (1901)
Arcana vitae. Lyrik aus 40 Jahren. - Augsburg: Kraft (1969). /889
BÖHM, Anton Wilhelm (1895-1965)
Elegie im Oktober. Gedichte. - 1958 (b.n.e.) /890
Prag. Bilder in Versen. - Frankfurt: Heimreiter-Vlg. (1963). /891
BÖHME, Günther
Liebeserklärung an den Wein. Gedichte. - Wiesbaden:
v. Goetz (1966). /892
BÖHME, Herbert (1907)
Mit gelösten Schwingen. Gedichte. - Lochham b. München:
Türmer-Verlag (1953). /893

Anruf und Gesang. Gedichte. - München: Türmer-Verlag (1957) /894

Am Wohnsitz der Götter. Balladen und Gedichte u.a. Zeichn.
von Hasso Freischlad. - Lochham b. München: Türmer-Vlg. (1964). /895

Preußische Balladen. Zeichnungen von Hasso Freischlad. -
Ebenda (1964). /896

Wir banden den Strauß Immortellen. Gedichte und Lieder.
Zeichnungen von Hasso Freischlad. - Ebenda (1966). /897
BÖHMER, Emil (1889)
Da ward in mir Gesang. Neue Gedichte. - Essen: v. Chamier
(1948). /898

Mohn und Rosen. Gedichte aus 30 Jahren. - Tübingen: Heliopolis
(1964). /899
BÖHMER, Manfred
Auf dem Wege. Gedichte. - Kaiserslautern: Zapp 1958 = Schriften
d. Gesellsch. z. Erneuerung d. Lebensform /900
BOEHRINGER, Robert
Drei Gedichte. Europa. Bebenhausen. An Ernst von Weizsaecker.
Godesberg: Küpper (1948, Ausg. 1949). /901

Sang der Jahre. - Ebenda 1948. /902

Das Leben von Gedichten. 3. Aufl. - Kiel: Hirt 1955 /903

Ewiger Augenblick. - Düsseldorf, München: Küpper vorm. Bondi
1965 = Stefan-George-Stiftung. /904
BÖHRNSEN, Hermann (1900)
Ton Sinnen un Högen. - Neumünster: Wachholtz (1955). /905
BOELITZ, Martin
Tragt, blaue Träume... Gedichte. Ausgew. von Erich Bockemühl.
- Wesel: Peitsch 1963. /906
BÖRGER, Hedwig (Hadwiga) d.i. Hedwig Schmaltz (1907)
Wanderer im Wind. Gedichte. - Leipzig: St. Benno-Vlg. (1958). /907

Fessel und Flug. Gedichte. - Memmingen/Allgäu: Maximilian

Dietrich-Vlg. (1960). /908

Immerwieder muß einer beginnen. - Dülmen/Westf.: Kreis
der Freunde (1963) = Der Vier-Groschen-Bogen. 34. /909

Gib den Himmel preis. Gedichte. - Wien: Europ. Vlg. 1965. /910

Höhlen gefragt. - Ebenda (1969). /911

BOERSNER, Mauricio (1891)
Solang das Leben uns umschließt. Gedichte. - Berlin, Hamburg:
Pinguin Verlag 1948. /912

Aber die Götter wollen die Freude. Sonette. Hamburg:
Dulk (1949). /913

An meine Freunde. - Ebenda 1953. /914

Beginn und Wanderung. Lyrische Illustr. der 5 Bücher Mose.
Ebenda (1954). /915

Wandlung und Dauer. - Wiesbaden: Limes (1959). /916

Zwielichtige Gestade. Gedichte. - Ebenda (1960) /917.

BOESCH, Hans (1926)
Oleander. Der Jüngling. Gedichte. - St. Gallen: Tschudy 1951
= Der Bogen. 20. /918

Seligkeit. - Ebenda /1953/. /919

(Vier unveröffentlichte Gedichte aus dem Zylus Pan) - Sins: Borgis-
Verlag (1955) = Borgis-Mappe. 2. /920

Ein David. - Zürich, Stuttgart: Artemis (1970). /921

BOESCH, Nikolaus d. i. Emil E. Boesch (1909)
12 Gedichte. - Amriswil: Bodensee-Verlag (1954). /922

BOESCHE, Tilly (1928)
Metamorphische Variation über das Leben, die Liebe
und den Tod. Hrsg. und eingel. von Gottfried Pratschke. - Wien:
Europ. Verlag 1969. /923

Frohnauer Facette. Geleitw. von Gottfried Pratschke. - Wien:
Europ. Verlag 1970 = Die Stillen im Lande. /924

BÖSE, Heinrich
Gedichte. Ausw. und Nachw. von Hans-Jürgen Seekamp. - Bremen:
Geist Verlag (1961) = Roland-Bücherei. 3. /925

BOESE, Julius Maria
Nervenpartie 13 in variation b. - Wien: Selbstverlag /1968/. /926

BÖTHIN, Werner
Das friedliche Wasserloch. Tantalus-Texte. - Berlin: Mythos-
Verlag 1966. /927
An den Schieferdächern. Gedichte. - München, Würzburg, Wien:
Relief-Verlag 1966 = Der Viergroschenbogen. Sonderb. 39. /928

BÖTTCHER, Maximilian (1872-1950)
Lachen im Walde. Ungereimtes und Gereimtes von Tieren und

Menschen. Mit 38 Holzschnitten von Karl Stratil. - Lübeck: Antäus-
Verlag /1949/. /929

BOHN, Hans (1927)
So hab ich das Leben lieben gelernt. Gedichte. - Bukarest:
Staatsverlag für Kunst und Literatur 1956. /930

BOHNY, Eric
1891 - 1959. (Gedichte und Zeichnungen) Hrsg. mit e. Geleitw. von
Albert J. Welti. - Avully GE: L. Bohny-Baur, Imprimé par Ch. Pezzotti,
Genève /1961/. /931

BOHREN, Rudolf
Bohrungen. - Wuppertal: Hammer 1967. /932

BOKELMANN, Siegfried (1919)
Flieht alle Ausflucht. Gedichte. - 1955 (b. n. e.) /933

Der goldene Ring. Friesische Gedichte. - Hannover: Pfeiffer(1964).
/934
Nordsee-Balladen. - München: Türmer-Verlag (1964).
/935

BOLAY, Karl Heinz (1914)
Dies ater. - Celle: Verlag Die Bauhütte 1949. /936
Aber die Stunde bleibt... Gedichte aus meinem finnischen
Tagebuch. Alati säilyy hetki... Runoia suomalaisesta päivakirjasta. -
Helsinki: Pellervo-Seura 1954. /937

Roter Granit. Neue finnische Gedichte. Mit e. Vorwort von Unto
Kupiainen. - Saarbrücken: Minerva 1956. /938

Unter dem Nordlicht kreuzen die Schiffe. Gedichte. -
Dülmen/Westf. Kreis der Freunde. (1963) = Der Vier-Groschen-Bogen
Sonderausgabe. 18. /939

BOLESLAV, Netti (1923)
Der Weg ist tausend Schlangen weit. Gedichte aus Israel.
Rothenburg o. d. T.: Peter Gebr. Holstein (1965). /940

BOLLERT, Martin (1876-)
Gedichte, Reden, Sinnsprüche. Ausgew. u. veröffentl. von
Hans Hofmann, Erhart Kästner, Rupprecht Leppla, Marg. Storch und
Heinrich Uhlendahl. Zum 75. Geburtstag am 11. Oktober 1951. -
Dresden: Landesdruck Sachsen 1951. /941

BOLLI, Jacob
Im kühlen Morgenwinde. Gedichte. - Dielsdorf : Buchdr. Akeret
1957. /942

BOLLIGER, Bruno
Im Gegenlicht. - Aarau: Sauerländer (1970). /943

BOLLIGER, Max (1929)
Gedichte. - St.Gallen: Eirene Verlag (in Komm.) (1953). /944

Ausgeschickte Taube. Gedichte. - Küsnacht: Eirene Vlg. (1958). /945
Schweigen, vermehrt um den Schnee. Gedichte. - Meilen ZH:
Magica-Verlag (1969). /946

BOLT, Niklaus
Hin zu Gott. Gedichte. - Basel: Reinhardt (1945). /947

BOLTE, Otto
    Sternschnuppen. Gedichte und Prosa. Hrsg, u. eingel. von Gottfried Pratschke. - Wien: Europ. Verlag 1969 = Die Stillen im Lande. /948

BONA, Hans
    Splitter und Späne. Gedichte. - Wien: Europ. Verlag /1949/. /949

BONER, John Engelbert
    Stern in der Waage. Gedichte. - Zürich: Origo (1959). /950

    Die Bautafel. Eine Gedichtfolge. Mit Bildern von Gerhard Gollwitzer. - Ebenda (1965). /951

BONGARTZ, Joseph   (1898)
    Der Spiegel. Heiterer Spott in Versen. Zeichnungen von Fritz Lud. Schmidt. - Ratingen: Henn (1955 2. verm. Aufl.). /952

    Die fröhliche Kneipp-Kur. Heiter-besinnliche Betrachtungen eines Kurgastes. - Bad Wörishofen: Sanitas Vlg. (1963). /953

    Peinlicher Befund. Boshafte Verse. - Kempten/Allgäu: Verlag für Heimatpflege 1970. /954

BONGS, Rolf   (1907)
    Flug durch die Nacht. Vignetten von Clemens Pasch. - Düsseldorf: Streckfuß (1951) = Lyrische Blätter. 3. /955

    Im Tal der Flugschneisen. - Offenburg, Köln: Dokumente-Vlg. /1957/. (200 num. Ex.) /956

    Rechenschaft. 3 Gedichte. Mit einem Nachw. von Inge Meidinger-Geise. - Emsdetten: Lechte (1964) = Stimmen aus Westdeutschland. 8. (mit Werkverzeichnis) /957

    Poèmes de Grèce. Gedichte aus Griechenland. (dt. + franz.) Trad. de Gilbert Socard. - Paris: A. Silvaire (1964). /958

    Züricher Gedicht. - München: Pribil (1965). (Jahresgabe) /959

    Aufstieg zum Kilimandscharo. - München: Pribil (1968). /960

    Malgré tout. Poèmes. Traduction de Gilbert Socard. (dt.+ franz.) - Paris: Silvaire (1969). /961

    Morgen in Opatija. - Darmstadt: Bläschke (1969) = Das neueste Gedicht. 37. /962

BONHOEFFER, Dietrich   (1906-1945)
    Auf dem Wege zur Freiheit. Gedichte aus Tegel. Hrsg. mit einem Nachw. von Eberhard Bethge. - Berlin-Friedenau: Vlg. Haus und Schule 1946. /963

    dasselbe. Gedichte und Briefe aus der Haft. (Mit Klaus Bonhoeffer) - 2. erweit. Ausg. ebenda 1947. /964

BONN, Gisela
    Geliebte kleine Welt. Verse und Reime. - Konstanz: Weller (1947). /965
    Sommer einer jungen Frau. Gedichte. - Ebenda (1948). /966

BONSELS, Waldemar   (1881-1952)
    Wahrzeichen und Lieder. - Iserlohn: Holzwarth-Vlg. /1948/. /967

de BOOR, Lisa (1894-1957)
Mein Lebensbaum. - Leck b. Schleswig: Clausen & Bosse /1958/. /968

BORCHARDT, Rudolf (1877-1945)
Gedichte. Auswahl von Hans Urs von Balthasar. - Klosterberg, Basel: B. Schwabe & Co. (1948) = Sammlung Klosterberg, Europ. Reihe. /969

(Werke) Eine Einführung in sein Werk und eine Auswahl von Hans Hennecke. - Wiesbaden: Steiner 1954 = Akademie der Wissensch. und der Lit. Schriftenreihe d. Klasse d.Literatur. Verschollene und Vergessene. /970

Gedichte. Hrsg. von Marie Luise Borchardt und Herbert Steiner. Mit einem Gedenkwort von Rudolf Alexander Schröder. - Stuttgart: Klett (1957) = R. B., Gesammelte Werke in Einzelbänden. /971

Übertragungen. Hrsg. von Maria Luise Borchardt unter Mitarb. von Ernst Zinn. - Ebenda (1958) = R.B., Ges. Werke in Einzelbänden. /972

Jamben. Hrsg. von Marie Luise Borchardt unter Mitarb. von Ernst Zinn und Ulrich Ott. - Ebenda (1967). (1000 num. Ex.) /973

Ausgewählte Gedichte. Auswahl und Einl. von Theodor W. Adorno. - Frankfurt: Suhrkamp (1968) = Bibliothek Suhrkamp. 213. /974

Auswahl aus dem Werk. Nachw. von Helmut Heißenbüttel. - Stuttgart: Klett 1968. /975

BORCHERS, Elisabeth (1926)
Gedichte. - Neuwied, Berlin-Spandau: Luchterhand (1961). /976

Der Tisch an dem wir sitzen. Gedichte. Mit 3 Monotypien von Günter Bruno Fuchs. - Neuwied, Berlin-Spandau: Luchterhand (1967). /977

Reise mit Samuel. - Recklinghausen: Paulus Vlg. 1967. /978

Gedichte. (dt. + engl.) Transl. by Ruth and Matthew Mead. - Santa Barbara/Calif.: Unicorn Press 1969 = Unicorn German Series. /979

BORCHERT, Wolfgang (1921-1947)
Laterne, Nacht und Sterne. Gedichte um Hamburg. - Hamburg: Vlg. Hamburgische Bücherei 1946. /980

Das Gesamtwerk. Mit einem biograph. Nachw. von Bernhard Meyer-Marwitz. - Hamburg, Stuttgart, Berlin, Baden-Baden: Rowohlt; /Hamburg/: Vlg. Hamburgische Bücherei (1949). /981

dasselbe. - Hamburg: Rowohlt (1959) Sonderausg. = Die Bücher der Neunzehn. /982

dasselbe. - Halle: Mitteldt. Verlag 1957. /983

dasselbe. Veränd. Aufl. - Reinbek b.Hbg.: Rowohlt /1965/. /984

dasselbe. - Berlin, Darmstadt, Wien: Dt. Buch-Gemeinsch. (1965). /985

dasselbe. - Frankfurt, Wien, Zürich: Büchergilde Gutenberg (1969). /986

Sprechplatte: Wolfgang Borchert zum Gedächtnis. (Szenen, Gedichte und Prosa) Sprecher: Heinz Reincke. - Hamburg: Teldec /1959/.
/987
BORGER, Otto (1904)
Fir-Obad. Montafoner Mundartgedichte. - Schruns/Montjola: Selbst-

verlag 1963 = Schriften des Montafoner Arbeitskreises. 3. /988
Die Lötschta. Montafoner Mundartgedichte. - Ebenda 1968 =
Schriften des Montafoner Arbeitskreises. 4. /989

BORN, Hedwig
Stille Gänge. - Bad Pyrmont: Friedrich (1952). /990

BORN, Nicolas (1937)
Marktlage. Gedichte. - Köln, Berlin: Kiepenheuer & Witsch (1967). /991

Wo mir der Kopf steht. Gedichte. - Ebenda (1970). /992

BORNEFELD, Helmut
Gesetz und Segen. Musische Sonette. - Kassel: Bärenreiter 1947. /993

BORNEFELD, Paul
Paul Bornefeld mit Friedrich Paul: Späte Garben. Gedichte aus 2 Seelen.
Bildschmuck von Adolf Reile. - Stuttgart: Vlg. Geschäfts- und Feinbuch
/1952/. /994

BORRIS, Siegfried (1906) d. i. Siegfried Borris Zuckermann
Anruf und Wandlung. Eine Gedichtfolge. - Berlin: Musikverlag Dr.
Siegfried Borris 1945. /995

Der große Acker. Ausw. und Nachw. von Paul Weiglin. - Berlin:
A. Nauck & Co. 1946. /996

Der klingende Kreis. Gedichte. - Berlin: Musikvlg. Dr. Siegfried
Borris (1947). (zuerst 1938) /997

Herbstaufbruch. Gedichte. - Ebenda (1947). (zuerst 1944) /998

Weg und Wende. Gedichte. - Ebenda (1947). (zuerst 1941) /999

BORTFELDT, Kurt (1907)
In der Gefangenschaft. Ein Zyklus. - Bamberg: Baessler 1948. /1000

BOSCH, Manfred
Das Ei. Gedichte. Graphik von G. Schönberger. - München: Maistraßenpresse 1969. /1001

Konkrete Poesie. Grafiken von J. Szymczak. - Bonn: Amöben-
Presse 1969. (200 sign. u. num. Ex.) /1002

Ansichtssache. Plakat-Gedichte. - München: Maistraßenpresse 1970.
(100 num. u. sign. Ex.) /1003

Ein Fuß in der Tür. Epigramme. - Ebenda 1970. /1004

BOSKAMP, Arthur
Das Schiff der Hoffnung. Verse und Bilder der Zeit. - Itzehoe:
Selbstverl. /1959/. /1005

Zuviel Schwung. Heitere Verse und Bilder. - Ebenda 1963. /1006

BOSSERT, Helene
Underwägs. Zeichn. von Walter Blapp. - Sissach: Selbstverl. (1951). /1007

BOSSERT, Werner (1918)
Frischer Wind. Adieri de vånt proaspåt. (dt.) - Bukarest: Staatsvlg.
für Kunst und Literatur 1953. /1008

Strom des Lebens. Gedichte. - Ebenda 1956. /1009

Glühende Nacht - blühender Tag. Gedichte zum 15. Jahrestag
der Befreiung unseres Vaterlandes. - Bukarest: Jugendvlg. 1959. /1010

Sterne bleiben. - Bukarest: Literatur-Verlag 1963. /1011

Das Wiesenfest. Gedichte. - Bukarest: Jugendverlag (1964). /1012

72 Sonette. - Ebenda 1964. /1013

Isotope. - Bukarest: Literaturverlag 1966. /1014

Küsse trinken sich tot. Gedichte. - Klausenburg (Cluj): Dacia-
Verlag 1970. /1015

BOSSHARD, Hedwig
Rund um de Tössemer Chileturm. Es lüütet. Zeichn. von
Heinz Keller. - Winterthur-Töss: Selbstverl. 1963. /1016

BOSSHARD, Wera Luise
Balladen. - Zürich: Buchdruck Fluntern 1948. /1017

BOSSHARD, Hans Rudolf
Das Totenbuch. 12 Originalholzschnitte mit Gedichten. - Zürich:
Janus Presse /1957/ = Veröffentlichungen der Janus Presse. 1. /1018

BOSTROEM, Annemarie d.i. Annemarie Eisenlohr (1922)
Terzinen des Herzens. - Leipzig: Rupert 1947. /1019

dasselbe. - Leipzig: Insel 1951. /1020

BOUCHÉ, Bert
Unter Berücksichtigung mildernder Umstände. Zeitkritische
Gedichte. - Frankfurt: Vlg. Schaffende Jugend (1958). /1021

BOYKEN, Martin (1908)
Die Windrose. Gedichte. - Hamburg: Hamburger Bücherei 1950. /1022

BRAASCH, Hinrich (1878-1968)
De ole Harmonika. Gedichte. - Hildesheim: Lax 1953. /1023

BRACHMANN, Herbert (1918)
Mei Hoamat. - Wien: Kühne (1950) = Bunte Edelsteine. 2. /1024

Der Jahresring. Gedichte in der Mundart des Tullnerfeldes. - Wien:
Europ. Verlag 1951. /1025

A kloane Wölt. Drei Dichtungen in der Mundart des Tullnerfeldes. 2.
- Wien: Europ. Vlg. 1953. /1026

s' vierte Sträußerl. Gedichte in der Mundart des Tullnerfeldes. -
Wien: Europ. Vlg. 1954. /1027

Mein Schotztrucha. Gedichte in der Mundart des Tullnerfeldes. -
Wien: Europ. Vlg. /1960/. /1028

Mittn in Arnt. - Wien: Jugend und Volk (1961). /1029

BRÄNDLI, Hans
Verse, Strophen, Apostrophen. Mit einem Geleitw. von Kurt
Guggenheim. - Frauenfeld: Huber-Vlg. (1964). /1030

BRAEUNER, Michael (1945)
Aber alle blieben ungeliebt... Gedichte, Sprüche, Dialoge und

ein Brief. Linolschnitte von Fritz Möser. - Karlsruhe: Der Karlsruher Bote 1967. /1031

BRÄUNIG, Werner (1934)
Werner Bräunig und Horst Salomon: Für eine Minute. Agitationsverse. - Leipzig: VEB Hofmeister 1960. /1032

BRAHT, Josef Anton
Brillanten und Sterne. - Wien: Europ. Vlg. 1965. /1033

Neue Werte. - Wien: Selbstverl. (1966). /1034

BRAMBACH, Rainer (1917)
7 Gedichte. 7 Bilder von Rolf Rappaz. - Basel: R. Brambach (1947). /1035

Tagwerk. Gedichte. Illustr. von Erwin Sven Knebel. - Zürich: Fretz & Wasmuth (1959) = Akazienreihe. /1036

Rainer Brambach und Jürg Federspiel: Marco Polos Koffer. - Zürich: Diogenes Vlg. (1968). /1037

Ich fand keinen Namen dafür. Gedichte. - Zürich: Diogenes Verlag (1969). /1038

Rainer Brambach, Werner Lutz, Hans Werthmüller: (Ein großer Vogel fliegt über den Fluß.) 3 Illustr. von Wolf Barth. Hrsg. v. d. Staatl. Literaturkredit-Komm. Basel-Stadt. - Basel: Pharos-Vlg. (in Komm.) (1970) = Basler Texte. 3. /1039

s. a. Frank Geerk, Rainer Brambach, Thadeus Pfeiffer: Gedichte.

BRAND, Maximilian d. i. Maximilian Brantl (1881-1951)
Strophen an Gott. - Starnberg: Bachmair 1946. /1040

Laute des Eros. Lieder und Gedichte vom Weg des Herzens. - Ebenda 1947. /1041

BRAND, Olga
Im Winde. Neue Gedichte. - Zürich: Oprecht (1945). /1042

Elf Regenlieder. - Olten: Dietschi (1963). /1043

Das war mein Garten. - Ebenda (1964). /1044

Lyrisches Boot. - Luzern: Buchdr. Maihof (1970). /1045

Nachtelf. - Ebenda (1970). /1046

BRANDAUER, Karoline
Vor einem Haselzweig. - Wien: Österr. Verlagsanst. (1969). /1047

BRANDENBURG, Hans (1885-1968)
Gipfelrast. Alte und neue Gedichte. - München: Piper (1947). /1048

Trost in Tränen. Gedichte. - Ebenda (1955). /1049

Weihe des Hauses. - Ebenda (1960). (zuerst 1930) /1050

Unterm verschleierten Mond. Gedichte. - Dülmen/Westf.: Kreis der Freunde (1963) = Der Vier-Groschen-Bogen. 41. /1051

BRANDES, Irma
Mit uns allein. - Karlsruhe: Der Karlsruher Bote /1965/. /1052

Um uns die Flut. Gedichte. - Karlsruhe: Der Karlsruher Bote: /1966/. /1053

BRANDLER, Elfriede (1927)
In ewigem Ringe... Gedichte. Zeichn. von Dora May-Neudert. - München: Sudetendeutsche Verlagsges. (1965). /1054

Brücken. - München: Relief-Vlg. (1968) = Der Viergroschenbogen. 86. /1055

BRANDNER, Uwe (1941)
Am elften Tag. Prosa-Song. - Berlin: Literarisches Colloquium (1968) = LCB-Editionen. 6. /1056

BRANDOW, Wilhelm
Verse. - Oberhausen im Rheinld.: Laufen /1958/. /1057

BRANDT, Kurt Paul Georg (1928)
Kurt P. G. Brandt, Ernst Wolfhagen und Wilhelm Paul Eberhard Eggers: Anschlag auf Cis. Volks- und Agitproplieder. - Hannover: Fischersträss'ner Presschen (1963). /1058

Der Mensch ist einfach fabelhaft. Gedichte. - 1963 (b. n. e.). /1059

Theatrum anatomysticum. Gedichte. - 1963 (b. n. e.) /1060

Tapetengedichte. - Ahrensburg/Hdst., Paris: Damokles Vlg. (1966). /1061

Galionsfiguren. Gedichte. Grafik von Lutz Theen. - Hamburg: Appel & Sohn (1969). /1062

Sonnengedichte. Grafik von Eckhart Fries. - Ebenda (1969). /1063

Bös artige lehr und leer Gedichte. Lyrik aus der Maschinenwelt. - Frankfurt: Euphorion (1970). /1064

BRANSTNER, Gerhard (1927)
zu besuch auf der erde. unwahre begebenheiten. (Gedichte, Aphorismen u. a.) - Halle/Saale: Mitteldt. Vlg. 1961. /1065

BRANTSCH, Ingmar
Deutung des Sommers. Gedichte. - Bukarest: Literaturvlg. 1967. /1066

BRASCH, Hans David (1892-1950)
Zwölf Gedichte. Aus dem Nachlaß hrsg. von Walter Jablonski. - Berlin: Blaschker 1954. /1067

Bewahrte Heimat. (u. a.) Gedichte. Aus dem Nachlaß hrsg. von Georg Peter Landmann. - Düsseldorf, München: Helmut Küpper 1970 = Stefan George - Stiftung. /1068

BRATESCH, Verona
Bleibende Spur. Gedichte. - Bukarest: Literaturverlag 1966. /1069

Klarheit. Gedichte. - Bukarest: Literaturverlag 1969. /1070

BRATSCHI, Peter (1886)
Dem Leben zugetan. Gedichte. - Bern: Viktoria Vlg. (1959). /1071

BRAUER, Selma
Leiser mein Herz. Gedichte. - Mauerbach/NÖ: Selbstverl. Girid Lot /1962/. /1072

BRAUMANN, Franz   (1910)
   Blumen des Feuers. Gedichte. Mit e. Nachw. von Adalbert Schmidt. -
   Wien: Bergland-Vlg. (1964). = Neue Dichtung aus Österreich. 103.   /1073
BRAUN, Felix   (1885)
   Viola d'amore. Ausgewählte Gedichte aus den Jahren 1903-1953. -
   Salzburg: Otto Müller (1953).   /1074

   Sprechplatte: Viola d'amore. (u.a.) Sprecher: Grete Zimmer, Fred
   Liewehr. - Kassel: Amadeo.   /1075

   Das Nelkenbeet. Späte und einige frühe Gedichte. - Wien: Bergland
   (1965) = Neue Dichtung aus Österreich. Sonderband. 1.   /1076

BRAUN, Gustav Georg   (1893-1969)
   Gefangenes Träumen. Gedichte. - Wien: Mundus 1957.   /1077

   Der Weg in die Stille. Gedichte. - Ebenda (1967).   /1078

BRAUN, Hanns Georg   (1890)
   Liev un Siel. Kölsche Leeder un Gedeechte. - Köln: Greven /1960/
   = Beiträge zur köln. Geschichte, Sprache, Eigenart. 6/2.   /1079

BRAUN, Hanns Maria   (1910)
   Ihr und wir. Gedichte. - München-Allach: Albert Wandl 1955.   /1080

   Die Brücke. Gedichte. - Ebenda 1956.   /1081

   Auf einer Reise gedacht. Gedichte. - Ebenda 1957.   /1082

   Im blauen Kittel flämischer Bauern. Gedichte um van Gogh. -
   Ebenda 1960.   /1083

   Das Haus in einer kleinen Stadt. Gedichte. - Ebenda 1961.   /1084

   Am Anfang war das Wort. Sieben Sonette. - Dülmen/Westf.:
   Kreis der Freunde 1963 = Der-Vier-Groschen-Bogen. 25. (2. Aufl.,
   1. Aufl. 1954 b. n. e.)   /1085

   In dein Album geschrieben. Gedichte. - Karlsruhe: Der Karlsruher Bote 1965.   /1086

BRAUN, Josy
   Credo der Nebelkinder. Gedichte. - Luxemburg: St. Paulus
   Druckerei 1963.   /1087

BRAUN, Matthias
   Berliner Kantate. - Frankfurt: S. Fischer (1963).   /1088

BRAUN, Otto Rudolf   (1931)
   Es glaubt ein Mensch. Besinnlich-heitere und zeitkritische Gedichte.
   - Wien: Zeitschriftenvlg. Otto Braun 1968.   /1089

BRAUN, Robert   (1896)
   Gehen und Gehen in Wien. Gedichte. - Wien: Bergland (1966)
   = Neue Dichtung aus Österreich. 131/132.   /1090

BRAUN, Volker   (1939)
   Provokation für mich. Gedichte. - Halle/Saale: Mitteldeutscher
   Verlag 1965; 2. erw. Aufl. 1965.   /1091

   Vorläufiges. - Frankfurt: Suhrkamp (1966).   /1092

Kriegserklärung. - Halle/Saale: Mitteldeutscher Verlag 1967. /1093
Wir und nicht sie. - Ebenda 1970. /1094
dasselbe. - Frankfurt: Suhrkamp (1970) = Edition Suhrkamp. 397. /1095
Provocations pour moi et d'autres. Provokation für mich u. a. (dt. + franz.) Trad. de l'allemand et présenté par Alain Lance. - Honfleur: Oswald (1970) = La Poésie des pays socialistes. 6. /1096

BRAUN-PRAGER, Käthe (1888-1967)
Stern im Schnee. Ausgew. Gedichte. - Wien: Amandus (1948). /1097

Verwandelte Welt. Gedichte, Bilder, Gleichnisse. - Innsbruck: Österr. Verlags-Anstalt (1956). /1098

Die Mondwolke. Ausgew. Gedichte. - Wien: Österr. Verlags-Anstalt (1963). /1099

Das himmlische Kartenhaus. Gedichte, Prosa und Gedanken. Eingeleitet und ausgew. von Johann Gunert. - Wien, München: Jugend und Volk (1968). /1100

BRAUNBEHRENS, Lili von
Gestalten und Gedichte um Max Beckmann. - Dortmund: Crüwell-Schopp (1969). /1101

BRAUNEIS, Alfons
Gedichte. Auswahl. 1.: Entnommen den Lyrikbänden Erntekranz. Nachlese. - Kufstein: Brauneis /1962/. /1102

dasselbe. 2.: Entnommen den Lyrikbänden Prima veris. Die Leier des Eros. - Ebenda /1962/. /1103

BRAUNER, Ernst
Frauen. 12 Gedichte. - Wien: Europ. Verlag /1952/. /1104

BRAUNMÜLLER, Karl
Föhn überm Inntal. Gsangln in Mundart. Zeichn. von Fritz Ott. - Schloßberg am Inn: Kießling 1950. (maschinenschriftl. autograph.) /1105

BRAUNSCHWEIG, Wolfgang Douglas (1923)
Im Schatten der Sehnsucht. - Heidelberg: Jedermann-Vlg. 1946. /1106

BRECHBÜHL, Beat (1939)
Spiele um Pan. Gedichte. Linolschn. von Gert A. Haisch. - Egnach: Clou-Verlag (1962). /1107

Lakonische Reden. Gedichte. Mit 4 Holzschn. von Ali Schindehütte. - Stierstadt i. Ts.: Eremiten-Presse 1965 = Paßgänge. 13. (150 num. Ex.) /1108

Gesunde Predigt eines Dorfbewohners. Gedichte. Mit 3 Holzschnitten von Jürg Henggeler. - Zürich: Diogenes (1966) = Die Löwengrube. 9. /1109

Die Litanei von den Bremsklötzen und andere Gedichte. - Bern: Lukianos-Vlg. Hans Erpf (1969). /1110

Auf der Suche nach den Enden des Regenbogens. Gedichte. - Zürich: Diogenes (1970). /1111

BRECHT, Bertolt (1898-1956)
Studien. Im Auftrage von Freunden des Dichters in einer Auflage von
100 numerierten Exemplaren gedruckt in Buenos Aires, 1945. /1112

Selected Poems. (dt. + engl.) Translation and introduction by H. R.
Hays. - New York: Reynal & Hitchcock (1947). /1113

Kalendergeschichten. - Halle: Mitteldt. Verlags-Ges. /1949/. /1114

dasselbe. - Berlin: Neues Leben (1949). /1115

dasselbe. - Berlin: Weiss 1949. /1116

dasselbe. - Hamburg: Rowohlt (1953) = rororo-Taschenbuch. 77. /1117

dasselbe. Illustr. von Frans Haacken. - Berlin: Aufbau 1954. /1118

dasselbe. - Ebenda 1958 = Das Taschenbuch des Aufbau-Verlags. 2. /1119

dasselbe. Illustr. von Gottfried Rasp. - Gütersloh: Bertelsmann
Lesering /1961/ = Kleine Lesering-Bibliothek. /1120

dasselbe. Originalgraphiken von Günther Stiller. - Frankfurt, Wien,
Zürich: Büchergilde Gutenberg 1967. /1121

dasselbe. - Leipzig: Verlag Philipp Reclam jun. 1968 = Reclams
Universal-Bibliothek. 397. /1122

Songs aus der Dreigroschenoper. Illustr. von Friedrich
Stabenau. - Berlin: Gebr. Weiss Verlag (1949). (zuerst 1928) /1123

dasselbe. Vollst., durchges. und erweit. Ausgabe. - Ebenda /1957/ =
Weiss-Taschenbücher. /1124

dasselbe. Mit Holzschnitten von Karl-Heinz Hansen-Bahia. - Hamburg:
Hauswedell 1961. /1125

Chinesische Gedichte. (Enthalten in:) Versuche, Heft 10. -
Berlin, Frankfurt: Suhrkamp 1950. (z. T. zuerst 1938) /1126

dasselbe. (Enthalten in:) Versuche, Heft 10. - Berlin: Aufbau (1951). /1127

Die Erziehung der Hirse. Nach G. Fisch: „Der Mann, der
das Unmögliche wahr gemacht hat." - Berlin: Aufbau 1951. /1128

dasselbe. - Berlin, Leipzig: Volk und Wissen 1951; 2. bearb. Aufl.
1952. /1129

dasselbe. (Enthalten in:) Versuche, Heft 12. - Berlin, Frankfurt:
Suhrkamp 1953. /1130

dasselbe. (Enthalten in:) Versuche, Heft 12. - Berlin: Aufbau (1953). /1131

Bertolt Brechts Hauspostille. Mit Anleitungen, Gesangsnoten
und einem Anhang. - Berlin, Frankfurt: Suhrkamp /1951/ =
Bibliothek Suhrkamp. 4. (zuerst 1927) /1132

dasselbe. Mit Radierungen von Christoph Meckel. - Frankfurt, Wien,
Zürich: Büchergilde Gutenberg (1966). /1133

dasselbe. Mit Radierungen von Christoph Meckel. - Stuttgart, Hamburg:
Deutscher Bücherbund (1966). /1134

dasselbe. - Reinbek: Rowohlt 1969 = rororo Taschenbuch. 1159. /1135

dasselbe. Faksimiledruck der Ausgabe 1927, Berlin, Propyläen Verlag.
Beiheft. Hrsg. von Klaus Schuhmann. - Frankfurt: Insel /1970/ =
Faksimile-Drucke deutscher Literatur. /1136

Herrnburger Bericht. Textausgabe von Bertolt Brecht und Paul
Dessau. Gewidmet der Freien Deutschen Jugend anläßlich der III. Weltfestspiele der Jugend und Studenten für den Frieden in Berlin. Hrsg.
vom Zentralrat der FDJ über Verlag Neues Leben /1951/. /1137

Hundert Gedichte. 1918-1950. - Berlin: Aufbau 1951;
5. durchgesehene und ergänzte Aufl. 1958. /1138

dasselbe. Nachwort von Wieland Herzfelde. - Ebenda 1951 = Bibliothek fortschrittlicher deutscher Schriftsteller. /1139

dasselbe. - Ebenda 1954 = Deutsche Volksbibliothek. /1140

dasselbe. - Ebenda 1961 = Das Taschenbuch des Aufbau-Verlags. 99/100.
/1141
Chansons et poèmes. (dt.+ franz.) Trad. par Alain Bosquet. -
Paris: Pierre Seghers (1952) = Au tour du monde. 2. /1142

Gedichte und Prosa. Podbor tekstov i predislovie: G. N. Znamenskoj,
Kommentarij: N. P. Strachovoj. Red.: T. Snitke. - Moskau: Verlag
für fremdsprachige Literatur 1953 = Lesestoff für den Deutschunterricht.
/1143
Neue Kinderlieder. (Enthalten in:) Versuche, Sonderheft. -
Berlin: Aufbau 1953. /1144

Buckower Elegien. (Enthalten in:) Versuche, Heft 13. - Berlin,
Frankfurt: Suhrkamp 1954. /1145

dasselbe. - (Enthalten in:) Versuche, Heft 13. - Berlin: Aufbau 1954. /1146

Gedichte. Auswahl und Nachwort von Siegfried Streller. - Leipzig:
Reclam /1955/ = Reclams Universal-Bibliothek. 1996/97 (später RUB. 8.)
/1147
Gedichte aus dem Messingkauf. (Enthalten in:) Versuche,
Heft 14. - Berlin, Frankfurt: Suhrkamp 1955. /1148

dasselbe. (Enthalten in:) Versuche, Heft 14. - Berlin: Aufbau 1955. /1149

Kriegsfibel. Hrsg. von Ruth Berlau. - Berlin: Eulenspiegel Vlg.
(1955). /1150

dasselbe. - Basel: Pfalz Verlag (1968). /1151

Bertolt Brechts Gedichte und Lieder. Auswahl von Peter
Suhrkamp. - Berlin, Frankfurt: Suhrkamp /1956/ = Bibliothek
Suhrkamp. 33. /1152

Io Bertolt Brecht. Canzoni, ballate, poesie. Prefazione e traduzione
di Roberto Fertonani. (dt.+ ital.) - Milano, Roma: Ed. Avanti! 1956
= Il gallo. 26. /1153

Bertolt Brecht. Zusammenstellung und Redaktion: Hans Klähn und
Waldemar Sowade. - Berlin: Deutscher Kulturbund 1957; 3. durchges.
und verb. Aufl. Redaktion: Nora Baum 1962. /1154

gedichte. Gestaltung, Satz und Druck von Gert Wunderlich. -
Leipzig: Hochschule für Grafik und Buchkunst (1957). /1155

Brecht. Ein Lesebuch für unsere Zeit. Redaktion: Elisabeth Hauptmann und Benno Slupianek. - Weimar: Volksverlag Weimar 1958. /1156

dasselbe. - Wien: Die Buchgemeinde, Globus Verlag /1965/. /1157

Gedichte und Geschichten. Zum 60. Geburtstag von B. B.. Illustr. von Elizabeth Shaw. - Berlin: Volk und Wissen (1958). /1158

dasselbe. - Berlin: Aufbau 1958. (nicht im Buchhandel) /1159

Bertolt Brechts Taschenpostille. Mit Anleitungen, Gesangsnoten und einem Anhang. - Berlin: Aufbau 1958. (zuerst 1926) /1160

Aus dem Lesebuch für Städtebewohner. (Enthalten in:) Versuche, Heft 2 (Neudruck). - Berlin, Frankfurt: Suhrkamp 1959. (zuerst 1930) /1161

dasselbe. - Berlin: Aufbau 1963. /1162

Drei Gedichte. Notiz zu Brecht von Max Frisch. 5 Handätzungen von Beni Schalcher. Hrsg. von Bruno Margadant. - Zürich: Schalcher (1959).
/1163
Poesie e canzoni. (dt. + ital.) A cura di Ruth Leiser e Franco Fortini. Con una bilbiografia musicale di Giacomo Manzoni. - Torino: Einaudi (1959) = I millenni. 44. /1164

Selected Poems. (dt. + engl.) Transl. and introd. by Hoffman Reynolds Hays. - New York: Grove Press; London: J. Calder (1959) = An Evergreen Book. E 187. /1165

Ausgewählte Gedichte. Auswahl von Siegfried Unseld. Nachwort von Walter Jens. - Frankfurt: Suhrkamp (1960) = suhrkamp texte. 3. /1166

dasselbe. - Ebenda (1964) = edition suhrkamp. 86. suhrkamp texte. /1167

dasselbe. - Stockholm: Svenska Bokförlaget Bonniers (1966) = Moderne deutsche Dichter aus den Suhrkamp-Texten. /1168

Gedichte. 1.: 1918-1929. Bertolt Brechts Hauspostille. Aus einem Lesebuch für Städtebewohner. Geschichten aus der Revolution. - Frankfurt: Suhrkamp 1960. /1169

dasselbe. - Berlin, Weimar: Aufbau 1961. /1170

Sprechplatte: Bertolt Brecht singt Moritat von Mackie Messer. Das Lied von der Unzulänglichkeit menschlichen Strebens. Musik: Kurt Weill. Wiedergabe der Originalaufnahme von 1928/29. - Frankfurt: Suhrkamp 1960. (auch als Beilage in Bertolt Brechts Dreigroschenbuch, hrsg. von Siegfried Unseld, ebenda 1960) /1171

Gedichte. 2.: 1913-1929. Unveröffentlichte und in Sammlungen nicht enthaltene Gedichte. Gedichte und Lieder aus Stücken. - Frankfurt: Suhrkamp 1960. /1172

Legende von der Entstehung des Buches Taoteking auf dem Weg des Laotse in die Emigration. - Zürich: Buchantiquariat Neues Schloß, H. und R. Madlinger-Schwab 1960 = Neujahrsgabe des Buchantiquariats. Neues Schloß in Zürich, H. und R. Schwab. 4. /1173

dasselbe. - Mit einer Lithographie von Gustav Seitz. - Frankfurt:

Ars librorum (1967) = Edition de Beauclair. 4. /1174

Gedichte. 2.: 1913-1929. In Sammlungen nicht enthaltene Gedichte.
Gedichte und Lieder aus Stücken. - Berlin, Weimar: Aufbau 1961. /1175

Gedichte. 3.: 1930-1933. Lieder, Gedichte, Chöre. Die drei Soldaten.
Die sieben Todsünden der Kleinbürger. Unveröffentlichte und nicht in
Sammlungen enthaltene Gedichte. Gedichte und Lieder aus Stücken. -
Frankfurt: Suhrkamp 1961. /1176

Gedichte. 3.: 1930-1933. Lieder, Gedichte, Chöre. Die drei Soldaten.
Die sieben Todsünden der Kleinbürger. In Sammlungen nicht enthaltene
Gedichte. Gedichte und Lieder aus Stücken. - Berlin, Weimar:
Aufbau 1961. /1177

Gedichte. 4.: 1934-1941. Svendborger Gedichte. Chinesische Gedichte.
Studien. Gedichte aus dem Messingkauf. Zum Messingkauf gehörige
Gedichte. Steffinische Sammlung. - Frankfurt: Suhrkamp 1961. /1178

Gedichte. 4.: 1934-1941. Svendborger Gedichte. Chinesische Gedichte.
Studien. Gedichte aus dem Messingkauf. Steffinische Sammlung. -
Berlin, Weimar: Aufbau 1961. /1179

... denn wovon lebt der Mensch. 41 Fotos von Heinz Gräf nach
Texten von Bert Brecht. - Hamburg: Rütten & Loening (1962). /1180

Anthologie. Hrsg. von Hermann Hansson und Renée Sulzbach. -
Stockholm: Svenska Bokförlaget Bonnier (1963). /1181

Gedichte und Lieder aus Stücken. - Frankfurt: Suhrkamp
(1963). /1182

Tudor Arghezi, Bert Brecht, Salvatore Quasimodo: Versek. (in Originalsprache und in ungarischer Übersetzung) - Budapest: Irodalmi
Könyvkiadó (Editura pentru literatura) 1963. /1183

Gedichte. 5.: 1934-1941. In Sammlungen nicht enthaltene Gedichte.
Gedichte und Lieder aus Stücken. - Frankfurt: Suhrkamp 1964. /1184

dasselbe. - Berlin, Weimar: Aufbau 1964. /1185

Gedichte. 6.: 1941-1947. Gedichte im Exil. In Sammlungen nicht enthaltene Gedichte. Gedichte und Lieder aus Stücken. - Frankfurt: Suhrkamp 1964. /1186

dasselbe. - Berlin, Weimar: Aufbau 1964. /1187

Gedichte. 7.: 1948-1956. Buckower Elegien. In Sammlungen nicht
enthaltene Gedichte. Gedichte und Lieder aus Stücken. - Frankfurt:
Suhrkamp 1964. /1188

dasselbe. - Berlin, Weimar: Aufbau 1969. /1189

Gedichte im Exil. Buckower Elegien. - Frankfurt: Insel
(1964) = Insel-Bücherei. 810. (Außentitel: Buckower Elegien
und andere Gedichte) /1190

Gedichte. 8.: Nachträge zu den Gedichten 1913-1956. - Frankfurt:
Suhrkamp 1965. /1191

dasselbe. - Berlin, Weimar: Aufbau 1969. /1192

Gedichte. 9.: Nachträge zu den Gedichten 1913-1956. Gedichte und
Lieder aus Stücken und anderen Arbeiten. Gedichte über Stücke.
Fragmente. - Frankfurt: Suhrkamp 1965. /1193

dasselbe. - Berlin, Weimar: Aufbau 1969. /1194

Sprechplatte: Gedichte und Prosa. Helene Weigel liest. - Hamburg:
Deutsche Grammophon Gesellschaft, Literarisches Archiv /1965/. /1195

Sprechplatte: dasselbe. - Berlin: Deutsche Schallplatten, Eterna. /1196

Selected Poems. Edited by K. Wölfel. - London: Oxford University
Press 1965 = Clarendon German Series. /1197

Sprechplatte: Helene Weigel liest Bertolt Brecht. (2. Folge) -
Deutsche Grammophon Gesellschaft, Literarisches Archiv /1966/. /1198

Sprechplatte: dasselbe. - Berlin: Deutsche Schallplatten, Eterna. /1199

Sprechplatte: Ekkehard-Schall-Porträt. Gedichte, Lieder und
Szenen aus Stücken von Bertolt Brecht. (Sprecher: Ekkehard
Schall) Musik: Bertolt Brecht, Paul Dessau, Hanns Eisler. Orchester
des Berliner Ensembles, Leitung: Hans-Dieter Hosalla. Künstlerische
Leitung: Manfred Wekwerth und Joachim Tenschert. - Berlin:
Deutsche Schallplatten, Litera 1966. /1200

Sprechplatte: (dasselbe:) Lieder, Gedichte und Szenen aus
Stücken. - Hamburg: Deutsche Grammophon Gesellschaft,
Literarisches Archiv /1966/. /1201

Sprechplatte: dasselbe. - Düsseldorf: Polyglotte /1968/. /1202

Sprechplatte: Gisela May (singt) Brecht / Weill. Studioorchester,
Dirigent: Heinz Rögner. - Berlin: Deutsche Schallplatten, Eterna
/1966/. /1203

Sprechplatte: dasselbe. - Hamburg: Philips /1966/. /1204

Sprechplatte: Legenden, Lieder und Balladen von 1914-1934.
Gesungen von Ernst Busch. Instrumentalgruppe und Leitung: Adolf
Fritz Guhl. - Hamburg: Deutsche Grammophon Gesellschaft,
Literarisches Archiv /1966/. /1205

Sprechplatte: dasselbe. - Berlin: Deutsche Schallplatten, Eterna; (ebenda)
Aurora (2 Schallplatten). /1206

Liebesgedichte. Ausgewählt von Elisabeth Hauptmann. - Frankfurt:
Insel (1966). /1207

Sprechplatte: Über die großen Städte. (2 Schallplatten und Textanhang)
1. Lieder und Gedichte. Musik: Paul Dessau (u. a.) Sprecher: Manfred
Karge (u. a.) - Berlin: Deutsche Schallplatten, Litera 1966 = Brecht-
Abend des Berliner Ensembles. /1208

(Gedichte) - Berlin: Neues Leben (1967) = Poesiealbum. 1. /1209

Das kleine Brechtbuch. Hrsg. und erläutert von Koichi Kondo. -
Tokio: Sansyusya-Verlag (1967). /1210

Der große Oktober der Arbeiterklasse. Geschichten, Lob-
lieder, Berichte. (Sonderdruck des Berliner Ensembles zum 50. Jahres-

tag der Großen Sozialistischen Oktoberrevolution.) Hrsg.: Berliner
Ensemble. - Berlin /1967/. /1211

Die Hauspostille. Manual of Piety. (dt.+ engl.) A bilingual edition
with English text by Eric Bentley and notes By Hugo Schmidt. - New York:
Grove Press (1967). /1212

Sprechplatte: Die sieben Todsünden. Vortrag: Lotte Lenya,
Männerquartett und Orchester, Leitung: Wilhelm Brückner-Rüggeberg. -
Frankfurt: CBS /1967/. /1213

Sprechplatte: Ein Bertolt-Brecht-Abend mit Therese Giehse.
(Folge 1). Musikalische Leitung: Peter Fischer. - Hamburg: Deutsche
Grammophon Gesellschaft, Literarisches Archiv /1967/. /1213a

Gedíchte, Balladen, Songs. Ausgewählt und zusammengest. von
Ute Garbe. - Freiburg i. Br.: Hyperion /1967/ = Hyperion-Bücherei. /1213b

Gesammelte Werke in 8 Bänden. Hrsg. in Zusammenarbeit mit
Elisabeth Hauptmann. 4.: Gedichte. - Frankfurt: Suhrkamp (1967). /1213c

dasselbe. - Zürich: Buchclub Ex Libris (1967). /1213d

Gesammelte Werke in 20 Bänden. Hrsg. in Zusammenarbeit mit
Elisabeth Hauptmann. 8.: Gedichte 1, 9.: Gedichte 2, 10.:
Gedichte 3. - Frankfurt: Suhrkamp (1967) = edition suhrkamp
werkausgabe. /1213e

Sprechplatte: Songs, Gedichte und Geschichten. Gesungen und
gesprochen von Wolf Kaiser (u. a.). Musik: Kurt Weill und Hanns Eisler.
Musikalische Leitung: Hans-Dieter Hosalla, Orchester des Berliner
Ensembles. Regie: Manfred Wekwerth. - Berlin: Deutsche Schallplatten, Litera 1967. /1213f

Sprechplatte: dasselbe. - Hamburg: Deutsche Grammophon Gesellschaft,
Literarisches Archiv /1969/. /1213g

Sprechplatte: dasselbe. - Düsseldorf: Polyglotte /1969/. /1213h

Sprechplatte: Ein Bertolt-Brecht-Abend mit Therese Giehse.
Folge 2. Musikalische Leitung: Peter Fischer. - Hamburg: Deutsche
Grammophon Gesellschaft, Literarisches Archiv /1968/. /1213i

Graphik zu Bertolt Brecht von Fritz Cremer. (enth. Gedichte) -
Berlin: Deutsche Akademie der Künste 1968. /1213j

Sprechplatte: Hilmar Thate singt Brecht. In Kompositionen von
Bertolt Brecht, Hanns Eisler (u. a.). Musikalische Leitung: Hans-Dieter
Hosalla, Orchester des Berliner Ensembles. Regie: Manfred Wekwerth
und Joachim Tenschert. - Berlin: Deutsche Schallplatten, Litera 1968. /1213k

Sprechplatte: dasselbe. - Hamburg: Deutsche Grammophon Gesellschaft,
Literarisches Archiv /1969/. /1213l

Sprechplatte: Lehrgedicht von der Natur des Menschen. Es
lesen Helene Weigel und Ekkehard Schall. Künstlerische Leitung:
Joachim Tenschert. - Berlin: Deutsche Schallplatten, Litera 1968. /1213m

Poesie. (dt.+ ital.) Traduction di Emilio Castellani e Roberto Fertonani. (3 Bde.) 1.: 1918-1933. - Torino: Einaudi (1968) = I millenni. /1213n

Sprechplatte: Brecht-Songs mit Gisela May. Studioorchester,
Dirigent: Henry Krtschil. - Berlin: Deutsche Schallplatten, Eterna. /1213o

Sprechplatte: dasselbe. - Hamburg: Deutsche Grammophon Gesellschaft,
Literarisches Archiv /1969/. /1213p

Sprechplatte: Ein Bertolt-Brecht-Abend mit Therese Giehse.
Folge 3. Musikalische Leitung: Peter Fischer. - Hamburg: Deutsche
Grammophon Gesellschaft, Literarisches Archiv /1969/. /1213q

Kinderhymne. - Pretzsch: Kinderheim Adolf Reichwein /1969/. /1213r

Sprechplatte: Songs, Gedichte, Prosa. Sprecher: Hanns Ernst
Jäger. - Dortmund: Verlag "pläne" /1969/. /1213s

Brecht Fibel. Edited by Reinhold Grimm, Henry J. Schmidt. -
New York, Evanston, London: Harper & Row (1970) = Harper's
Deutsche Bibliothek. 7. /1213t

Die Wahrheit ist konkret. Et Brecht-udvalg ved Hans Henrik
Jacobsen og Erling Christensen. Tyske forfattere. - København:
Gyldendal (1.Aufl. b.n.e., 2. erweit. Aufl. 1971). /1213u

Sprechplatte: Ein Bertolt-Brecht-Abend mit Therese Giehse.
Folge 4. Aufführung der Münchner Kammerspiele. - Hamburg: Deutsche
Grammophon Gesellschaft, Literarisches Archiv /1970/. /1213v

Sprechplatte: Ein Bertolt-Brecht-Abend mit Therese Giehse.
Musikalische Leitung: Peter Fischer. - Zürich: Ex Libris /1970/. /1213w

Gedichte. Auswahl und Vorwort von Viktor Theiss. - Bukarest:
Albatros (1970). /1213x

Kinderzeichnungen zu Brecht. 34 Tafeln und die Texte. Mit
einem Nachwort von Werner Hecht. - Leipzig: Insel-Verlag 1970. /1213y

Kinderzeichnungen zu Brecht. 34 Tafeln mit den Texten.
Nachwort von Werner Hecht. - Frankfurt: Insel (1970). /1213z

Schallplatten, deren Erscheinungsjahre vor Abschluß der Niederschrift
nicht mehr ermittelt werden konnten.

Sprechplatte: An die Nachgeborenen. Kantate für Soli, Chor und Orchester von Heinz Krause-Graumnitz. - Berlin: Deutsche Schallplatten, Eterna.
/1214

Sprechplatte: Der Anachronistische Zug. Musik: Paul Dessau.
Paul Dessau (Gesang) u.a. - Ebenda, Eterna. /1214a

Sprechplatte: Die Teppichweber von Kujan-Bulak. Musik: Hanns
Eisler. Irmgard Arnold (Sopran). - Ebenda, Eterna. /1214b

Sprechplatte: Friedenslied. Musik: Paul Dessau. Annemarie Schlaebitz
(Sprechgesang). - Ebenda, Eterna. /1214c

Sprechplatte: dasselbe. Musik: Hanns Eisler. Gisela May (Gesang). -
Ebenda, Eterna. /1214d

Sprechplatte: dasselbe. Musik: Leo Spies. Herbert Rösler (Bariton). -
Ebenda, Eterna. /1214e

Sprechplatte: Fünf Kinderlieder. Musik: Paul Dessau. Irmgard Arnold
(Sopran), Paul Dessau (Gitarrenklavier). - Ebenda, Eterna. /1214f

Sprechplatte: Kälbermarsch. Musik: Günter Hank. Helmut Müller-
Lenkow (Gesang). - Ebenda, Eterna. /1214g

Sprechplatte: Lied der Einheitsfront. Musik: Hanns Eisler. Ernst
Busch, Chor, Orchester. - Ebenda, Eterna. /1214h

Sprechplatte: Lob der Partei. Musik: Kurt Schwaen. - Ebenda, Eterna. /1214i

Sprechplatte: St. Nimmerleinstag. Gegen den Krieg. Musik:
André Asriel. Gerry Wolff (Gesang). - Ebenda, Eterna. /1214j

Sprechplatte: Vom Sprengen des Gartens. u.a. Musik: Hanns Eisler.
Irmgard Arnold (Sopran), André Asriel (Klavier). - Ebenda, Eterna. /1214k

Sprechplatte: Zukunftslied. Musik: Paul Kurzbach. Gerry Wolff (Gesang).
- Ebenda, Eterna /alle vor 1967/. /1214l

Auszüge aus Stücken (Lieder, Chansons) werden im 2. Band nachgetragen.

BREDT, Otto (1888)
Quellen des Lebens. (Gedichte u.a.) Zum 65. Geburtstag des Dichters, 11. Mai 1953. - Passau: Buchdruckerei Passavia 1953. /1215

BREGENZER, Alois
Der kleine Blumenstrauß. Gedichte für Freud und Leid. Vignetten
von Max Ammann. - St. Gallen: A. Bregenzer /1948/. /1216

Am Weg skizziert. Gedichte. Vignetten von Willy Steinlin. - Ebenda
/1948/. /1217

BREHM, Max Martin
Wie verzaubert. Eine Gedichtsammlung mit Bildern. - Höchstadt
(Aisch): Mens-Verlag (1947). /1218

BREINER, Franz (1889-1960)
Das Brillenglas. Ein heiteres Versbuch. - Salzburg: Müller (1952). /1219

BREMER, Claus (1924)
poeme collectif. In Zusammenarb. mit R. Gerhardt. - 1952 (b.n.e.) /1220

poesie. Gedichte und Grafik. - Karlsruhe: Vlg. der fragmente (1954)
= fragmente. 19. /1221

kristall aus pause. - 1955 (b.n.e.) /1222

tabellen und variationen. - Frauenfeld: Gomringer
/1961/ = konkrete poesie - poesia concreta. 5. /1223

ideogramme. - Ebenda 1964 = konkrete poesie - poesia concreta. 11. /1224

Texte und Kommentare. Zwei Vorträge mit zahlreichen
Figurentexten. - Steinbach: Anabas-Verlag G. Kämpf 1968. /1225

Anlässe. Kommentierte Poesie 1949-1969. (vorgelegt von Franz Mon)
- Neuwied, Berlin: Luchterhand (1970) = Luchterhand-Druck. 7. /1226

BRENDEL, Robert (1889-1947)
Wandlung und Dauer. Ausgewählte Gedichte. Vorwort von Max
Sidow. - Reinbek bei Hamburg: Parus Verlag 1952. /1227

BRENNER, Heinz (1900)
Des Daseins tiefste Frage. Ein Zyklus. Geschrieben von Geo

Hutzler. - Nürnberg, Bamberg, Passau: Glock & Lutz (1947).   /1228
Im Dunkel wach. Gedichte. - 1950 (b.n.e.)   /1229
Lauschend den Liebenden. Gedichte. - 1951 (b.n.e.)   /1230
Der Mensch hat das Wort. Gedichte. - 1953 (b.n.e.)   /1231
Rondo. - Augsburg, Basel: Vlg. Die Brigg /1956/.   /1232
Du Mond. - Ebenda /1957/.   /1233
Im Spiegel. - Ebenda /1959/.   /1234
Die Welle rauscht, die Muschel singt. - Ebenda (1961).   /1235
dasselbe. - Nürnberg: Glock & Lutz (1961).   /1236
Arietta. - Augsburg: Vlg. Die Brigg (1962).   /1237
Uhrschlag der Zeit. Herzschlag der Liebe. - Ebenda (1963).
  /1238
BRENNER, Josef   (1901)
Gepanzerte Worte. Satirisches in Vers und Prosa. - Karlsruhe:
Der Karlsruher Bote /1961/.   /1239
BRENNER, Paul Adolf   (1910)
Drei Gedichte an Vincent van Gogh. - Privatdruck 1953.   /1240
Haus der Nacht. Gedichte. - Zürich: Fretz & Wasmuth (1954).   /1241
Bilder und Schatten. Gedichte. - 1955.   (b.n.e.)   /1242
Das kleine Schuldenheft. Gedichte. - Zürich: Großenbacher
Dein Abendbuch. - Zürich, Stuttgart: Artemis 1959.   1958. /1243
(auch sign. Luxusausgabe)   /1244
Und ist kein anderes Wunder. Gedichte. - Großenbacher 1961. /1245
BRETSCHER, Marie
Zwölf Gedichte. Zum 60. Geburtstag der Dichterin hrsg. von der
Literarischen Vereinigung Winterthur. - o.O., A. Vogel /1948/.   /1246
BREUKER, Georg   (1876-1964)
Der Blütenzweig. Gedichte. - Bochum: Zülch 1949.   /1247
Das goldene Kalb. Eine Ballade. - Hattingen/R.: Imma-Vlg. 1959.   /1248
Gedichte eines Bergmanns. Bilder von H. Figge und Erica Pilius-
Beccard. (Jubiläumsausgabe) - Hattingen/Ruhr: Imma-Verlag 1961.   /1249
BRIER, Daniel   (1918-1955)
Netze im Meer. Gedichte. - München, Wien: Donau-Verlag (1955). /1250
BRILL, Richard
Lyrische Gedichte. Dichtung und Wahrheit. - Hannover: Hahn (1946).
  /1251
BRINCKEN, Gertrud von den   d.i. Gertrud Schmied   (1892)
Stimme im Dunkel. München: Neubau-Verlag (1949).   /1252
BRINKMANN, Rolf Dieter   (1940)
Le chant du monde. Gedichte 1963-1964. . Olef/Eifel: Olefer
Hagarpresse (1964).   (160 num. Ex.; Ex. 1-60 mit sign. Radierungen
von Emil Schumacher als Vorzugsausgabe)   /1253

Ohne Neger. Gedichte 1965. - Hommerich: Collispress 1966. /1254

& - Gedichte. - Berlin: Oberbaumpresse 1966. /1255

Was fraglich ist wofür. Gedichte. - Köln, Berlin: Kiepenheuer & Witsch (1967). /1256

Godzilla. Mit einer Handzeichnung von Karl-Heinz Krüll. - Köln: Hake (1968) = tangenten. 9. /1257

Die Piloten. Neue Gedichte. - Köln: Kiepenheuer & Witsch (1968). /1258

Standphotos. Gedichte. 4 zweiteilige, zweifarbige Ätzungen von Karolus Lodenkämper. - Duisburg: Guido Hildebrandt 1969 = Hundertdruck. 6. /1259

Gras. - Köln-Marienburg: Kiepenheuer & Witsch (1970). /1260

BRITTING, Georg (1891-1964)
Die Begegnung. (Sonette). - München: Nymphenburger Verlagsbuchh. 1947. /1261

Lob des Weines. Mit Zeichnungen von Max Unold. Neuaufl. - Hamburg: Dulk /1947/. /1262

dasselbe. 3. erw. Aufl. - München: Hanser (1950). /1263

Zauberäugig lockt die Frucht. Gedichte. - 1947 (b. n. e.) /1264

Der Eisläufer. Erzählungen und Gedichte. - Bad Wörishofen: Drei -Säulen-Verlag (1948) = Das kleine Säulenbuch. 12. /1265

Der irdische Tag. Gedichte. - München: Nymphenburger Verlagsbuchh. (1948). (zuerst 1935) /1266

Unter hohen Bäumen. Gedichte. - Ebenda (1951). /1267

Die kleine Welt am Strom. Geschichten und Gedichte. - Graz, Wien: Ein Buch der Nymphenburger Verlagshandlg. im Verlag Stiasny (1952). (zuerst 1933) /1268

Geschichten und Gedichte. - München: Ebenda (1952); mit einem Nachw. von Wolf Lauterbach (1956). /1269

Erzählung und Gedicht. Vorw. von Wilhelm Grenzmann. - Paderborn: Schöningh (1953) = Schöninghs Textausgaben. 259. /1270

Gesamtausgabe in Einzelbänden. 1.: Gedichte 1919-1939. - München: Nymphenburger Verlagshandlg. 1957. /1271

2.: Gedichte 1940-1951. - Ebenda 1957. /1272

Will der Winter kommen? - Ebenda (1960). /1273

Sprechplatte: Georg Britting spricht Fünf Gedichte (aus) Lob des Weines), vier Sonette (aus) Die Begegnung (u. a.) - Freiburg: Christophorus-Vlg. /1961/. /1274

Gesamtausgabe in Einzelbänden. 7.: Der unverstörte Kalender. Nachgelassene Gedichte. Hrsg. von Ingeborg Britting und Friedrich Podszus. - München: Nymphenburger Verl. handlg. 1965. /1275

BRIX-BOGENSBERGER, Paula

Rosen im Abendlicht. Gedichte. Mit einem Original-Holzschnitt
von Switbert Lobisser. - Klagenfurt: Kollitsch /1954/. /1276

BRIZZI, Elisabeth
"... und Du mußt nach innen lauschen." - Wien: Europ.
Verlag 1963. /1277

BROCH, Hermann (1886-1951)
Gesammelte Werke in 10 Bänden. 1. Gedichte. Hrsg. und eingel. von Erich von Kahler. - Zürich: Rhein-Vlg. 1953. /1278

Die Heimkehr. Prosa und Lyrik. Ausw. aus dem dichterischen Werk
... Hrsg. und eingel. von Harald Binde. - Frankfurt, Hamburg: Fischer-
Bücherei (1962) = Fischer-Bücherei. 449. /1279

BROCKER, Josef (1892)
E joldig Käntsche. Krefelder Mundart. Düsseldorf: Wust 1955
= Stimmen der Landschaft. 3. /1280

BROCKHAUS, Paul (1879-1965)
Muscheln. Gedichte. Buchschmuck von Asmus Jessen. - Lübeck:
Antäus Vlg. und Vlg. H. G. Rahtgens (1948). /1281

Zeichen am Wege. Sprüche zum Jahreslauf. Graph. Gestaltung von
Gertraut Boelter-Evers. - Wolfshagen-Scharbeutz: Westphal (1953). /1282

Auf dem Abendfeld. Gedichte. - 1956. (b. n. e.) /1283

BROD, Max (1884-1968)
Neue Gedichte. - 1949 (b. n. e.) /1284

Gedichte. Zeichnungen von Max Unold. 3. erw. Aufl. - München:
Hanser (1950). /1285

Gesang einer Giftschlange. Wirrnis und Auflichtung.
Gedichte. - München: Starczewski (1966). /1286

BRODESSER, Hans
Kölle 66. Gedeechte. Illustr. nach Holzschnitten aus dem 19. Jahrhundert.
- Köln: Greven (1966). /1287

Pänz sin och Minsche. Gedeechte. Illustr. von Renate Triltsch
- Ebenda (1967). /1288

BRODMERKEL, Carl
Walderleben. Gedichte über den Bayerischen Wald. - Passau: Insti -
tut für Ostbair. Heimatforschung (1969) = Neue Veröffentl. d. Instituts f.
Ostbair. Heimatforschung. 22. /1289

BRÖCKER, Wilhelm (1881)
Bu dei Ollen sungen, sollt twitschern dä Jungen. Gedichte
in diär Häimessproke. - Plettenberg: Overhoff (1961). (Umschlagtitel:
Häimesvolk.) /1290

BRÖSE, Siegfried
Einsichten. Gedichte. Mit Zeichn. von Alcopley. - Freiburg i. Br. :
Albert 1959. /1291

BRONIKOWSKA
der fallschirm öffnet sich nicht. gedichte und ein text. Grafiken
von Dietrich von Oppeln. - Dortmund: junge presse d (1970) = junge

presse d. 5. /1292

BRONNI, Lisa
　　Späte Ernte. Gedichte. Mit Bildern von Paul Jauch. - Ulm: Hess
　　(1969). /1293

BRUCHHÄUSER, Wilhelm　　(1895)
　　Du trägst ein Licht... Gedichte. Zeichnungen von Karl Bruch-
　　häuser. - Neuwied a. Rh.: Strüder /1958/ /1294

BRUCK, Elisabeth
　　Gedichte. - Wien: Bergland Verlag (1963) = Neue Dichtung aus Öster-
　　reich. 91. /1295

BRÜCK, Rolf
　　Nervengras. Mit Bildgeschichten von Werner Bandel. Zeichnungen von
　　C. Fischer. - Frankfurt: Vlg. Erkenntnis & Interesse 1970. /1296

BRÜCKNER, Helmut　　(1925)
　　Gedichte. Geschrieben in den Lagern Waldheim und Bautzen. - Berlin-
　　Neukölln: Selbstverlag 1954. /1297

BRUEGEL, Fritz　　(1897-1965)
　　Gedichte aus Europa. - Zürich, New York: Oprecht /1945/.
　　(zuerst 1937) /1298

BRÜLLMANN, Erwin
　　Wanderer in der Nacht. - Kradolf: Boretti (1960) /1299

　　Kalendersprüche. Mit 6 Zeichnungen von Ignaz Epper. - Ebenda
　　(1964) /1300

BRÜES, Otto　　(1897)
　　Die Brunnenstube. Gedichte. - Gütersloh: Bertelsmann (1948). /1301

BRÜSCHWEILER-DÄSTER, Liny
　　Übers Brüggli. Zeichnungen von Rosemarie Kiefer-Haefliger. -
　　Strengelbach: Vlg. Baustein (1968). /1302

BRÜSTLE, Hans　　(1907)
　　Variationen. Gedichte. - Karlsruhe: Der Karlsruher Bote /1961/. /1303
　　　　　　　　　　　　　　　　　s. a. u. Pseud.: BIRON, Hans
BRÜTSCH, Charles　　(1907-1954)
　　Gedichte und Aphorismen. - Zürich: Alga-Vlg. /1952/. /1304

BRÜTSCH, Jakob
　　Be üüs dihaame. - Gedichte und Kurzgeschichte. - Andelfingen bei
　　Zürich: Thur-Verlag /1955/. /1305

BRUDER, Otto　　d. i. Otto Salomon

　　Hirtenbotschaft. Weihnachtsgeschichten und Weihnachtsgedichte.
　　Illustr. von Wilhelm Kaufmann. - Zürich: Gotthelf-Vlg. (1947) = Die Ge-
　　meinde. 6. /1306

　　Abendgang. Gedichte. - Zürich, Stuttgart: Flamberg (1962) /1307

　　Morgenwind. Gedichte. - Witten, Berlin: Eckart-Vlg. 1968 /1308

　　Vox humana. Gedichte. - München: Christ. Kaiser 1970 /1309

BRUGG, Elmar　　d. i. Rudolf Elmayer von Vestenbrugg　　(1881-1970)

Vom Tod ins Leben. Ein Hymnus. - München: Gässler 1958. /1310
BRUGGMANN, Karl
 Mut zum Wagnis. Erinnerungen und Gedichte. Hrsg. von Margrit
 Ermatinger-Leu in Zusammenarb. mit Georg Dürr. Illustr. von Wolfgang
 Steiger. - Flawil: Vlg. Freunde Karl Bruggmanns 1965 /1311
 Ausklang. - Ebenda 1966. /1312
BRUNE, Bruno
 Neuntöter. Illustr. Gedichte. Zeichnungen von Wolf Brune. - Heidel-
 berg: Brausdruck 1958. /1313
BRUNNER, Franz
 Am Anger. Gedichte in Mostviertler Mundart. - Wien: Österr. Agrar-
 verlag (1951). /1314
BRUNNER, Margarethe
 Besinnliches. Federzeichnungen von Fr. Stelzer. - Fellbach bei
 Stuttgart: Christl. Buchvertrieb und Verlag /um 1946/. /1315
BRUNNER, Matthias
 Auftrag. - Wien: Europ. Verlag 1970. /1316
BRUNNER, Peter
 Fassadenkletterer. - Aarau: Sauerländer (1970). /1317
BRUSTMANN, Rudolf
 Früchte. Gedichte. - Wien: Europ. Verlag /1952/. /1318
BUBL, Josef (1889)
 Zwischen gestern und morgen. Gedichte. Holzschnitte von Otto
 Rudolf Schatz. - Wien:- Wiener Volksbuchverlag 1946. (zuerst 1916) /1319
 Passion des Geistes. Lyrik in 5 Stilen. - Wien: Bauer (1947).
 (zuerst 1918) /1320
BUCAR, Romeo
 Der Acker. - München, Würzburg, Wien: Relief Vlg. 1967 = Der
 Viergroschenbogen. Sonderb. 49. /1321
BUCHEBNER, Walter (1929-1964)
 Zeit aus Zellulose. Nachw. von Alois Vogel. - Vlg. Jugend und
 Volk (1969) = Neue Perspektiven. /1322
BUCHELI, Xaver
 Überm Rotbach. Rotheburger Värsli. 8 Zeichnige von Balz Camen-
 zind. - Emmenbrücke: Buchdr. Emmenbrücke (1958). /1323
BUCHERT, Raymond
 Doch die Gestirne läuten. - Todtmoos, Basel, Mülhausen:
 Dreiländer-Verlag (1964) = Die Blaue Reihe. /1324
BUCHGRABER, Viktor (1890-1962)
 Ausgewählte Gedichte. - Wien: Herder 1946. /1325
 Kleiner Lobgesang. - Wien: Birken-Verlag (1952). /1326
 Achte die zärtlichen Dinge. - Wien: Birken-Verlag (1962) /1327
BUCHHOLTZ, Dietrich (1919-1964)
 Seele und Welt. Gedichte. Illustr. von Wilfried Hermes. -

Kreuztal/Westf.: Jung-Stilling-Vlg. 1948. /1328
BUCHINGER, Otto (1878-1967)
Unterwegs. Blätter, Blüten und Bodenproben eines Wanderers. 2. veränd. Aufl. - Bad Pyrmont: Friedrich (1946). (zuerst 1936) /1329
BUCHMAYR, Karl
Freistadt und rund-umadum. 6 Gedichte in oberösterr. Mundart.
- Freistadt: Selbstverlag (1948). /1330
BUCHNER, Martin
Sturmflut über dem Abendland. - Passau: Verlag Passavia /1955/. /1331

Lied vom Inn. Buchschmuck von Wolfgang Buchner. 3. Aufl. mit dem Abgesang. - Passau: Neue-Presse-Verlagsges. /1959/. (zuerst 1909) /1332

BUCK, Christian
Mannsbilder und Weiberleut. Zeichn. von Hans Prähofer. -
Feldafing/Obb.: Brehm (1962). /1333

BUCK, Michel
Bagenga. Oberschwäbische Gedichte. Illustr. von A. Münzing. 3. erw.
Aufl. - Ertingen/Württ.: Metzger (1952). /1334

BUDDE, Erich (1894)
Rufe in die Nacht. Hinter Grenzen und Gittern. - Meine/Hann.:
Kluge & Ströhm 1955. /1335

BUDDENSIEG, Hermann (1893)
Neckar. - Heidelberg: Lambert Schneider 1946. /1336

dasselbe. 2. durchges. u. erg. Aufl. (Mit Abbildungen aus Emblemata-
Werken des 16. Jahrhunderts).- Heidelberg: Brausdruck (1963). /1337

Hymnen an die Götter Griechenlands. - Hamburg: Saal (1947).
/1338
dasselbe. - Heidelberg: Schneider 1948. /1339

Verwandelte Welt. Gedichte. - Hamburg: Adolf Saal Vlg. 1948. /1340

Den Nymphen. - Heidelberg: Schneider 1950. /1341

Spiel der Welt. - Heidelberg: Schneider 1950. /1342

Weltwende. Ruf und Vermächtnis. - Heidelberg-Ziegelhausen:
Selbstverlag 1955. /1343

Zeichen der Zeit. Xenien. - Ebenda 1958. /1344

Lebensgeleit. Gedichte. - 1960 (b.n.e.) /1345

Jahressprüche. Gedichte. - 1961 (b.n.e.) /1346

BUDICH, Carl (1904)
Ut Dag un Droom. Gedichte und Balladen. - Hamburg-Wellingsbüttel: Verlag der Fehrs-Gilde /1950/ /1347

BUDKE, Gudula
Rückspiegel. Lyrik. - München: Relief Vlg. Eilers (1970) /1348

BUDZINSKI, Klaus (1921)
Klaus Budzinski und Rainer Hachfeld: Marx und Maoritz. Eine Buben-

geschichte in sieben Streichen nach Wilhelm Busch. Für Erwachsene umfunktioniert von B.K. und R.H. - Bern, München, Wien: Rütten & Loening (im Scherz Verlag) (1969). /1349

BÜCHLER, Franz (1904)
Erde und Salz. Gedichte. - Düsseldorf, Köln: Diederichs (1960). /135o

BÜCHLI, Arnold (1885-197o)
Gedichte. 1918-1945. - Aarau: Sauerländer (1945). /1351

Säulenträger. Dichtungen. Illustr. von August Meinrad Bächtiger. - Chur: Selbstverlag (1959) (100 num. und sign. Ex.) /1352

dasselbe - Lenzburg: Otz (1959). /1353

BÜCHNER, Johannes (1902)
Gesänge des Menschen. - Düsseldorf: Schwann (1946). /1354

Münster-Sonette. Mit Zeichnungen von Ernst Jansen Winkeln. - Mönchen-Gladbach: B. Kühlen (1949). /1355

Auftrag der Stimme. Gedichte. - Ratingen: Henn (1962). /1356

BÜCHTING, Anton
Leben aus der Einheit. 188 Sinngedichte. - München: Drei-Eichen-Verlag Kissener (1966) = Wissen für jedermann. /1357

BÜHLER, Albin (1899)
Vor em Huus im Garte. Oeppis für e Füüroobe. - Horriwil: Selbstverlag /1945/. /1358

Wenn e schöne Tag vergoht. E Hampfele Gedicht i dr Muetersproch. - Solothurn: Buchdr. Union /1951/. /1359

Los, wie d'Glogge lüte! E Hampfele Gedicht i dr Muetersproch. - Horriwil: Selbstverlag (1953). /1360

BÜHLER, Johann Fritz
Das Wort weiß den Weg. Gedichte. - Rothenburg o.d.T.: Hegereiter-Verlag (1969) = Hegereiter-Bücher. /1361

BÜHLER, Margret
Das Tier. Gesammelte Verse. - Diessenhofen: M. Bühler Verlag "Die Tierhilfe" 1964. /1362

BÜHLER, Paul (1903)
Gedichte. - Dornach: Literarischer Vlg. (1952). /1363

Lebensprobe. Gedichte. Zeichnungen von Astrid Bühler. - Ebenda (1960). /1364

Kind der Hirten - Stern der Weisen. Weihnachtsgedichte. Hrsg. von Margarete Bühler mit 4 Handlithographien von Astrid Bühler. - Dornach: Literarischer Vlg. (1966). /1365

Die Arche. Verse. Handlithographien von Astrid Bühler. - Ebenda. 1968. /1366

Atem des Lichtes. Gedichte. - Ebenda (1969). /1367

BÜHLMANN, Hans
Kriegschronik. - Bern: (Vlg. b. n. e.) (1945). /1368

BÜHRER, Jakob (1882-1962)
Kommt dann nicht der Tag? Illustr. von Hans Erni. - Gerlafingen:
Buchpresse G. Wyss-Jäggi 1962. /1369

Wer ahnt, was die einige Menschheit vermag? 7 Sonette.
Hrsg. von Karl Rüegg. Illustrationen von Hans Erni. Fetsgabe zum 80.
Geburtstag von J. B. - Luzern: Unionsdruckerei Karl Rüegg (1962). /1370

BÜNKER, Otto
De Låtern. Gedichte in Kärtner Mundart. Mit Linolschnitten von
Adolf Winkler. - Klagenfurt: Kleinmayr 1961. /1371

A gölbe Suppn. Gedichte in Kärntner Mundart. Mit Linolschnitten
von Adolf Winkler. - Ebenda 1962. /1372

Auf da Schåttnseitn, auf da Sunnseitn. Gedichte und eine
Erzählung in Kärntner Mundart. Mit 6 Holzschnitten von Walter Bergmann.
- Klagenfurt: Johannes Heyn Vlg. 1963. /1373

Die Schattenvitrine. - Ebenda (1967). /1374

BÜRDEKE, Susi (1924)
Das schmale Boot. Gedichte. - St. Gallen: Tschudy 1961. = Der
Bogen. 70. /1375

Namenszug. Gedichte. - St. Gallen: Tschudy (1963). /1376

BÜSCHER, Josef (1918)
Auf allen Straßen. Industriedichtung. - München, Würzburg, Wien:
Relief Vlg. Eilers (1964) = Der Viergroschenbogen 51/52. /1377

Gedichte. - Recklinghausen: Paulus Verlag 1965 = Neue Industrie-
dichtung. 1. Im Auftrag der Dortmunder Gruppe 61 hrsg. von Fritz Hüser.
/1378
BÜTHE, Otfried
Sichel versäumter Stunden. Gedichte. - Darmstadt: Agora 1970.
/1379
BÜTTNER, Hans Huldreich (1899)
Es ist Gesang in mir. Gedichte. - Nordenham: Selbstverl. (1952).

Im Herbst auf den Höhen. Gedichte. - 1953 (b. n. e.) /1380
/1381
Ich bin ein Lump - ein Lumpenhund! Leichte und liederliche
Verse. - Nordenham: Selbstverl. (1955). /1382

Jubelnd tönt der Stundenschlag. Gedichte. - 1955 (b. n. e.) /1383

Von Gott, der Welt und den Menschen. - Nordenham:
Selbstverl. 1956. (zuerst 1932) /1384

Reife Sonne überm Land. Gedanken und Gedichte. - Schloß Reisen-
burg b. Günzburg/Donau: H. H. Büttner 1959. /1385

Geheimnisvolles Weben. - 1961 (b. n. e.) /1386

Lächle Freund - das Leben ist so schön! Heitere und gesell-
schaftskritische Verse. 10. erw. Aufl. - Weißensee-Moos: Selbstverl.
(1964). /1387

Wunderschöne weite Welt. Gedanken und Gedichte aus dem Leben
eines wandernden Poeten. - Ebenda 1964. /1388

Ein Tag verweht den andern. Dichtung und Grafik. - Ebenda 1966.
/1389

BUFF, Max
Krippe und Kreuz bei uns. Worte für Lastenträger. - St. Gallen:
Vadian Vlg. (1962). /1390
BUHOFER, Frida
Zuversicht. Gedichte. - Zürich: Grütli-Buchdr. /1957/. /1391
BUKOFZER, Werner (1903)
Der Wanderer Namenlos. Eine Auswahl der Gedichte aus Palästina
(1940 - 1948). - Berlin: Wedding-Vlg. (1949). /1392
BULHARDT, Franz Johannes (1914)
Auf gleichem Weg. - Bukarest: Jugendverlag 1953. /1393
Der Auftrag. Gedichte. - Bukarest: Staatsverlag für Kunst und Literatur 1955. /1394
Unsere schöne Heimat. Verse. - Bukarest: Jugendverlag 1957. /1395
Der Kampf geht weiter. Lupta continuă. (dt.) - Ebenda 1959. /1396
Stätten und Stunden. Verse. - Bukarest: Literatur-Vlg. 1968. /1397
BULKOWSKI, Hansjürgen (1938)
textmetertext. - Krefeld: PRO 1968. /1398
Bulkowski Bulkowski: Hier eines unabgeschlossenen Vorgangs
papierner Teil. Drucke, Kopien, Stempel, Handschriften usw. von
1951-1969. - Krefeld, Düsseldorf: Selbstverteilung 1969. /1399
BULL, Bruno Horst (1933)
Der schöne Schläfer und andere Gedichte. - München:
Selbstverl. 1960. /1400
Die Freunde des Hauses. Lyrik und Kinderverse. - Ebenda 1961./1401
Daß die Kindheit ewig währe. Verse. - Dülmen/Westf.: Kreis
der Freunde (1962) = Der Vier-Groschen-Bogen. Sonderausgabe. 4. /1402
Die ländlichen Provinzen. Gedichte. - München: Selbstverlag
1962./1403
Ein Kahn im Moorland. Neue Gedichte. - Ebenda 1962.
/1404
Strophen. Gedichte. - München: Relief-Verlag 1965 = Der
Viergroschenbogen. 58. /1405
Fünfundzwanzig Gedichte. - München: Selbstverlag /1966/. /1406
dasselbe. - Wien: Neubacher 1966. /1407
Aussagen. Gedichte. - München: Relief-Verlag (1968). /1408
BULLER, Walter A. (1937)
Kleiner Achat im Gerinnsel der Hoffnung. - Ahrensburg:
Damokles-Verlag /1964/ = Damokles-Rotdrucke. /1409
BUNGARTEN, Theo A.
Gehobene Netze. - Schweinfurt: Neues Forum 1970. /1410
BUNGEROTH, Anneliese
Übergang. Gedichte zu Plastiken von Ernst Barlach. Mit Federzeichnungen von Michael und Margarete Gsellmaier. - Stuttgart: Ehrenfried
Klotz (1965). /1411

BUNGTER, Georg
Georg Bungter und Günther Frorath: Limerick teutsch. Mit 30 Zeichn. von Helmut Hellmessen sowie einem gelehrten Nachw. der Verfasser. - München: Piper (1969). /1412

BUNJE, Karl (1897)
Kleiner Zoo für große Leute. Ein Bilderbuch. Heitere Verse. Bunte Bilder von Ernst Ohst. - Oldenburg: E. Huyke /1948/. /1413

BURBACH, Brigitte (1935)
Ich schwamm in deinen Schatten. Gedichte. - Karlsruhe: Der Karlsruher Bote /1960/. /1414

Schiffe, die wir fingen. Gedichte. Mit 8 Grafiken von Helga Kämpf-Jansen und Nachbemerkungen des Verlegers. - Bergen-Enkheim: Anabas-Verlag, Kämpf (1966). /1415

BURBACH, Lydia (1883-1967)
Schön sind die Blumen. Gesammelt und gegliedert von Willy Mathern. Einführende Worte schrieb Peter Russ. Blumenzeichn. von Hans Haupt. - Bad Kreuznach: Voigtländer 1967. /1416

BURCKHARDT, Felix
Uff der braite Brugg firsi, hi und zrugg. Stadtverse aus 12 Jahren. Hrsg. v. d. Staatl. Literaturkredit-Kommission Basel-Stadt. - Basel: Pharos Vlg. in Komm. (1970) = Basler Texte. 2. /1417

s. a. u. Pseud. BLASIUS

BURGER, Hermann
Rauchsignale. Gedichte. - Zürich, Stuttgart: Artemis (1967). /1418

BURGER, Rudolf
Auf dem Heimweg. Gedichte. - Thun: A. Schaer 1945. /1419

BURI, Friedrich W.
Die Brücken. Gedichte. - Amsterdam: Castrum Peregrini 1947 = Castrum Peregrini Handpresse. 3. (180 num. Ex.) /1420

Drei Gedichtzyklen. Mit einem Eingangsgedicht. Holzschn. von Enzio Meyer-Borchert. - Amsterdam: Castrum Peregrini Presse 1953 /1421

Anheimfall. 8 Gedichtzyklen. - Amsterdam: Castrum Peregrini 1967 = Castrum Peregrini Presse. 16. /1422

Eisenhans, Die Brücken und andere frühe Gedichte. - Amsterdam: Castrum Peregrini 1967 = Castrum Peregrini Presse. 15. /1423

BURKART, Erika (1922)
Der dunkle Vogel. Gedichte. - St. Gallen: Tschudy 1953 = Der Bogen. 29. /1424

Sterngefährten. Gedichte. Illustr. von Gunter Böhmer. - Ebenda (1955). /1425

Bann und Flug. Gedichte. - Ebenda (1956). /1426

Sommersonnwende. 7 Gedichte. Mit 3 Holzschn. auf Pochoiregrund von Victor Surbek. - Sins: Borgis (1957) = Borgis Mappe. 4. /1427

Geist der Fluren. Gedichte. - St. Gallen: Tschudy (1958). /1428

Die gerette Erde. Gedichte. - St.Gallen: Tschudy (1960). /1429
Mit den Augen der Kore. Gedichte. - Ebenda (1962). /1430
Ich lebe. Gedichte. - Zürich, Stuttgart: Artemis (1964). /1431
Die weichenden Ufer. Gedichte. - Ebenda (1967). /1432
BURKERT, Helmut (1900)
Witterungen. Gedichte. - Hamburg: Hoffmann & Campe (1964). /1433
BURKERT, Karl
Bilder und Träume. Gedichte. - Pähl/Obb.: von Bebenburg 1962./1434
BURKHALTER, Gertrud (1911)
Heligeland. - Elgg: Volksverlag /1957/. /1435
BURKHARD, Ursula
Licht im Dunkel. Gedichte. Hrsg. von Jakob Streit. - Riehen/Basel:
Schudel (1959). /1436
Ins Licht hinein. - Ebenda /1968/. /1437
BURKHARD-KELLER, Marina
Leidenszeiten-Segenszeiten. - Basel, Gießen: Brunnen-Vlg.
(1963) = Blüten am Wege. 1. /1438
BURKHARDT, Klaus
Klaus Burkhardt und Reinhard Döhl: poem structures in the
looking glass. Typographische Figurationen. - Stuttgart: E.Walther
(1969) = rot.40. /1439
BURREN, Ernst (1944)
Derfür und derwider. Mundartverse. Nachw. von Ernst Eggimann. -
Gümlingen: Zytglogge-Verlag (1970). /1440
BURTE, Hermann d.i.Hermann Strübe (1879-1960)
Die Seele des Maien. Gedichte um Hebel. - Schopfheim: Uehlin-
Verlag 1950. /1441

Madlee. Alemannische Gedichte. - Offenburg-Baden: Burda 1951.
(zuerst 1923) /1442

Das Heil im Geiste. Gedichte. - Ebenda (1953). /1443

Psalter um Krist. Geistliche Strophen. - Lahr/Schwarzw.:
Schauenburg (1953) = Silberdistel-Reihe. 3. /1444

Stirn unter Sternen. Gedichte. - Offenburg-Baden: Burda (1957)./1445

Lied aus Murperg. Gedichte. 1959 (b.n.e.) /1446

BUSCH, Hugo (1875-)
Gedichte. Mit Zeichnungen von Adolf Münzer, Arnold Busch und Hanns
Herkendell. - Weinheim a.d.Bergstraße: Beltz 1955. /1447
BUSSEI, Giovanni
Mein Kind - das Wort. Gedichte. - Olten: Selbstverlag /1965/./1448
BUSSWEG, Rudolf
Immerzu. - Wien: Europ. Verlag 1966. /1449
BUSTA, Christine d.i.Christine Dimt (1915)
Fischwunder. Gedichte. - 1947 (b.n.e.) /1450

Jahr um Jahr. Gedichte. - Wien: Herder Verlag 1950. /1451

Der Regenbaum. Gedichte. - Wien: Thomas Morus Presse im
Herder Verlag 1951. /1452

Lampe und Delphin. Gedichte. - Salzburg: O. Müller (1955). /1453

Die Scheune der Vögel. Gedichte. - Ebenda (1958). /1454

Das andere Schaf. Auswahl. Eingel. und ausgew. von Viktor Suchy. -
Graz: Stiasny 1959 = Stiasny-Bücherei. 43. Das österr. Wort. /1455

Drei Gedichte. - Dortmund: Vereinigung von Freunden der Stadt-
und Landesbibliothek (1959) = Jahresgabe. 10. /1456

Die Sternenmühle. Gedichte für Kinder und ihre Freunde mit Bildern
von Joh. Grüger. - Salzburg, Wien, Freilassing: O. Müller 1959. /1457

Sprechplatte: dasselbe. Sprecherin: Christine Busta. - Ebenda /1962/. /1458

Unterwegs zu älteren Feuern. Gedichte. - Ebenda (1965). /1459

Unveröffentlichte Gedichte. Graph. Gestaltung von Hans Thomas. -
Wien: Höhere Graph. Bundes-und Versuchsanstalt (1965). /1460

BUTTLAR-MOSCON, Alfred Frhr. von (1898)
Mariae Glockenspiel. Ein Liederreigen zu Ehren der allerseligsten
Jungfrau und Mutter. - Wien: Amandus-Ed. (1947). /1461

Es pocht an deiner Tür. - Wien, Innsbruck, Wiesbaden: Rohrer
Verlag (1957). /1462

CAFLISCH, Christian
Ds eenisch Brattig. - Zürich: Selbstverl. (1959). /1463

CAJALÜ, d.i. Karl Jacob Lüthi
Neujahrsgruß in Versen. - Bern: Selbstverl. 1948. /1464

CALÉ, Walter
Musik am Abend. Nachgelassene Gedichte. Mit Zeichn. von Hans Meid.
- Lindau: Thorbecke 1948 = Lindauer Drucke. 4. /1465

CALENBERG, Malte
Nur ein wenig Licht. Original-Linolschn. von Fritz Möser. -
Karlsruhe: Der Karlsruher Bote 1963. /1466

CAMPHAUSEN, Rudolf Carl
Eins. Gedichte, Texte, Material und Collagen. - Düsseldorf: Selbstverl.
1970. /1467

CAPELLEN, Thilo
Sonette des Herzens. - Karlsruhe: Der Karlsruher Bote 1961. /1468

CAPELLMANN, Othmar (1902)
Besiegt den Haß! Gedichte. - St. Florian: Stiftsbuchh. (1949) =
Sonderdruck der "Lesergemeinde" St. Florian. /1469

Das Steckenpferd. - Steyr: Selbstverl. /1951/. (masch. autogr.) /1470

In den Wind gesät. Liebeslyrik-Zyklus. - Steyr: Ennsthaler
(1965). /1471

Zwischen Halm und Himmel. Gedichte. - Ebenda (1967). /1472

CAPESIUS, Roswith
Zwischen Fenster und Sein. Gedichte. - Bukarest: Kriterion
1970. /1473

CAROSSA, Hans (1878-1956)
Abendländische Elegie. - Frankfurt: Insel 1946. /1474

dasselbe. - Zürich: Die Arche, Peter Schifferli 1946. /1475

Stern über der Lichtung. Neue Gedichte. - Hameln: Vlg. der
Bücherstube, Seifert 1946. /1476

dasselbe. - Olten: Vereinigung Oltner Bücherfreunde, 39. Veröffentlichung
1948. (zum 70. Geb. Hans Carossas) /1477

Dieci poesie. (dt.+ital.) Tradotte da Luciano Budigna. - Milano:
Giovanni Scheiwiller „all' insegna del pesce d'oro" 1947. /1478

Gedichte. Vom Dichter ausgewählt. - Wiesbaden: Insel (1947) = Insel-
Bücherei. 500. (zuerst 1937) Erw. Ausg. (1953). /1479

Gesammelte Gedichte. - Wiesbaden: Insel 1947. /1480

dasselbe. - Zürich: Arche (1949). /1481

Gesammelte Werke. 1., 2. - Wiesbaden: Insel 1949. (Die Gedichte
in Bd. 1) /1482

Der alte Brunnen. Ein Gedicht. Zeichn. von Gunter Böhmer. Mit
einem Faksimile. - St. Gallen: Tschudy /1950/. (300 num. Ex.) /1483

Sprechplatte: Hans Carossa spricht Der alte Brunnen (u.a.) -
Freiburg i.Br.: Christophorus-Vlg. /1962/. /1484

Sprechplatte: Hans Carossa spricht Goethe in unserer Zeit. Stern
über der Lichtung (u.a.) - Freiburg i.Br.: Christophorus-Vlg. /1962/. /1485

Sämtliche Werke. 1., 2. - Frankfurt: Insel 1962. /1486

dasselbe. - Zürich: Buchclub Ex Libris /1963/. /1487

CASTELLE, Friedrich (1879-1954)
Min Mönsterland. - Münster/Westf.: Aschendorff 1949. /1488

CATEL, Werner (1894)
Stufen. - Nürnberg: Glock & Lutz /1956/. /1489

Neue Gedichte. - Ebenda /1968/. /1490

CELAN, Paul d.i. Paul Anczel (1920-1970)
Der Sand aus den Urnen. Gedichte. Mit 2 Originallithographien von
Edgar Jené. - Wien: Sexl 1948. /1491

Mohn und Gedächtnis. - Stuttgart: Dt. Verlagsanstalt (1952). /1492

Von Schwelle zu Schwelle. Gedichte. - Ebenda (1955). /1493

Gedichte. Eine Auswahl. Ausw. und Anm. von Klaus Wagenbach unter
Mitarb. des Autors. - Frankfurt: Fischer (1959) = S. Fischer Schulausgaben. Texte moderner Autoren. /1494

Sprachgitter. - Ebenda 1959. /1495

Die Niemandsrose. Gedichte. - Ebenda 1963. /1496

Atemkristall. Radierungen von Gisèle Celan-Lestrange. - Viroflay: Brunidor /1965/. (bibliophile Ausg. in 85 Ex.) /1497

Gedichte. - Darmstadt: Moderner Buch-Club (1966). /1498

Atemwende. Gedichte. - Frankfurt: Suhrkamp (1967). /1499

Ausgewählte Gedichte. Zwei Reden. Nachw. von Beda Allemann. - Ebenda (1968) = edition suhrkamp. 262. /1500

Fadensonnen. Gedichte. - Ebenda (1968). /1501

Todtnauberg. - Vaduz: Brunidor 1968. (bibliophile Ausg. in 50 Ex.) /1502

Gisèle Celan-Lestrange: Portfolio Numéro VI. Six Gravures à l'eau-forte. (enthält:) "Diese / freie, / grambeschleunigte / Faust" - Viroflay: Brunidor 1969. /1503

Schwarzmaut. Radierungen von Gisèle Celan-Lestrange. - Ebenda 1969. /1504

Ausgewählte Gedichte. Auswahl von Klaus Reichert. - Frankfurt: Suhrkamp (1970) = Bibliothek Suhrkamp. 264. /1505

Lichtzwang. Gedichte. - Ebenda (1970). /1506

Schneepart. Gedichte aus dem Nachlaß. - Ebenda 1971. /1507

Strette. Poèmes. Suivi de Meridien (Der Meridian) et de Entretien dans la montagne (Das Gespräch im Gebirg). Texte allemand de Strette et trad. française en regard. Trad. par André Du Bouchet, Jean-Pierre Burgart, Jean Daive et John E. Jackson. - Paris: Mercure de France 1971. /1508

CERN, Martin
Wartestand. - München, Würzburg, Wien: Relief-Vlg. 1967 = Der Viergroschenbogen. 74. /1509

CESARO, Ingo (1941)
Vom nächsten Mittag. - München, Würzburg, Wien: Relief-Vlg. 1966 = Der Viergroschenbogen. 65. /1510

CHOTJEWITZ, Peter Otto (1934)
Johannes Vennekamp: Ulmer Brettspiele. 20 Maschinenmalereien. Text von Peter O. Chotjewitz. - Stierstadt i. Ts.: Eremiten-Presse 1965 = Paßgänge. 10. (250 num., von J. V. sign. Ex.) /1511

Ulmer Brettspiele. Gedichte. Mit farbigen Originalgraphiken von Peer Wolfram. - Ebenda (1969) = Broschur. 4. /1512

Chamäleon aus alter Zeit. - Gedichte der ersten Person. 56 Gedichte nebst einem Vorspruch und einem Nachwort. - Reinbek b. Hbg.: Rowohlt 1966. /1513

Vom Leben und Lernen. Stereotexte. - Darmstadt: März-Vlg. (1969).
/1514
CHRIST, Hans (1914)
... ich suche nach Neuland. Lyrik und Prosa aus der Kriegs- und Nachkriegszeit. - Stuttgart: J. Fink (1964). /1515

CHRISTEN, Hans Ulrich
Stenogramme der Nacht. Buchgestaltung von Fritz Möser. - Bern: Sinwel (1960) = Sinwel-Reihe der Lyrik. 2. /1516

wie Du mir. Gedichte. - Bern: Lukianos-Vlg. (1969). /1517
CHRISTOFFEL, Karl (1895)
Trösterin Rebe. Ein Mosaik des Weines. Mit Zeichn. von Jupp Hamm. - Mannheim: Südwestdt. Verlagsanstalt 1958; 2. erw. Aufl. (1960). /1518
CHRISTOPHEL, Friedrich Wilhelm (1913)
Die Landschaften Gottes. - Salzburg: Rabenstein (1951). /1519

Die Meister. Gedichte. - 1951 (b.n.e.) /1520

Die Erde ist von Wünschen schwer. Gedichte aus unserer Zeit. - München: Schloedorn (1965). /1521

CIBULKA, Hanns (1920)
Märzlicht. Gedichte. - Halle: Mitteldt. Vlg. /1954/. /1522

Zwei Silben. Gedichte. - Weimar: Volksverlag 1959. /1523

Arioso. Gedichte. - Halle: Mitteldt. Vlg. 1962. /1524

Windrose. Gedichte. - Ebenda: 1968. /1525

CIESCIUTTI, Johann
Die Folterung der Nachtigall. Gedichte. - Klagenfurt: Carinthia (1965). /1526

CLADOWRA, Johannes
Das ewige Leuchten. Ausgew. Gedichte. - Wien: Europ. Vlg. 1952. /1527

CLAES, Astrid (1928) d.i. Astrid Gehlhoff-Claes
Der Mannequin. - Wiesbaden: Limes (1956) = Dichter unserer Zeit. 8. /1528

Meine Stimme mein Schiff. Gedichte. Mit 4 Holzschn. und einer Lithographie von Friedrich Vordemberge. - Köln, Berlin: Kiepenheuer & Witsch (1962). /1529

CLAHSEN, Peer
Reime im Eimer. (Eine Auswahl) - Zürich: Hürlimann (1968). /1530

CLAUDIS, Bert
Ein Ton im Dämmern. Gereimte Musik. Gedichte. - Graz: Querschnitt-Vlg. 1946. /1531

CLAUDIUS, Hermann (1878)
Das Lied Sulamit. - Gütersloh: Bertelsmann 1947. /1532

Der Garten Lusam. Gedichte. - Ebenda (1947). /1533

Nur die Seele. 7 mal 7 deutsche Gedichte. Buchschmuck von Gisela von Voigt. - Ebenda (1947). /1534

Das Wolkenbüchlein. - Ebenda (1948); 1950 = Das Kleine Buch. 12. /1535
Ulenbütteler Idylle. - Ebenda (1948). /1536

Sünn, Sünn schiene! Vörjahrsdichtung tohopbröcht. - Braunschweig: Meyer (1949) = Von Dichterslüd un Land un Tied. /1537

In meiner Mutter Garten. Gedichte. - Gütersloh: Bertelsmann 1953 = Das Kleine Buch. 57. /1538

Mank Muern. - Hamburg: Vlg. der Fehrs-Gilde 1953. (zuesrt 1912)/1539

Mein kleines Gedicht. - Hamburg: Dulk 1953. /1540

Und dennoch Melodie. Neue Sonette. - Wolfshagen-Scharbeutz: Franz Westphal Vlg. 1955. /1541

Gesammelte Werke in 2 Bänden. Hrsg. und eingel. von Christian Jenssen. - Hamburg: Christian Wegner 1957. /1542

Mien Weg na Huus. - Hamburg-Wellingsbüttel: Vlg. der Fehrs-Gilde 1958. /1543

Der Rosenbusch. Gedicht-Auswahl letzter Hand vom Autor. - Heilbronn: Salzer (1961) = Salzers Volksbücher. 71. /1544

Grönwohld. Niege Gedichten mit Biller vun egen Hand. - Hamburg-Wellingsbüttel: Vlg. der Fehrs-Gilde (1963). /1545

Töricht und weise. Späte Gedichte. - Göttingen: Sachse und Pohl (1968). /1546

CLAUSEN, Emma (1867-)
Im Vorübergehn. Gedichte. - Los Angeles: Selbstverl. (1956). /1547

Kleinigkeiten. Gedanken in Vers und Spruch. - Ebenda (1958). /1548

CLAUSING, Adolf (1885)
Späte Muse. Nicht mehr zeitgemäße Strophen, Verse und Reime. - Heidelberg: Selbstverl., Wolff in Komm. 1960. /1549

CLEMEN, Eberhard
Requiem. Meinem lieben Freunde Helmut Clausen zum Gedächtnis. - Timmendorfer Strand: Clausen 1963. /1550

CLEMENTSCHITSCH, Arnold J.
Rhythmen und Reime. - Klagenfurt: Kleinmayr 1947. /1551

CLUTE-SIMON, Egon
Ernstes und Heiteres aus dem Leben. Gedichte. - Paderborn: Selbstverl. (1969). /1552

COHN, Hans Werner (1916)
Gedichte. - London: Fortune Press 1960. /1553

Gedichte. - Gütersloh: S. Mohn (1964). /1554

COHN, Ruth C. (1912)
... inmitten aller Sterne. Gedichte. - New York: Gaus /1949/. /1555

COLBERT, Helga (1939)
Der Mandelbaum und andere Gedichte. - München: Relief-Vlg. (1969). /1556

CONNERTH, Astrid (1929)
Sonnenräume. - Bukarest: Jugendverlag (1964). /1557

CONRAD, Emma
Ahle Neuigkeita aus dr Heemte. Heitere Gedichte und Erzählungen in schlesischer Mundart. Mit Beiträgen von Lotte Conrad. Illustr. von Ann-Marie Delfosse. 2. verb. u. stark verm. Aufl. - München: Bergstadtvlg. Korn (1965). /1558

CONRAD, Johannes
Das Blashorn. Verse und Vignetten. - Berlin: Eulenspiegel 1967. /1559

CONRADT, Walter
So mag ich Minne loben. Gedichte. - Rudersberg b. Schorndorf:
Selbstverlag (1946). /1560

CONRATH, Karl (1910)
Die Schlange des Aeskulap. Verse und Zeichnungen. -
Saarbrücken: Saar-Vlg. /1949/. /1561

CONTA, Isolde von d.i. Isolde Hoffmann (1907)
Mietshausmüde. Buchgestaltung von Fritz Möser. - Buxheim/Allgäu:
Martin Vlg. Berger /1960/. /1562

CORAY, Han
Was übrig blieb. - Agnuzzo-Lugano: Selbstverl. (1961). /1563

CORDAN, Wolfgang d.i. Heinz Horn (1909-1966)
Tag und Nacht Gleiche. Gedichte. - Amsterdam: W. L. Salm & Co.
1946. /1564

Verwandlungen. Gedichte. - Ebenda 1946. /1565

Ernte am Mittag. Auswahl aus 5 Gedichtbänden. - Tübingen:
Heliopolis-Vlg. (1951). /1566

dasselbe. - Salzburg: „Das Silberboot" (1951). /1567

CORDELL, Hans Jörg d.i. Walter Auerbach (1909)
Hans Jörg Cordell, Manfred Korinth und Peter Coryllis: Menschen,
Gesichter, Stationen. Lyrische Texte. - Dachau: Seismograph-
Vlg., Groissmeier (1965). /1568

CORNELIS d.i. Cornelius Witt (1895)
Der Weg zu Dir. Gedichte. - Hamburg: Köhler (1947). /1569

dasselbe. Neue Fassung. - Hamburg: Saucke (1957). /1570

CORNELIUS, Friedrich Carl Adolf (1893)
Der Tröster. - Schondorf am Ammersee: Selbstverl. 1953. /1571

Heimkehr nach München. Als Beitrag zur 800 Jahr-Feier. -
Greifenberg am Ammersee: Briefbund-Vlg. 1958. /1572

Geheimnisse. - Ebenda 1960. /1573

Das christliche Weltjahr. Legenden und Wenden. - Ebenda 1962.
/1574
Blick hinter den Schleier. - München, Würzburg, Wien:
Relief-Vlg. 1966 = Der Viergroschenbogen. Sonderb. 43. /1575

Vergessene Götter. Ein Jahreskreis. Linolschn. von Fritz Möser. -
Karlsruhe: Der Karlsruher Bote /1966/. /1576

CORYLLIS, Peter d.i. Walter Auerbach (1909)
Kleine Lese. - Dülmen/Westf.: Selbstverl. 1955. Privatdruck. /1577

Mit spitzem Griffel. Satirische Essays und Gedichte. - Ebenda
1957. Privatdruck. /1578

Heiteres und Besinnliches in Versen. - Ebenda 1960. /1579

Die Schöpfung. Heiter und besinnlich geplaudert. Mit Zeichn. von
Horst Loreck. - Egnach TG: Clou-Verlag (1961). /1580

Kleine Blütenlese. Gedanken, Gedichte, Gesichte. - Dülmen/Westf.:
Kreis der Freunde (1961). /1581

Mensch, o gedenke! Gedichte, Gedanken, Aphorismen und Gebete. -
Selbstverlag /1961/. /1582

Rost auf Gottes Geboten. - Streitgedichte. - Rothenburg o. d. T.:
Peter Gebr. Holstein (1961). /1583

Der Himmel hat keine Gewehre. Streitgedichte. - Ebenda (1962).

Die Furcht vergangen. Variationen über das Thema: Überwin- /1584
dung der Angst. Gedichte. 2. Aufl. - Dülmen/Westf.: Kreis der Freunde
(1962) = Der Vier-Groschen-Bogen. 7. /1585

Sieben Gesänge auf unser Geschick. - Ebenda (1962) =
Der Vier-Groschen-Bogen. 1. /1586

Und der Abgrund ist nicht das Ende. - Hobbach üb. Aschaffenburg: Lampion Vlg., Heribert Bauer (1962) = Lampion-Reihe. 3. /1587

Wölkchen unter blauem Himmel. Ein Strauß Gedichte und Prosa.
- Dülmen/Westf.: Kreis der Freunde (1962) = Der Vier-Groschen-
Bogen. Sonderheft. /1588

Licht unterm Brückenbogen. Gedankenbilder und Aphorismen. -
Hobbach üb. Aschaffenburg: Lampion Vlg., Heribert F. Bauer (1965). /1589

s. a. Hans Jörg Cordell, Manfred Korinth und Peter Coryllis: Menschen,
Gesichter, Stationen.

In den Segeln der Wind. - Steyr: Ennsthaler (1966). /1590

So schön ist die Welt. Auswahl von Othmar Capellmann. Ebenda
1967. /1591

Am Tag wird gesteinigt. - München, Würzburg, Wien: Relief-Vlg.
1968 = Der Viergroschenbogen. 83. /1592

Neuestzeit Weihnachts Legende. - Dülmen/Westf.: Der Steg-
Vlg. 1968. /1593

Unkenrufe und ein Quentchen Wahrheit. - Rothenburg o. d. T.:
Peter Gebr. Holstein 1969. /1594

Unterwegs. Freundesgabe zur Vollendung des 60. Lebensjahres. -
Dülmen, Recklinghausen: Verlag Der Steg 1969. /1595

Salzburg. Das Wunder einer Stadt. Federzeichnungen von Franz
Rigersperger. - Steyr: Ennsthaler 1970. /1596

CRAMER, Heinz Tilden von   (1924)
Swing-Sonette. - Berlin, Bielefeld: Cornelsen 1949. /1597

CROSADO, Johannes
Aufschau. Gespräche und Male mit Zeichnungen von Slavi Siucek. -
Salzburg: Igonta-Verlag 1946. /1598

CROSS, Ch.
Die Sexschaukel. 23 Gedichte mit 13 Illustrationen von H. Lemont. -
Hamburg: Stammtischpresse, Ausl. Merlin Vlg. 1969. /1599

CSALA, Ernst von

Viola d'amore. Gedichte. - Wien: Europ.Verlag /1951/. /1600
CSOKOR, Franz Theodor (1885-1969)
Das schwarze Schiff. Gedichte. - Jerusalem: Vlg. Willy Verkauf
(1946); 2.veränd. Aufl. Wien, Jerusalem (1947). (100 num.u. sign. Ex.) /1601
Immer ist Anfang. Gedichte von 1912-1952. - Innsbruck:
Österr. Verlagsanstalt (1952). /1602
Du bist gemeint. Auswahl aus dem Gesamtwerk. Eingel. von Erhard
Buschbeck. - Graz, Wien: Stiasny 1959 = Stiasny Bücherei. 41. /1603
CUBE, Hellmut von (1907)
s. a. Ludwig Maria Beck u. Hellmut von Cube: Bestiarum humanum.

Der Lebenskrug. Gedichte. - München: Karl Alber 1948. /1604
Reisen auf dem Atlas. Ein Steckenpferd. - München: Heimeran
(1950) = Steckenpferd-Sammlung. /1605

Bratapfel-Dezember leb wohl! Zum Jahreswechsel 1957-1958. -
Stuttgart: Goverts /1958/. /1606

Mürßl-Gedichte. - München: Biederstein 1967. /1607
CZECHOWSKI, Karl Heinz (1935)
Nachmittag eines Liebespaares. Gedichte. - Halle/Saale:
Mitteldt. Verlag 1962. /1608

Wasserfahrt. Gedichte. - Ebenda 1967. /1609
CZIERSKI, Otto (1903)
Mit allen Sinnen. - Buenos Aires: Otto Mickeln 1945. /1610

Frucht der Fremde. Prosa, Vers, Szene. - 1950 (b.n.e.) /1611

Mensch auf der Brücke. Gedichte. - Frankfurt: Vlg. Hessen-
Druck /1955/. /1612

Die leise Spur. Gedichte. - Karlsruhe: Der Karlsruher Bote (1958).
Eine Karaffe mit Wasser. Brasilianische Erzählung. Gedichte. /1613
- Darmstadt: Progreß Vlg. Fladung /1963/. (500 num.u. sign. Ex.) /1614
CZJZEK-STENGEL, Roman
Laut ist die Straße, still ist die Welt. - Wien: Selbstverl.
/1949/. /1615
DACH, Doris
Liederkreis einer stillen Frau. Lyrische Auslese. - Salzburg:
Silberrose-Podium 70 (1969) = Schriftenreihe „Silberrose-Podium 70". /1616
DÄLLENBACH, Heinz (1931)
22 lyrische glossen im jahrrund. - Gurtendorf: Walter Zürcher
(1970) = apero-reihe. 15. /1617
DAHL, Edwin Wolfram
Zwischen Eins und Zweitausend. - München, Eßlingen: Bechtle
(1970) = Bechtle Lyrik. 20. /1618
DALAUN, Renate
Unter dem lid des schwarzen monds. (enthält auch:) Turm-
bau zu Babel. - Schweinfurt: Vlg. Neues Forum (1968) = Versuche
und Proben. /1619

DANNER, Edwin
    Fährtensuche ins All. Gedichte. - Heidenheim: Selbstverl. 1970.
/1620
DANZER, Alois
    Palmkatzal. - Wien: Europ. Vlg. 1953. /1621
DASKALJUK, Orest
    Die Opferschale. Gedichte. - Wien: Donau-Vlg. 1947. /1622
DATZBERGER, Johann
    Der Hinterwaldler (Johann Datzberger) als Bauern-Poet aus dem Mostviertel. Ein Streifzug durch seine Poesie. Bearb. und hrsg. von Alois Herbst. - Amstetten: Queiser (1952). /1623
DAUBE, Hans
    Wos olles su possiert. 'ne Schtimme aus'n Bargmannsorte. Gedichte in Altenburger Mundart. - Weimar: Thüringer Volksvlg. /1954/. /1624
DAUR, Rudolf
    Durchlichteter Tag. - Stuttgart: Steinkopf (1960) = Steinkopfs Hausbücherei. /1625
DAVI, Hans Leopold (1928)
    Gedichte einer Jugend. - Paris: Selbstverl. 1952; Zürich: Auslieferg. Buchhandlung Zum Elsässer. /1626

    Spuren am Strand. Huellas en la playa. (dt.+ span.) Illustr. von Traut Steinauer. - Zürich: Diogenes (1956). /1627

    Kinderlieder. Canciones de ninos. (dt.+ span.) Original-Radierung von Hans R. Bosshard. - Zürich: Bosshard (1959). 1 /1628

    Stein und Wolke. Gedichte. (dt.+ span.) Mit 3 Zeichnungen von Carlotta Stocker. Zürich: Diogenes (1961). /1629

DEESEN, Gerhard (1904)
    Liebes Kind! Kaufbeuren/Allgäu: Selbstverlag 1953. /1630

    Mein Morgenpfad. Gedichte. Ebenda 1954; 2. erg. Aufl. 1955. /1631
    Genesung. Gedichte.- Ebenda (1955). /1632

    Der Nachen. Gedichte. - Ebenda (1957). /1633

    Fuchsien. Gedichte. 1958 (b.n.e.) /1634

    Und heuer? Gedichte. 1959 (b.n.e.) /1635

    Achtzehn. Gedichte. - Kaufbeuren/Allgäu: Selbstverlag (1961). /1636

    Spät. Gedichte. - Ebenda (Ebenda (1961). /1637

    Begegnungen. Gedichte. - Ebenda (1963). /1638

    Stunden. Ein Zyklus für meine Frau. - Ebenda (1964). /1639

    Sechzig. (14. Mai 1964) Gedichte. - Ebenda (1964). /1640

    Der Fremde. Gedichte. - Kaufbeuren: Selbstverlag (1967). /1641

    Ruf. Gedichte. - Ebenda (1968). /1642

DEGENHARDT, Franz Josef (1931)
    Sprechplatte: Zwischen Null Uhr Null und Mitternacht. - Hamburg

: Polydor /1963/ = Vom Cabaret zum Kabarett. Später unter dem Titel
Rumpelstilzchen Bänkel-Songs 63. /1643

Sprechplatte: Spiel nicht mit den Schmuddelkindern. Chansons
von und mit Franz Josef Degenhardt. - Hamburg: Polydor /1966/ =
Kabarett. /1644

Spiel nicht mit den Schmuddelkindern. Balladen, Chansons,
Grotesken, Lieder. Linolschn. von Eduard Prüssen. - Hamburg:
Hoffmann und Campe (1967). /1645

dasselbe. - Frankfurt, Wien, Zürich: Büchergilde Gutenberg (1968). /1646

dasselbe. Mit 28 Illustr. von Horst Janssen. Neubearb. Ausgabe. -
Reinbek b.Hbg.: Rowohlt Taschenbuch Vlg. (1969) = rororo. 1168. /1647

Sprechplatte: Väterchen Franz. Chansons von und mit Franz Josef
Degenhardt. - Hamburg: Polydor /1967/ = Kabarett. (dasselbe als
Tonband) /1648

Vatis Argumente. - Mainz: Geburtstagspresse /1967/. /1649

Franz Josef Degenhardt, Wolfgang Neuss, Hanns Dieter Hüsch, Dieter
Süverkrüp: Da habt ihr es! Stücke und Lieder für ein deutsches
Quartett. Mit 19 Illustr. von Eduard Prüssen. - Hamburg: Hoffmann
und Campe (1968). /1650

dasselbe. - Reinbek b.Hbg.: Rowohlt Taschenb. Vlg. ('70)= rororo. 1260. /1651

Sprechplatte: vatis argumente. - Hamburg: Polydor /1968/. /1652

Sprechplatte: Wenn der Senator erzählt. Lieder von und mit Franz
Josef Degenhardt. - Ebenda /1968/ = Kabarett. (auch als Tonband) /1653

Sprechplatte: Degenhardt live. - Ebenda /1969/. /1654

Sprechplatte: Im Jahr der Schweine. - Ebenda /1969/. (auch als
Tonband) /1655

Im Jahr der Schweine. 27 neue Lieder mit Noten. - Hamburg:
Hoffmann und Campe (1970) = Standpunkte. /1656

Sprechplatte: Porträt Franz Josef Degenhardt. - Hamburg:
Polydor /1970/ = twen. (2 Schallplatten und illustr. Beiheft in Kassette) /1657

DEHMEL, Walter (1903-1960)
Aus der Wirrnis dieser Zeit. Gedichte und Lieder eines Arbeiter-
dichters. Geleitw. von Karl Klauder. Vignetten von Hiero Rhode. -
Berlin: Das Neue Berlin (1947). /1758

DEHN-GRUBBE, Martha von (1898)
Die neunte Woge. Gedichte. - 1956 (b.n.e.) /1659

Wir kehren heim. Lyrik und Prosa. Nachdichtungen. - Karlsruhe:
Der Karlsruher Bote 1962. /1660

Pastell und Silberstift. Gedichte. - Aichach: Mayer 1965. /1661

DEHNE, Achim (1936)
hansi und der paula-emil-weg oder die sieben quellen des scharf-
sinns. ein tractat. - Berlin: Fietkau (1967) = schritte. 14. /1662

DEICKE, Günther (1922)

Günther Deicke, Lori Ludwig und Margarete Neumann: Geliebtes
Land. Gedichte. - Berlin: Aufbau 1954. /1663

Liebe in unseren Tagen. Gedichte. - Ebenda 1954. /1664

Du und dein Land und die Liebe. Gedichte und Tagebuchblätter.
Mit Zeichn. von Gerhard Kurt Müller. - Berlin: Vlg. der Nation /1959/.
/1665
Traum vom glücklichen Jahr. Gedichte. - Berlin:
Aufbau 1959 = Die Reihe. 14. /1666

Die Wolken. Gesamtgestaltung und Illustr. von Werner Klemke. -
Berlin: Verlag der Nation (1965). /1667

DEINERT, Wilhelm
Triadische Wechsel. Zyklus Tonalis. - München: Selbstverl. (1963).
/1668
Gedrittschein in Oden. - Ebenda 1964. /1669

DEISSINGER, Hans (1890)
Zeichen im Abend. Gedichte. - Wien, Innsbruck, Wiesbaden:
Rohrer (1961). /1670

DELCOURT, Victor (1919)
E'weg Sôt. Gedichter. Vignetten vum Robert Lentz. - Letzeburg:
Bourg-Bourger 1945. /1671

Dunkele Glut. Gedichte. - 1953. (b, n. e.) /1672

In heißer Quelle Überfließen. Gedichte. - 1955. (b. n. e.) /1673

Schwur und Gebärde. Gedichte. - 1958. (b. n. e.) /1674

Aus Herzens Innen. Gedichte. - Karlsruhe: Der Karlsruher Bote
Die Tat. - Ebenda 1961. 1961. /1675
/1676
Glaube und Gral. Gedichte. - Ebenda 1961. /1677

Stunde der Seele. Gedichte.-Ebenda 1961. /1678

Segnung. Gedichte. - Ebenda 1962 /1679

Gewalten. Gedichte. - Ebenda 1963. /1680

Gesetz der Unbegrenzten. Gedichte. - 1964. (b. n. e.) /1680a

DELIUS, Friedrich Christian (1943)
Kerbholz. Gedichte. - Berlin: Wagenbach (1965) = Quarthefte. 7. /1681

Wenn wir, bei Rot. 38 Gedichte. Collagen von Arwed D. Gorella. -
Berlin: Wagenbach (1969) = Quarthefte. 37. /1682

DEMAL, Ludwig
Aus meiner Mappe. - Wien: Europäischer Verlag /1953/. /1683

DEMBROWSKI, Theodor
1 Drittel 1. Grumbel Grumbel. - Berlin: Oberbaumpresse 1966. /1684

DEMETRIUS, P.
Wahrheit am Wege. Gedichte. - Frankfurt: Popoff 1966. /1685

DEMIRON, Hans (1932)
Die süßen Wasser von Asien. - Wiesbaden: Limes (1966) =
Limes nova. 15. /1686

DEMOULIN, Bertha

Priester auf ewig. Mit Zeichn. von Werner Andermatt. - Luzern:
Rex-Verlag (1946). /1687
DEMUS, Klaus (1927)
Das schwere Land. - Frankfurt: S. Fischer (1958). /1688

Morgennacht. - Pfullingen: Neske (1969). /1689
DENCKER, Klaus Peter
Zopotsch und Witwen. - München, Würzburg, Wien: Relief-Vlg.
1967 = Der Viergroschenbogen. 79. /1690
DENECKE, Rolf (1913)
Rolf Denecke und Gertrud Zelger: Ruf und Antwort. Lyrik. -
1956 (b.n.e.) /1691

Föhn. Gedichte. - Wien: Europ. Vlg. 1965. /1692
DENIS, Michael
Im schweigenden Tale des Mondes. Eingel. und ausgew. von
Arthur Fischer-Colbrie. - Graz, Wien: Stiasny (1958) = Das österr.
Wort. 38. /1693
DENKHAUS, Lotte (1905)
Wir sind Gäste. Gedichte. 2. stark veränd. u. verm. Aufl. -
Stuttgart: Oncken (1947). (zuerst 1941) /1694

Wenn ich durch meinen Garten geh. Mit einer Einführung von
Rudolf Alexander Schröder. - Hamburg: Furche-Vlg. (1954) = Furche-
Bücherei. 112. /1695

Mitte aller Zeit. Geistliche Gedichte. - Berlin: Evangel. Verlags-
Anstalt (1957). /1696

Trink doch das Leise. Gedichte. - Hamburg: Wittig (1970). /1697
DEODATA, Maria
Muscheln. - Zürich: NZN Buchverlag 1952. /1698
DEPPERT, Fritz
Gedichte. Linolschn. von Fritz Möser. - Karlsruhe: Der Karlsruher
Bote 1968. /1699
DERENDINGER, Hans
Eine zuckersüße Stadt. Heitere Gedichte. Zeichn. vom Verfasser.
- Solothurn: Buchhandlung Lüthy /1957/. /1700

Entwurf zu einem Grußwort des Verkehrsvereins. Gedichte.
Mit einem Vorw. von Peter André Bloch. - Olten: Dietschi (1969). /1701
DERLETH, Ludwig (1870-1948)
Auswahl aus dem Werk. Hrsg. von Dominik Jost. - Nürnberg:
Glock und Lutz 1964 = Bibliothek unseres Zeitalters. /1702

Advent. In Verbindg. mit Christine Derleth hrsg. von Dominik Jost. -
Bellnhausen üb. Gladenbach: Hinder und Deelmann (1968). /1703
DERNDARSKY, Duschan (1903)
Müll und Münzen. - Wien: Europ. Vlg. 1961. /1704
DESCHMANN, Ida Maria (1886)

Meine Welt. Gedichte. - Wien: Hollinek (1961). /1705
DETZLHOFER, Elfriede
  Tröstlicher werden die Schatten. - Wien: Europ. Vlg. 1963. /1706
DEUTZ, Lothar
  Aus stiller Stunde. - Wien: Europ. Vlg. 1958. /1707
DEWALD, Martin
  Im Liebesgarten. Gedichte. - Wiesbaden: Neuland-Vlg. /1951/. /1708
DICK, Uwe
  Viechereien oder Rezi-Tiergedichte. Illustr. von Rainer
  Dillen. - München: Starczewski (1967). /1709
  Das singende Pferd. Erzählgedichte. - Ebenda (1968). /1710
DICK, Wolfgang
  Nachtstücke - versetzbar. Gedichte. Mit 4 Holzschn. von
  Christoph Meckel. - Stierstadt i. Ts.: Eremiten-Presse 1965 = Paßgänge. 6. /1711
DIEBERITZ, Gerd Wendelin
  Blaue Kreise. - Stuttgart: Schuler /1966/. /1712
DIEHL, Otto Siegfried   (1891)
  Im Weltentag. Gedichte. - Karlsruhe: Der Karlsruher Bote (1962). /1713
  Im All-Einen. Gedichte. - 1963 (b.n.e.) /1714
  Ewiger Bildung Dom. Gedichte. - Karlsruhe: Der Karlsruher
  Bote 1964. /1715
  Die Mütter von Golgatha. Gedichte. - Ebenda 1969. /1716
DIEKEN, Jan van   (1893)
  Freeske Versen. - Marburg: Spener-Vlg. /1950/. /1717
DIEM, Armin   (1903-1951)
  Bim Brätscha. Dornbirner Mundart. 3. verm. Aufl. - Dornbirn:
  Höfle /1946/. /1718
  Dornbirner Dichtungen. Gedächtnis-Ausgabe hrsg. und eingel. von
  Eugen Turnher. - Dornbirn: Selbstverl. d. Gattin d. Dichters 1957. /1719
DIEM, Helmut
  Boot der Nacht. Gedichte. - München, Würzburg, Wien: Relief-Vlg.
  /1963/ = Relief-Sonderdruck. 3. /1720
DIENST, Peter
  Dictionaire Grapho-Grammatico. - Köln: DuMont Schauberg 1969. /1721
DIERKS, Margarete   (1914)
  Aussagen, rhythmisch. 1.: Verwandelt werden. - Stuttgart:
  Silberburg (1958). /1722
  2.: Lerne der Botschaft vergängliche Schrift. - Ebenda
  (1961). /1723
  3.: Noch sind wir begnadigt zu sein. - Stuttgart: Balzer
  (1964). /1724
  Zwischen Zenit und Nadir. Gedichte. - Darmstadt: Gesellschaft

Hessischer Literaturfreunde 1970 = Hessische Beiträge zur dt. Lit. /1725
DIESTEL, Hedwig   (1901)
   Wir kommen aus dem Mondenland. - Freiburg i.Br.:
   Novalis-Vlg. 1957. /1726
DIETER, Hans
   Einer, der seiner Wege geht. Sinn und fröhlicher Widersinn in
   Versen und Bildern. - Konstanz: Rosgarten Vlg. (1962). /1727
DIETERICH, Gudrun   d.i. Gudrun Bäuerle
   Es naht der Tag. Gedichte. Linolschn. von Fritz Möser. - Karlsruhe:
   Der Karlsruher Bote 1962. /1728
DIETIKER, Walter   (1875-1948)
   Meine Welt. Neue Gedichte. - Bern: Grünhausvlg. 1945. /1729
DIETMAIER, Anton Thomas
   Erster Schnitt. Gedichte. - Wien: Europ. Vlg. /1952/. /1730

   Zeit und Leut. Gedichte in niederösterr. Mundart. Buchschmuck von
   H. Jungreuthmayer. - Wels: Welsermühl (1964) = Lebendiges Wort. 23. /1731

   In sieben goldenen Schalen. - Mödling b. Wien:
   St. Gabriel-Vlg. /1966/. /1732

   Durch die Blume. Scherenschn. von Maria Romay. - Horn:
   Berger /1967/. /1733

   Im Auto unterwegs. - Ebenda 1967; /1969/ unter dem Titel
   Komm gut heim. Graph. Gestaltung von Heide Pils. Umschlagtitel:
   Im Auto unterwegs. = Dietmaier: Durch die Blume. 2. /1734

   Neun Chrysanthemen. - Mödling b. Wien: St. Gabriel-Vlg. /1967/.
    /1735
DIETRICH, Anna
   Trift der Träume. Gedichte. - Karlsruhe: Der Karlsruher Bote
   /1966/. /1736
DIETRICH, Hildegard
   Großer Kreis. Gedichte. - Memmingen/Allgäu: Dietrich (1962). /1737
DIETRICH, Irene
   Schönes Salzburgerland. Lyrische Lese aus dem Fahrtenbuch.
   Zusammengest. von Karl und Maria Pois. - Salzburg: Die Silberrose
   /1964/ = Schriftenreihe des Künstlerbundes „Die Silberrose". 4. /1738
DIETRICH, Manuel
   Rosengabe. - Zürich: Sanssouci 1966. /1739
DIETRICH, Oskar
   Eines Lebens Ertrag. Gedichte, Epigramme, Sprüche. - Wien:
   Kunst ins Volk (1964). /1740
DIETRICH, Rudolf Adrian   (1894-1969)
   Der Gotiker. - Hamburg: Mölich (1948). (zuerst 1918) /1741
DIETTRICH, Fritz   (1902-1964)
   Aus wachsamem Herzen. Gedichte, von Gertrud Diettrich ausgew. -
   Kassel: Bärenreiter (1948). /1742
   Sonette. - Ebenda /1948/. /1743

Zug der Musen. - Ebenda (1948). /1744
Gesänge der Einkehr. - Kassel, Basel: Bärenreiter 1949. /1745
Philemon und Baucis. 6 Gesänge. - Ebenda /1950/. /1746
Der Lichtgott singt. Ein Bogen Gedichte. - Düsseldorf, Köln: Eugen Diederichs Vlg. (1951). /1747
Stern überm Haus. Gedichte und Legenden. 2. verm. Aufl. - Kassel, Basel: Bärenreiter /1953/. (zuerst 1932) /1748
Reigen des Jahres. Gedichte. (aus: Hirtenflöte) Mit Federzeichn. von Josef Hegenbarth. - Frankfurt: Vlg. Der goldene Brunnen /1954/. (zuerst 1938) /1749
Jocosa. - Kassel: F. Diettrich /1958/. (Privatdruck) /1750
Adams Nachfahr. Geistliche Gedichte. - Berlin: Evangel. Verlagsanstalt (1959). /1751
Werke. 1.: Dichtungen. 2.: Nachdichtungen. - Göttingen: Sachse & Pohl (1963). /1752

DIETTRICH, Gertrud (1899)
Gedichte. - Kassel: Bärenreiter-Druckerei 1949. (Privatdruck) /1753
Gedichte. - Berlin: Blaschker 1959. /1754

DIETZ, Alfred (1905)
Das Seelengärtlein. - Wien: Europ. Vlg. 1964. /1755
Der lichte Bogen. Gedichte. Holzschn. von Herbert Ott. - Ebenda (1965). /1756

DIETZ, Günter (1930)
Rot und schwarz in die Nacht. Linolschn. von Fritz Möser. - Buxheim/Iller: Martin Vlg. (1958). /1757
Scholien. - Darmstadt: Bläschke (1968) = Das neueste Gedicht. 34. /1758

DIETZ, Martin
Dehaam im Ort... Ernste und heitere Gedichte in hessischer Mundart. - Bergen-Enkheim: Schubert 1954. /1759

DIETZ, Sigrid (1932)
Mein Dorf. Graphische Gestaltung von Fritz Möser. - Buxheim/Iller: Martin Verlag /1959/. /1760
Ich lobe meine Wiese. Gedichte. - Ebenda (1964). /1761

DIETZE, Helmuth
Unverbindlich. Verse. - Leipzig: H. Dietze (1962). /1762

DILGER, Karl
Eiser Hoimet. Gedichte in schwäbischer Mundart. Illustr. von Werner Arndt. - Laupheim: Ahnen /1969/. /1763

DILLMANN, Ludwig
Aus Jahr und Tag. - Otterbach (Pfalz): Arbogast (1956). /1764

DINGLER, Max (1883-1961)
Das bairisch Herz. Gesänge in der Mundart. 3. verb. und verm. Aufl.

Scherenschn. von Irmgard von Freyberg. - München: Münchner Buchverlag (1949). (zuerst 1941) /1765

Handwerksleut. Zunftverse. Scherenschn. von Fritz Griebel. -
München: Callwey (1952). /1766

Sonette. - Herne: Grabski (1956). /1767

Die Ernte der kleinen Früchte. Spruchverse. Zeichn. von
Hans Prähofer. - Feldafing: Brehm (1958). /1768

Das bairisch Herz. Gesänge in der Mundart. 2.: Der Arnt-
wagen. Mit einem Nachw. von Rudolf Pikola und Illustr. von Sepp Mohr.
- Hausham/Obb.: Glasl (1959) = Bayerisches Schrifttum. /1769

A guats neu's Jahr. Glückwünsche. Zeichn. von Hans Prähofer. -
Feldafing/Obb.: Brehm (1961). /1770

DINKEL, Helmut (1893-1969)
Traum und Liebe. Erzählende Gedichte. Mit Zeichn. von Gerti
Lebsanft-Abel. - Stuttgart-Bad Cannstatt: Selbstverl., Stehn in Komm.
(1967). /1771

DINKEL, Wolfgang (1923-1924)
Wolfgang und Helmut Dinkel: Zwei Stimmen. Gedichte. - Stuttgart-
Bad Cannstatt: Selbstverl. (1962). /1772

DINKELACKER, Otto
Ernstes und Heiteres in Vers und Prosa. - Ulm (Donau):
Hess (1970). /1773

DIPLICH, Hans (1909)
Südöstliche Weisen. Gedichte. - München: Vlg. des Südostdeutschen
Kulturwerks 1960 = Veröffentlichgn. des südostdt. Kulturwerks.
(zuerst 1941) /1774

Rumänische Lieder. Nachdichtungen. (2.) - München: Vlg. des
Südostdeutschen Kulturwerks 1963 = Veröffentlichgn. des südostdt.
Kulturwerks. /1775

DISTL, Gottfried
Halleluja. - Wien: Europ. Vlg. 1970. /1776

DITTMER, Fritz (1889)
Sonne und Wolken über Pommern. Geschichten und Gedichte. -
Hamburg: Weichert (1955). /1777

DLABIK, Oskar
Bekenntnis. - Wien: Europ. Vlg. (1952). /1778

DOBERER, Kurt Karl (1904)
Die Schiene. Gedichte. - Berlin: Dietz (1948). /1779

Ruf der Sterne. Gedichte. - Nürnberg: Nürnberger Presse 1968. /1780

DODENHOFF, Heinz (1889)
Gedichte. Mit Lichtbildern von Gemälden des Malers und Dichters. -
Karlsruhe: Der Karlsruher Bote 1969. /1781

DODERER, Otto (1892)
Sonntagsausflug. - Ratingen: Henn (1962). /1782

DODERER, Heimito von (1896-1966)
Ein Weg im Dunklen. Gedichte und epigrammatische Verse. -
München: Biederstein (1957). /1783

   dasselbe. - Wien: Luckmann /1958/. /1784

DÖBLIN, Hugo (1876-1960)
Singe, o Seele, singe... Ein Gedichtzyklus. - Zürich:
Selbstverlag /1951/. /1785

DÖDERLIN, Karl Reinhold (1917)
Gesetz und Verwandlung. Gedichte aus 20 Jahren. - Berlin:
Union Verlag (1954). /1786

DÖHL, Reinhard (1934)
11 texte. - Stuttgart: E. Walther (1960) = rot. 2. /1787

   fingerübungen. 50 texte. 3 Grafiken von Georg Karl Pfahler. -
Wiesbaden: Limes (1962). /1788

   missa profana. zeitgedichte, moritat, liebesgedichte, variationen.
2 Grafiken von Günter C. Kirchberger. - Berlin-Zehlendorf: Fietkau
(1962) = schritte. 5. /1789

   4 texte. - Stuttgart: H. Mayer 1965 = futura. 4. /1790

   es anna. mit 7 vorworten. - Berlin: Fietkau (1966) = schritte. 12. /1791

   s. a. Klaus Burkhardt und Reinhard Döhl: poem structures in
the looking glass.

DÖHLER, Margarete (1895)
Das angenehme Jahr. (1.), 2. - Bielefeld: Bechauf /1952, 1954/.
/1792 und /1792a

DOERDELMANN, Bernhard (1930)
Es segelt der Mond durch die rötlichen Wolken...
Gedichte in japanischen Formen. Tuschzeichnungen von Dieter Wallert. -
Egnach/Schw.: Clou Verlag (1960). /1793

   dasselbe. Gedichte in japanischen Lyrikformen. 2., überarb. Aufl. -
Rothenburg o. d. T.: Peter, Gebrüder Holstein (1968). /1794

   Viadukte der Hoffnung. Gedichte. - Dülmen/Westf.: Kreis der
Freunde (1963) = Der Vier-Groschen-Bogen. 32. /1795

   ... gültig bis auf Widerruf. Zeit- und andere Gedichte. -
München: Delp (1968). /1796

   Quergelesen. Gedichte. - Rothenburg o. d. T.: Privatdruck (1968). /1797

   Widerworte. Originalgraphik von Eberhard Dänzer. - Karlsruhe:
Verlag der Graphikfreunde (1968). /1798

   Einladung. Anthologie eines Gedichtes. (in 25 Sprachen). Nachwort von
Max Tau. - Rothenburg o. d. T.: Selbstverlag; jetzt Vaganten-Edition 1970.
/1799
   s. a. u. Pseud. KARÉL, Karél

DOERDELMANN-KOLBE, Erika (1940)
... ehe ein Mund sie berührt. - Dülmen/Westf.: Kreis der
Freunde (1962) = Der Vier-Groschen-Bogen. 2. /1800

DÖRFLER, Anton (1890)
Rast und Gnade. - Braunschweig: Georg Westermann 1947. /1801

Geduld im Segen. Gedichte und Erzählungen. - Würzburg: Leonhardt (1963) = Neue Begegnung. 4. /1802

DÖRFLINGER, Robert
Melodie des Herzens. Gedichte. - Augsburg-Kriegshaber: Hassold-Gemeinde Schwaben-Franken 1953. /1803

DÖRR, Hermann Josef
Draußen im Wind. Gedichte. - Düsseldorf-Eller: Selbstverlag /1966/. /1804

(Gedichte) - Ebenda (1966). (Weihnachts- und Neujahrsgabe 1966/1967). /1805

und über der Leier. Gedichte. - Ebenda (1966) /1806

Das Lied meiner Sehnsucht. Liebeslieder. - Ebenda /1967/. /1807

Ruf über dem Styx. Gedichte. - Ebenda (1967). /1808

Geständnis, Eingeständnis. Gegenwind-Gedichte. - Düsseldorf-Gerresheim: Selbstverlag (1969). /1809

Macht, die stärker als wir. - Ebenda (1970). /1810

DÖRY, Margit
Gedichte Aktuell. - Wien: Europäischer Verlag 1970. /1811

DOHMEN, Otto
Gedanken und Gedenken. Lyrische Gedichte. - Wien: Selbstverl. /1955/. /1812

DOHRENBUSCH, Hans (1904)
Du bist ein Gast wie ich. - Zürich: Limmat-Vlg. 1945. /1813

dasselbe. - Hannover: Vlg. "Das Andere Deutschland" 1947. /1814

DOLD, August
Bei i(n)s dau hobbä. Duttlenger Värsle ond G'schichtle. - Tuttlingen: A. Dold (1964). /1815

Duttlengerisch ond Herrädeutsch. Gedichte in Mundart und Hochdeutsch. - Ebenda (1967). /1816

DOLDINGER, Friedrich (1897)
Die ewige Stadt. Essays und Gedichte. - Freiburg: Novalis-Vlg. (1946). /1817

Goldumglänzter im Feuer-Gefährt. Eine Auswahl aus den Gedichten. - Stuttgart: Vlg. Urachhaus /1957/. /1818

DOLEZICH, Gabriele (1890)
Beuroner Klänge. Hymnen und Lieder. - Beuron: Hohenzollern-Vlg. 1952. /1819

DOLEZICH, Norbert
Zeichen und Wege. Gedichte. - Dortmund: Beuthener Geschichts- und Museumsverein /1968/. /1820

DOMBROWSKI, Hermann (1902)

Der Tag nachher. Eine Mahnung. Verse. - Dülmen/Westf.:
Kreis der Freunde 1962 = Der Vier-Groschen-Bogen. Sonderausg. 5.   /1821
DOMIN, Hilde   (1912)
Nur eine Rose als Stütze.- Frankfurt: S.Fischer 1959.   /1822
Rückkehr der Schiffe. - Ebenda 1962.   /1823
Hier. Gedichte. - Ebenda 1964.   /1824
Höhlenbilder. Gedichte 1951-1952. Drei Ätzungen von Heinz Mack. -
Duisburg: Guido Hildebrandt Vlg. (1968) = Hundertdruck. 4. (auch sign.
Ausgabe)   /1825
Ich will dich. Gedichte. - München: Piper (1970).   /1826
DOMIZLAFF, Hans   (1892)
Seezeichen. - Bielefeld: Klasing (1955).   /1827
DONATH, Andreas   (1934)
Zwei Städte. - o.O., o.V. 1953.   /1828
DONATH, Gustav
Harmonie. Gedichte. - Zürich, Leipzig, Wien: Amalthea Vlg. (1957) /1829
DONINGER, Emmerich
Hoamzua. Gedichte in oberösterr. Mundart. Buchschmuck vom Verf. -
Wels: Vlg. Welsermühl (1969) = Lebendiges Wort. 35.   /1830
DOPFFEL, Gertrud   (1882-1961)
1939-1945. vor und inschauend erlebt. - Ulm: Hess (1947).   /1831
Ein Tropfen Ewigkeit. Gedichte. - Ebenda /1964/.   /1832
DOPPELREITER, Heinz
Amor und Psyche. Gedichte. - Wien: Europ. Verlag 1954.   /1833
Aus stillen Stunden. - Ebenda 1956.   /1834
DOR, Milo d.i. Milutin Doroslovac   (1923)
Ballade vom menschlichen Körper. Eingel. und ausgew. von
Gerhard Fritsch. - Graz, Wien, Köln: Stiasny (1966).   /1835
DORFER, Andreas
's Pinkale. Illustr. von Hans Taupe. Feldkirchen: Breschan in
Komm. (1965).   /1836
DORFMÜLLER, Eugen
Justitia in eigener Sache. Heitere und ernste Verse. Zeichnun-
gen von Erwin Espermüller. - Darmstadt: Dr.Stoytscheff /1961/.   /1837
DORIZZI, Irma
Leben, Lieben, Leuchten, Loben. - Illustr. von Klaus Spahni. -
Basel: J.Christen-Dorizzi /1968/.   /1838
DORMITZER, Else
Theresienstädter Bilder. - Hilversum: De Boekenvriend 1945./1839
DORN, Wilhelm   (1893)
Des wär' gelacht! Heitere Gedichte in Pfälzer Mundart. Mit Bildern
von Jan Karhu. - Heidelberg: Fahrer 1949.   /1840
dasselbe. Auswahl. Nebst einigen neuen Reimen. - Heidelberg: Freundes-

Kreis Kettengasse. (Jahresgabe) /1841

DORNIER, Marcel (1893)
  Meine Muse heißt nicht Snobselia. Gedichte aus sechs Jahrzehnten. Zeichnungen von M. Dornier. - Uerikon: Selbstverlag 1969. /1842

DORP, Bruno van
  Gedichte. - Hamburg: Gustav A. Schmidt /1949/. /1843

DOUTINÉ, Heike (1945)
  In tiefer Trauer. Lyrik und Prosa. - Hamburg: Merlin Verlag Andreas J. Meyer (1965). /1844

  Das Herz auf der Lanze. Notizen und Gedichte. - Hamburg: Wegner (1967). /1845

DOYSCHER, Helmut
  Gedichte. - Linz: Kulturamt der Stadt Linz 1960. /1846

DRACHS, Alois d. i. Alois Fuchs
  Viecherei. Fröhliche Zoologie mit Versfüßen und Pegasusflügeln. Bdch. 1 Illustr. von Karl Sonauer. - Nürnberg: Selbstverlag (1961). /1847

  Der Grillen-Drachs. Frechfröhliche Verse. Illustr. von Karl Sonauer. - Selbstverlag, Nürnberg (1962). /1848

DRACK, Hanna Maria d. i. Johanna Drack (1913)
  Durch das Leben - durch das Jahr. - Wien: Europ. Vlg. 1966. /1849
  Dur und Moll. - Wien: Europ. Verlag (1968). /1850
  Bunte Steine. - Ebenda 1970. /1851

DRAHEIM, Maria
  Hoper Präludium. Lyrische Gedanken und Impressionen aus der Heide. - Brelingen, Hannover: Machangel-Verlag (1965). /1852

DRAWS-TYCHSEN, Hellmut (1904)
  Calabobos. Jahrzeit- und Uhrenlieder. - Diessen vor München: Huber (1954). /1853

  Meer-Gedichte. - Hamburg: Ellermann (1948) = Das Gedicht. 1948. 5. /1854
  dasselbe. Chronologisch aufgereiht. 2. stark verm. Aufl. - Diessen vor München: Huber /1955/. /1855

  Requiem und Hymnen für Cecilie Tychsen. - Ebenda 1953. (zuerst 1930) /1856

  Mein Weichselland. Gedichte. - 1965 (b. n. e.) /1857

  Reimlose Terzinen 1924-1964. Chronologisch aufgereiht. - München: Relief Vlg. (1967). /1858

DRECHSLER, Robert Heinrich
  "Sonne über uns". Gedichte. - Graz: Recla 1946. /1859

DREESEN, Willrath (1878-1950)
  Der Eisvogel und andere Gedichte. - Leer/Ostfr.: Rautenberg & Möckel /1953/. /1860

DREISSINGER, Hans
  Zeichen im Abend. - Wien, Innsbruck, Wiesbaden: Rohrer (1961). /1861

DREWS, Richard (1902)
Der Zeit auf den Versen. 200 Verwegene Vierzeiler. - Rothenburg
o. d. T.: Peter, Gebrüder Holstein (1965). /1862

DRIESCH, Helga
Fata Morgana. Mit Zeichnungen. - Dortmund: Wulff 1970 = Kleine
Reihe Lyrik und Prosa. 6. /1863

DROBEC, Erich
Nacht und Leben. Gedichte aus der Gefangenschaft. - Wien: Europ.
Verlag (1948). /1864

DROZDOWSKI, Georg (1899)
Der Steinmetzgarten. Gedichte. - Wien: Bergland (1957) = Neue
Dichtung aus Österreich. 37. /1865

Gottes Tiergarten ist groß. Lyrischer Unfug. Zeichn. von
Helmut Gaissbauer. - Klagenfurt: Carinthia (1959). /1866

Mit versiegelter Order. Gedichte. - Wien: Österr. Verlags-
Anstalt (1963). /1867

Sand im Getriebe der Sanduhr. Gedichte. - Klagenfurt:
Carinthia (1965). /1868

Epheta. Gedichte - Die Sache mit Noah. - Ebenda (1969). /1869

DSCHANOJAN, Igor
Melodie der Zeit. Lyrische Gedichte. - Höchstadt a. d. Aisch:
Mens-Vlg. 1948. /1870

DSHU, Bai-Lan (Klara Blum) (1904)
Der weite Weg. - Berlin: Volk und Welt 1960 = Antwortet uns! 24.
/1871

DUBSKY, Franz Graf (1883-1965)
Gott. Sonettenzyklus. - Steinheim am Main: Quellenvlg. V. Diwisch
1965 = Schriftenreihe des Heimatverbandes Olmütz und Mittelmähren. 3.
/1872

DUDE, Gabriele
Die heilige Zunge. - Wien: Europ. Vlg. (1967). /1873

DÜRR, Werner (1932)
Bilder einer Ausstellung. 12 Gedichte. - Tuttlingen: Verlagsdruck
Bofinger (Privatdruck) 1959. /1874

Blätter im Wind. Gedichte. - Stuttgart: Silberburg Vlg., Jäckh
(1959). /1875

Kreuzgänge. 14 Sonette. - Tuttlingen: Bofinger (1960). /1876

DÜRR-FANKHAUSER, Leni
Sterbende Schöpfung, wach auf! - Basel: H. Majer (1950). /1877

Das abgebrochene Gespräch. Betrachtungen über die Passion des
Herrn. - Basel: H. Majer (1954). /1878

Der große Bruder. Geistliche Lieder. - Bern: Berchtold Haller Vlg.
/1964/. /1879

DÜRRENBERGER, Erica Maria (1896)
Der Silberbecher. - Liestal: Lüdin in Komm. (1957). /1880

Der geschenkte Tag. - Reigoldswil: Romay-Vlg. (1966). /1881
Der Sizilische Garten. Sonette. - Ebenda (1968) /1882

DÜRRENMATT, Rosa
Dir zum Troste. Gedichte. Linolschn. von Franz Gehri. - Herzogenbuchsee: Buchh. Mathys 1952. /1883

DÜRRSON, Werner (1932)
Dreizehn Gedichte. Mit 4 Holzschn. von Klaus Staeck. - Stierstadt: Eremiten-Presse 1965 = Paßgänge. 8. (160 num., auf Packp. gedr. Ex.) /1884

Schattengeschlecht. 13 Gedichte. 3 Holzschn. von Erich Heckel. - Hake-Vlg., Köln: 1965. (400 num. Ex.) /1885

Flugballade. Mit 6 Holzschnitten von HAP Grieshaber. - Ebenda (1966). (500 num. Ex., davon 100 sign.) /1886

Schneeharfe. Gedichte. - Frankfurt: Oehms 1966. /1887

DÜRST, Georg (1896)
Ewiger Berg. - Zürich: Helios-Vlg. (1945). /1888

Der blaue Tag. Frühere und neuere Gedichte. Illustr. von Max Hunziker. - Zürich: Artemis (1956). /1889

DÜSSEL, Reinhard
Striche auf der Stirn. Texte. - München, Würzburg, Wien: Relief 1970 = Der Viergroschenbogen. 108. /1890

DÜX-BORNEMANN, Erna
Sag Ja zum Leben. Gedichte. - Paderborn, Osnabrück: Schöningh 1948 = Das Bentheimer Land. 33. /1891

DU FAIS, Henri
Humoris causa. Schelmische Reimereien. - Berlin: W. Hoffmann (1967); 2. verm. Aufl. (1967). /1892

Mein Saitenspiel. - Wien: Europ. Vlg. 1968. /1893

DUFT, Wiboroda Maria
Lieb-Frauen-Jubel. Minnelieder zu den Marientagen des Kirchenjahres. - Luzern: Räber & Co. (1952). /1894

Im Königszelt. Gedichte. - Ebenda (1957). /1895

DUGALL, Harry (1913)
Wenn die Jahre gehn dahin... Verse und Prosa. - Mainzlar: Selbstverlag (1959). /1896

Alles, was das Herz bewegte... Gedichte und Lieder im Volkston. - Mainzlar: Selbstverl. (1961). /1897

Schöne Literatur. Gedichte. - 1961 (b. n. e.) /1898

DUMANN-REHNA, Carl d. i. Karl Dumann (1880-1958)
Licht und Schatten. Gedichte. - Flensburg: Christian Wolff Vlg. /1957/. /1899

DUMSER, Ludwig (1916)
Landschaft des Lebens. Gedichte. - Karlsruhe: Der Karlsruher Bote 1962. /1900

DUNKLAU-KRÖNCKE, Gertruida   (1896-1965)
   Zwischen Dur und Moll. - Hamburg-Fuhlsbüttel: Hamburger
   Kulturvlg. 1964. /1901
DUNSCH, Günther Gerfried
   Tag- und Traumsignale. - Schweinfurt: Vlg. Neues Forum (1968)
   = Versuche und Proben. /1902
DURBEN, Wolfgang   (1933)
   Harte Lichter. Gedichte. - Saarbrücken: Saarländ. Verlags-Anst.
   und Druckerei 1956. /1903
DUSSY, Eduard
   Von der Weisheit des Lichtes. Erkenntnisse auf dem Lebensweg.
   - Riehen: Selbstverl. o. J. /1904
   Auf dem Wege. Gedichte. - Ebenda (1959). /1905
   Innerliche Beschäftigung. Aphorismen und Verse. - Ebenda
   /1963/. /1906
EBEL, Andreas
   E' bissel Sunneschei(n). Allerlei Gereimtes in Pfälzer Mundart.
   Illustr. von Karlfritz Müller. - Neustadt/Haardt: Ebel 1948. /1907
EBEL, Lilo
   Andante lamentoso. - Freiburg: Herder 1946. /1908
EBELING, Jörn
   Schattenboxen. Gedichte und keine Gedichte. Mit einer Radierung und 7
   Zeichn. von Harri Huysman. - Olef/Eifel: Olefer Hagarpresse, Rolf Kuhn
   (1965). (140 num. Ex., 1-60 sign.) /1909
   Ypsilon. Gedichte. - Berlin: Rainer-Vlg. 1966. /1910
   Widmung in 342 Zeilen. - Ebenda (1967). /1911
   Altenceller Rosengarten. - Ebenda (1969). (200 Ex. num.) /1912
EBERHARD-SCHOBACHER, Else
   Mit Feder und Spaten. Ausgew. Gedichte, Plaudereien und Betrach-
   tungen. Graph. Gestaltung von Heinz Schubert. - Kempten/Allgäu:
   Volkswirtschaftl. Verlag 1955. /1913
EBERHARDT, Michel   (1913)
   Mensch und Erde. Geschichten und Verse aus dem Bauernleben. Mit
   17 Federzeichn. von Walter Diem. - Oettingen: Fränkisch-Schwäbischer
   Heimatverlag (1963). /1914
EBERLE, Josef   (1901)
   Die schwäbischen Gedichte des Sebastian Blau. - Tübingen,
   Stuttgart: Wunderlich 1947. /1915
   dasselbe. - Stuttgart: Dt. Verlags-Anstalt (1956). /1916
   Schwarzes Salz. 100 Epigramme. (lat.+ dt.) - Ebenda (1964)
   (Nebentitel: Sal niger) /1917
   Nie verstummendes Echo. Elegien, Satiren, Lehrgedichte. -
   Ebenda 1970. (Nebentitel: Echo perennis) /1918

s. a. u. Pseud. APELLUS, Josephus

EBERSOLD, Walter M.   (1897-1967)
Ein Tupf ging mit sich selber aus. Gedichte. (Lachende Wahrheiten, Bienenstiche und Spinnereien.) - Langnau-ZH: Roter Reiter-Vlg. /1967/. /1919

EBERT, August   (1902)
Von der Fahrt. Gedichte. - Ulm: W. Tapper-Vlg. /1946/. /1920
dasselbe. - Stuttgart: Quell-Vlg. /1954/. /1921

EBNER, Jeannie   d. i. Jeannie Allinger   (1918)
Gesang an das Heute. Gedichte, Gesichte, Geschichten. Illustr. von Peter Perz. - Wien: Jungbrunnen-Vlg. /1952/ = Junge österr. Autoren. 9. /1922
Gedichte. - Gütersloh: Mohn (1965). /1923

ECHTERNACH, Helmut   (1907)
Auf Gottes Wegen. Worte der Anbetung. - Hamburg: Reich (1962). /1924

ECKARDT, Anna   (1909)
Zwischen den Vaterländern. - Wien: Europ. Vlg. 1966. /1925

ECKARDT-SKALBERG, Elfriede   d. i. Elfriede Eckardt   (1884-1964)
Aus der grünen Mitte. Gedichte. - Baden-Baden: Bühler 1948. /1926
Erlebnisse Casanovas in Sonetten. - Hamburg-Hamm: Harry v. Hofmann 1964. /1927
Und nichts blieb haften. Gedichte. - Ebenda 1964. /1928

ECKHARDT, Walter
12 Monde harrn im Kreis. Sonette. Mit Zeichn. von Bele Bachem. - Köln, Berlin: Grote (1965). /1929

ECKMAIR, Carl Martin   (1907)
Heimkehr ins Herz. Gedichte. - Linz: Oberösterr. Landesverlag 1951. /1930
Noch ist es Tag. Ausgew. Gedichte. Mit einem Geleitw. von Kurt Vansca. - Ebenda 1957. /1931
Waage der Hoffnung. Gedichte. - Ebenda /1967/. /1932

EDEL, Gottfried   (1929)
Zyklus mit Sternen. - Dülmen/Westf.: Kreis der Freunde (1963) = Der Vier-Groschen-Bogen. 18. /1933

EDSCHMID, Kasimir   d. i. Eduard Schmid   (1890-1966)
Italienische Gesänge. - Darmstadt: Darmstädter Vlg., Joseph Würth, Handpresse 1947. /1934
dasselbe. (zum 75. Geb. des Dichters) - Wien, München, Basel: Desch (1965). /1935

EDWARD, Georg   (1869-1969)
So steht es geschrieben. - Gießen: Selbstverl. (1961). /1936
Das Schwanenlied. - Ebenda (1964). /1937
Dreizehn Gedichte für Gustel Wagner... - Ebenda (1967). /1938

EGER, Josef
Ein Tag Wahrheit. - Buxheim: Martin-Vlg. Berger /1969/. /1939
Viel Glück und viel Segen. Gedichte und Reime zu festlichen
Tagen. - Ebenda 1969. /1940

EGGART, Hulda
Taube der Liebe. Gedichte. - Buxheim: Martin-Vlg. /1967/.
(Umschlagtitel: Liebe hat eine Geburt, aber viele Tode) /1941

Perle der Mitte. Ein Zeitgedicht. - Buxheim: Martin-Vlg. /1968/.
/1942
EGGEBRECHT, Jürgen (1898)
Die Vogelkoje. - Hamburg: Ellermann 1949 = Das Gedicht.
1949. 2. /1943

Schwalbensturz. Gedichte. - Frankfurt: Suhrkamp 1956. /1944

Zeichen in der Nacht. - Dülmen/Westf.: Kreis der Freunde (1962)
= Der Vier-Groschen-Bogen. 13. /1945

EGGENREICH, Otto (1932)
Von Wort zu Wort. Lyrik. 4 Illustr. von Dietmar Kiffmann. - Graz:
Imago (1969). /1946

EGGER, Bertrand Alfred
Nicht ganz sieben Jahre. Lyrik und kurze Prosa. Illustr. von
Wolfgang Baminger. - Wien: Vlg. Jungbrunnen /1952/ = Junge österreichische Autoren. 12. /1947

EGGER, Carl
Blätter fallen... - Basel: Wepf & Co. (1946). /1948

EGGER, Rosemarie (1938)
Von der Erde. - München, Würzburg, Wien: Relief-Vlg. 1965 =
Der Viergroschenbogen. 66. /1949

wanderung. Zeichn. von Gottlieb Kurfiss. - Breitenbach/Schweiz:
Jeger-Moll /1967/. /1950

EGGER-VON MOOS, Hedwig
Muetterliebi - Chinderlache. Gesichtet und hrsg. von Ignaz
Britschgi. - Sachseln: Kanisiuswerk (1950). /1951

Machids der Sunne nah! Obwaldner Gedichte. - Zürich: NZN-Buchverlag (1955). /1952

Es brennt. - Ebenda (1956). /1953

Heimeligs Obwalde. Zeichn. von Margrit van Leeuwen. - Sarnen:
Britschgi /1958/. /1954

S' will Abig wärde... Besinnliche Gedichte, Sprüche und Glückwunschverse. - Ebenda (1961). /1955

EGGERS, Gerd (1945)
(Gedichte) - Berlin: Neues Leben (1969) = Poesiealbum. 18. /1956

EGGERT, Hans Jürgen (1915-1945?)
Wenn wir sterben müssen und in Not sind. Gedichte und Zeichnungen aus dem Nachlaß. - Stierstadt i. Ts.: Eremiten-Presse 1955. /1957

EGGERTH, Heinrich
  Am Ufer der Ereignisse. Gedichte. - Wien: Österr. Verlags-
  Anstalt (1970). /1958

EGGIMANN, Ernst (1936)
  psalmen. - Wiesbaden: Limes (1967) = Limes nova. 18. /1959
  Henusode. Gedichte. - Zürich: Die Arche (1968). /1960
  dasselbe. - Ebenda (1970) = Die kleinen Bücher der Arche. 506/507. /1961

EGLI, Elise
  Aus klarem Quell. Gedichte. - Meiringen: W. Loepthien in Komm.
  1947. /1962

EGLI, Heinrich Martin
  Rochade. Gedichte. - Bern: edition rüedi 1968. /1963

EGLOFFSTEIN, Wilhelm-Michael Frhr. von und zu
  Der Marmormund. Gedichte. Eingel. und hrsg. von Otto-Heinrich
  Kühner. - Stuttgart: Selbstverl. (1960). /1964

EHLERS, Rudolf (1908)
  Die Drehtür. Gedichte. Buchschmuck von Herbert von Gualtieri. -
  Ulm: Aegis-Vlg. (1946). /1965
  Die Eieruhr. Buchschmuck von Günter Canzler. - Ebenda (1947). /1966

EHLERS, Walter (1897)
  Zwölf Gedichte. Ausw. von Wilhelm Luetjens. (Im Auftrag von Freun-
  den als Neujahrsgabe f. d. Verf. gedruckt.) - Hamburg: Werkstatt des
  Jugendheims Wulfsdorf (1950). (100 Ex.) /1967

EHMANN, Otto
  Lichter für dunkle Tage. Gedichte eines Blinden. - Stuttgart:
  Quell-Vlg. in Komm. (1947). /1968

EHRENBERG, Eva (1891)
  Sehnsucht - mein geliebtes Kind. Bekenntnisse und Erinnerungen,
  Essays und Gedichte. - Frankfurt: Ner-Tamid-Vlg. 1963. /1969

EHRENFELD, Ernest
  Inselgedichte. - Wien: Europ. Vlg. 1967. /1970
  Suki-Suki. - Ebenda 1969. /1971

EHRENSPERGER, Jakob
  Jakob Ehrensperger, Hans U. Müller, Hugo Meier: Im Heute wohnen.
  Illustr. von Rolf Bootz. - Zürich: Juris-Vlg. /1965/. /1972

EHRENSTEIN, Albert (1886-1950)
  Gedichte und Prosa. Hrsg. und eingel. von Karl Otten. - Neuwied,
  Berlin-Spandau: Luchterhand (1961); /1968/ (mit Bibliogr.). /1973
  Stimme über Barbaropa. Ausgewählte Gedichte. Ausw. und Nachw.
  von Jürgen Jahn. - Berlin, Weimar: Aufbau-Vlg. (1967). /1974

EHRHARDT, Reinhold
  Die sieben Tage. Verse für junge Menschen. Mit Zeichn. von Walter
  Bergmann. - Berlin: Erich Schmidt (1947). /1975

EHRISMANN, Albert (1908)
In dieser Nacht. Gedichte. - Herrliberg-Zürich: Bühl-Vlg. (1946)
= Bühl-Verlag-Blätter. 6. /1976

Das Stundenglas. Gedichte. - Zürich: Fretz & Wasmuth (1948). /1977

Das Traubenjahr. - Zürich: Schweizerische Schillerstiftung (1950) =
Geschenk der Schweizerischen Schillerstiftung. 4. /1978

Morgenmond. Frühe Gedichte. - Zürich: Johannespresse 1951.
(zuerst 1928) /1979

Tag- und Nachtgleiche. Gedichte. - Zürich: Fretz & Wasmuth
(1952). /1980

Mein kleines Spittelbuch. Gedichte. - Ebenda (1953). /1981

Ein ganz gewöhnlicher Tag. Gedichte. - Ebenda (1954). /1982

Das Kirschenläuten. Gedichte. - Ebenda (1956). /1983

Die Himmelspost. Weihnachts- und Neujahrsgedichte. - Zürich:
Die Arche (1956) = Die kleinen Bücher der Arche. 222/223. /1984

Der wunderbare Brotbaum. Poetisches Spazierbüchlein. -
Zürich, Stuttgart: Artemis (1958) /1985

Nein, die Nacht ist nicht das Ende. Gedichte. - Zürich:
Oprecht (1958). /1986

Riesenrad der Sterne. Gedichte. - Zürich, Stuttgart: Artemis
(1960). /1987

Wir haben Flügel heut. Gedichte. - Ebenda (1962). /1988

Nachricht von den Wollenwebern. Gedichte. - Ebenda (1964). /1989

Heimkehr der Tiere in der Heiligen Nacht. Weihnachts-
und Neujahrsgedichte. - Zürich: Arche (1965) = Die kleinen Bücher der
Arche. 418/419. /1990

Wetterhahn, altmodisch. Neue Gedichte. - Zürich, Stuttgart:
Artemis Verlag (1968). /1991

EHRKE, Hans (1898)
Gahn un Kamen. Gedichten. - Hamburg: Verlag d. Fehrs-Gilde
(1956). /1992

Gegen Abend. Gedichten. - Ebenda (1968). /1993

EHRLER, Hans Heinrich (1872-1951)
Unsre Uhr hat einen Zauberschlag. Gedichte. - Tübingen,
Stuttgart: Wunderlich /1950/. /1994

Gedichte... Für die Gesellschaft der Freunde von Hans Heinrich
Ehrler. Hrsg. von Milli Stotz. - Tübingen, Stuttgart: Verlagsges. der
Freunde von H. H. Ehrler 1951. (mit Bibliogr.) /1995

Das Unvergängliche. Gedichte. Ausgew. von Erwin Karl Münz. -
Friedberg b. Augsburg: Palotti-Verlag 1955. (300 handnum. Ex. als
Sonderdruck) /1996
EHRLICH, Alfred

Für stille Stunden. Erlebte Dichtung. - Krün: Verlag der
Helfenden. 1968. /1997
EHRLICH, Hans (1931)
Die letzte Nacht. Ein Gedichtkreis. - Karlsruhe: Der Karlsruher
Bote. (1961). /1998
EHRMANN-BRETZING, Gustel
... denn jedes Tierlein hat sein Herz. Ein Buch in Versen.
Mit Bildern von Walther Meyerspeer. - Colmar: Alsatia (1951). /1999
EIBL-EIBESFELDT, Maria
Lose Ahornblätter. - Wien: Europ. Verlag 1961. /2000
EICH, Günter (1907-1972)
Abgelegene Gehöfte. Gedichte. Mit vier Holzschnitten von Karl
Rössing. - Frankfurt: Georg Kurt Scheuer Vlg. 1948. /2001
dasselbe. Neuausgabe. - Frankfurt: Suhrkamp (1968) = edition suhr-
kamp. 288. /2002
Untergrundbahn. - Hamburg: Ellermann 1949 = Das Gedicht. 1949. 4./2003
Botschaften des Regens. Gedichte. - Frankfurt: Suhrkamp 1955.
dasselbe. - Frankfurt: Suhrkamp (1963) = edition suhrkamp. 48. /2004
/2005
Ausgewählte Gedichte. Auswahl und Nachwort von Walter Höllerer.
- Frankfurt: Suhrkamp (1960) = suhrkamp texte. 1. /2006
Zu den Akten. Gedichte. - Frankfurt: Suhrkamp (1964). /2007
Anlässe und Steingärten. Gedichte. - Ebenda (1966). /2008
EICH, Hans (1903)
Windlos. Gedichte. - München, Würzburg, Wien: Relief-Verlag (1964).
= Der Viergroschenbogen. 46. /2009
EICHHOF, Hugo (1888)
Verwandelte Wege. - Buxheim/Allgäu: Martin Verlag /1963/. /2010
Gesichter und Masken. Satiren und Grotesken. - Ebenda 1970. /2011
EICHHOLZ, Marianne
Berlin. Ein lyrischer Stadtplan. - Köln, Berlin: Kiepenheuer & Witsch
(1964) = Die kleine Kiepe. /2012
EICHIN, Emanuel Walter
Emanuel Walter Eichin und Wolf Fried (d. i. Wolfgang Friedrich Knoll)
Moderne Lyrik. Enthält: Orgeia. Exotische Gedichte von E. W.
Eichin und Neue Gedichte von Wolf Fried. - Lörrach bei Basel:
Humanitheon (1947) = Die neue Kultur. Sonderheft. 1947. /2013
EICHMEIER, Max
Himmel, Erde, Gockelhahn... Besinnliche und heitere Verse
über Tiere und Menschen. Mit Federzeichnungen von Fritz Klieber. -
Oettingen/Bayern: Fränkisch-Schwäbischer Heimatverlag (1966) =
Rieser Schriften. 10. /2014
EICKE, Jürgen
Ende Paul Licht. Gedichte. - Frankfurt: Suhrkamp (1967) =
Deutschsprachige Autoren. 1. /2015

EICKERT, Carl Heinz
    Stimme. - Großkönigsdorf b. Köln: Selbstverlag 1959; Kevelaer:
    Butzon & Bercker 1959. /2016

EICKHOFF, Ekkehard
    Der Falke. - Berlin: Wedding-Verlag /1948/. /2017

EIFFE, Peter Ernst (1941)
    Eiffe for President. Frühling für Europa. - Surrealismen zum
    Mai 68. Hrsg. mit Information von Uwe Wandrey. Politkritische Vorbe-
    merkungen von Peter Schütt. - Hamburg: Quer-Verlag (1968). /2018

EIGL, Kurt (1911)
    In der Frühe. Gedichte. - 1947 (b. n. e.) /2019

    Ein Schiff aus Ninive. - Wien, München: Jugend und Volk (1964) /2020

EIMER, Ernst (1881-1960)
    Aus isem schine Vulsberg. - Gedichte in oberhessischer Mund-
    art. - Gießen: Schmitz (1946). /2021

EINSTEIN, Siegfried (1919)
    Melodien in Dur und Moll. Gedichte. - Zürich: Posen 1946 /2022

    dasselbe. 2. verb. Aufl. - Zürich: Beer (1948). /2023

    Das Wolkenschiff. Gedichte. - Ebenda 1950. /2024

EIS-STEFFAN, Ruth (1909)
    Der Weg zum Hohen Stein. Balladen. - Freising: Marburger
    Kreis /1970/ = Marburger Bogendrucke. 17. /2025

EISEN, Herbert Jakob d. i. Herbert Izbicki
    Noch ist es still. Gedichte. - Wien: Bergland-Verlag (1966) =
    Neue Dichtung aus Österreich. 137. /2026

EISENBACH, Karl d. i. Friedrich Singer
    Maria Anita. Sonette um eine Heimatvertriebene. - Karlsruhe:
    Der Karlsruher Bote 1962. /2027

EISENPROBST, Egon Ferdinand (1895)
    Die Liebe ist eine Kunst. Ein Brevier. - Salzburg, Stuttgart,
    Zürich: Das Bergland-Buch 1970. (zuerst 1948) /2028

ELBLING, Hygin
    zweitaktgemisch oder: keine motorradlyrik. Grafiken von
    Gigi Lawrenz. - Gersthofen: Maro-Verlag (1970). /2029

ELMANN, Heinz d. i. Paul Heinzelmann (1888-1961)
    Das Schwungrad. - Fürstenfeldbruck: Steinklopfer-Vlg. 1945 = Die
    Steinklopfer-Reihe der Aussenseiter. /2030

    Die Gräberinsel. Verse und Sprüche. Tuschzeichnungen von Friedel
    Breil. - Ebenda (Neuaufl. b. n. e.) (zuerst 1932) /2031

    Das Totenlied. Der Sternengott. (zuerst 1922 u. 1923) -
    Ebenda (Neuaufl. b. n. e.) /2031a

    Das Leichenfeld. Kriegsverse 1915-1918. - (1957) (b. n. e.) /2032

ELOSGE, Michael
    Kopflos. Gedichte. - o. O. Selbstverlag 1970. /2033

ELSER, Josef Maria
    Denk es, o Mensch! Gedichte. (1.) - Wien: Europ. Vlg. 1954.   /2034
    Du stehst im Dunkel. (Gedichte. 2.) - Ebenda 1956.   /2035

ELSTER, Erich
    Aus der Stille für den Alltag. Gedichte. - Dessau: Selbstverl. 1961. Zugleich Weihnachtsgabe des evangel. Pfarramts der Auferstehungsgemeinde, Dessau.   /2036

EMICH, Isolde
    In diese Zeit gesprochen. - Wien, Innsbruck: Rohrer (1963).   /2037

EMMENEGGER, Siegfried
    Äntlibuecher-Dütsch: Nüi Sprüch und Spragge. 2. Aufl. - Schlüpfheim: Buchdruck Schlüpfheim 1957.   /2038

EMUNDTS-DRAEGER, Elisabeth   d. i. Elisabeth Emundts   (1898)
    Nach innen geht der Weg. Gedichte. - Hamburg: Hoffmann und Campe 1948. (enth. neue Gedichte und eine Auswahl aus dem Band Von Mensch zu Mensch, zuerst 1936).   /2039
    Im Rosenkranz. Geistliche Sonette. - Ratingen: Henn (1955).   /2040
    Sprechplatte: Im Rosenkranz. Geistliche Sonette. - 1966 (b. n. e.)   /2041
    Blumengedichte. - Karlsruhe: Der Karlsruher Bote 1968.   /2042
    Unendliches Herz. Gedichte für Ernst Barlach. Zeichn. von Hermann Josef Baum. Nachw. von Armin Biergann. - Köln: Müssener (1970) = Strom und Ufer. 1.   /2043

ENDERLIN, Fritz   (1883)
    Gedichte in Oberthurgauer Mundart. - Frauenfeld: Huber (1963).   /2044
    Heimat am See. Gedichte aus alten Mappen. 2. erw. u. neu geordnete Aufl. von Haus am See (zuerst 1943). - Zürich: Orell Füssli (1963).   /2045

ENDLER, Adolf   (1930)
    Erwacht ohne Furcht. Gedichte. - Halle(Saale): Mitteldt. Vlg. 1960.   /2046
    Weg in die Wische. Literarische Skizzen und Gedichte. - Ebenda 1960.   /2047
    Die Kinder der Nibelungen. Gedichte. - Halle(Saale): Mitteldeutscher Vlg. 1964.   /2048

ENDT, Rudolf (Rudi) vom   (1892-1966)
    Was dem einen seine Amsel, ist dem anderen sein Regenwurm. Gedichte in Worten, Linien, Strichen und Gedankenstrichen über das seltsame Sein. - Düsseldorf: Droste (1951).   /2049
    Keinesfalls zimperlich. Zeichenbuch mit Versen. - Ebenda (1955).   /2050
    Poesie mit Pulverplättchen. Ein Album für Fortgeschrittene mit 22 Zeichn. des Autors. - Ebenda (1965).   /2051

ENGASSER, Quirin
    Tage und Nächte. Gedichte. - Wien: Europ. Vlg. 1968.   /2052

ENGEL, E. T. H.
    Gesichter und Gesicht. Physiognomische Sonette. - Bodman/
    Bodensee: Hohenstaufen-Vlg. (1968). /2053

ENGELKE, Edith
    Fragen - rhythmisch. - Flensburg: Wolff (1970). /2054

ENGELKEN, Ernst
    Der innere Kreis. Gedichte. Mit einer Radierung von Harro Fromme.
    - Johannesburg: Selected Books 1947. /2055

ENGELMANN, Viktor
    Schmetterlinge. Ausgewählte Gedichte. - Wien: Europ. Vlg. 1959. /2056

ENGESSER, Franz
    Alles ist Gnade. Gedichte. - Buxheim/Allgäu: Martin Vlg. Berger
    1961. /2057

ENGLER, Berta (Bertha)
    Elf Gedichte. Eingef. von Micheline Carena. - Ohne Erscheinungs-
    vermerk. (Hermann Hesse Nachlaß, Marbach, Schiller-Nationalmuseum)

    Kleine Lieder von der großen Liebe. - Bern: /2058
    Sektion des Schweiz. Blindenverbandes /1948/. /2059

    Hohelied des Schönen. Federzeichn. von Rolf Fisch. - Bern:
    Band-Vlg. 1953. /2060

ENGSTRÖM, Marianne   d. i. Marianne Stromenger
    Unfromme Litanei. Gedichte. - Wien, München: Jugend und Volk
    (1969) = Neue Perspektiven. /2061

ENSELEIT, Ursula
    Ungerupft. Gedichte und Zeichnungen. - Leer/Ostfriesland: Rauten-
    berg (1967). /2062

ENTENMANN, Hans Hermann
    constructions I. Mit Serigraphien von Hermann Heintschel. - Paris,
    Zweibrücken: Edition Beck /1969/. /2063

ENZ, Hans   (1890)
    Sechzehn Sonette. Hrsg. v. d. St. Lukas-Bruderschaft Solothurn zur
    Feier des 80. Geburtstags. - Solothurn: St. Lukas-Bruderschaft (1970). /2064

ENZENSBERGER, Hans Magnus   (1929)
    verteidigung der wölfe. - Frankfurt: Suhrkamp 1957. /2065

    landessprache. - Frankfurt: Suhrkamp 1960. /2066

    dasselbe. - Ebenda (1969) = edition suhrkamp. 304. /2067

    Sprechplatte: Gedichte. Sprecher: Hans Magnus Enzensberger. -
    Frankfurt: Suhrkamp /um 1961/. /2068

    Gedichte. Die Entstehung eines Gedichts. Nachw. von
    Werner Weber. - Frankfurt: Suhrkamp 1962 = Suhrkamp Text. 10. /2069

    dasselbe. - Ebenda (1963) = edition suhrkamp. 20. suhrkamp text.
    (mit Bibliogr. und Lit. verz.) /2070

Sprechplatte: Halleluja im Niemandsland. Enzensberger-Lyrik und
Jazz. Sprecher: Gert Westphal. Musik mit Max Roach Septet, Don Byrd-
Gigi Gryce Quintet (u. a.) zusammengestellt von Joachim E. Berendt.
- Hamburg: Philips /1962/. /2071

blindenschrift. - Frankfurt: Suhrkamp 1964. /2072

Falter. Mit einem Aquarell von Buja Bingemer. - Köln: Hake (1965)
= tangenten. 2. (100 num. Ex.) /2073

Gedichte. Die Entstehung eines Gedichts. Ausgew. von
Gustav Korlén. Nachw. von Werner Weber. - Stockholm: Svenska Bokförlaget, Bonnier /1965/ = Scandinavian University Books. (m. Bibl.) /2074

Poésies. (dt.+franz.) Trad. de l'allemand par Roger Pollandin. -
Paris: Gallimard (1966) = Poésies du monde entier. /2075

Poems for people who don't read poems. (dt.+engl.) Transl.
by Michael Hamburger, Jerome Rothenberg and the author. - London:
Secker & Warburg /1968/. /2076

EO, Athena
Ruhm der Meere. Genueser Sonette. - Bad Godesberg: Hohwacht-
Verlag /1964/. /2077

EPPLE, Bruno
Vom Geist der Kathedrale. Linolschn. von Fritz Möser. - Buxheim
/Iller: Martin Vlg. (1958). /2078

ERBERTSEDER, Robert
Schimmernde Hügel. Gedichte. - Regensburg: Habbel 1958. /2079

ERBSLOH MULLER, Olga
Im innersten Raum. The innermost Chamber. (dt.+engl.) Gesamm.
Gedichte. - München: Wirtschaftsverlag Klug /1965/. /2080

ERDMANN, Veronika d.i. Veronika Czapski (1894)
Cantaten. Lyrik. - Lorch, Stuttgart: Bürger-Vlg. 1946. /2081

EREMITA
Der Weise spricht. 25 Sinngedichte. - Hochdorf: Graphia AG (1946).
/2082
ERHARDT, Heinz (1909)
Tierisches - Satirisches. Zeichn. von Gustav Tolle. - Hamburg:
Morawe & Scheffelt 1949; 2. etwas verb. Aufl. 1952. /2083

dasselbe. 5. Aufl. - Hamburg: Hermes 1956. /2084

Gereimtes und andere Ungereimtheiten. - Hamburg: Hermes
1956. /2085

Gesammelte Un-Gereimtheiten. - Ebenda (1959). /2086

Noch'n Gedicht... und andere Ungereimtheiten. Zeichn. von
Hannelore Jähn-Apitz. - Frankfurt, Wien: Limpert (1961). /2087

... noch'n Gedicht und andere Ungereimtheiten. Mit 40
neuen Seiten. 30 Zeichn. von Dieter Harzig. 3. Aufl. - Hannover:
Fackelträger (1963). /2088

Sprechplatte: Humor und gute Laune mit Heinz Erhardt. "Noch'n

Gedicht" und andere Ungereimtheiten. Sprecher: Heinz Erhardt. -
Hamburg: Teldec /1963/. /2089

... noch'n Heinz Erhardt. Mit 111 Einfällen. Illustr. von Dieter
Harzig. - Hannover: Fackelträger-Vlg. (1966). /2090

... und viertens. Ritter Fips und andere Gesänge von ganz verschiedenartiger Länge. Illustr. von Dieter Harzig. - Ebenda (1968). /2091

Das große Heinz Erhardt - Buch. Illustr. von Dieter Harzig. -
Ebenda (1970). /2092

ERLENMEYER, Marie-Louise   d.i. Marie-Louise Erlenmeyer-Binder   (1912)
Tore im Wind. Gedichte. - Heidelberg: Schneider (1960). /2093

Im Abgrund Glaube. Gedichte. - (b.n.e.) /2094

ERMANN, Leo
Wir finden kein Vergessen. - Paris: Imprimerie de la S.N.I.E.
1948. /2095

Verhallendes Echo. - Jerusalem: OTH, Coop. printing press, Haifa,
1966. /2096

Schlußakkord und kämpferischer Neubeginn. - Jerusalem:
Selbstverlag 1968. /2097

ERNÉ, Nino   d.i. Giovanni Bruno Erné   (1921)
Der sinnende Bettler. - Karlsruhe: Stahlberg (1946) = Ruf der
Jugend. 3. /2098

Murmelpoeme. Illustr. von Rüdiger Stoye. - Ahrensburg, Paris:
Damokles Vlg. (1967). /2099

ERNI, Franz Xaver   (1927)
Elsässische Form. - Turgi: Selbstverl. /1958/. /2100

s.a. Fritz Billeter, Franz Xaver Erni: Messen und Schweben.

Immer auf der Suche... Neue Gedichte. - Dülmen/Westf.: Kreis
der Freunde (1963) = Der Vier-Groschen-Bogen. Sonderausg.16. Lyrik
im Zeitgewand. /2101

ERNST, Klaus
Rimus remedium. - Olten: Vereinigung Oltner Bücherfreunde, 46.
Veröffentlichung, 1950. /2102

ERNST, Max   (1891)
paramythen mit 9 collagen. Von Max Ernst ins Deutsche übertragen. -
Köln: Vlg. Galerie Der Spiegel 1955. /2103

dasselbe. Neuaufl. der ersten deutschen Ausgabe. - Ebenda 1964. /2104

paramythen. paramyths. paramythes. (dt.+engl.+franz.) -
Ebenda (1970). /2105

Die Nacktheit der Frau ist weiser als die Lehre des
Philosophen. - Ebenda (1970) = Spiegelschrift. 4. /2106

ERNY, Karl
In einem gewissen Alter. Ein Büchlein für Herren mit grauen
Schläfen. Illustr. von Hanny Fries. - Rorschach: Nebelspalter-Vlg. (1956).
/2107

Adam klagt Eva an. Ein Büchlein über und für unsere lieben Frauen.
Illustr. von Hanny Fries. - Rorschach: Nebelspalter-Vlg. (1957). /2108

ERPF, Hans
  Elf Gedichte. - Lyss/Schweiz: S. Kaufmann (1966). /2109

ESCHE, Annelinde
  Mahnrufe nach dem 2. Weltkrieg. - Warburg/Westf.: Heinrich
  Werth (1945). /2110

ESCHLER, Helene
  Zwischen Wind und Sonne. - Gießen, Basel: Brunnen-Vlg. (1964).
  /2111

ESCHMANN, Ernst Wilhelm (1904)
  Tessiner Episteln. - Hamburg: Ellermann 1949. /2112

  Messe für Leopold Bernhardt. - Karlsruhe: Stahlberg (1951). /2113

  Vorstadtecho. - Ebenda (1952). /2114

  Notizen im Tal. - Düsseldorf, Köln: Eugen Diederichs (1962). /2115

  Tessiner Episteln. (darin außerdem: Messe für Leopold Bernhardt.
  Vorstadtecho. Notizen im Tal.) - Hamburg, Düsseldorf: Claassen (1970).
  /2116

ESSEN, Jacobus van (1908)
  Traum und Welt. Gedichte. - München, Würzburg, Wien: Relief-
  Verlag 1964. /2117

ESTORFF, Albrecht von (1894)
  Lyrische Idyllen in Wort und Ton. - Berlin: Hayn's Erben
  /1955/. /2118

EULENBERG, Herbert (1876-1949)
  Lyrisches Zwischenspiel. (Zum 70. Geb. des Dichters als Festgabe
  für die Freunde seiner Kunst gedruckt.) - Düsseldorf-Kaiserswerth:
  Die Fähre /1946/. /2119

EVERS, Franz
  Ausgewählte Dichtungen. Hrsg. von Hildegard von Kleist. Nachw.
  von Walter Schneider-Römheld. - Berlin: Waldemar Hoffmann 1970. /2120

EXNER, Richard (1929)
  Gedichte. - Wiesbaden: Limes (1956) = Dichtung unserer Zeit. 10.
  /2121

EYBEL, Hans-Werner (1915)
  Michelangelo - (Gedichte). - 1945. (b.n.e.) /2122

  Der Gläubige und Gedichte an Michelangelo. - Berlin-
  Charlottenburg: Bergengruen 1961. /2123

  Der Zwinger zu Dresden. Ein Gedichtzyklus. (u.a.) - Ebenda
  1961. /2124

EYER, Oswald
  Unscheinbar wie Glas. Gedichte. - Wien: Bergland (1968) =
  Neue Dichtung aus Österreich. 146. /2125

EYNERN, Hans von
  Klänge des Alters. - Karlsruhe: C. F. Müller (1952). /2126

FABER-KALTENBACH d.i. Jakob Faber (1898-1962)

Buntbildseher T. 1 - 4 in einem Band. (Auswahl aus den Gedichten,
Sprüchen und Plänen.) 1.: 1914-1938, 2.: 1939-1942, 3.: 1943-1946, 4.:
1947-1955. - Grünstadt/Rheinpfalz: Selbstverl. (1957). /2127

FABER, Lotty
Ein Mundartstrauß für jedes Haus. Zum Lesen und Vortragen.
Buchschmuck von Rosl Schüffler (u.a.) - Zweibrücken: Zweibrücker
Druckerei- und Verlagsges. 1970. /2128

FABER-PERATHONER, Hans (1907)
Bergheimat. Ein Gedicht-Zyklus. 6 Bilder nach Handzeichnungen von
Hugo Grimm. - Innsbruck: Universitäts-Vlg. Wagner /1953/. /2129

Garuda ruft. Gedichte. - Ebenda /1965/ = Schriftenreihe des
Innsbrucker Turmbundes. 6. /2130

FABIAN, Ernst
112 feine Limericks. Sinnfällig illustr. von Walter Blau. Entwurf
und Gesamtregie von Lothar-Günther Buchheim. - Feldafing/Obb.:
Buchheim /1962/. /2131

Allerfeinste Limericks. Sinnfällig illustr. von Walter Blau. -
Ebenda /1967/. /2132

FABICH, Peter J.
Veränderungen und Anfänge. Gedichte. - Berlin: Stollenwerk
1968. /2133

FABRI, Luise (1938)
Regenbogen. Gedichte. - Bukarest: Jugendverlag (1968). /2134

FAES, Eugen
Tag- und Traumgesichte. Gedichte. - Zürich: Fretz & Wasmuth
(1956). /2135

FAES, Rudolf
Basel und syni Lyt. E Hämpfeli Lieder uus em Großbasel. -
Lausanne: Selbstverl. 1957. /2136

FAESI, Robert (1883-1972)
Über den Dächern. Gedichte. - Herrliberg-Zürich: Bühl-Vlg.
(1946) = Bühl-Verlag Blätter. 10. /2137

Ungereimte Welt gereimt. Mit Zeichn. von Hans Fischer. -
Zürich: Atlantis (1946). /2138

Die Gedichte. - Zürich: Atlantis /1955/. (50 num. u. sign. Ex.) /2139

FAISST, Hans (1896)
Mein Freund - der Turm. - Berlin: Evang. Verlags-Anstalt (1959).
/2140
FALESCHINI, Romano
Schmunzeln zwischen Stern und Wiesenrain. Verse zwischen
Wahrheit und Bosheit. - Wien: Europ. Vlg. 1953. /2141

FALK, Johannes (1882-1963)
Sizilianische Sonette. - Frankfurt: Selbstverl. (1951). /2142

FALK- BREITENBACH, Eugen (1903)
Hailig Wort un Bild. - Privatdruck 1950. /2143

Goldiges Land. Schwarzwälder Gedichte. Nachw. von Eugen Fehrle. -
Lahr/Schwarzw.: Schauenburg /1955/ = Silberdistel-Reihe. 10. /2144

Aus der Stille. Schwarzwälder Gedichte. Mit Illustr. vom Verfasser.
Nachw. von Oskar Kilian. - Ebenda (1958) = Silberdistel-Reihe. 31. /2145

Auf der Ofenbank. Alemannische Gedichte. Nachw. von Oskar Kilian.
Ebenda (1963) = Silberdistel-Reihe. 52. /2146

FANDERL, Sepp (Josef) (1890)
Bei uns dahoam. Altboarische Gedichte und Kurzg' schicht'n vom
Fanderl Sepp. - Regensburg: Bosse (1951) = Heimatbuchreihe. 3. /2147

FANKHAUSER, Alfred (1890)
Lied und Gleichnis. - Bern: Francke (1948). /2148

FANKHAUSER, Gottfried
Zitröseli. Gedichte. - Basel: H. Majer (1948) /2149

FANKHAUSER, Paul
Gott tuet regiere. D' Wiehnachtsgschicht vom Lukas mit bärndütsche
Värse. - Bern: Haller /1964/. /2150

FARAU, Alfred d.i. Fred Hernfeld (1904)
Wo ist die Jugend, die ich rufe? Gedichte. - New York:
Willard /1946/. /2151

FARKAS-ALSÓ TAKÁCS, Irma
Logos. Gespräche mit der Liebe. - Wien: Europ. Vlg. 1968. /2152

Schweigendes Verlangen. - Wien: Europ. Vlg. 1969. /2153

FAROKHZAD, Freydoun (Farīdūn Farruḫzad) (1936)
Andere Jahreszeit. Gedichte. Mit einem Nachw. von Johannes
Bobrowski. - Neuwied, Berlin: Luchterhand (1964). /2154

FARYS, Rudolf
Die Straßen sind die Adern der Welt. Gedichte. - Regensburg:
Mittelbayerische Druckerei- und Verlagsgesellschaft /1953/. /2155

FASCHON, Susanne (1925)
Kein Spiel für Träumer. - Landau: Literarischer Verein der
Pfalz. Jahresgabe, 1959. /2156

FASSBIND, Franz (1919)
Atombombe. Ein gesprochenes Oratorium. - 1945 (b.n.e.) /2157

Eine kleine Schöpfungsgeschichte. - Einsiedeln, Zürich:
Benziger (1946). /2158

Die Hohe Messe. 4 Gesänge aus einem Weltgedicht. (Terzinen) -
Einsiedeln, Zürich: Benziger (1958). /2159

Die Hohe Messe. Ein Gedicht, die ersten dreißig Gesänge. (Terzinen).
- Einsiedeln, Zürich: Benziger /1952/. /2160

Lieder aus einer Schenke. Zeichn. von Klaus Brunner. -
Solothurn: Buchdr. Union AG 1959. /2161

FAULAND, Ferdinand
Sulmerisch gredt. Gedichte in der Mundart des Sulmtales (Steiermark).

Buchschmuck von Franz Korger. - Wels: Welsermühl (1969) =
Lebendiges Wort. 43. /2162

FAUST, Philipp (1898-1959)
Quellen des Lebens. Gedichte. - Wuppertal: Abendland-Vlg. 1948. /2163

FEDERSPIEL, Jürg (1931)
s. u. Rainer Brambach und Jürg Federspiel: Marco Polos Koffer.

FEESCHE, Marie (1871-1950)
Himmelsglanz. Gedichte für Advent und Weihnachten. - Hannover:
Feesche 1952. (zuerst 1926) /2164

Im Osterlicht. Gedichte. - Ebenda 1952. (zuerst 1927) /2165

Von Wanderwegen. - Ebenda 1954. (zuerst 1907) /2166

FEHRLIN, Hans
Ausgewählte Gedichte. - St. Gallen: Fehr'sche Buchhandlg. in
Komm. /1970/. /2167

FEHSE, Willy (1906)
Der Mittagsstern. - Freiburg i. Br.: G. Kirchhoff-Vlg. 1954. /2168

dasselbe. - Dülmen/Westf.: Kreis der Freunde (1963) = Der Vier-
Groschen-Bogen. 17. /2169

FEIER, Otto (1905)
Es weht ein Wind. Gedichte. - Feldbrunnen: Selbstverl. /1956/. /2170

FEILANDER, Richard
Leise Dinge. Gedichte. Vorw. von Oskar Maurus Fontana. - Wien:
Andermann 1946. /2171

FELBER, Erwin
Tutti Frutti. Gedichte. - Wien: Europ. Vlg. /1961/. /2172

FELBER, Rudolf
Ebenbilder schafft sich - Gottwesen, Mensch, Ding.
Balladen, Romanzen, Elegien. - Wien: Europ. Vlg. 1964 = Rudolf Felber:
Europäische Gedichte - Gesichte. 1. /2173

FELCHLIN, Maria
Poetische Mixturen. Gedichte. - Olten: Selbstverl. 1947. /2174

FELDES, Roderich
haubergsnelken. Gedichte. - Frankfurt: Suhrkamp (1967). /2175

FELDTMANN, Harro (1917)
Aber in den klarsten Tagen. - 1963 (b. n. e.) /2176

Die Stunde der Rose. Balladen und Gedichte. Hrsg. und eingel. von
Gottfried Pratschke. - Wien: Europ. Vlg. 1970 = Die Stillen im Lande. /2177

FELL, Johanna (1894-1969)
Die Kürbiskammer. Gedichte. - Karlsruhe: Der Karlsruher Bote
1963. /2178

s. a. u. Pseud. ZAESKE-FELL, Johanna

FELMAYER, Rudolf (1897-1970)
Östliche Seele im Tode. Dichtung. - Wien: E. Müller 1945 =

Stimme aus Österreich. /2179
Die stillen Götter. Gedichte 1929-1935. - 2. Aufl. Wien: Karl
Auferbauer (1946). (zuerst 1936) /2180
Gesicht des Menschen. Gedichte (1936-1942). - Wien: E. Müller
(1948). /2181
dasselbe. Eine Festgabe zu Rudolf Felmayers 70. Geb. Hrsg. von Franz
Richter. - Wien: Bergland Vlg. (1968). /2182
Der Spielzeughändler aus dem Osten. Neue Gedichte. - Wien:
Bergland Vlg. (1958) = Neue Dichtung aus Österreich. 48. /2183
Eine Wienerische Passion. Graphik von Robert Schmitt. - Wien,
München: Jugend und Volk (1963) = Neue Perspektiven. /2184
Repetenten des Lebens. Gedichte. Eingel. und ausgew. von Viktor
Suchy. - Graz, Wien: Stiasny 1963 = Stiasny Bücherei. 119. /2185
Der Wiener und sein Tod. Poesien in der Umgangssprach. - Wien:
Bergland Vlg. 1968 = Neue Dichtung aus Österreich. Sonderband. 5. /2186
Landschaft des Alters. Gedichte aus dem Nachlaß. Hrsg. von Erna
Felmayer. Mit einer Einf. von Otto Basil und einem Nachw. der Hrsg. -
Wien: Bergland (1970) = Neue Dichtung aus Österreich. 165/166. /2187

FELS, Wildrich   d.i. Josef Schaller
Im Gemsgebirge. Gedichte. - Schlüpfheim: Buchdr. Schlüpfheim
2. Aufl. 1953. /2188

FELSENSTEIN, Anneliese
Die Schrecknisse des Krieges. Ein Gedichtzyklus zu Radierungen
Francisco de Goyas. - Wien: Europ. Vlg. (1963). /2189

FELZMANN, Fritz   (1895)
Der Weinberg. Gedichte. Hrsg. v.d. Forschungs- und Kulturstelle der
Österreicher aus dem Donau-, Sudeten- und Karpatenraum. - Wien: Typo-
graph. Anstalt 1962 = Schöngeistige Reihe. 2. /2190

FENZL, Gerhard J.
Der Sang des Tümpels. - Wien: Europ. Vlg. 1962. /2191

FERBER, Bodo Friedrich   (1930)
Landschaft und Schatten. Gedichte. - Karlsruhe: Der Karlsruher
Bote /1960/. /2192

FERBER, Erika   d.i. Erika Ferber-Hofmann
Ebbe und Flut. - Windischgarsten: Selbstverl. /1967/. Privatdruck. 3.
/2193
Gib gelbe Birnen mir und dunklen Wein! - Ebenda
(1967). Privatdruck. 4. /2194
dasselbe. - Linz: Becker 1967. /2195
Sternenspur. - Windischgarsten: Selbstverl. /1967/. Privatdr. 5. /2196
Die vier Elemente. - Ebenda (1967). Privatdruck. 6. /2197
dasselbe. - Linz: Becker 1967. /2198
Steine vom Parnaß. - Windischgarsten: Selbstverl. /1968/.

Privatdruck. 7. /2199
dasselbe. - Linz: Becker 1968. /2200
Einheit feiert das Gedicht. - Windischgarsten: Selbstverl.
/1968/. Privatdruck. 8. /2201
dasselbe. - Linz: Becker 1968. /2202
Ich schlage Wind unter meine Schwingen. - Windischgarsten:
Selbstverl. /1969/. Privatdruck. 9. /2203
dasselbe. - Linz: Becker 1969. /2204
FERRA-MIKURA, Vera d.i. Gertrud Mikura (1923)
Vera Ferra: Melodie am Morgen. Gedichte. - Salzburg, Wien:
Festungsverlag (1946). /2205
"Schuldlos wie die Mohnkapsel". Eingel. und ausgew. von
Johann Gunert. - Graz, Wien: Stiasny (1961) = Stiasny Bücherei. 83.
(mit Bibliogr.) /2206
Zeit ist mit Uhren nicht meßbar. Graphik von Bernard Lipka. -
Wien, München: Jugend und Volk (1962) = Neue Perspektiven. /2207
FERRARI, Bartholomäus
Humorvolle Bergbaukunde in Versen. - Essen: Vlg. Glückauf 1951. /2208
FERRING, Nikolaus Leopold (1912)
Gedanken und Lieder. Ein Vers - Ton - Zeichenbüchlein für stille
Stunden. Verse von Nikolaus Leopold Ferring. Weisen von Diethelm M.
Jullien, Charlie Renner und Hans Kögler. Illustr. von Uwe Kuhl. Hrsg.
und eingel. von Gottfried Pratschke. - Wien: Europ. Vlg. 1969. (mit Noten)
/2209
FETH-FROHNHEISER, Else (1886)
Die Fähre. Gedichte. Bildschmuck von Friedrich Jossé. - Speyer:
Jaegersche Buchdruckerei 1949. /2210
FETSCHER, Rainer
Gedichte (1917-1945). (Für Freunde gesammelt.) Privatdruck. -
Zabeltitz üb. Großenhain: Schadendorf (1957). /2211
FEUERSTEIN, Ernst
Heiteres und Besinnliches. Mit Zeichn. des Autors. (Gedichte
u.a.) - Karlsruhe: Der Karlsruher Bote /1968/. /2212
FEY, Nikolaus (1881-1956)
Fränkisches Volk und Land. Mundartdichtungen. Vorw. von Dr.
Held. - Volkach vor Würzburg: K. Hart 1950 = Der Kulturbeirat des
Landkreises Gerolzhofen. 1. /2213
FEYERABEND, Anna Maria
Gewißheit kommt. Gedichte. Hrsg. und mit einem Vorw. eingel. von
Gottfried Pratschke. - Wien: Europ. Vlg. 1968. /2214
FICHTE, Gerda von (1898)
Zwiesprache. Gedichte. - Herne: Grabski (1956). /2215
FIDELIO d.i. Josef Schieß (1887-1964)
Humoristische Gedichte in Karlsruher Mundart.

1.: Lustige Sache - Was zum Lache. - Karlsruhe: Selbstverl.
1951. /2216

2.: Immer heiter - Mir lache weiter. - Ebenda 1952. /2217

3.: Zu jeder Schdund' isch Lache g'sund. Ebenda 1958. /2218

4.: Wer lang lacht - duht a lang lewe. - Ebenda 1960. /2219

FIDELIS
Lieder eines Erschrockenen. In Vers und Prosa. - Luzern:
Tribschen-Vlg. (1953). /2220

FIEBIGER, Othmar (1886)
Wenn die Herbstzeitlosen blühn. - Kempten im Allgäu: Renner
(1956). /2221

Frühlingserwachen. Gedichte. 4. Aufl. - Ebenda 1958. (zuerst
1911) /2222

FIEDLER, Andreas Johannes
Ausgewählte Gedichte, Brief und Essays. Anhang: Gedichte
von Georg A. Fiedler. Bearb. von A. Johannes Fiedler. - Hardegg/Kärnten:
Selbstverl. /1952/. (Umschlagtitel: Ausgewählte Werke) /2223

FIERTNER, Hildegard
Segel im Wind. Gedichte. - Wien: Europ. Vlg. 1957. /2224

Fahrt und Erfahrung. - Ebenda 1961. /2225

FILMER, Werner (1934)
Orion und 41. Gedichte. - Augsburg: Die Brigg (1961). /2226

FILUSCH, Ferry
Die Hähne auf den Kirchtürmen zeigen keine Richtung
mehr an. - Bellnhausen üb. Gladenbach: Hinder und Deelmann (1968). /2227

FINCK, Werner (1902)
Das Kautschbrevier. Gefaßte Prosa und zerstreute Verse. -
Berlin-Grunewald: Herbig (1947). (zuerst 1936) /2228

Finckenschläge. Gesammeltes aus 25 Lenzen. - Ebenda (1953) =
Non-Stop-Bücherei. /2229

Sprechplatte: Werner Finck spricht: Werner Finck. - Hamburg:
Teldec /1959/. /2230

Sprechplatte: Phantasie in Doll und andere Finckenschläge.
Sprecher: Werner Finck. - Ebenda /1960/. /2231

Finckenschläge. Gefaßte Prosa und zerstreute Verse. Ausgabe
letzter Hand. - Berlin: Herbig (1965). /2232

dasselbe. - Berlin, Darmstadt, Wien: Dt. Buchgemeinschaft (1966). /2233

dasselbe. - Frankfurt, Hamburg: Fischer-Bücherei (1969) = Fischer-
Bücherei. 1032. /2234

FINCKENSTEIN, Wilhelm Rudolf Graf
Traum und Tröstung. - Hameln: Bücherstube F. Seifert 1946 =
Hamelner Drucke des Verlags der Bücherstube Fritz Seifert. 4. /2235

Schattengespräch. Gedichte. - Ebenda 1949. /2236

FINCKH, Ludwig (1876-1964)
Der Rosengarten. Neue Gedichte. Hrsg. von Freunden des Dichters.
- Öhringen: Wolf 1948. /2237

Rosengarten. Gedichte. - Ulm(Donau): Hess (1953). /2238

Ausgewählte Werke. (Hrsg. im Auftrag des Ludwig Finck-Freundeskreises. 2 Bde.) - Stuttgart: Silberburg-Vlg., Jäckh (1956). /2239

Ludwig Finckh Brevier. Hrsg. von Werner Dürr. - Ebenda (1958). (mit Bibliogr.) /2240

Himmel und Erde. 8 Jahrzehnte meines Lebens und neue Gedichte: Die goldene Spur. - Ebenda 1961. /2241

Die goldene Spur. Neue Gedichte. - Ebenda 1962. /2242

... daß alle Harmonien leis erklingen... Nachgelassene Gedichte und Prosastücke. Mit dem Zwischenspiel "Finckhenschläge", eine Ausw. zur Erinnerung. Ein literarischer Naturschutzpark eingezäunt von Gotthilf Hafner. - Ulm(Donau): Hess (1966). /2243

FINK, Humbert (1933)
Verse aus Aquafredda. - Klagenfurt: Kleinmayr 1953. /2244

FINK, Josef (1912)
Das Kreuzzeichen. Gedichte. - Essen: Wibbelt 1947. /2245

Ballspiel. Gedichte. - München, Würzburg, Wien: Relief-Vlg. 1966 = Der Viergroschenbogen. Sonderb. 41. /2246

Schaumkronen. - Ebenda 1967 = Der Viergroschenbogen. Sonderbogen. 50. /2247

Ankou. Bretonische Perikopen. - Wien: Europ. Vlg. 1969. /2248

FINZEL, Gustav
Träumereien am Kamin. - Gerolzhofen: Selbstverl. /1967/. /2249

FIRGAU, Helmut
Furchen. Gedichte. - Hamburg: Dulk /1947/. /2250

FISCHER, Alexander Georg
Opfer der Liebe. Gedichte und Sinnsprüche. - Karlsruhe: Der Karlsruher Bote (1962). /2251

FISCHER, Anna
Traurig und froh, Gott will es so. Ein Trostbüchlein. - Basel: H. Majer (1955). /2252

FISCHER, Ernst (1899-1972)
Herz und Fahne. Gedichte. - Wien: Erasmus-Vlg. (1948). /2253

Denn wir sind Liebende... 40 Sonette mit einem Prolog und einem Epilog. - Berlin: Rütten & Loening (1952). /2254

FISCHER, Franz (1895)
Lob aus dem Abgrund. Gedichte. - Wien: Literaria-Vlg. /1950/. /2255

Schale des Herzens. Gedichte. - Ebenda /1951/. /2256

Jede Nacht hat ihren Stern. Gedichte. - Wien: Literaria-Vlg.
/1956/. /2257

Flügel der Abendröte. Gedichte. - Wien: Österr. Verlagsanstalt
(1965). /2258

FISCHER, Georg
Opfer der Liebe. Gedichte und Sinnsprüche. - Karlsruhe: Der
Karlsruher Bote (1962). /2259

FISCHER, Hans Rudolf
Schwarzkünstlerische Etüden. Zu 23 Originalholzschn. von
Hans Studer. - Olten: Engel (1964). /2260

FISCHER-COLBRIE, Arthur (1895-1968)
Der ewige Klang. Ausgewählte Gedichte. - Linz a.d.Donau: Muck
1945. /2261

Orgel der Seele. Gedichte. - Wien: Kremayr & Scheriau /1954/. /2262

dasselbe. - Wien: Buchgemeinschaft Donauland /1954/. /2263

Das Haus der hundert Rätsel. Gedichte. Nachw. von Hubert
Razinger. - Graz, Wien: Stiasny (1955) = Dichtung der Gegenwart. 38. /2264

Der Tag ein Leben. Gedichte. - Linz: Kulturamt der Stadt Linz,
Wimmer, 1955. /2265

Gleichenberger Elegien. - Graz, Wien, Köln: Styria (1961). /2266

Aus den Gleichenberger Elegien. - Ebenda (1961) (Weih-
nachts- und Neujahrsgabe 1961/1962.) /2267

Farbenfuge. Eingel. und ausgew. von Aldemar Schiffkorn. - Graz,
Wien: Stiasny (1962) = Stiasny-Bücherei. 109. /2268

FISCHER-DYCK, Marianne
Der Regenbogen. Gedichte, Skizzen und Gedanken. Hrsg. von Goetz-
Joachim Fuchs. - Ratingen b. Düsseldorf: Henn (1962). /2269

FISCHER-FRIESENHAUSEN, Friedrich (1886-1960)
Sehnende Seelen. Das Buch der Sehnsucht. - Soltau, Leipzig:
Friesen-Vlg. /1945/. (1.Aufl. 1920) /2270

Immortellen. 47 neue Weisen für Gitarre und Laute von Friedrich
Fischer-Friesenhausen und Hildegard Eckhardt. - Ebenda /1949/. /2271

Gesammelte Werke. 1.: Sehnende Seelen. Gedichte. -
Soltau: Friesen-Vlg. /1957/. /2272

FISCHER-GRAVELIUS, Gottfried (1890)
Gedichte. - Kassel, Basel: Bärenreiter 1950. /2273

FISCHER-NAGEL, Irene
Schattentag. Gedichte und Zeichnungen. - Heidelberg: Meister (1968).
/2274
FISHER, William d.i.Hugo Wilhelm Fischer (1894-1965)
Lächeln am Land. - Wien: Europ. Vlg. 1964. /2275

FITZ, Udo (1939)
Für irgendjemand. - Schleiden: Vlg. Olefer Hagarpresse 1964. /2276

FLACHS, Charlotte
  Kleine Sehnsucht. Gedichte. - Überlingen: Wulff 1948. /2277
FLAK, Gisela (1923)
  Hinter dem Gitter meiner Hände. - Dülmen/Westf.: Kreis
  der Freunde (1963) = Der Vier-Groschen-Bogen. 39. /2278
FLAMM, Heinz
  Humor aus Stadt und Land. Gedichte. - Wien: Europ. Vlg. /1949/.
FLECK, Fritz /2279
  ... und morgen die ganze Welt. Satirische Verse aus: „Durch
  den Maulkorb gebellt". - Fürstenfeldbruck: Steinklopfer Vlg. (1960) =
  Steinklopfer-Reihe d. Außenseiter. /2280
FLEIG, Volker (1942)
  Blau und anderes Mißtrauen. Gedichte. - München: Würzburg,
  Wien: Relief-Vlg. 1965 = Der Viergroschenbogen. Sonderbogen. 36. /2281
FLEISCHHAUER, Sophie (1896-1959)
  Ich traue auf den Herrn. Kleine Lieder aus Alltag und Sonntag. -
  Karlsruhe: Der Karlsruher Bote. /1959/ = Sonderheft. /2282
FLEISCHMANN, Gerhard
  Alle Tode säen. Gedichte. - Berlin: Conradus-Vlg. 1947. /2283
FLEISCHMANN, Ludwig Eduard (1902)
  Schritt im Herbst. - Todtmoos, Basel, Mülhausen: Dreiländer-
  Verlag (1965). = Die blaue Reihe. /2284
FLEMMICH, Wilhelm
  Aus sonnigen Tagen. Gedichte. - Wien: Europäischer Vlg. 1956. /2285
FLEMING, Griseldis
  Windverloren mein Fuß. Gedichte. - München, Eßlingen: Bechtle
  (1967) = Bechtle Lyrik. 15. /2286
FLEMMING, Reinhard
  Der Genius der Seelen. Theosoph. Gedichtzyklus. - Dortmund-
  Hombruch: Verlag Das größere Sein /1970/. /2287
FLESSA, Ernst (1903)
  Unter der Tür. - Dülmen/Westf.: Kreis der Freunde (1962) = Der
  Vier-Groschen-Bogen. 12. /2288
FLIESS, Gerhard
  Kinder macht nicht solche Wellen. Heitere Zeitkritik in Ver-
  sen. Textillustr. von Jo Hüttenrauch. - Hameln: Niemeyer /1960/. /2289
FLOERSHEIM, Georg
  Springender Punkt. Gedichte. - Zürich: Fretz & Wasmuth (1964)
  = Akazienreihe. /2290
FLORALIS d.i. Eugen von Bernauer
  Werke. 4 Bände. 3.: Waldamsel. Gedichte. - Hergiswil/Nidwalden:
  Florhof Vlg. /1947/. /2291
FLORIN, Hanns d.i. Hanns-Heinrich Fassbinder (1918)
  Anruf. - Mainz: Churfürstenverlag 1948. /2292
FLUCK, Ilse Rya

Gedichte. Ausgew. von Robert Mächler. - Unterentfelden: R. Mächler 1963. /2293

FLÜCKIGER, Andreas
Gedichte. - Rüegsau i./E.: Zürcher /1955/. /2294

FLÜCKIGER, Fritz Adolf
Aus der neuen Welt. Gedichte. - Wetzikon: Buchdr. Wetzikon und Rüti (1959). /2295

FLÜCKIGER, Willi
Alte Wunder, künftige Zeiten... Lieder. - Oschwand: Selbstverlag (1946). /2296

FLÜGGE, Hans-Ludolf
Verse von unterwegs. - Wien: Europäischer Verlag 1969. /2297

FÖDERL, Anton
Der Wanderer. Ausgew. Gedichte. - Europ. Verlag /1952/. /2298

FÖGER-KRANEWITTER, Maria
Herbstblätter. Gedichte. Eine Festgabe zum 100. Geburtstag ihres Onkels Franz Kranewitter am 17.Dez.1960. Hrsg. von Norbert Mantl. - Innsbruck: Universitäts-Vlg. Wagner /1960/. /2299

FOHLER, Raimund Oskar (1901)
Lenzlust und Sturmnot. - Wien: Selbstverlag /1948/. /2300

FONTANA, Hans
Mein Haus. Frühe Gedichte. Illustr. von Edgar Vital. Mit Liedkompositionen von Norbert Simmer. - Basel: Verlag Bücherfreunde (1951). /2301

dasselbe. - Glarus: Tschudy 2. erg. Aufl. (1968). /2302

Lösch die Lupinen. - Glarus: Tschudy (1968). /2303

Zehn Marienlieder. Illustr. von Kurt Bissegger. - Glarus: Tschudy (1968). (1000 Ex., davon 3oo num.u. sign.) /2304

Gott ist Jasmin. Gedichte. Illustr. von Edgar Vital. 2. erw. und leicht überarb. Aufl. von: Lösch die Lupinen. - Glarus: Tschudy & Co. (1969). /2305

FONTANA, Oskar Maurus (1889-1969)
Meldegänger in der Spur der Sterne. Gedichte. - Wien: Österr. Verlagsanstalt (1965). /2306

FORESTIER, George d.i. Karl Emerich Krämer (1918)
Ich schreibe mein Herz in den Staub der Straße. Hrsg. und mit einem Nachw. vers. von Karl Friedrich Leucht. - Düsseldorf, Köln: Eugen Diederichs 1952. /2307

Stark wie der Tod ist die Nacht, ist die Liebe. Hrsg. von Karl Friedrich Leucht. - Düsseldorf: Eugen Diederichs (1954). /2308

Briefe an eine Unbekannte. Hrsg. und eingel. von Karl Friedrich Leucht. - Zürich, Darmstadt: Büchner Verlag (1955). /2309

Nur der Wind weiß meinen Namen. Neue Lieder und Gedichte. - Darmstadt, Düsseldorf: Büchner Verlag /1957/. /2310

Vagabund, Zigeuner, Tramp. Mit farb. Linolschnitten. - Wuppertal: Werkkunstschule 1957. (num. Ausg., Handpresse) /2311

Gedichte aus: Ich schreibe mein Herz in den Staub der Straße und Stark wie der Tod ist die Nacht, ist die Liebe. Mit Grafiken von Heinz Edelmann. - Düsseldorf, Darmstadt: Büchner Verlag (1962). /2312

Bericht vom Kind, vom Sang und vom Hund. - Tokyo: Asahi-Verlag /1966/. /2313

Glasgestalt und Nachtgeländer. - München, Eßlingen: Bechtle (1966) = Bechtle-Lyrik. 13. /2314

Biblische Gedichte. - Ebenda (1968) = Bechtle-Lyrik. 16. /2315

Gesammelte Gedichte. Hrsg. von Christian Sturm. - Ebenda (1969). /2316

FORMANN, Philipp Jakob (1906)
Zu früh? - zu spät? Lyrik. - Wien: Europäischer Vlg. 1960. /2317

Und Du? Lyrik. - Ebenda 1965. /2318

Es werde lichter. - Ebenda 1968. /2319

FORSTER, Fritz
Bunter Strauß. - Bülach: Selbstverlag /1965/. /2320

FORSTER, H. R.
Gedichte. - Solothurn: Lüthy in Komm. 1947. /2321

FORSTER, Waldemar Theodor Anton
Die Lyra. Gedankenlyrik. - Wien: Bamberg 1947. /2322

FOTOPOULOS, Photis Georg
Du lebst und hoffst unverbesserlich. - Berlin: Volk und Welt 1962 = Antwortet uns! 30. /2323

FRÄNKL-LUNDBORG, Otto (1897)
Elegien. - Dornach-Basel: Hybernia-Verlag (1947). /2324

Herbstesgruß. Gedichte. - Ebenda (1949). /2325

Fährte des Lebens. Gedichte 1957-1950 (sic). - München-Unterhaching: Verlag Die Rose (1957). /2326

FRAHM, Andrea (1884)
Die einfachen Dinge. Gedichte. - Hamburg: Deutscher Literatur-Verlag (1950). /2327

Ring an Ring. Gedichte. - 1955 (b.n.e.) /2328

Letzte Lese. - Karlsruhe: Der Karlsruher Bote /1965/. /2329

Zum Abschied. Gedichte. - Itzhoe: Christiansen (1970). /2330

FRANCIS, Anne
Engelschwingen. - Wien: Europ. Vlg. 1960. /2331

FRANCK, Anita
Der verschlossene Garten. Gedichte. Mit einem Nachw. von Arthur Hübscher. - München: Tukan o. J. /2332

FRANCK, Hans (1879-1964)
Zwiegesang von Leben, Tod und Liebe. Gedichte. - 1948 (b.n.e.) /2333

Gedichte. - Berlin: Union Verlag (1954). /2334
Laß dich trösten. Gedenk-Gedichte. - Hamburg-Bergstedt:
Reich 1957. /2335
Ausgewählte Werke. 2 Bde. Neue Gedichte in Bd. 2. Nachw.
von Ludwig Bäte. - Berlin: Union Vlg. 1959. /2336
Enden ist Beginn. Gedichte. - Stuttgart, Berlin: Kreuz (1964). /2337
FRANK, Bruno (1887-1945)
Ausgewählte Werke. Prosa, Gedichte, Schauspiele. Mit Gedenkworten von Thomas Mann als Einleitung. - Hamburg: Rowohlt (1957) =
Die Bücher der Neunzehn. 32. /2338
FRANK, D. M. d.i. Dankmar Müller-Frank (1921)
Abend bei alten Mauern. Gedichte. - Dülmen/Westf.: Kreis der
Freunde (1963) = Der Vier-Groschen-Bogen. 31. /2339

Totenwache für einen Delphin. Gedichte. - Karlsruhe:
Der Karlsruher Bote /1964/. /2340

mitten unter uns. ein gedicht in unsere zeit. Mit 7 Linolschnitten
von Fritz Möser. - Stuttgart-Bad Cannstatt: Tentamen-Drucke (1966)./2341

Fritz Möser Kalender. (enth. Gedichte) Mit 23 Linolschnitten
von Fritz Möser. - Buxheim/Allgäu: Martin-Verlag Berger 1969. /2342

Kuß der Reiher. Gedichte. Mit 11 Linolschnitten von Fritz Möser. -
Bad Cannstatt: Tentamendrucke 1970; mit 11 Original-Linolschnitten /2343
(Handabzüge) von Fritz Möser, 1970. (von Autor und Künstler sign. und
FRANK, Ernst (1900) num. Ausgabe) /2344
Grenzen der Freiheit. Gedichte und Szenen. - Frankfurt:
Heimreiter-Vlg. 1963. (zuerst 1939) /2345
FRANK, Karl d.i. Karl Flaschenträger
Im Widerschein. Gedichte. - Hamburg: Velmede (1958). /2346
FRANK, Karl Borromäus
Kreis der Gemeinschaft. Sonette. - Wien: Europ. Vlg. 1955. /2347
FRANK, Karlhans (1937)
Der Himmel ist ein Notenbuch. Kleine Gedichtauswahl. - Dülmen/
Westf.: Kreis der Freunde (1963) = Der Vier-Groschen-Bogen. Sonderausgabe. 24. Reihe Lyrik im Zeitgewand. /2348

Jopur. Gedichte. - Hommerich: Eckhardt 1965. /2349

66 & 1. Gebüchelte Worte. Gestärkt. Buchgestaltung vom Autor. -
Frankfurt: dipa-Vlg. Hesse (1967) = i-Punkt-Reihe. 2. /2350

materialtexte. - Olef: Olefer Hagarpresse, Kuhn 1968. /2351

Stolpersteilen. Gedichte und Prosa. - Hamburg, Düsseldorf:
Claassen (1968) = claassen poetica. /2352
FRANKE, Hans (1893)
Die Früchte alle sind noch nicht reif... Eine kleine Auswahl
neuer Gedichte. - o.O., Privatdruck 1948. /2353

Linien des Lebens. Ausgewählte Gedichte. - Heilbronn: Salzer
(1953). /2354

FRANKE, Walter
　　Siegel der Seele. Gedichte. - Lahr/Schwarzw.: Schauenburg (1959)
　　= Silberdistel-Reihe. 37. /2355
FRANKE, Wilhelm (1901)
　　Unter den wandernden Wolken. Gedichte. - Wien: Kremayr &
　　Scheriau (1955). /2356
　　dasselbe. - Wien: Buchgemeinschaft Donauland (1955). /2357
FRANKE, Wilhelm Arnold
　　Die Propheten. Heitere Gedichte. - Frankfurt: Selbstverl., Intra-
　　Drucke (1954). /2358
　　Die Münze. Heitere Gedichte. - Ebenda (1955). /2359
FRANKENSCHWERTH, Kurt (1901)
　　Seid Ihr wach? Gedichte. - München: Kurt Desch (1948). /2360
FRANZEL, Emil (1901)
　　Heimat such' ich. Meinen Freunden ein Weihnachtsgruß. - Weilheim:
　　Weilheimer Zeitung 1947. /2361
FRANZMEIER, Otto (1885)
　　Soli Deo Gloria. Ein Kranz um Menschen und Lieder. - Stuttgart:
　　Christliches Verlagshaus (1950). /2362
FRAUENFELDER, Otto
　　Auf dem Randen. Verse und Zeichnungen. - Schleitheim: Stamm 1961.
　　/2363
FREDEMANN, Wilhelm (1897)
　　Mien Land. Plattdeutsche Gedichte. - Gütersloh: Bertelsmann (1947).
　　/2364
　　dasselbe. 2. erw. Aufl. - Hannover: Landbuch-Vlg. (1956). /2365
FREHSE, Edith
　　Irdene Gefäße. Gedichte. - Karlsruhe: Der Karlsruher Bote 1957. /2366
FREI, Rosa
　　Die Macht der Liebe. - St. Gallen: R. Frei (1945). /2367
FREIBERG, Siegfried (1901)
　　Sage des Herzens. Gesammelte Gedichte. - Wien, Berlin, Stuttgart:
　　Neff 1951. /2368
　　Gesetz im Feuer. Gedichte. - Wien: A. Schendl Vlg. 1968. /2369
FREISITZER, Gertrude
　　Lauta Bliah. Gedichte in der Mundart des oberen Murtales. Buch-
　　schmuck Franz Korger. - Wels: Welsermühl (1962) = Lebendiges
　　Wort. 17. /2370
FREIWEG, Ernst
　　Bilder aus dem Dritten Reich. Für Nachdenkliche festgehalten. -
　　Speyer: Jaeger 1947. /2371
FREMD, Ernst
　　Worte am Weg. Gedichte. - Wien: Danubia-Vlg. /1948/. /2372
FRENTZ, Hans　d. i. Hans Frentz-Sudermann (1884)
　　Deutsche Legende. Gedichte. - Wiesbaden: Limes (1957). /2373

FREUDENTHAL, August
   Aus Heide und Moor. Erzählungen und Gedichte. Hrsg. von
   Hans-Ludolf Flügge. - Bremen-Horn: Dorn 1955. /2374

FREUMBICHLER, Johannes (1881-1949)
   Rosmarin und Nelken. Mundartgedichte. Hrsg, von d. Kulturabteilung der Landesregierung Salzburg. - Salzburg: Salzburger Druckerei u. Verlag 1952. /2375

FREY, Bertwin
   Hochgesang der Opferfeier. - Zürich: NZN Buchverlag (1955). /2375a

   Im Ewigen Ring. Gedichte. - Luzern: Kloster Wesemlin 1956. /2376

FREY, Egon (1892)
   Werktagslied. - Wien: Europäischer Verlag 1968. /2377

FREY, Heinrich
   Auf was es ankommt. Gedichte. Illustr. von Karl Wolf und Hans Schreyer. - Liebefeld/Bern: Selbstverlag /1948/. /2378

   Bärn 600 Jahr im Bund. - Ebenda /1953/. /2379

FREY, Uli
   Wieder ein Morgen. - Iserlohn: Silva-Verlag (1947). /2380

FREY, Willi
   Alter Garten. - Buxheim/Allgäu: Martin Vlg. Berger /1959/. /2381

FREYBERGER, Laurentius (1897)
   Elf Gedichte. - Hamburg: Dulk /1947/. /2382

FRICK, Bruno
   Bitte Gold! Verse. Mit Zeichn. von Ted Scapa. - Bern: Benteli /1967/. /2383

FRIEBERGER, Kurt (1883)
   Spiegel eines Lebens. - Wien, Innsbruck, Wiesbaden: Rohrer (1960). /2384

FRIED, Erich (1921)
   Österreich. Gedichte. - Zürich, London: Atrium 1945. /2385

   Genügung. - Wien: Plan 1947. /2386

   Gedichte. - Hamburg: Claassen (1958). /2387

   Reich der Steine. Zyklische Gedichte. - Ebenda (1963). /2388

   Überlegungen. - München: Hanser (1964). /2389

   Warngedichte. - Ebenda (1964). /2390

   und Vietnam und. 41 Gedichte. - Berlin: Wagenbach (1966) = Quarthefte. 14. /2391

   Anfechtungen. 50 Gedichte. - Ebenda (1967) = Quarthefte. 22. /2392

   Befreiung von der Flucht. Gedichte und Gegengedichte. - Hamburg, Düsseldorf: Claassen (1968) = claassen poetica. /2393

   Zeitfragen. Gedichte. - München: Hanser (1968) = Hanser Reihe. 5. /2394

   Die Beine der größeren Lügen. 51 Gedichte. - Berlin:

Wagenbach (1969) = Quarthefte. 35. /2395
(Gedichte) - Berlin: Neues Leben (1969) = Poesiealbum. 22. /2396
Unter Nebenfeinden. 50 Gedichte. - Berlin: Wagenbach (1970)
= Quarthefte. 44. /2397

FRIED, Wolf d. i. Wolfgang Friedrich Knoll (1919)
s. u. Emanuel Walter Eichin und Wolf Fried: Moderne Lyrik

FRIEDELL, Egon
Friedell - Brevier. Aus Schriften und Nachlaß ausgew. von Walther
Schneider. - Wien: E. Müller (1947). /2398

FRIEDENBERG, Walburg
Vom Schneefall der Jahre. Mit einem Geleitw. von Gottfried
Pratschke. - Wien: Europ. Verlag 1969 = Die Stillen im Lande. /2399

FRIEDENTHAL, Richard (1896)
Gedichte für meine Freunde. Mit einem Gruß von Erich Kästner.
Zum 70. Geburtstag des Autors 9. 6. 1966. - München: Piper (1966). /2400

FRIEDEWALD, Helmut
Gedichte. - o. O. Privatdruck 1952 (aus Hesse Nachlaß) /2401

FRIEDL, Hadwiga
Für eine Blume Hoffnung. Lyrik. 8 Gouachen von Günter Waldorf,
aus dem Zyklus „Imaginäre Landschaften". - Graz: Imago-Vlg. (1968). /2402

FRIEDRICH, Heinz
Heinz Friedrich, Wolfgang Lohmeyer u. Walter Hilsbecher: Bänkelsang
der Zeit. Mit Zeichnungen von Traute Kistenberger. - Karlsruhe:
Stahlberg-Vlg. (1948) = Ruf der Jugend. 10. /2403

FRIEDRICH, Wilhelm
Leben, ich grüße dich! - Baden: Umbricht 1945. /2404

Was du in deinem Herzen trägst, ist dein. Vignetten von
Manfred Schramm. - Bern: Francke (1947). /2405

Mutter, du liebe. Zeichnungen von Manfred Schramm. Ebenda /1948/.
/2406
FRIELINGHAUS, Hartmut (1937)
Angeschwemmt. Steinzeichnungen und Notizen. Privatdruck. -
Hamburg: Otto Rohse Presse (1964). /2407

FRIES, Wilhelm
Stille, sie bleibt. Gedichte. - Kleve: Boss (1956). /2408

FRIESEL, Uwe (1939)
Linien in die Zeit. Gedichte. Zeichnungen von Heinz Kiessling.
Nachw. von Geno Hartlaub. - Hannover: Verlag Galerie Brusberg (1963)/2409

FRINETIUS, Karl
Menschenächter Timon. Gedankenlyrik. - Wien: Frinetius (1952)/2410

FRINGELI, Albin (1899)
Der Holderbaum. Värse uss em Schwarzbuebelang. - Breitenbach:
Schwarzbueb-Verlag /1949/. (2. Aufl.) /2411

Am stille Wäg. - Nunningen: Selbstverlag 2. Aufl. 1957. /2412

My Dangg... - Nunningen: Selbstverlag 1959. /2413

FRINGELI, Dieter (1942)
Zwischen den Orten. Gedichte. Mit Originallinolschnitten von
Celestino Piatti. - Breitenbach: Jeger-Moll (1965). /2414

Was auf der Hand lag. Gedichte. Mit e. Nachw. von Karl Krolow.
- Olten, Freiburg: Walter (1968) = Walter-Druck. 15. /2415

Das Nahe suchen. Linolschnitte von Peter Travaglini. - Grenchen:
Literarische Gesellschaft Grenchen; Gesellschaft für ein Grenchener
Kunstmuseum (1969) = Wort + Bild. 1. /2416

FRISCH, Anton
Steine aus Kanada. Deutsche Gedichte. - Wien: Hoynigg (1952). /2417

FRISCHAUF, Hermann
Des Lebens tausendfältige Gestalt. - Wien: Europ. Vlg. 1962 /2418

FRITSCH, Gerhard (1924)
Zwischen Kirkenes und Bari. Illustr. von Friedrich Fischer. -
Wien: Verlag Jungbrunnen /1952/ = Junge österr. Autoren. 7. /2419

Lehm und Gestalt. Gedichte. - Wien, München: Donau-Verlag
(1954). /2420

Dieses Dunkel heißt Nacht. Ein Gedicht. - Wien: Bergland-
Verlag (1955) = Neue Dichtung aus Österreich. 11. /2421

Der Geisterkrug. Gedichte. - Salzburg: Otto Müller (1958). /2422

Geographie der Nacht. Gedichte und Prosa. Eingel. und ausgew.
von Viktor Suchy. - Graz, Wien: Stiasny (1962) = Stiasny-Bücherei. 110. /2423

FRITSCHE, Herbert (1911-1960)
Zeit der Lilie. Gedichte. - Hamburg: Wegner 1947. /2424

Samen des Morgenlichts. Gedichte. - 1950 (b. n. e.) /2425

Die Vaganten. Gedichte. Zeichnungen von John Uhl. - Berlin:
Schönherr 1967. (mit Bibliogr.) /2426

Narrenkalender. Verse von Herbert Fritsche. Zeichnungen von
John Uhl. - New York: Gilbert Edition 3. Aufl. (1967); (J. Uhl, Berlin)
(zuerst 1931) /2427

FRITZ, Richard
Liebe und Licht. Gedichte. - Wien: Europäischer Vlg. 1951. /2428

FRITZ, Udo
Für irgendjemand. Mit reproduz. Öllackgraphiken von Friedemann
Siebrasse. - Schleiden/Eifel: Olefer Hagarpresse Rolf Kuhn (1964). /2429

FRITZ, Walter Helmut (1929)
Achtsam sein. Gedichte. Hrsg. von Jörg Steiner. Holzschnitte von
Willi Leiser. Vorw. von Karl Krolow. - Biel: Vorstadtpresse Jörg
Steiner (1956). /2430

Bild + Zeichen. - Hamburg: Claassen (1958). /2432

Veränderte Jahre. Gedichte. - Stuttgart: Dt. Verlags-Anstalt (1963)/2433

Gedichte. - Darmstadt: Moderner Buch-Club (1964). /2434

Grenzland. - Darmstadt: Bläschke (1964) = Das neueste Gedicht. 3/2435

Treibholz. Gedichte. - Wülfrath im Rheinld.: Horst Heiderhoff
1964. (Biblioph. Druck) /2436

Zwischenbemerkungen. - Stuttgart: Dt. Verlags-Anst. 1964. /2437

Die Zuverlässigkeit der Unruhe. Neue Gedichte. - Hamburg:
Hoffmann und Campe (1966) = Cabinet der Lyrik. /2438

Bemerkungen zu einer Gegend. Prosagedichte. - Frankfurt:
S. Fischer 1969. /2439

FRITZSCHE, Magdalene-Traugotte (1921)
O du mein Heil. 14 Sonette mit Linolschnitten. - Berlin: Evangel.
Verlags-Anstalt 1949. /2440

FRÖHMCKE, Otto
Wolken wissen nichts vom Leide. Gedichte einer Landschaft. -
Berlin: E. Schmidt 1948. /2441

FROESCHELS, Emil
Das Lachen Gottes. - Wien: Europ. Vlg. (1963). /2442

FROMMEL, Otto (1871-1951)
Ausgewählte Gedichte. - Heidelberg: Winter (1947). /2443

FROMMELT, Harry (1884-1965)
Traumfahrt. Gedichte. - Berlin: Wedding-Vlg. (1947). /2444

Turmgesang. Gedichte. - Ebenda (1948). /2445

FROSCH, Reinhart Friedrich (1935)
lieder ohne noten. gedichte. - Karlsruhe: Der Karlsruher Bote
(1961). /2446

s.a.u. Pseud. REINHART

FROSCH, Dr. d.i. Herbert Winkler (1900)
Der Wunderwert von Seifenblasen. Eine bunte Palette unserer
Zeit in heiter-satirischen Versen. - Würzburg: Arena-Vlg. (1962). /2447

FRUTH, Michael
s.u. Carl Ludwig Reichert und Michael Fruth: Warum nacha ned?

FUCHS, Günter Bruno (1928)
s.a. Richard Salis mit Günter Bruno Fuchs und Dietrich Kirsch: Fenster
und Weg.

Zigeunertrommel. Mit 5 Holzschnitten von Günter Bruno Fuchs. -
Halle: Mitteldt. Verlag /1956/. /2448

Nach der Haussuchung. Gedichte. Mit 4 Holzschnitten des Autors.
- Stierstadt i. Ts.: Eremiten-Presse 1957. /2449

Brevier eines Degenschluckers. Mit 4 Holzschnitten des Autors.
- München: Hanser (1960). /2450

trinkermeditationen. collagen von Ali Schindehütte und Arno Waldschmidt. - Neuwied a. Rh., Berlin-Spandau: Luchterhand (1962). /2451

Pennergesang. Gedichte & Chansons. - München: Hanser (1965). /2452

dasselbe. - Frankfurt, Hamburg: Fischer-Bücherei (1967) = Fischer-
Bücherei. 826. /2453

Blätter eines Hof-Poeten & andere Gedichte. Mit 4 Handschriften des Autors. - München: Hanser (1967). /2454

Polizeistunde. Prosa, Gedichte, Garphik. - Baden-Baden: Signal-
Verlag Frevert (1967) = Signal-Bücherei. 9. /2455

Der arme Poet. Prosagedicht. - Berlin: Neue Rabenpresse 1969. /2456

Handbuch für Einwohner. Prosagedichte. - München: Hanser
(1969) = Reihe Hanser. 35. /2457

Das Lesebuch des Günter Bruno Fuchs. - Ebenda (1970)
= Hanser-Sonderausgabe. (mit Bibliogr.) /2458

Sprechplatte: Günter Bruno Fuchs liest Gedichte & anderes.
- München: Hanser 1970. /2459

FUCHS, Herbert (1911)
Land an der Salzach. Gedichte und Federzeichnungen. -
Tittmoning: W. Pustet (1966). /2460

FUCHS, Jakob
Überfahrt. Gedichte. - Einsiedeln: Johannes-Vlg. (1965) = Christ
heute. 5. 8. /2461

Nach dem Regen. Photographien von Benedikt Rast (u.a.). -
München: Vlg. Ars sacra (1968) = Sammlung Sigma. /2462

FUCHS, Josef Friedrich (1907)
Spaziergang. Ein Buch für Liebesleute. - Wien: Amandus-Edition
1947. /2463

Frühe Kantilene. Gedichte. - Wien: Amandus-Vlg. (1953). /2464

Die große Oper. Dichtung. - Ebenda: 1955. /2465

Die kleine Amsterdamer Sinfonie. - Köln, Olten: Hegner
(1959). /2466

FUCHS, Ludwig
Das Dunkle lebt im Licht. Gedichte und Nachdichtungen. -
Wien: Europ. Vlg. 1961. /2467

FUCHS, Marierose (1898)
Die ferne Stimme. Gedichte. - Ratingen b. Düsseldorf: Henn (1957).
/2468
Neue Wege horchend gehen. Totengesänge. - Ebenda (1958). /2469

Nur eine kleine Oase. Gedichte. - Karlsruhe: Der Karlsruher
Bote /1964/. /2470

FUCZEK, Franz
Mensch unter Menschen. Gedichte. - Wien: Bergland (1964) =
Neue Dichtung aus Österreich. 102. /2471

Hebt aus dem Dunkel das Licht. Ein Sonettenkranz. - Wien:
Montan-Vlg. 1965 = Leobener grüne Hefte. 87. /2472

Licht aus dem Berg. Ein Sonettenkranz. - Ebenda 1965 =

Leobener Grüne Hefte. 84. /2473

FÜHMANN, Franz (1922)
Die Fahrt nach Stalingrad. Eine Dichtung. - Berlin: Aufbau-Verlag 1953 = Schriften an die Dt. Nation. /2474

Die Nelke Nikos. Gedichte. - Berlin: Verlag d. Nation (1953). /2475

Aber die Schöpfung soll dauern. Gedichte. - Berlin: Aufbau-Verlag 1957. /2476

Franz Fühmann und Karl Schrader: Seht her, wir sinds. Epigramme. - Berlin: Verlag d. Nation (1957). /2477

Die Richtung der Märchen. Gedichte. - Berlin: Aufbau-Verlag 1962. /2478

FÜHRER, Artur Karl
Haiku, Haiku, Haiku. Geleitw. von Gottfried Pratschke. - Wien: Europäischer Vlg. 1970. /2479

FÜRNBERG, Louis (1909-1957)
Der Bruder Namenlos. Ein Leben in Versen. Nachw. von Egon Erwin Kisch. - Basel: Mundus-Vlg. (1947). /2480

dasselbe. - Berlin: Dietz 1956. 2. veränd. Aufl. /2481

dasselbe. - Moskau: Staatsverlag 1957. /2482

Hölle, Haß und Liebe. Gedichte. - Berlin: Dietz (1947) 2. durchges. und verm. Ausg. (zuerst 1943 in London mit e. Vorw.von Arnold Zweig)/2483

Die spanische Hochzeit. Dichtung. - Berlin: Dietz (1948). /2484

Wanderer in den Morgen. Ein Gedichtkreis. - Ebenda 1951. /2485

Das wunderbare Gesetz. Gedichte. - Ebenda 1956. /2486

dasselbe. - Berlin, Weimar: Aufbau-Verlag 1969. /2487

Pauke, Flöte und Gitarren. Gedichte. - Berlin: Volk und Welt 1956 = Antwortet uns! 2. /2488

Louis Fürnberg (und) Kuba: Weltliche Hymne. Ein Poem auf den großen Oktober. Geschrieben zu Ehren der Großen Sozialistischen Oktoberrevolution. - Berlin: Dietz 1958. /2489

Echo von Links. Eine Auswahl (von Gerhard Wolf unter Mitw. von Lotte Fürnberg. Eingel. von Kuba). - Berlin: Vlg. des Ministeriums für Nationale Verteidigung (1959) = Kämpfende Kunst. (mit Noten) /2490

Louis Fürnberg. Ein Buch des Gedenkens zum 50. Geburtstag. Hrsg. v. d. Deutschen Akademie der Künste zu Berlin. - Berlin: Dietz (1959). /2491

Lieder, Songs, Moritaten. Eine Auswahl. Zum 50. Geburtstag Louis Fürnbergs. - Universum-Buchgemeinschaft Berlin: Dt. Akademie der Künste (1959). /2492

Gedichte, Lieder, Skizzen. Ausw. und Gestaltung von Claus Ritter. - Erfurt: Rat des Bezirkes, Abt. Kultur, Bezirkshaus für Volkskunst (1959). /2493

El Shatt. Ein Gedichtzyklus. Mit 13 Zeichn. von Lea Grundig. -
Berlin: Dietz 1960. /2494

Sprechplatte: Jeder Traum. (u.a.) Gedichte. Sprecher: Gerry Wolf. -
Berlin: Dt. Schallplatten, Eterna /1961/ = das gesprochene Wort. /2495

Louis Fürnberg 1909 - 1957. Zusammenstellg. des Auswahlteils
von Lotte Fürnberg und Gerhard Wolf. Musikhinweise von Rudolf Lukowsky.
- Berlin: Dt. Kulturbund 1962. (als Ms. gedr.) /2496

Gedichte. Hrsg. von Lotte Fürnberg und Gerhard Wolf. Vorw. von Hans
Kaufmann. - Leipzig: Reclam (1962) = Reclams Universal-Bibliothek.
9001/9002; 2 veränd. Aufl. (1969) = RUB. 470. /2497

Lebenslied. Gedichte aus dem Nachlaß. - Berlin: Aufbau 1963. /2498

Ein Herz von einem Traum genährt. Ausgewählte Gedichte.
Hrsg. von Grete Ebner-Eschenhaym. - Leipzig: Insel-Vlg. 1964 =
Insel Bücherei. 764. /2499

Gesammelte Werke in 6 Bänden. Hrsg. von der Deutschen Akademie
der Künste zu Berlin. Zusammenstellg. und Redaktion: Lotte Fürnberg und
Gerhard Wolf. (mit Anm., Sach- und Worterläuterungen). 1.: Gedichte
1927-1946. - Berlin, Weimar: Aufbau-Vlg. 1964. /2500

2.: Gedichte 1946-1957. - Ebenda 1965. /2501

Fürnberg. Ein Lesebuch für unsere Zeit. Hrsg. von Hans Böhm unter
Mitw. des Louis-Fürnberg-Archivs. - Weimar: Volksverlag 1963. /2502

dasselbe. - Berlin, Weimar: Aufbau 1967. /2503

Heimat, die ich immer meinte. Böhmen und Deutschland in
Gedichten aus dem Nachlaß. - Berlin, Weimar: Aufbau 1964. /2504

Das Jahr des vierblättrigen Klees. Skizzen, Impressionen,
Etüden. - Berlin, Weimar: Aufbau-Verlag 1967. /2505

(Gedichte). Ausgew. von Gerhard Wolf. - Berlin: Neues Leben (1968) =
Poesiealbum. 12. /2506

FÜRST, Elisabeth (1904)
Gesicht einer Landschaft. - 1963 (b.n.e.) /2507

Heimat Europa. Gedichte. - Nürnberg: Spindler (1963). /2508

Do lachst di scheckat! Gedichte. - Nürnberg: Glock und Lutz
/1964/ = Nürnberger Mundartdichtung in der Gegenwart. /2509

Der lustige Fremdenführer. (mundartl. Gedichte, betr. Nürnberg) -
Nürnberg: Glock und Lutz (1965). /2510

Auf Seide geschrieben. Aus dem Leben des Malers und Dichters
Kiu. Tafelbilder von Ann Scherbel. - Ebenda (1965). /2511

Gschichtn aus'n Alltog. Neue Gedichte. - Ebenda (1965) =
Nürnberger Mundartdichtung in der Gegenwart. /2512

Land der Silberdistel. Gedichte aus dem Nordgau. - Nürnberg:
Spindler (1966). /2513

FÜRSTENBERG, Hilde (1902)

Kerzen im Wind. Zeit-Gedichte. - 1960 (b.n.e.) /2514
Über einen Strom fahren müssen. Zyklus. - 1961 (b.n.e.) /2515
Viola adorata. Gedichte. - 1962 (b.n.e.) /2516
Anders wird die Welt mit jedem Schritt. Gedichte im Stile der japanischen Haiku. Mit Zeichn. der Verf. - Mölln in Lauenburg: Verlag Die Waldhütte 1967. /2517
Unter der Rose. Liebesgedichte. - Ebenda 1968. (frühere Aufl. b.n.e.) /2518
So glüht der Herbst. Späte Lieder. - Ebenda 1969. /2519

FÜRSTENBERG, Walter Otto (1899)
Von Herz zu Herz. Gedichte. - Wien: Europäischer Vlg. /1950/. /2520
Klingendes Erleben. - 1957 (b.n.e.) /2521

FUHRMANN, Joachim
Joachim Fuhrmann und Klaus Kuhnke: Thema Arbeit. Lyrik und Prosa. - Hamburg: Neue Presse /1969/ = Versuche. 1. /2522

FUHRMANN-STONE, Erneste (1900)
Bilder und Bilanzen. Gedichte aus 50 Jahren. - Karlsruhe: Der Karlsruher Bote /um 1958/. /2523

FURIAKOVICS-FICHTENAU, Erna
Herzensklänge. - Wien: Europäischer Vlg. 1958. /2524

FURTH, Otto
Die schwarze Geige. Novellen. Gedichte. - Wien: Österr. Verlagsanstalt (1968). /2525

FUSSENEGGER, Gertrud (1912)
Iris und Muschelmund. Gedichte. - Wien: Wiener Bibliophilen-Gesellschaft (1955) = Jahresgabe der Wiener Bibliophilen-Ges. (1). /2526

FUSSHÖLLER, Leo
Der Rosenkranz. - Gelsenkirchen-Buer, Gladbeck: Felix Post 1946. /2527
Harte Erde. Gedichte. - Ebenda 1946. /2528

FUTTER-DOKTOR d.i. Paul Futter
Gereimtes und Ungereimtes. - Leimen/Heidelberg: Verlag für heimatliches Schrifttum 1965 = Grafschaft Glatzer Buchring. 29. /2529

GABRIEL-FREEMAN, Hugo
Gedichte. - Darmstadt: Röther 1965. /2530

GACHNANG, Johann
Hoffen und Verstehen. Gedichte. - Andelfingen: Thur-Vlg. /1960/ /2531

GÄHLER, Erwin
Seele zwischen Staub und Sternen. - Kemnath-Stadt: Selbstverlag /1956/. /2532

GÄNG, Richard (1899)
De Sunntigmorge. Neue hochalemannische Gedichte. Nachw. von Reinhold Schneider - Lahr/Baden: Schauenburg (1954). = Silberdistel-Reihe. 5/6. /2533

Schwarzwald-Zyklus. Gedichte. - 1956 (b.n.e.) /2534
GÄRTNER, Martha
Frohe Weihnacht. Gedichte und Zwiegespräche für Advent, Weihnacht, Neujahr. - Reutlingen: Bardtenschlager /1947/. /2535
GAFNER, Fritz
Jetzt. Gedichte. - Winterthur: W.Vogel 1968. /2536
Zeitzeichen. Gedichte. - Ebenda 1970. /2537
GAHLBECK, Rudolf (1895)
Ernst Barlach. Sonette um sein Werk. - Rostock: Hinstorff /1951/ /2538
GALLMANN, Anna d.i. Anna Müller-Gallmann
Zeichen am Weg. - Lenzburg: Selbstverlag /1961/. /2539
Zwischen Hier und Dort. Gedichte. - Zürich: Classen (1969). /2540
GAMPER, Gustav (1873-1948)
Zum.10. Januar 1947. Gedichte. Herrn Georg Reinhart zum 70. Geburtstag. - o.O. Privatdruck 1947. /2541
GAN, Peter d.i. Richard Moering (1894-1974)
Die Holunderflöte. Gedichte. - Zürich,Freiburg: Atlantis 1949. /2542
(Neuauflage - Zürich: Atlantis 1965)

Preis der Dinge. Gedichte. Vom Dichter ausgewählt. - Wiesbaden: Insel-Vlg. (1956) = Insel-Bücherei. 628. /2543

Schachmatt. Gedichte. - Zürich,Freiburg: Atlantis (1956). /2544

Die Windrose. Gedichte. - Freiburg i.Br., Zürich: Atlantis (1958)./2545
(zuerst 1935)

Die Neige. Gedichte. - Ebenda (1961). /2546

Das alte Spiel. Gedichte. - Zürich: Atlantis (1965). /2547

Soliloquia. Gedichte. - Zürich,Freiburg i.Br.: Atlantis (1970). /2548
GANDER, Peter
Kleine Du-Gedichte. - Bern: Marc Rüedi (1967). /2549
GANZ, Rudolf Hermann (1901-1965)
Visionen. Gedichte. - Frankfurt: Frankfurt-Studio 1952. /2550

Erlebtes und Erlauschtes. Gedichte. - Chicago: International Printing Company 1958; (Frankfurt-Studio, Luzius in Komm.). /2551
GAPPMAYR, Heinz
Zeichen 3. Visuelle Gedichte. - München: Willing Vlg. 1968. /2552
GARBE, Karl
Diesseits jenseits halberwegen. Stippvisiten auf Versfüßen. Umschlag von Marcel Marceau. - Frankfurt: Societäts-Vlg. (1968). /2553
dasselbe. - Frankfurt: Scheffler (1968). /2554
GARBELMANN, Hans (1924)
Überfall der Raubvögel. Linolschnitte von Fritz Möser. - Karlsruhe: Der Karlsruher Bote (1957). /2555

GARRAY, Josef
    Alle Wunder der Welt. - Krefeld: Scherpe 1948. /2556
GARTNER-SIEGENFELD, Heinrich   d.i. Heinrich Gartner   (1879-1965)
    Ein Roman in Liedern. Das Liebeslied. Lyrik aus Schönbrunn. - Wien: Europ. Vlg. 1960. /2557
GARZAROLLI, Rico
    Wenn man sich richtig überlegt... Mancherlei zum Lächeln,
    Lachen und Denken. - Wien: Selbstverl. (1951). /2558
GASS, Franz Ulrich   (1919)
    Humor hat Vorfahrt. Kleine Liebe zum Motörchen in Versen,
    Bildern und Histörchen. - Fellbach b. Stuttgart: Südstern-Vlg. (1954). /2559
    Gesangbuch für die Badewanne. Humor-Duschen in Prosa und
    Versen. Illustr. von Harald Bukor. - Offenbach a. M.: Kumm (1956). /2560
    dasselbe. Erw. Ausg. Illustr. von Harald Bukor und Kurt Fred Schmidt.
    - Ebenda (1970) = Kumm-Ologien. 120. (vielm. 121) /2561
GASSER, Emil
    Kleines Tagebuch des Südens und andere Gedichte. -
    Bern: Francke (1963). /2562
GATH, Goswin Peter   (1898)
    Erinnerung und Beschwörung. - Köln: Staufen-Vlg. 1946. /2563
    Draum un Spill. Gedichte in Kölnischer Mundart. - Köln: Pick
    1947 = Gürzenichbücherei. /2564
GATTERMEYER, Karl
    Ernte. Gedichte in oberösterr. Mundart. Illustr. von Max Kislinger. -
    Linz a. d. Donau: Oberösterr. Landesverlag 1957. /2565
GAUCH, Sigfrid   (1945)
    scherenschnitte. - Karlsruhe: Der Karlsruher Bote /1968/. /2566
GAUDECKER, Rita von   (1879-1968)
    Lieder der Küste. - Bielefeld: Bechauf (1961). /2567
GAUER, Helmut   (1908)
    Die verschlampte Rose. - Hamburg: Albatros Vlg. (1965) =
    Albatros-Bücherei. 3. /2568
GAUSEBECK, Aenne
    Uns umschließt der Jahreskreis. 12 Gedichte für das ländliche
    Jahr. - Hiltrup/Westf.: Landwirtschaftsverl. 1955. /2569
GAUTSCHI, Karl
    Eine Stadt wie Zürich. Texte. Bilder von Hans Fischer. -
    Egnach: Clou-Vlg. (1962). /2570
GAYER, Tilman   (1945)
    Regenspieltod. Gedichte. - München, Würzburg, Wien: Relief-Vlg.
    1965 = Der Viergroschenbogen. 57. /2571
GEBERT, Marianne
    Erträumt - erschaut - erlebt. - Wien: Europ. Vlg. 1966. /2572
GEBERT-REGEHR, Susanne

Pausenzeichen. - Wien: Europäischer Verlag 1962. /2573

GEBHARDT, Michael (1892)
Der Lebensbogen. Gedichte. - München: Hueber /1958/. /2574

Singende Kreise. Gedichte. - Ebenda (1965). /2575

Vorworte. Gedichte. - Tübingen: Selbstverlag 1966. /2576

Anruf und Vermächtnis. 4 Gedichtkreise aus den Tagen der Not
und des Todes. - München: Hueber (1968). /2577

GEBSATTEL, Marie Ancilla Freiin von
Die Lieder vom Rosenkranz unserer lieben Frau. -
Paderborn: Schöningh 5. Aufl. 1950. /2578

GEBSER, Jean (1905-1973)
Das Ariadnegedicht. Zeichnungen von Gentiane Gebser. - Zürich:
Oprecht (1945). /2579

Das Wintergedicht. - Ebenda (1945). /2580

Gedichte.(1924-1944). - Ebenda (1945). /2581

Frühe Verse. Hrsg. von Helmut Knaupp. - Frankfurt: Eremiten-
Presse 1950 = Eremitage. 3. (2oo Ex.) /2582

Aus dem „Rosengedicht". - Bern: Hans Feuz 1952. /2583

GEERK, Frank Ernst (1946)
Gewitterbäume. Dichtung in Versen. - Olten, Freiburg i. Br.:
Walter (1968) = Walter Druck. 14. /2584

Frank Geerk, Rainer Brambach, Thadeus Pfeifer: Gedichte. -
Binningen: Yamsknoll 1970. /2585

GEERKEN, Hartmut (1939)
Murmel. Gedichte. - Tübingen: Selbstverlag 1965. /2586

dasselbe. - Istanbul: Basimevi 1965. /2587

GEHR, Karl
My Basel. - Riehen: Buchdruck Schudel /1969/. /2588

GEIBEL, Peter
Gesammelte Gedichte. Hrsg. mit einem Nachwort von Emerich
Reeck. - Darmstadt: Verlag Hessische Volksbücher 1951; Friedberg
i. H. Bindernagel in Komm. = Hessische Volksbücher N. R. 2/3. /2589

Humoristische Gedichte in Wetterauer Mundart. Hrsg. von Emerich Reeck. - Ebenda 1951 = Teildruck 1 der Gesammelten Gedichte. /2590

Mein schinste Gruß d'r Wearreraa! Gedichte. Hrsg. von
Emerich Reeck. - Ebenda 1951 = Teildruck 2 der Gesamm. Gedichte. /2591

Immer uf de Bah! Humoristische Gedichte in Wetterauer Mundart.
Ausgewählt, hrsg. u. mit einem Nachwort vers. von Emerich Reeck. -
Gießen: Brühlscher Verlag (1951) = Hessisch Oart un Dreiwe. 2. /2592

GEIER, Egon (1904)
Weißt du, was ein Herz ist? - Wien: Europäischer Verlag 1951. /2593

Fenster im Ich. Ausgewählte Gedichte. Tuschzeichnungen von

Günther Frey. - Klagenfurt: Johannes Heyn Verlag 1964. /2593
GEIGER, Benno (1882-1965)
Also sprach Benno Geiger. Gedichte aus den Jahren des Scheuels.
Textbilder von Felice Carena. - Venedig: Gedruckt bei Zanetti 1947. /2594
Sämtliche Gedichte. In 3 Bänden. 1.: Idyllen, Lieder,
Gesänge. - Firenze: Vallecchi (1958). /2595
2.: Kantaten, Mythen, Oden. - Ebenda (1958). /2596
3.: Legenden, Hymnen, Zeit- und Streitgedichte. -
Ebenda (1958). /2597
GEILINGER, Max (1884-1948)
Vom Großen Einklang. Gedichte. - Zürich: Artemis (1946). /2598
Genesung. Gedichte. - Zürich: Classen (1948). /2599
Der Weg ins Weite. - Zürich: Rascher 2. Aufl. 1950. (zuerst 1919) /2600
GEISER, Christoph
Bessere Zeiten. - Zürich: Regenbogen-Verlag (1968) = Regenbogen
Reihe. 12. /2601
GEISLER, Linos
Linos Geisler und Joachim Lieser: Unruh-Ufer. Gedichte. Darm- /2602
stadt: Handpresse Die Villa 1961.
GEISMANN, Theodor
Dingsda. Heiter besinnliche Verse über Dinge des täglichen Lebens. -
Horn: Berger /1968/. /2603
GEISSBÜHLER, Rolf (1941)
Blumengedicht. Zeichnungen von R.G. Vorw. von Walter Vogt. -
Bern: Zytglogge-Verlag (1970). /2604
GEISSLER, Hugo (1895-1956)
Blühen und Reifen. Gedichte des Malers Hugo Geissler in Tuttlin-
gen. - Tuttlingen: Bofinger 1954. /2605
Nebem Mole her. Mundartgedichte des Malers Hugo Geissler in
Tuttlingen. - Ebenda 1955. /2606
GEISSNER, Hellmut
elliptoide. Nachw. von Ludwig Harig. - Stuttgart: E. Walter /1964/ =
rot. 15. /2607
GEIST, Rudolf (1900-1957)
Entwürfe für eine neue österreichische Volkshymne nach
skandierten Vorlagen. - Wien, Gmunden, Zürich: Der Weltweite Verlag
1946. /2608
Das Alphawort. Gedichte. - Ebenda /1947/. /2609
Die ersten Menschen. Sonettezyklus. - Fürstenfeldbruck: Stein-
klopfer-Vlg. (1955) = Die Steinklopfer-Reihe der Außenseiter. (zuerst
1932) /2610
Das Hohelied der Indios (Der Friedhof der Schmetter-
linge). Dichtung nach Siliu: "Die Unsichtbaren Genossen". Zeichn. von

Barbara Walther. 2. Aufl. - Ebenda (1956) = Die Steinklopfer-Reihe der
Außenseiter. (zuerst 1925) /2611

GEMPERLE, Carl (1907)
Waage des Lebens. Gedichte. - Zürich: Thomas Vlg. 1949. /2612

GERBER, Ernst Paul
Irrtum vorbehalten. 53 Gedichte ohne Vor- und Nachwort. Zeichn.
von Wolf Barth. - Rorschach: Nebelspalter (1969). /2613

GERBER, Martin (1905)
In stillen Stunden. Gedichte. - Münsingen: Buchdr. Fischer in
Komm. /1965/. /2614

GERBRECHT, Gustav Adolf (1886)
Gastmahl des Lebens. Gedichte. - Bremen: Geist Vlg. 1953. /2615

Elisabeth. Ein Immortellenkranz. Gedichte. - Lilienthal üb. Bremen:
Selbstverl. 1957. /2616

Gedichte. Ein Abschied von der Welt. Landsknecht Gottes. - Buxte-
hude: Selbstverl. Privatdruck 1967. /2617

GERDTS-RUPP, Elisabeth
Hotoma. Gedichte und Übertragungen. - Tübingen: Laupp 1948. /2618

Tier und Landschaft. Gedichte aus 5 Jahrzehnten. - Ebenda 1968
(Jahresgabe 1969). /2619

GERHARDT, Rainer (1927-1954)
s.a. Claus Bremer in Zusammenarb. mit R. Gerhardt: poeme collectif.

umkreisung. gedichte. - Karlsruhe: vlg. der fragmente (1952) =
fragmente. 5. /2620

GERKE, Friedrich
Orientalische Sonette. - Mainz: Kupferberg 1947. /2621

Sirmione. Ein Sonettenkranz. Illustr. von Hubert Berke. - Aachen:
Heinrich Kutsch /1966/. /2622

dasselbe. - Wiesbaden: F. Steiner /1966/. /2623

GERLACH, Jens (1926)
Der Gang zum Ehrenmal. Mit einem Vorw. von Kuba. - Berlin:
Rütten & Loening (1953) = Kleine R&L-Bücherei. /2624

Ich will deine Stimme sein. Gedichte. - Berlin: Neues Leben
1953. /2625

Das Licht und die Finsternis. Liebesgedichte. - Berlin,
Weimar: Aufbau 1963. /2626

okzidentale snapshots. gedichte auf bundesdeutsch. - Ebenda 1965.
/2627
Jazz. Gedichte. - Ebenda (1966). /2628

GERLACH, Kurt (1889)
"Einmal lebt ich wie die Götter...". Die Gedichte schrieb
Hans Michael Bungter. - Hamburg: Erich Matthes (1949) = Denkmale
und Freundesdank. 6. (vielm. 7) /2629

GERLACH, Richard (1899)
Salz des Meeres. Gedichte. - Zürich, Stuttgart: Classen (1962). /2630
Das Leben sprüht. Gedichte. - Ebenda (1963). /2631
Gras im Wind. Gedichte. - Ebenda (1964). /2632
Schritt für Schritt. Gedichte. - Ebenda (1965). /2633
Wasserspiele. Gedichte. - Ebenda (1967). /2634
Bei Licht betrachtet. Gedichte. - Ebenda (1969). /2635

GEROK, Otto (1879-1963)
Ernte aus sechs Jahrzehnten. Gedichte. - Vöhringen:
Selbstverl. (1955). /2636

GERMER, Karl
Komische Käuze. Scherenschn. Carl Firzlaff. - Berlin-Schmargendorf: (Der Neue Geist Vlg.) Hunia Vlg. (1947). /2637

GERNER-BEUERLE, Maurus
Bunter Herbst. Gedichte in Hochdeutsch und Alemannisch. - Bremen:
Selbstverl. 1965. /2638

GEROLD, Karl (1906)
Die graue Gruft. Gedichte. - Aarau: Vlg. der AZ-Presse 1945. /2639

Aus dunklen Jahren. 1939-1945. - Stuttgart, Calw: Hatje 1946 =
Gedichte der Gegenwart. /2640

Ein Leben lang. 2 Bände. Auswahl und Einleitung von Heinrich
Rumpel. 1.: Der Kämpfende - Der Suchende. - Zürich:
Oprecht (1970). /2641

2.: Der Weltgläubige - Der Liebende. - Ebenda (1970). /2642

s.a.u. Pseud. SCHUHMANN, Paul

GERSTL, Elfriede
Gesellschaftsspiele mit mir. Wenig übliche Gedichte und
Geschichten. - Linz: Kulturamt der Stadt Linz 1962. /2643

GERSTNER, Hermann (1903)
Du fragst mich, was ich liebe. Gedichte. - Würzburg: Max-
Dauthendey-Ges. (1963) (Jahresgabe 1963). /2644

GERTER, Elisabeth d.i. Elisabeth Aergerter-Hartmann (1885-1955)
Die Segnung. Gedichte, Aphorismen. Illustr. Karl Aergerter. -
Aarau: Rengger /1955/. /2645

GERZ, Jochen
Footing. Ein visueller Text. 2. überarb. Aufl. - Steinbach: Anabas-
Vlg. 1969. /2646

GESSLER, Albert
Gedichte. Empfangend Sonnenlicht erwächst der Mond, wird aus der
Schale selbst zum Sonnenbild. - Binningen: Selbstverl. /1968/. /2647

GESSNER, Robert S.
Robert S. Gessner und Eugen Gomringer: 15 konstellationen. -
Zürich: Hürlimann 1965. /2648

GESSWEIN, Alfred (1911)
Leg in den Wind dein Herz. Gedichte. - Wien: Bergland-Vlg.
(1960) = Neue Dichtung aus Österreich. 71. /2649

An den Schläfen der Hügel. Gedichte. - 1964 (b.n.e.) /2650

Vermessenes Gebiet. Gedichte. - Salzburg: O. Müller (1967). /2651

Der gläserne November. Graphik von Heide Reisenauer. - Wien,
München: Jugend und Volk (1968) = Neue Perspektiven. /2652

GETZLAFF, Erich (1889)
Sinn-Gedicht. - Borgsdorf bei Berlin: Privatdruck (1954). /2653

Gedichte. - Ebenda (1955) (maschinenschriftl. vervielf.) /2654

Natur-Gedichte. - Ebenda: Selbstverl. /1955/. /2655

Gedichte. Nachtrag. - Berlin, München: Selbstverl. 1956. (masch. autogr.) /2656

Sang vom Sein. - Borgsdorf bei Berlin: Selbstverl. (1957).
(masch. vervielf.) /2657

Kleine Ampel. Gedichte. - München: Selbstverl. (1958) (masch.) /2658

In der Stille. Gedichte. - Berlin, München: Selbstverl. 1959
(masch. autogr.) /2659

Trost. Gedichte. - Ebenda 1959. (masch. autogr.) /2660

Erinnern. Gedichte. - Borgsdorf bei Berlin: Selbstverl. /1964/. /2661

Rest. Gedichte. - Ebenda: /1964/. (masch.) /2662

Sang vom Sinn. Variationen. - Ebenda 1965. /2663

dasselbe. - München: Reithmeier /1965/. /2664

dasselbe. Auswahl. - Berlin: Selbstverl. 1965. /2665

Verschwenden. Variationen um All, Zeit und Mensch, Kunst, Natur. -
Borgsdorf bei Berlin: Selbstverl. /1968/. /2666

Enden. Gedichte um Gelten, Mensch, Zeit, Kunst, Natur. (1.) -
Ebenda 1969. /2667

dasselbe. 2. - Ebenda 1970. /2668

GEYSE, Wolfgang d.i. Hans Bernhard Schiff (1915)
(Lyrik). - Rottweil: 1946. Privatdruck. /2669

Du bist nicht etwa frei geboren... Heitere oder meist heitere
Verse. - Kaiserslautern: Rohr /1954/. /2670

Die weiße Flamme des Kirschbaums. Gedichte. - Ebenda
/1955/. /2671

GFELLER, Wilhelm
(Gedichte) Bern: Selbstverl. (1946). /2672

Olympisches Birnbaumschütteln oder Faites vos jeux... ich
mach' das meine. Meine Festtagsgabe. - Ebenda /1948/. /2673

Flämmchen. Ein Tanz auf Musen. Leitersprossen in Reimen mit und ohne Glossen. - Ebenda /1956/. /2674

GHÄGI, Ruedi
Ums tägli Brot. Werch und Arbet in Großvatterszite. (Gedichte und
Erzählungen) - Winterthur: Gemsberg-Vlg. (1958). /2675

GIANZUN, Vidal d.i. Werner Ganzoni
Klingender Kranz. Gedichte. - St. Gallen: W. Weinhold 1946. /2676

Lyrik 1931-1966. - Wien, Innsbruck, Wiesbaden: Rohrer /1968/. /2677

GIEBISCH, Hans (1888-1966)
Waldviertler Sonette. - Wien: Hollinek /1950/. (zuerst 1938) /2678

Und es war schön... Gedichte. - Ebenda /1951/. /2679

Kranewitt und Heidekraut. Gedichte. - Ebenda /1954/. /2680

Wiener Sonette. - Gedichte. - Wien: Hollinek /1964/. /2681

Wandel und Dauer. Das ausgewählte Werk. Hrsg. von Friedrich
Sacher. - Wien, Krems: Heimatland Vlg. (1969) (mit Werkverz.) /2682

GIELGE, Hans
Dálebt und níedágschríebm. Ausseerl Gedichte. Buchschmuck
vom Vf. - Wels: Welsermühl (1960) = Lebendiges Wort. 6. /2683

Liebe, schöne Bergheimat. Gedichte, Lieder, Jodler und Zeichnungen. - Wien: Europ. Vlg. (1962). (mit Noten) /2684

GIESE, Alexander (1921)
Zwischen Gräsern der Mond. Gedichte. - Wien: Bergland-Vlg.
(1963) = Neue Dichtung aus Österreich. 93. /2685

GIESE, Richard
Zwei Jahresringe. Hochdeutsche und plattdeutsche Gedichte. -
Hamburg: Hermes 1948. /2686

GILBERT, Robert (1899)
Meine reime, deine reime. Berliner, Wiener und andere Gedichte.
Mit 10 Illustr. von Fritz Eichenberg. - New York: Peter Thomas
Fisher 1946. /2687

Meckern ist wichtig - nett sein kann jeder. - Berlin:
Blanvalet 1950. /2688

Vorsicht! Gedichte! 4 lyrische Sektoren. - Ebenda (1951). /2689

Frischer Wind aus der Mottenkiste. Berliner Gedichte mit
hochdeutschen Zwischenrufen. - Ebenda (1960). /2690

GILLEN, Otto (1899)
Der Kreis. Gedichte. - Freiburg i.Br.: G. Kirchhoff-Vlg. /1952/. /2691

Licht in die Krankenstube. Gedichte und Prosa. 3. Aufl. -
Buxheim/Iller: Martin Vlg. (1957). /2692

Mit der Kirche durch das Jahr. Alle Tage bis ans Ende. -
2. Aufl. Buxheim/Iller: Martin Vlg. (1957). /2693

Mutterliebe aber bleibt. Mit Zeichn. von Alfred Linz. - Ebenda
/1957/. /2694

Allen, die an Gräbern stehen. Zeichn. von Alfred Linz. -
Buxheim/ Iller: Martin Vlg. /1958/. /2695

Am Ufer der Dinge. Gedichte. - Tübingen: Heliopolis Vlg. (1958) /2696

Maria - Frau der Frauen. Ein Marienhymnus. Zeichn. von
Alfred Linz. - 3. Aufl. Buxheim/Iller: Martin Vlg. (1958). /2697

Alles Schöne ist ein Gleichnis. (Prosa, einige Gedichte) Mit
einem Geleitwort von Werner Bergengruen. Photos von Karl Jud. -
Zürich, Stuttgart: Aldus-Manutius Vlg. (1959) = Kleine Kostbarkeiten
der Aldus-Manutius-Drucke. 15. /2698

Durch die Liebe der Menschen leuchtet die Liebe Gottes.
Eine Gabe. Aus Anlaß des 60. Geb. von Otto Gillen. Gestaltet von Alfred
Linz. - Buxheim/Iller: Martin Vlg. /1959/. /2699

Lebenskreise. - Ebenda (1959). /2700

Bleibender Reichtum. Vorw. von Bernt von Heiseler. - Zürich,
Stuttgart: Aldus-Manutius-Vlg. /1961/ = Kleine Kostbarkeiten der
Aldus-Manutius-Drucke. 21. /2701

Spuren. Gedichte. - Memmingen/Allgäu: Dietrich (1961). /2702

Erfülltes Frauenleben. Ein Dankesgruß an die Mütter, die Schwe-
stern, an alle selbstlos Dienenden. Zeichn. von Edmund Kässner. - Zürich,
Stuttgart: Aldus-Manutius-Vlg. /1964/ = Kleine Kostbarkeiten der Aldus-
Manutius-Drucke. 26. /2703

GINHART, Leo
Geschichten und Gedichte aus Kärnten und Steiermark. - Wien:
Europ. Vlg. 1954. /2704

GINKEL, Emil (1893-1959)
Fabrik ohne Aktionäre. - Berlin: Dietz (1950). /2705

Lied überm Strom. Gedichte eines Arbeiters. - Berlin: Dietz (1950).
/2706
GINSBERG, Ernst (1904-1964)
Abschied. Erinnerungen, Theateraufsätze, Gedichte. Hrsg. mit einer
Vorbemerkung von Elisabeth Brock-Sulzer. - Zürich: Die Arche (1965).
/2707
GINZKEY, Franz Karl (1871-1963)
Das Ginzkey - Buch. Enthält eine Auswahl aus den Werken des
Dichters. Hrsg. von Richard Bamberger. - Wien: Leinmüller 1948. /2708

Lebenssprüche. - Wien: Österr. Bundesverlag (1951). /2709

Lieder und Balladen. - Graz, Wien, München: Stiasny (1951) =
Dichtung der Gegenwart. 2. /2710

Seitensprung ins Wunderliche. Grotesk-Gedichte. - Wien:
Bibliophilen-Gesellschaft 1953 = Jahresgabe der Wiener Bibliophilen-
Gesellschaft. 41. /2711

Sternengast. Gedichte. 2. durch ausgew. und neue Gedichte verm.
Aufl. - Wien: Kremayr & Scheriau (1953). (zuerst 1937) /2712

dasselbe. - Wien: Buchgemeinschaft Donauland /1957/. /2713

Altwiener Balladen. Vignetten von Ferdinand Limberg. - Wien:

Österreichischer Bundesverlag (1955). /2714
Ausgewählte Werke. In 4 Bänden. 1.: Der Heimatsucher.
Gedichte. - Wien: Kremayr & Scheriau (1960). /2715
Laute und stille Gassen. Eingel. und ausgew. von Gunther Martin.
- Graz, Wien: Stiasny (1962) = Das österreichische Wort. Stiasny-Bücherei. 101. /2716

GIROD, Barbara
Und doch. Gedichte und Maschinenmalereien. - Stierstadt i. Ts. 1967. /2717

GISI, Georg
Immenblatt und erster Schnee. Zeichnungen von Marthe Keller-Kiefer. - Aarau: Sauerländer (1955). /2718

GISI, Paul
Gegen die Zeit und Zwischen unendlichen Gewittern.
Jugendgedichte. Geleitwort von Sonja Passera. - Birsfelden: Aiolos-Verlag (1970). /2719

GITTNER, Hermann
Das Lächeln der Regelindes. (Gedicht.) Halle: Selbstverlag /1947/. /2720

GITZINGER, Oskar
Nacht und Brand. - Karlsruhe: C. F. Müller (1947). /2721

GLASER, Martha (1898)
Das Lügenjöbken. Erzählungen und Gedichte. Erläuterungen. Hrsg. von der Pressestelle der Evangel.-luther. Kirche in Thüringen. - Jena: Wartburg Vlg. /1950/. /2722

dasselbe. 2. bearb. Aufl. - Berlin: Evangel. Verlagsanstalt (1967). /2723

GLASS, Walther
Gedichte. - Berlin: Der Neue Geist (1948) = Ein Streifenbuch. /2724

GLAUS, Martin
Situationen. Geschichten, Verse, Geschichten in 43 Sätzen. - Bern: Kandelaber Verlag (1968). /2725

GLAWISCHNIG, Gerhard (1906)
Übarn Glantalbodn. - Klagenfurt: Carinthia /1953/. /2726

Geaht a Schein von dar Sensn. Gedichte in Kärntner Mundart.
Holzschn. von Switbert Lobisser. - Klagenfurt: Landesmuseum für Kärnten 1960 = Kärntner Heimatleben. 3. Erw. Aufl. 1969. /2727

Und morgen wird Hiob anders heißen. Gedichte. - Wien:
Bergland (1963) = Neue Dichtung aus Österreich. 105. /2728

Kraut und Ruabm. Mundartgedichte, Sprüche und Gstanzln (u. a.).
Illustr. nach Puppen von Elli Riehl. Fotos von Gerald Teisel. - Maria Rain: Petrei (1965). /2729

De Tür lahnt auf. Neue Mundartgedichte. - Klagenfurt: Heyn (1967). /2730

GLOBITZ, Irina
Pastell. - Wien: Europ. Vlg. (1969). /2731

GLÜCKSTEIN, Hanns

Frohi Walz durch die Palz. Pälzer Reimerei. - Heidelberg:
Vlg. Brausdruck /1951/. /2732

Pälzer Reimerei. Auswahl der Gedichte von Eugen Herwig. Zeichn.
von Edgar John. - Mannheim: Haas (1964). (mit Bibliogr. von Wilhelm
Nagel) /2733

GMACHL-AHER, Alois
Hoffnung, Sehnsucht, stille Träume. - Wien: Europ. Vlg.
1959. /2734

GMEINER, Luise
Von Advent bis Advent. Ein heiter-besinnlicher Gang durchs
Kirchenjahr. - Klagenfurt: Vlg. Carinthia (1963). /2735

Interview mit Katze, Igel, Maus und Kuh... und vielen andern noch dazu. - Wien: Europ. Vlg. (1966). /2736

GÖBEL, Ernst (1877-1956)
Sehen und Sinnen. Gedichte. - Wiesbaden: Selbstverlag 1954. /2737

GÖDECKE, Ilse
In ewigem Wechsel. Gedichte. - Karlsruhe: Der Karlsruher Bote
1967. /2738

GÖLLES-ORTNER, Josefine
Von Mai bis Mai. Jahr der Mutter. - Wien: Europ. Verlag 1956. /2739

GOERDTEN, Ulrich
Loosung und Leertext. Zeichnungen von U. Poppitz. - Berlin:
Stollenwerk 1969. /2740

GÖRGL, Alfred (1908)
Laß mich nicht versinken in den Tagen. Gedichte. - Karlsruhe: Der Karlsruher Bote /1961/. /2741

Wie Sand am Meer. Gedichte. - Ebenda 1970. /2742

GÖRLICH, Ernst Joseph (1905)
Fahrt in die Vergangenheit. Historische Gedichte. Mit einem
Geleitwort von Gottfried Pratschke. - Wien: Europäischer Verlag 1968. /2743

GÖRRES, Guido Sebastian (1907)
Es ist so viel geheim... Gedichte. - Hamburg: Dt. Literatur-
Verlag Otto Melchert 1947. /2744

GÖRRES, Ida Friederike
Der verborgene Schatz. Gedichte. - Frankfurt: Verlag Jos.
Knecht Carolus Druckerei (1949). /2745

GOES, Albrecht (1908)
Die Herberge. Gedichte. - Berlin: Suhrkamp 1947. /2746

Gedichte 1930-1950. - Frankfurt: S. Fischer 1950. /2747

Erfüllter Augenblick. Eine Auswahl. - Frankfurt: S. Fischer
1955 = S. Fischer Schulausgaben moderner Autoren. /2748

Sprechplatte: Albrecht Goes liest Gedichte. - Hamburg: Dt.
Grammophon Gesellschaft, Literarisches Archiv /1958/. /2749

Sprechpaltte: dasselbe. - Frankfurt: S. Fischer /1958/. /2750

Die Weihnacht der Bedrängten. Mit 5 Holzschnitten von Synold
Klein. - Hamburg: Furche-Vlg. (1962) = Furche-Bücherei. 210. /2751

Aber im Winde das Wort. Prosa und Verse aus 20 Jahren. -
Frankfurt: G.B. Fischer (1963). /2752

dasselbe. - Stuttgart: Evangel. Buchgemeinde (1966). /2753

dasselbe. - Berlin: Union-Verlag 1966. /2754

GÖSSMANN, Wilhelm (1926)
Meditationstexte. - München: Hueber 1965. /2755

Sentenzen. - Zürich, Einsiedeln, Köln: Benziger (1970) = Kritische
Texte. 1. /2756

GÖSTL, Karl
Erlauscht, erlebt, ersonnen. Gedichte. - Wien: Europ. Vlg.
(1968). /2757

GÖTTIN, Paul
Paul Göttin zieht die Notbremse... (Das Cabaret im Taschenformat) Illustr. von Willy Göttin. - Basel: Arbeitsgemeinschaft für neuzeitliches Werben /1960/. /2758

GOETZ, Bruno (1885-1954)
Der Gott und die Schlange. Balladen mit e. Vorw. von Werner
Bergengruen. - Zürich: Bellerive-Verlag (1949). /2759

Götterlieder. Illustr. von Werner Gothein. - Zürich: Origo-Verlag (1952). /2760

Kleines Bilderbuch. Farbholzschnitte von Hans Rudolf Bosshard.
- Zürich: Privatdruck (1953). /2761

Der Gefangene und der Flötenbläser. - Heidelberg:
Schneider /1960/. /2762

GÖTZ, Hans (1918)
Schusterkugelspiele. Gedichte, Epigramme, Aphorismen. - Nürnberg: Nürnberger Presse 1970. /2763

GÖTZGER, Heinrich (1900)
Stiller Tag. Gedichte in Lindauer Mundart. Holzschnitte von Gerda
von Bodisco. - Lindau: Thorbecke (1947) = Die Bücher vom Bodensee. 1. /2764

GÖZ, Paul
Gedichte. Stuttgart: Wittwer /1964/. (Umschlagtitel: Amicis) /2765

GOHL-VAIHINGER, Dora
Die andere Stimme. Gedichte. - Heilbronn: Salzer (1954). /2766

GOL, Jan d.i. Joseph Goebel (1912)
Fabularium. Lustige Verse und Bilder. - Mainz, Den Haag: Mikrokopie Verlag 1953. /2767

GOLDBACHER. Gregor (1875-1950)
Feierabnd. Gedichte in obersteirischer Mundart. Aus dem Nachlaß.
Buchschmuck von Franz Korger. - Wels: Welsermühl (1960) = Lebendiges Wort. 8. /2768

GOLDSCHMIDT, Günther (1894)

Garten der Rose. Lyrische Gedichte. - Genf: Verlag Die Ausfahrt
1949 = S-Bändchenreihe zeitgenössischer Autoren. 3. /2769

GOLL, Claire (1901)
Versteinerte Tränen. Gedichte. - Karlsruhe: verlag der fragmente
(1952) = fragmente. 3. /2770

s. a. Ivan und Claire Goll: Zehntausend Morgenröten.

Das tätowierte Herz. Ein indianischer Gesang von Liebe und Tod.
Mit 10 Graphiken nach indianischen Vorlagen von Fritz Faiss. -
Wiesbaden: Limes (1957). /2771

Klage um Ivan. - Ebenda /1960/ = Dichtung unserer Zeit. 15. /2772

s. a. Ivan und Claire Goll: Die Antirose.

GOLL, Yvan (Ivan, Iwan) (1891-1950)
Traumkraut. Gedichte aus dem Nachlaß. - Wiesbaden: Limes (1951).
 /2773
Malaiische Liebeslieder. Chansons malaises. (dt.)
Aus dem Franz. übertragen von Claire Goll. - Thal/St. Gallen: Pflug-
Verlag 1952 = Bücher der Ernte. /2774

dasselbe. (teilweise in deutscher und französischer Sprache) - Ebenhausen b. München: Langewiesche-Brandt (1967). /2775

Abendgesang (Neila). Letzte Gedichte. Aus dem Nachlaß hrsg.
von Claire Goll. Mit 3 Zeichn. von Willi Baumeister und einem Nachw.
von Hans Bender. - Heidelberg: Rothe (1954). /2776

Ivan und Claire Goll: Zehntausend Morgenröten. Gedichte einer
Liebe. Mit 4 Zeichn. von Marc Chagall. - Wiesbaden: Limes (1954). /2777

Dichtungen. Lyrik, Prosa, Drama. Hrsg. von Claire Goll. (Soweit die
Texte nicht im Original deutsch geschrieben worden sind, wurden sie übers.
von Claire Goll u. a.). Die Nachw. wurden verfaßt von Helmut Uhlig und
Richard Exner. - Darmstadt, Berlin-Spandau, Neuwied a. Rh.:
Luchterhand (1960); Sonderausg. /1968/. /2778

Ausgewählte Gedichte. Hrsg. und eingel. von Georges Schlocker. -
Stuttgart: Reclam (1962) = Reclams Universal-Bibliothek. 8671. /2779

Ivan und Claire Goll: Die Antirose. Mit 11 Zeichn. von Marc Chagall.
- Wiesbaden: Limes (1967) = Limes Nova. 21. /2780

Gedichte. Eine Auswahl. Mit 14 Gedichten von Claire Goll. Hrsg. mit
Kommentar von René Anton Strasser. Illustr. von Marc Chagall, Henri
Matisse u. a. Vorw. von Erhard Schwandt. - Meilen/Schw.: Magica-Vlg.
(1968). (mit Bibliogr. und Lit. verz.) /2781

GOLLOB, Hedwig
Lyrisches und Dramatisches: Manhattan Jahreszeiten. Marienlieder. Kirchen von Venedig. Das Atomgeschwader. Zwischen gestern und
morgen. - Wien: Gerold & Co. 1958. /2782

Steirisches, Venezianisches und Sonstiges. - Wien:
Selbstverl. 1959. /2783

Urlaubsgrüße. - Ebenda 1959. /2784

Gedichte. - Wien: Langer 1960. /2785

Lyrisches und Dramatisches. 2. - Wien: Selbstverlag (1964). /2786

GOLOWIN, Sergius (1930)
Aus den Höhen. Gedichte. - Vallamand: Verlag "Sonnseitig leben"
R. Müller 1956. /2787

Dem Morgen zu. Gedichte. Holzschnitte von Klaus Berger. - Oberburg: Oberburg-Druck (1957). /2788

Der verlorene Reif. Gedichte. Mit 10 Illustr. von Fritz Möser. - Genf-Rive: Sinwel Vlg. (1959) = Sinwel-Reihe der Lyrik. 1. /2789

Dunkle Brücken. Gedichte. - Karlsruhe: Der Karlsruher Bote (1959). /2790

GOLTZ, Joachim Frhrr. von der (1892)
Mich hält so viel mit Liebesbanden. Gedichte. - Gütersloh: Bertelsmann 1951 = Das kleine Buch. 30. /2791

Gedichte und Erzählungen. Hrsg. vom Volksbund für Dichtung (Scheffelbund). - Karlsruhe: Volksbund für Dichtung (Scheffelbund) 1957 = Gabe an die Mitglieder. 32. /2792

GOMRINGER, Eugen (1925)
konstellationen - constellations - constelaciones. - Bern: spiral press (1953). /2793

33 konstellationen. Mit 6 konstellationen (i. e. Farbzeichn.) von Max Bill. - St. Gallen: Tschudy (1960) = quadrat-bücher. 11. /2794

5 mal 1 konstellation. - Frauenfeld: Gomringer Press /1960/ = konkrete poesie - poesia concreta. 1. /2795

die konstellationen - les constellations - the constellations - las constelaciones. (1953-1962). - Ebenda (1962). /2796

das stundenbuch. Einführung von Wilhelm Gössmann. - München: Hueber 1965. /2797

s. a. Robert S. Gessner und Eugen Gomringer: 15 konstellationen.

Poesie als Mittel der Umweltgestaltung. Referat und Beispiele. - Itzehoe: Hansen & Hansen 1969. /2798

worte sind schatten. die konstellationen 1951-1968. Hrsg. und eingel. von Helmut Heißenbüttel. - Reinbek b. Hbg.: Rowohlt (1969). (mit Bibl.) /2799

GONG, Alfred (1920)
Gras und Omega. - Heidelberg: Schneider (1960). /2800

Manifest Alpha. Gedichte. - Wien: Bergland (1961) = Neue Dichtung aus Österreich. 76. /2801

GORNY, Sergej
Der Schattentraum. Gedichte. Mit e. Nachw. von Arthur Luther. - Baden-Baden: Bühler jr. 1947. /2802

GOSEWITZ, Ludwig
typogramme 1. - Frauenfeld/Schweiz: Gomringer Press 1962. /2803

GOSS, Sylvia Lawrence de
Buntfarbige Zugvögel. - Wien: Europäischer Vlg. 1959. /2804

Stunden der Dichtung. - Wien: Europäischer Verlag 1962. /2805

GOSSE, Peter (1938)
Antiherbstzeitloses. Gedichte. Illustr. von Rolf Kuhrt. - Halle:
Mitteldeutscher Verlag 1968. /2806

GOTHAN, Walther
Was ist ein Geologe? - Berlin-Charlottenburg: Selbstverl.
/1951/. (maschinenschriftl. vervielf.) /2807

GOTTLIEB, F. Josef
Plankton. Gedichte. - Wien: Europ. Vlg. 1953. /2808

GOTTSCHALK, Hanns (1909)
Inmitten der Schöpfung. - 1948 (b. n. e.) /2809

Am Herzen der Schöpfung. Ausgewählte Gedichte. - Linz:
Oberösterr. Landesvlg.; Stuttgart: Brentanoverlag 3. Aufl. (1953).
(200 num. und sign. Ex.) /2810

Den Müttern. Eine kleine Lese. Mit Zeichn. von Wolfgang Nestler. -
Buxheim/Iller: Martin Vlg. /1957/. /2811

Horizonte. Gedichte in die Zeit. Graphische Gestaltung von Fritz
Möser. - Ebenda /1960/. /2812

Dein der Zauber und Glanz dieser Welt. Gedichte. -
München: Delp (1965). /2813

GOVINDA, Lama Anagarika
Mandala. Meditationsgedichte und Betrachtungen mit 15 Reproduktionen
von Gemälden und Zeichnungen des Verfassers. - Zürich: Origo (1960) /2814

dasselbe. 2. erw. Aufl. - Ebenda (1961). /2815

GRABBE, Will
Lichte Ufer. Gedichte. - Berlin, Bielefeld: Cornelsen 1948. /2816

GRABENHORST, Georg (1899)
Blätter im Wind. Gedichte. - Hannover: Osterwald 1953. /2817

GRABHER, Hannes (1894-1965)
Der Harfner. Gedichte. - Dornbirn: Vorarlberger Verlagsanst. 1946.
/2818
Uf oum Bänkle. Gedichte. - 1950 (b. n. e.) /2819

GRABNER, Erich
Das unermeßliche Antlitz. Gedichte. Die Auswahl besorgte Otto
Hofmann-Wellenhof. - Graz, Wien: Stiasny (1956) = Steirische Autoren.
Dichtung der Gegenwart. 14. a. /2820

GRABNER, Hasso (1911)
Der Takt liegt auf dem linken Fuß. Gedichte. Zum 40. Jahrestag der Gründung der KPD. - Berlin: Aufbau-Verlag 1958. /2821

Fünfzehn Schritte gradaus. Gedichte. - Ebenda 1959 = Die
Reihe. 11. /2822

Am Baugerüst unserer Welt. Gedichte. - Ebenda 1960 =
Die Reihe. 44. /2823

GRABSKI, Robert (1912)

Widerhall des Herzens. - 1951 (b.n.e.) /2824
Labyrinth der Seele. Gedichte. Illustr. von Max Witkiewicz. - Herne: Grabski (1955). /2825
Äus alder Zejt. Ostschlesische Mundartgedichte. - Ebenda (1956). /2826
Auslese. Kleine Gedichte. - Ebenda 1963. /2827
Urlaub in Sardinien. Gedichte. - Herne: Schulte-Kortnack 1968 = Spuren der Zeit. Kleine Reihe. /2828
Windspiele. Traum und Wirklichkeit. Gedichte. 10 Linolschnitte von Karl Gorke. - Ebenda (1970). /2829

GRAEF, Hans (1909-1963)
Und; bedenke auch dieses. Gedichte. - Karlsruhe: Stahlberg Verlag (1947) = Ruf der Jugend. 5. /2830
Brennes(s)eleien. Gedichte. - 1957 (b.n.e.) /2831
Kalte Dusche. Westliche Brennes(s)eleien. Mit Zeichn. von Herbert Sandberg. - Berlin: Vlg. der Nationen (1958). /2832

GRÄFFSHAGEN, Stephan d.i. Klaus Müller (1922)
Die Gralsucher. Gedicht-Zyklus. - Westheim bei Augsburg: G. Rost 1947. (Ausg. 1948) /2833
Requiem. - Ebenda 1948. /2834

GRAF, Alfred
Die zwölf Rauhnächte. - Nürnberg: Spindler 1955. /2835

GRAF, Carl
Die deutsche Marseillaise. - Schweinfurt: Neues Forum 1968. /2836

GRAF, Oskar Maria (1894-1967)
Der ewige Kalender. Ein Jahresspiegel. Gedichte. Mit Zeichn. von Anna Maria Jauss. - New York: Selbstverl., Profile Press 1954. /2837
Altmodische Gedichte eines Dutzendmenschen. - 1962 (b.n.e.) /2838

GRAF, Rudolf W.
Nicht die Summe Eins. - Wien: Europäischer Vlg. 1968. /2839
Hoffend alle Mühn durchwaten. - Ebenda 1969. /2840
Erkennend zu vergehen. - Ebenda 1970. /2841

GRANDT, Herta (1907)
Die Harfe. 52 Gedichte. Geleitwort von Carl Zuckmayer. - Lahr/ Schwarzwald: Schauenburg (1957) = Silberdistel-Reihe. 30. /2842

GRANITZKI, Artur (1906)
Gedichte. - Recklinghausen: Paulus-Vlg. /1965/ = Neue Industriedichtung. 2. /2843

GRASS, Günter (1927)
Die Vorzüge der Windhühner. (Gedichte, Prosa und Graphik) - Berlin-Frohnau, Neuwied a. Rh.: Luchterhand (1956). /2844
Gleisdreieck. Gedichte und Graphik. - Darmstadt, Berlin-Spandau, Neuwied a. Rh.: Luchterhand (1960). /2845

Selected Poems. (dt.+ engl.) Transl. by Michael Hamburger and
Christopher Middleton. - New York: Harcourt, Brace & World (1966). /2846

Ausgefragt. Gedichte und Graphik. - Neuwied a. Rh., Berlin-
Spandau: Luchterhand (1967). /2847

Ausgewählte Texte. Einleitung von Theodor Wieser. Mit Abb.,
Faks. und Bio-Bibliographie. - Ebenda (1968) = Porträt und Poesie.
(mit Lit. verz.) /2848

Günter Grass (und Horst Janssen): Die Schweinekopfsülze.
Illustr. von Horst Janssen. - Hamburg: Merlin-Verlag 1969. /2849

Gedichte. Hrsg. von Heinz Schöffler. - Darmstadt: Moderner Buch-
Club (1969). /2850

dasselbe. - Gütersloh: Bertelsmann; Berlin, Darmstadt, Wien:
Deutsche Buch-Gemeinschaft /1970/. /2850a

Sprechplatte: Örtlich betäubt und Gedichte. Sprecher: Günter
Grass. - Hamburg: Dt. Grammophon Ges., Literarisches Archiv /1970/. /2851

Originalgraphik. Mappe mit sieben Originalgraphiken und einem
Gedicht (Faksimile). - Bonn: Edition Argelander /1970/. /2852

GRASS, Jürgen
Nachts schlagen Nachtigallen Bücher auf. Gedichte. -
Krefeld: Stein-Vlg. 1968. /2853

GRASS, Paul
Analpha. Lyrische Aufzeichnungen. - Zürich: Flamberg (1968). /2854

GRASSER, Josef (1897)
Im Reigen des Jahres. Gedichte. - Bozen: Ferrari-Auer /1948/.
/2855
Im Wandel der Zeit. Gedichte. - Ebenda 1957.
/2856
Vom Traum des Glücks. Gedichte. - Karlsruhe: Der Karlsruher Bote /1964/. /2857

GRASSHOFF, Fritz (1913)
Zeltlieder und Barackenverse. - Lütjenburg/Holstein: Dt.
Verlagsdr., J.H.Klopp (Herbert Hawel) 1945. /2858

Halunkenpostille. Rumpelkammerromanzen, Hafenballaden, Spelunkensongs. Zeichn. von Bernd Hering. Vertonung von Walter Unger.
2. Aufl., vom Vf. durchges. - Hamburg: Johannes Angelus Keune 1947. /2859

dasselbe. Mit Zeichnungen des Autors. - Duisburg: Carl Lange Vlg.
(1955). /2860

dasselbe. Rumpelkammerromanzen, Hafenballaden, Spelunkensongs, neu:
Zinkenklavier. Mit Zeichnungen von ihm selbst. - Duisburg: Merkator-
Vlg., Wohlfarth vorm. Lange (1968). /2861

Hoorter Brevier. Gedichte. - Hamburg: Keune (1947). /2862

Das Gemeindebrett. Allgemein-ungültiger Jahresweiser für Land-
leute. Mit Zeichn. des Autors. - Duisburg: Carl Lange Vlg. (1954). /2863

Im Flug zerfallen die Wege der Vögel. Neue Gedichte.

Zeichnungen und Lithogr. von Fritz Grasshoff. - Ebenda (1956). /2864

Und ab mit ihr nach Tintagel. Mit Zeichnungen von ihm selbst.
- Ebenda (1958). /2865

Die große Halunkenpostille. Songs, Balladen, Moritaten. Alte
und neue Verse. - München: Dt. Taschenbuch-Vlg. (1963) = dtv. 150. /2866

Die klassische Halunkenpostille. 2 Dutzend alte griechische
und römische Dichter übersetzt, entstaubt und umgehost, dazu Der neue
Salomo, Songs, Lieder und Balladen nach des Predigers Worten, mit
Bildern vers. und neu ans Licht gebracht. - Köln, Berlin: Kiepenheuer &
Witsch 1964. /2867

Sprechplatte: Damen dürfen erröten. Sprecher: René Deltgen,
Hannes Messemer, Gustav Knuth, Lale Andersen, Wolfgang Neuss, Fritz
Grasshoff u.a. - Köln: Electrola /1965/. /2868

Grasshoffs Unverblümtes Lieder- und Lästerbuch. Ein
Leitfaden durch die Molesten des Daseins unter besonderer Berücksichti-
gung der Dickfelligkeit des Publikums. Stramm bebildert von ihm selbst.
Köln, Berlin: Kiepenheuer & Witsch (1965). /2869

Sprechplatte: Fritz Grasshoff und Lotar Olias: Songs für Mündige.
Arrangements von Hans Last. Ausführende: Lale Andersen u.a. -
Hamburg: Polydor /1965/ = Literarische Kleinkunst. /2870

Halunkenbrevier. Bilder vom Verfasser. - Freiburg i.Br.:
Hyperion-Vlg. /1967/ = Hyperion-Bücherei. /2871

Sprechplatte: Halunkenpostille. Schräge Songs, halbseidene Lieder
und wunderschöne Gedichte. Musik von Hans-Martin Majewski und Norbert
Schultze. Gesprochen und gesungen von Fritz Grasshoff u.a. - Köln:
Electrola /1967/. /2872

Illustrierter Ganovenkalender. Von ihm selbst bebildert. -
Freiburg i.Br.: Hyperion-Vlg. (1967) = Hyperion-Bücherei. /2873

Gaunerzinken. Bilder vom Verfasser. - Ebenda /1969/ =
Hyperion-Bücherei. /2874

Bilderreiches Haupt & (G)Liederbuch. - Köln, Berlin:
Kiepenheuer & Witsch 1970. /2875

Querbeetbuch. Mit Bildern vom Verfasser. - Freiburg i.Br.:
Hyperion-Vlg (1970) = Hyperion-Bücherei. /2876

GRAUER, Hans
begegnung und jahrzeiten. - München: Vlg. Graphikum Dr.
Mock (1967). /2877

GRAWERT, Gottfried Wolfgang Dietrich (1930)
Schatten und Zeichen. 50 Gedichte. - Wien: Europ. Vlg. 1962. /2878

Wendekreise. Gedichte. - Wels/Oberösterr., Wunsiedel/Ofr.:
Leitner in Komm. /1962/. /2879

Treibholz... Gedichte. - Dülmen/Westf.: Kreis der Freunde
(1963) = Der Vier-Groschen-Bogen. 29. /2880

Flamme und Traum. Gedichte. - Wien: Europ. Vlg. 1965. /2881

Brennglas + Perspektive. - München, Würzburg, Wien: Relief-
Verlag 1966 = Der Viergroschenbogen. 63. /2882

GREBE, Karl Heinrich
Wogende Unendlichkeit. Oden und Gedichte. - Wien: Europ. Vlg.
1969. /2883

GREIF, Heinrich
Ein Deutscher, 30 Jahre alt. Gedichte. Zusammengest. und
eingel. von Maxim Vallentin. - Weimar: Kiepenheuer (1947). /2884

GREIF, Martin d.i. Friedrich Hermann Frey
Gedichte. - Auswahl und Nachw. von Herbert Thiele. - Speyer:
Jaeger 1947. /2885

Berggedichte. Auswahl und Geleitw. von Christoph Flaskamp. -
Regensburg: J. Habbel 1948. /2886

GREIFENSTEIN, Karl (1919)
Semper idem... Ausgewählte Gedichte. - Mannheim: Frank in
Komm. 1952. /2887

Verborgenes Heilen. Gedichte. - Mannheim: Kessler /1952/. /2888

Insel-Gesänge. - Worms: Norberg 1969. /2889

GREINKE, Paul Gerhard
Prompt dagegen. Gedichte zur Gegenwart. - Marktoberdorf:
Selbstverl. 1965. /2890

GRELL, Ernest
Das Wechselspiel. Skizzen und Gedichte. Préf. de Louis Edouard
Schaeffer. - Straßburg-Cronenburg: Selbstverl. (1961). /2891

GRESSMANN, Uwe (1933-1969)
Der Vogel Frühling. Gedichte. Mit Zeichnungen von Horst Hussel.
- Halle(Saale): Mitteldeutscher Vlg. (1966). /2892

GRETLER, Gottfried
Das Eiland. Gedichte. - St. Gallen: Tschudy (Privatdruck) 1945.
(300 num. u. sign. Ex.) /2893

Spitalgedichte. - Ebenda /1950/. /2894

GRETLER-DRAKE, Lydia
Kleines Ufer. - Wien: Europ. Vlg. 1961. /2895

Mondnacht-Gespräche. - Wien: Europ. Vlg. (1964). /2896

GREVE, Ludwig (1924)
Gedichte. - München: Hanser (1961). /2897

GREWE, Karl Heinz
Nebensätze. Gedichte. - München: Maistraßenpresse 1966 = Lyrik. 5.
/2898
GRIENITZ, Heinz R.
"Junge Stimme inmitten des Jahrhunderts der Welt-
kriege". Eine Auslese. Hrsg. von Theodor Seidenfaden. - Karlsruhe:
Der Karlsruher Bote (1960). /2899

GRILL, Martin
   Böhmische Reise. Besinnliche und beschauliche Verse, am Wegrand geschrieben. Hrsg. v. d. Seliger Gemeinde (Gesinnungsgemeinschaft sudetendt. Sozialdemokraten). - München: Vlg. "Die Brücke" 1969. /2900
   s. a. Erna Künast, Martin Grill und Karl Richard Kern: Nordischer Dreiklang.
GRIMM, Eberhard
   Frage an V. - München, Würzburg, Wien: Relief-Verlag 1965 = Der Viergroschenbogen. Sonderb. 26. /2901
GRIMM, Emil
   Der Liedergarten. - Fränkisch-Crumbach: Selbstverlag (1960).
   (als Manuskr. gedr.) /2902
GRIMM, Erika
   Kleine Perlenschnur. Gedichte. -Bellinzona: E. Zulliger-Grimm /1960/. /2903
GRIMM, Kurt Max (1900)
   Herzschlag der Erde. Gedichte von Brot und Leben. - Zwickau: Predella-Vlg. (Leipzig: Wallmann in Komm.) (1948) = Predella-Gaben. 6. /2904
GRISAR, Erich (1898-1955)
   Zwischen den Zeiten. Ausgew. Gedichte. - Hamburg: Köhler (1946)/2905
GRISSON, Alexandra Carola (1895)
   Spuren und Zeichen. Gedichte. Geleitw. von Alfons Ott. - Kassel: Lometsch (1965) = Druck der Arche. 51. /2906
   Bilder und Gleichnisse. Gedichte. Geleitw. von Felix Raach. - Ebenda (1966) = Druck der Arche. 54. /2907
   Zuspruch und Wandlung. Lebenssprüche. Geleitw. von Kurt Hillmer. - Ebenda (1967) = Druck der Arche. 56. /2908
   Weiße Feuer. Ausgewählte Gedichte aus drei Zyklen. - Bietigheim/ Württ. : Turm-Vlg. (1970). Hrsg.in Verb. m. d. Rud. Alex. Schröder-Ges./2909
GROB, Urs Ludwig
   Später Dämmerstern. Gedichte. - Münsingen: Buchdr. B. Fischer in Komm. (1966). /2910
GRÖBER, Thea
   "Wie fühlst du . . . ? " - Wien: Europ. Vlg. 1962. /2911
GRÖGER, Heinrich
   Sechzehn Gedichte. - Graz: Leykam (1964). /2912
GRÖGER, Herbert (1936)
   Allegro. - Karlsruhe: Der Karlsruher Bote 1963. /2913
GRÖGEROVA, Bohumila
   Bohumila Grögerova und Josef Hirsal: intertexte. - Kassel: Boczkowski 1970 = und. 5. /2914
GRÖZINGER, Wolfgang (1902-1965)
   Gedichte. - Regensburg: J. Habbel /1948/ = Der Bogen. (3). /2915
GROGG, Fritz
   (Fasnachts-Porträts) Bilder von Otto Glaser. - Basel: Basler Druck- und Verlagsanstalt 1957. Neujahrsgabe. /2916

GROGGER, Paula (1892)
Bauernjahr. Buchschmuck von Hilde Schimkowitz. - Graz, Wien, Köln:
Styria 1947; 2.erw. Aufl. (1962) /2917

Gedichte. - Stuttgart: Brentanoverlag (1954). /2918

GROHMANN, Josef
Lied an die Freunde. Gedichte. - Wien: Europ. Vlg. 1952. /2919

Träume. - Ebenda 1953. /2920

Paris. Gedichte. - Ebenda 1956. /2921

GROISSMEIER, Michael (1935)
Scherben der Zeit. Gedichte. - Hobbach üb. Aschaffenburg: Lampion Vlg.Bauer (1963) /2922

Lösch Lachen und Mohn. Gedichte. - München, Würzburg, Wien:
Relief Vlg. 1964 = Der Viergroschenbogen. 49. /2923

Träume im Nachtwind. Gedichte. - Hobbach üb. Aschaffenburg:
Lampion-Vlg. Bauer (1964) = Lampion-Reihe. /2924

Sehnsucht nach Steinbrüchen. - Wien: Europäischer Verlag
/1964/. /2925

GROSS, Karl Adolf (1892-1952)
Sterne in der Nacht. Lieder und Reime eines Ausgestoßenen. Zeichnungen von Gustl Angermeier. - München: Neubau-Vlg. (1946) = Gross:
Dachauer Trilogie. 3. /2926

Komm wieder,liebe Bibel. Lied der Sehnsucht des Dachauer
Sträflings Nr.16221. - München: Neubau-Vlg. (1946). /2927

GROSS, Walter (1924)
Die Taube. Hrsg. von Max Bolliger. Original-Holzschnitte von
Heinrich Bruppacher. - Sins: Borgis- Verlag (1956) /2928

Botschaften noch im Staub. Gedichte. - Hamburg, München:
Ellermann (1957). /2929

Antworten. Gedichte. - München: Piper (1964). /2930

GROSSBERG, Mimi (1905)
"Versäume, verträume..." Alte und neue Gedichte. - Wien:
Europäischer Verlag (1957). /2931

GROSSBERG, Norbert
Die Schaukel. Gedichte. - Wien: Europäischer Verlag (1966). /2932

GROSSE, Helmut (1917)
Rausch und Maß. - Wiesbaden: Limes 1947. /2933

GROWE, Karl Heinz
Nebensätze. Gedichte. - München: Maistraßenpresse 1966 =
Lyrik. 5. (500 sign. und num. Ex.) /2934

GRUBER, Helene
Aus Alt-Lindau. Gedicht. Zeichnungen von Gerda v. Bodisco. Weihnachtsgruß für die Freunde d. Rathausbuchhandlung und den Jan Thorbecke
Verlag in Lindau. - Lindau/Bodensee: Rathausbuchhandlung (1953) /2935

Gedichte. Hrsg. zu ihrem Andenken. Als Privatdruck für die Familie
hrsg. von Jan Thorbecke. Bei der Auswahl wirkten mit: Lullu Thorbecke,

Dorothee Weidersheim und Peter Grubbe. - Lindau: Rathausbuchhandlung (1953). /2936

GRUBER, Leopold
Innviertler Bluat. Buchschmuck von Franz Korger.- Wels: Welsermühl (1967) = Lebendiges Wort. 32. /2937

GRUBER, Margarete
Das innere Licht. Gedichte. - Wien: Europäischer Vlg. 1959. /2938

GRÜN, Maria
So seind sö! Gedichte in Kärntner Mundart. - Klagenfurt: Carinthia 1968. /2939

GRUENINGER, Hans Martin
Gedichte. T. 1. Alemannische Gedichte, T. 2. Hochdeutsche Gedichte. Mit Unterstützung des Landkreises Waldshut hrsg. von Eitelhans Grueninger und Gustav Häusler. Zeichnungen von Adolf Gladacker. - Waldshut: Zimmermann /1962/. /2940

GRÜTTER, Max
Kleines Glockenspiel. Gedichte. - Thun: W. Krebser & Co.(1948)./2941

Gereimte Politik 1945-1955. Zeichnungen von Lindi. - Bern: F. Pochon-Jent (1956). /2942

GRUSSMANN, Erich
Marchfeld. - Wien: Europäischer Vlg. 1956. /2943

GSCHEIDLINGER, Elfriede
Bauernbrot. Gedichte in oberösterr. Mundart. Buchschmuck von Anton Baumgartner. - Wels: Welsermühl (1970) = Lebendiges Wort. 51. /2944

GSCHWANDL, Hermann Ernst
Gedichte in Dur und Moll. - Wien: Selbstverlag 1951. /Auslieferung: Kleinmayr, Klagenfurt/ /2945

GSÖLL, Hans
Mid an rodn Blei. Gedichta mit Schmoez ausn Broda. Ausgew. und eingel. von H. C. Artmann. - Melk, Wien, München: Wedl (1959). /2946

GSTEIGER, Manfred (1930)
Stufen. Ein Gedichtkreis. - Grenchen: Spaten-Verlag 1951. /2947

Flammen am Wege. Gedichte. - St. Gallen: Tschudy (1953). /2948

Mont Saint-Michel. Adrian Wolfgang Martin Zugeeignet. - St. Gallen Tschudy /1954/. /Privatdruck/ /2949

Inselfahrt. Gedichte. - Ebenda (1955). /2950

Spuren der Zeit. 7 Gedichte. - Ebenda 1959. /2951

Zwischenfrage. Gedichte. - Ebenda 1962. /2952

Ausblicke. 7 Gedichte. - Speer-Verlag (1966). (500 num. Ex.) /2953

GÜNTER, Ernst
Paralyse. - München, Würzburg, Wien: Relief-Vlg. 1968 = Der Viergroschenbogen. 90. /2954

GUENTHER, Agunde (1908)
Über alle Zeiten hin... - Herne: Grabski (1956). /2955

GUENTHER, Alfred
   phönix zwei. Dichtungen aus den Dresdener Jahren. - Stuttgart:
   Dt. Verlags-Anstalt (1965). /2956
GUENTHER, Arwed   (1946)
   Tauwetter. Textur von Jolei. - Darmstadt: Bläschke (1965) =
   Das neueste Gedicht. 20. /2957
GÜNTHER, Egon
   s. u. Reiner Kunze und Egon Günther: Die Zukunft sitzt am Tische.
GÜNTHER, Herbert   (1906)
   Der Funke. Gedichte. - Düsseldorf: Diederichs (1953). /2958
   Fließende Körner. - München: Relief-Vlg. 1968 = Der Vier-
   groschenbogen. Sonderb. 58. /2959
   Fuge. Gedichte aus 4 Jahrzehnten. - Düsseldorf, Köln: Diederichs
   (1969). /2960
GUENTHER, Johannes von   (1886-1969)
   Sonetten-Garten. - Heidelberg: Meister 1946. /2961
   Nachmittag. Gedichte. - Ebenda 1948. /2962
GÜNTHER, Klaus   (1921)
   Empfundenes Wort. Gedichte. - 1957. (b. n. e.) /2963
   Reifen und Erwarten. Gedichte. - Wien: Europäischer Vlg. 1959. /2964
   Maß und Verwandlung. Gedichte. - Stuttgart: Landsmannschaft
   der Donauschwaben in Baden/Württ. e. V. (1962) = Donauschwäbisches
   Schrifttum. 8. /2965
GÜRSTER, Eugen   (1895)
   Rüttel dich und schüttel dich, wirf Schüttelreime hinter
   dich! Paul Flora, der Zeichner, hat mitgerüttelt. - München: Ehren-
   wirth /1960/. /2966
GUESMER, Carl   (1929)
   Frühling des Augenblicks. - Frankfurt: Eremiten-Presse /1954/.
   Ereignis und Einsamkeit. - Stierstadt i. Ts. : Eremiten-Presse /2967
   1955. /2968
   Von Minuten beschattet. - Wiesbaden: Limes (1957) = Dichtung
   unserer Zeit. 13. /2969
   Alltag in Zirrusschrift. Gedichte. - Stuttgart: Dt. Verlags-
   Dt. Verlags-Anstalt (1960) /2970
   Zeitverwehung. Neue Gedichte. - Ebenda (1965) = dva-Beispiele. /2971
   Dächerherbst. Gedichte. - München: Gotthold Müller Vlg. (1970). /2972
GUETERMANN, Erika   (1895)
   Maschine und Magnolia. Gedichte. - Dt. Verlags-Anstalt (1966). /2973
GÜTERSLOH, Albert Paris   d. i. Albert Conrad Kiehtreiber   (1887-1973)
   Musik zu einem Lebenslauf. Gedichte. - Wien: Bergland-Vlg.
   (1957) = Neue Dichtung aus Österreich. 29. /2974

GÜTLING, Alois   (1886-1970)
Aus Sklavenjoch zur Freiheit. Ein Leidensbericht eines Deutschpragers. - Berchtesgaden: Selbstverlag. Druck: Mauz, München (1952). /2975

dasselbe. - Neuausgabe- München: Kösel 1960.   /2976

Wohin Heimatloser? - 1953.   (b.n.e.)   /2977

GUGGENMOS, Josef   (1922)
Gugummer geht über den See. Gedichte. Mit 5 Holzschnitten von Günter Bruno Fuchs. - Halle: Mitteldt. Verlag (1957).   /2978

dasselbe. Mit Handätzungen von Günter Stiller und e. Essay von Peter Härtling. - Recklinghausen: Paulus Vlg. (1966). (Jahresgabe);   /2979
dasselbe. - Ebenda (1968) Vom Autor neu durchges., überarb. und erw. Neuauflage.

Tetradrachme. - München, Würzburg, Wien: Relief-Vlg. 1966 = Der Viergroschenbogen. Sonderb. 47.   /2980

GUGGER, Martin   (1891)
Tier, Mensch und Gott. - Karlsruhe: Der Karlsruher Bote 1964. /2981

GUGGI, Fritz
Ernste und heitere Gedichte in steirischer Mundart. - Wien: Selbstverlag /1947/.   /2982

GUMPERT, Martin   (1897-1955)
Berichte aus der Fremde. New York 1937. - Zürich: Arche 1948. (zuerst 1937)   /2983

dasselbe. Konstanz: Südverlag (1948).   /2984

GUNDRUM, Hans
Ebbes vum Hebbes. Heitere Mainzer Gedichte. Zeichnungen von Helimar Schoormans. - Mainz: Mainzer Verlagsanstalt (1970).   /2985

GUNERT, Herma   (1905-1949)
Amor, schöner Engel. Gedichte. - Wien: E. Müller 1945 = Stimme aus Österreich.   /2986

Die Herde des Helios. Sonette. - Wien: Bergland (1955) = Neue Dichtung aus Österreich. 4.   /2987

GUNERT, Johann   (1903)
Irdische Litanei. Gedichte. - Wien: = Stimme aus Österreich.   /2988

Überall auf unserer Erde. Gedichte. - Innsbruck: Österr. Verlagsanstalt (1952).   /2989

Aller Gesang dient dem Leben. Gedichte. - Innsbruck: Österr. Verlagsanstalt (1956): 2. erw. Aufl. (1962).   /2990

Inschrift tragend und Gebild. Neue Gedichte. - Wien: Bergland Vlg. (1958) = Neue Dichtung aus Österreich. 46.   /2991

Kassandra lacht. Eingel. und ausgew. von Viktor Suchy. - Graz, Wien: Stiasny 1962 = Das österreichische Wort. Stiasna-Bücherei. 113. /2992

Es geschehen Zeichen. Gedichte. - Wien: Bergland Vlg. (1968) = Neue Dichtung aus Österreich. Sonderb. 6.   /2993

GUSTAS, Aldona d.i. Aldona Holmsten (1932)
  Mikronautenzüge. Gedichte. - 1954 (b.n.e.) /2994
  Nachtstraßen. Mit 4 Original-Holzschnitten von Hans Sünderhauf.-
  Stierstadt i. Ts. : Eremiten-Presse 1962-63. (160, davon 150 num. Ex.) /2995
  Aldona Gustas, Thomas Bayrle, Bernhard Jäger: Grasdeuter. Texte
  von Aldona Gustas, Lithographien von Bernhard Jäger und Thomas Bayrle.
  - Hannover: Fischersträss'ner Presschen 1963. /2996
  Blaue Sträucher. - Bremen: schöngeist-bel esprit 1967 = Kladde.0./2997
  Liebedichtexte. Mit 6 farbigen Original-Linolschnitten von Wolfgang
  Jörg und Erich Schönig. - Berlin: Berliner Handpresse 1968 = Berliner
  Handpresse. 22. /2998
  Notizen. Gedichte. Radierungen von K. Schiller. - Berlin: galerie am
  abend 1969. /2999

GUSTEDT, Ingeborg von (1899)
  Lieder zwischen Wachen und Traum. - Karlsruhe: Der Karlsruher Bote 1963. /3000

GUTHARDT, Hans
  Gedichte. - Wiesbaden: Limes (1959). /3001

GUTKELCH, Walter (1901)
  Die babylonische Heimkehr. Ein Versbuch - München: Christian
  Kaiser Vlg. (1954). /3002
  Der Silberbogen. Spruch- und Sinngedichte. - Bielefeld: Bechauf
  (1958). /3003
  Die Enttäuschung. Wandgedichte eines Kirchenliebhabers. - Berlin:
  W. Hofmann (1968). /3004

GUTMANN, Augustin Georg
  Es schwingt eine Glocke. Lyrik aus Landschaft und Leben. -
  Wien: Europäischer Verlag 1954. /3005

GUTTENBRUNNER, Michael (1919)
  Schwarze Ruten. Gedichte. - Klagenfurt: Kleinmayr 1947. /3006
  Opferholz. Gedichte. - Salzburg: O. Müller (1954). /3007
  Ungereimte Gedichte. - Hamburg: Claassen (1959). /3008
  Die lange Zeit. Gedichte. - Ebenda (1965). /3009

GWERDER, Alexander Xaver (1923-1952)
  Blauer Eisenhut. Gedichte. - Zürich: Magnus Vlg. 1951. /3010
  Ein Abend, eine Straße und ein Mittag in der City. -
  Heidelberg: Rudolf Wittkopf (1953). /3011
  Dämmerklee. Nachgelassene Gedichte. In Verbindung mit Trudy
  Federli-Gwerder aus dem Nachlaß hrsg. von Hans Rudolf Hilty. -
  Zürich: Arche (1955) = Die kleinen Bücher der Arche. 196/97. /3012
  Land über Dächer. Nachgelassene Gedichte. In Verbindung mit
  Trudy Federli-Gwerder aus d. Nachlaß ausgew. und hrsg. von Hans Rudolf

Hilty mit einem Beitrag von Karl Krolow. - Zürich: Arche (1959) =
Die kleinen Bücher der Arche. 278/279. /3013

GWERDER, Urban 1944
Oase der Bitternis. Gedichte. - Zürich: Arche (1962) = Sammlung Horizont. /3014

singe sengt. Original-Holzschnitte von Rolf Miller. - Zürich:
A. Hürlimann 1965. /3015

Tilt. Gedichte für Shure 545 unidyne III & Cullagen. Mit einem Poster
von Giger. - Gurtendorf BE: Zürcher (1967). /3016

GUYOT, Reinhard
Vom Eins-Sein in Gott. - Pfullingen: Baum-Vlg. (1967). /3017

GYSIN, Hans
Wägwarte. Gedichte und Prosa. Illustr. von Walter Eglin. - Sissach:
Schaub-Busser (1953). /3018

Am Mühlibach. Illustr. von Fritz Pümpin. 2. Aufl. - Basel: Literaturkommission des Kantons Baselland 1969. /3019

HAAG, Gottlob (1926)
Hohenloher Psalm. - Gerabronn: Hohenloher Druck- und Verlagshaus /1964/. /3020

Mondocker. Gedichte. - Nürnberg: Nürnberger Presse 1966. /3021

Schonzeit für Windmühlen. Gedichte. - Ebenda 1969. /3022

Mit ere Hendvoll Wiind. Hohenlohisch-fränkische Gedichte. -
Rothenburg o. d. T.: Peter/Gebr. Holstein (1969). (mit Schallplatte) /3023

HAAGER, Hans
Landsleut. Gedichte in oberösterr. Mundart. - Linz, Pittsburg, Wien:
Ibis-Verlag /1947/. /3024

Geh' mit mir! Gedichte. - Wien: Europäischer Vlg. 1952. /3025

HAAKH, Hermann
Schwarz und rot. Gedichte. - Heilbronn: Gauß in Komm. (1952). /3026

HAAS, Doris
Sicheln. Gedichte. - München, Würzburg, Wien: Relief-Vlg. 1969 =
Der Viergroschenbogen. Sonderb. 66. /3027

de HAAS, Helmuth (Helmut) (1928)
Prager Elegien. - Hamburg: Ellermann 1949 = Das Gedicht. 1949. 6. /3028

Lineaturen. - Düsseldorf: Karl Rauch (1955). /3029

HABETIN, Rudolf (1902)
Rast im Vergänglichen. Zwischen Städten und Sternen. Neue Gedichte. - Düsseldorf, Köln: Diederichs (1954). /3030

Irdische Spur. Neue Gedichte. - Ebenda (1962). /3031

Zwieklang unserer Zeit. Ausgew. Gedichte 1928-1939. - Ebenda
(1962). /3032

HABICHER, Anna Maria
" ... und der Mittelpunkt ist die Liebe!" - Wien: Europäischer Vlg. 1967. /3033

Mit der Stimme des Herzens. - Wien: Europäischer Vlg. /1969/.
HABLÜTZEL, Adolf /3034
Sonette aus dieser Zeit. Eine Auswahl. - Zürich: Privatdruck
1948. /3035
HABRASCHKA, Paul (1897)
Lied der Teufe. Ausgew. Erzählungen und Gedichte. - Augsburg:
Oberschlesischer Heimatvlg. 1961. /3036
dasselbe. - Wien: Montan-Vlg. 1961 = Leobener grüne Hefte. 53. /3037
Zwischen Tag und Nacht. Ausgew, Gedichte und Erzählungen. -
Ebenda 1967 = Leobener grüne Hefte. 107. /3038
HACHFELD, Eckart (1910)
Amadeus geht durchs Land. Dunkle Weltbegebenheiten heiter
ausgeleuchtet. Mit Zeichnungen von Wolfgang Hicks. - Oldenburg/Old.,
Hamburg: Stalling /1956/. /3039
HACHFELD, Rainer
s. u. Klaus Budzinski und Rainer Hachfeld: Marx und Maoritz.

HACKBARTH, Margarete
Alles ist Gottes. Gedichte. - Lütjenburg/Holst.: Klopp 1959. /3040

Liebe ist alles. Gedichte. - Ebenda 1959. /3041

Heil und Sieg. Gedichte. - Ebenda 1960. /3042

HACKEL, Franz (1887-1962)
Auf Kerkerwände gekritzelt. Gedichte. - 1951 (b. n. e.) /3043

Verse auf ein kleines Bergdorf. Mit farbigen Reproduktionen
nach Gemälden von Willy Müller-Lückendorf. Hrsg. vom Kulturbund zur
demokratischen Erneuerung Deutschlands, Ortsgruppe Lückendorf. -
Ebersbach/Sa.: Oberlausitzer Kunstverlag Schubert 1957. /3044

HACKHOFER, Elsa
Ein Frauenleben. - Wien: Europ. Vlg. 1961. /3045

HACKL, Norbert Erwin
Aus der Hand gelesen. Gedichte. - Darmstadt: Brentanovlg.,
Nachf. Bläschke 1969. /3046

HÄCHLER, Arthur
Gehäuse. - Aarau: Sauerländer (1969). /3047

HAECKER, Hans-Joachim (1910)
Teppich der Gesichte. Sonette. - Hamburg: von Hugo (1947) =
Europäische Stimmen. /3048

HÄDECKE, Wolfgang (1929)
Uns stehn die Fragen auf. Gedichte. - Halle: Mitteldt. Vlg. 1958.
/3049
Leuchtspur im Schnee. Gedichte. - München: Hanser (1963).
/3050
HAEGI, Hans W.
Das kleine Glück. Sinnvoll-heitere Gedichte. Original-Linolschn.
von Adelheid Meyer. - Zürich: Vlg. Mensch und Arbeit (1960). /3051

Freude durch Blumen, Tiere und Menschen. Zeichn. von

Adolf Widmer-Witt. Scherenschnitte von Gertrud Breuer-Weckwerth. -
Zürich: Eichhörnchen Vlg. (1963). (auch Luxusausgabe) /3052

HÄGNI, Ruedolf (Rudolf) (1888-1956)
Fäschtbüechli für grooss und chly... Gedichte in Mundart
und Schriftdeutsch. Mit Bildere vom Albert Hess. - Zürich: Zwingli-
Vlg. (1947). /3053

Tirlitänzli. Gedichte für Kinder. - Olten: Vereinigung Oltner Bücherfreunde 1947. /3054

Gloggeglüüt. - Zürich: Gut /1948/. /3055

Uf alla Wääge. Gedichte für Kinder. Erlenbach-Zürich: Rotapfel
1948. /3056

De Lehrer chrank, gottlob und dank! Spitzbuebevers für
alli Chind, ebs achti oder achzgi sind. - Aarau: Sauerländer 3. verb.
Auflage 1949. (zuerst 1937) /3057

Öiseri Chly. Väärsli. Mit Zeichnige vo dr Margrit Lipps. - Zürich:
Rascher 1949. /3058

Spruchbüechli. - Zürich: Zwingli 1949. /3059

Gemüsekantate. Bremgarten: Item 1953. /3060

Lachpülverli gfelig? E luschtigs Huusbuech züritüütsch. - Elgg:
Volksverlag /1954/. /3061

Aabiggold. Gedichte aus dem Nachlaß. - Stäfa, Zürich: Vlg. Th. Gut
1957. /3062

Us mym Väärsli-Chrättli. Züritüütschi und Schrifttüütschi Chin-
deväärsli, Sprüchli und Gebättli. - Stäfa, Zürich: Vlg. Th. Gut 1957. /3063

HAEHNEL, Ruth
s. u. Maria Nels und Ruth Haehnel: weißt du noch?

HÄMMERLE, Georg
Uffem Stubatbänkle. Gedichte in Vorarlberger Mundart. Buch-
schmuck von Franz Korger. - Wels: Welsermühl (1961) = Lebendiges
Wort. 12. /3064

HÄNDLER, Horst
Mittag am Fluß. 12 Gedichte. Geschnitten und gedr. von Reinhold
Klein. Unterdrucke von Horst Händler. - Großkrotzenburg: Keim 1970. /3065

HAENGGI, Charles
Orgelpunkte. - Impr. de la Société d'imprimerie et d'éditions des
Dernières Nouvelles de Colmar, Colmar /1960/. /3066

HÄNISCH, Gottfried (1931)
Nachts leuchten die Sterne hell. - Berlin: Evangel. Verlags-
anstalt (1962). /3067

Taifun über Ecclesia. Gedichte. - Lahr/Schwarzw.: Kaufmann
(1963). /3068

HÄNSCH, Heinz & Helmut
Jazz & Lyrik im T & M Club. Versuche. - Zweibrücken:
H. u. H. Hänsch (1965). /3069

HÄNY, Arthur (1924)
Pastorale. Gedichte. - Zürich: Fretz & Wasmuth (1951). /3070

Die Einkehr. Gedichte. - St. Gallen: Tschudy (1953). /3071

(Drei unveröffentlichte Gedichte) - Sins: Borgis-Vlg. (1955) =
Borgis-Mappe. 3. /3072

Im Zwielicht. Gedichte. - Zürich: Fretz & Wasmuth (1957). /3073

Der Rabenwinter. - Zürich, Stuttgart: Rotapfel-Vlg. (1968). /3074

Im Meer der Stille. Gedichte. Zeichn. von Marieluise Häny. -
Ebenda (1970). /3075

HÄRING, Hans
und ganz ohne ehrfurcht, unanständige texte zur endzeit. -
Mit Holzschn. von Hanns Studer. - Hamburg: Alfred Terluch 1970. /3076

HÄRTLING, Peter (1933)
Poeme und Songs. - Eßlingen: Bechtle 1953. /3077

Yamins Stationen. Gedichte. Mit einer Nachbemerkung von Kurt
Leonhard. - Ebenda (1955). /3078

dasselbe. Unveränd. Neuauflage. - Stuttgart: Goverts 1965. /3079

Unter den Brunnen. Neue Gedichte. - Eßlingen: Bechtle (1958). /3080

Spielgeist - Spiegelgeist. Gedichte 1959-1961. - Stuttgart:
Goverts (1962). /3081

s. a. Raoul Ubac: Torso. Peter Härtling: Bruchstücke.

s. a. Fritz Ruoff: Zwei Beispiele. Peter Härtling: Meine zwei
Stimmen.

HAESNER, Christa Rosemarie
Gang durch das Jahr. Gedichte. - Graz: Leykam /1966/. /3082

HAGE, Erika
Impressionen. Mit einem Nachw. von Gottfried Pratschke. - Wien:
Europäischer Vlg. 1969. /3083

HAGEDORN, Hermann (1884-1951)
Und dieser hohen Stunde bin ich Gast. Gedichte. -
Kettwig: Flothmann 1952. /3084

HAGELSTANGE, Rudolf (1912)
Venezianisches Credo. - Wiesbaden: Insel 1946. = Insel-Bücherei.
609. (Die Sonette erschienen erstmals im April 1945) /3085

dasselbe. Leipzig Insel 1948. /3086

dasselbe. Frankfurt: Insel (1963). /3087

dasselbe. Hamburg: Hoffmann und Campe 1965 = Cabinet der Lyrik.
(Bibliophile Neuausgabe in einer num. und vom Autor sign. Auflage. Ge-
naue Nachbildung des 1945 veröffentlichten Erstdrucks) /3088

Es spannt sich der Bogen. Gedichte. - Leipzig: Rupert Vlg.
2. Aufl. 1947. (zuerst 1943) /3089

dasselbe. - Überlingen: Wulff 1949. /3090

Strom der Zeit. Gedichte. - Wiesbaden: Insel 1948. /3091

dasselbe. Leipzig: Insel 1948. /3092

Jochen Specht: Mein Blumen-ABC. Verse von Rudolf Hagelstange.
- Berlin, Rastatt: Eos-Verlag (1949). /3093

Meersburger Elegie. Zeichnungen von Fritz Deringer. - St. Gallen:
Tschudy 1950. /3094

Die Elemente. Gedichte zu den Mosaiken von Frans Masereel. -
Winterthur: G. Reinhart (1950). /3095

Ballade vom verschütteten Leben. - Wiesbaden: Insel 1952
= Insel-Bücherei. 687. /3096

Zwischen Stern und Staub. Gedichte. - Wiesbaden: Insel 1953. /3097

Die Beichte des Don Juan. Dichtung. Zeichnungen von Gunter
Böhmer. - Olten: Vereinigung Oltner Bücherfreunde. 1954 = Veröffentlichung für die Vereinigung Oltner Bücherfreunde. 64. /3098

Sprechplatte: Rudolf Hagelstange spricht: Der Prediger. (u.a.)
Sieben Gedichte. - Freiburg: Christophorus-Vlg. /1958/. /3099

Sprechplatte: Rudolf Hagelstange spricht: Venezianisches
Credo. - Ebenda /1958/. /3100

Die Nacht Mariens. Ein Weihnachtsbuch. Illustr. von Carlos Duss.
- Zürich: Arche (1959) = Die kleinen Bücher der Arche. 292/293. /3101

(dasselbe) Neuausgabe u. d. Titel Stern in der Christnacht. -
Ebenda (1965) = Die kleinen Bücher der Arche. 292/293. /3102

Ballata della vita sepolta. Ballade vom verschütteten Leben.
(dt. + ital.) Traduzione e saggio introduttivo di Gianni Selvani. - Firenze:
Centro internazionale del libro (1961). /3103

Lied der Jahre. Gesammelte Gedichte 1931-1961. - Frankfurt:
Insel (1961). /3104

dasselbe. 2. erw. Aufl. - Hamburg: Hoffmann und Campe 1964. /3105

Corazón. Gedichte aus Spanien. - Ebenda (1963). /3106

Der schielende Löwe oder How do you like America? Impressionen
in Prosa und Lyrik. - Ebenda (1967). /3107

HAGEMANN, Wanda
Herz unterwegs. Gedichte für die Menschen meiner Zeit. - Bad
Wörishofen Geyer /1968/. /3108

HAGEN, Friedrich (1903)
Weinberg der Zeit. - Mainz: Internat. Universum-Verlag (1949). /3109

HAGENBUCHER, Curt
Glanz der Seele. Sonette. - Zürich: Oprecht (1945). /3110

HAHN, Herbert (1890-1970)
Schritt für Schritt wird der Weg gewonnen. Sprüche und
Gedichte. - Stuttgart: Mellinger /1952/. /3111

HAIDENBURG-DIETZE, A.
Im Banne der Stunde. - Wien: Europäischer Vlg. 1955. /3112

HAIDVOGEL, Karl (Carl) Julius (1891)
Herbsthimmel. Gedichte. - Innsbruck: Österr. Verlagsanst. (1955) /3113

In die Wolke geschrieben. Gedichte. - Ebenda (1961). /3114

Asphalt und Acker. Gedichte. - Ebenda (1966). /3115

HAILL, Henriette
Befreite Heimat. Kampfgedichte und Friedenslieder. - Linz:
„Neue Zeit"-Verlag 1946. /3116

HAISCH-ROLF, Luise
Nichts hab ich zu bringen; Alles Herr, bist Du! Alte und
neue Gedichte. - Bielefeld: Bechauf (1956). /3117

HAJEK, Egon (1888-1963)
Neue Gedichte. - Wien: Bergland 1953. /3118

HAKEL, Hermann (1911)
Und Bild wird Wort... Gedichte. - Wien: Schmeidel (1947). /3119

An Bord der Erde. Gedichte. - Wien: E. Müller (1948). /3120

1938-45. Ein Totentanz. - Stuttgart, Wien, St, Gallen: Vlg. Willy
Verkauf (1950). /3121

Hier und dort. Gedichte. Mit 6 Federzeichnungen von Anton Lehmden. - Wien, München, Basel: Desch (1955) = Neue Lyrik aus Österreich./3122

Wigl Wogl. Kabarett und Varieté in Wien. - Wien, Hannover, Bern:
Forum (1962). /3123

HALDENWANG, Richard d. i. Karl Mauz (1902)
Der Morgenstrauß. Hrsg. von Alfons Bürger. - Lorch/Württ.;
Stuttgart: Bürger-Verlag (1946). /3124

dasselbe. - Eßlingen: Zeitlos Verlag o. J. /3125

dasselbe. Ein zeitloser Gedichtband für Freunde der Besinnlichkeit. Mit
einer Würdigung durch Jean Gebser. - Weilheim/Obb.: Barth (1967). /3126

Heimatland. - Eßlingen: Selbstverlag /1948/. /3127

Lebensmitte. - Ebenda /1948/. (anonym erschienen) /3128

Lern den Tag zu Ende leben als ein Stück der Ewigkeit.
Gedichte der Besinnung. - Stuttgart: Bonz (1955). /3129

Das Spiegelbild. Gedichte der Besinnung. Mit e. Nachw. von Jean
Gebser. - Eßlingen: Paulus /1964/; auch als Widmungsausgabe von G.
Paulus. /3130

dasselbe. Ein zeitloses Manuskript für die Freunde besinnlicher Gedichte. Nachw. von Jean Gebser: Über die Originalität in der Dichtkunst. Eine
Würdigung der Gedichte von Richard Haldenwang. - Wildenstein: Schloßbibliothek /1966/. /3131

dasselbe. - Eßlingen: Karl Mauz /1966/. (Privatdruck) /3132

Das Unwägbare. Ein Meditation-Brevier. Nachw. von Alfons Rosenberg. - Wildenstein: Schloßbibliothek /1969/. /3133

HALDIMANN, Paul

Der andere Weg. Gedichte. - St. Gallen: Tschudy 1946. Privatdr. /3134
HALL-BOLLER, Peter
Überhaupt und so. Verse. Zeichnungen mit eigenhändigen Farbklecksen von Helmut Knorr. - Zürich: Interverlag /1948/. /3135
HALLER, Paul
Gesammelte Werke (in einem Band). Mit Unterstützung des aargauischen Regierungsrates hrsg. von Erwin Haller. - Aarau: Sauerländer (1956). /3136
HALTER, Ernst
Die unvollkommenen Häscher. - Zürich: Regenbogen (1970)
= Die Regenbogen-Reihe. 19. /3137
HALTER, Peter
Dir, Heimatland, mein Lied. (in einem Band) Im Auftrag der Peter Halter Stiftung hrsg. von Albert von Wartburg. - Hochdorf: Martinusverlag 1970. /3138
HAMANN, Dora
Und Stille im Kreis. Gedichte. - Sao Paulo: Ed Verbo Divino (1967). /3139
HAMBERGER, Hans
Flugsand. Gedichte. - Linz: Kulturamt der Stadt Linz 1960. /3140
HAMBURGER, Michael (1924)
Zwischen den Sprachen. Essays und Gedichte. - Frankfurt: Fischer 1966. /3141
HAMM, Peter 1937
Sieben Gedichte. Mit Farbholzschnitten von HAP Grieshaber. - Stierstadt i. Ts. : Eremiten-Presse 1958. /3142
HAMMACHER, Silvia
Ich, meine Träume. Gedichte. Mit drei Originalätzungen von Rolf Sackenheim. - Krefeld: Vlg. der Galerie am Bismarckplatz 1969. (500 Ex., num. u. v. Autor u. Künstler sign.) /3143
HAMMER, Herbert
In memoriam Hanna Hammer, geb. Rickwardt. - Halle: Klinz (1962). /3144
HAMMER, Johann Wilfried
Gedichte. - Regensburg: Habbel /1948/. /3145
HAMPE, Johann Christoph (1913)
Zeit ist der Mantel nur. Gedichte. - Stuttgart: Kreuz-Vlg. (1956). /3146
HANDKE, Peter (1942)
Die Innenwelt der Außenwelt der Innenwelt. - Frankfurt: Suhrkamp (1969) = edition suhrkamp. 307. /3147
Prosa, Gedichte, Theaterstücke, Hörspiel, Aufsätze. - Ebenda (1969) = Die Bücher der Neunzehn. 173. /3148
Sprechplatte: Peter Handke liest aus seinem Buch "Die Innenwelt der Außenwelt der Innenwelt" (u.a.). Ms. und Regie: Gertrud Loos. - Hamburg: Dt. Grammophon-Ges., Literarisches Archiv /1970/. /3149
HANDLGRUBER-ROTHMAYER, Vroni d. i. Veronika Handlgruber (1920)

Ruf und Tröstung. Gedichte. - Wien: Donau-Verlag /1950/. /3150
Das andere Gesicht. Gedichte. - Linz: Kulturamt d. Stadt Linz 1961. /3151
HANE, Wilhelm (1880-1950)
Pälzer Brevier. Gereimter Ernscht unn Scherz for's Pälzer Herz.
Vum „Altpörtelgucker" Wilhelm Hane. - Speyer: Jaegersche Buchdruckerei 1947. /3152

HANNSMANN, Margarete (1921)
Tauch in den Stein. - Darmstadt: Bläschke (1964) = Das neueste Gedicht. 7. /3153

Zerbrich die Sonnenschaufel. Texturen von Marietheres Marschall. - Hommerich: Paul Eckhardt Vlg. (Colipress) 1966. /3154

Maquis in Nirgendwo. Nachw. von Jürgen P. Wallmann. - Darmstadt: Bläschke /1967/ = Das neueste Gedicht. 26. /3155

Margarete Hannsmann und HAP Grieshaber: Grob, fein & göttlich.
40 Wiesengedichte und Prosa. 20 Wiesenbriefe und 20 Holzschnitte zur
Rauhen Alb von Helmut Andreas Paul Grieshaber. - Hamburg, Düsseldorf:
Claassen 1970. /3156

HANS UT HAMM d. i. Hans Reimer Steffen (1897-1950)
Vergnügte Viechereien. Ungezogene Musenkinder mit 31 Federzeichnungen von Wep (d. i. W. E. Puerschel). - Hamburg: Hermes 1953. /3157

HANSEN PALMUS, Hans
Blenkern Stünns. Plattdeutsche Gedichte. - Burg auf Fehmarn:
Dose (1959). /3158

HAPP, Ferdinand (1868-1952)
Die Knoppschachtel. Neue und alte Gedichte in Frankfurter Mundart. Mit einem Nachw. von Alfred Happ. - Frankfurt: Kramer 1950. /3159

HARBECK, Hans (1887-1968)
Verse aus dem Gefängnis. - Hamburg: Hammerich & Lesser
(1946). (zuerst 1938) /3160

Kaktus und Kolibri. Gedichte für jedermann. Illustr. von Reinhard Benthin. - Ebenda 1946. /3161

Glück der Freiheit. Gedichtbuch. - Hamburg: Morawe & Scheffelt 1947. /3162

Flitzbogen und Flöte. Heitere Verse. - Hamburg: Köhler (1953)./3163

Herz im Muschelkalk. In memoriam Joachim Ringelnatz. - Hamburg: Hamburgische Bücherei (Meyer-Marwitz) (1961). /3164

HARD, Henry
Heiter bis besinnlich. - Basel: Hard-Verlag (1962). /3165

HARDEKOPF, Ferdinand (1876-1954)
Gesammelte Dichtungen. Hrsg. von Emmy Moor-Wittenbach.
Mit Photos und Faksimile. - Zürich: Arche (1963) = Sammlung Horizont. /3166

HARDT, Ernst (1876-1947)
Abend. - Iserlohn: J. Holzwarth 1947. /3167

HARDY, Bern d.i. Horst Bernhardi (1906)
Flaschenpost in einhundert Gedichten dargeboten.
Vignetten von Kurt Schmischke. - Hamburg: Albatros Vlg.(Velmede)
(1960). /3168

Lyrisches Logbuch schmunzelnd aufgezeichnet. Vignetten von
Dieter Wien. - Ebenda (1963) = Albatros Bücherei. 2. /3169

Zwischen Kimm und Himmelsrand. Vorwiegend heitere, maritime und andere Betrachtungen. - Ebenda (1966) = Albatros Bücherei. 4. /3170

HARIG, Ludwig (1927)
Haiku Hiroshima. - Stuttgart: E. Walther 1961 = rot. 5. /3171

Zustand und Veränderungen. (Texte aus den Jahren 1956-1962) -
Wiesbaden: Limes (1963). /3172

im men see. permutationen. - Berlin: Wolfgang Fietkau Vlg. (1969) =
schritte. 15. /3173

zufällig änderbar. Mit Siebdrucken von Paul Schneider. - Paris,
Zweibrücken: Beck (1969). /3174

HARIG-HESSE, Ingrid (1920)
Raumschnitzereien. - München: Relief 1967 = Der Viergroschenbogen. Sonderbogen. 52. /3175

Schattenspiele. Gedichte. Grafik von Rainer Hesse. - Ebenda (1968). /3176

HARINGER, (Jan) Jakob (1898-1948)
Das Fenster. Gedichte. - Zürich: Pegasus Vlg. 1946. /3177

Jakob Haringer in memoriam. Jakob Haringer: Der Orgelspieler. Gedichte. Hrsg. von Paul Heinzelmann. - Fürstenfeldbruck:
Steinklopfer Vlg. (1955) = Die Steinklopfer-Reihe der Außenseiter. /3178

Das Rosengrab. Ausgewählte Gedichte. Ausw. von Vino Schwertl. -
Ebenda (1960) = Die Steinklopfer-Reihe der Außenseiter. /3179

Lieder eines Lumpen. Aus dem Gebetbuch des armen Jakob Haringer. - Zürich, Stuttgart: Classen (1962). /3180

Der Hirt im Mond. Eingel. und ausgew. von Theodor Sapper. -
Graz, Wien: Stiasny (1965) = Stiasny-Bücherei. 135. /3181

Neun Gedichte. Mit einer Radierung von Daniel de Quervain. -
Köniz: Ausl. Willy Streich 1970. /3182

HARLESS, Hermann (1887-1961)
Götter. - Marquartstein: Breit 1957. /3183

HARMS, Milon
Du bist min. Liebesgedichte geschrieben und in Holz geschnitten von
M. H. - Freiburg i. Br. : Novalis-Verlag (1947). /3184

HARMS-KUTUSOV, Emil d.i. Volkmar Muthesius
Wer schüttelreimt, hat mehr vom Leben. - Frankfurt:
Knapp (1956). /3185

HARRIS, Elisabeth Agnes
Auf lichten Höhen. Gedichte. - Zürich: Selbstverlag (1945). /3186

Der Zigeunerin Wege. Gedichte. - Zürich: Selbstverlag (1946). /3187
(Auslieferung Stauffacher-Vlg.)

Auf den Wellen des Lebens. Weisheiten. - Zürich: Selbstverlag (1947). (Auslieferung Stauffacher-Vlg.) /3188

Sterne unserer Zeit. Gedichte. Weisheiten. - Castagnola: Selbstverlag (1948). (Auslieferung Stauffacher-Vlg.) /3189

Blumen von oben. Gedichte. - Ebenda (1949). /3190

HARTBERGER, Sepp
Allerhand vom Heimatland. - Wien: Europäischer Vlg. 1963. /3191

HARTL, Albert
Mensch im All. Gedichte. - München: Vlg. „Die Silberschmiede" /1954/. /3192

Einheit in der Vielfalt. Gedichte. - Hameln: Soltsien /1961/
= Die gute Gabe. 4. /3193

HARTL, Edwin (1906)
Wer will unter die Soldaten. Gedichte. Für alle, die ein Lied davon singen können. 40 Gedichte. - Wien: Wiener Verlag 1946. /3194

HARTLIEB, Josef
Heimatgedichte. Zeichnungen von Bruno Zwiener. - Eichstätt/Bayern: Eichendorffgilde /1949/. /3195

HARTLIEB, Wladimir von (1887-1951)
Spuren des Lebens. Ausgew. Gedichte. Hrsg. von Friedrich Sacher.
- Wien, Bad Bocklet, Zürich: W. Krieg (1952). /3196

HARTMANN, Alfred Willi Hans (1898)
Vier Balladen. - Jena-Zwätzen: Selbstverlag 1947. (gedruckt auf d. Handpresse des Verfassers) /3197

(Die Harfnerin) Eine Ballade. - Ebenda 1948. /3198

Zwei Balladen. Ebenda 1948. /3199

Drei Elegien. Privatdruck. - Ebenda 1948. /3200

Zwölf Gedichte. - Ebenda 1950. /3201

Sechs Balladen. - Ebenda 1951. /3202

Zwölf Gedichte nach Bildern von Carl Spitzweg. -
Ebenda (1953). /3203

Zwölf Sonette. - Ebenda 1955. /3204

Sieben Balladen. - Ebenda 1957. /3205

Sieben Paprikagedichte. 1. - Ebenda /1963/. /3206

Jenaer Liederbuch. (12 Liedertexte) Als Lautenlieder vertont von Edmund Barczyk. - Ebenda /1964/. /3207

Sieben Paprikagedichte. 2. - Ebenda /1964/. /3208

Sieben Paprikagedichte. 3. - Ebenda /1964/. /3209

Die Entscheidung. Ein autobiographisches Gedicht. - Ebenda (1965). /3210

Laßt Tiere sprechen. 12 Gedichte. - Ebenda (1966). /3211
Sieben Paprikagedichte. 4. - Ebenda /1966/. /3212
Vierzehn Sonette. - Ebenda (1966). /3213
Lieder an Amor. - Ebenda (1967). /3214
Sieben Paprikagedichte. 5. - Ebenda /1967/. /3215
Lieder und Gedichte aus verschiedenen Zeiten. - Ebenda 1968. /3216
Sieben Paprikagedichte. 6. - Ebenda /1968/. /3217
Sieben Paprikagedichte. 7. - Ebenda /1968/. /3218

HARTMANN, Charles Michel Fernand
In Reim und Vers. - Winterthur: Selbstverl. (1967). /3219

HARTMANN, Georg
Der hääme. Heitere Gedichte in Glatzer Mundart, in der Fremde geschrieben. Illustr. von J. A. Pausewang-Mittelwalde. - Leimen-Heidelberg: Vlg. für heimatl. Schrifttum Die Heimatbrücke (1955) = Grafschaft Glatzer Buchring. 6. /3220

Heitere Verse. Ausgew. und eingel. von Ursula Waldmüller. - Ebenda 1970 = Grafschaft Glatzer Buchring. 31. /3220a

HARTMANN, Helmuth
Aus meinem Mülleimer. Privatdruck. - Büderich b. Düsseldorf: Selbstverlag (1964). /3221

HARTMANN, Otto
Im Kreis. - München: Relief-Verlag 1965. /3222

HARTMANN, Wolfgang (1891)
Elegien. - Luzern: Selbstverlag des Verfassers 1967. /3223

HARTNER, Ingomar (1925)
Zwischen Ende und Anfang. Ausw. von Otto Hofmann-Wellenhof. - Graz, Wien: Stiasny (1955) = Steirische Autoren. Dichtung der Gegenwart. 6o. /3224

HARTUNG, Harald
Hase & Hegel. Gedichte. - Andernach: Atelier Verlag 1970. /3225

HARTUNG, Rudolf (1914)
Vor grünen Kulissen. Gedichte. - Köln, Berlin: Kiepenheuer & Witsch (1959). /3226

HARTWIG, Heinz (1907)
Keine sanften Flötentöne... sondern neue Verse. - München: Freitag-Verlag (1948). /3227

HARTWIG, Mela d.i. Mela Spira (1893)
Spiegelungen. Gedichte. Mit 2 Illustr. von Alfred Wickenburg. - Wien, Linz, München: Gurlitt 1953 = Kleine Gurlitt-Reihe. 6. /3228

HASELBACH, Volkmar (1909)
Die Schenke zu den Schmerzen. - Graz: Stiasny 1946. /3229

Gnadengefängnis. Gedichte. - 1955 (b.n.e.) /3230

Die Kleeharfe. Gedichte. - Graz: Leykam (1959). /3231

Die Rosenaster. Gedichte. - Klagenfurt: Carinthia (1961). /3232

Die kleine Laterna magica didacta des Dorfschullehrers
rers Volkmar Haselbach. Zeichnungen von Gernot Jüttner. - Graz, Wien:
Leykam (1962). /3233

Kärnten. Eine poetische Reise. Illustr. von Siegfried Tragatschnig. -
Graz, Wien: Leykam (1964). /3234

Verse unterm Vogelbeerbaum. Gedichte. - Klagenfurt:
Heyn 1965. /3235

Volkmar Haselbach, Josef Hopfgartner, Helmut Scharf: Wolke aus
Ankora. Neue Lyrik. - Graz: Leykam (1966). /3236

Der Kinderkahn. Gedichte. - Ebenda (1967). /3237

HASENHÜTTL, Franz (1888)
Pilger der Liebe. Gedichte. - Wien: Europäischer Vlg. 1954. /3238

Grazer Sonette. Hrsg. von Joseph Schister. - Wolfsberg/Kärnten:
Theiss (1958). /3239

Maria Magdalena. Gedichte einer Wandlung der Liebe. - 1960.
(b.n.e.) /3240

Wandel und Wandlung. Gedichte. - WolfsbergKärnten: Theiss (1964).
/3241

HASENKAMP, Gottfried (1902)
Carmina in nocte. Gedichte aus den Jahren 1942-1945. - Köln-
Merheim: Pick (1946) = Gürzenichbücherei. /3242

Das brennende Licht. Ein kleines Gebetbuch in Versen. Mit Bildern von Ludwig Baur. - Münster/Westf.: Aschendorffer Verlagsbuchhandlung 1946. /3243

Wie dieser Ring ist ganz in sich vollendet. Sonette der
Ehe aus nachgel. Briefen eines Kameraden. - Freiburg i.Br.: Herder 1947.

Das Totenopfer. - Warendorf: Schnell 1948. /3244
/3245
Salzburger Elegie. - 1950 (b.n.e.) (zuerst 1931) /3246

Das Morgentor. Gedichte aus drei Jahrzehnten. - Graz: Styria
(1956). /3247

Die Jugend die wir finden altert nicht. 4 Dichtungen. -
Münster/Westf.: Aschendorff (1967). /3248

HASLACHER, Therese
Unter'm Herrgottswinkel. Gedichte in steirischer Mundart. Buchschmuck von Franz Korger. - Graz, Wien: Stiasny (1955) = Lebendige Heimat. 1. /3249

Um Weihnocht uma. Gedichte in steirischer Mundart für Advent,
Weihnachten, Jahreswende. Buchschmuck von Michel Stöger. - Graz:
Selbstverlag /1957/. /3250

HASS, Hans-Egon

Die Städte. Gedichte. - Düsseldorf: Drei-Eulen-Verlag 1947. /3251
HASSLWANDER, Jolanthe Maria (1905)
Nur ein paar Gedichte. - 1948 (b.n.e.) /3252
Aus meinem Herzen. - Wien: Europäischer Vlg. 1964. /3253
"Herzensgrüße..." Federzeichnungen von der Verf. - Wien:
Europäischer Vlg. 1965. /3254
Mein Blumenbücherl. Ausw. und Reihung von Walter Ernst. Bilder von der Verf. - Wien: Europäischer Vlg. (1968). /3255
Geliebtes Österreich. Gedichte und Ilustrationen. Ausw. und Reihung von Walter Ernst. - Wien: Europäischer Vlg. (1969). /3256
Mein Weihnachtsbücherl. Gedichte und Zeichnungen von J.H. Ausw. und Reihung von Walter Ernst. - Wien: Europäischer Vlg. (1970) /3257
HATJE, Jan d.i. Jürgen Dahl (1929)
Das schlechtgereimte, aber bebilderte Fischbuch. Linolschnitte von Alice Bembo. Texte von Jan Hatje. - Krefeld: Dahl in Komm. /1961/ = Druck der Elferpresse. 3. /3258
HATZFELD, Adolf von (1892-1957)
Melodie des Herzens. Gesammelte Gedichte. - Hattingen/Ruhr: Hundt-Verlag (1951). /3259
HAUBRICH, Heinz (1920)
Der Morgen hebt die Flügel. Ein Geleit. - Karlsruhe: Der Karlsruher Bote 1957. /3260
Alle Sterne wandern weiter. Gedichte. - 1961 (b.n.e.) /3261
Aussaat und Ernte. Gedichte. - Köln-Nippes: Selbstverl. (1965). /3262
HAUCK, Rüdiger
Manege im Freien. Gedichte. - Wien: Österr. Verlagsanst. (1965). /3263
HAUER, E. Gert K.
Flammen. Lyrik. - Wien: Europäischer Vlg. 1963. /3264
HAUFS, Rolf (1935)
Straße nach Kohlhasenbrück. Gedichte. Holzschnitte von Günter Bruno Fuchs. - Neuwied a. Rh., Berlin-Spandau: Luchterhand (1962). /3265
Sonntage in Moabit. Gedichte. - Ebenda (1964). /3266
Vorstadtbeichte. Gedichte. Federzeichnungen von Günter Bruno Fuchs. - Ebenda (1967). /3267
HAUPT, Julius (1893)
Tempel und Träume. Gedichte. - Kaiserslautern: Kayser (1953) /3268
HAUPTMANN, Gerhart (1862-1946)
Neue Gedichte. - Berlin: Aufbau 1946. /3269
Sprechplatte: Rede an die Deutsche Nation. (und) Gedichte. Sprecher: Gerhart Hauptmann. - Köln: Electrola. /3270
Sprechplatte: Lyrik. Sprecher: Gisela Mattishent und Gert Westphal. -

Gütersloh: Ariola, Athena /1959/. /3271
Schlafende Feuer. Gedichte. Ausgew. und hrsg. von Gerhard
Ulrich. - Gütersloh: Bertelsmann 1959 = Das kleine Buch. 124. /3272

Früheste Dichtungen. Faksimile-Ausgabe. Im Auftrag der Freien
Akademie der Künste in Hamburg zum 100. Geburtstag von Gerhart
Hauptmann besorgt von Rolf Italiaander. - Hamburg: Freie Akademie
der Künste (1962). /3272

Sämtliche Werke. Centenarausgabe, hrsg. von Hans-Egon Hass.
4.: Lyrik und kleinere Dichtungen. Versepik. - Frankfurt:
Propyläen 1964. /3273

dasselbe. - Darmstadt: Wissenschaftliche Buchgesellschaft 1964. /3274

HAUPTMANN, Richard (1908)
Die kleine Kuhländler Hauspostille. Geschichten und Gedichte. 1. - Heidelberg: Odertor-Verlag 1956. /3275

2. - Ebenda 1957. /3276

Neubeginn. Erzählungen und Gedichte. - Steinheim/M. : Quellenverlag Diwisch (1962). /3277

HAUSER, Frank
Zweimal dreizehn Zinken. Mit Illustr. von Paul Reding. -
Wuppertal: Hammer (1968). /3278

HAUSER, Gottlieb
Am Wirtshus verby. Verse. - Bern: Blaukreuzverlag (1962) =
Gespräche und Spiele. 71. /3279

HAUSER, Hans
Dief i de Nacht. Alemannische Gedichte. Zeichnungen von Gustav
Lorenz. - Villingen/Schwarzw.: H. Müller (1970). /3280

HAUSER, Walter (1902-1963)
Singendes Gleichnis. Gedichte. - Luzern: Räber & Cie. (1945). /3281

Stufen zum Licht. Gedichte. - Ebenda 4. Aufl. 1948 (zuerst 1943.)/3282

Das ewige Siegel. Gedichte. - Ebenda (1950). /3283

Der Franzosenhelfer. Bürglen. Zeichnungen von Emil Staffelbach. - Altdorf: Gesellsch. zur Förderung einer Kantonsbibl. 1954. /3284

Der Krug des Gastmahls. Gedichte. - Räber & Cie. (1954). /3285

Feier des Lebens. Gedichte. - Ebenda (1957). /3286

Gesang im Abend. Gedichte. - Ebenda (1963). /3287

Das Weihgeschenk. Ausgewählte Gedichte. Ausgew. und hrsg. von
Robert Räber-Merz. - Ebenda (1967). /3288

HAUSHOFER, Albrecht (1903-1945)
Moabiter Sonette. - Berlin: Blanvalet 1946. /3289

dasselbe. - Zürich: Artemis (1948). /3290

Sonnets de Moabit. Moabiter Sonette. (dt. + franz.) Avant-propos
et trad. de Jacques Rébertat. - Paris: P. Seghers (1954) = Autour de
monde. 14. /3291

Sonetti di Moabit. Moabiter Sonette. (dt. +ital.) Introd., trad. e
note di Ervino Pocar. - Parma: Guanda (1969) = Piccola Fenice. /3292

HAUSIN, Manfred (1951)
konsequenz gedichte. - Hannover: Satire-Verlag (1970). /3293

HAUSKA, Maria Dolores (1904)
Ungewiß ist die Stunde des Regenbogens. Gedichte. -
München: Delp (1963). /3294

HAUSMANN, Manfred (1898)
Füreinander. Gedichte. Berlin: Suhrkamp vorm. S. Fischer 1946. /3295

Gesammelte Schriften in Einzelausgaben. 1.: Die Gedichte.
- Frankfurt: Suhrkamp vorm. S. Fischer 1949. /3296

dasselbe. - Frankfurt: S. Fischer 1957. /3297

Andreas. Gedichte. - Gütersloh: Bertelsmann 1957. /3298

dasselbe. - Gütersloh: Sigbert Mohn Vlg. /1959/. /3299

Sprechplatte: manfred hausmann liest gedichte und prosa. -
Frankfurt: S. Fischer /1959/. /3300

Irrsal der Liebe. Gedichte aus vier Jahrzehnten. - Frankfurt:
S. Fischer (1960). /3301

Und wie Musik in der Nacht. Prosa, Dramen, Gedichte. -
Berlin-Charlottenburg, Frankfurt: G. B. Fischer 1965. /3302

Der golddurchwirkte Schleier. Gedichte um Aphrodite. Zeichnungen von Eva Kausche-Kongsbak. - Frankfurt: S. Fischer (1969). /3303

HAUSMANN, Raoul (1886)
Sprechspäne. - Flensburg, Glücksburg: Peter Petersen Presse
(1962). (auch in 700 num. Ex.) /3304

HAUSNER-STOLLHOFEN, Börries
Und alle Lampen sind gelöscht. Gedichte. - Wien, Heidelberg: Gerlach & Wiedling (1957). /3305

Fischauge Leben. 30 Gedichte. - Wien: Jugend und Volk (1958). /3306

HAUSNER-TODER, Anna (Anny)
Zum Lachen und Weinen. - Wien: Europäischer Vlg. 1968. /3307

"Lies mich!" - Ebenda 1970. /3308

HAVENSTEIN, Felix
Nachts auf den Straßen. - Wien: Europäischer Vlg. (1970). /3309

HAYDUK, Alfons (1900)
Der königliche Bettler. Gedichte. - 1960. (zuerst 1923) /3310

HEBEL, Adolf
Sonnentag. Ein Beitrag zu Licht und Leben. - Wien: Hoynigg (1956)./3311

HEBEL, Frieda (1904)
Der Mond wird voll. Original-Linolschnitte von Fritz Möser. -
Karlsruhe: Der Karlsruher Bote /1964/. /3312

HEBERLE, Eugen

Durchsonnte Welt. Gedichte. Mit Linolschnitten von Fritz Möser.
- Karlsruhe: Der Karlsruher Bote /1970/. /3313

HEBRA, Ferdinand
Lieder die durchs Leben jagen. - Wien: Europ. Vlg. (1963). /3314

HECK, Theobald
Heckenrosen. Heimat- und Naturlieder. Zeichnungen von Simon
Heck. - New York, Elchesheim/Baden: Selbstverlag 1951. /3315

HECTOR, Heinz
Hufschlag, Moos und Schnee. 5. erg. Druck. - Paderborn:
Bonifatius-Druckerei 1965. /3316
Nuancen. Auswahl. 7. Aufl. - Saltsjöbaden: Selbstverlag 1968. /3317

HEDDERGOTT, Jochen (1936)
Verweisung der Drift. - München, Eßlingen: Bechtle (1963)
= Bechtle Lyrik. 6. /3318

HEDINGER, Paul
Letztes Saitenspiel. Elegien und Lieder. - Karlsruhe: Der Karlsruher Bote 1957. (Ausg. 1958) /3319

HEEDER, Horst H.
Denn die Kreatur harret ängstlich. - Hamburg: Antiqua-
Verlagsanstalt 1965. /3320

HEEREN, Hanns (1893-1964)
Lied am Abend. Neue Wiegenlieder. Künstlerische Gestaltung von
Elisabeth Schumacher. - Karlsruhe: Der Karlsruher Bote. /1960/. /3321

HEGG, Peter (1927-1955)
Gedichte. Aus dem Nachlaß ausgew. und hrsg. von Adrian Wolfgang
Martin. Original-Holzschnitte von Franz Gertsch. - St. Gallen: Eirene
(1956). /3322

HEIDE, Hilde
Ein paar Kleinigkeiten. Gedichte und Erzählungen. Gewidmet
den Müttern und d. Jugend Österreichs. - Wien: Wiener Dom-Vlg. /1948./ /3323

Aus dem Bilderbuch der Natur. - Wien: Europäischer Vlg. 1966.
/3324
„So ? . . . oder so!" - Wien: Europäischer Vlg. (1970). /3325

HEIDENBAUER, Hans (1902-1970)
Im Schatten der Schlote. - Graz: Querschnitt-Vlg. 1947. /3326
Werk und Welt. Gedichte. - Graz, Wien: Stiasny (1955). /3327

HEIDERICH, Andreas
Ein Sträußlein am Hut. Lebensbekenntnisse. - Neustadt/Weinstr.
Meininger (1961). /3328

HEILBRON, Brigitte
Abozzo. Gedichte. - Berlin-Spandau: Laaser /1955/. /3329

HEILBUT, Iven George (1898)
Anrufe. - Starnberg: Keller (1962). /3330

HEILIG, Maria

Maria Heilig und Edgar Schmandt: Moritat: Neunzehnhundert
+ Übermorgen. Bild und Textballade. - Darmstadt: Bläschke 1969. /3331
HEIM, Otto
Der Weg. Gedichte. - Wien Europäischer Vlg. 1955. /3332
HEIM, Richard
Die goldene Spur. Gedichte. - Stuttgart: Vlg. Das innere Bild. /1949/.
HEIMAN, Hanns   (1879) /3333
Gedichte eines Emigranten. - Quito/Ecuador: Selbstverlag
1949. (Maschinenschr. autograph. /zuerst 1939) /3334

dasselbe. - Quito/Ecuador: Ricke 1957. /3335
HEIMBACH, Suitbert
Et wor ens... Verzällcher un Gedeechte. - Köln: Pick (1961) =
Beiträge zur kölnischen Geschichte, Sprache, Eigenart. 36. /3336
HEIN, Alfred Wilhelm   (1911)
Das neue Weltjahr. Gedichte. - Bremen: Trüjen 1948. /3337

Zehn Oden. - 1952. (b. n. e.) /3338

Inmitten aller Zeit. Gedichte. - Lüneburg: Heliand-Vlg. /1958/. /3339
HEIN, Alfred   (1894-1945)
Zuhausmusik. Geschichten, Betrachtungen, Briefe, Gedichte. Aus
dem Nachl. hrsg. von Annke Margarethe Knauer. - Augsburg: Ober-
schlesischer Heimatvlg. 1968 = Veröffentlichungen d. Oberschlesischen
Studienhilfe. 28. /3340

Unter den Sternen. Ausgewählte Gedichte. Hrsg. von Annke Mar-
garethe Knauer. - Darmstadt: Bläschke (1969). /3341
HEIN, Manfred Peter   (1931)
Ohne Geleit. Gedichte. - München: Hanser (1960) = Reihe Junge
Autoren. /3342

Taggefälle. Gedichte. - Ebenda (1962). /3343
HEINBERG, Julius
Eine Stimme vom französischen Carmel. Ausgew. Gedichte. -
Haifa: Vlg. Azil Haruah (Der Schöngeist) 1946. /3344
HEINE-BORSUM, Karl   d.i. Karl Heine   (1894)
Im Ring des Jahres. Gedichte. - Karlsruhe: Der Karlsruher Bote
(1959). /3345

Im Ring des Lebens. Gedichte. - Ebenda (1960). /3346

Flucht ans Meer. Gedichte. - Ebenda (1962). /3347

Dur und Moll. Prosa und Gedichte. - Wien: Europ. Vlg. 1964. /3348
HEINEMANN, Ursula
Herz im Blütenkranz. Gedichte. - Gera, Leipzig: Sonnen-Vlg.,
Josef Wiroth. Fr. Förster in Komm. /1945/. /3349
HEINEN, Josef Maria   (1899)
Wir wünschen Glück. Ein Büchlein für festliche Stunden. - München:
Höfling Verlag /1951/. /3350

HEINEN, Werner (1896)
Das singende Jahr. Gedichte. - Essen-Kray: v. Chamier 1947. /3351

HEINISCH, Eduard Christoph (1931)
Ein Tag bricht an. Gedichte 1950-1953. - Wien: Europ. Vlg.
/1954/. /3352

Ausgewählte Grimassen. Gedichte. - Linz, Wels, Ried:
Oberösterr. Landesverlag /1957/. /3353

Das Morgentor. - Linz: Oberösterr. Landesverlag (1964). /3354

Kaltstart. Gedichte. - Ebenda /1969/. /3355

HEINITZ, Wilhelm (1883-1963)
Stretta. Gedichte in vier Teilen. - Geesthacht-Hamburg: Wilhelm
Matzke Vlg. (1954). /3356

HEINRICH, Franz Josef (1930)
Die Schattenharfe. Gedichte. Hrsg. von Gerold Günter Knall. -
Linz: Wimmer 1957. /3357

Isolationen. Gedichte. Hrsg. vom Kulturamt d. Stadt Linz. -
Linz: Wimmer 1959. /3358

Lichtzellen. Gedichte. - Wien, Innsbruck, Wiesbaden: Rohrer
/1962/. /3559

Meridiane. Gedichte. - Wien, Innsbruck: Rohrer (1964). /3560

Die Brandstatt. Gedichte. Mit Original-Linolschnitten von Fritz
Möser. - Karlsruhe: Der Karlsruher Bote /1969/. /3561

HEINRICH, Willi
Vom inneren Leben. - Calw: Ullrich (1961). /3562

HEINRICHS, Dirk
Am Rande der Straße. Gedichte 1960-1969. - Wiesbaden: Limes
(1969) = Limes nova. 28. /3563

HEINZ, Heinrich
Und seine Liebe hat gesiegt. Gedichte. - Wuppertal-Vohwinkel:
- R. Brockhaus (1958). /3564

HEINZL, Martin Wilhelm Robert von
„Schau ich zurück...". Gedichte, Epigramme und Aphorismen. -
Wien: Europäischer Vlg. 1951. /3565

Die große Liebe. Gedichte, Epigramme, Aphorismen. - Wien-
Gersthof: Selbstverlag 1953. (Maschinenschriftl. vervielf. in e. Auflage
von 100 Ex.) /3566

HEISE, Hans-Jürgen (1930)
Vorboten einer neuen Steppe. - Wiesbaden: Limes (1961). =
Dichtung unserer Zeit. 16. /3567

Unter leerem Himmel. Gedichte. - 1963 (b.n.e.) /3568

Wegloser Traum. Gedichte. - Wiesbaden: Limes (1964). /3569

Beschlagener Rückspiegel. Gedichte. - Darmstadt: Bläschke
(1965) = Das neueste Gedicht. 14. /3570

Worte aus der Zentrifuge. Nachw. von Karl Krolow. - Darmstadt: Bläschke (1966) = Das neueste Gedicht. 24. /3571

Poesie.(Gedichte, dt. + ital.) A cura di Giancarlo Scorza. - Urbino: Argalìa Editore (1967) = Quaderni di differenze. /3572

Ein bewohnbares Haus. Gedichte. - Frankfurt: S. Fischer (1968). /3573
HEISELER, Bernt von (1907-1969)
De profundis. - Krefeld: Scherpe (1947). /3574

Spiegel im dunklen Wort. Gedichte. - München: Ehrenwirth (1949). /3575

Allerleirauh. Die Märchen, Balladen und erzählenden Gedichte. Mit vielen Vignetten von Gerhard Ulrich. - Gütersloh: Bertelsmann 1955 = Das kleine Buch. 77. /3576

dasselbe. Erw. Neuausgabe. - Göttingen: Sachse & Pohl (1961). /3577

Gedichte. - Gütersloh: Bertelsmann (1957). /3578

Ein evangelisches Marienlob. - Stuttgart: Steinkopf (1966). /3579

HEISS, Viktor
Gesang der Stille. - Wien: Europ. Vlg. 1951. /3580
Leben und Weben. - Ebenda 1952. /3581

Wogendes Herz. - Ebenda 1954. /3582

Schicksalsmelodie. - Ebenda 1960. /3583

HEISS-HEERDEGEN, Else (1904)
Stunden im Licht. Gedichte. - Karlsruhe: Der Karlsr. Bote /1965/. /3584

HEISSENBÜTTEL, Helmut (1921)
Kombinationen. Gedichte 1951-54. Mit einer Nachbem. von Hermann Kasack. - Eßlingen: Bechtle (1954). /3585

Topographien. Gedichte 1954/55. - Ebenda (1956). /3586

Textbuch 1. - Olten, Freiburg i. Br. : Walter Vlg. (1960). /3587

texte ohne komma. - Frauenfeld CH: Gomringer Press /1960/ = konkrete poesie - poesia concreta. 2. /3588

Textbuch 2. Lyrik und Prosa. - Olten, Freiburg i. Br. : Walter Vlg. (1961). /3589

Textbuch 3. Lyrik und Prosa. - Ebenda (1962). /3590

Textbuch 4. - Ebenda (1964). /3591

Textbuch 5. 3×13 mehr oder weniger Geschichten. - Ebenda (1965). /3592

Textbuch 6. Neue Abhandlungen über den menschlichen Verstand. - Neuwied, Berlin: Luchterhand (1967). /3593

Das Textbuch. (Vom Autor besorgte Zusammenfassung der Textbücher 1-6. Gemeinschaftsausgabe der Verlage Walter u. Luchterhand) - Neuwied: Luchterhand 1970; Olten, Freiburg: Walter /1970/ = Sammlung Luchterhand. 3. /3594

Thomas Lenk und Helmut Heissenbüttel: Auseinandersetzen oder

Was tut der Seemann mit Margareta. Sechs Texte für
Thomas Lenk zu sieben farbigen Serigraphien. - Stuttgart-Möhringen:
manus presse /1970/. /3595

Thomas Lenk und Helmut Heissenbüttel: Auseinandersetzen. (Variierte und verkleinerte Ausgabe des vorigen) - Ebenda 1970 = Konzepte. 2. /3596

Memorabiler Lochtext. 6 Décollages Imprimés von Reinhold
Köhler. - Kassel: edition boczkowski 1970 = und. 4. /3597

HEITGRES, Franz (1906-1961)
Das eiserne Tor. Gedichte. Illustr. von Friedrich Schreck. -
Hamburg: Morawe & Scheffelt 1948. /3598

HEIZ, Thomas
Knospen und Blüten. Gesammelte Gedichte. - Ennenda/schweiz:
Selbstverlag 1950. /3599

HELD, Fritz (1920)
Gedichte. - Karlsruhe: Der Karlsruher Bote (1958). /3600

HELD, Hans Ludwig (1885-1954)
Gedichte. Dem Gedenken an Prof. Dr. h. c. Hans Ludwig Held, gest.
3. August 1954. - München: Meisterschule für Deutschlands Buchdrucker.
(1955). (Umschlagt.: Alles ist Abschied) /3601

HELDWEIN, Siegfried (1922)
Zu dieser Stund. Gedichte. - Karlsruhe: Stahlberg (1947) = Ruf
der Jugend. 7. /3602

HELFFERICH, Emil
Versespiel mit einer jungen Hamburger Frau in den Jahren 1946-1951. Mit gütiger Erlaubnis der ungenannten Partnerin. - Hamburg: Christians in Komm. (1963). /3603

HELLER, Bertha
Marienlieder. Mit 5 Scherenschnitten. - Hamburg: Nölke 1946. /3604

HELLER, Erna d. i. Erna Goosens (1913)
Das Saitenspiel. Gedichte. - Frauenfeld: Huber & Co. (1950). /3605

Tropfen im Meer. Gedichte. - Ebenda (1957). /3606

HELLERBACH, Hans Bernd
Der neue Mond von Wanne-Eickel.oder Hyperion im Hades. -
Wanne-Eickel: Verlag der Spiegelrunde 1968. /3607

HELLINGER, Helmut
Gestirne der Nacht. - Wien: Europäischer Verlag 1957. /3608

HELLNER, Hans
Im Zweifelsfalle nie. Randnotizen. - Hamburg: Hoffmann &
Campe 1970. /3609

HELMERKING, Heinz (1901-1964)
Ewiges Ligurien. Terzinen- und Sonettenkranz. - Olten: Privatdruck der Vereinigung Oltner Bücherfreunde 1945. /3610

Gedichte. Zeichnung von Gunter Böhmer. - St. Gallen: Tschudy 1951. /3611

Südlicht und Gestalt. Gedichte. - Amriswil: Bodensee-Vlg. (1955) /3612

Dankbares Dasein. - Ebenda 1959. /3613

Ewiger Augenblick. (Gezeiten des Jahres in der Form des japanischen
Haiku.) - Amriswil: Amriswiler Bücherei 1961. /3614
HELWIG, Werner (1905)
Waldregenworte. - Düsseldorf, Köln: Eugen Diederichs (1955). /3615
Auf der Mädchenfährte. Poetischer Liebesbriefsteller nebst Unterweisung im Schimpfen bei Bedarf. - Stierstadt i.Ts.: Eremiten-Presse
1958. /3616
HEMMI, Hans
Zwischen den Wolken die Sterne sehen. Gedichte. Illustr. von
Hans Looser. - Zürich: ABC Druckerei- und Verlags AG (1954). /3617
HENCHE, Erna
Ein Kind erschließt den Himmel. Verse. - Bielefeld: Bechauf
/1951/. /3618
HENKE, Herbert
Der grüne Widerhall. Gedichte. - Alma-Ata: Vlg. Kasachstan 1970.
/3619
HENNEBERG, Claus (1928)
Texte und Notizen. - Neuwied a.Rh., Berlin-Spandau: Luchterhand
(1962). /3620

Wörterbuch zu Homer und andere Siebtexte. Mit einem Siebdruck von Reinhold Koehler. - Hof, Haidthöhe: Verlag für neue Literatur
1970. /3621
HENNERBICHLER, Ferdinand
Distelernte. - Wien: Europ. Vlg. 1967. /3622
HENNES, German
Gedichte. - Darmstadt: Roether, Gesellschaft Hessischer Literaturfreunde (1966) = Hessische Beiträge zur deutschen Literatur. (16). /3623
HENNIGER, Gerd (1930)
Deutung des Vogelflugs. Gedichte. - Pfullingen: Neske 1967. /3624

Rückkehr vom Frieden. Gedichte. - Berlin: Henssel (1969). /3625
HENNIGS, Ingeborg von
Lichtstrahlen für dunkle Zeit. Gedichte. - Berlin-Hermsdorf:
Heimatdienstverlag (1947). /3626
HENNING, Thusnelda (1877-)
Jahre entschwinden - Stunden verweilen. Gedichte. Hrsg. von
der Forschungs- und Kulturstelle der Österreicher aus dem Donau-, Sudeten-
und Karpatenraum. - Wien: Typograph. Anstalt 1962 = Schöngeistige
Reihe. 4. /3627
HENZ, Rudolf (1897)
Wort in der Zeit. Gedichte aus zwei Jahrzehnten. - Wien: AmandusEdition 1945. /3628

Österreichische Trilogie. Klage, Preislied, Mahnung. - Wien:
Verlag Herold (1950). /3629

Bei der Arbeit an den Klosterneuburger Scheiben. Gedichtzyklus, mit einer Einführung des Verfassers. - Graz, Wien, München:

Stiasny 1950 = Dichtung der Gegenwart. 3. /3630
Lobgesang auf unsere Zeit. Eine Auswahl neuer Gedichte. -
Wien: Bergland (1956) = Neue Dichtung aus Österreich. 15. /3631
Sprechplatte: Bei der Arbeit an den Klosterneuburger Scheiben. - Wien, Kassel: Amadeo (1962) /3631a
Der geschlossene Kreis. Gedichte aus 40 Jahren. - Graz, Wien:
Stiasny (1964) (Werke in Einzelausgaben) /3632

HENZINGER, Luise
Der Spotz vom Oberlond. Tiroler Mundartgedichte. Holzschnitte
von Hans Henzinger. - Innsbruck: Universitätsverlag Wagner /1959/. /3633

HEPLER, Adelheid
Die Welt, in der wir leben. Gedichte. - Wien: Europ. Vlg. 1968.
/3634

HERBENER, Ines
Grenzland. Gedichte, lyrische Essays. - Zürich: Regenbogen Vlg.
(1968) = Regenbogen-Reihe. 10. (300 num. Ex.) /3635

HERBERT, M. d. i. Therese Kellner
Gedichte. Hrsg. von Bertha Rathsam. Mit 5 Bildern u. e. kurzen
Werdegang der Dichterin. - Regensburg: Habbel /1961/. /3636

HERBOLZHEIMER, Georg (1895)
Katzntischla. Gedichte in Nürnberger Mundart. - Nürnberg: Glock
und Lutz /1965/ = Nürnberger Mundartdichtung in der Gegenwart. /3637

HERBST, Theo (1902)
Mit gezückter Feder. Aphorismen und Epigramme. Auswahl von
Otto Hofmann-Wellenhof. - Graz, Wien: Stiasny (1955) = Dichtung der
Gegenwart. Steirische Autoren. /3638

HERBURGER, Günter (1932)
Ventile. Gedichte. - Köln, Berlin: Kiepenheuer u. Witsch (1966). /3639

Training. Gedichte. - Neuwied, Berlin: Luchterhand (1970) =
Luchterhand Typoskript. /3640

HERGOUTH, Alois (1925)
Neon und Psyche. Gedichte. Auswahl von Otto Hofmann-Wellenhof.
- Graz, Wien, München: Stiasny (1953) = Steirische Autoren. Dichtung der Gegenwart. 53. /3641

Schwarzer Tribut. Gedichte. - Graz: Leykam (1958). /3642

Marginalien zu einer Graphikmappe von Mario Declava.
1965 (b. n. e.) /3643

Néon et Psyché. (dt. + Franz.) Préface, trad. et adaptation par
Pierre Israël-Mayer. Paralleldruck. - Paris: Seghers (1966) = Autour
du monde. 88. /3644

Sladka gora - Der süße Berg. Gedichte. Graphiken von
Heinrich Pölzl. - Graz: Leykam (1965). /3645

12 Gedichte aus einem langen Winter. Als Privatdruck
hrsg. v. d. Werkgruppe Graz zu Weihnachten 1966. - Graz: Werkgruppe
Graz (1966). /3646

HERKOMMER, Agnes (1901)
Der Engel spricht. Gedichte. Linolschn. von Fritz Möser. -
Buxheim: Martin-Vlg., Berger /1965/. /3647

HERLETH, Annemarie d.i. Annemarie Schwemmle (1918)
Auf einer Insel. Gedichte. - München: Piper 1946. /3648

HERMANN, Friedrich Wilhelm (1888)
Schpiaglschwaub ond Schwaubaschpiagl. Mei letschts
Schträussle. Alte und neue Gedichte in Memminger Mundart. Mit Bildern
von Hanna Weis-Forster. - Memmingen: Selbstverl. (1959). /3649

HERMANN, Karl
Kreise um ein ewiges Thema. Gedichte. - Wien: Europ. Vlg. 1968.
/3650
HERMANOWSKI, Georg (1918)
Der Logos. - Bonn: Schwippert 1946 = Wort und Kunst. 2. /3651

Gesang unter der Linde. Sonettenkranz. (niederl.+ dt.) Illustr. von
Frans von Immerseel. - Brugge: Uitgave de Spiraal /1956/. /3652

HERMENAU, Hans
Brennende Kerzen. - Wiesbaden-Biebrich: Selbstverl. /1960/. /3653

HERMLIN, Stephan d.i. Rudolf Leder (1915)
s.a. Jo Mihaly, Stephan Hermlin, Lajser Ajchenrand: Wir verstummen
nicht.

Zwölf Balladen von den großen Städten. - Zürich: Morgarten
Vlg., Conzett & Huber (1945). /3654

Die Straßen der Furcht. - Singen: Oberbadischer Vlg. /1947/. /3655

Zweiundzwanzig Balladen. - Berlin: Volk und Welt (1947). /3656

Mansfelder Oratorium. - Eisleben: VVB Mansfeld 1950. /3657

Der Flug der Taube. - Berlin: Volk und Welt 1952. /3658

Dichtungen. Auswahl 1940-1953. - Berlin: Aufbau Vlg. 1956. /3659

Nachdichtungen. - Berlin: Aufbau Vlg. 1957. /3660

Als Deutschlands Adler sank. Kriegsschuldgedichte. Privatdruck
für seine Freunde. - 1959 (b.n.e.) /3661

Sprechplatte: Stephan Hermlin spricht eigene Gedichte. -
Berlin: Dt. Schallplatten, Eterna /1961/ = das gesprochene Wort. /3662

Gedichte. Mit einem Nachwort „Kontur eines Dichters" von Gerhard
Wolf. - Leipzig: Reclam (1963) = Reclams Universal-Bibliothek. 124. /3663

Balladen. Ausgewählt von Sina Witt. - Leipzig: Insel 1965 = Insel-
Bücherei. 504. /3664

Gedichte und Prosa. - Berlin: Wagenbach (1965) = Quarthefte. 8.
/3665
Die Städte. Die Auswahl besorgte Alfred Karnein. - München,
Eßlingen: Bechtle (1966) = Bechtle Lyrik. 12. /3666

HEROLD, Edmund (1901)
Der Bienen-Narr. - Weißes Haus b. Untereisenheim/Ufr.: Selbstverl.
1953. /3667

Das Bienenjahr. Zeichnungen von August Lüdecke jr. - München:
Ehrenwirth (1954). /3668

Lach mit! Gedichte, meist in unterfränkischer Mundart. Mit Holzschn.
von Richard Rother. - Weißes Haus b. Untereisenheim/Ufr.: Selbstverl. 1955.
/3669

HEROLD, Gottfried (1929)
Entdeckungen eines Naiven. Gedichte. Illustr. von Gitta Kettner. -
Berlin: Vlg. Neues Leben (1969). /3670

HEROLD, Johann
Welt am Freitag. Lieder und Texte. Hrsg. von Adam Stupp. -
München: Südostdeutscher Studentenring (1963). /3671

HERRMANN, Emil Alfred (1871-1957)
Wanderer unter der Wolke. Gesammelte Gedichte. - Heidelberg:
Pfeffer (Carl Fr. Fleischer, Frankfurt, in Komm.) 1946. /3672

Lieder, Blumen, Wölkchen um ein Kind. Gedichte. - 1954
(b.n.e.) /3673

Sieben Balladen zur Harfe. Gedichte. - 1955 (b.n.e.) /3674

Lieder und Spiele. - Heidelberg: Schneider 1968. /3675

HERRMANN, Ernst
Achtung vor dem Leben. - Wien: Europ. Vlg. 1969. /3676

HERRMANN, Georg (1892)
Poesie und Wirklichkeit. Gedichte und Scherenschnitte. Mit einem
Vorw. von Clemens Brentano und einem Nachw. von Friedrich von Schiller.
- Meran: Pötzelberger 1948; (aufgest. Stuttgart: Vlg. Mona Lisa 1953).

Der fahrende Sänger. - Garone, Riviera: Selbstverl. (1955); /3677
(aufgest. Konstanz: Kultur-Vlg. 1955). /3678

dasselbe. - Obersontheim: Kultur-Verlag 1964. /3679

Auf Amors Schwingen. Gedichte und Scherenschnitte. - Ebenda
(1964). /3680

Im Wandel der Zeiten. Gedichte und Scherenschnitte. Schatten-
bilder von Karl Wilhelm Diefenbach. - Ebenda (1964). /3681

HERRMANN, Lene (1904-1965)
Eine Autobiographie in Gedichten. - London: R. Herrmann
/1967/. /3682

dasselbe unter dem Titel Wozu die Flügel. Eine Autobiographie in
Gedichten. - Rothenburg o.d.T.: Peter, Gebrüder Holstein 1969. /3683

HERRMANN-NEISSE, Max d.i. Max Herrmann (1886-1941)
Heimatfern. Gedichte - Berlin: Aufbau 1945. /3684

Erinnerung und Exil. Gedichte. Nachw. von Stefan Zweig. -
Zürich: Oprecht 1946. /3685

Im Fremden ungewollt zu Hause. Eingel. und hrsg von
Herbert Hupka. - München: Langen - Müller /1956/. /3686

Lied der Einsamkeit. Gedichte 1914-1941. Ausgew. und hrsg. von

Friedrich Grieger. - München: Langen/Müller (1961). /368?

HERTEL, Inge   d. i.   Horst C. Harries
Herzliche Saat des Zorns. Gedichte. Ausgewählt u. eingeleitet von
Gerhard Zwerenz. Mit 7 Zeichn. von Guido Biasi. - Köln: Hake (1963). /368?

HERTENSTEIN, Axel
Verschen. Verse. - Pforzheim: Harlekin-Presse 1970. /368?

HERTER, Hans   (1907)
Sache zum Lache. Gedichte. - Darmstadt: Wittich 1949. /389?

HERTZSCH, Klaus-Peter
Wie schön war die Stadt Ninive. Biblische Balladen zum Vorlesen. Illustr. von Henry Büttner. - Berlin: Union Verlag (1967). /389?

Der ganze Fisch war voll Gesang. Biblische Balladen zum Vorlesen. Mit 16 Illustr. von Henry Büttner-Wittgensdorf. - Stuttgart: Radius-Verlag 3. Aufl. 1970 = Projekt. 31. /389?

HERWIG, Karlheinz   (1932)
Einsame Bäume heißen Allee. - Berlin-Zehlendorf: Fietkau 1960 = schritte. 3. /369?

Trompetenblech. Gedichte. - 1962 (b. n. e.) /369?

HERZFELDE, Wieland   (1896)
Im Gehen geschrieben. Verse aus 44 Jahren. - Berlin: Aufbau 1956. /369?
Unterwegs. Blätter aus 50 Jahren. - Ebenda 1961. /369?

HESSE, Hermann   (1877-1962)
Der Blütenzweig. Eine Auswahl aus den Gedichten. - Zürich: Fretz & Wasmuth (1945) /369

Musik des Einsamen. - Heilbronn: Salzer (1945). (zuerst 1915) /369?

Die ihr meine Brüder seid. Gedichte. - Montagnola: Privatdruck 1946. /369?

Es gibt so Schönes in der Welt. - Bern: Verbandsdruckerei A. G. /1946/. (Neujahrskarte) /370?

Gedichte. Als Privatdruck für die Freunde des Dichters hergestellt.) - Stuttgart - Bad Cannstatt: Cantz' Druckerei (1946). /370

Orgelspiel. - Hamburg: Dulk (1946). /370

Späte Gedichte. - St. Gallen: Tschudy /1946/. Privatdruck. /370

dasselbe. - Marbach: Schillerbuchhandlung Banger /1947/. /370

Stufen. Noch ein Gedicht Josef Knechts. Original-Holzschn. von Peter Joseph Paffenholz. - Oranienbaum: Karl Keller /1946/. Handpressedr. /370

dasselbe. - Essen: G. Olbrecht /1947/. /370

Die Gedichte. Um die bis zum Frühjahr 1946 neu entstandenen Gedichte erweiterte Auflage. - Berlin: Suhrkamp (1947) = Gesammelte Werke. /370

Im Schloß Bremgarten. - Halle/Saale: Werkstätten der Stadt Halle (1947). /370

Die Gedichte des jungen Josef Knecht. - Stuttgart: im
Handsatz in 40 Ex. /1947/. /3709

In Sand geschrieben. - Zürich: NZZ /1947/. (Einblattdruck) /3710

Die Gedichte. - Zürich: Fretz & Wasmuth 3. erw. Aufl. /1948/;
4. erw. Aufl. 1952. /3711

Drei Gedichte. - Zürich: Conzett & Huber 1948. /3712

Gedichte. - Marbach: Schillerbuchhandlung Hans Banger /1948/.
(Privatdruck in 180 num. Ex.) /3713

Aus vielen Jahren. Gedichte, Erzählungen und Bilder. - Bern:
Buchdruckerei Stämpfli & Cie., im 150. Jahre ihres Bestehens, 1949. /3714

Chioggia kai Tà kyparíssia toỹ Sàn Kleménte. Chioggia
und Die Zypressen von San Clemente. (dt. + griech.) - Holzminden:
Hüpke & Sohn 1949. (Privatdruck.) (im Original griechische Lettern) /3715

Wege zu Hermann Hesse. Eine Auswahl aus Gedichten und Prosa.
Zusammengest. und hrsg. von Walter Haußmann. - Stuttgart: Metzler
(1949) = Metzlers Schulausgaben. Deutsche Reihe. /3716

dasselbe. - Frankfurt: Hirschgraben-Vlg. (1957) = Hirschgraben-
Lesereihe. Reihe I. 10. /3717

Jugendgedichte. - Hamm: G. Grote (1950). (zuerst u. d. T.
Gedichte 1902) /3718

dasselbe. - Zürich: Buchklub Ex libris /1956/. Sonderausgabe. /3719

dasselbe. - Gütersloh: Bertelsmann-Lesering /1957/ = Kleine
Lesering-Bibliothek. 1. /3720

Eine Auswahl. Diese Ausgabe besorgte Reinhard Buchwald. - Biele-
feld, Hannover, Berlin: Velhagen & Klasing /1951/ = Dt. Ausgaben. 60.
/3721
Gedichte des Malers. 10 Gedichte mit farbigen Zeichnungen von
Hermann Hesse. - Freiburg i. Br. : Kirchhoff 1951. (zuerst 1920)
(Privataufl. für H. H., 200 Ex. und 50 Ex. auf echtem Japanpapier) /3722

Zwei Gedichte. (als Dank und Gruß an Freunde und Korrespondenten)
- St. Gallen: Tschudy 1951. (Privatdruck) /3723

Gesammelte Dichtungen in 6 Bänden. (Die Gedichte in Bd. 5) -
Frankfurt: Suhrkamp; Zürich: Fretz & Wasmuth 1952. (500 Ex.) /3724

dasselbe. - Berlin: Suhrkamp 1952. (Dünndruckausg.) /3725

Poèmes étrangers. Mis en poésie française par André Piot. (dt. +
franz.) - Paris: A. Piot 1952. /3726

Die Gedichte. Ergänzt um die bis 1950 entstandenen Gedichte. -
Berlin, Frankfurt: Suhrkamp (1953) = Gesammelte Werke. (vgl. /3707/)/3727

(Gedichte und Prosa) - Berlin, Hannover, Darmstadt: Schroedel
(1956) = Schroedels Lesehefte. /3728

Magie des Buches. Betrachtungen und Gedichte. - Stuttgart: Höhere
Fachschule f. d. graphische Gewerbe (1956) = 7. Druck. (zuerst 1930) /3729

Wanderer im Spätherbst. (Dank und Gruß von H. H.) - Montagnola:
Hermann Hesse (1956). /3730

Zum Frieden. - Thal SG: Christ (St. Gallen: Tschudy) /1956/. /3731

Gesammelte Schriften in 7 Bänden. (Die Gedichte in Bd. 5) -
Frankfurt: Suhrkamp; Zürich: Fretz & Wasmuth 1957. /3732

dasselbe. - Frankfurt: Suhrkamp 1957. (Dünndruckausgabe) /3733

Welkes Blatt. - Marbach: Schiller-Nationalmuseum (1957) =
Faksimiledrucke. 1. /3734
Zeichnungen von Gottfried Tritten zu Gedichten von Hermann Hesse (mit
den vom Maler handgeschriebenen lithographierten Texten). - Thurn:
G. Tritten /1957/. /3735

(Gedichte) Nachwort von Hans Rudolf Hilty. - St. Gallen: Tschudy
(1958) = Treue Begleiter. 10. /3736

Vier späte Gedichte. - St. Gallen: Tschudy 1959. (Privatdr.) /3737

Bericht an die Freunde. Letzte Gedichte. - Olten: Vereinigung Oltner Bücherfreunde 1960 /i. e. 1959/ = 85. Veröffentlichung der
Vereinigung Oltner Bücherfreunde. /3738

Sprechplatte: Gedichte und Prosa. Sprecher: Hermann Hesse. -
Frankfurt: Suhrkamp /1962/. /3739

Stufen. Alte und neue Gedichte in Auswahl. - Berlin, Frankfurt:
Suhrkamp 1961 = Gesammelte Werke. /3740

dasselbe. - Zürich: Fretz & Wasmuth /1961/. /3741

Zen. (Zwei Briefe und drei Gedichte) - St. Gallen: Tschudy 1961.
(Privatdruck) /3742

Hermann Hesse zum Gedächtnis. (enth. Die letzten Gedichte,
mit Faksimiles) Hrsg. von Siegfried Unseld. - Frankfurt: Suhrkamp
(1962). (Privatdruck für die Freunde des Verlages) /3743

Die späten Gedichte. - Frankfurt: Insel (1963) = Insel-
Bücherei. 803. /3744

Ein Blatt von meinem Baum. Auswahl von Friedrich Schnack. -
Freiburg i. Br.: Hyperion-Vlg. (1964) = Hyperion-Bücherei. /3745

Buchstaben. Handschriften von Karlgeorg Hoefer. - Offenbach a. M.:
Kumm (1965). (num. u. sign. Ex.) /3746

Poems. (dt. + engl.) Selected and transl. by James Wright. - New York:
Farrar, Straus and Giroux (1970). /3747

Gesammelte Werke. (12 Bände) 1.: Gedichte (u. a.) -
Frankfurt: Suhrkamp (1970) = werkausgabe edition suhrkamp. /3748

HESSE, Ida
    Rund üm dat Joahr. Plattdütsches. (Gedichte und Prosa) -
    Dortmund-Hörde: Halbach (1965). /3749

HEUBERGER, Felix
    Lose Reime. - Hall/Tirol: Selbstverl. /1957/. (Privatdruck) /3750

HEUBERGER, Magdalene d. i. Magdalene Schreib (1902)
    s. u. Maria und Magdalene Heuberger: Unser Bauernlond.

HEUBERGER, Maria   d.i. Maria Wagner   (1902)
Maria und Magdalene Heuberger: Unser Bauernlond. Gedichte in der
Ui-Mundart des niederösterr. Weinviertels. Buchschmuck von Franz
Korger. - Wels: Welsermühl (1964) = Lebendiges Wort. 27.   /3751

HEUER, Rolf   (1946)
Große Worte. Lyrikheft. - Stade: Vlg. Aust 1966.   /3752

HEULER, Alo   (1898)
Die Unabgeschirmten. Erzählungen und Gedichte. - Würzburg:
Leonhardt (1963)   =   Neue Begegnung. 3.   /3753

HEUSCH, Karl
Hoffnung auf gestern und andere Lieder ohne Noten. - Aachen:
Schmetz (1970).   /3754

HEUSCHELE, Otto   (1900)
Manchmal mußt du stille sein... Zeitgedichte. - Stuttgart:
Steinkopf (1945).   /3755

Dank an das Leben. Ausgewählte Werke 1925-1950. Nachw. von
Herbert Meyer. - Freiburg, München: Alber 1950.   /3756

Gaben der Gnade. Gedichte. - Heidelberg: Hermann Meister (1954).
Sternbruder. Gedichte. - Mühlacker: Stieglitz Vlg. (1963).   /3757
                                                              /3758
Dienst und Dank. Eine Auswahl. - Würzburg: Leonhardt (1965)
= Neue Begegnung. 7.   /3759

Wegmarken. Gedichte. - Mühlacker: Stieglitz-Vlg. (1967).   /3760

Prisma. Ausgewählte Gedichte 1929-1969. - Ebenda 1970.   /3761

HEYCK, Hans   (1891)
Nordlicht. Gedichte eines Lebens. - Locham b. München: Türmer
Verlag (1956).   /3762

HEYDORN, Heinz-Joachim
Unser Satz endet mit einem Komma. Gedichte 1955-1967.
Mit einem Nachw. von Heinz Winfried Sabais. - Darmstadt: Gesellschaft
Hessischer Literaturfreunde 1969   =   Hessische Beiträge zur dt. Lit. /3763

HEYNICKE, Kurt   (1891)
Ausgewählte Gedichte. - Stuttgart: Dt. Verlags-Anstalt (1952). /3764

Alle Finsternisse sind schlafendes Licht. Gedichte. -
Worms: Norberg 1969.   /3765

HEYST, Ilse van   (1918)
Im Schatten der Flügel. Gedichte. - Dülmen/Westf.: Kreis der
Freunde (1963)   =   Der Vier-Groschen-Bogen. 43.   /3766

HIFT, Ludwig
Am Stockgeleise. Gereimtes und Ungereimtes aus schweren und
leichteren Zeiten der Jahre 1938-1947. - Wien: Europ. Vlg. 1968.   /3767

HILDEBRAND, Rudolf   (1891)
Blick in dein Dasein. Hilfe in Versen. (Epigramme) Mit einem
Nachw. von Max Rychner. - Darmstadt, Berlin-Frohnau, Neuwied a. Rh.:
Luchterhand 1956.   /3768

HILDEBRANDT, Albert   (1926)
Lichter und Schatten. Linolschnitte von Fritz Möser. -
Karlsruhe: Der Karlsruher Bote. (1958).   /3769

Salomo. Ein biblischer Zyklus. Gedichte. - Buxheim: Martin Vlg.
Berger 1959.   /3770

In Feuer und Asche. Linolschnitte von Fritz Möser. - Karlsruhe:
Der Karlsruher Bote 1960.   /3771

HILDEBRANDT, Guido
Tastgebilde. 13 Gedichte. Mit 3 Ätzungen von Rolf Sackenheim. -
Krefeld: Galerie am Bismarckplatz 1967. (500 vom Autor u. Künstler
num. Ex.)   /3772

Unkindliche Lieder. - Olef: Olefer Hagarpresse 1968.   /3773

Landschaft unter Glas. Gedichte. Mit Fotografien von Maren
Heyne. - Duisburg: Gilles & Francke /1969/.   /3774

HILLEBRAND, Bruno
Sehrreale Verse. - Frankfurt: Fischer 1966.   /3775

HILLEGEIST, Friedrich
Aus zwei Welten. Ausgew. Gedichte und Aphorismen. - Wien:
Volksbuchverlag 3. Aufl. /1960/.   /3776

HILLER, Kurt   (1885)
Hirn- und Haßgedichte aus einem halben Jahrhundert.
- Hamburg: Hans Christians 1957. (Privatdruck)   /3777

HILLMER, Kurt   (1905-1972)
Paria im Lächeln der Liebe. Gedichte aus 3 Jahrzehnten. -
Freiburg i. Br.: Volk 1957.   /3778

HILS, Anna
Krippenverse. Zeichnungen von Marie Sautter. - Stuttgart: Der
Standpunkt /1947/.   /3779

HILSBECHER, Walter
s. a. Heinz Friedrich, Wolfgang Lohmeyer, Walter Hilsbecher: Bänkelsang der Zeit.

HILTBRUNNER, Hermann   (1893-1961)
Geistliche Lieder. Gedichte. - Zürich: Scientia Vlg. (1945) =
Vom Dauernden in der Zeit. 5.   /3780

Waage des Jahrs. Gedichte. - Herrliberg-Zürich: Bühl-Vlg.
(1945) = Bühl-Verlag-Blätter. 5.   /3781

Jahr um Jahr. - Zürich: Classen (1946) = Vom Dauernden in der
Zeit. 27.   /3782

Das Jahr der Rebe. Gedichtzyklus. Zeichnungen von Fritz Deringer. - Winterthur: Verband Ostschw. landwirtsch. Genossensch. /1947/. /3783

Glanz des Todes. - Zürich: Artemis (1948).   /3784

Flucht aus der Tiefe. Ein Bergzyklus. - Zürich: Büchergilde
Gutenberg 1954.   /3785

dasselbe. - Zürich: Classen 1956 = Vom Dauernden in der Zeit. 73.   /3786

Gestirnter Himmel. Eine Gedichtsammlung. - Zürich: Classen
(1945) = Vom Dauernden in der Zeit. 63. /3787

Wenn es Abend wird. - Zürich: Artemis. (1955). /3788

Mensch im Alltag. Teilzyklus a.d. Dichtung „Immer wenn es Abend
wird". Brief an d. Dichter von Hans Schmacher. - St. Gallen: Tschudy
1955 = Der Bogen. 46. (mit Bibliogr.) /3789

Spätherbst. Eine Gedichtsammlung. - Zürich: Fretz & Wasmuth
(1958). /3790

Und das Licht gewinnt. Eine Gedichtsammlung. - Ebenda (1960) /3791

Schattenwürfe. Eine Gedichtsammlung. - Zürich, Stuttgart:
Fretz & Wasmuth (1962). /3792

Süße dieser Welt. Septemberfahrt nach Thun. - Thun: Alfred
Glaus (1969). (Privatdruck) /3793

HILTY, Hans Rudolf (1925)
Nachtgesang. 10 Gedichte. - St. Gallen: Tschudy 1948. /3794

Eingebrannt in den Schnee. Lyrische Texte. Mit 4 dreifarbigen
Original-Holzschnitten von Marianne Guggenheim. - Ebenda (1956). /3795

Daß die Erde uns leicht sei. Lyrische Suite. Zeichnungen von
Esther Leist-Stein. - Sins AG: Borgis Vlg. (1959) = Borgis Mappe. 5. /3796

Zu erfahren. Lyrische Texte 1954-1968. - Bern: Kandelaber (1969) /3797

HILTY-GRÖBLY, Frida
Lueg, d'Sonn sait no dr Stadt guet Nacht. Gedichte und
Prosa. Zsgst. von Hans Rudolf Hilty mit Beiträgen von Clara Wettach,
Kurt Buchmann, Georg Thürer, Traugott Vogel. - St. Gallen: Fehr'sche
Buchh. in Komm. (1958). /3798

HINDERBERGER, Hannelise
Landschaft und Liebe. Gedichte. - St. Gallen: Tschudy (1952). /3799

Netze im Wasser. Gedichte. - Ebenda (1958). /3800

HINDERER, Walter (1934)
Mondschatten. Gedichte. - Herne: Grabski (1957). /3801

HINGST, Traudl d.i. Traudl Seebauer (1919)
Durch Tage und Nächte ersehne ich Dich. Gedichte. -
Heidelberg-Waibstadt: Kemper (1948). /3802

HINRICHS, Gertrud (1893)
Von der Mücke bis zum Elefanten. Heitere Zoo-Logik in Versen. - Hamburg: Christians (1963); 2. neubearb. Auflage (1965). /3803

Kompaß im Sturm. - Ebenda (1964). /3804

Du lieber Himmel, wenn ihr wüßtet. Heitere Psycho-Logik
in Versen. - Ebenda (1965). /3805

Wenn hell die Amsel schlug. - Ebenda (1965). /3806

Die späten Tage. - Ebenda (1969). /3807

HINTERLEITHNER, Ignaz

Nichts als Worte? Lambach: Selbstverlag /1956/ /380

HINTERLEITHNER, Herbert
Südliche Terzinen. München: Karl Alber 1947. /380
Welt, die wir lieben. Gedichte. - Wien, Köln: Wancura (1962). /381

HINTZ-VONTHRON, Erna
Harfe im Wind. Gedichte. Mit einem Geleitw. von Gottfried Pratschke. - Wien: Europäischer Vlg. 1968 = Die Stillen im Lande. /381

HIPP, Fritz
Gedichte und Erzählungen. Mit Zeichnungen von Heinrich Hipp. - Tailfingen: Selbstverlag /1965/. /381

HIRSAL, Josef
s. u. Bohumila Grögerowa, Josef Hirsal: intertexte.

HIRSCH, Helmut (1907)
Die Morgenröte. Verse eines Flüchtlings (1939-1942). - New York: Willard 1947. /381

HIRSCH-PROZELTEN, Victor
La Vita, bunter Lunapark. Gedichte, Verse, Bonmots. - Hamburg: Hamburger Presse (1969). (300 Ex.) /381

HIRSCHBERG, Rolf
Schimmer und Schleier. Verse aus dreißig Jahren. - München: Seitz 1955. /381

HIRSCHMANN, Ferdinand
Psalmen der Einsamkeit. - Wien: Europäischer Vlg. 1958. /381

HIRSCHMANN, Heinrich
„Noris-Spiegala". Ein poetischer Streifzug durch Nürnberg in heimischer Mundart. - Nürnberg: Fränkische Verlags-Anstalt (1955). /381

HIRSCHMANN, Ruth
Ruth Hirschmann, Carl Döring: Gedichte. - o.O. o.V. 1945. (Umschlagtitel: Tag und Traum) /381

HIRSCHMANN, Werner
Lieder im Zwielicht. Gedichte, Gespräche, Gedanken 1943-1946. - Fürth/Bayern: Selbstverlag (1965). /381

HIRTE, Albert (1904)
Der Pan-Kreis. Gedichte. - Karlsruhe: Der Karlsruher Bote (1968). (zuerst 1928) /382

HIRZEL-MUMELTER, Hildegard
Aus Sinn und Sein. Gedichte. - Leipzig: Hirzel (1954). /382

HOBEIN, Klaus
Notizen „67". Aus dem „Brücker Flugblatt". - Gelsenkirchen: Louisgang 1967. /382

HOBIGER, Sepp (1920)
Bauernblaut. Poesie und Prosa des Waldviertler Bauerndichters Sepp Hobiger. Bildschmuck von Heinz Bolek und Wilhelm Kurasch. - Wien: Scholle-Vlg. 1949 = Niederösterr. Heimatdichtung. /382

Bauernliab und Bauernleb'n. Mundartgedichte. - Wien:
Österr. Agrarverlag /1953/. /3824

Hinter Pflug und Egge. Mundartgedichte. - Wien: Österr.
Agrarverlag /1953/. /3825

HOBL, Karl
Für meine Landsleut. Gedichte in oberösterr. Mundart. Illustr.
von Franz Korger. - Graz, Wien: Stiasny (1957) = Lebendige Heimat. 6.

HOBOKEN, Eva van (1907) /3826
Die Brücke bewegt sich. Gedichte. Mit Bewegungsübungen aus
einer japanischen Schreibschule und einem Nachw. von Eugen Gomringer.
- St. Gallen: Tschudy (1959) = Die Quadrat-Bücher. 5. /3827

HOCH(-TURCSÁN), Theodor Hellmuth (1911)
Die Mondstunden. Ein Kreis von Nachtgedichten. - Wien: Taurus-
Vlg. (1950). /3828

HOCHSTETTER, Ernst
Entlang des Weges. Gedichte. - o. O. o. V. 1959. (Hermann Hesse
Nachlaß, Schiller-Nationalmuseum, Marbach) /3829

HOCKL, Hans Wolfram (1912)
Brunnen, tief und klar. Lyrik in Mundart und Hochdeutsch. -
München: Verlag d. Südostdt. Kulturwerks (1956) = Veröffentlichungen
d. Südostdt. Kulturwerks. Reihe A. 4. /3830

Disteln rollen in das Meer. - Wien: Europäischer Vlg. 1957. /3831

Mir ware jung un alles war denoh. Gedichte. - Neustadt a. d.
Weinstr. : Meininger (1957) = Pfälzer in der weiten Welt. 1. /3832

HODJAK, Franz
Brachland. Gedichte. - Klausenburg (Cluj): Dacia-Vlg. 1970. /3833

HÖFER, Lina A.
Bunte Poesie. - Wien: Europäischer Vlg. 1957. /3834

Für den Feierabend. - Ebenda (1970). /3835

HOEFLER, Albert
Ausklang. Letzte Gedichte. - Luxemburg: Vlg. P. Linden 1951. /3836

HÖHLER, Gertrud (1942)
Gertrud Höhler und Ulf Miehe : Gedichte. - Sphinx Verlag (Selbstverl.)/3837
Gedichte. - Wuppertal: Werkkunstschule 1965. 1962. /3838

HÖHNE, Kläre (1890-1958)
Unser täglich Brot. Gedichte vom Kornfeld. Zeichnungen von
Michl Biebl. - Forchheim/Obfr. : Gürtlers Buchdr. /1954/. /3838a

HÖKE, Bernt
texte. 1. (ei vis à vis ei) Mit einem Nachw. von Jan van Rossem. -
Berlin: Selbstverlag (1962). /3839

HÖLL, Oswald
Österreichs Harfe. Gedichte. - Wien: Europäischer Vlg. 1957. /3840

HÖLLERER, Walter (1922)

Der andere Gast. Gedichte. - München: /1952/. /3841

Gedichte. Wie entsteht ein Gedicht? - Frankfurt: Suhrkamp (1964).
= edition suhrkamp. 83. (mit Bibliogr.) /3842

Walter Höllerer, Renate von Mangoldt: Außerhalb der Saison.
Hopfengärten in 3 Gedichten und 19 Fotos. - Berlin: Wagenbach (1967)
= Quarthefte. 24. /3843

systeme. Neue Gedichte. - Berlin: Literarisches Colloquium (1969)
= LCB-Editionen. 14. /3844

HÖLLERSBERGER, Robert Rudolf (1924-1945)
„Oft von den Inseln des Schweigens"... Aus nachgelassenen
Gedichten ausgew. von Karl Kleinschmidt. - Linz: Kulturamt der Stadt
Linz (1953). /3845

HÖLZL, Toni
Gedichte und gereimte Gedanken aus dem Etschland.
Zeichnungen von Rudi Lahn. - Meran: Pötzelberger 1967. /3846

HÖNE, Theodor zu
Pastor Theodor Höne und seine Dichtung. Gedichte. Bearb. und hrsg. von Otto zu Höne. - San Francisco: Selbstverlag 1965. /3847

HÖNG, Franz
Der Spiegel der Seele. Salzkammergut. Gedichte 1924-1948. -
Linz: Muck (1949). /3848

Gedichte. - Linz: Kulturamt d. Stadt Linz 1963. /3849

HÖNNING, Ernst
Reife Früchte. - Nürnberg: Spindler 1967. /3850

Sonnenfunken. - Nürnberg: Spindler 1969. /3850a

HÖPFNER, Otto
Höpfners heitere Hausmannskost. Gedichte aus dem Blauen
Bock. Illustr. von W. Müller-Rilon. - Berlin: Kranich-Vlg. 2. Aufl. (1964).
/3851

HÖRLER, Hans (1905-1969)
Kleine lyrische Versammlung. Gedichte. - Wien: Europäischer Vlg. 1951. /3852

HÖRLER, Rolf
Mein Steinbruch. Gedichte. - Zürich: Regenbogen Vlg. (1970) =
Regenbogen-Reihe. 21. /3853

HOERNER, Herbert von (1884-1950)
Die Welle. Gedichte. - Stuttgart: Engelhornvlg. /1948/. (zuerst 1942)
/3854

HOERNLE, Edwin
Das Herz muß schlagen. Gedichte und Fabeln. Ausgew. und zusammengest. von Waltraut Seifert u. Erhard Mehnert. Mit e. Vorwort
von Alexander Abusch. - Berlin: Dietz 1963. /3855

Rote Lieder. Im Auftr. d. Deutschen Akademie der Künste zu Berlin
hrsg. von Waltraut Engelberg und Erhard Mehnert mit Hilfe von Hedda

Hoernle. Mit einem Vorw. von Alexander Abusch. - Berlin, Weimar:
Aufbau 1968. (Veränd. Nachaufl. des Bandes Das Herz muß
schlagen.) /3856

HOERTH, Otto (1879)
Komm, Trost der Nacht. Gedichte aus 5 Schaffensjahrzehnten. -
Konstanz: Rosgarten-Vlg. (1968). /3857

HOESLI, Rudolf (1888-1960)
Gedichte. - Zürich: Classen (1950). /3858

HÖSS, Dieter (1935)
An ihren Büchern sollt ihr sie erkennen. 35 Spottlieder für
Leser aus Passion. - Frankfurt: Bärmeier und Nikel (1966) = Pardon-
bibliothek. /3859

...an ihren Dramen sollt ihr sie erkennen. 50 starke
Stücke. - Ebenda 1967 = Pardonbibliothek. /3860

Binsenweisheiten. - Bergisch Gladbach: Lübbe (1967). /3861

Schwarz Braun Rotes Liederbuch. Neue teutsche Volks- &
Wunderlieder für jedermann. - Ebenda (1967). (mit Schallplatte) /3862

Sprechplatte: Schwarz Braun Rotes Liederbuch. Dietrich Kittner
singt neue teutsche Volks- und Wunderlieder für jedermann. Gitarre und
Arrangement: Reinhold Glembotzki. - Hamburg: Philips /1967/. /3863

Goethe Wanderers Nachtlied oder die schmutzige Phantasie.
Ein Lyrik-Bildband. - Junkersdorf: Selbstverlag 1969. /3864

Sexzeiler. Fragen Sie Frau Olga. - Frankfurt: Bärmeier & Nickel
(1970). /3865

HÖTZER, Karl (1892-1969)
Vom Stöckle bis zom Aischterberg. Gedichte. - Tübingen:
Tübinger Chronik 1955. /3866

S goht uf d Loche. Zeichnungen von Otto Wider. - Balingen:
Daniel /1961/. /3867

Schwäbische Gedichte. Bilder von Otto Wider. - Ebenda /1962/. /3868

HOFBAUER, Friedl
Traumfibel. Gedichte. - Wien: Bergland (1969) = Neue Dichtung
aus Österreich. 156. /3869

HOFBAUER, Konrad
Weite Schau. Gedichte. - Wien: Europäischer Vlg. /1952/. /3870

HOFBAUR, Eduard
Daschaut und dalöbt. Gedichte in oberösterr. Mundart. - Wien:
Europäischer Vlg. /1952/. /3871

HOFER, Ludwig
900 Jahre Villach. Lyrisch gereimt und Aphorismen. Zeichnungen
von O. Kolitsch. - Villach: Selbstverlag 1959. /3872

HOFER, Maria (Mariedy) (1914)
Mensch auf der Flucht. - Wien: Europäischer Vlg. 1959. /3873

HOFF, Kay   d. i. Adolf Max Hoff   (1924)
In Babel zuhaus. 5 Zeichnungen von Hans Georg Lenzen. - Stierstadt i. Ts.: Eremiten-Presse 1958.   /3875

Zeitzeichen. Gedichte. - Düsseldorf, Köln: Diederichs (1962).   /3876

Skeptische Psalmen. Lyrischer Zyklus. Radierungen von Friedrich Werthmüller. - Duisburg: Guido Hildebrandt 1965 = Hundertdruck. 1.   /3877

Netzwerk. Gedichte. - Hamburg: Hoffmann & Campe (1969) = Cabinet der Lyrik.   /3878

Zwischenzeilen. Gedichte. - Darmstadt: Bläschke (1970) = Das neueste Gedicht. 42.   /3879

HOFFBAUER, Jochen   (1923)
Winterliche Signatur. Gedichte. - Stierstadt i. Ts.: Eremiten-Presse 1956.   /3880

Voller Wölfe und Musik. Gedichte. Mit 4 Linolschnitten von Inge Becker. - Ebenda 1960.   (300 num. Ex.)   /3881

Neue Gedichte. - Wangen: „Sonderdruck des Wangener Kreis", Gesellschaft für Kunst und Literatur Der Osten 1963.   /3882

HOFFMANN, Dieter   (1934)
Aufzücke deine Sternenhände. - Dresden: Privatdruck 1953.   /3883

Mohnwahn. - Ebenda 1956.   /3884

Eros im Steinlaub. Gedichte. - Neuwied a. Rh., Berlin-Spandau: Luchterhand (1961).   /3885

Ziselierte Blutbahn. Gedichte. - Stuttgart: Dt. Verlags-Anstalt (1964) = dva-Beispiele.   /3886

Veduten. Gedichte. - Frankfurt: S. Fischer (1969).   /3887

HOFFMANN, Friedrich   (1914)
Sieh den Bussard. Gedichte. - Lahr/Schwarzw.: Ernst Kaufmann (2. Tsd. 1956).   /3888

Ole Bole Bullerjahn. Gedichte. - Ebenda 1957.   /3889

Dunkles Segel. Gedichte. - Ebenda (1959).   /3890

HOFFMANN, Helmut
Zehn Gedichte. - Hamburg: Trautmann 1946. (Privatdruck)   /3891

HOFFMANN, Ruth   d. i. Ruth Scheye   (1893)
Das goldene Seil. Gedichte. - Leipzig: List (1946).   /3892

Dunkler Engel. - Ebenda (1946).   /3893

Der Zwillingsweg. - Berlin: Lettner Verlag (1954).   /3894

HOFLEHNER, Johannes
Der Weltenbummler. Gedichte. - Wien: Europäischer Vlg. 1956.   /3895

HOFMANN, Berta
Hofmanns Erzählungen. (Gedichte) - Wien: Europ. Verlag 1968.   /3896

Gemischter Salat. - Ebenda (1970).   /3897

HOFMANN, Egon
  Letzte Stufen. Gedichte. - Linz: Trauner 1969. /3898
HOFMANN, Erika Johanna Helene
  Verse des Dankes. - Detmold: Klingenberg /1949/. (Privatdr.) /3899
HOFMANN, Hilde
  Gespräche aus der Stille. - Berlin: Evangel. Verlagsanstalt (1965).
  /3900
HOFMANN, Josef (1900)
  Signum animae. - Baden b. Wien: Weilburg Vlg. (1969). /3901
HOFMANN, Martha (1905)
  Die Sternenspur. Neue Gedichte (1935-1947). - Zürich: Oprecht
  (1948). /3902
  Wandelsterne. Gedichte. - Wien: Jupiter Vlg. (1954). /3903
  Nomadenzüge. Zyklische Dichtungen. - Wien: Bergland-Vlg. (1957)
  = Neue Dichtung aus Österreich. 45. /3904
  Das Morgenland liegt gegen Abend. Neue Gedichte. - Wien:
  Österr. Verlagsanstalt (1962). /3905
  Begegnungen - helldunkel. Neue Verse. - Wien: Bergland-Vlg.
  (1969) = Neue Dichtung aus Österreich. Sonderband. 8. /3906
HOFMANNSTAL, Elisabeth d. i. Marie-Elisabeth Dietrich (1900)
  Am Wegesrand. Gedichte. Zeichn. von Nikolaus Evers. - Gera:
  Sonnen-Vlg., Joh. Wieroth (1945). /3907
HOHLBAUM, Robert (1886-1955)
  Des reifsten Weines später Segen. Ausgewählte Gedichte, vom
  Dichter selbst noch kurz vor seinem Tode zusammengestellt. - Wels:
  Welsermühl (1967). /3908
HOHLER, Franz
  Idyllen. - Neuwied a. Rh., Berlin-Spandau: Luchterhand (1970). /3909
HOHMANN, Joachim Stephan
  Mein Fisch Vulkan. Gedichte. - München: Relief Vlg., Eilers (1970).
  /3910
HOINKES, Carl (1882-1960)
  Land der Väter. Gedichte. - Herne: Schulte-Kortnack 1969 =
  Kleine Reihe. /3911
HOLGERSEN, Alma (1899)
  Sursum corda. Gedichte. - Wien: Zsolnay 1949. /3912
HOLLENWEGER, Paula
  Markgräflerland, du Land am Rhii. Alemannische Gedichte. -
  Freiburg i. Br.: Rombach (1965). /3913
HOLLER, Franz (1921)
  Sonniges Grenzland. Dichtungen in südoststeirischer Mundart. -
  Wien: Europ. Vlg. 1954. /3914
  Hoamatlond und Hoamatliab. Gedichte und Geschichten aus der
  Steiermark. Zeichn. von Herta Neuhold. - Wien: Europ. Vlg. /1961/. /3915
HOLLNSTEINER, Franz Xaver (1910)

Liebe zu Wien. Gedichte-Zyklus. - Wien: Alexa (1947). /3916

Bergheimat. Gedichte. - Wien: Graphische Lehr- und Versuchsanstalt 1959. /3917

Bäuerlicher Lobgesang. Gedichte zum Jahreskreis. - Wien: Herder (1961). /3918

Tiroler Gedenk-Gedichte. - Wien: Tirolerbund in Wien /1963/. /3919

HOLLUP, Tatiana
Durch Licht und Schatten. Gedichte. - Wien: Europ. Vlg. 1953. /3920

HOLLWEG, August (1899)
Swattbraut. Plattdütske Riemsels. Belder von Emil Stratmann. - Münster/Westf.: Aschendorff 1948. /3921

dasselbe. 2. Aufl. Holzschn. von Lilo Schleifenheimer. - Ebenda (1953). /3922

HOLTHUSEN, Hans Egon (1913)
Klage um den Bruder. - Hamburg: Ellermann (1947) = Das Gedicht. 1947. 3. /3923

Hier in der Zeit. Gedichte. - München: Piper (1949). /3924

Labyrinthische Jahre. Neue Gedichte. - Ebenda (1952). /3925

HOLZMANN, Hermann (1906)
Der Wanderer. - Wien: Europ. Vlg. 1957. /3926

Ynnsprugg - ich muess dich lassen. (enth. auch:) Das Grabmal des Kaisers. Sonett-Zyklus zu den Statuen in der Hofkirche zu Innsbruck. - Innsbruck: Universitätsverlag Wagner /1959/. /3927

HOLZMÜLLER, Max
Jeder Tag ist neu! - Wien: Europ. Vlg. 1963. /3928

Das vierte Buch. - Ebenda 1963. /3929

Neues aus der Mottenkiste. - Ebenda 1963. /3930

HOMMA, Hedy von
Eines Lebens Melodie. Lyrisches Tagebuch. - Wien: Europ. Vlg. 1952. /3931

HONDL, Josef
Späte Flocken. - Wien: Europ. Vlg. 1970. /3932

HONEGGER, Gottfried
Nesles. Grafische Gestaltung von Dölf Hürlimann. - Zürich: Hürlimann (1951) = Barfüßerdruck. 1. /3933

HONSA, Ferry
Circulus magnus. Berichte und Gedichte eines bitterbösen Autohändlers. Illustr. von Harry Neustadl. - Wien: Europ. Vlg. 1962. /3934

HOPF, Max
Sonnenanbeter. Gedichte. - Bern: Francke /1952/. /3935

Carpe diem. Gedichte. - Bern: Selbstverl. (1960). /3936

Ein Triptychon. Elegien. Rechter Seitenflügel, Einkehr. Mittelbild, Atum und Chepre. Linker Seitenflügel, Abkehr. - Bern:

Lukianos Verlag (1970). /3937

HOPFGARTNER, Josef
s. a. Volkmar Haselbach, Josef Hopfgartner, Helmut Scharf: Wolke aus Ankora.
In mir der Fremdling. Gedichte. - Klagenfurt: Carinthia /1962/. /3938
Ein Jahr gib dem Wind. Gedichte. - Maria-Rain, Wien, München, Basel: Dr. Petrei (1964). /3939

HOPP, Erich (1888-1949)
O Mensch verzage nicht. Psalmen der Tröstung. Mit e. Einl. von Bernd Tönnies. - Berlin, Stuttgart: Pontes-Vlg. (1947). /3940

HORDYNSKI, Jerzy
Formel des Glücks. - Berlin: Volk und Welt 1961 = Antwortet uns! 25. /3941

HORKEL, Wilhelm (1909)
Einem Gefallenen. Klage und Trost. - Hamburg: Trautmann (1947). /3942
Der Kreuzweg. Sonette. - Lindau: Selbstverlag 1963. /3943

HORN, Hilde
Dornige Hauhechel. Gedichte. - Wien: Europäischer Vlg. 1954. /3944

HORN, Sabine
Aus der Stille. Gedichte. Hrsg. von Gottfried Pratschke. - Wien: Europäischer Vlg. 1969 = Die Stillen im Lande. /3945

HOSSDORF, Wilhelm (1890-1962)
Kölsche Kinder. Rümcher un Leedcher. - Köln: Pick (1955). /3946

HOSSFELD, Karl
Der kommende König und sein Reich. - Wien: Europäischer Verlag 1961. /3947

HOUCK, Maurits Ernest
Gedichte. - St. Gallen: Tschudy 1949. (3oo num. und sign. Ex.) /3948

Später Herbst. Gedichte. Holzschnitte von Hans Rudolf Bosshard. - Zürich: B. Rosenstiel (1953). /3949

Sieben Aquatintas aus Spanien und eine Handvoll Coplas. Originalradierungen und Gedichte. - Zürich: Janus-Presse (1957) = Veröffentlichungen der Janus-Presse. 2. /3950
HOWALD, Johann
Bärnergwächs. Bi allem Rumor no chly Humor. Es vierts Bändli Bärndütsch für Jung und Alt. Abbildungen von Heinz Würgler und Gertrud Werner. - Bern: Buchhandlg. d. Evangel. Gesellschaft (1946). /3951

Si gseh di de!. Es Näschtetli Bärndütsch für jungs und altjungs Volk. - Meiringen: Loepthien 4. -6. Tsd. /1956/. /3952

HOWITZ, Harald Franz
Lose Blättlein. Friedrich Rückert in memoriam. - Copenhagen: I. H. Schultz 1946. /3953

HOYER, Franz Alfons (1913)
Gericht und Gnade. Gedichte. - Düseldorf: Schwann (1947). /3954

HRUBESCH, Walter
  Lebensmelodie. - Wien: Europäischer Verlag 1963. /3955
HUBALEK, Felix
  Vom Tag zum Morgen. Gedichte. - Wien: Danubia-Vlg. /1948/. /3956
HUBER, Helmut   (1901)
  Atem der Dinge. Gedichte. - Bern: Francke (1945). /3957
  Küste des Lebens. Gedichte. - Ebenda (1946) /3958
  Waage des Schicksals. Elegien. - Leissingen: Selbstverl. /1951/.
  Erz und Marmor. Sonette. - Ebenda /1951/. /3959
HUBER, Leopold /3960
  Land der Visionen. - Wien: Europ. Vlg. 1962. /3961
  Spiegel des Alltags. Gedichte. - Ebenda 1969. /3962
HUBER, Mida
  Wegwarten. - Wien: Österr. Bundesverlag (1961). /3963
  Stille Pfade. Ges. von Klara Köttner-Benigni. - Ebenda (1965). /3964
HUBER-ABRAHAMOWICZ, Elfriede
  Verhängnis. Gedichte. - St. Gallen: Tschudy 1957 = Der Bogen. 58. /3965
  Der unendliche Weg. Prosa und Gedichte. - Zürich, Stuttgart:
  Flamberg-Vlg. (1964). /3966
HUBERT, Johannes   (1911)
  haltet das pulver trocken. Heiter-makabre Verse. Mit 14 Holz-
  schnitten von Hermann Landefeld. - Ahrensburg/Holst.: damokles /1963/.
HUCH, Ricarda   (1864-1947) /3967
  Herbstfeuer. Gedichte. - Leipzig: Insel 1946 = Insel-Bücherei. 144.
  (zuerst 1944) /3968

  Liebesgedichte. - Wiesbaden: Insel-Vlg. 101.-110.Tsd. 1949 =
  Insel-Bücherei. 22. (zuerst 1907 u. d. Titel: Neue Gedichte.) /3969

  Frühe Gedichte und Liebesreime. - Gütersloh: Bertelsmann
  Lesering /1960/ = Kleine Lesering. Bibliothek. 39. /3970
HUCHEL, Peter   (1903)
  Gedichte. - Berlin: Aufbau Vlg. 1948. /3971

  dasselbe. - Karlsruhe: Stahlberg 1948. /3972

  Chausseen, Chausseen. Gedichte. - Frankfurt: S. Fischer
  (1963). /3973

  Drei Gedichte. Den Freunden des S. Fischer Verlages und der Fischer-Bücherei als Weihnachts- u. Neujahrsgruß 1963/64. Faks.-Druck.
  - Frankfurt: S. Fischer (1963). /3974

  Die Sternenreuse. Gedichte 1925-1947. - München: Piper (1967)./3975
HUDIG-FREY, Margareta
  Lieder und Gesichte. - Bern: Francke (1949). /3976

  Wandel und Wende. Gedichte. - Ebenda /1965/. /3977

HÜBEL, Lore
Heimat - die Erde?. - Wien: Europäischer Vlg. 1960. /3978
HUEBNER, Friedrich Markus (1886-1964)
Geisterstimme. Gedichte. - Frankfurt: Eremiten-Presse 1952. /3979
Zeit auf Zinsen. Gedichte. - 1952 (b. n. e.) /3980
Der Seifenladen. 199 Spott- und Erbauungsverse für gesunde und kranke Leute. Illustr. von Hasso Freischlad. - Dinkelsbühl: Kronos Vlg. 1955 = Kronos Tschenbücher. 4. /3981
Fremde Fühlung. Gedichte. - Karlsruhe: Der Karlsruher Bote 1956. /3982
Erleuchte mich!. Gedichte. - Ebenda (1956). /3983
Verhüllter Tag. - Ebenda (1957). /3984

Das Hexeneinmaleins. - Fürstenfeldbruck: Steinklopfer (1959) = Die Steinklopfer-Reihe. /3985

HÜBNER, Johannes (1921)
Spielraum. Gedichte. - Heidelberg: Profile-Vlg. (1955). /3986
Fährte und Lichtung. Gedichte 1951-1952. Lithographien von Horst Breitkreuz. - Berlin-Friedenau: Privatdruck der Meisterschule für Graphik u. Buchgewerbe. (1959). /3987
Herren der Gezeiten. - Pfullingen: Neske (1960). /3988
Beute und Schatten. Gedichte. - Ebenda 1967. /3989
Botschaft der Vögel. Gedichte. Mit 7 Zinkätzungen von Karl-Heinz Hartmann. - Berlin: Neue Rabenpresse 1969. /3990

HÜBNER, Paul (1912)
Kosmischer Lobgesang. - Mainz: Drei-Brücken-Vlg. (1948). /3991

HÜBSCH, Paul Gerhard (Hadayat Ullah) (1946)
pornoper. - Verlag offizin parvus 'underground' 1968. /3992
mach was du willst. Gedichte. - Neuwied, Berlin: Luchterhand edition otto f. walter (1969). /3993
die von der generation Kamikaze. 4 Poems. - Gersthofen: Maro-Verlag (1970) /3994

HÜGLI, Friedrich
Jesu Schatzkästlein. - Basel: Verlag f. entschiedenes Christentum (1958). /3995

HÜLLE, Friedrich (1887-1963)
Des Jahres grüner Ring. Gedichte. - Würzburg, Hamburg: Sauer-Morhard 1948. /3996

HÜLSEN, Hans von (1890-1968)
Gerichtstag. Sonette aus dieser Zeit. Mit einem Geleitw. von Joseph Gregor. - Hamburg: Morawe & Scheffelt 1947. /3997

HÜLSENBECK, Richard (1892-1974)
Die Newyorker Kantaten. (dt.+ franz.) Mit 6 Zeichnungen von Hans Arp. Vorw. von Michel Seuphor. (Cantates new-yorkaises) Trad. par Robert Valencay. - Paris, New York: Berggruen (1952). /3998

Die Antwort der Tiefe. Mit 7 Klebebildern von Hans Arp. -
Wiesbaden: Limes (1954). /3999

Phantastische Gebete. Illustr. von Hans Arp und Georg Grosz. -
Zürich: Arche (1960) = Sammlung Horizont. (zuerst 1916) /4000

HÜLSMANN, Harald K.
Aus dem Rezeptbuch des Mr. Lionel White. - München,
Würzburg, Wien: Relief-Vlg. 1968 = Der Viergroschenbogen. 85. /400]

Lageberichte. - Ebenda 1970 = Der Viergroschenbogen. 98. /400:

HÜNENBURG, Friedrich d. i. Friedrich Spieser (1902)
Und dennoch rauscht der Wald. (50 Sonette) Hrsg. von Agnes
Gräfin Dohna. - Stuttgart: Hünenburg-Vlg. (1953). /400:

HÜRBE, Kurt
Die stille Flamme. Gedichte. Original-Holzschn. von Walter
Schenner. - St. Pölten: Selbstverl. (1965). /400

HÜRSCH, Erhard
Das Gestirn. Gedichte. - Zürich: Manesse Vlg., Conzett & Huber (1947).
/400:
HÜSCH, Hanns Dieter (1925)
Cabaretüden oder Übungen fürs Leben. - Zürich:
Sanssouci-Vlg. (1963). /400(

Hanns Dieter Hüsch und Jürgen von Tomeï: carmina urana. 4 gesänge
gegen die bombe. Zeichn. von Jürgen von Tomeï. - Ahrensburg: damokles-
verlag (1964). /400'

Sprechplatte: Chansons, Gedichte, Geschichten. - Hamburg:
Polydor /1965/ = Literarische Kleinkunst. /400:

Zoll und Haben. Eine Sammlung weiterer Cabaretüden. Zeichn. von
Fredy Sigg. - Zürich: Sanssouci (1965). /400(

Archeblues und andere Sprechgesänge. Illustr. von Jürgen
von Tomeï. - Ebenda (1968). /401(

s. a. Franz Josef Degenhardt, Wolfgang Neuss, Hanns Dieter Hüsch,
Dieter Süverkrüp: Da habt ihr es!

Freunde, wir haben Arbeit bekommen. Die neuen Lieder des
Hanns Dieter Hüsch. - Ahrensburg, Paris: damokles (1968) =
damokles-songbuch. 2. /401

Sprechplatte: Typisch Hüsch. Politische Lieder und Texte. - Dortmund:
Verlag „pläne" 1970. /401

HUGGENBERGER, Alfred (1867-1960)
Abendwanderung. Neue Gedichte. - Amriswil: Bodensee-Vlg. 1946;
2. durchges. und verm. Aufl. 1948. /401

Mühsal und Sonntag. Erzählungen und Gedichte aus dem Bauernleben.
Zeichn. von Gerhard Ulrich. - Lindau: Thorbecke (1947). /401

Der Bund mit dem Leben. Ausgew. Gedichte. - Elgg: Volksvlg. /1951/
/401
Öppis us em Gwunderchratte. Ein humorist. Hausbüchlein.

Zeichnungen von HansWitzig. - Ebenda 41.-42.Tsd./1961/. (26.-30.Tsd.)
1928) /4016

Sprechplatte: Alfred Huggenberger spricht eigene Texte. -
Amriswil: Amriswiler Bücherei /1967/. /4017

Gedenkausgabe zum hundertsten Gedurtstag. Hrsg. von Hans Brauchli.
(4 Bände). 1.: Gedichte. - Weinfelden: Rudolf Mühlemann (1967). /4018

HUHN, Kurt (1902)
Nur der Gleichschritt der Genossen singt... Gedichte. -
Berlin: Volk und Welt 1958 = Antwortet uns! 17. /4019

Linksrum geht der Lauf der Welt. Illustr. von Gerhard
Vontra. - Halle(Saale): Mitteldeutscher Vlg. 1961. /4020

HULVERSCHEIDT, Walter
... und da sagte der Jägermeister. Ein heiteres Buch. Federzeichn. des Autors. - Berlin, Hamburg: Paray 1950. /4021

HUNKE, Sigrid
Werden und Vergehen. Feierlieder. - Hameln: Soltsien /1965/
= Die gute Gabe. 5. /4022

HUNSCHE, Friedrich Ernst (1905)
Ruf gen Morgen. Gedichte und Gedanken. - Dinkelsbühl: Kronos-
Verlag (1955) = Kronos Taschenbücher. 2. /4023

HUNZIKER, Anni
Aus unerschöpflichen Quellen. Linolschnitte von Max Witkiewicz. - Herne: Grabski (1958). /4024

HUNZIKER, Heinrich
Ausgewählte Gedichte. Ausw. von Robert u. Touty Hunziker-Druey.
- Zürich; Stuttgart, Classen 1959. /4025

HUNZIKER, Walter (1910)
Der schwarze Donner. - Darmstadt: Bläschke (1964) = Das
neueste Gedicht. 6. /4026

HUPFAUF, Erich (1921)
Spiegelbilder. Humorist.-satir. Zeitbetrachtungen in Versform. -
Wien: Europäischer Vlg. 1958. /4027

Sonnenlieder. Ausgew. Gedichte. - Ebenda 1955. /4028

Rote Malven. Ausgew. Gedichte.- Ebenda 1956. /4029

Raßnágelang. (Gewürznelken) Gedichte in Zillertaler Mundart. Illustr.
von H. Zum Tobel. - Innsbruck: Univers.Vlg. Wagner /1958/. /4030

HUPPERT, Hugo (1902)
Der Heiland von Dachau. Österr. Balladenpoem von d. Leiden
des Hofgasteiner Propstes Johann Rieser, von seinem Heldentum und
Opfer. - Wien: Wiener Revue, Arbeitsgemeinsch.Preßkollektiv. Sonderheft. (1945). /4031

Georgischer Wanderstab. Ein Buch west-östlicher Zeitgedichte.
- Berlin: Volk und Welt 1954. /4032

Jahreszeiten. Gedichte. - Wien: Die Buchgemeinde /1961/. (zuerst 1941) /4033

Landauf, landab. Gedichte aus 30 Jahren. - Leipzig: Reclam
/1963/ = Reclams Universal-Bibliothek. 9049. /4034

Logarithmus der Freude. Gedichte. - Berlin: Volk und Welt
1968. /4035

dasselbe. - Wien: Globus-Verlag /1968/. /4036

Andere Bewandtnis. Gedichte. - Halle: Mitteldt. Verlag 1969. /4037

HURWICZ, Angelika (1922)
Windflüchter. Gedichte. - Berlin: Volk und Welt 1957 =
Antwortet uns! 7. /4038

HUSSERL, Paul
Der ferne Schein. - Wien: Europ. Vlg. 1956. /4039

HUTTEL, Hermann (1895)
Neue Jägerlieder. - Hannover: Schaper 1953. /4040

HUTTEN, Katrine von (1944)
elf heimsuchungen. Illustr. von Roger Herman. - Saarbrücken:
Werkstatt Koop, Erwin H. Stegentritt, Dudweiler /1970/. /4041

Möchten Sie zelten mit mir. 6 texte. Mit 6 Kupferstichen von
Erich Stahl. - Zweibrücken: Monika Beck 1970. /4042

HUWE, Lotte (1901)
In der Stille singt das Herz. - 1957 (b.n.e.) /4043

HYRKANOS, Devora d.i. Devora Ginzburg
Lieder- der Talita. - Jerusalem: Tarshish Books, Spitzer (1956). /4044

IGEL, Bernhard
Ich liebe dich. Gedichte. Privatdruck. - Langensalza: Selbstverlag 1957. /4045

IGEL, Pelle d.i. Hans Peter Woile
Stiefel bleibt Stiefel. Zeitsatire in Vers und Prosa. - Stuttgart:
Conseil-Verlag Jentzen 1957. /4046

IHLENFELD, Kurt (1901)
Wo ein Zweiglein blüht. Ein Gedichtkreis. - Witten/Ruhr:
Luther-Verlag 1949. /4047

Unter dem einfachen Himmel. Ein lyrisches Tagebuch. -
Witten, Berlin: Eckart-Verlag (1959). /4048

IHMANN, Georg
Im Stundenschlag der Zeit. Gedichte. - Trostberg: Erdl /1965/ /4049

ILGNER, Renate
Aber ein Leuchten bleibt. - Berlin: Der Neue Geist-Vlg. 1947
= Ein Streifenbuch. /4050

IMESCH, Ludwig (1913)
Mis Wallisland. Prosa und Lyrik in Mundart. - Fryburg: Schwyzerlüt-Verlag 1958 = Schwyzerlüt. 20.1958. 3. /4051

IMHASLY, Pierre
Sellerie, Ketchup & Megatonnen. - Bern: Kandelaber (1970)

= Kandelaber-Werke-Reihe. 3. /4052

IMHOF, Alfred
Rast und Unrast. - Bern: Büchler 1959. (Ausl.:Wepf,Basel) /4053
Träumereien. - Zürich: Selbstverlag (1961). /4054

IMIG, Jacob
Pälzersche Gedichte. Hrsg. vom Pfälzerbund am Niederrhein, Sitz
Pfalzdorf. - Kleve: Boss (1966). /4055

IMMOOS, Thomas
Asienreise. Gedichte. - Zürich: Origo-Vlg. (1963). /4056

INEICHEN, Fritz
Am Gätterli. - Luzern-Seeburg: Selbstverlag 1955. /4057
Zäntume. Mundartvärs. - Luzern: Murbacher-Vlg. (1969). /4058

INGOLD, Felix Philipp (1942)
Schwarz auf Schnee. 58 Gedichte. - Zürich: Arche (1967). /4059

Gedichte. - Basel: Staatl. Literaturkredit-Kommission 1968 =
Blatt des Basler Literaturkredits. 6. /4060

Spleen und überhaupt. 50 Gedichte. - Bern: Kandelaber (1969). /4061

IPF d.i. Hermann Siegmann-Ipf
Nie kommt etwas von ungefähr. Heitere Verse. - Heilbronn:
Salzer (1951). (zuerst 1932) /4062

dasselbe. Textzeichnungen vom Verf. - Ebenda (1963) = Salzers Volksbücherei. 88/89. /4063

Tröstlich magst du dieses finden. Textzeichnungen vom
Verf. - Heilbronn: Salzer (1952). /4064

IRLE, Mathilde
Verborgene Weisheit lenkt dein Leben. Gedichte. Scherenschnitte von Edelgard Meyenburg. - Karlruhe: Der Karlsruher Bote
(1959). /4065

ISLER, Maria
Öppis us der Värs-Schublade. Zeichnungen von Verena Isler. -
Zürich: Hebsacker /1969/. /4066

ITALIAANDER, Rolf (1913)
Oasen. Empfindsame Blätter aus der Satteltasche. Als Manuskript
gedr. Sonderausgabe mit Zeichnungen. - Hamburg: Odysseus-Presse
(1952). /4067

Kongo. Bilder und Verse. Mit Vorreden von Guy de la Droitière und
Pierre Lods. - Gütersloh: Bertelsmann 1959; (1960 übernommen:
Mohn, Gütersloh) = Das kleine Buch. 120. /4068

dasselbe. - Erw. Neuausgabe. Bad Kreuznach: Pandion-Vlg. (1969) /4069

Immer, wenn ich unterwegs bin. Verse und kleine Prosa. -
Wien: Mundusverlag Konzern im Paul Zsolnay Vlg. (1962). /4070

Bin toll auf dich, Welt! Neue Blätter zu „Immer, wenn ich

unterwegs bin". - Dülmen/Westf.: Kreis der Freunde (1963) =
Der Vier-Groschen-Bogen. 33. /4071

Hallelujas. Beilage über „Hallelujas" von Peter Jokostra und
Günter W. Lorenz. - Hamburg: Christians /1970/. (400 num. Ex.) /4072

ITTMANN, Kurt
Liebe ist das Wunderbare. Gedichte. - Zürich: Oprecht (1946)/4073

ITURBÉ, Regnon C.
Das Denkmal. Oden und Satiren aus der Zeit der Zerstörung. -
Zürich: R. C. Iturbé (1950). /4074

IWANSKI, Wilhelm
Mit beiden Füßen auf der Erde. - Letmathe: Heimatvlg. 1962./4075

JABLONSKI, Walter (1892-1967)
Lebensbilder. - Jerusalem: Edition Dr. P. Freund 2. verm. Aufl.
1947 (1. Aufl. 1945 ebenda? - b. n. e.) /4076

JACOB (JAKOB), Adalbert (1892)
Der Pegasus. (Gedichte). - 1955. (b. n. e.) /4077

Wanderer unter den Wolken. Gedichte. Mit einem Geleitw. von
Hermann Gerstner. - Würzburg: Schwarzenbrunner (1960) = Lotos-
Bücherei. 1. /4078

JACOB, Heinrich
Wie gekenterte Schiffe. Gedichte und Zeichnungen. - Berlin:
Verlag Neue Rabenpresse 1968 = Gedichte...Gedichte. 4. (250 num. und
sign. Ex.) /4079

JACOBI, Hugo (1882-1954)
Venezianische Spiegelungen. - Köln, Berlin: Kiepenheuer
/jetzt: Kiepenheuer & Witsch 1951. /4080

Gedichte. Hrsg. und eingel. von Ferdinand Lion. - Ebenda (1955). /4081

JACOBS, Jean-Paul
Apoll kaputt. Gedichte. - Luxemburg: Selbstverlag, Druckerei
Luja-Beffort /1965/. /4082

JACOBY, Leopold
Erinnerungen und Gedichte. Auswahl von Manfred Häckel. -
Berlin: Aufbau-Vlg. 1959. /4083

JAECKLE, Erwin (1909)
Schattenlos. 7 Gedichte. - Zürich: Speer Verlag (1945). (130 vom
Autor sign. u. num. Ex.) /4084

dasselbe. - Zürich: Atlantis Verlag 1947. /4085

Gedichte aus allen Winden. Mit einem Nachw. über die moderne Lyrik. - Zürich: Atlantis (1956). /4086

Glück in glas. Neue gedichte mit einem nachw. über die zeit. -
Zürich: Atlantis (1957). /4087

Aber von Thymian duftet der Honig. Gedichte. Mit 19 Zeichnungen von Hanny Fries. - Ebenda (1961). (Num. und v. Autor u. der
Künstlerin sign. Luxusausgabe in Halbpergament) /4088

Blüten in der Urne. Gedichte. - Dülmen/Westf. Kreis der
Freunde. (1962) = Der Vier-Groschen-Bogen. 8. /4089

Das Himmlische Gelächter. Sieben mal sieben gedichte. -
Zürich: Atlantis (1962). /4090

im gitter der stunden. nachrichten aus dem hotel Demut. ein
gedichtzyklus mit 2 Abb. nach Werken von Josef Albers. - St. Gallen,
Stuttgart: Tschudy (1963) = Die Quadratbücher. 33. /4091

Der ochsenritt. Gedichte. - Zürich, Freiburg i. Br.: Atlantis-
Verlag (1967). /4092

nachricht von den fischen. Gedichtfolge. - Ebenda (1969). /4093

JAEGER, Bernd
Im verlandeten Teich von Bethesda. - Darmstadt: Bläschke
(1970) = Das neueste Gedicht. 45. /4094

JAEGER, Franz
Mei Fechsung. Gedichte in Schriftsprache und Mundart. - Linz:
Oberösterreich. Landesverlag /1952/; Bildungs-u-Heimatverein, Gall-
neukirchen /1952/. /4095

JÄGER, Helmut (1918)
Gespräche der Liebe. - Ravensburg: Leemath 1953. /4096

JAEGER, Johannes
Du Kindlein in der Wiege. Wünsche und Gedanken der Liebe in
kurzen Versen für die Familie in Schriftsprache und Mundart. (Wiegen-
lied-Komposition von Othmar Schoeck). Ausschmückung von Trudy Haas.
- Basel: Majer (1948) /4097

JÄGER, Karl
Die knoarade Tür. Gedichte in steirischer Mundart. Zeichnungen
von Fritz Gareis. - Wien: ABZ-Druck-u-Verlagsanst. 2. Aufl. (1951). /4098

JÄGER, Paul
Die Muschel. Gedichte. - München: Nymphenburger (1949). /4099

JÄGGI, Beat
Sunneschyn und Räge. - Witzwil: Selbstverlag 1946. /4100

Chinderhärz, Mueterhärz. Värsli für i jedes Hus. - Derendingen-
Solothurn Habegger (1950). /4101

Liechtli im Dezämber. Gedicht auf Solothurnerdütsch. - Fryburg:
Schwyzerlüt-Vlg. G. Schmid (1955). /4102

Tauträpfli. Värse für Härz und Gmüet. - Bern-Bümpliz: Benteli
in Komm. (1961). /4103

dasselbe. 2. Aufl. - Solothurn: Habegger (1966). /4104

Under de Stärne. Värse für Freud und Leid. Zeichnungen von
Lotti Weiss-Tosin. - Derendingen: Habegger (1965). /4105

Värse für jedes Fäscht. Üsi chlynere und grössere Chind sägen
uuf. - Ebenda (1967). /4106

JÄHNIG, Wolfgang

Wieviel Worte braucht die Liebe? Gedichte. - Rudolstadt:
Greifenverlag (1966). /410

JAENSCH, Hans-Uwe
Hans-Uwe Jaensch und Claus Michelers: Wortgemüse. - Bremen:
schöngeist - bel esprit 1968 = Kladde-Sonderausgabe. 1. /410

JAGENTEUFEL, Adolf
Haustrunk und Guider. Gedichte in Weinviertler Mundart. Buchschmuck von Franz Korger. - Wels: Welsermühl (1962) = Lebendiges
Wort. 14. /410

JAGER, August
Vergißmeinnicht. Gedichte. - Wien: Europ. Vlg. 1969. /411

JAGGI, Rosalie
Wanderschaft. Gedichte. Hrsg. von Hans Erpf. - Liebefeld-Köniz:
Lukianos-Vlg. (1966). /411

JAHN, Else Maria
Heimatklänge. - Klagenfurt: Selbstverl. (Kleinmayr) (1960). /411

Es sinkt der Tag, das Jahr. - Wien: Kodek (1969). /411

JAHN, Hans (1911)
Es geht dich an. Gedichte. - Buenos Aires: Selbstverl. 1945. /411

JAHN, Hanns Georg
Licht in der Stille. - Wien: Europäischer Vlg. 1960. /411

JAHN-AHORNER, Hertha
Im Verlauf eines Jahres. Gedichte. - Wien: Europ. Vlg. 1961. /411

JAHODA, Ernst
Schuld und Sühne. Sprüche. - Wien: Selbstverlag 1947. /411

Über den Ungeist der Gesetze. Sprüche. - Wien: Selbstverlag 1947. /4118

JAKOB, Gottfried
Allerloi aus'm Rians. Gedichte in Rieser Mundart, neu zusammengest. und mit einer Einf. in des Dichters Lebenswerk von Karl Stirner. - Nördlingen: Sommer (1960). /4119

JAKOBER, Robert
Nex für unguet. Schwäbische Gedichte. - Laichingen/Württ.:
Alb-Verlag Bischoff /1959/. /4120

JAKOBS, Karl-Heinz (1929)
Guten Morgen, Vaterlandsverräter. Gedichte. - Halle:
Mitteldt. Verlag 1959. /4121

JANBERG, Hans
Auf der goldenen Schaukel. Ins Schwingen gebracht durch Hans
Janberg. Pinsel und Messer führte Hanns H. Heidenheim. Privatdruck. -
Büderich bei Düsseldorf: Vogel /1960/. /4122

JANDL, Ernst (1925)
Andere Augen. Gedichte. - Wien: Bergland-Verlag (1956) = Neue
/412

Dichtung aus Österreich. 21. /4124
lange gedichte. Gedichte und experimentelle Texte. - Stuttgart:
E. Walther 1964 = rot. 16. /4125
klare gerührt... - Frauenfeld: Gomringer 1964 = konkrete poesie
- poesia concreta. 8. /4126
mai hart lieb zapfen eibe hold. - 1965. (b.n.e.) /4127
Laut und Luise. Nachwort von Helmut Heißenbüttel. - Olten,
Freiburg i. Br. : Walter-Verlag (1966) = Walter-Druck. 12. /4128
Sprechplatte: Ernst Jandl liest Sprechgedichte: Laut und Luise. -
Berlin: Wagenbach 1968 = Wagenbachs Quartplatte. 2. /4129
Sprechblasen. Gedichte. - Neuwied, Berlin: Luchterhand, Edition
Otto F. Walter (1968). /4130
(Text). Grafik: Herwig Thiele. - Steinbach b. Gießen: Anabas-Vlg.
Kämpf /1968/ = Anabas-Literatur-Plakat. 2. /4131
Der künstliche Baum. Gedichte 1957-1969. - Neuwied, Berlin:
Luchterhand (1970) = Sammlung Luchterhand. 9. (mit Schallplatte) /4132
Sprechplatte: Der künstliche Baum. Sprecher: Ernst Jandl. -
Neuwied, Berlin: Luchterhand /1970/. /4133

JANDL, Hermann
leute, leute. - Frankfurt: S. Fischer (1970) = aus der reihe... 3 /4134

JANETSCHEK, Albert (1925)
Botschaft der Seele. Gedichte. - Wien: Europäischer Vlg. 1951. /4135
Gnade und Bewährung. Gedichte. - Ebenda 1953. /4136
Auskunft über Adam. Satirische Gedichte. - Rothenburg o. d. T. :
Peter, Gebr. Holstein (1968). /4137

JANIK, Karoline
Unterm ewigen Bogen. - Wien, Innsbruck: Rohrer /1964/. /4138

JANISCH, Oswald
Bogen in die Dämmerung. - München: Heimatwerk-Vlg. (1967). /4139

JANKUHN, Artur
Lies und lach'. Vortragsbuch über heitere und besinnliche gereimte
und ungereimte Selbsterkenntnisse. - Wiesbaden: Schultze /²1953/. /4140

JANSEN, Erich (1897-1968)
Die Galerie. - Oberhausen: Storck /1956/. /4141
Der Schildpattkamm. Bilder aus einem alten Tagebuch. Gedichte.
- Ebenda 1958. /4142
Aus den Briefen eines Königs. Gedichte. - Köln, Berlin:
Kiepenheuer & Witsch (1963). /4143
Die nie gezeigten Zimmer. Lyrik und Prosa. - Hamburg,
Düsseldorf: Claassen (1968) = claassen poetica. /4144

JANSEN, Leonhard (1906)

und darüber die Sterne. Gedichte. - Trier: Heimatscholle 1965. /4145
JANSSEN-NOORT, Rieks d.i. Hinnerikus Janssen (1912)
Keierpadd mit Riemkes un Vertellses. - Leer/Ostfriesld. :
Zopfs /1955/. /4146
JAPPE, Hajo (1903)
Dank an Südtirol. Ein Zyklus. - Meran: Unterberger /1950/. /4147
Romfahrt. Ein Stanzen-Zyklus. - Ebenda (1950). /4148
Des entschwundenen Tages Sinn. Gedichte. Gedruckt für die
Freunde der Buchdruckerei H. Laupp jr., Tübingen. - Tübingen: Laupp
(1953). /4149
Sommerliche Kykladen. Gedichte. - 1958. (b. n. e.) /4150
Vor Griechenbildern. Gedichte. - 1960. (b. n. e.) /4151
Der Lehrer. Aus einem Merkheft. Spruchgedichte. Hrsg. von Hans
und Hilde Sparre-Laupp. Neujahrsgabe. - Tübingen: Laupp jr. /1965/. /4152
JASKY, Eduard Rudolf (1885-1955)
Das Leben. Lyrisches und Satirisches. - Wien: Hollinek (1955). /4153
JASPERSEN, Ursula (1919)
Die innere Landschaft. - Hamburg: Hansischer Gildenvlg. 1946.
/4154
JATHO, Carl Oskar (1884)
Das Gartengespräch. Ein rheinischer Zyklus. - Düsseldorf:
Schwann 1946. /4155
JAUN, Hans
Schööns und Struubs. Poesie und Prosa. - Meiringen: Leopthien (1969). /4156
JEHLI, Johann Jakob
Gedanken. - Elgg: Volksverlag /1966/. /4157
JELINEK, Elfriede
Lisas Schatten. - München, Würzburg, Wien: Relief Vlg. 1967 =
Der Viergroschenbogen. 76. /4158
Gedichte und Prosa. - Wien: Edition Avantypidy 1967 = &cetera. 7.
/4159
JELLINEK, Fritz (1892-1966)
Kinder der Niobe. - Zürich: Prometheus-Verlag 1950. /4160
JELLINEK, Oskar (1866-1949)
Gedichte und kleine Erzählungen. Mit einem Nachw. von
Richard Thieberger. - Wien: Zsolnay 1952. /4161
JENNER, Walter
Begegnung an der Kimm. Novellen, Gedichte. - Stuttgart:
Fink-Verlag /1946/. /4162
JENNICHES, Jean
Der Famijeusflog. Kölsche Verzällcher un Gedeechte. Illustr. von
Paul Karge. - Köln: Greven (1964) = Beiträge zur kölnischen Geschichte,
Sprache, Eigenart. 41. /4163

JENSEN, Fritz   d.i. Friedrich Albert Jerusalem   (1903-1955)
Opfer und Sieger. Nachdichtungen, Gedichte und Berichte. Mit
einem Vorw. von Ernst Fischer. - Berlin: Dietz 1955.   /4164

JETZELSBERGER, Susanne
Anny und Susanne Jetzelsberger: Arbeiten zweier Salzburger
Schwestern. (darin:) S.J.: Der Zaunkönig singt auch im
Dezember. Gedichte. - Wien: Bergland (1969) = Neue Dichtung
aus Österreich. 153.   /4165

JENTZSCH, Bernd   (1940)
Alphabet des Morgens. Illustr. von Peter Meyer. - Halle: Mitteldt. Verlag 1961.   /4166

JERTZ, Mia
Sexpressionen. Ein lyrisches Love-in. - Berlin: Blanvalet (1969).   /4167

JESSEN, Heimer
Liederkränze. - Breklum/Schleswig: Jensen /1953/.   /4168

JIRASEK, Maria   (1909)
Das Himmelreich leidet Gewalt. Gedichte. - Graz, Wien,
München: Stiasny (1953).   /4169

Gesegnete Stunde. Gedichte. - Wien: Europäischer Vlg. 1954.   /4170

JIRGAL, Ernst   (1905-1956)
Sonette an die Zeit. - Wien: Frick /1946/.   /4171

Etüden. Gedichte. - Innsbruck: Österr. Verlags-Anstalt (1953).   /4172

Schlichte Kreise. Gedichte. - Wien: Bergland-Verlag (1955) =
Neue Dichtung aus Österreich. 2.   /4173

JOB, Jakob   (1891)
Wanderrast. Gedichte, Reise- und Städtebilder. - Zürich: Classen
(1952).   /4174

JOCHEMS-HORSTMANN, Ellen
Wasser, Winde, Wolken, Wälder. Gedichte. - Laren/Holland:
A.G. Schoondarbeek /1964/.   /4175

JOCHIMS, Reimer
fünf visuelle wortbewegungen. - Frauenfeld: Gomringer Press
1965.   /4176

JOCHUM, Maria   (1903)
Unterwegs. Gedichte. - Frankfurt: Vlg. Josef Knecht, Carolusdruckerei (1947).   /4177

JOCKERS, Ernst   (1887-1963)
Die Ahne. (Ein Zyklus) - Freudenstadt/Schwarzw.: Kaupert /1957/.   /4178

JÖRN, Wilhelm   (1875-1963)
Weihnachts- und Neujahrsfeiern. Gedichte und ein Singspiel.
- Stuttgart: Christliches Verlagshaus (1946).   /4179

Weihnachtszeit und Jahreswechsel. Gedichte und ein Weih-
nachts-Singspiel. Ebenda /1950/.   /4180

JÖRNS, Klaus Peter

Gedichte und Prosa, beim Lesen der Bibel geschrieben. - Gütersloh: Gütersloher Verlagshaus (1970). (Umschlagt.: Und sprach erst viel später wieder mit Gott.) /4181

JOEST, Wolfgang
Ein paar geprägte Silbermünzen. (Gedichte und Aphorismen) - Schweinfurt: Verlag neues forum (1969). /4182

JOHANNIMLOH, Norbert (1930)
En Handvöll Rägen. Plattdeutsche Gedichte mit hochdeutscher Übersetzung. Nachwort von Konrad Hansen. - Emsdetten/Westf.: Lechte (1963) = Stimmen aus Westdeutschland. 2. /4183

Wir haben seit langem abnehmenden Mond. Gedichte. - Darmstadt: Bläschke 1969. /4184

JOHANNSEN, Uwe
Mein Lied und Anemonen. Gedichte. Mit Illustr. von Gertrude Degenhardt. - Offenbach: Detlev Eberlein 1967. /4185

JOHANNTOBERNS, Heinz
Opferlob. - Buxheim/Iller: Martin-Vlg. Berger (1956). /4186

Pilgerweise. Linolschnitte von Fritz Möser. - Ebenda (1958). /4187

JOHN d. i. Günther Emil Schwarz
Der Glanz aus Innen. Sinngedichte. - München: Drei Eichen (1960). /4188

dasselbe. - Krün/Obb.: Verlag der Helfenden (1966). /4189

JOKOSTRA, Peter (1912)
An der besonnten Mauer. Gedichte. - Berlin: Neues Leben 1958. /4190

Magische Straße. - Darmstadt, Berlin, Neuwied: Luchterhand (1960). /4191

Hinab zu den Sternen. Gedichte. - Neuwied, Berlin: Luchterhand (1961). /4192

Die gewendete Haut. Neue Gedichte. - Hamburg: Claassen (1967). /4193

JOLLY, Maria (1895-1968)
Schwarze Kelche. Linolschnitte von Fritz Möser. - Karlsruhe: Der Karlsruher Bote (1958). /4194

Gesang der Seele in der Einsamkeit. - Ebenda /1963/. /4195

JONAS, Erasmus (1929)
Im Dickicht verborgen. Gedichte. - München: Hanser (1959) = Junge Autoren. /4196

JONAS, Heinrich
Humana. Balladen. - Schleswig: Selbstverlag (1963). /4197

JONAS-LICHTENWALLNER d.i. Johanna Jonas (1914)
Weg durch die Zeit. - Wien: Sensen-Vlg. 1965. /4198

JONDORF, Wilhelm
Wilhelm Jondorf zum Gedächtnis. Gedichte. (Festgabe als Privatdruck) Hrsg. von Betty Jondorf. - London: Selbstverlag 1960. (500 Ex.) /4199

JONE, Hildegard   d. i. Hildegard Jone Humplik   (1891-1963)
A n i m a. Gedichte des Gottesjahres. - Wien: Thomas Morus Presse,
Verlag Herder 1948.   /4199

JORDAK, Karl   (1917)
D i e   v e r ä n d e r t e   W e l t. Gedichte. - Wien: Österreichische
Verlagsanstalt (1967).   /4200

JORDAN, Maria   (1893-1955)
D e r   e w i g e   K r e i s. Gedichte. - Wien: Europäischer Verlag 1953.   /4201

JORDAN, Roland
L a b y r i n t h i s c h e   G ä r t e n. Lyrik. - Innsbruck: Selbstverlag
/1969/.   /4202

L a g e r f e u e r   d e r   S e e l e. Gedichte. - Karlsruhe: Der Karlsruher
Bote 1970.   /4203

JOUANNE, Rudolf von
E h e   e s   A b e n d   w i r d. Gedichte. Die Auswahl besorgte Otto Hofmann-
Wellenhof. - Graz, Wien: Stiasny (1956) = Steirische Autoren. Dichtung
der Gegenwart. 14 (vielm. 13a).   /4204

JOUHY   d. i. Ernest Jablonski-Jouhy   (1913)
C o r r e s p o n d a n c e s. Gedichte in zwei Sprachen. - Heidelberg:
Schneider 1964.   /4205

JÜCHEN, Aurel von
V o l k   i n   d e r   K e l t e r. Gedichte. - Berlin: Evangel. Verlagsanstalt
1947 = Gute Gefährten. 2.   /4206

S e h e t,   w e l c h   e i n   M e n s c h ! Ein Passional. Vertonung der Choräle
von Hanspeter von Jüchen. - Berlin-Dahlem: Wichern-Vlg. /1956/.   /4207

JÜLLIG, Karl Hans   (1888)
G a n g o l f. Ein Leben in Reimen. - Wien: Europ. Vlg. (1951).   /4208

JÜNGER, Friedrich Georg   (1898)
D e r   W e s t w i n d. Ein Gedichtband. - Frankfurt: Klostermann (1946).   /4209

D a s   W e i n b e r g h a u s. - Frankfurt: Klostermann 1946.   /4210

dasselbe. - Hamburg: Dulk /1947/.   /4211

G e d i c h t e. - Hamburg: Verlag „Zum krächzenden Sumpfkranich"
(Hans Dulk, für die ehrenwerten Mitglieder der Powenz-Gesellschaft)
(1946) = Powenzdruck. 1.   /4212

D i e   S i l b e r d i s t e l k l a u s e. - Frankfurt: Klostermann 1946.   /4213

dasselbe. - Hamburg: Dulk /1947/.   /4214

D i e   P e r l e n s c h n u r. - Frankfurt: Klostermann 1947.   /4215

dasselbe. - Hamburg: Dulk (1947).   /4216

G e d i c h t e. - Frankfurt: Klostermann (1949).   /4217

I r i s   i m   W i n d. - Ebenda (1952).   /4218

M o r g e n l ä n d i s c h e   S t a d t. Gabe des Autors an seine Freunde Weihnachten 1952 - Neujahr 1953. - Frankfurt: Klostermann 1952.   /4219

Ring der Jahre. - Frankfurt: Klostermann (1954). /4220

Schwarzer Fluß und windweißer Wald. Gedichte. - Ebenda (1955). /4221

Dank im Gedicht. - Ebenda 1958. (Als Manuskr. gedr.) /4222

Es pocht an der Tür. Gedichte. - Ebenda (1968). /4223

JÜRGENS, Martin (1944)
Fortgang. Gedichte. - München: Maistraßenpresse 1966 = Lyrik. 6. /4224

JÜRGENS-LÜTZEN, Gertrud d. i. Gertrud Jürgens (1890-1961)
Befreite Seele. Gedichte. - Hamburg: Morawe & Scheffelt 1946. /4225

Unsterbliches Hamburg. Mit Zeichnungen von Ortwin Knabe. - Hamburg: Hermes 1947. /4226

Erdenwanderer. Ein Sonetten-Zyklus. - 1960. (b. n. e.) /4227

JUERGENSEN, Gustav
Plattdüütsch Wiehnachtsbook. Geschichten un Gedichten. - Hamburg-Wellingsbüttel: Fehrs-Gilde (1965). /4228

JUGL, Franz
S'Joa. Mundartgedichte. - Wien: Europäischer Vlg. 1964. /4229

Gedanken. - Ebenda (1966). /4230

JUHRE, Arnim (1925)
die hundeflöte. gedichte. - Berlin-Zehlendorf: Fietkau (1962) = /4231
schritte. 6.

JUN-BRODA, Ina d. i. Ina Broda
Die Dichter in der Barbarei. Gedichte. - Wien: Schönbrunn-Verlag 1950. /4232

JUNG, Frieda
Auch ich hab mit dem Schmerz zu Tisch gesessen. Ausgew. Dichtungen in Hochdeutsch und Platt, in Vers und Prosa. - München: Gräfe und Unzer (1956). /4233

JUNG, Friedrich Hermann (1902)
Ernte der Jahre. Gedichte. - Karlsruhe: Der Karlsruher Bote (1959) = Sonderheft. 2. /4234

Gedichte. - Murrhardt: Lang o.J. (Hermann Hesse-Nachlaß, Schiller-Nationalmuseum, Marbach). /4235

Hainaer Impressionen. Gedichte. - o.J. (autogr.) (Hermann Hesse-Nachlaß, Schiller-Nationalmuseum, Marbach) /4236

JUNG, Gerhard (1926)
D'Heimet uf em Wald. Alemannische Gedichte. Nachw. von Emil Imm. Federzeichn. von Kurt Winkler. - Lahr/Schwarzw.: Schauenburg (1960) = Silberdistel-Reihe. 47. /4237

Schmecksch de Brägel. Heiteri Sächeli zum Vortrage. Zeichn. von Friedemann Hett. - Ebenda (1966) = Silberdistel-Reihe. 104. /4238

Wurzle un Blatt. Alemannische Gedichte in Wiesentäler Mundart. - Olten: Vereinigung Oltner Bücherfreunde 1968 = Oltner Liebhaberdruck. 15. /4239

JUNG, Heinrich (1892)
De Hessespichel oder Bleibt, was ihr seid! Ausgewählte Gedichte
in Wetterauer Mundart. - Friedberg i. H.: Bindernagel 1954. /4240

JUNG, Peter
Heidesymphonie. Simfonia cîmpiei. (dt.) Verse aus 4 Jahrzehnten. -
Bukarest: Literatur-Verlag 1961. /4241

JUNGHANS, Marianne (1923)
Wacht auf! - Wien: Europäischer Verlag 1965. /4242

Kreuzweg. Sonette. - Buxheim: Martin Verlag Berger 1966. /4243

Doch du in allen Dingen. - Ebenda 1970. /4244

JUNGMAIR, Otto (1889)
Stoan und Stern. Gedichte in oberösterreichischer Mundart. -
Linz: Oberösterreichischer Landesverlag 1953. /4245

Legenden in oberösterreichischer Mundart. Gedichte. Im
Anhang: D'Hoamátmeß. Mundartlicher Meßliedtext. - Linz: Oberösterreichischer Landesverlag 1959. /4246

Wunder und Wunder. Gedichte. - Ebenda (1963). /4247

Allerhand Kreuzköpf aus'n Landl. Heitere Mundartgedichte.
- Ebenda (1969). /4248

JUNKER, Benoni
Unter dem Galgen gesungen. Zellenlieder, Balladen, Roman-
zen. Zeichnungen von Klaus Tolxdorff. - Darmstadt: Leske (1954) =
Kleine Leske-Bibliothek. /4249

JURGENSEN, Manfred
Stationen. Gedichte. - Bern: Lukianos-Verlag Hans Erpf (1968). /4250

aufenthalte. gedichte. - Ebenda (1969). /4251

KADE, Max
Die wandernde Sibylle. Gedichte. Privatdruck - Stuttgart:
Scheufele (1967). /4252

KAELIN, Jasper
Es ruhen Lieder. - Freiburg/Schweiz: Paulis-Verlag (1948). /4253

KÄMMERER, Christa
Gedichte. Prägungen von Michael Jens Barge. - Henstedt-Rhen:
Henstedter Handdruck-Verlag 1970 = Gedichtreihe des Henstedter Hand-
druck-Verlags. 2. /4254

KÄMPCHEN, Heinrich
Das Lied des Ruhrkumpels. Hrsg. von Waltraut Seifert und
Erhard Scherner. - Berlin: Verlag des Ministeriums für nationale
Verteidigung (1960) = Kämpfende Kunst. /4255

KÄSER, Jakob (1884)
Am Dorfbach noh. Bärndütschi Gedicht. - Aarau: Sauerländer
(1960). /4256

Wenn der Hammer ruht. Gedanken aus der Dorfschmiede. -

Herzogenbuchsee: Schelbli (1962). /4257

KÄSMAYR, Benno
Gedichte. - München: Maistraßenpresse 1969. /4258

Benno Käsmayr: do faregg. Franz Bermeitinger: do fareck. -
Gersthofen: Maro-Vlg. (1970). /4259

KÄSSL, Franz Josef
Spuren. Gedichte. - Karlsruhe: Der Karlsruher Bote /1954/. /4260

KÄSTNER, Erich (1899-1974)
Bei Durchsicht meiner Bücher... Eine Auswahl aus vier Versbänden. - Zürich: Artemis 1946. /4261

dasselbe. - Zürich: Atrium (1946); Berlin: Atrium /1949/. /4262

dasselbe. - Stuttgart, Hamburg: Rowohlt (1946). /4263

dasselbe. - Wien: Ullstein (1950). /4264

Dr. Erich Kästners lyrische Hausapotheke. Ein Taschenbuch. Enthält alte und neue Gedichte des Verfassers für den Hausbedarf der Leser. Nebst einem Vorwort und einer nutzbringenden Gebrauchsanweisung samt Register. - Zürich: Atrium (1946). (zuerst 1936) /4265

dasselbe. - Berlin: Atrium (Inh. C. Dressler) /1949/; Dressler /1958/.

dasselbe. - Wien: Ullstein (1949). /4266
/4267

Der tägliche Kram. Chansons und Prosa 1945-1948. - Zürich: Atrium /1948/. /4268

dasselbe. - Singen: Oberbadischer Verlag (1949). /4269

dasselbe. - Wien: Ullstein (1952). /4270

dasselbe. - Berlin: Atrium /1953/. /4271

Kurz und bündig. Epigramme. - Olten: Vereinigung Oltner Bücherfreunde 1948 = Veröffentlichungen der Vereinigg. Oltner Bücherfr. 38. /4272

dasselbe. - Zürich: Atrium (1950). /4273

dasselbe. - Köln, Berlin: Kiepenheuer (1950). /4274

dasselbe. - Wien: Ullstein (1950). /4275

dasselbe. - Berlin, Darmstadt, Wien: Dt. Buch-Gemeinschaft (1967). /4276

Die kleine Freiheit. Chansons und Prosa 1949-1952. Mit Zeichn. von Paul Flora. - Zürich: Atrium /1952/. (mit Bibliogr.) /4277

dasselbe. - Berlin: Atrium (1952) /4278

dasselbe. - Wien: Ullstein (1953). /4279

dasselbe. - Frankfurt, Hamburg: Fischer-Bücherei (1963) = Fischer-Bücherei. 507. /4280

der Gegenwart ins Gästebuch. Gedichte. (Auswahl). - Frankfurt: Büchergilde Gutenberg 1955. /4281

dasselbe. - Stuttgart, Hamburg: Dt. Bücherbund 1968. /4282

Die dreizehn Monate. (Gedichte.) Mit Zeichn. von Richard
Seewald. - Zürich: Atrium /1955/. /4283

dasselbe. - Berlin: Dressler /1955/. /4284

Eine Auswahl. - Zürich: Atrium (1956). /4285

dasselbe. - Berlin: Dressler (1956). /4286

Ausgewählte Gedichte. - Leipzig: Hochschule für Grafik und
Buchkunst (1958). /4287

Gesammelte Schriften in sieben Bänden. Vorw. von Hermann
Kesten. 1.: Gedichte. Illustr. von Erich Ohser, Rudolf Grossmann,
Richard Seewald. - Frankfurt: Büchergilde Gutenberg (1958). /4288

dasselbe. - Zürich: Atrium; Berlin: Dressler; Köln: Kiepenheuer &
Witsch 1959. /4289

dasselbe. - Zürich: Buchclub Ex Libris /1965/. /4290

dasselbe. - Stuttgart, Hamburg: Dt. Bücherbund /1965/. /4291

Große Zeiten - Kleine Auswahl. Hrsg. von Paul Rasche.
Illustr. von Paul Flora. - Hannover: Fackelträger (1959) = Die kleine
Reihe. /4292

Herz auf Taille. Zeichn. von Erich Ohser. - Zürich: Atrium
/1959/. (zuerst 1928). /4293

dasselbe. - Berlin: Dressler (1959). /4294

dasselbe. - München, Zürich: Droemer/Knaur (1970). /4295

Ein Mann gibt Auskunft. Zeichn. von Erich Ohser. - Zürich:
Atrium /1960/. (zuerst 1930) /4296

Sprechplatte: Hans Söhnker liest Erich Kästner. (Gedichte) -
Köln: Electrola /4297

Das Erich Kästner-Buch. Auswahl von Rolf Hochhuth. Gedichte
und Prosa. - Gütersloh: Bertelsmann Lesering 1961. /4298

dasselbe. - Zürich: Buchclub Ex Libris 1962. /4299

Sprechplatte: Erich Kästner liest: Gedichte. - Hannover:
Dt. Grammophon Ges., Literarisches Archiv /1961/. /4300

Gesang zwischen den Stühlen. Textillustr. von Erich Ohser. -
Zürich: Atrium /1961/. (zuerst 1932) /4301

dasselbe, - Berlin: Dressler /1961/. /4302

Wieso, warum? Ausgewählte Gedichte 1928-1955. - Berlin:
Aufbau Vlg. 1962. /4303

Sprechplatte: Ursula Herking singt Chansons von Erich
Kästner. Klavier: Jochen Breuer. - Hamburg: Dt. Grammophon
Ges. /1963/ = Literarische Kleinkunst. (Umschlagtitel: Plädoyer
einer Frau.) /4304

Lärm im Spiegel. Zeichn. von Rudolf Grossmann. - Zürich:
Atrium /1963/. /4305

Sprechplatte: Herz auf Taille. Songs und Gedichte zwischen den
Stühlen. Ausführende: Brigitte Grothum, Mady Rahl, Hannes Messemer,
Richard Münch, Jems Brenke, Hans Söhnker, Der Botho-Lucas-Chor,
Erich Kästner. - Köln: Electrola /1965/. /4306

Sprechplatte: Für Hochwohlgeborene. Chansons von Kästner/Nick.
Sprecher: Karl Schönböck. Musikal. Leitung: Nils Sustrate. - Hamburg:
Teldec /1965/. /4307

Kästner für Erwachsene. Hrsg. von Rudolf Walter Leonhardt. -
Frankfurt: S. Fischer (1966) = Die Bücher der Neunzehn. 138. /4308

dasselbe. - Stuttgart, Hamburg: Dt. Bücherbund /1969/. /4309

dasselbe. - Frankfurt: Büchergilde Gutenberg (1969). /4310

Warnung vor Selbstschüssen. Ausgewählte Gedichte. - Berlin,
Weimar: Aufbau-Vlg. (1966) = bb. 161. /4311

Kennst du das Land, wo die Kanonen blühn? Gedichte und
Lieder zwischen zwei Kriegen. Auswahl und Zusammenstellg. von Walter Püschel. Zeichnungen von Herbert Sandberg. - Berlin: Eulenspiegel-Verlag 1967. Mit einer Schallplatte besungen von Ernst Busch. /4312

dasselbe. - Zürich: Atrium /1968/. /4313

dasselbe. - Hanau: Müller & Kiepenheuer 1968. /4314

Unter der Zeitlupe. - Freiburg i. Br. : Hyperion-Vlg. /1967/. /4315

Die Zeit fährt Auto. Gedichte. Hrsg. von Gerhard Seidel. - Leipzig: Reclam (1968) = Reclams Universal Bibliothek. 433. /4316

Gesammelte Schriften für Erwachsene in acht Bänden.
1. : Gedichte. - München, Zürich: Droemer/Knaur (1969). /4317

dasselbe. - Wien: Salzer (1969). /4318

dasselbe. - Berlin, Darmstadt, Wien: Dt. Buchgemeinschaft (1969). /4319

Sprechplatte: Gisela May singt Erich Kästner. Studioorchester
Leitung: Henry Krtschil. - Hamburg: Dt. Grammophon Ges. , Literarisches Archiv /1969/. /4320

Sprechplatte: Kästner für Zuhörer. 16 Chansons. In Kompositionen
von Bert Grund. Sänge: Uwe Friedrichsen u. a. Musikal. Leitung: Bert
Grund. - Hamburg: Dt. Grammophon Ges. , Literarisches Archiv. /1969/.
/4321
KÄUFER, Albert (1898)
Und kennt doch nicht der Mode Laune. Eine Schmunzel-Kollektion. Zeichn. vom Verf. - München: Scharl /1961/. /4322

KÄUFER, Hugo Ernst (1927)
Wie kannst du ruhig schlafen... Zeitgedichte. - Bochum:
Theodor Kleff (1958). /4323

Die Botschaft des Kindes. - Dülmen: Kreis der Freunde (1962)
= Der Vier-Groschen-Bogen. 15. /4324

Und mitten drin ein Zeichen. Mit einem Nachw. von Bernhard
Rang. - Emsdetten/Westf. : Lechte (1963) = Stimmen aus Westdeutschland. 6. /4325

Spuren und Linien. Mit 8 Zeichnungen von Kriemhild Flake und
Manfred Wotke. - Emsdetten/Westf.: Lechte (1967). /4326
Käufer-Report. (Neun aktuelle Gedichte) - Krefeld: Vlg. PRO (1968).

KAHL, Konrad /4327
Waage des Lebens. Gedichte 1933-1951. - Zürich: Oprecht (1951). /4328
Wider die Verächter des Zeitalters. Freundesgabe auf das
Neujahr 1967. - Darmstadt: Agora-Vlg. (1967). /4329

KAHLAU, Heinz (1931)
Probe. Gedichte. - Berlin: Volk und Welt 1956 = Antwortet uns!6. /4330
Der Fluß der Dinge. Gedichte aus 10 Jahren. - Berlin, Weimar:
Aufbau-Vlg. 1964; 2. veränd. Aufl. 1965. /4331
Mikroskop und Leier. - Eßlingen, München: Bechtle (1964) =
Bechtle Lyrik. 9. /4332
Heinrich Zille und Heinz Kahlau: Berlin aus meiner Bildermappe.
121 Bilder von Heinrich Zille, davon 26 farbig, und 71 Gedichte von Heinz
Kahlau. - Rudolstadt: Greifenverlag 1969. /4333
(Gedichte) - Berlin: Neues Leben (1969) = Poesiealbum. 21. /4334

KAHLE, Maria (1891)
Land der hohen Wälder. Gedichte und Erzählungen. - Bielefeld:
Dt. Heimatverlag 1954. Sauerland-Vlg., Iserlohn, in Komm. /4335
Herz der Frau. Gedichte. - Münster/Westf.: Aschendorff (1959). /4336

KAHLOW, Heinz (1924)
Und am Himmel tanzen Wolken Menuett. Gedichte, Lieder
und Chansons. Illustr. von Louis Rauwolf. - Berlin: Henschel 1969 =
Neue kleine Bühne. /4337

KAHMANN-HOLZE, Hildegunde
Stilles Leuchten. - Hannover: Hahnsche Buchhandlung (1948). /4338

KAHN, Harry (1883)
Spätlese. Verse aus sechs Jahrzehnten. - Zürich, Stuttgart:
Classen (1964). /4339

KAHN, Johannes
Balladen, Legenden, Lieder. - Alfeld/Leine: Gildevlg.,
Dobler (1966). /4340

KAHNERT, E. L.
Erlebte Welt. Gedichte. - Essen: Selbstverlag 1970. /4341

KAIEN-TEZETTI, Gustav d.i. Gustav Leopold Kintzi (1921)
Über die Schwelle. Gedichte. - Innsbruck: Universitäts-Vlg.,
Wagner /1963/ = Schriftenreihe des Innsbrucker Turmbundes. 5. /4342

KAINDL, Franz
Wia i red'. Gedichte und Gedanken eines Niederösterreichers. -
Waidhofen a. d. Thaya: Buschek (1946). /4343

KAINRATH, Karl (1906)
Aufbruch und Einkehr. Gedichte. - Wien: Bergland Vlg. (1960). /4344

Kuriositäten in Reimen. Satirische Gedichte. - Wien: Wedl 1965. /4345
Übern Zaun geblinzelt. Heiter-satirische Gedichte. - Ebenda
(1969). /4346

KAINZ, Walter (1918)
Liebeserklärung an das Weinland. Gedichte. - Wien:
Europäischer Vlg. /1951/. /4347

Untern Manhartsberi. Gedichte in Weinviertler Mundart. Buchschmuck von Franz Korger. - Wels: Welsermühl (1960) = Lebendiges
Wort. 7. /4348

KAISER, Georg (1878-1945)
Stücke, Erzählungen, Aufsätze, Gedichte. Hrsg. und Nachw.
von Walther Huder. - Köln, Berlin: Kiepenheuer & Witsch (1966).
Mit Bibliogr. + Zeittafel. /4349
dasselbe. - Frankfurt: Büchergilde Gutenberg (1967). /4350

Werke. 6 Bände. Hrsg. von Walther Huder. Akademie der Künste zu
Berlin. Bd. 3: Gedichte. - Berlin: Propyläen Vlg. 1970. /4351

KAISER, Hans Joachim
Gepäck auf der Zunge. 14 Gedichte. Mit 7 Zeichnungen von Konrad
Schüler. - Berlin: Neue Rabenpresse 1968 = Gedichte... Gedichte. 2. /4352

KAKUZ, Kaspar d. i. Alfred Pabst
Kakuzismen. Triste Lyrismen, freche Songs und Traktätchen. Zeichnungen von Jupp Wolter. - Fürstenfeldbruck: Steinklopfer (1959) =
Steinklopfer-Reihe der Außenseiter. /4353

KALÉKO, Mascha d. i. Mascha Kaléko-Vinaver (1912)
Verse für Zeitgenossen. - Cambridge, Mass.: Schoenhof Vlg. (1945).
/4354
dasselbe. Erweit. Aufl. - Hamburg: Rowohlt 1958. /4355

Das lyrische Stenogrammheft. Kleines Lesebuch für
Große. Ungekürzte Ausg. - Hamburg: Rowohlt 1956 = rororo. 175.
(zuerst 1934 und 1933) /4356

Das lyrische Stenogrammheft. (Auswahl) Mit Illustr. von Heinz
Schubert. - Essen: Schönwald Druck /1962/ = Schönwald Kalender 1963.
Sprechplatte: Mascha Kaléko spricht Mascha Kaléko. Verse /4357
für Zeitgenossen. Das lyrische Stenogrammheft. - Hamburg: Teldec
/1960/. /4358

Der Papagei, die Mamagei und andere komische Tiere.
Ein Versuch für verspielte Kinder sämtlicher Jahrgänge. Illustr. von
Günther Simon. - Hannover: Fackelträger-Vlg., Schmidt-Küster (1961)
= Die kleine Reihe. /4359

Sprechplatte: Hanne Wieder singt Chansons von Mascha
Kaléko. - Hamburg: Dt. Grammophon Ges., Literarisches Archiv,
(Literarische Kleinkunst) /1963/. /4360

Verse in Dur und Moll. Mit Illustr. von Bele Bachem. - Olten,
Freiburg i. Br.: Walter (1967) = Collection Känguruh. /4361

dasselbe. - Gütersloh: Bertelsmann - Lesering /1967/ =

Kleine Lesering - Bibliothek. /4362
Das himmelgraue Poesie-Album der Mascha Kaléko.
Illustr. von Bele Bachem. - Berlin: Blanvalet (1968). /4363
KALKBRENNER, Johannes (1906)
An den verborgenen Gott. Gedichte des Glaubens. - Dülmen/Westf.:
Kreis der Freunde 1963 = Der Vier-Groschen-Bogen. Sonderausg. 7. /4364
Gottes Mond steht hoch am Himmel. Geistliche und weltliche
Gedichte. Vorw. von Gottfried Pratschke. - Wien: Europäischer Vlg.
1965 = Die Stillen im Lande. /4365
Der Jünger Lied. Geistliche und weltliche Gedichte. Mit einem
Geleitw. von Gottfried Pratschke. Rohrfederzeichn. von Johannes Kalk-
brenner. - Ebenda 1967 = Die Stillen im Lande. /4366
KALMAR, Fritz
Ins Stundenglas geguckt. - Wien, Innsbruck, Wiesbaden:
Rohrer (1958). /4367
KALOW, Gert
erdgaleere. Gedichte. - München: Piper (1969). /4368
KALTENBRUNNER, Otto
Bei dir. - Wien: Europäischer Vlg. 1965. /4369
KALZ, Werner Friedrich
Die Kette. Nachgelassene Gedichte. Aus dem Nachlaß hrsg. von
Gerhard Schumann. - Bodman/Bodensee: Hohenstaufen Vlg. (1966). /4370
KAMM, Charles (1879-)
Der bunte Strauß. Ein Jahreszyklus. Verse zum Nachdenken. -
Strasbourg: Édition des dernières nouvelles 1949. /4371
Aus dem Lebensquell. Geistliches Gut in Versen. - Strasbourg:
Edition des dernières nouvelles 1954. /4372
KAMMERER, Immanuel (1896)
Rheinfelden thu aufwachen. Poesie und Prosa über das alte
Rheinfelden. - Rheinfelden: Selbstverlag 1952. /4373
KAMMRAD, Horst (1927)
Als Nacht war. Gedichte aus der Zeit und über die Jahre des „3. Rei-
ches". Überarbeitet. Hrsg.: Gruppe München der Literarischen Union e.V.
- München: Relief (1966). /4374
KAMOSSA, Käthe (1911)
Stationen. Gedichte. (u.a.) - Berlin: Lettner-Vlg. (1970). /4375
KAMPF, Kurt
Kristallisationen. - Offenbach: Kumm (1967). /4376
KAMPS, Lothar (1937)
Epizykel. - Stierstadt: Eremiten-Presse 1958. /4377
KANN, Matthias Conrad
Maria. Gedichte. - Detmold: Maximilian-Vlg. 1948. /4378
KANTHACK, Katharina (1901). /4379

Buch der Entgleisung. Zeichnungen von Horst Breitkreuz. -
Berlin: Minerva-Vlg. 1948. /4380

KANZLER, Georg (1894)
Widerklang. Gedichte. Illustr. von Fritz Möser. - Karlsruhe:
Der Karlsruher Bote (1958). /4381

Fränkischer Garten. Gedichte. - Ebenda 1960. /4382

Spiel der Zeit. - Ebenda 1965. /4383

KAPPELER, Ernst (1911)
A der Ärde. Gedichte. - Zürich: Oprecht (1945). /4384

Neue Gedichte. - Ebenda (1945). /4385

An den Sommer. Oden. - Ebenda (1946). /4386

Am Rand der Nacht. - Herrliberg-Zürich: Bühl-Vlg. (1947) =
Bühl-Verlag-Blätter. 16. /4387

Mensch dieser Zeit. Kantate zur 600-Jahrfeier des Eintritts
Zürichs in den Bund. - Winterthur-Töss: Gehring /1951/. /4388

Vergängnis. - Zürich: Oprecht (1951). /4389

Wäägluegere. Mundartgedichte. - Zürich: Classen /1957/. /4390

Chumm a d'Sunne sing e chli! Es Büscheli Lieder und Chansons.
Text und Melodien von E. K. - Solothurn: Schweizer Jugend-Vlg. (1961). /4391

Der Unruhpflug. - Zürich: Classen /1961/. /4392

KAPPEN, Richard
Verse des Jünglings (1930-1936). - Bonn: Leuchtturm-Vlg. 1948.
/4393

KAPRI, Rudolf von (1887-1946)
Der bunte Vogel. Gedichte. - Graz: Querschnitt-Vlg. 1946. /4394

KARAGOUNIS, Georg
Attische Nächte. Gedichte. - Zürich: Classen (1949). /4395

KARALUS, Paul
Guuhhmss Mühle und andere Texte. Nachw. von Frank Göhre.
- Bochum: Hengstenberg 1969. /4396

KARÉL, Karél d.i. Bernhard Doerdelmann (1930)
Perspektiven. Gedichte. - Herne: Grabski 1955. /4397

KARELL, Viktor (1898)
Vom Morgenrot zum Abendrot. Gedichte. - Landau a.d.Isar:
Selbstverlag (1969). /4398

KARIGER, Jean Jacques
Leuchtender Kreis. Lyrik. - Luxemburg: Beffort 1962. /4399

Elemente. Gedichtsuite. - Luxembourg: Bourg-Bourger 1967. /4400

KARNER, A. M.
Von ewiger Schau. - Wien: Titan-Vlg. /1946/. /4401

KARST, Gebhard

Deine fünf Lichter. - Langnau-Zürich: Selbstverl. (1946). /4402

KARSUNKE, Yaak (1934)
Kilroy & andere. Gedichte. - Berlin: Wagenbach (1967) =
Quarthefte. 17. /4403

reden & ausreden. 39 Gedichte. Frontispizgrafik von Rainer
Hachfeld. - Ebenda (1969) = Quarthefte. 38. /4404

KASACK, Hermann (1896-1966)
Das ewige Dasein. Gedichte. - Berlin, Frankfurt: Suhrkamp vorm.
S. Fischer 1949. (zuerst 1943) /4405

Aus dem chinesischen Bilderbuch. Gedichte. Mit Zeichnungen
von Caspar Neher. - Frankfurt: Suhrkamp 1955. /4406

Antwort und Frage. 13 Gedichte. - Ebenda 1961. /4407

Das unbekannte Ziel. Ausgewählte Proben und Arbeiten. Nachw. von
Käthe Hamburger. - Frankfurt: Suhrkamp 1963 = edition suhrkamp. 35.
(mit Verz. der Literatur über Kasack) /4408

Wasserzeichen. Neue Gedichte. - Ebenda (1964). /4409

Leben und Werk. Ein Brevier. Zusammengest. von Wolfgang
Kasack. - Ebenda 1966. /4410

KASCHNITZ, Marie Luise d.i. Marie Luise Frfr. Kaschnitz von Weinberg (1901-
Gedichte. - Hamburg: Claassen & Goverts (1947). 1974) /4411

Totentanz und Gedichte zur Zeit. - Ebenda (1947). /4412

Zukunftsmusik. Gedichte. - Hamburg: Claassen (1950). /4413

Ewige Stadt. Rom-Gedichte. - Krefeld: Scherpe-Vlg. 1951. /4414

Neue Gedichte. - Hamburg: Claassen (1957). /4415

Dein Schweigen - meine Stimme. Gedichte 1958-1961. -
Ebenda (1962). /4416

Ich lebte. Verse. Mit 6 Lithographien von Hermann Henry Gowa. -
Offenbach: Kumm (1963). /4417

Der Deserteur. Erzählungen und Gedichte. - Lübeck, Hamburg:
Matthiesen /1964/ = Die Leserunde. 29. /4418

Sprechplatte: Lange Schatten. (Gedichte und Prosa) Sprecherin: Marie
Luise Kaschnitz. - Hamburg: Dt. Grammophon Ges., Literar. Archiv /1964/
Ein Wort weiter. Gedichte. - Hamburg: Claassen (1965). /4419
/4420
Überall nie. Ausgewählte Gedichte 1928-1965. Mit einem Nachwort
von Karl Krolow. - Ebenda (1965). /4421

dasselbe. - München: Dt. Taschenbuch Vlg. 1969 = dtv. sonderr. 73. /4422

Sprechplatte: Gedichte (u.a.). Sprecherin: Marie Luise Kaschnitz. -
Freiburg i.Br.: Christophorus /1967/. /4423

KASPAREK, Franz
Die Sehnsucht im Herzen. - Wien: Europäischer Vlg. 1966. /4424

KASPER, Hans d.i. Dietrich Huber (1916)

Das Blumenmädchen. Federzeichnungen von Karl Staudinger. -
Stuttgart: Goverts (1958) /442

Wolken sind fliehende Wasser. Roman in Stenogrammen. -
Hamburg, Düsseldorf: Claassen 1970. /442

KASS, Mathias
Nach den Gestaden des Südens. - Luxemburg: Ch. Hermann 1946.
/442

KASSECKERT, Alfred
Du meine Welt. Gedichte. - Graz: Kienreich 1946. /442

KASTEN, Hans
An Ilse. Elegien. (Verm. Neudruck) - Borgfeld: Bremer Schlüssel
Verlag, Hans Kasten 1946 = Bremer Liebhaber Drucke. Sonderdruck.
(in 100 Ex.) /442

KATSCHER, Hedwig
Flutumdunkelt. Gedichte. - Wien: Bergland Vlg. (1963) = Neue
Dichtung aus Österreich. 107/108. /443

Zwischen Herzschlag und Staub. Gedichte. - Ebenda (1969)
= Neue Dichtung aus Österreich. 151. /443

KATTNIG, Josef
Die Mahnung. Die Spur. Gedichte. - Wien: Europ. Vlg. 1954. /443

Die Saat. Gedichte. Worte der wahren Freundschaft. - Ebenda 1955. /443

KAUFMANN, Fritz (1897)
Sintflut. Gedichte. - 1946 (b. n. e.) /443

Sintflut. Neue Folge. - 1947 (b. n. e.) /443

Das Herz auf der Zunge. Gedichte. - Wien, Köln: Sexl Vlg. 1950.
/443
KAUFMANN, Ueli (1948)
Wetterprognose. Gedichte. - Burgdorf (Schweiz): R. de Quervain
1966. (Privatdruck) /443

Derselbe wind. - Zürich: Regenbogen Vlg. (1967) = Regenbogen-
Reihe. 6. /443

KAUNE, Wilhelm (1895)
Möin Blaut singt döine Melodöi. Heimatklänge. - Hildesheim:
Lax 1949. /443

Mein Alt-Hildesheim. Geschichten und Gedichte. Bildschmuck von
Erich Heckert. - Hildesheim: Gebrüder Gerstenberg (1951). /444

An'n Heimatborn. Hrsg. vom Heimatbund Niedersachsen e. V. -
Hannover: Vlg. Heimatland (1956). /444

KAUSEL, Pauline
Lichtstrahlen. - Wien: Europ. Vlg. 1960. /444

Sei immer bereit. - Ebenda 1966. /444

KAUZ, Kaspar
Lyrikomische Verse. Vignetten von Felix Federspiel. - Wiesbaden:
Wiesbadener Graphische Betriebe /1951/. /444

KAWA, Elisabeth   (1882-1959)
Hände. - Würzburg: Augustinus-Vlg. (1949); 4. verb. Aufl. /1961/.   /4445

KECK-SCHOENLEBER, Elisa
Brachland. Gedichte und Aphorismen. - Strasbourg: Selbstverl. 1966.   /4446

KEFER, Linus   (1909)
Die Sommergöttin. Gedichte. - Wien: Frick Vlg. 1951.   /4447

Weissagungen der Regenmacher. Gedichte. - Salzburg:
Residenz Vlg. (1969) = RV-Lyrik.   /4448

KEHRER, Hans d. i. Stefan Heinz   (1913)
Und es wird Friede sein. Si va fi pace (dt.). - Bukarest:
Staatsverlag für Kunst und Literatur 1952.   /4449

Und wir marschierten... Si noi am inaintat... Tagebuch von der
Ostfront. Vignetten von Victor Stürmer. - Ebenda 1956.   /4450

KEIN, Ernst   (1928)
Kein Buch. 24 Verse und 24 Holzschnitte von den Rixdorfern. -
Hamburg: Rixdorfer Drucke, Merlin Vlg. 1967.   /4451

Wiener Panoptikum. Gedichte. - Wien, München: Jugend und
Volk 1970.   /4452

KEISCH, Henryk   (1913)
Epigramme. - Rostock: Hinstorff 1965.   /4453

(Gedichte) - Berlin: Neues Leben (1969) = Poesiealbum. 23.   /4454

Darauf einen Vierzeiler. Epigramme. - Rostock: Hinstorff 1970.
    /4455

KEISER, César
Limericks.(1.) Illustr. von Scapa. - Bern: Benteli (1964).   /4456

2. - Ebenda (1965).   /4457

3. Nachw. von Franz Wurm. - Ebenda (1966).   /4458

Texte aus den Kabarettprogrammen. Opus 1 bis Opus 4.
Mit Fotos von Michael Wolgensinger und Zeichnungen und Vignetten von
Scapa. - Bern: Benteli (1967).   /4459

César Keisericks. Gesammelte Limericks von C. K. Illustr. von
Scapa. - Ebenda (1968).   /4460

KELLER, Alfred
Im Strom der Zeit. - Zürich: Korrektorenverein /1956/.   /4461

KELLER, Anna   (1879)
Glick und Säge. Värs zum Danke und Gratuliere. - Basel: Majer
1947; 2. erw. Aufl. 1957.   /4462

Am Himmel goht e Tirli uff. Alti und neii Värsli zum Uffsage
für klaini und groossi Baslerkinder. Zeichn. von Trudi Leibundgut-Haas.
- Ebenda (1951).   /4463

Wir Alten. - Ebenda (1956).   /4464

KELLER, Hans Peter   (1915)
Der Schierlingsbecher. Gedichte. - Düsseldorf: Schwann (1947).   /4465

Die Opfergrube. - Basel: Kolbinger Verlag 1953. /4466

Die wankende Stunde. Gedichte. - Wiesbaden: Limes (1958). /4467

Die nackten Fenster. Neue Gedichte. - Ebenda (1960) /4468

Herbstauge. Gedichte 1960-1961. Radierungen von Rolf Sackenheim.
- Ebenda (1961). /4469

auch Gold rostet. Gedichte. Federzeichnungen von Rolf Sackenheim. - Ebenda (1962). /4470

Grundwasser. - Ebenda (1965). /4471

Panoptikum aus dem Augenwinkel. Bruchstücke. - Ebenda
/1967/ = Limes nova. 20. /4472

Poèmes. (dt. + franz.) Trad. de Pierre Garnier. - Paris: Silvaire
(1969). /4473

Stichwörter Flickwörter. - Wiesbaden: Limes (1969) /4474

Licht hinterm Schatten. Gedichte. Mit 3 Radierungen von Jochem
Poensgen. - Duisburg: Guido Hildebrandt 1970 = Hundertdruck. 8. /4475

KELLER, Heidi
Zwischen Vogelruf und Tag. Gedichte. Mit 5 Holzschnitten
von Heinz Keller. - Winterthur: Verlag Wolfgang Vogel (1969) /4476

KELLER, Lotte
Den Freunden. Gedichte. - Wien: Europäischer Verlag 1964. /4477

Gebet. Gedichte. Bildwerke von Hubert Wilfan. - Ebenda (1969). /4478

KELLER, Paul Anton (1907)
Gesang vor den Toren der Welt. Frühe Gedichte. 2. geänd. Aufl.
- Graz, Wien: Leykam 1947. (zuerst 1931) /4479

Lebensreise. Gedichte. - Gütersloh: Bertelsmann (1948).
(zuerst 1943) /4480

Der klingende Brunn. Gedichte. - Ebenda 2. geänd. Aufl. (1948).
(zuerst 1938) /4481

Die holde Frühe. Gedichte. - Wien: Kremayr & Scheriau (1954). /4482

dasselbe. - Wien: Buchgemeinschaft Donauland (1954). /4483

Uralt stille Reise. Gedichte. - Graz: Grazer Druckerei 1964. /4484

KELLERMANN, Friedrich
Tor zu Gott. - Erlangen: Vlg. der Evangel. Mission (1952). /4485

KELLER-GÜNTERT, Gottfried
Die Ernte. Gedichte. - Andelfingen: Thur-Verlag /1959/. /4486

KELLER-KEILHOLZ, Ruth (1925)
Sunechrättli. E Hampfle Veersli für d'Mueter und iri Chind. -
Luzern, München: Rex-Verlag (1959). /4487

KELLER-LIPS, Bertha
Aus der Stille. Vignetten von Willi Albrecht. - St. Gallen: Tschudy
(1954). /4488

KELLERMANN, C. A.
Hegau- und Rheingedichte. - Singen: Kober & Losch 1952. /4489

KENTMANN, Ingeborg
Wiege mich, Wind! Gedichte. - Aichach/Obb. Mayer 1965. /4490

KERAN, H. d. i. Herta Ranner
„Mein vielkrankes Herz..." Gedichte. Illustr. von Editha
Pernt-Strobl. - Wien: Ranner /1967/. /4491

KERCKHOFF, Susanne (1918-1950)
Das innere Antlitz. Gedichte. - Berlin: Dressler (1946). /4492

Menschliches Brevier. Gedichte. - Berlin: Vlg. „Lied der Zeit".
1948. /4493

KERN, Christl
Altkettenhofer Weihnachtsbüchlein. Verse. Illustr. von
Maria Czerny. - Wien: Heiler /1958/. /4494

KERN, Hermann Helmut (1912)
Zeichnungen. Texte. Texte aus: Kern: Kalenderbunte Blätter. -
Aurich-Popens: H. H. Kern /1959/. /4495

Schlesischer Lesebogen. Mit einer Federzeichnung des Verfassers. - Ebenda /1960/ = "vo derheeme". /4496

Drei Bogen. (Gedichte und Zeichnungen). - Ebenda (1961). /4497

Äberlausitzer Lasebogen. Vo derheeme salber gewirkt.
Zeichnungen vom Verfasser. - Aurich: Selbstverlag 1964. /4498

Gedichte und Graphik. - Ebenda /1967/. /4499

KERN, Karl Richard (1902)
s. a.: Erna Künast, Martin Grill und Karl Richard Kern: Nordischer
Dreiklang.

Liebe, Leben, Welt. Gedichte. Hrsg. von der Seliger Gemeinde,
Gesinnungsgemeinschaft Sudetendt. Sozialdemokraten. - München: Die
Brücke 1967. /4500

KERN, Walter (1898-1966)
Cezannes Tod. Gedicht. - Zürich: Johannespresse (1947). /4501

Der blinde Minotaurus. Gedichte. - 1950 (b. n. e.) /4502

KERNDL, Florian
„Das Lied, die Freud, das Leid...". - Wien: Europäischer Vlg. 1960. /4503

Ein poetischer Nachklang zum Buche „Das Lied, die
Freud, das Leid...". - Ebenda (1962). /4504

KERR, Alfred d. i. Alfred Kempner (1867-1948)
Gedichte. - Köln, Berlin: Kiepenheuer & Witsch (1955) = Die
kleine Kiepe. /4505

Sprechplatte: Berlinisches. Heitere Verse. Sprecher: Martin Held. -
Hamburg: Teldec /1964/. /4506

Trotz alldem - es hat gelohnt! Verse und Lieder. - Berlin:
Henschel 1967 = Klassische kleine Bühne. /4507

KERR, Lydia
Petits poèmes. Kleine Gedichte. - Neuchâtel: Imprimerie Attinger
(1956). /4508

Vagues. Poèmes und Gedichte. (dt.) - Ebenda (1960). /4509

Notes des îles fortunèes et d'ailleurs. (Gedichte dt. +
engl. + franz. +span.) - Ebenda 1969. /4510

KERSCHBAUMER, Marie-Therese
Gedichte. - Bukarest: Kriterion-Vlg. 1970. /4511

KERSSENBROCK, Elisabeth
Österreich - Vaterland. - Wien: Europäischer Vlg. 1955. /4512

KERST, Kilian d.i. Wilhelm Fath (1901)
Gedichte. - Fulda: Parzeller 1948. /4513

KESSEL, Martin (1901)
Gesammelte Gedichte. Hamburg: Rowohlt (1951). /4514

Kopf und Herz. Sprüche im Widerstreit. -Neuwied a. Rh., Berlin-
Spandau: Luchterhand (1963) = Die mainzer reihe. 17. /4515

KESSLER, Clémence (1903)
Zum Licht! Gedichte aus dem Leiden. - Zürich: Christliche Ver-
einsbuchhandlung /1946/. (zuerst 1940) /4516

Gesegnete Einsamkeit. - Zürich, Frankfurt: Gotthelf-Vlg.
3. Aufl. (1953). (zuerst 1938) /4517

KESSLER, Ernst
Quelle des Lebens. Kurzgeschichten und Gedichte. Überarb.von
Emma Ehmer. Hrsg. von der Pressestelle der Evangelisch-lutherischen
Kirche in Thüringen. - Berlin: Evangel.Verlags-Anstalt in Verbindung
mit dem Wartburg-Vlg. Keßler, Jena (1957). /4518

Bis an der Welt Ende. Erzählungen und Gedichte. Überarb. von
Emma Ehmer.Hrsg. von der Pressestelle der Evangelisch-lutherischen
Kirche in Thüringen. - Ebenda (1958): 2.veränd.Aufl. (1966). /4519

KESSLER, Herbert (1918)
Im Nichts zu wohnen. Dichtungen. - Mannheim: Selbstverlag
(1963). /4520

Mystische Rose. Protestantische Marienlieder. (Gedichte). -
Ebenda (1963). /4521

KESSLER, Klaus
Flächen und Facetten. Gedichte. - Bukarest: Kriterion 1970. /4522

KETTER, Norbert
Kleine Fenstersuite. Gedichte 1959-1968. - Esch-Alzette:
Kremer-Müller /1968/. /4523

KETTNER, Kurt
Zermatter Poesie. - Zermatt: Seiler Hotels 1965. /4524

KETZLER, Arthur
Nackter Hintern ins Gesicht. Saftige polemische Verse.

Salzburg: (Festung): Selbstverlag /1965/. /4525

KEUN, Irmgard (1910).
Bilder und Gedichte aus der Emigration. - Köln: Epoche
(1947). /4526

KEUP, Joseph
Ro'sen an Hartnol. Gedichter vum Monni Joss. (Jos. Keup) -
Remich: Buchdruck P. Jungers 1950. /4527

KEYSER, Charlotte (1890-1966)
Bi ons to Hus. Leederkes von hied un morge äwer Lache un Sorge.
Memelländische Lieder. Text und Melodie. - München: Gräfe und Unzer
/1954/. (zuerst 1937) /4528

KIEFER, Rolf
Allerlei Menschliches in heiter-besinnlichen Versen.
- Lahr/Schwarzw./ Schauenburg (1961) = Silberdistel-Reihe. 49. /4529

Gabelbissen. Heitere Verse aus dieser Welt. - Ebenda 1967 =
Silberdistel-Reihe. 107. /4530

KIESELER, Manfred H.
s. u. Uwe Berger, Manfred H. Kieseler und Paul Wiens: Begeistert
von Berlin.

KIESSLING, Franz (1918)
Das ungefragte Herz. Gedichte. - Wien, Zürich: Europäischer
Vlg. (1948). /4531

Seht, wie Ihr lebt! Gedichte. Mit 6 Holzschnitten von Werner Berg.
- Wien, München, Basel: Desch (1955) = Neue Lyrik aus Österreich. /4532

KILIAN, Peter d.i. Fritz Schlumpf (1911)
Neue Gedichte. - Schaffhausen: Joos, Scherrer & Co. (1947) =
Tobias-Stimmer-Drucke. 2. /4533

KILIAN, Wolf
In Memoriam V.W. Zum bleibenden Gedächtnis dreier verlorener
Freunde: Liselotte von Gandersheim, Percy Gothein, Vincent Weyand.
Gedicht. Castrum Peregrini Gedenkbuch 1945. Hrsg. von R. van Rossum
du Chattel. - Amsterdam: Castrum Peregrini Presse 1946. Handpresse./4534

KILLIAN, Auguste
Licht und Schatten. Gedichte. - Bad Soden a. Ts. : Else Killian 1961.
/4535
KILLING, Hermann
Fragmente. 8 Elegien. - Langenberg: Selbstverlag (1970). /4536

KINSCHNER, Wilhelm A.
In der Stille. - Wien: Europäischer Vlg. 1965. /4537

KIPFER, Kurt (1923)
Von den unbekannten Städten. Ein Zyklus. Privatdruck. - o.O.
1945. (Hermann Hesse-Nachlaß, Schiller-Nationalmuseum, Marbach) /4538

Zu Bildern von Paul Klee u.a. Gedichte. - o.O., o.V. 1951.
(Hermann Hesse-Nachlaß, Schiller-Nationalmuseum) /4539

Gedichte. Neue Folge.-o. O., o.V. 1954 (Hermann Hesse-Nachlaß) /4540

KIRCHER, Maja
Der Brunnenrand. Gedichte. - Marburg: Selbstverlag (1962). /4541

KIRCHGRABER, Ernst (1893)
Gedichte 1943-1949. - Schaffhausen: Joos, Scherrer & Co.
/1950/ = Tobias-Stimmer-Drucke. 5. /4542

KIRCHHOFF, Gerhard (1924)
Ohr und Muschel. Gedichte. - Freiburg i. Br.: G. Kirchhoff 1950. /4543

KIRCHNER, Baldur
Achtzehn Gedichte. Mit 4 Zeichnungen von Peter Grenacher. -
Zürich: Ginster-Vlg. 1965. (500 num. Ex.) /4544

KIRCHNER, Philipp
Grüße an mein Otterberg. Heimatgedanken eines Auslands-
pfarrers. Zeichnungen von Philipp Ehrhardt. - Ludwigshafen: Louis
1955. /4545

KIRMES, Michael (1946)
Orgasmus. Gedichte. - Wiesbaden: Offizin Parvus 1968. /4546

fixing a hole. Gedichte. Mit einem Nachw. von Erik Steindaam. -
Wiesbaden: priapos presse (1969). /4547

KIRMSE, G. A.
Mancherlei Blätter. Verse und Versuche. - Karlsruhe: Der
Karlsruher Bote 1969. /4548

KIRSCH, Dietrich
s. u. Richard Salis, Günter Bruno Fuchs und Dietrich Kirsch: Fenster
und Weg.

KIRSCH, Hans-Christian (1934)
aber mein lied ist nicht gelb. Gedichte. - Herne: Grabski (1957).
/4549
KIRSCH, Rainer (1934)
s. u. Sarah und Rainer Kirsch: Gespräch mit dem Saurier.

KIRSCH, Sarah (1935)
Sarah und Rainer Kirsch: Gespräch mit dem Saurier. Mit farbi-
gen Tafeln von Ronald Paris. - Berlin: Neues Leben (1965). /4550
Gedichte. - Leipzig: Institut für Buchgestaltung der Hochschule für
Grafik und Buchkunst. (1967). /4551
dasselbe. - Ebenhausen bei München: Langewiesche-Brandt (1969). /4552
Landaufenthalt. Gedichte. - Berlin, Weimar: Aufbau-Vlg. (1967). /4553

KIRSCH, Walter Paul (1907)
Schönbrunn - Buch. Prosa und Verse. Die Schönbrunner Tiere in
Wort und Bild. Zeichnungen von Karl Dopler. - Wien: Schönbrunn-Verlag
(1950)./4554
Von Großem und Kleinem. Gedichte. - Wien: Europ. Vlg. 1957. /4555

KIRSCHWENG, Johannes (1900-1951)
Spät in der Nacht. Gedichte. - München: Alber 1946. /4556

KIRSTEN, Wulf (1934)
(Gedichte) - Berlin: Neues Leben (1968) = Poesiealbum. 4. /4557

satzanfang. Gedichte. - Berlin, Weimar: Aufbau (1970). /4558
KISSENER, Hermann Josef (1915)
Tauperlen. 24 Gedichttafeln. - München: Saturn-Atelier Vlg., jetzt
Drei-Eichen-Vlg. 2. Aufl. (1947). (1. Aufl. b. n. e.) /4559
KITTEL, Bruno
s. u. Sophie Ryba-Aue und Bruno Kittel: Etz lacht amol!
KITTNER, Alfred (1906)
Hungermarsch und Stacheldraht. Verse von Trotz und Zuversicht.
Vorw. von Alfred Margul-Sperber. - Bukarest: ESPLA Staatsverlag für
Kunst und Literatur 1956. /4560
Flaschenpost. Ausgewählte Gedichte. - Bukarest: Kriterion 1970. /4561

KITTNER, Dietrich
Sprechplatte: Bornierte Gesellschaft. Sprecher: Dietrich Kittner.
- Hamburg: Fontana /1968/. /4562

Bornierte Gesellschaft. Moralische Aufrüstung für Engagierte.
- Ahrensburg, Paris: Damokles 1969 = damokles-songbuch. 5. /4563

Sprechplatte: Konzertierte Reaktionen oder Zustände wie im neuen
Athen. Songs, Satiren, Sarkasmen. Kabarett im Alleingang aus dem Club
Voltaire, Hannover, live. - Dortmund: „pläne" /1970/. /4564

KLAESI, Jakob
Huldigung. Ausgewählte Sonette. - Zürich: Speer-Vlg. (1947).
(120 Ex. num. auf Ms. bütten, 380 Ex. num. in Halbpergament.) /4565

KLÄUI, Johannes Theodor
Gestalten und Gewalten. Gedichte. Vignetten von Carmi (d. i.
Karl Mietlich). - Elgg: Volksverlag /1945/. /4566

KLATT, Margarete (1887)
Brücke zur Heimat. Heimatlieder und Heimatbilder aus dem deutschen
Osten. 60 Scherenschnitte von Fritz Sonntag. - Arolsen, früher Pyritz:
Weizacker-Vlg. (1950) = Greifenbücher. 4. /4567

KLAUSENER, Christoph d. i. Jean-Willibrord Schmit
Moments musicaux. Lyrische Gedichte. Federzeichnungen von
Gaston Scuermans. Vignetten von Alfred Steinmetzer. Vertonungen von
Emil Hoffmann. - Luxemburg: St. Paulus-Druckerei 1950. /4568

Sonette der Dämmerung. - Ebenda 1958. /4569

KLEEBORN, Hermen von d. i. Hermine von Szaly-Kleeborn
Gedichte. Vorw. von Felix Braun. - Wien: Amandus-Edition 1947. /4570

KLEFFEL, Hellmut (1917)
Gedichte. - Regensburg: Habbel /1948/ = Der Bogen. /4571

KLEIN, Ernst (1876-1951)
Wiener Panoptikum. Gedichta fon Ernst Klein. Büda fon Jörg Hornberger. - Wien, München: Jugend und Volk (1970). (mit Schallplatte) /4572

KLEIN, Hans (1892)
Sehen und Erleben. Bilder und Gedichte. - Lengerich/Westf.:

Bischof & Klein /1948/. /4573

KLEIN, Heinz-Joachim (1906)
Gedichte. - Nürnberg: Glock und Lutz 1962. /4574

Der Engel von Chartres. Gedicht. - 1962 (b. n. e.) /4575

KLEIN-LISTMANN, Erna d. i. Erna Klein (1896-1959)
Durch die Mainzer Gäßcher. Gedichte und Märchen. - Mainz: Selbstverlag (1952). /4576

In meines Vaters Garten. Verse und Geschichten. - Ebenda (1953). /4577

Die Reise in die Jugend. - Ebenda (1958). /4578

KLEIN-SYNEK, Emmy
Mein Bekenntnis. Gedichte. - Wien: Europäischer Vlg. /1954/. /4579

Bunte Blätter. Neue Gedichte. - Wien: Bergland-Vlg. (1967) = Neue Dichutng aus Österreich. 139/140. /4580

KLEINANDER, Fritz
Musik in Worten. - Wien: Eberle 1947. /4581

KLEINE, Hugo-Otto (1898)
Herz des Arztes. Ein Gedichtzyklus. - Remscheid-Lennep: Dustri-Vlg. 1956. /4582

Bittersüßes Leben. Gedichte von Krieg, Gott und Liebe. - Mannheim-Sandhofen: Wasserturm-Vlg. (1958). /4583

Wanderbilder. Gedichte. - Ebenda (1958). /4584

Stimmen der Stille. Gedichte. - Ebenda (1960). /4585

KLEINERT, Ernst Hans
Wilde Rose. Vers us em Alltag i Schriftdütsch und Dialäkt. - Affoltern a. A.: Aehren-Vlg. (1953). /4586

KLEINERT, Heinz
s. u. Walther J. Beer, Heinz Kleinert, Gertrud Zasche: Bis ock nemieh biese.

KLEINSCHMIDT, Karl (1913)
Der schmale Weg. 200 dreizeilige Gedichte (Haikus). - Linz: Kulturamt der Stadt Linz 1953. /4587

Zwei Hymnen. - 1956 (b. n. e.) /4588

Tau auf Gräsern. Dreizeilige Gedichte (Haiku). - Wien, Innsbruck, Wiesbaden: Rohrer (1960). /4589

KLEIST, Paul Baron von (1886-1962)
Höhen und Tiefen. Gedichte. - Baden-Baden: Verlag für Auslandskunde (1950). /4590

KLEMM, Wilhelm (1881-1968)
Aufforderung. Gesammelte Verse. Mit einem Nachw. von Kurt Pinthus. Zeichnungen vom Verfasser. - Wiesbaden: Limes (1961). /4591

Geflammte Ränder. - Darmstadt: J. G. Bläschke (1964) = Das neueste Gedicht. 4. /4592

KLEMME, Poly
　Ein Wort an das Leben. - Wien: Europäischer Vlg. 1963.　　/4593
KLENBORT, Lotte　(1909)
　Flucht zu Flucht. Gedichte und Prosa. - München, Würzburg, Wien:
　Relief Vlg. 1964 = Der Viergroschenbogen. 47/48.　　/4594
　Aus zwei Welten. Gedichte. Übertragung der englischen Texte von
　Jürgen Pescheck. - München: Relief Vlg. (1967).　　/4595
KLEPETAR, Otto　(1888-1963)
　Leid und Aufschwung. Lieder aus Israel. - Tel Aviv:
　Olympia-Vlg. 1951.　　/4596
KLEPPER, Jochen　(1903-1942)
　Gedichte. Olympische Sonette. Der König. Zeichn. von
　Johannes Boehland. - Berlin-Dahlem: Christl. Zeitschriftenvlg. (1947).　/4597
　Kyrie. Geistliche Lieder. - Witten/Ruhr: Luther Vlg. (1950).
　(zuerst 1938)　　/4598
　dasselbe. - Berlin: Evangel. Verlagsanstalt (1952).　　/4599
　dasselbe. - Witten, Berlin: Eckart-Vlg. (1955) = Der Eckart-Kreis. 10.
　Nachspiel. Erzählungen, Aufsätze, Gedichte. Hrsg. von Kurt　/4600
　Ihlenfeld. - Ebenda 1960.　　/4601
　Ziel der Zeit. Die gesammelten Gedichte. - Ebenda 1962.　　/4602
KLERSCH, Jupp (Joseph)　(1893-1969)
　Dag un Draum. - Köln: Höfer in Komm. 1960 = Stimmen der
　Landschaft. 9.　　/4603
KLESSMANN, Eckart　(1933)
　Die Stadt in den toten Wassern. Gedichte. - Privatdruck
　1957. (Hermann Hesse - Nachlaß, Schiller-Nationalmuseum, Marbach)/4604
　Einhornjagd. Gedichte. - Stuttgart: Dt. Verlags-Anstalt (1963).　/4605
KLIEMANN, Margarete
　In stillen Stunden. - München: Selbstverl. 1964.　　/4606
KLIMA-HENGL, Leopoldine
　Weggefährten. Lyrische Dichtung. - Horn/Niederösterr.:
　Berger /1960/.　　/4607
KLINGER, Kurt　(1928)
　Harmonie aus Blut. Gedichte. - 1951 (b. n. e.)　　/4608
　"Auf der Erde zu Gast..." Gedichte. - Linz: Kulturamt
　der Stadt Linz 1956.　　/4609
　Garn des Schicksals. Eingel. und ausgew. von Dora Dunkl. -
　Graz, Wien: Stiasny (1959).　　/4610
　Entwurf einer Festung. - Wien, München: Jugend und Volk
　(1970) = Neue Perspektiven.　　/4611
KLITZNER, Hans
　Liebe, Zeit und Tod. Gedichte. Illustr. von Lothar Felske. -

Bad Wörishofen: Holzmann 1965. /4612

KLOMEN, Hans (1911-1969)
Kleine Bilder. Gedichte. - München, Würzburg, Wien: Relief-Verlag
(1965) = Der Viergroschenbogen. Sonderbogen. 25. /4613

Wintergesichte. Gedichte, Parabeln. - München: Relief-Vlg. 1967. /4614

KLOTER, Karl (1911)
Fabeln und Gedichte. - Winterthur: Buchdruck Winterthur (1949). /4615

KLOTZ, Ernst (1894-1970)
Die Wildsau. Schwabinger Poesien zum Lesen und Vorlesen. Mit
Zeichnungen von Ernst Hürlimann. - München: Süddeutscher Vlg. (1962). /4616

KLOTZBÜCHER, Leo
Heimatgedichte über Lautern und den Rosenstein. -
Oberkochen: Selbstverlag (1953). /4617

KLUCK, This
Heämetsproech. Rümme op Öcher Platt. - Oche (Aachen): Mayer (1966). /4618

KLÜNNER, Lothar (1922)
Wagnis und Passion. - Pfullingen: Neske (1960). /4619

KLUGE, Alexander (1932)
Die Artisten in der Zirkuskuppel: ratlos. (u.a.)
(Szenen und Gedichte). - München: Piper 1968. /4620

KLUGE, Heidi
Heidi Kluge und Ulf Svensgard: Kleine grüne Blätter. Gedichte von
Heidi Kluge. (enth. auch Gedichte von Ulf Svensgard aus dem Schwedischen).
Ill. von M. Holze. - Berlin: total-hirsch-verlag 1968 = Manuskript-
Reihe. 2. /4621

KNAPP, Heinz Wolfgang
Gedichte. - ohne Erscheinungsvermerk. (Hermann Hesse - Nachlaß,
Schiller-Nationalmuseum, Marbach) /4622

KNAPP, Martin
Und ihr hört im Vogelsingen aller Schöpfung tiriliert.
Gedicht. - München: Selbstverlag 1948. /4623

Gruß an den Freund. Gedichte. - Ebenda 1949. /4624

Was kindlich ist /oh/ es bleibt ewig schön. - Ebenda 1951. /4625

Strandgut aus so vielen Jahren... - o.O. Privatdruck 1958. /4626

KNEIP, Jakob (1881-1958)
Gesammelte Gedichte. - Köln: Greven (1953). /4627

Der neue Morgen. Gedichte aus dem Nachlaß mit einem Geleitwort
von J. Oberkofler. - München: List (1958). /4628

KNESEBECK, Hertha von dem (1890-1967)
Im Sonnenschein. Verse. Bilder von Maryam Hetsch-Rudeloff-
Mutscher. - Hamburg: Hoffmann & Campe 1948. /4629

KNIES, Richard (1886-1957)
Toten Sohnes Sternenstunde. - Mainz: Matthias-Grünewald-
Verlag /1947/. /4630

Träume aus verborgenem Leben. - Mainz: 2. überarb. Aufl.
Matthias-Grünewald-Verlag /1954/. (zuerst 1936) /4631

Der Stern der Weisen. Gedichte. Zeichnungen von Hannes.Gab.
- Ebenda (1955). /4632

KNOBEL, Betty d.i. Betty Wehrli-Knobel
Neue Gedichte. - Genf: Verlag Die Ausfahrt /1949/ = S-Bändchenreihe zeitgenössischer Autoren. 2. /4633

KNOBELSDORFF, Oldwig von (1901)
Von Augenblick zu Augenblick. Gedichte. Auswahl zum 60.
Geburtstag des Verfassers hrsg. von Friedrich Gieselmann. - Itzehoe:
Langer-Peter-Verlag (1961). /4634

KNOBLING, Alois (1904)
Die Waage. - Hamburg: Ellermann 1949 = Das Gedicht. 1949. 3. /4635

KNOBLOCH, Erhard Joseph (1923)
·Wo fänd ich deinesgleichen. Gedichte eines Vertriebenen. -
Troisdorf, Bez. Köln: Kammwegverlag 1952. /4636

Herbstliches Aquarell. Gedichte. - München, Stuttgart: Bogen-
Verlag (1957) = Reihe der Jungen. 8. /4637

Weinmond.Gedichte. - Freising: Marburger Kreis /1967/ = Marburger Bogendrucke. 8. (400 num. u. sign. Ex.) /4638

KNODT, Karl Adam (1891-1960)
Wandlungen. Gedichte. - o.O., o.V. 1956. (Hermann Hesse-
Nachlaß, Schiller-Nationalmuseum, Marbach) /4639

KOBALD, Karl (1878-1957)
Liebe und Musik. Gedichte. - Zürich, Leipzig, Wien: Amalthea-
Verlag (1956). /4640

KOBEL, Ruth Elisabeth
Der neuen Stille sanfte Spur. Gedichte, - St. Gallen: Tschudy
1959 = Der Bogen. 65. /4641

KOBER, Julius (1894-1970)
Gedichte und Lieder. - 1952 (b. n. e.) /4642

Spruchbüchlein eines Wanderers. Auswahl und Zusammenstellung von Herbert Schult. Hrsg. in Zusammenarbeit mit dem Sauer-
ländischen Gebirgs-Verein e.V. - Iserlohn: Sauerland Vlg. (1953). /4643

Hütes on Brüh. Gedichtle on Geschichtle in Sühler Mundort. -
Würzburg: Nonne 1963 = Thüringer Heimatbücherei. 13. /4644

KOBER, Leo (1905)
Das Dreieck. - Mödling: Mödlinger Nachrichten /1959/. /4645

KOBLISCHEK, Stefan (1904-1969)
Rufer. Gedichte. - Ulm a.d.D.: Hess (1965). /4646

Auf Wanderschaft. Gedichte. - Ebenda (1969). /4647

KOBLO, Martin
Wir Zeitgenossen. - Wiesbaden: Reichelt 1965. /4648

KOC, Robert J.
Gedichte Zeichnungen von O.R. Schatz. - Wien: Agathonverlag (1947)/464

Vindobona. (Gedichte und Prosa) - Wien; Innsbruck, Wiesbaden:
Rohrer (1961). /465

Südlicher Friede. - Wien: Holzhausen 1963 = Blätter für das
Wort. 1. Privatdruck. /465

KOCH, Ermelinde
Gwachs und Gedachs. Mundartgedichte. Bildentwürfe von Josef
Brantstätter. - Wien: Europäischer Vlg. /1959/. /465

De Tafkirzn. 3 Gedichtzyklen in Kärntner Mundart. Buchschmuck
von Franz Korger. - Wels: Welsermühl (1966) = Lebendiges Wort. 33. /465

KOCH, Eugen
Vom Arzt und seinen Patienten. Heiteres und Besinnliches.
Illustr. von Edmund Welf. - Affoltern a. A. : Aehren-Vlg. 1949. /465

KOCH, Heinz Ernst August (1937)
Weites Land. Gedichte. Mit einem Nachw. von Roderich Otte. -
Hannover, Brelingen: Machangel-Vlg. (1964). /465

Wanderungen im Lönsland. Gedichte und kleine Prosa. -
1967. (b. n. e.) /465

Dunkler Wacholder. Gedichte. - Brelingen in der Wedemark:
Machangel-Vlg. /1970/. /465

Silvia. Gedichte. - Ebenda /1970/. /465

KOCH, Magdalene (1911)
Du bist das Wagnis. - Dülmen i. Westf.: Kreis der Freunde
(1962) = Der Vier-Groschen-Bogen. 16. /465

Sibirische Skizzen. Gedichte und Prosa. - Ebenda (1963). Sonderdr.
Peruanische Elegie und weitere Lyrik. - Gevelsberg: /466
Appelt (1970). (500 num. Ex.) /466

KOCH, Thilo (1920)
Stille und Klang. - Berlin: Pontes-Vlg. (1947). /466

Berlin, die gegenwärtige Stadt. (Gedicht). - Berlin: Erich
Blaschker (1955). (In 150 Ex. gedr. für die Mitglieder der „Gesellschaft
der Bibliophilen" anl. der 56. Jahrestagung in Goslar. /466

KOCH, Walter
Mit Mumm in die Kurve. Satirische Verse eines Antispießers
mit 89 Zeichnungen von Eberhard Binder. - Hannover: Sponholtz (1951). /466

KOCH, Wolfgang Günter (1926)
Felder I-IV. Gedichte und Kurzprosa. - Geislingen: o.V. 1964. /466

dasselbe. - München, Würzburg, Wien: Relief-Vlg. 1965 = Der Viergroschenbogen. 68. /466

KOCHS, Theodor
Die reine Stimme. Sonette. - Hamburg: Hansischer Gilden-
verlag (1947). /466

KOCK, Brunie te (1927)
Zwischen den Grenzen. Gedichte. Mit 6 Zeichnungen von Marco
Richterich. - Biel: Arena Verlag 1955. /4668

KÖCHERT-BIZZARRO, Trude
Blumen und Gedichte. - 4. erw. Aufl. Wien: Wolfram Vlg. (1967).
(1. Aufl. b. n. e.) /4669

KÖHLER, Alois
Gedichte in hochdeutsch und in Braunauer Mundart. -
Forchheim/Ofr.: Heimatkreis Braunau, Sudetenland 1965 = Sonderveröf-
öffentlichungen. Heimatkreis Braunau, Sudetenland, Forchheim/Ofr. 2. /4670

KÖHLER, August
Durchs Augenglas der Liebe. Gedichte. - Bad Cannstatt: Cantz
(1961). /4671

KÖHLER, Hubert
Jahre des Jünglings. Gedichte. - Wien: Europäischer Vlg. (1957)./4672

KÖHLER, Margarete
Gras unterm Wind. Erste Gedichte. - Berlin: Diez (1947). /4673

KOEHLER, Reinhold
Ein Regel Leger nie. Contra Texte in X Lektionen. - Kassel:
Boczkowski 1969 = und. 1. /4674

KÖHLER, Willibald (1886)
Unter dem Silbermond. Schlesische Gedichte. - Stuttgart:
Dr. Riederer-Vlg. /1954/. = Die Perlenkette. 24. /4675

KÖLBEL, Harald Lothar
Mein Stern ist ein Lied aus der Fremde. - Wien: Europäischer Vlg. 1966. /4676

KÖLBL, Karl Maria
Wo und wann. Gedichte. - Wien: Europäischer Vlg. 1967. /4677

KÖLBL, Wilhelm Kurt
„Wir blicken um uns...". Eine Sammlung von Gedichten und
Gedankensplittern. - Wiener Neustadt: Selbstverlag:„Gutenberg" /1952/. /4678

„Gestern - heute - morgen...". Gedichte, Gedankensplitter. -
Ebenda (1955/56). /4679

Seelenspiegel. Gedichte, Gedankensplitter. - Ebenda /1960/. /4680

Wort und Zeit. Gedichte, Gedankensplitter. - Ebenda (1969). /4681

KÖLLERSBERGER, Susanne
Lichtschatten. Gedichte. - Linz: Kulturamt der Stadt Linz 1965. /4682

KÖLSCH, Kurt (1904-1968)
Sternbild der Leier. Gedichte aus 7 Jahren. - Mannheim:
Kessler (1954). /4683

Pälzer Bauregaarte. Die Mundartgedichte des Peter Luginsland.
(d. i. Kurt Kölsch) - Stuttgart: Hünenburg-Vlg. (1956); jetzt:Burg Stettenfels bei Heilbronn. /4684

Im Windfang der Zeit. - 1958. (b. n. e.) /4685

Der grüne Kantor. Gedichte aus dem letzten Jahrzehnt. - Neustadt/
Weinstr.: Pfälzische Verlags-Anstalt 1968. /468
KÖLWEL, Gottfried (1889-1958)
Münchner Elegien und Gesänge. - Detmold: Nauck (1947). /468
Gedichte. - München: Ehrenwirth /1949/. /468
Wir Wehenden durch diese Welt. Gedichte. - München:
Kösel (1959). /468
Werke in 3 Bänden.
3.: Prosa, Dramen, Verse. - München, Wien: Langen/Müller
(1964). /469
KOENIG, Alma Johanna d.i. Alma Johanna Frfr. von Ehrenfels (1899-1942)
Sonette für Jan. Hrsg. von Oskar Tauschinski mit Helene Lahr. -
Wien: Luckmann (1946). /469
Gute Liebe - böse Liebe. Eingel. und ausgew. von Oskar Jan
Tauschinski. - Graz, Wien: Stiasny (1960) = Stiasny-Bücherei. 71. /469
Sonnets pour Jan. Sonette für Jan. (dt. +franz.) Version française
de Catherine Kany. Paralleldruck. - Poitiers: Daynac (1962).
(200 num. Ex.) /469
KÖNIG, Andreas
Gottes Wort und Österreichs Schönheit. - Wien:
Europäischer Vlg. 1955. /469
Geheiligt werde Dein Name. - Ebenda /1960/. /469
KÖNIG, Hans H. (1912)
Die Lichtung. Gedichte. - Diez a.d. Lahn: Aldus-Vlg. (1947). /469
KÖNIG, Hertha (1884)
Alles ist Anfang geworden. Gedichte 1938-1945. - Iserlohn:
Holzwarth 1946. /469
KOENIG, Johannes Karl
Mund der Stille. - Solingen-Ohligs: Frank (1956). /469
KOENIG, Lucien
Himmellïchten. Lidder a Gedichter vum Siggy vu Letzeburg.-
Luxembourg: P. Linden 1947. /469
KÖNIG, Ruth
Gewölk überm See. - Wien: Europäischer Vlg. 1965. /470
KOENIGER, Fritz A. · (1910)
Offen gesagt... Artige und unartige Gedichte. - Berlin: Deutsche
Buchvertriebs- und Verlagsgesellschaft (1947). /470
KÖNIGSEDER, Karl
In lockerem Kontakt. Gedichte. - Wien: Österreichische Ver-
lagsanstalt (1968). /470
KÖRBER, Franz Heinrich (1916)
Farnesinische Sonette. - Wien: Europäischer Vlg. 1958. /470

KÖRBER, Grete
Gewalten - Gestalten. Gedichte, Gesänge, Lieder. - Wien:
Gerlach & Wiedling 1949. /4704

KÖRBER, Gustav Friedrich
Gedichte. - Sao Paulo: o.V. 1960.; /Instituto Hans Staden/ /4705

KÖRBER, Hilde (1906-1969)
Du meine Welt. Gedanken, Gedichte, Rufe. - Berlin-Grunewald:
Herbig (1946). = Herbig Bücherei. /4706

KÖRTE, Christel
Erzählungen und Gedichte aus Argentinien. Ausgewählt
von Adalbert Körte. Hrsg. von Hildegard Wallich. Privatdruck. - Altenkirchen: Wilhelm Dieckmann (1961). /4707

KÖSTER, Walter (1903)
Gesang aus der Immenburg. Gedichte. - 1957. (b.n.e.) /4708

Brennendes Herz. Prosa und Gedichte. '- 1963. (b.n.e.) /4709

... und tröstet mit tropfenden Brüsten. - Dülmen/Westf.:
Kreis der Freunde (1963) = Der Vier-Groschen-Bogen. Sonderausg. 9. /4710

Das Totenhemd hat keine Taschen. Gedichte. - Wien:
Europäischer Vlg. (1968). /4711

KÖSTLIN, Therese (1877-1964)
Gedichte. - Ludwigsburg: Stockmayer 1951. /4712

KÖTTER, Rudolf
Das Wunder der Liebe. Gedichte. - Nürnberg: Liebel (1948). /4713

KOFLER, Erich (1916)
Lasset uns lieben das Leben. Gedichte. - Bozen: Ferrari-
Auer 1950. /4714

Geliebtes Leben. Gedichte. - Ebenda 1951. /4715

Sterne steigen und fallen. Gedichte. - Ebenda (1960). /4716

Zwiesprache. Gedichte. - Ebenda (1968). /4717

KOFLER, Werner
Andante. Gedichte. - München: Maistraßenpresse 1966 = Lyrik. 7. /4718

Zehn Figurationes. Illustrationen von Karl-Heinz Pilcz. - Zürich,
Wien: Ed. Avantypidy 1968 = &cetera. 10. /4719

KOHL, Hermann (1907)
Der unausschöpfbare Brunnen. Gedanken hinter Stacheldraht.
Camp 404. (Gedichte, Novellen, Tagebuch-Blätter) - Flensburg, Hamburg: Wolff 1950. /4720

KOHLENBERGER, Rudolf (1897)
Neunuhrläuten. Gedichte in Nürnberger Mundart. - Nürnberg:
Glock und Lutz /1958/ = Nürnberger Mundartdichtung in der Gegenwart /4721

KOHLHAAS, Elfriede
Nimm meine Hände. Gedichte. Hrsg. von Kurt Rüdiger. - Karlsruhe: Der Karlsruher Bote (1958). /4722

Weihnachtsglocken. Gedichte. Linolschnitte von Volker Junghanns.
- Karlsruhe: Der Karlsruher Bote (1958). /472

KOKOSCHKA, Oskar (1886)
Schriften 1907-1955. (Diese Ausgabe enthält neben der Dichtung
‚Die träumenden Knaben' auch die wenigen Gedichte.) - München: Langen-
Müller (1956). /472

Die träumenden Knaben und andere Dichtungen. - Salzburg:
Vlg. Galerie Welz (1959). (zuerst 1908) /472

Die träumenden Knaben. (Dichtung) Mit 8 Farblithographien
des Künstlers. Einmaliger num. Neudruck nach der Ausgabe von 1908
im Verlag der Wiener Werkstätte. - München: Jugend und Volk 1968. /472

KOKTANEK, Anton Mirko
Stern über der Brandung. Gedichte. - Wien: Europäischer
Verlag 1962. /472

Hesperische Wanderung. Gedichte. - Wien: Europäischer
Verlag 1964. /472

KOLAR, Jiri
10 Blätter aus „Gersaints Aushängeschild". - Kassel:
Boczkowski 1969 = und. 2. /472

KOLBACH, Kurt
Sokratische Gespräche. - Wien: Europäischer Vlg. 1952. /473

„Dich lieben heißt...". Ebenda 1969. /473

KOLBENHEYER, Erwin Guido (1878-1962)
Sprechplatte: Albsonate (Lyrik u. a.) Sprecher: Erwin Guido Kolbenheyer. - Nürnberg: Kolbenheyer-Gesellschaft, Lau /1966/. /473

KOLLER, Bernhard (1934-1955)
die gedichte des bernhard koller. Hrsg. von Ferdinand
Wagner. - München: Manz (1960).= Stifterbibliothek. /473

dasselbe. - Salzburg, München: Stifterbibliothek (1960) = Stifterbibliothek. Dichtung der Zeit. 93/94. /473

KOLLER, Christine (1925)
In den Wind. Mit 6 Originalgraphiken von Henning H Beck. - Stierstadt i. Ts.: Eremiten-Presse 1967. (170 num. u. sign. Ex.) /473

KOLLER, Georg Franz
100 neue Wein- und Kellersprüche. - Krems a. d. Donau:
Faber /1957/. /473

Wias vom Herzn kimmt. Gedichte in niederösterreichischer
Mundart. - Wien: Europäischer Vlg. 1960. /473

Ein Vierteltausend Weinsprüche. Ein Büchlein mit Sprüchlein
von Wein, Weib und Sang. - Langenlois: Wetekamp (1963) /Ausg. 1962/. /473

KOLLISCH, Margarete
Wege und Einkehr. Ausgewählte Gedichte. - Wien: Bergland/1960/.
/473
KOLMAR, Gertrud d. i. Gertrud Chodziesner (1894-1943?)

Welten. Nachlaß-Gedichte. Hrsg.mit einem Nachwort von Hermann
Kasack. - Berlin: Suhrkamp vorm. S.Fischer 1947. /4740

dasselbe. - erw. Aufl. München: Kösel 1960. /4741

Das lyrische Werk. Hergestellt im Auftrag des Förderkreises der
Deutschen Akademie für Sprache und Dichtung. Mit einem Nachw. von
Jacob Picard. - Heidelberg, Darmstadt: Lambert Schneider 1955 =
Veröffentlichungen der Dt.Akademie für Sprache und Dichtung, Darmstadt. 6. /4742

Das lyrische Werk. Nachwort von Hilde Wenzel. - München:
Kösel (1960). (Mit Bibliographie) /4743

Tag- und Tierträume. Gedichte. Auswahl und Nachwort von
Friedhelm Kemp. - München: Dt.Taschenbuch Vlg. (1963) = dtv-
sonderreihe.13. /4744

Die Kerze von Arras. Ausgewählte Gedichte. Auswahl und Nachw.
von Uwe Berger. - Berlin, Weimar: Aufbau-Vlg. (1968). /4745

KOLTZ, Anise (1928)
Märchen und Gedichte. - Luxemburg: Vlg. Der Freundeskreis
1957 = LVB. Der Freundeskreis.12. /4746

Gedichte. - Ebenda 1959 = LVB. Der Freundeskreis.15. /4747

Spuren nach innen. 21 Gedichte. 10 Zeichnungen von Joseph Probst.
- Luxembourg: Imprimerie Bourg-Bourger (1960) (300 Ex.) /4748

Steine und Vögel. - München, Eßlingen: Bechtle (1964) = Bechtle
Lyrik. 8. /4749

Le Cirque du Soleil. Poèmes inédits. (dt.+ franz.) Paralleldruck.
Préface par Alain Bosquet. Trad. par André Sodenkamp. - Paris:
Seghers (1966) = Autour du monde. 87. /4750

Nachahmung des Tages. Imitation du jour. Texte und Gedichte.
Textes et poèmes. Trad. par Henry Fagne. - Bruxelles: Fagne (1969)
= Espaces. /4751

Den Tag vergraben. - München, Eßlingen: Bechtle (1969) =
Bechtle Lyrik.19. /4752

Vienne quelq'un. Käme doch jemand. (dt.+ franz.) Poèmes. Texte
allemand et trad. francaise établie par l'auteur avec la collab.de Andrée
Sodenkamp, Anne-Marie Kegels, Vahé Godel et René Ménard. - Lausanne,
Köln: Editions Rencontre 1970 = Collection Poésie. /4753

KONJETZKY, Klaus
Grenzlandschaft. - München, Würzburg, Wien: Relief-Vlg. 1966 =
Der Viergroschenbogen. 72. /4754

KONRAD, Joachim (1903)
Der Eine. Sprüche der Verkündigung. - Gütersloh: Bertelsmann
(1947). /4755

Ruf der Heimat. Schlesiergedichte. - Gladbeck: Heilmann (1949). /4756

KONRAD, Robert E. (1926-1951)
Dichtung und Bild. Gesammelte Werke des Malerdichters. Hrsg.

von Albert Bettex. - Zürich: Arche (1961). /475

KOOPMANN, Walter
Pfeile. (Religiöse Gedichte). - Bielefeld: Bechauf 1947. /475

Amor Dei. Gedichte. - Ebenda (1948). /475

KOPELKE, Wolfdietrich (1914)
Saborje. (Gedichte). - Wien: Europäischer Vlg. 1967. /476

KOPF, Hermann Joseph (1929)
Nocturne. Gedichte. - Wien: Terra-Verlag (1948). /476

gedichte. Federzeichnungen von Jost Hochuli. Ausgew. und hrsg.
von Adrian Wolfgang Martin. - St. Gallen: Eirene-Vlg. (1954). /476

Lieder aus grauen Gärten. Hrsg. von Adrian Wolfgang Martin.
- Ebenda (1955). /476

durchschossen von blauem sternlicht. gedichte. Illustr.
von Jost Hochuli. - St. Gallen: Tschudy 1963. /476

KOPP, Cornelia (1887)
Goldener Reifen geschmiedet aus Dank. - Freiburg i. Br.:
Selbstverlag (Als Manuskr. gedruckt) 1959. /476

KOPP, Jakob
Zwischen Zirl und Kopfstoa. Gedichte in Tiroler Mundart. -
Innsbruck: Selbstverlag (1948). /476

KOPP, Louis Ernest (Ernst)
Ich bin, der ich bin. (2. Mos. 3, 14) - Affoltern: Aehren Vlg.
(1950). /476

Helvetia. - Zürich: Selbstverlag; Volksverlag Elgg in Komm. (1961). /476

KOPPENSTEINER, Sepp (1898)
Land und Leut. Gedichte in Waldviertler Mundart. - Wien, München:
Österreichischer Bundesverlag (1958). /476

"In tausend Brünn...". Gedichte in Waldviertler Mundart. Buchschmuck von Franz Korger. - Wels: Welsermühl (1969) = Lebendiges
Wort. 44. /477

KOPPERS, Franz
Erhör, o Herr, mein Flehn. - Wien: Europäischer Vlg. (1967). /477

KORDT, Walter (1899)
Stimme des Rheines. Rheinische Rhythmen 1944. - Düsseldorf:
Renaissance Verlag 1946. /477

KORN, Ewald Ruprecht (1908)
Zwiegespräch durch die Jahreszeiten. Gedichte. - Bukarest:
1946. (b. n. e.) /477

Der Meißel. Gedichte. - Bukarest: Literatur Vlg. 1961. /477

KORNIS, Else (1889)
Geleit durch die Zeit. Gedichte. - 1945. (b. n. e.) /477

Allerlei in bunter Reih. Gedichte und Erzählungen. Zeichnungen

von Helmut Arz. - Bukarest: Jugendverlag 1960. /4776
Feierabend. Gedichte. - Bukarest: Literaturverlag 1967. /4777
KORTE, Heino (1912)
Im Moor. Gedichte, Erzählungen und Zeichnungen. - Oldenburg/Oldb.
Isensee 1955. /4778
Winterliches Oldenburg. Prosa, Gedichte. Mit Zeichnungen des
Autors. - Ebenda 1963. /4779
Herbstliches Oldenburg. Prosa, Gedichte. Mit Zeichnungen des
Autors. - Ebenda 1964. /4780
San Gimignano. Gedichte und Graphik. - 1965. (b.n.e.) /4781
KORVIN, Arno
Nachtstücke. - München: Dreipfeil-Verlag (1958). /4782
KOS, Rolf
Federleichtes, reines Glück. Gedichte. Aquarelle von Elly
Christoffel. - München: Vlg. Ars sacra, Josef Müller (1965) = Sammlung
Geh aus, mein Herz. /4783
KOSCHEL, Christine (1936)
den Windschädel tragen. Verse. Zeichnungen von Gerrit Schroers.
- Hamburg, München: Ellermann (1961). /4784
Pfahlfuga. Gedichte und Prosagedichte. Mit einer Nachbemerkung
von Ilse Aichinger. - München: Piper (1966). /4785
KOSNICK, Heinrich
Gesänge des Hymenäus. Geist-lyrische Gedanken eines Balten. -
Bozen: Ferrari-Auer /1958/. /4786
KOSSACK, Inga
Gedichte. - Delitzsch: Kuhne /1948/. /4787
KOSSEGG, Marianne
Zikadlein zirpen im Ginsterbusch. Gedichte von der Adria. -
Graz: Kossegg /1966/. /4788
Sachen zum Lachen. Gedichte. - Ebenda /1966/. /4789
A Jahr geaht um. Gedichte in steirischer Mundart. Buchschmuck
von Barbara Korger. - Wels: Welsermühl (1969) = Lebendiges Wort.
47. /4790
Lauta Viecha. Gdichtln und Gschichtln. - Graz: Kossegg /1970/. /4791
KOTRBA-NICKL, Maria
Blumen der Heimat. Gedichte. - München: Lerche vorm. Calve,
Prag 1964. /4792
Glockenstimmen. Gedichte. - Ebenda 1967. /4793
Heimweg. Gedichte. - Ebenda 1968. /4794
KRACHT, August (1906)
Soester Gloria. Gedichte. - Soest: Westf. Verlagsbuchhandlung
Mocker & Jahn 1953. /4795

KRÄFTNER, Hertha (1928-1951)
Warum hier? Warum heute?. Gedichte, Skizzen, Tagebuchblätter. Ausgewählt und hrsg. von Otto Breicha und Andreas Okopenko.
Mit 20 Zeichnungen von Kurt Absolon. - Graz: Stiasny (1963). /479

KRÄHENBÜHL, Peter (1943)
Zwischen zwei Welten. Gedichte. - Bern: Kandelaber Vlg. (1968)/479

KRAEMER, Ado (Adolf) (1898-1972)
Frag den Wein. Ein Brevier für Weinfreunde. Mit 100 Richard-Rother-Holzschnitten. - Würzburg: Stürtz (1963). /479

Greif zum Glase. Trinksprüche zum Wein. Mit Holzschnitten von Richard Rother. - Ebenda 1965. /479

KRAEMER, Franz Maria d.i. Hermann-Josef Kraemer (1914)
Geistliche Sonette. - Bonn: Schwippert 1947 = Wort und Kunst. 1./480

KRÄMER, Karl Emerich (1918)
Mit beiden Händen. Gedichte und Balladen. Illustr. von Manfred Bicheroux. - Düsseldorf: Vier Falken Vlg. (1947). /480

Immer stiller wird das Herz. - Limburg/Lahn: Steffen Vlg. 1951. /480

Freundesgabe. Balladen. Privatdruck. - Düsseldorf: Verlag der Zentraldruckerei 1952. /480

Gesang aus der Arche. (Aus dem Oratorium „Die dritte Taube")
- Mainz: Gutenberg Presse 1963. (bibliophiler Sonderdruck) /480

Tod eines Dichters. (Nachruf-Gedicht auf Hans Renadier) -
Düsseldorf: Verlag der Zentraldruckerei 1967. (Sonderdruck) /480

In meiner Stadt, in meinem Land. Düsseldorf und der Niederrhein. Gedichte. - Düsseldorf: Droste (1968). /480

s.a.u. Pseud.: FORESTIER, George und RUSTESCH, Gerhard

KRAFT, Erich
Das kleine Haus. Abbildungen nach Originalen von Luigi Malipiero. - Wiesbaden: Vlg. Der Greif /1954/ = Sammlung Welt und Geist. /480

KRAFT, Werner (1896)
Gedichte III. - Jerusalem: Palestine Lit. Guild 1946. /480

Figur der Hoffnung. Ausgewählte Gedichte 1925-1953. - Heidelberg: Lambert Schneider 1955. /480

KRAINZ, Elsie
Vertiefe dein Leben!. Lyrische Gedichtsammlung. Betrachtungen und Erkenntnisse in Vers und Prosa von einer Schwedin in Österreich. - Wien: Werner 1956. /481

KRAISSL, Friedrich (1908-1954)
Doppelflöte. Gedichte. - Wien: Amandus-Ed. 1946. /481

dasselbe. 2. Auflage - Wien: Wiener-Verlag (1947). /481

KRAL, Josef
Jäger-Album. Ernstes und Heiteres in Sinnsprüchen und Gedichten.

- Abensberg: Selbstverlag 1949. /4813

Herz im Licht. Alltagsphilosophie in Reimen und Sinngedichte. -
Abensberg/Ndb., Schondorf: Aventinus-Vlg. (1960). /4814

KRAMER, Theodor (1897-1958)
Die untere Schenke. Gedichte. - Wien: Globus-Verlag 1946. /4815

Wien 1938. Die grünen Kader. Gedichte. - Ebenda 1946. /4816

Lob der Verzweiflung. - 1947. (b.n.e.) /4817

Vom schwarzen Wein. Ausgewählte Gedichte. Hrsg. von
Michael Guttenbrunner. - Salzburg: O. Müller (1956). /4818

"Einer bezeugt es...". Eingeleitet und ausgewählt von Erwin
Chvojka. - Graz, Wien: Stiasny (1960) = Das österreichische Wort.
Stiasny-Bücherei. 57. /4819

KRAMMER, Josef
In da Rauchkuchl. Mundartgedichte. - Klagenfurt: Carinthia (1967).
/4820

KRASSA-DIENSTBÜHL, Grete
Von dir zu mir, von mir zu dir. Mit einem Geleitwort von
Gottfried Pratschke. - Wien: Europäischer Vlg. 1970. /4821

KRASSINSKY, Eleonore
Gedichte. - Wien: Europäischer Vlg. 1962. /4822

KRATZMANN, Marie Therese
Erinnerung. - Wien, Innsbruck, Wiesbaden: Rohrer (1958). /4823

KRAUS, Anni (1897-1962)
Hoamelen tuats. Mundartgedichte. - Imst: Egger (1950). /4824

Weg aus und Weg ein. Tiroler Mundartgedichte. Illustr. von
H. Zum Tobel. - Innsbruck: Universitäts-Vlg. Wagner /1957/. /4825

Hoamelen tuats durch's ganze Jahr. Tiroler Mundartgedichte. Illustr. von H. Zum Tobel. - Ebenda /1961/. /4826

Grallelen. Ein Spruchbüchl.Illustr. v. H. Zum Tobel. - Ebenda /1962/. /4827

Wenn die Berg streitn. Tiroler Mundartgedichte. Illustr. von
H. Zum Tobel. - Ebenda /1963/. /4828

Lauter kloans Zuig. Tiroler Mundartgedichte. Illustr. von H. Zum
Tobel. - Ebenda /1965/. /4829

Aus der Kittfaltn. Tiroler Mundartgedichte. Illustr. von H. Zum
Tobel. - Ebenda /1966/. /4830

Perligg - Perlagg. Gedichte in Tiroler Mundart. - Wels: Welsermühl (1968) = Lebendiges Wort. 38. /4831

So um dö Zeit. Vom Advent bis Neujahr. Illustr. von H. Zum Tobel.
- Innsbruck, München: Universitäts-Verlag Wagner /1068/. /4832

KRAUS, Hedwig Helene (1904)
Traum im Leben. - Wien: Europäischer Vlg. 1956. /4833

Poesie um Grein und Grein in Prosa. Ein Kranz von Liedern

der Heimat entstanden 1955 - 1964. - Linz: Oberösterreichischer
Landes Verlag 1964. /4834
Durch und rings um die Wachau, die uns so tief ver-
traut. Gedichte und Prosa. - 1966 (b.n.e.) /4835
KRAUS, Walter
Flachgauer Gsangln. Heitere und besinnliche Gedichte und Geschich-
ten in Salzburger Mundart. Buchschmuck von Barbara Korger. - Wels:
Welsermühl (1968) = Lebendiges Wort. 41. /4836
KRAUSE, Hans
Rendezvous mit der Zeit. Gedichte. Illustr. von Karl Schrader. -
Berlin: Eulenspiegel - Verlag (1969). /4837
KRAUSE, Ulrich (1940)
messmale. - München, Eßlingen: Bechtle (1962) = Bechtle Lyrik. 2.
/4838
KRAUSS, Ernst Emanuel (1872-1948)
Ewiger Beginn. Letzte Gedichte. - Hannover: Dikreiter Verlag,
jetzt Freiburg i. Br. (1948) = Liebhaberausgaben. 6. /4839

Geistliche Lieder. - Karlsruhe: Der Karlsruher Bote /1959/. /4840

s.a.u. Pseud.: STAMMLER, Georg

KRAZE, Hanna-Heide (1920)
... und suchen Heimat. Erzählungen und Gedichte. - 1950 (b.n.e.)
/4841
Weiß wird die Welt zur Ernte. Ein Poem. - Berlin:
Volk und Welt 1959. /4842

der du nach babel gezogen. Gedichte. - Berlin: Union-Vlg. (1960).
/4843
KREID, Harald Werner
Nachtwache mit Widersprüchen. Mit Graphiken von Helene
Hädelmayr. - Wien, München: Jugend und Volk (1968) = Neue Per-
spektiven. /4844
KREINER, Karl
Halt fass wie Nüss. Gedichte in Neusser Mundart. - Krefeld:
van Acken 1962 = Stimm en der Landschaft. 11. /4845
KREIS, Dolf
Gesichte und Gestalten. Gedichte und Sprüche - Augsburg:
Kraft (1967). /4846
KREIS, Heinz
Bilder vom Strom. Fünf Gedichte. - Basel: Birsverlag (1945). /4847
KREISLER, Georg (1922)
Sprechplatte: Seltsame Liebeslieder. Vortrag: Georg Kreisler.
Wien: Amadeo /1959/. /4848

Sprechplatte: Die Georg-Kreisler-Platte. Vortrag: Georg Kreisler. - Köln: Preiser Record /1960/. /4849

Sprechplatte: Das Beste aus Kreislers Digest. Vortrag: Georg
Kreisler. - Köln: Electrola /1961/. /4850

Sprechplatte: Georg Kreisler Seltsame Gesänge. Vortrag:

Georg Kreisler. Orchester:Kurt Werner. - Hamburg: Philips /1961/. /4851
Zwei alte Tanten tanzen Tango und andere Lieder. Hrsg. und
eingeleitet von Karl Otten. Zeichnungen von Werner Hofmann. - Zürich:
Sanssouci-Vlg. (1961). /4852
dasselbe. Seltsame Gesänge. Zeichnungen von Werner Hofmann. -
München: Deutscher Taschenbuch Vlg. (1964) = dtv. 244. /4853

Sprechplatte: Lieder zum Fürchten. Vortrag: Georg Kreisler. -
Köln: Preiser Record /1962/. /4854

Sprechplatte: Frivolitäten. Vortrag: Topsy Küppers, Georg Kreisler. -
Ebenda /1963/. /4855

Lieder zum Fürchten. Mit Zeichnungen von Willy Rieser. -
Zürich: Sanssouci-Vlg. (1964). /4856

Lieder zum Fürchten. Nichtarische Arien. - München:
Deutscher Taschenbuch Vlg. (1969) = dtv. 582. /4857
Sprechplatte: Unheilbar gesund. Vortrag: Georg Kreisler. - Köln:
Preiser Record /1964/. /4858
Sprechplatte: Nichtarische Arien. Vortrag: Georg Kreisler. -
Köln: Preiser Record /1966/. /4859

Nichtarische Arien. Illustr. von Robert Wyss. - Zürich: Sanssouci-Vlg. (1967) = Sanssouci-Edition. /4860

Sprechplatte: Anders als die Anderen. Vortrag: Georg Kreisler,
Topsy Küppers. - Köln: Preiser Record /1970/. /4861

Sprechplatte: Der Tod, das muß ein Wiener sein. Vortrag:
Georg Kreisler, Topsy Küppers. - Ebenda /1970/. /4862

(diverse weitere, kleine und mittelgroße, den Inhalt der angeführten
meist wiederholende, in der Zusammenstellung variierende,Platten.)

KRELL-WERTH, Emma d.i. Emma Werth (1906)
Eiland. Gedichte. - Dornach-Basel: Hybernia-Verlag /1946/. /4863

Sonnenuhr. Gedichte. durch den Jahreslauf. - Dornach-Basel:
Geering (1969). /4864

KREMIN, Helgard
Eulenflucht. 20 Gedichte. Mit 8 Zeichnungen von Hagen Westphal. -
Berlin: Neue Rabenpresse (1969) = Gedichte, Gedichte...5. /4865

KRENEK, Ernst (1900)
Prosa, Dramen, Verse. - München, Wien: Langen/Müller (1965).
/4866
KRESS, Ine-Maria (1948)
Kristalle im Filter. - München, Würzburg, Wien: Relief-Verlag
1967 = Der Viergroschenbogen. Sonderbogen. 51. /4867

KRESS-FRICKE, Regine
Was weinst du Faizina? (Gedichte). Zeichnungen von Sherry
Miller. - Heidelberg: Meister (1966). /4868

KRETSCHMER, Hans W.
Wenn das Herz spricht. Gedichte. - Wien: Europ. Verlag 1970. /4869

KREUDER, Ernst (1903-1972)

Sommers Einsiedelei. Gedichte. Hrsg. von der Akademie der
Wissenschaften und der Literatur, Mainz. - Hamburg: Wegner 1956
= Die Mainzer Reihe. 4. /4870

dasselbe. - Darmstadt, Neuwied a. Rh., Berlin-Spandau: Luchterhand
1960 = die mainzer reihe. 4. /4871

KREUZIG, Friedrich Peter (1894-1958)
Die andere Donau. Wiener Sonette. - Wien: Bergland (1955) =
Neue Dichtung aus Österreich. 6. /4872

KRIEGELSTEIN, Anneliese
Ziel und Gewißheit. - Wien: Europäischer Verlag 1969. /4873

KRIEGER, Arnold (1904-1965)
Das schlagende Herz. Gedichte. Mit einem Vorwort von Gerhard
Sanden. - Krefeld: Scherpe-Verlag 1948. (zuerst 1944) /4874

dasselbe. - Zürich: Claassen 1949. /4875

Sehnsucht und Bindung. Gedichte. - Krefeld: Scherpe 1949. /4876

Der singende Wächter. Gedichte. - Köln: Greven Verlag /1964/.
(enth. einen Stimmenanhang zu dem Gedichtbd. „Das schlagende Herz".) /4877

Reichtum des Armen. Gedichte. Mit einem Geleitwort von
Josef Nadler. - Stuttgart: Cotta (1958). /4878

Der Jahresring. 12 Gedichte. - Darmstadt: Studio Schaffen und
Forschen /1966/. /4879

Der zweite Jahresring. 12 Gedichte. - Ebenda /1966/. /4880

Der dritte Jahresring. 12 Gedichte. - Ebenda /1967/. /4881

Der vierte Jahresring. 12 Gedichte. - Ebenda /1968/. /4882

Der fünfte Jahresring. 12 Gedichte. - Ebenda (1969). /4883

Liebesgedichte. Auswahl. - Darmstadt: Bläschke /1967/. /4884

dasselbe. Mit einem Holzschnitt von Emil Nolde. - Stuttgart:
Brentano-Verlag 1968. /4885

Abseits, wer ist's? Ausgewählte Texte. Auswahl von Tuja
Krieger. Vorwort von Wilfried Samel. - München: Bogen-Verlag
(1969). (Gedichte auf den Seiten 235-250) /4886

Du nimmst mich an. Gedichte. Mit einer Lithographie von Otto
Dix. - Darmstadt: Bläschke 1969. /4887

KRIESI, Hans Max (1891)
Finsternis und Licht. Gedichte, Bundesfeierspiel, Weihnachts-
prolog. - Rüschlikon, Zürich: Verlag Baublatt AG. /1947/. /4888

Wir älteren Leute. Gedichte. Zeichnungen von Max Behrens. -
Frauenfeld: Huber (1954); 5. erw. Aufl. (1960). /4889

Stille Klause. Gedichte. - Ebenda (1957). /4890

KRISTEN, Christian
Flocken. - Wien: Europäischer Verlag 1965. /4891

KRISTL, Vlado
Komödien. (Gedichte) - Berlin: Kinema-Verlag 1968. /4892

KROEKER, Jakob
Im Morgentau. Gedichte. - Kreuztal/Westf.: Buchdienst-Vlg.
2. Aufl. 1947. /4893

KRÖPCKE, Karol d.i. <u>Karl Krolow</u> (1915)
Bürgerliche Gedichte. Mit 36 Zeichnungen von Arno Waldschmidt. -
Hamburg: Merlin (1970). (Von dieser Ausgabe wurde eine von 1-100
num. Vorzugsausgabe gedruckt und vom Autor und Illustrator signiert.) /4894

KROKISIUS, Barbara
Gefunden. (Gedichte und Scherenschnitte) - Hamburg-Volksdorf:
Reich (1955). /4895

KROLOW, Karl   (1915)
Gedichte. - Konstanz: Südverlag (1948) = Neue deutsche Lyrik. 1. /4896

Heimsuchung. Gedichte. Vorwort von Stephan Hermlin. - Berlin:
Volk und Welt (1948). /4897

Auf Erden. Gedichte. - Hamburg: Ellermann 1949 = Das Gedicht.
1949./5/. /4898

Die Zeichen der Welt. Neue Gedichte. - Stuttgart: Deutsche
Verlags-Anstalt (1952) = Die Stern-Ausgaben. /4899

Wind und Zeit. Gedichte 1950-1954. - Ebenda (1954) /4900

Tage und Nächte. Gedichte. - Düsseldorf, Köln: Diederichs
(1956). /4901

Fremde Körper. Neue Gedichte. - Berlin, Frankfurt: Suhrkamp
(1959) = Bibliothek Suhrkamp. 52. /4902

Schatten eines Mannes. Gedichte. Mit Gravuren von R. Schoofs. -
Wülfrath i. Rhld.: Privatdruck von R. Schoofs/Horst Heiderhoff 1959. /4903

Unsichtbare Hände. Gedichte 1959-1962. - Frankfurt: Suhrkamp
(1962). /4904

Ausgewählte Gedichte. Nachwort von Hugo Friedrich. -
Frankfurt: Suhrkamp (1962) = suhrkamp texte. 11. /4905

dasselbe. 6. -15. Tsd. - Ebenda (1963) = edition suhrkamp. 24. /4906

Reise durch die Nacht. - Darmstadt: Bläschke (1964) = Das
neueste Gedicht. 1. /4907

Gesammelte Gedichte 1944-1964. - Frankfurt: Suhrkamp (1965). /4908

Landschaften für mich. Neue Gedichte. - Frankfurt: Suhrkamp
(1966) = edition suhrkamp. 146. /4909

Alltägliche Gedichte. - Frankfurt: Suhrkamp (1968) = Bibliothek Suhrkamp. 219. /4910

Nichts weiter als Leben. Neue Gedichte (1967-1970) Mit einem
Anhang ,Über ein eigenes Gedicht'. - Frankfurt: Suhrkamp (1970) =
Bibliothek Suhrkamp. 264 /vielmehr 262/. /4911
s. a. u. Pseud.: KRÖPCKE, Karol

KROMER, Lina   (1889)
  An Bruder Namenlos. Alemannische Gedichte. - Freiburg i. Br. :
  Rombach (1958); 2., durchges. Aufl. (1965).   /4912
  ... ein Mensch, und nur ein Mensch zu sein... Ein
  Gedichtband. - Ebenda (1960).   /4913
KROPF, Johannes
  Wind, Wirbel und Stille. Gedichte. Illustr. von W. Garbotz. -
  Heidenheim(Brenz): Selbstverlag 1963.   /4914
KROPP, Martha   (1880)
  Spruch - Büchlein. - Karlsruhe: Der Karlsruher Bote (1960).   /4915
  Sonette. - Ebenda /1964/.   /4916
KROTT-BONNEKAMP, Josefine
  Abseits der Heeresstraße. Gedichte. - Ratingen: Henn (1959). /4917
  Rutengang nach Wassern. Gedichte. - Konstanz: Merk (1964).   /4918
KRÜGER, Adolf Friedrich Ludwig
  In den Lebensgärten. - Hameln: Soltsien /1961/ = Die gute
  Gabe. 2.   /4919
KRÜGER, Alfred   (1887-1953)
  Gedichte. Nach dem Tode des Dichters hrsg. von Lucy Jourdan-
  Krüger. - Wiesbaden: Limes (1954).   /4920
KRÜGER, Hans
  Rügenreise. Ein Sonettenkranz für Lotte. - Berlin: Gerlach 1948.   /4921
  Spätsommerweise. 6 Lieder für Lotte. - Ebenda 1950.   /4922
  Kleine Nachtmusik. Gedichte. - Berlin-Wilmersdorf: Selbst-
  verlag 1951.   /4923
KRÜGER, Hellmuth
  Unordentliches Bilderbuch. (Gedichte) - München: Pohl /1954/./4924
KRÜSS, James   (1926)
  So viele Tage wie das Jahr hat. 365 Gedichte für Kinder und
  Kenner. Illustr. und Gestaltung von Eberhard Binder-Stassfurt -
  Gütersloh: Mohn (1959).   /4925
  Auf sieben geschliffenen Kieseln. Gedichte aus Büchern
  von James Krüss. Mit Holzschnitten von Gertrud Brylka. - Hamburg:
  Oetinger (1965). Jahresgabe.   /4926
  James' Tierleben. Eine kleine Zoologie zur Unterhaltung und Be-
  lehrung und zum Lesen und Vorlesen für die ganze Familie in 99 gereim-
  ten Lektionen ausführlich dargestellt von James Krüss. Mit reichem
  Bildschmuck versehen von Erika Meier-Albert. - Zürich, Frankfurt,
  Wien: Büchergilde Gutenberg (1966).   /4927
KRUG, Heinrich
  Paulus-Worte für heute und jedermann. Nach Römer- und
  erstem Korintherbrief in Dichtung geschrieben. - Zürich: Panta-Verlag
  1951.   /4928

Zum Licht hinan. Ewige Worte St.Pauli in Dichtung gesetzt. -
Zürich: Panta-Verlag /1952/. /4929

Hostienlicht. Eucharistische Hymnen. - Zürich: St.Theresien-
Verlag /1961/. /4930

KRUG, Karl-Georg
Bleib in unserer Mitte!. Gedichte. - Schweinfurt: Verlag der
Rückert-Buchhandlung /1950/. /4931

KRUSCHE, Dietrich
Abschied von Japan. 151 Haiku-Übersetzungen, 37 Wortskizzen. -
Saarbrücken: Astel (1969) = Lyrische Hefte. 35/36. /4932

KRUSE, Hinrich (1916)
Mitlopen. Gedichten. - Hamburg-Wellingsbüttel: Verlag der Fehrs-
Gilde (1961). /4933

Dat Gleis. Gedichten. - Ebenda (1967). /4934

KUBA d.i. Kurt Bartel (1914-1967)
Gedicht vom Menschen. - Berlin: Volk und Welt (1948). /4935

Gedichte. Eine Auswahl. - Ebenda 1952. /4936

dasselbe. - Nachwort von Günther Deicke. - Berlin: Aufbau-Verlag
1952 = Bibliothek fortschrittlicher dt. Schriftsteller. 8. /4937

Poèmes choisis. (Gedichte dt.+franz.). Traduction de Pierre Garnier. Paralleldruck. - Paris: Seghers (1956) = Autour du monde. 38. /4938

s.a.: Louis Fürnberg und Kuba: Weltliche Hymne

Brot und Wein. Gedichte, Lieder, Nachdichtungen. Hrsg. und eingel.
von Erhard Scherner. - Leipzig: Reclam /1962/ = RUB. 8939/40. /4939

Gedichte. Nachw. v. Hans Joachim Bernhard. -Rostock: Hinstorff 1961.
/4940
(Gedichte). Ausgewählt von Klaus-Dieter Sommer. - Berlin: Neues
Leben (1969) = Poesiealbum. 16. /4941

Wort auf Wort wächst das Lied. Gedichte 1946-1967. Hrsg. mit
einem Vorwort von Max Zimmering. Mit Notenbeispielen. - Halle:
Mitteldeutscher Verlag 1970 = Gesammelte Werke in Einzelausgaben. /4942

KUBELKA, Margarete d.i. Margarete Kröhnke (1923)
Süßes Gift Erinnerung. Gedichte. - Freising: Marburger Kreis
/1970/ = Marburger Bogendrucke. 20. /4943

KUBESCH, Hanni (1909)
Herzensharfe. Gedichte. - Bietigheim /Württ: Turm-Verlag (1969)./4944

KUBIK, Gerhard
Gedichte und Prosa. Zeichnungen und Aquarelle von Helmut
Andika. - Wien: Junge Generation /1966/. /4945

KUBIK, Harald Taras
Wir, Du und ich. Ein Lebensbuch. Die Auswahl besorgte Otto
Hofmann-Wellenhof. - Graz, Wien: Stiasny (1956) = Dichtung der
Gegenwart. 15. Steirische Autoren. /4946

KUDNIG, Fritz   (1888)
   Gottes Lautenspiel. - Stuttgart: Verlag Mona Lisa (1952).   /494

   Wunder am Meer. Das Lied einer Landschaft. 4. erw. und vielfach
   veränd. Aufl. - München: Gräfe und Unzer (1954). (zuerst 1929)   /494

   Land der tausend Seen. Die Seele einer Landschaft. 2. erw. und
   vielfach veränd. Aufl. - Ebenda (1956). (zuerst 1935)   /494

   Seliges Gotteslied. - 1956. (b. n. e.)   /495

   Flucht und Einkehr. Die ostdeutsche Passion. - Ebenda (1958).   /495

   Land meiner Liebe. - 1963. (b. n. e.)   /495

   Wenn die Heide blüht... Ein Liebesbekenntnis in Gedichten zur
   Vollendung des 75. Lebensjahres des Dichters. - Dülmen/Westf.: Kreis.
   der Freunde (1963) = Der Vier-Groschen-Bogen. Sonderausgabe. 14.   /495

KUDNIG, Wilhelm Gerd
   In den Abend gesprochen. Gedichte. - Hamburg: Hamburger
   Kulturverlag 1955.   /495

KÜBLER, Emil
   Ein fröhlicher Ostergesang. Die Geschichte von der Auferstehung unseres Herrn Jesus Christus. Dem Evangelium in Versen nacher-
   zählt. - Stuttgart: Quell-Verlag /1946/.   /495

KÜFFER, Georg   (1890-1970)
   Mundartdichtung in Bieler Mundart. - Aarau: Sauerländer
   (1948).   /495

   Neus Läbe (und) Us alte Lehre. Gedichte in Bieler Mundart.-
   Bern: Francke (1966).   /495

KÜFFER, Hektor   (1902)
   Landschaft. Gedichte. - Bern-Bümpliz: Benteli /1945/.   /495

   Zehn Gedichte gegen die Zeit. - Bern: H. Feuz /1950/.   /495

   Für den Tag. Gedichte. Illustr. von Willy Rieser. - Biel: Vorstadtpresse J. Steiner (1960).   /496

   Vor der Tür. Zeitgedichte. Illustr. von Bernhard Wyss. - Bern:
   Benteli (1962).   /496

   Gereimtes, Ungereimtes. - Gerlafingen: Buchpresse G. Wyss-
   Jäggi (1966).   /496

KUEGERL, Berthe   (1909)
   Die Wendeltreppe. Gedichte. - Graz: Leykam (1963).   /496

KÜHLBRANDT, Ernst
   Der Weisheitszahn. Sinn-Gedichte. Hrsg. mit einem Nachwort von
   Heinz Stanescu. Red. Hedi Hauser. - Bukarest: Jugendverlag (1969).   /496

KÜHN, Erich   '(1892-1966)
   Kleines Federspiel. Verse. Federzeichnungen von Ortwin Knabe.-
   Hamburg: Hans Köhler Verlag (1948).   /496

KÜHN, Hans   (1934)

Vieles will Klang, immer wieder. Zeichnungen von Fritz
Möser. - Buxheim/Iller: Martin Verlag Berger /1957/ = Das christliche Taschenbuch. Reihe Lebendiges Leben. 16.   /4966

Stimmen der Stille. Gedichte. - Saarbrücken: Verlag Die Mitte
(1970) = Schriftenreihe des Saarländischen Kulturkreises. 4.   /4967

KÜHN-NORDEN, Gerhard
Verse bis zur Ferse. Der Mensch, aufgegliedert und in anak(t)omi-
sche Verse gebracht. - München: L. Müller (1962).   /4968

KÜHNE, Hans
Ode an einen toten Freund. Geschrieben von H. K. - Hameln:
Seifert (1947) = Handschrift. 50.   /4969

KÜHNE, Karl Ernst Heinrich
Sternenglühn im Abendgehn. Gedichte. - Lahr/Schwarzw.:
Schauenburg (1966) = Silberdistel-Reihe. 105.   /4970

KUHNE, Walther   (1890)
Arkadische Leier. Rhythmen. - Burg a.d. Wupper: Nieder-Rheini-
scher Verlag (1950).   /4971

Gleichnis in Versen. - Ebenda (1950).   /4972

Odische Strophen. - Ebenda (1950).   /4973

Vers - Zyklen. - Ebenda (1950-52).   /4974

Schnitt und Narbe. - Ebenda (1952).   /4975

Wandel. - Ebenda (1952).   /4976

Hymnos. Lese. Spruch. - Köln-Lindenthal: Selbstverlag /1953/.
(Maschienschr. vervielf.)   /4977

Dialoge. (Gedichte) - Recklinghausen: Bauer 1956.   /4978

Gesänge. - Erlangen: Junge & Sohn 1962.   /4979

KÜHNELT, Hans Friedrich   (1918)
Das Traumschiff. - Murau, Salzburg, Wien: Kuhn & Fonje (1949).   /4980

KÜHNER, Otto Heinrich   (1921)
Am Rande der Großstadt. Gedichte. - Düsseldorf: Streckfuß
1953 = Lyrische Blätter. 6.   /4981

Pummerer und andere skurrile Verse. Mit 6 Linolschnitten
von Eduard Prüssen. - München: Piper (1968) = Piper-Präsent.   /4982

KÜHNL, Bruno   (1897-1961)
Nachlese. Ausgewählte Gedichte. - Wien: Europäischer Vlg. 1952. /4983

Späte Garben. Gedichte. - Ebenda 1954.   /4984

Gedichte und Jesuslegende. - Ebenda 1956.   /4985

Auf dem Felde liegen schon die Garben. - Ebenda 1959.   /4986

Nachgelassene Gedichte. - Ebenda 1963.   /4987

KÜHNL, Helene
Von Lenz zu Lenz. - Wien: Europäischer Vlg. /1957/.   /4988

An mein Heimatland. - Wien: Europäischer Verlag 1961. /498

Hohe Zeit. - Ebenda 1965. /499

KÜKELHAUS, Hermann (1921-1944)
Gedichte. - Potsdam: Stichnote (1947) /499

... ein Narr der Held. Briefe und Gedichte. Hrsg. von Elisabeth
Gilbert. Vorwort von Hugo Kükelhaus. - Zürich: Diogenes (1964). /499

KÜLLING, Robert
Blicke nach oben! Reiseerlebnisse. (Gedichte). - Thun, Ried:
Selbstverlag 3. Aufl. /1957/. (zuerst 1926) /499

KÜNAST, Erna
Erna Künast, Martin Grill und Karl Richard Kern: Nordischer Dreiklang. Hrsg. im Auftrag der Seliger-Gemeinde. - München: Verlag
Die Brücke /1959/. /499

Stille Stunde. Gedichte. Hrsg. von der Seliger-Gemeinde, Gesinnungsgemeinschaft Sudetendt. Sozialdemokraten. - München: Verlag
Die Brücke 1967. /499

KÜNZEL, Franz Peter (1925)
An die Heimat. Gedichte und Sprüche. - München: Lerche 1950. /499

Dreizehn Herbstblätter. Gedichte. - München: Lerche 1954. /499

KÜPFER, Georg (1890)
Mundartgedicht. - Aarau: Sauerländer 1948. /499

KÜPPERS, Leonhard
Nun wollen wir singen das Abendlied. - Düsseldorf:
Bastion-Verlag 1947. /499

KÜRY, Gustav
Jä und jo. Gedichte in baselstädtischer Mundart. - Basel: Brodbeck-
Frehner 1945. /500

's hat ebbis. Baseldytschi Värs. - Ebenda 1948. /500

Fein und sydig. Baseldytschi Värs. - Basel: H. Majer 1950. /500

Wemme d' Lyt kennt und der Wäg waiss. Baseldytschi Värs.
- Basel: Brodbeck-Frehner 1957. /500

Carona. Gedichte. - St. Gallen: Tschudy 1961. /500

KÜRZL, Theodor (1892)
Bauernheilige und nu ebbs um mi ummi. Epen und Gedichte
in Salzburger Mundart. Zeichnungen von Conrad Dorn. - Salzburg:
Salzburger Druckerei 1964. /500

KUHLMANN, Heinrich
Gedichte. - Stierstadt i. T.: Eremiten-Presse 1958. /500

KUHLMANN, Rudolf
Im Schatten. Graphische Gestaltung der Gedichte von Adalbert
Wiemers. - Bonn: Schwippert /1947/. /500

KUHLMEYER, Georg (1894)

Lieber Tag! Gedichte. - Karlsruhe: Der Karlsruher Bote 1969. /5008

KUHN, Hildegard
Frankfurter Bilderbuch. Ausgedacht und gereimt von Hildegard
Kuhn. In Holz geschnitten und ausgemalt von Gertraut Bangert. -
Frankfurt: Kramer 1953. /5008

KUHN, Johannes
Götterdämmerung. Gedichte. - Bietigheim/Württ.: Turm-Verlag
(1968) = Turmbücherei. 20. /5009

KUHN, Magdalene (1893)
Der Heilandsweg. Sonette. - Berlin: Evangelische Verlags-Anstalt
(1947). /5010

KUHNERT, Heidemarie
Träume einer Achtzehnjährigen. (Gedichte). - Wien:
Europäischer Verlag 1959. /5011

KUKOFKA, Gerhard (1918)
Frohe Zeit in Schlesien. Erzählung und Gedichte. - München:
Verlag Heimatwerk (1966). /5012

KUKUK, Fritz
Kinner van Duarpe. Plattdeutsche Gedichte. Zeichnungen von
Moritz Pathè. - Höxter: Kreisheimatausschuß /1960/. /5013

KULISIEWICZ, Alex
Sprechplatte: Lieder aus der Hölle. Sprecher: Alex Kulisiewicz. -
Neckargemünd: Da Camera /1969/. /5014

KULTERER, Hubert Fabian (1938)
Eine Handvoll Krähensalz. Gedichte. (b. n. e.) /5015

Worte, die man in den Fluß wirft. Gedichte. - 1961. (b. n. e.) /5016

KUNDE, Wilhelm Gerd (1893)
In den Abend gesprochen. - Hamburg: Hamburger Kulturverlag 1955. /5017

KUNERT, Günter (1929)
Wegschilder und Mauerinschriften. Gedichte. - Berlin:
Aufbau-Verlag 1950. /5018

Unter diesem Himmel. Gedichte. - Berlin: Neues Leben 1955. /5019

Das kreuzbrave Liederbuch. Illustr. vom Autor. - Berlin:
Aufbau-Verlag 1961 = die Reihe. 54. /5020

Tagwerke. Gedichte, Lieder, Balladen. - Halle: Mitteldeutscher
Verlag 1961. /5021

Erinnerung an einen Planeten. Gedichte aus 15 Jahren. -
München: Hanser (1963). /5022

Der ungebetene Gast. Gedichte. - Berlin, Weimar: Aufbau-
Verlag 1965. /5023

Verkündigung des Wetters. Gedichte. - München: Hanser-
Verlag (1966). /5024

Unschuld der Natur. 52 Figurationen leibhafter Liebe. Zeichnungen
von Fritz Cremer. - Berlin, Weimar: Aufbau-Verlag 1966. /502

(Gedichte). - Berlin: Neues Leben (1968) = Poesiealbum. 8. /502

Notizen in Kreide. Gedichte. Auswahl von Hubert Witt. Nachwort
von Armin Zeissler. - Leipzig: Reclam 1970 = Reclams Universal-
Bibliothek. 369. /502

Warnung vor Spiegeln. Gedichte. - München: Hanser (1970) =
Reihe Hanser. 33. /502

KUNZE, Angela
s. u. Thomas Amon und Angela Kunze: Weihnachtslied für fette
Jahre.

KUNZE, Hansjochem (1922)
Wanderzirkus. Ausstattung von Hans-Georg Lenzen. - Düsseldorf:
Streckfuß (1953) = Lyrische Blätter. 7. /502

KUNZE, Reiner (1933)
Reiner Kunze und Egon Günther: Die Zukunft sitzt am Tische.
26 Gedichte. - Halle: Mitteldeutscher Verlag (1955). /503

Vögel über dem Tau. Liebesgedichte und Lieder. - Halle:
Ebenda 1959. /503

Halm und Himmel stehn im Schnee. - 1960. (b. n. e.) /503

Lieder für Mädchen, die lieben. - 1960. (b. n. e.) /503

Aber die Nachtigall jubelt. Heitere Texte. Illustr. von Jaroslav
Bejček u. a. - Halle: Mitteldeutscher Verlag 1962. /503

widmungen. Gedichte. - Bad Godesberg: Hohwacht-Verlag /1963/. /503

die tür. Nachdichtungen aus dem Tschechischen. - Ebenda /1964/. /503

(Gedichte). - Berlin: Neues Leben (1968) = Poesiealbum. 11. /503

sensible wege. achtundvierzig gedichte und ein zyklus. - Reinbek bei
Hamburg: Rowohlt (1969). /503

Song von der großen Vogelscheuch. (b. n. e.) /503

KUPFER-KOBERWITZ, Edgar d. i. Edgar Kupfer (1906)
Kette der Tage. Gedichte aus Dachau. - Calw, Stuttgart: Hatje
/1947/. /504

KUPFERSCHMID, Alfred
Die auf den Herren harren. Ein Trostbüchlein. Zeichnungen
von Verena Schilling-Niedermann. - Bern: Blaukreuz-Verlag (1962). /504

KUPRECHT, Karl (1913)
Seele im Dämmer. - Erlenbach-Zürich: Selbstverlag /1945/. /504
Fährte leisern Lebens. Gedichte. - Zürich: Oprecht /1948/. /504

Erlauschter Weg. Gedichte. - St. Gallen: Tschudy 1950 = Der
Bogen. 5. /504

Geliebte Erde. Gedichte. - Erlenbach-Zürich: Rentsch /1953/. /504

Das schlichte Leben. Gedichte. - Erlenbach-Zürich: Rentsch-
Verlag /1957/. /5046

Alle Liebe ist leise, Gedichte. - Karslruhe: Der Karlsruher
Bote /1960/. /5047

Glanz über Schatten. Gedichte. - Erlenbach-Zürich: Rentsch-
Verlag /1963/. /5048

KUPRIAN, Hermann (1920)
Der blaue Spiegel. Gedichte. - Imst: Egger /1960/ = Schriftenreihe des Innsbrucker Turmbundes. 4. /5049

Abendländische Melancholie. Gedichte. - Wien: Bergland-
Verlag (1963) = Neue Dichtung aus Österreich. 104. /5050

Siegel unendlich. Versidylle. Linolschnitte von Siegfried Kuprian.
- Karlsruhe: Der Karlsruher Bote 1967. /5051

orphische gespräche. poetische texte. Einführung von Josef-
Raeul Baudrexel- - München: Relief-Vlg. (1970). /5052

Traumtexte. Gedichte. Mit 10 Graphiken von Siegfried Kuprian. -
Wien: Österreichische Verlags-Anstalt (1970). /5053

KURATLI, Jakob
Wartouer Spröch. - Azmoos SG: Selbstverlag 1963. /5054

KURER, Fred Schilf
epigonale strofen. Bibliophile Gedichtmappe. Zeichnungen von
Marcus Achleitner. - Zug: Kündig 1959. (in 187 Ex., 117 davon num.)
/5055

KURRUS, Karl
Üs em Kriagli. Alemannische Gedichte in Kaiserstühler Mundart.
Vignetten von Jürgen Bogun. - Freiburg i. Br.: Rombach (in Komm.)
(1969). /5056

KURZ, Carl Heinz (1920) -
Der Gratulant. Für Feste und Feiern im Ablauf des Lebens. Mitarbeit von Maria Melchers u.a. - Konstanz: Christliche Verlagsanstalt 1953.
/5057
KURZ, Otto Ernst
die weißen birken blühen. Lyrik der Zeit. - Altenburg: Altenburger Druckerei, Buch- und Verlagsgesellschaft Jonas & Co. 1947. /5058

KURZ, Paul Konrad (1927)
Denn Er ist da. Verse zu Advent und Weihnacht. - München:
Ehrenwirth (1963). /5059

Wer bist Du?. Verse des Anfangs. - Ebenda (1964). /5060

Gegen die Mauer. Verse zur Passion und Ostern. - Ebenda (1966)./5061

KUSCHE, Ludwig (1901)
Ich hab's erlebt. Ungereimtes, gereimt aus unserer musikalischen
Welt. Illustr. von H. F. Akmann. - München: Süddeutscher Vlg. (1970). /5062

KUSZ, Fitzgerald (1944)
Beherzigungen. - München: Maistraßenpresse 1967. /5063

KUTTER, Markus (1925)
Nachtsonette. - Basel: Vineta Verlag (1950). /506

Inventar mit 35. Texte. - Teufen: Arthur Niggli (1961). /506

LAABS, Joochen (1937)
Eine Straßenbahn für Nofretete. Gedichte. - Halle: Mitteldeutscher Verlag 1970. /506

LAAK, Mila van d.i. Emilie van Laak (1899)
Leute von heute. Vers-Epen. Original-Linolschnitte von Fritz Möser. - Karlsruhe: Der Karlsruher Bote 1964. /506

Mein Kriegstagebuch. Zeitbilder in Versen. Original-Linolschnitte von Fritz Möşer. - Ebenda 1964. /506

Weltmosaik. Stimmen der Schöpfung erlauscht und festgehalten. - Wien: Europäischer Verlag 1965. /506

Fakten des XX. Jahrhunderts. (Gedichte und Stories) - Wien: Europäischer Verlag 1966. /507

LACHMANN, Vera
Golden tanzt das Licht im Glas. Golden dances the light in the glass. (Gedichte) Englische Prosaübertragungen in Zusammenarbeit mit Vera Lachmann von Spencer Holst. - Amsterdam: Castrum Peregrini Presse 1969 = Castrum Peregrini Presse. 17. /507

LACKNER, Hans Rudolf Gedichte. - Bozen: Ferrari-Auer /1964/. /507

LACKNER, Stephan (1910)
Gruß von Unterwegs. - Wien: Frick (1952). /507

LADENBAUER, Werner
65 - 66. Gedichte und Aphorismen in Auswahl. - Wien: Europäischer Verlag 1967. /507

LÄMMEL, Josef Otto (1891)
Kuppel der Träume. - Baden bei Wien: Weilburg Vlg. 1969. /Auslieferung 1968/ /507

LÄMMERHIRT, Hildegard
Gewandelt wird Verlorenes. Gedichte und Prosa. Hrsg. und gestaltet von Gottfried Pratschke. - Wien: Europäischer Vlg. 1970 = Die Stillen im Lande. /507

LÄMMLE, August (1876-1962)
Das Gartenhaus. Gedichte. - o.J. Privatdruck. (Hermann Hesse-Nachlaß, Schiller-Nationalmuseum, Marbach) /507

Sprüche und Reimsprüche. Buch 1.2. - Tübingen: Furche (1948). /507

Es leiselet im Holderbusch. Die schwäbischen Gedichte. - 1952. (b.n.e.); erw. Ausgabe Fleischhauer & Spohn 1943. (zuerst 1936 Ebenda) /507

Die Reise nach Bethlehem. - o.O. Privatdruck 1953. (Hermann Hesse-Nachlaß, Schiller-Nationalmuseum, Marbach) /508

Ich schaue von außen durchs Fenster. Sprüche und Reimsprüche. - Mühlacker: Stieglitz Vlg. Händle (1956). /5081

Was mir lieb ist. Gedichte in der Mundart meines Elternhauses
in Oßweil. Ausgabe letzter Hand. - Stuttgart: Steinkopf (1958). /5082

⌐AHNSTEIN, Siegfried Johannes (1916)
Unterwegs. Gedichte. - Ahrweiler/Rhld.: Are-Verlag (1966) =
Are-Bücherei. /5083

⌐AHR, Helene   d.i. Helene Birti-Lavarone   (1880-1958)
Skeptisches Tagebuch. (Gedichte) Graphik von Gertrude Diener. -
Wien, München: Jugend und Volk (1963) = Neue Perspektiven. /5084

Der Seitenblick. Gedichte, Skizzen und Essays. Ein literarischer
Nachlaß. Eingeleitet von Oskar Jan Tauschinski. - Wien: Bergland
(1969) = Neue Dichung aus Österreich. 155. /5085

⌐AHTELA, Markku
Es. Gedichte. - Berlin: Oberbaumpresse 1966. /5086

⌐AM, Friedrich
Unvergessene Heimat. Gedichte aus dem Nachlaß. - Stuttgart:
Arbeitsgemeinschaft der Karpatendeutschen aus der Slowakei und des
Dr. Johann-Liptak-Fonds 1966. /5087

⌐AMBERTZ, Manfred
Gedanken. Gedichte. - Stuttgart-Fellbach: Heimdall-Vlg. /1969/. /5088

⌐AMPALZER, Hans
Gedichte ohne Titel. Lionolschnitte von Herwig Zens. - Baden
bei Wien: Weilburg-Verlag /1969/. /5089

⌐AMPL, Fritz   (1892-1955)
Gesang der Stille. Gedichte. - Heidelberg: Meister 1947. /5090

⌐AMSZUS, Wilhelm   (1881-1965)
Der große Totentanz. Gesichte und Gedichte vom Krieg. Zeich-
nungen von Fritz Husmann. - Hamburg: Hamburger Kulturverlag (1946).
/5091
⌐ANDAU, Lola
Noch liebt mich die Erde. Gedichte. - Bodman/Bodensee:
Hohenstaufen Verlag (1969). (mit Bibliographie) /5092

⌐ANDERER, Hermann
Ä scheene Gruaß vum Kaiserschduahl. Haimet-Versli. -
Freiburg i. Br.: Kehrer 2. Aufl. /1968/. (1. Aufl. b. n. e.) /5093

⌐ANDERT, Walter
Selbstbefragung. Eine Auswahl gereimter und ungereimter Gedanken. - Schaffhausen: Meier (1969). /5094

⌐ANDGRAF, Ludwig   d.i. Ludwig, Prinz von Hessen
Gedichte. - Darmstadt: Roether 1951. /5095

⌐ANG, Elmy
Mitternachtsspritzer. - Wien: Europäischer Vlg. 1970. /5096

⌐ANG, Emmerich
Jenseits der Wüste. Gedichte und Aphorismen. - Wien:

Österreichische Verlags-Anstalt (1969). /509

LANG, Ernst Maria
Die Zwerge gehn in volle Deckung. Balladen aus dem Bayerischen Fernsehen. - Feder Verlag (1959). /5098

Spe(c)kulanten. Gezeichnet und besungen. - Bergisch-Gladbach: Lübbe (1967) /5099

LANG, Konrad (1885)
Aus Dunkelheit zum Licht. Gedichtsammlung. - Schifferstadt: Selbstverlag /1947/. /5100

LANG, Martin (1883-1955)
Schbatzaweisheit. Gedichte in der Mundart der Rauhen Alb. - Stuttgart: Deutsche Verlagsanstalt (1950). (zuerst 1912) /5101

LANG, Siegfried (1887-1970)
Gedichte und Übertragung des Gedichts „Von den Gräbern" von Ugo Foscolo. - Zürich: Johannespresse (1950). = Druck d. Johannespr. 23 /5102

LANGE, Carl Albert Wilhelm (1892-1952)
Der Pavillon aus Porzellan. Li-Tai-Pe's Spiegelgedicht in zwölffacher Abwandlung. Vignetten von Charlotte Thiede. - Wedel/Holst. Alster Verlag 1946. /5103

In meiner Sprache. Paraphrase und Neuschöpfung fremder Gedichte. - Ebenda 1946. /5104

Verklärte Traube. Ein Weinpoem. Gedichte. - 1948. (b. n. e.) /5105

Anatomia lyrica oder Die Anatomie des Dr. Tulp. Ein Hymnus auf den menschlichen Körper. Gedichte. - Hamburg: Verlag Hamburgische Bücherei (1949). /5106

Bildhauer Wield. Neun Sonette. - Hamburg: Landeskunstschule 1952 = Meerstern-Drucke. 11. /5107

LANGE, Evamaria (1917)
Avignon. Gedichte. - Hobbach: Lampion-Vlg. (1964). (100 sign. Ex.) /5108

LANGE, Hans
Das Licht in der Finsternis. Eine adventische Vision. - Affoltern a. A.: Aehren-Verlag (1951). /5109

LANGE, Horst (1904)
Gedichte aus zwanzig Jahren. - München: Piper & Co. (1948). /5110

Aus dunklen Fluten kam Gesang. Gedichte. - Stuttgart: Goverts (1958). /5111

Eine Geliebte aus Luft. Mit Zeichnungen von Max Hauschild. - Stierstadt: Eremiten-Presse 1956. /5112

dasselbe. 7 Gedichte. Mit Linolschnitten von Marcel Pfister. - Hamburg, Düsseldorf: Claassen (1969). /5113

dasselbe. Liebhaber-Ausgabe. - Hamburg, Zürich: Claassen (1969). /5114

LANGENDORF, Peter
An diese Welt. Zeichnungen von Niels Burkhard. - Riehen:

Selbstverlag /1970/. /5115
LANGGÄSSER, Elisabeth d.i. Elisabeth Hoffmann (1899-1950)
Der Laubmann und die Rose. Ein Jahreskreis. - Hamburg:
Claassen & Goverts /1947/. /5116
Der Torso. (Prosa, 2 Gedichte). - Hamburg: Claassen & Goverts
(1947). /5117
Kölnische Elegie. Geschrieben aus Anlaß der 700-Jahrfeier der
Grundsteinlegung des Domes zum Festakt der Stadt Köln. - Mainz:
Matthias-Grünewald-Verlag 1948 = Druck der Mainzer Presse. /5118
Geist in den Sinnen behaust. Nachlaß, enthält auch Gedichte
unter „Metamorphosen 1946-1949". - Ebenda (1951). /5119
Gedichte. Vorwort von N.N. - Hamburg: Claassen 1959 = Gesammelte Werke in Einzelausgaben. /5120
Mithras. Lyrik und Prosa. Mit einem Essay von Luise Rinser , Magische Argonautenfahrt'. Hrsg. von Otto Ferdinand Best. - Frankfurt,
Hamburg: Fischer Bücherei (1959) = Fischer Bücherei. 290. /5121
LANGNER, Ilse d.i. Ilse Siebert (1899)
Zwischen den Trümmern. Gedichte. - Berlin: Aufbau-Vlg. 1948./5122
Geboren 1899. Biographische Gedichte. Neujahrsgruß für die Freunde des Christian Wegner Verlages. - Hamburg: Wegner 1959. /5123
LANGOSCH, Gregor (1900-1969)
Mahnung und Trost. Sonette. - Herne:Westf. Grabski (1955) =
Kleeblättchen-Reihe. 4. /5124
LANGSDORFF, Friedrich von (1894-1966)
Der Spielmann. Zeichnungen von Hermann Fay. - Bühl bei Baden:
Konkordia 1946. /5125
LANKES, Arthur
Aus Tagebüchern ausgewählte Gedichte 1906-1956. Fragmente, 9 Sätze einer Kosmokratie. - Karlsruhe-Durlach: Dups 1957. /5126
LANSER, Günter (1932)
An den Ufern. Gedichte. - München, Würzburg, Wien: Relief-Vlg.
Eilers 1964 = Der Viergroschenbogen. 50. /5127
LAOR, Eran
Achtzehn Gedichte. Gedichte aus den Jahren 1923-1937. - Genève:
Ed. Pea (1956) (bibliophile Ausgabe vom Autor sign.) /5128
Der Himmel stürzt ein, die Welt geht unter. - Wien:
Vlg. Typographische Anstalt (1970). (Aufl. 250 Ex.) /5129
LAPIDAR, Dadasius d.i. Carl Böckli
meine schreibe hat bleibe. Zeitnahe Lyrik von Dadasius Lapidar mit einem Nachw. von Eduard Stäuble. Zeichnungen von Wolf Barth.-
Rorschach: Nebelspalter-Verlag (1968). /5130
LARESE, Dino (1914)
Liebi Buebe. (Gedichte) - St. Gallen: Tschudy 1950. /5131

LASKER-SCHÜLER, Else (1869-1945)
Eine Einführung in ihr Werk und eine Auswahl von
Werner Kraft. - Wiesbaden: Steiner 1951 = Akademie der Wissenschaften und der Literatur. Schriftenreihe der Klasse der Literatur. Verschollene und Vergessene. /513

Dichtungen und Dokumente. Gedichte, Prosa, Schauspiele, Briefe, Zeugnisse und Erinnerung. Ausgewählt und hrsg. von Ernst Ginsberg. (enthält ein Faksimile und 3 Zeichnungen der Dichterin). - München: Kösel (1951). /513

Mein blaues Klavier. Neue Gedichte. - Jerusalem: Tarshish Books 2. Aufl. (1957). (zuerst 1943 Jerusalem Press in 330 num. Ex.) /513

Gedichte 1902-1943. Hrsg. von Friedhelm Kemp. - München: Kösel (1959). /513

dasselbe. - Ebenda 2. Aufl. 1961 = Gesammelte Werke in 3 Bänden. Bd. 1. /513

Verse und Prosa aus dem Nachlaß. Hrsg. von Werner Kraft. - Ebenda 1961 = Gesammelte Werke in 3 Bänden. Bd. 3. /513

Helles Schlafen - dunkles Wachen. Gedichte. Ausgewählt von Friedhelm Kemp. - München: Deutscher Taschenbuch-Vlg. (1962) = dtv. Sonderreihe. 1. /513

Poezia. S njemačkog preveo: Otto Solč. (Gedichte, serbokroat. + dt.) Paralleldruck. - Zagreb: Mladost 1963. (Im Auftrag des Präsidenten des kirchlichen Außenamtes der Evangel. Kirche in Deutschland) /513

Poesie. (dt. + ital.) A cura di Giuliano Baioni. Paralleldruck. - Milano: Nuova Accademia (1963). (mit Schallplatte) /514

Sämtliche Gedichte. Hrsg. von Friedhelm Kemp. - München: Kösel (1966) = Die Bücher der Neunzehn. 134. /514

Gedichte und Prosa. Eine Auswahl. Mit einem Nachw. von Friedrich Minckewitz. - Weimar: Kiepenheuer (1967) = Gustav-Kiepenheuer-Bücherei. 29. /514

Hebräische Balladen. Kupferstiche von Otto Rohse. - Hamburg: Otto Rohse-Presse (1968) = Druck der Otto Rohse-Presse. 8. (125 sign. und num. Ex. und Vorzugsausgabe, nur 1-25 enthält eine zusätzliche Folge der Kupferstiche auf Japan. Erscheint zum 100. Geburtstag von Else Lasker-Schüler.) /514

Leise sagen. Ausgewählte Gedichte. Auswahl und Nachw. von Karl-Heinz Sühnhold. - Berlin, Weimar: Aufbau-Vlg. (1968). /514

LASSL, Josef (1915)
Mit achtunddreißig Jahren. Gedichte. - Linz: Kulturamt der Stadt Linz 1956. /514

LAU, Alfred (1898-1971)
Schabbelbohnen. Gedichte in ostpreußischer Mundart. - München: Gräfe und Unzer 4. Aufl. (1952). (1. Aufl. b. n. e.) /514

Plidder, pladder. Gedichte in ostpreußischer Mundart. - Ebenda (1954). /514

Kriemelchens. Gedichte in ostpreußischer Mundart. - München:
Gräfe und Unzer (1956). /5148

Ei kick dem! Gedichte in ostpreußischer Mundart. - Ebenda (1958)./5149

Sprechplatte: Alfred Lau spricht seine lustigen ostpreußischen Gedichte. - Ebenda /1958/. /5150

Sprechplatte: Alfred Lau spricht weitere lustige ostpreußische Gedichte. - Ebenda /1961/. /5151

Schniefke. Lustige ostpreußische Geschichten und Verse zum Beniesen.
- Ebenda (1962). /5152

LAUBE, Anna (1894)
Wunderbare Wege. Erlebtes und Erlauschtes. (Gedichte und Prosa)
- Wien: Keppler /1945/. /5153

Begnadete Erde. Gedichte. - 1950. (b. n. e.) /5154

Erkenntnis. Gedichte. - 1959. (b. n. e.) /5155

Von Blume, Baum und Strauch. Ein Zyklus. - Wien: Holzhausen (1959). /5156

LAUBE, Elisabeth
Das bange Jahr. 10 Gedichte. - /1947/ o.O. o.J. /5157

LAUBER, Cécile (1887-1971)
Gesammelte Gedichte. - St. Gallen: Tschudy /1955/. /5158

Gesang des Lebens. (Dichtung für ein Oratorium, Vertonung von
Hans Schmid) Textheft. - Elgg: Volksverlag /1962/. /5159

LAUBER, Maria (1891)
Mis Tal. Mundartgedichte. - Frutigen: Buchdr. Egger /1955/. /5160

Bletter im Luft. Mundartgedichte. - Bern: Francke (1959). /5161

Gesammelte Werke(Frutiger Mundart) Illustr. von Paul Freiburghaus. Bd. 1 Gedichte. - Ebenda (1965). /5162

Sprechplatte: Gedichte und eine Erzählung in Frutiger Mundart. -
Ebenda /1968/ = Turicaphon. /5163

LAUBSCHER, Karl Adolf (1888)
Naturbuch. Natur- und Naturschutzgedichte. - Bern: Kristall-
Verlag 1946. /5164

Ode an die Natur. Kantate. Musik von Joseph Ivar Müller. Textzusammenstellung von Vasa Hochmann. - Zürich: J.I. Müller 1948. /5165

Bärndütschi Tierschutzgedicht. - Bern: Kristall-Vlg. 1949./5166

Habe nur Vertrauen. Eine Auswahl notwendender Worte aus den
Gedichtbänden , Hymnen des Lichts', , Notwendige Worte' und aus unveröffentlichten Gedichten. Einführung von Eugen Thurnher. - Bregenz:
E. Ruß (1949). /5166a

Gazellengedichte. Erweiterte Ausgabe. (Der Anhang 'Neue Gazellengedichte' wurde im Jahr 1950 dem Rest der Auflage 1941 angefügt.) -

Bern: Kristall-Verlag 1950. (1. Aufl. 1941: Laubscher, Gazellengedichte
und Tanzbüchlen'.) /5516

Im großen Sommergarten. - Bern: P. Haupt (1950) = Berner
Heimatbücher. 42. /5167

Gesänge von Laub und Gras. Blüten-, Laub- und Gräserlieder.
- Sigriswil-Bern: Kristall-Verlag /1952/. /5168

Sommerbuch. Sommerstrophen, Felsenlieder und andere Naturgedichte. - Ebenda 1952. /5170

Gräser, Wind und Wolken. Verse. Photos von Karl Jud. - Zürich,
Stuttgart: Aldus Manutius Verlag. 2. Aufl. /1958/ = Kleine Kostbarkeiten der Aldus Manutius Drucke. 11. /5171

Das Lied der Gazelle. Verse und Bilder. Hrsg. von Franz Carl
Steinermayr. - Ebenda (1959) = Kleine Kostbarkeiten der Aldus Manutius Drucke. 13. /5172

LAUENER, Henri
Die Stadt. Gedichte. - Bern: Genossenschafts-Buchdruckerei 1958. /5173

Blues. Gedichte. Linolschnitte von Luigi Crippa. - Bern: Ebenda 1960. /5174

Sommer Indigo. Gedichte. Illustr. von Adrian Grütter. - Bern:
Benteli (1963). /5175

LAUER, Lorenz Arno
Die große Gnade des Herrn. Ein kleiner Katechismus. (Gedichte) - Wien: Mercuria /1956/. /5176

LAUKEMANN, Friedrich
Gottes Glanz ist durchgedrungen. - Stuttgart-Hohenheim:
Hänssler (1969). /5177

LAUMEN, Helga
Unter den Bogen des Schlafes. Gedichte. Linolschnitte von
Fritz Möser. - Karlsruhe: Der Karlsruher Bote 1962. /5178

LAUTERBACH, Rolf Thomas
Gedanken und Gedichte. Band 1. - Wien: H. Bauer (1968). /5179

LAVANT, Christine d. i. Christine Habernig (1915-1973)
Die unvollendete Liebe. - Stuttgart: Brentanoverlag (1949). /5180

Die Bettlerschale. Gedichte. - Salzburg: O. Müller (1956). /5181

Spindel im Mond. Gedichte. - Ebenda (1959). /5182

Wirf ab den Lehm. Eingeleitet und ausgewählt von Wieland
Schmied. - Graz, Wien: Stiasny (1961) = Stiasny Bücherei. 91. /5183

Der Pfauenschrei. Gedichte. - Salzburg: O. Müller (1962). /5184

Hälfte des Herzens. Gedichte. - Darmstadt: Bläschke (1967) =
Das neueste Gedicht. 27. /5185

LAYH, Willi (1903)
Vorwärts, unser Weg ist gut. Gedichte. - Berlin: Dietz 1953. /5186

LEB, Hans (1909-1961)
Der unsterbliche Tag. Gedichte. - Klagenfurt: Kleinmayr 1946. /5187

Gast unter Sternen. Gedichte. - Wien: Schmeidel (1947). /5188

Die Enthüllung. Gedichte. - Genf: Verlag Die Ausfahrt /1949/ =
S-Bändchenreihe zeitgenössischer Autoren. /5189

Ich binde das Reis. Gedichte aus 10 Jahren. (1950-1960). Hrsg.
von Franz Schneeweiß. - Villach: Hans-Leb-Presse 1960. /5190

dasselbe. - Villach: Gesellschaft zur Förderung neuer Kunst 1961. /5191

LECHLER, Ottmar
Trunken hängt der Mond an einem Stern. - Reutlingen:
Knödler /1964/. /5192

LE FORT, Gertrud von (1876-1971)
Hymnen an die Kirche. - München: Ehrenwirth 1946.
(zuerst 1924) /5193

dasselbe. - München: Beckstein 1946. /5194

dasselbe. - Zürich: Thomas-Verlag 1946. /5195

dasselbe. - Leipzig: St. Benno (1957). = Katholische Dichter unserer
Zeit. 1. /5196

Gedichte. - Zürich: Arche /1949/. /5197

dasselbe. - Wiesbaden: Insel-Verlag (1949) = Insel-Bücherei. 580. /5198

Den Heimatlosen. 3 Gedichte. - München: Ehrenwirth /1950/. /5199

Die Krone der Frau. Prosa und Gedichte. Nachwort von Bernt
von Heiseler. - Zürich: Arche 1950 = Sammlung Gestalten und Wege. /5200

Die Brautgabe. (Die faksim. Gedichte wurden von Gertrud von Le
Fort ausgewählt und von Hand geschrieben.) - Ebenda (1955) = Die
kleinen Bücher der Arche. 206. /5201

Brautgabe. (Gedichte und Prosa) - Zürich: Sanssouci (1967) =
Sanssouci-Souvenirs. (Neuausgabe) /5202

Sprechplatte: Gertrud von Le Fort spricht: 10 Gedichte. Das
Jahr der Kirche. Auswahl aus: Hymnen an die Kirche. - Freiburg i. Br.:
Christophorus-Verlag /1958/. /5203

Gedichte. - München: Ehrenwirth (1970). (erw. Neuaufl.) /5204

LEHMANN, Bruno (1902)
Ist Zeit nur Zeit? Gedichte. - Clausthal-Zellerfeld: Verlag
Harzer Druckerei (1964). /5205

Verschieden schwer schlagen die Uhren. Gedichte. -
Wien: Europäischer Vlg. 1964. /5206

Ohne den Andern zu kennen. Novellen und Gedichte. - Wien:
Europäischer Vlg. 1966. /5207

Tod des Pompejus. Episches und Lyrisches. - Wien: Euroäipäischer
Verlag 1967. /5208

LEHMANN, Ha. Jott.(Hans Joachim)   (1950)
a n g e n e h m. Mit Siebdrucken von Jochen Szymczak und Peter Kurenbach. - Bonn: Amöben-Presse (1970).   (250 num. u. sign. Ex.)   /520

LEHMANN, Wilhelm   (1882-1968)
E n t z ü c k t e r S t a u b. Gedichte. - Heidelberg: Schneider 1946.   /5209

D e r g r ü n e G o t t. Ein Versbuch. - Ebenda (1948)   (zuerst 1942).   /521

N o c h n i c h t g e n u g. - Tübingen: Heliopolis-Verlag (1950).   /521

A n t w o r t d e s S c h w e i g e n s. - Ebenda (1951).   (zuerst 1935)   /521

Ü b e r l e b e n d e r T a g. Gedichte aus den Jahren 1951-1954. - Düsseldorf, Köln: Diederichs (1954).   /521

M e i n e G e d i c h t b ü c h e r. Zum 75. Geburtstag von Wilhelm Lehmann. - Frankfurt: Suhrkamp 1957.   /521

A b s c h i e d s l u s t. Gedichte aus den Jahren 1957 bis 1961. - Gütersloh: Sigbert Mohn /1962/.   /521

S ä m t l i c h e W e r k e in 3 Bänden. Bd. III E s s a y s u n d G e d i c h t e. Ebenda 1962.   /521

G e d i c h t e. Ausgewählt von Rudolf Hagelstange. Mit einem Aufsatz ‚Vom lyrischen Gedicht' und einer ‚Biographischen Nachricht' vom Verfasser. - Stuttgart: Reclam (1963) = Universal-Bibliothek. 8255.   /521

G e d i c h t e. Zur Erinnerung an Friedrich Hebbel 1813-1863. - St. Gallen: Zollikofer; Galerie Der Erker (1964).   (200 num. und sign. Ex.)   /521

R o s e n. Gedicht. - Marbach a. N. Schiller-Nationalmuseum (1967) = Schiller-Nationalmuseum, Marbach. Faksimiledruck. 12.   /521

S i c h t b a r e Z e i t. Gedichte aus den Jahren 1962-1966. - Gütersloh: Sigbert Mohn (1967).   /522

LEHNER, Peter   (1922)
r o t g r ü n. Gedichte. Ausgewählt und hrsg. von Adrian Wolfgang Martin. Holzschnitte von Jost Hochuli. - St. Gallen: Eirene-Verlag (1955).   /522

A s p h a l t i m Z w i e l i c h t. Verse. Photographien von Martin Glaus. - Teufen AR: Niggli (1956).   /522

A u s f a l l s t r a ß e. Gedichte. - St. Gallen: Tschudy 1959 = Der Bogen. 63.   /522

F a s e K r a n. Gedichte. Mit 6 Zeichnungen von Paul Lehmann. - St. Gallen, Stuttgart: Tschudy (1964) = Die Quadratbücher. 38.   /522

e i n b i s s c h e n m i s s i m k r e d i t. wort sport. Mit 4 Gouachen von Irene Thiele-Peschick. - Bergen-Enkheim: Anabas-Vlg. Kämpf (1967).   /522

(Text) Grafik von Irene Thiele-Peschick. - Steinbach bei Gießen: Anabas-Verlag G. Kämpf /um 1969/ = Anabas-Literatur-Plakat. 3.   /522

LEHNERT, Hans   (-1942)
Hans Lehnert: G e d i c h t e. Hilde Meisel: G e d i c h t e. - Hamburg: Europäische Verlagsanstalt (1950).   /522

LEHNI, Franz Felix
    Kleine Matutin. Gedichte. - Küsnacht: Eirene-Verlag (1957)   /5228
LEICHLEITNER, Albrecht
    Was mei Hearz rödt. Gedichte in Tiroler Mundart. Buchschmuck
    von Franz Korger. - Wels: Welsermühl (1963) = Lebendiges Wort. 22. /5229
LEIDWEIN, Helmut   (1903)
    Marchlieder. (Gedichte und Sinnsprüche) - Wien: Europäischer
    Verlag 1955.   /5230
LEIFHEIM, Hans   (1891-1947)
    Lob der Vergänglichkeit. Gedichte. - Salzburg: O. Müller (1949).
    Sämtliche Gedichte. Mit einer Einführung:, Hans Leifhelm Leben   /5231
    und Werk' und Anmerkungen hrsg. von Norbert Langer. - Ebenda (1955)/5232
LEINBERGER, Julius   (1888-1959)
    Nörmberg und drum rum. Gedichte in Nürnberger Mundart. -
    Nürnberg: Korn & Berg /1951/.   /5233
LEINER, Amalie
    Sandkorn. Gedichte in Hochsprache und steirischer Mundart. - Wien:
    Europäischer Vlg. /1966/.   /5234
LEINWEBER, Bertold
    Der Weg durch das Dunkel. Gedichte. - Heinzenberg: Bieden-
    kopf o. J.   (Hermann Hesse-Nachlaß, Schiller-Nationalmuseum, Marbach)
                                                                /5235
LEIP, Hans   (1893)
    Kadenzen. Neue Gedichte. - Stuttgart: Cotta 2. Aufl. 1945. (zuerst
    1942)   /5236

    Der Mitternachtsreigen. Ein Oratorium. - Hamburg: Hammerich
    und Lesser 1946.   /5237

    Eulenspiegel. Abwandlungen eines alten Themas in elf Gesängen. -
    Flensburg: Verlagshaus Wolff 2. Aufl. 1947.   (zuerst 1942)   /5238

    Heimkunft. Neue Kadenzen. - Hamburg: Ellermann (1947) = Das
    Gedicht. 1946/47. 6.   /5238a

    Die Hafenorgel. Gedichte und Zeichnungen. - Hamburg: Wegner
    3. verm. Aufl. 1948.   (zuerst 1937: Die kleine Hafenorgel)   /5239

    dasselbe. - Frankfurt, Hamburg: Fischer Bücherei (1964) = Fischer-
    Bücherei. 511.   /5240

    Frühe Lieder. Mit Singweisen und Holzschnitten vom Verfasser. -
    Hamburg: Hamburgische Bücherei (1948).   /5241

    Hamburg Juli 1943. 10 Kreideskizzen und das Lied im Schutt. -
    Hamburg: Springer (1963).   /5242

    Pentamen. (Kurzgedichte) Mit Zeichnungen des Dichters. - Olten:
    Vereinigung von Freunden der Oltner Liebhaber Drucke 1963 = Oltner
    Liebhaber Drucke. 2.   /5243

    Garten überm Meer. Neue Kadenzen mit einigen Füllstiftzeich-
    nungen des Verfassers. - Hamburg: Die Brigantine (1968).   /5244

LEISEGANG, Dieter (1942)
Brüche. - Darmstadt: Bläschke (1964) = Das neueste Gedicht. 2. /524

Überschreitungen. Textur von Claire-Lise Holy. - Ebenda (1965)
= Das neueste Gedicht. 12. /524

Intérieurs. Holzschnitte von Jolei. Nachwort von Hans Hinterhäuser.
- Frankfurt: Heiderhoff (1966) = Horst-Heiderhoff-Presse. 1. /524

Hoffmann am Fenster. Nachwort von Hans-Jürgen Heise. Mit 6
Zeichnungen von Claire-Lise Holy. - Frankfurt: Heiderhoff (1968) =
ars poetica. 4. /524

LEITGEB, Baron Guido Franz-Josef (1894)
Frauenwörth. Lesebogen. (Gedichte). - Frauenwörth im Chiemsee:
Selbstverlag /1947/. /524

Zeitspiegel. Gedichte. - Prien, Frauenwörth: Heimatverlag (1952). /525

Insel des Friedens. Natur- und Gedankenlyrik. Epische Strophen,
Sinnsprüche, Fabeln. Holzschnitte v. Fritz Möser. T. 1. 2. - Ebenda (1960).

Kuno und Angela. Balladen, Romanzen und Legenden. Holzschnitte /525
von Fritz Möser. - Ebenda (1960). /525

Wege des Glückes. Epik. Natur- und Gedankenlyrik. Holzschnitte
von Fritz Möser. - Ebenda (1960). /525

LEITGEB, Josef (1897-1952)
Lebenszeichen. 1940-1950. (Gedichte). - Salzburg: O. Müller (1951).

Sämtliche Gedichte. Mit einer Einführung von Hansjörg Graf. - /525
Salzburg: O. Müller (1953). /525

Ehe es Nacht wird. Eingeleitet und ausgewählt von Hans Brunnmayr.
(enthält einzelne Gedichte). - Graz, Wien: Stiasny (1961) = Stiasny-
Bücherei. 99. /525

LEITNER, Hilga d. i. Hildegard Leitner (1903)
Blüten im Strom. Gedichte. - Salzburg: Die Silberrose (1961) =
Schriftenreihe des Künstlerbundes „Die Silberrose". 1. /525

LENARD, Alexander (1910)
Ex ponto. Gedichte. Mit einer Zeichnung von Imare Toth. - Roma:
Edition Italia 1947. (Hermann Hesse - Nachlaß, Schiller-Nationalmuseum Marbach) /525

dasselbe. - Wien, Bad Bocklet, Zürich: Krieg 1954. (o. Zeichnung) /525

Andrietta. Gedichte. Mit fünf Federzeichnungen von Hansi Stael von
Holstein. - Roma: Edition Italia 1949. /526

Asche. Gedichte. - Ebenda 1949. /526

Die Leute sagen. Gedichte. Holzschnitte von Toni Fiedler. -
Ebenda 1949. /526

LENARTZ, Werner
Volk, mein Volk, was tat ich dir... Gesänge. - Bonn:
Schwippert (1947). /526

ENBERG, Lore   (1926)
Hauskonzert. Gedichte. - Stierstadt: Eremiten-Presse 1953.   /5264

Innige Landschaft. Gedichte 1952/54. - Wiesbaden: Limes
(1956) = Dichtung unserer Zeit. 7.   /5265

ENZ, Bert   (Pseudonym)
Ernst und heiter bunt gemischt. - Wien: Europäischer Vlg.
1967.   /5266

ENZ, Leo   (1878-1962)
Heitere Psyche. Eine Auswahl aus dem Nachlaß. - Berlin: Elwert
und Meurer 1969.   /5267

ENZ, Max Werner   d.i. Max Russenberger   (1887)
Max Werner Lenz mit Walter Lesch: Das Cornichon-Buch. Verse
und Prosa. Cabaret-Texte aus den Jahren 1934-1944. - Basel: Holbein
1945.   /5268

Lyrische Reise. Gedichte. - Zürich: Artemis (1949).   /5269

Sprechplatte: Elsie Attenhofer singt: Chansons von Max Werner
Lenz. Begleitung: Heinz-Brüning-Trio. - Hamburg: Dt. Grammophon
Gesellschaft, Literarisches Archiv. Literarische Kleinkunst. (Umschlag-
titel: Lenz Die Seelenvolle)   /5270

ENZ, Reimar   (1931)
Fahrt mit dem Föhn. Gedichte. Linolschnitt von Peter Grabski. -
Herne: Grabski (1956).   /5271

sogenannte wirklichkeiten. Gedichte. Mit Rasterbildern von
Jürgen Jebram. - Berlin: Peter-Paul Zahl (1969) = pp-quadrat. 3.   /5272

ENZEN, Ludwig   (1907)
Geheftete Träume. - Buxheim/Allg.: Martin Vlg. Berger (1963)./5273

Die Waage der Welt. Meditationen vor dem Tabernakel. (Gedichte)
Zum Eucharistischen Weltkongreß 1964 in Bamberg. - Ebenda 1964.   /5274

EONHARD, Kurt   (1910)
Gegenwelt. - Eßlingen: Bechtle (1955).   /5275

EONHARD, Rudolf   (1889-1953)
Deutsche Gedichte. - Berlin: Dietz (1947).   /5276

Das nackte Leben. Sonette. - Berlin: Pontes-Verlag 1948.   /5277

Unsere Republik. Aufsätze und Gedichte. - Berlin: Kongreß-
Verlag 1951.   /5278

Banlieue. Gedichte. Aquarelle von Max Lingner. - Dresden: Verlag
der Kunst 1953.   /5279

Ausgewählte Werke in Einzelausgaben. Hrsg. von der Deutschen
Akademie der Künste zu Berlin. Bd. 1. Le Vernet. Gedichte. Aus-
wahl, Zusammenstellung und Vorwort von Maximilian Scheer. - Berlin:
Verlag der Nation (1961).   /5280

dasselbe. Band 3. Ein Leben im Gedicht. Auswahl, Zusammenstellung und Vorwort von Maximilian Scheer. - Ebenda 1963.   /5281

LEONHARDT, Leo (1926)
Schwebende Kreise. - Würzburg: Schwarzenbrunner (1959). =
Neue Lyrik. 1. /528

Masken. Mit 15 Federzeichnungen von Tatjana Batizkaja. - Ebenda
/1961/ = Lotos-Bücherei. 2. /528

LERCH, Hugo (1900)
An Gottes Hand. Religiöse Merkverse für jung und alt. - Hals bei
Passau: Selbstverlag 2. Aufl. 1955. (1. Aufl. b. n. e.) /528

Spätlese. Eine Auswahl von Gedichten. - Ebenda /1955/. /528

Der Esel des Bileam und andere Verse. - Ebenda /1958/. /528

Immer, wenn der Traum zu Ende. Eine Auswahl von Versen. -
Ebenda (1959). /528

LERCHENFELD, Hans
Durch Eilboten. Exprès. Heitere und ernste Briefe in Versen. -
Salzburg, München: Vlg. Rabenstein (1951). /528

Der Guckkasten. Gereimte Kritik ungereimter Dinge. Selbstgezeichnete Randbemerkungen. - Ebenda (1952). /528

LERCHER, Franz Kurt
Bergmännischer Jahreskreislauf. - Wien: Montan-Vlg. 1967
= Leobener grüne Hefte. 103. /529

LERMITE, René
Hymnen der dunklen Wanderung. - Zürich: Wegweiserverlag
2. Aufl. 1945. (1. Aufl. b. n. e.) /529

LERNET-HOLENIA, Alexander von (1897)
Die Titanen. Gedichte. - Wien: Amandus-Ed. 1945 = Turmschriften der Österreichischen Kulturvereinigung. /529

Die Trophäe. Liebhaber-Ausgabe in 2 Bänden. Bd. 1. Gedichte. -
Zürich: Pegasus Verlag 1946. /529

Germanien. - Berlin: Suhrkamp 1946. /529

Die goldene Horde. Gedichte. - Hamburg: Dulk /1947/. (zuerst 1933) /529

dasselbe. - Wien, Hamburg: Zsolnay (1964). /529

Das Feuer. Gedichte. Faksimile-Druck. - Wien: Erasmus-Verlag
1949. /529

LERPERGER, Aemilian (Emil)
Begnadete Nacht. - Salzburg-Aigen: Selbstverlag (1954). /529

Das Jenseits der Forelle. Neue Gedichte. Mit einem Nachw.
von Ernst Schönwiese. - Wien: Bergland-Vlg. (1963) = Neue Dichtung aus Österreich. 88/89. /529

LESCH, Walter
s. u. Max Werner Lenz mit Walter Lesch: Das Cornichon-Buch.

LESSEN, Rolf van
Kreiskreise. - Oldenburg i. O. : Selbstverlag (Rovals Vlg.) 1970. /530

ESSMANN, Marianne
Lobpreis und Erdenlast. - Buxheim: Martin Vlg. Berger 1967. /5301
Ausfall und Aufstieg. Religiöse Gedichte. - München, Würzburg,
Wien: Relief Vlg. 1969 = Der Viergroschenbogen. Sonderbogen. 64 /5302
Sternenzeichen. - Wien: Europäischer Vlg. 1969. /5303

ESTIBOUDOIS, Herbert (1907)
Da schweigen die Trompeten. Gedichte. - Hamburg: Hans A.
Keune Vlg. (1946). /5304

ETTAU, Reinhard (1929)
Gedichte. - Berlin: Literarisches Colloquium (1968) = LCB-Editionen. 2. /5305

EUCHT, Alfred
Des Sommers Abgesang. Lyrisches. - Tübingen: Laupp /1970/. /5306

EUSCHNER, Peter R. (1947)
Ein Schatten davon. - München, Würzburg, Wien: Relief Vlg.
1966 = Der Viergroschenbogen. Sonderbogen. 34. /5307

EUTERT, Kurt
Heimatklänge. Gedichte. - Affoltern a. A.: Aehren-Vlg. (1955). /5308

EUTHARD, Kurt (1919)
In die Nacht gesungen. Gedichte. - Zürich: Juris-Vlg. (1949). /5309

EUZINGER, Peter
Blüh'n, verblüh'n und werden. Gedichte. - Affoltern: Aehren-Verlag (1953). /5310

ICHTENECKER, Elisabeth
Stunde der Herbstzeitlosen. Gedichte. - Freising: Marburger
Kreis /1968/ = Marburger Bogendrucke. 13. /5311

ICHTENFELS, Elisabeth (1925)
Stimme aus Nacht und Gewissen. Gedichte. - Dülmen/Westf.:
Kreis der Freunde (1963) = Der Vier-Groschen-Bogen. 42. /5312

Traumgarten. Gedichte. - Salzburg: Die Silberrose /1963/ =
Schriftenreihe des Künstlerbundes „Die Silberrose". 3. /5313

Glasträume. - München, Würzburg, Wien: Relief Vlg. 1968 =
Der Viergroschenbogen. 87. /5314

ICHTENSTEIN, Alfred
Gesammelte Gedichte. Auf Grund der handschriftlichen Gedichthefte kritisch hrsg. von Klaus Kanzog mit Photos, Porträt und Faksimiles. - Zürich: Arche (1962). /5315

ICHTENSTEIN, Rudolf
Wohl bekomm's! Gedichte in schwäbischer Mundart. - Stuttgart:
Bonz /1953/. /5316

ICHTHARDT, Annaliese
Traummythos. Gedichte. - Flensburg, Hamburg: Christian Wolff
(1948) = Die Wellen-Reihe. 10. /5317

LICZEWSKI-HORN, Gertrud
    Erzählungen und Gedichte. Privatdruck. - Berlin: Dr. Gerda
    Antze /1968/. /531

LIEBHARD, Franz
    Schwäbische Chronik. (Gedichte) - Bukarest: Staatsverlag für
    Kunst und Literatur (1952). /531

    Gedichte. - Bukarest: Jugendverlag (1964). /532

LIEBL, Franz   (1923)
    Die hohe Hymne. - Wien, München: Europäischer Verlag 1957. /532

    Unterwegs. Gedichte eines jungen Suchers. - München; Stuttgart:
    Bogen-Verlag /1959/. /532

    Immer hab ich dich gesucht. Liebeslyrik. - Wien: Euro-
    päischer Vlg. (1959). /532

    Land im Frührot. Gedichte. - Rothenburg o. d. T.: Hegreiter
    Verlag (1960). /532

    Was je deine Seele verlor. - Regensburg: Habbel /1966/. /532

LIEBMANN, Berta
    Muattasproch. Steirische Mundartgedichte. - Wien: Europäi-
    scher Vlg. 1962. /532

    A guate Soot. Ausgewählte Gedichte in steirischer Mundart. Mit
    6 Holzschnitten von Hans Hauke. - Graz, Wien, Köln: Styria (1967). /532

LIEBMANN, Kurt   (1897)
    Im Tal des Todes. Gedichte. Mit Zeichnungen von Leo Grundig. -
    Dresden: Sachsenverlag (1947) = Kleine"Zeit im Bild"-Bücherei. 1. /532

LIECHTI, Dora
    Alli Cherzli brönne. Värsli. Mit Bildli vo dr Gisela Liechti. -
    Bern: Huber 2. Aufl. /1950/.   (zuerst 1944) /532

LIENERT, Otto Hellmut   (1897-1965)
    Die alte Schmiede. Gedichte. - Affoltern: Aehren Verlag 1952. /533

    Dusse und Dinne. Verse. Eine Auswahl. - Aarau: Sauerländer
    (1958). /533

LIENHARD, Hermann   (1922)
    Die Verwandlung. Gedichte. - Klagenfurt: Kleinmayr 1948. /533

    Das Spiegelhaus. Gedichte. - Salzburg: O. Müller (1955). /533

    Die Flötengarbe. Gedichte. - Wien: Bergland Vlg. (1968) =
    Neue Dichtung aus Österreich. Sonderb. 4. /533

LIEP, Leo   d. i. Fritz Pudor   (1899)
    Das Frühlingsmädchen. Ein Stimmungsbild aus Maientagen. (Ge-
    dichte) - Essen: Pudor (1956) = dies und das. 1. /533

LIEP, Peter   d. i. Fritz Pudor   (1899)
    Kahlberger Klänge. Gedichte. Auswahl. - Essen-Kettwig: West-
    Verlag 1949 = Elbinger Hefte. 3. /533

LIERHAMMER, Ilse
Blühende Gärten. Lyrik mit 6 Kupferstichen. Hrsg. von Walter-
Wilhelm Busam. - München: Einhorn-Presse 1970 = Druck der Ein-
horn-Presse. 4. /5337

LIERKE, Walther (1892)
Entblätterte Zeitenwende. Politische Zeitlyrik. Mit 10 Graphiken von Paul Rosie. - Berlin: "Lied der Zeit" 1948. /5338

LIESE, Robert
Robert Liese und Richard Gohlke: Berliner Skizzen. Mit Versen
von Robert Liese. Zeichnungen von Richard Gohlke. - Berlin: Edition
Die Photographie (1968). /5339

Das Wa-an-dern. Hintergründige Verse auf einige der 279 Arten
des Wanderns von Robert Liese, aber mit versöhnlichen Zeichnungen
von Richard Gohlke. - Ebenda (1969). /5340

LIESER, Joachim
s. u. Linos Geisler und Joachim Lieser: Unruh-Ufer

LIETZ, Walter (1914)
Licht und Schatten. Gedichte. - Herne: Grabski (1959). /5341

Kaleidoskop. Gedichte. - Oberhausen: Laufen /1967/. /5342

... manchmal. Verse. - Ebenda /1967/. /5343

Pfoten und Krallen. Parodien und Glossen. (Gedichte) - Herne:
Schulte und Kortnack (1968) = Spuren der Zeit. 2. /5344

LIFKA, Erich
Rufer in der Nacht. Gedichte. - Wien: Europäischer Vlg. 1956. /5345

Die Flut rückt vor. Neue Gedichte. - Wien: Verlag für Jugend
und Volk 1957. /5346

Ahnung und Zeichen. Die 3. Gedichtsammlung. - Wien: Jugend
und Volk (1959). /5347

LIMPACH, Erich (1899-1965)
Wunder der Wandlung. Gedichte. - Lengerich/Westf.: Kleins
Buch-und Kunstverlag /1948/. /5348

Webendes Leben. Gedichte. - Stuttgart: Verlag Hohe Warte 1950. /5349

Im Bann des Seins. Gedichte. - Wiesbaden-Kostheim: Verlag
der Freunde 1951. /5350

Daseinsmelodie. Blätter des Gedenkens. Bilder und Verse. -
Ebenda 1951. /5351

Unter kreisenden Gestirnen. Gedichte. - Ebenda 1953. /5352

Wirbelnde Welt. Eine heitere Philosophie in Versen. Vignetten
von Hans-Günther Strick. - Pähl/Obb.: Verlag Hohe Warte 1954. /5353

Immer ist der Mensch die Mitte. Epigramme und Aphorismen. - Ebenda /1954/. /5354

Tanz auf dem Globus. Gedichte. - Ebenda (1956) = Wirbelnde

Welt. Teil 2. - Pähl/Obb.: Verlag Hohe Warte (1956). /5355

Vermächtnis der Zeit. Gedichte. - München: Türmer Verlag (1959). /5356

Die Stille lebt. Gedichte. - Pähl/Obb.: Verlag Hohe Warte 1960. /5357

Zeiten sind das! Achilles-Verse. - Pähl/Obb.: von Bebenburg 1962. /5358

Ich rufe. Gedichte. - München: Türmer-Verlag (1963). /5359

Nicht nur zum Lachen. Verse zum Denken und zum Verschenken. - Heusenstamm bei Offenbach: Orion-Verlag 1963. /5360

Der letzte Weg. Gedanken und Gedichte zur Gestaltung von Totenfeiern. - Pähl/Obb.: von Bebenburg (1965). /5361

Die Fackel brennt. Gedichte. - Heusenstamm bei Offenbach: Orion-Verlag 1965. /5362

Gegenwart im Rampenlicht. Satirische Verse. - Hannover: Pfeiffer (1965). /5363

Weiße Flocken sinken. Lieder zur Weihnacht und Verse. - Pähl/Obb.: von Bebenburg 1965. /5364

LIMPERT, Richard (1922)
Menschen seh ich die mit Eifer... Gedichte und Prosa. Mit Zeichnungen von Dieter Süverkrüp. Nachwort von Erika Runge. - Hamburg: Neue Presse Joachim Fuhrmann /1969/. /5365

LINCK, Otto (1892)
Keim und Korn. Ausgewählte Gedichte. - Heilbronn, Stuttgart: E. Salzer (1948). /5366

LINDAU, Paul d.i. Klaus Wyk
Zum anderen Ufer. - Berlin: die gesellschaft 1962. /5367

LINDE-KLINDER, Gerti
Wenn man's bedenkt. Weisheiten aus dem Schatz der Jahrhunderte, gemischt mit Alltags-Philosophien in Versen von Gerti Linde-Klinder. Illustr. von Boris Pfützner. - Stuttgart: Dt. Sparkassenverlag /1966/. /5368

LINDEMANN, Kurt (1907)
Geschichten aus dem Massengrab. (Gedichte) - Wilhelmshaven: Dipol-Gruppe /1966/. /5369

LINDEMANN, Werner (1926)
Mosaiksteine. Gedichte. - Halle: Mitteldeutscher Verlag 1957. /5370

Das unheilige Testament. Ein Gedichtzyklus. - Berlin: Aufbau-Verlag 1959 = Die Reihe. 27. /5371

Stationen. Gedichte. - Ebenda 1959 = Die Reihe. 20. /5372

Unterwegs aufgeschrieben. Geschichten, Gedichte und Lieder. - Ebenda 1960. = Die Reihe. 27. /5373

Hier war einmal ein Rain... Gedichte und Szenen für Agitpropgruppen auf dem Lande. - Leipzig: Hofmeister 1961 = Agitprop. /5374

Und ich sag dir . . . Gedichte und Lieder zur Agitation. -
Leipzig: Homeister 1961 = Agitprop. /5375

. . . Zutiefst an dich gebunden sein. . . Gedichte über eine
Liebe. Illustr. von Herbert Wohlert. - Berlin: Neues Leben 1961. /5376

(Gedichte) - Berlin: Ebenda (1970) = Poesiealbum. 35. /5377

INDEN, Z. d. i. Wilhelm Zurlinden
Luzärn. Grimts und Ungrimts. - Luzern: Selbstverlag 1955. /5378

INDER, Hans Rudolf
Konzert für Tulipan. - Basel: Birs-Verlag (1945). /5379

INK, Josef Johannes (1913)
Die Trauer der Diotima. - Paderborn: Schöningh (1946). /5380

INSINGER, Erwin
Bad Gasteiner Fibel. (Gedichte) - Bad Gastein: Krauth (1966) =
Gasteiner Bücherei. 4. /5381

IST, Rudolf (1901)
Herbstliches Lied. Gedichte. Privatdruck. - 1947. (Hermann
Hesse-Nachlaß, Schiller Nationalmuseum Marbach) /5382

Traumheller Tag. Gedichte. Mit 4 Holzschnitten von Fritz Mayer-
Beck. - Leoben: Loewe 1949. /5383

Trost der Welt. Gedichte. - Ried im Innkreis: Oberösterreichischer Landesverlag 1952. /5384

Dem Himmel fern und nah. Gedichte. - 1959. (b. n. e.) /5385

Zwölf Gedichte. - 1961. (b. n. e.) /5386

Unter unversehrten Sternen. Gesammelte Gedichte. - Ried
im Innkries: Oberösterreichischer Landesverlag 1965. /5387

ISTREKER, Jürgen
Ich war allein. (Sonette) - Weimar: Volksverlag 1958. /5388

ITSCHEL, Rudolf Walter (1923)
Gedichte. Privatdruck. - Linz-Rottenegg: Freunde zeitgenössischer
Dichtung 1952. (in 200 num. Ex.) /5389

ITSCHEL, Kurt (1921-1945)
Ein Jugendporträt der Jahre 1939-1941 aus Siebenbürgen
in Gedichten. Zusammengestellt von Günther Litschel. - München:
Evangel. Hilfskomitee der Siebenbürger Sachsen /1968/. /5390

ITTMANN, Enno
Abessinische Klagelieder. Alte Weisen in neuer Gewandung. -
Tübingen: Mohr 1949. /5391

OBE, Jochen
Verzettelung vor Denkgesteinen. Texte. - München, Würzburg, Wien: Relief Verlag 1970 = Der Viergroschenbogen. 107. /5392

Textaufgaben. Vorgeführt von Mutter Montage & ihren Kindern. Mit

einem Siebdruck von Gerth Beyer. - Hof: Verlag für Neue Literatur
Claus Henneberg 1970. (auch mit sign. und num. Graphik) /539

LOBBES, Otto
Gedichte. - Mülheim-Saarn: Fabri o.J. /539

LOBOJATZKY, Klemens
Gedankenkreis um Gott und Mensch. - Wien: Kaltschmid
1946. (Als Manuskr. gedr.) /539

LOBSIEN, Wilhelm (1872-1947)
Heimat, Sturm und Meer. Eine kleine Auslese aus seinen Gedichten und Erzählungen. - Heide in Holst.: Westholsteiner Verlagsanstalt
Boyens /1963/. /539

LOCHER, Emilie
Frohe Feste. - Aarau: Sauerländer 1947. /539

LÖFFLER, Georg
Hoametscholle. Heiteres, Besinnliches, Ernstes. - Darmstadt:
Roether 1952. /539

LÖHE, Dorothee (1916)
Ewiger Reigen. Gedichte. Federzeichnungen von Bernhard Postner. -
Wunsiedel: Ackermann-Verlag (1949). /539

LOELIGER, Karl
Us em Chirsichratte. E Hampfele Versücherli. - Liestal: Selbstverlag 1951. /540

Ärn. E paar Dozed Gedicht zu Gärbli bunde. - Liestal: Selbst -
verlag 1958. /540

Gschichten und Värs. Illustr. von Oskar Gysin. Hrsg. von der
Literaturkommission des Kantons Baselland. - Liestal: Lüden i. Komm. 1967.
= Literarische Schriftenreihe Baselland. 5. /540

LÖW, Anne-Marie
Stiller Glanz. Gedichte. - Basel: Selbstverlag /1951/. /540

LÖWENSTEIN, Karl d. i. Karl Löwenstein-Freudenberg (1885-1968)
Symbola. Sonette. - München: Helikon 1950. /540

Zwischen Krieg und Frieden. Gedichte. - Ebenda 1951. /540

Ohne Angst ohne Sorge ohne Klage. Dreiundfünfzig Gedichte
und ein Epilog. - München: Bergstadtverlag Wilhelm Gottl. Korn (1956).
/540
LOEWENTHAL, Eva
Eva Loewenthal, Margret Neuhauser, Paula Weinhengst: Gedichte.
Wien: Bergland-Verlag (1966) = Neue Dichtung aus Österreich. 122/23. /540

LOHBERGER, Hans (1920)
Reimstunden des Lebens. Anekdoten und Gedichte. Auswahl von
Otto Hofmann-Wellenhof. - Graz, Wien, München: Stiasny (1953) =
Steirische Autoren = Dichtung der Gegenwart. 54. /540

Lied aus dem Lärm. Gedichte. - Graz: Leykam in Komm. 1965. /540

Spiel des Windes. Gedichte. - Ebenda 1966. /541

LOHMEYER, Wolfgang (1919)
Erste Gedichte. - Baden-Baden: Bühler jr. 1947. /5411
s.a. Heinz Friedrich, Wolfgang Lohmeyer und Walter Hilsbecher:
Bänkelsang der Zeit.
LOHR, Hans
Gedanken und Erinnerungen. (Gedichte). - Los Angeles, Cal.:
Cultural Exchange Center; Berchtesgaden-Schönau: Selbstverlag
Hans Kentzingen (1969). /5412
LOIBNER, Wilfriede
Die siebente Posaune. 2 Bände. Band 1 (1968); Band 2. 1970. -
Wien: Europäischer Verlag (1968)- 70. /5413
LOINGER, Silvia
„Irgendwann...". - Wien: Europäischer Verlag 1967. /5414
„Irgendwo...". - Ebenda 1969. /5415
LOLLFOOT, Hannes
Dit un Dat, för Jedereen wat. Mit Land un Leven sammelt un
in Rimels schreven. - Schleswig: Ibbeken 1953. /5416
LOMMER, Horst (1904)
Das Tausendjährige Reich. Ill. von Erwin Kutz. - Berlin:
Aufbau-Verlag 1946. /5417
Von Zeit zu Zeit. Verse und Szenen. - Ebenda 1949. /5418
LOOSLI, Carl Albert (1877-1959)
Üse Drätti. Ill. von Emil Zbinden. - Zürich: Büchergilde Gutenberg /1955/. /5419
Mys Ämmital. Originalholzschnitte von Emil Zbinden. - Bern:
Scherz-V. 3. Aufl. (1957). (zuerst 1911) /5420
LORBEER, Hans (1901-1973)
Des Tages Lied. - Halle: Mitteldeutsche Verlagsges. (1948). /5421
Die Gitterharfe. Gedichte 1933-1945. - Berlin: Dietz (1948). /5422
Es singt ein Mensch auf allen Straßen. - Weimar:
Thüringer Volksverlag 1950. /5423
Die Straßen gehn... Verse aus 4 Jahrzehnten. Graphisches
Blatt von Sella Hasse. Holzschnitte von Frans Masereel. - Halle:
Mitteldeutscher Verlag 1961. /5424
Chronik in Versen. Gedichte. - Ebenda 1970. /5425
LORENZ. Emil
Der tönende Mund. - Klagenfurt: Kleinmayr (1959). /5426
LORENZER, Raimund (1891)
Gedichte. - München, Salzburg: Verlagsgemeinschaft „Stifterbibliothek."; Wien: Braumüller 1953 = Stifterbibliothek. Dichtung der Zeit. 43. /5427
LORENZI, Reinhold
Lebensweg. - Wien: Europäischer Verlag /1954/. /5428

Erlebt und erlernt. - Wien: Europäischer Verlag /1959/. /542

Wissen und Wähnen. Gedichte. - Wien: Europäischer V. 1960. /543

Zu guter Letzt. Verse. - Ebenda 1961. /543

Des Lebens letzte Lehren. Gedichte. - Ebenda 1963. /543

Gott und Welt. Nachgelassene Gedichte. - Ebenda 1965. /543

LOSKE, Maria
Heimatklänge. Gedichte. - Gelsenkirchen -Buer: Post (1947). /543

LOTT, Ernst
Gedanken und Gestalten. Gedichte. - Wien: Europäischer Verlag 1956. /543

LOTZ, Erich (1896)
Und die Nacht leuchtet wie der Tag. Gedichte. - Tübingen: Heliopolis-Verlag (1957) = Erich Lotz Gedichte. 1. /543

Das Leid blüht aus. Gedichte. - Ebenda (1959) = Erich Lotz Gedichte. 2. /543

Ibisauge. Gedichte. - Ebenda (1962) = Erich Lotz Gedichte. 3. /543

Mondvögel. Gedichte. Scherenschnitte von Annemarie Faber. - Ebenda (1967) = Erich Lotz Gedichte. 4. /543

LOUP, Kurt (1915)
Der Golfstrom. Gedichte. - Köln, Berlin: Kiepenheuer & Witsch (1954). /544

LUDIKAR, Lucy
In eigener Sache. - Wien: Haase (1967). /544

LUDWIG, Hermann
Es chunnt e Bär. Ill. von Alex Walter Diggelmann. - Bern: P. Haupt /1952/. /544

Es guets Rezäpt. Bärndütschi Gedicht. - Bern: Feuz /1961/. /544

LUDWIG, Kurt (1888)
Im Kreise der Lieben. Die Vertonungen in der Hs des Tonschöpfers Hermann Erdlen. Kinderzeichnungen der Tochter des Verfassers. - Hamburg: Märchen-Verlag (1952). /544

LUDWIG, Lori d. i. Lori Ludwig-Krause (1924)
s. a. Günther Deicke, Lori Ludwig und Margarete Neumann: Geliebtes Land.

Gesang des Herzens. Gedichte. - Weimar: Volksverlag 1955. /544

Viola d'amore. Gedichte. Linolschnitte von Fritz Möser. - Karlsruhe: Der Karlsruher Bote 1963. /544

LUDWIG, Paula (1900)
Gedichte. Eine Auswahl aus der Zeit von 1920-1958. - Ebenhausen bei München: Langewiesche-Brandt (1958). /544

LUDWIG, Vinzenz Oskar (1875-1959)

Freizeit des Herzens. (Gedichte). - Korneuburg: Niederösterreichischer Verlag (1947). /5448

LUDWIG-BRAUN, Juliane d.i. Juliane Hermine Olscha (1903-1957)
Das Antlitz des Lebens. Gedichte. - Wien: Europäischer Verlag /1949/. /5449

LÜCK, Alfred
Das hölzerne Wunder. Geschichten und Gedichte von Liebe und Leid. Zeichnungen von W. M. Busch - Kreuztal: Jung-Stilling-Verl. 1946/5450

Michael. Geschichten und Gedichte. Textill. von W. M. Busch. - Lippstadt: Lippia-Verlag (1946) = Lippia-Volksbücher. Reihe U. 2. /5451

LÜCKERATH, Werner
Erlebtes in meist heiteren Versen. - Homburg/Niederrh.: Selbstverlag Werner Lückerath 1969. /5452

LÜDDEKE, Erwin (1902)
Ich bin per plex. - Lübeck: 2. erw. Aufl. von , Zweigeleisiges' von per plex. Robert, Selbstverlag (1965). /5453

s. a. u. Pseud.: Per Plex

LÜFTENEGGER, Josef
Das hohe Lied der Biene. Lieder, Reime, Sprüche. Zeichnungen von Herbert Kegel. - Innsbruck: Inn-Verlag /1952/. /5454

LÜPKE, Gerd (1920)
Vom Leben. Gedichte. - (Gedichte). - Varel/Old.: Elske-V. 1949. /5455

Dat vulle Johr. Gedichte und Geschichten. -Hamburg: Köhler 1952./5456

Straße der hellen Schatten. (Gedichte). - Aschau: Feuerkreis-Verlag 1952. /5457

Schult & Ko. Erzählungen und Gedichte. - Hamburg: Köhler (1958)./5458

Philosoviechereien. Heitere Gedichte. - (siehe Corrigenda) /5459

Geschenk der Stille. Nachdichtungen alter und neuer Sindhi-Poesie. - Bremen: Giebel-Verlag 1968. /5460

Fahren und Bleiben. Gedichte. - Ebenda 1968. /5461

Alte Wege. Geistliche Verse. - Ebenda 1970. /5462

Barkboom un dütsche Bank. Gedichte. - Ebenda 1970. /5463

Tag und Traum. Gesammelte Gedichte. - Ebenda 1970. /5464

LÜTH, Erich (1902)
Vision von Ghedi. Gedichte. - Kaiserslautern: Rohr (1947). /5465

Der Weg der tausend Meilen. - 1949. (b.n.e.) /5466

LÜTH, Paul (1921)
Operationen. Hrsg. von Horst Heiderhoff und Dieter Leisegang. - Darmstadt: Bläschke (1964) = Das neueste Gedicht. 9. /5467

LÜTHY, Gottlieb Walter
Näbenusse. Mundartvärs. - Aarau: Sauerländer /1946/. /5468

D'Brunnstube. Värs. Zeichnungen vom Verfasser. - Aarau:
Sauerländer /1959/. /5469

LÜTHY, Heinz
Das fünfte Rad. - Zürich: Fretz & Wasmuth (1970). /5470

LUETJENS, Wilhelm (1894-1960)
Seele des Wortes. - 1950. (b.n.e.) /5471

Waage des Lebens. Gedichte. - Hamburg: Werkstatt des Jugendheims Wulfsdorf 1950. /5472

LUGER, Günter
Wie man sich bettet. 75 Stichlinge. Heitere Bildgeschichten in
Zeichnungen und Versen. - Konstanz: Verlag des Südkurier 1967. /5473

LUHMANN, Heinrich (1890)
An de Poote. Gedichte in Soester Mundart. - Münster/Westf. :
Aschendorff; Bielefeld-Bethel: Gieseking 1970 = Kleine westfälische
Reihe. Gruppe 6.29. /5474

LUHNEN, Heinz
Stecken Pegasus. - Zürich: Energetica-Verlag /1956/. /5475

LUIDL, Philipp
Sterne. Gedicht und typogr. Ornament. - Kempten: Kösel (1967). /5476

LUKESCH, Anna
Das unsagbare Land. Gedichte. - Graz, Salzburg, Wien:
Pustet (1949). /5477

LUNKENHEIMER, Else (1892)
Michelangelo spricht. Gedichte. - Karlsruhe: Der Karlsruher Bote 1958. /5478

LUNZ, Otto
Der Floh und andere Schnurren. (Gedichte). - Wien:
Europäischer Verlag 1959. /5479

Die Verjüngungskur. Lustige Reime. - Ebenda 1961. /5480

An die verlorene Heimat. - Ebenda (1962). /5481

Ersonnen. - Ebenda 1969. /5482

LUNZER-LINDHAUSEN, Wolfgang (1919)
Der dunkle Gott. Gedichte. - Wien: Europäischer Verl. /1949/. /5483

Im Schatten des Schicksals. Ausgewählte Balladen und lyrische Gedichte. - Ebenda /1951/

Von Schönheit und Größe. Balladen. - Ebenda 1953 /5484

LUSCHNAT, David (1895)
Sonette vom Weg und Sinn. - Paris: Selbstverlag (1949). /5485

Bleibende Zeitgestalt. Gedichte. - Dülmen/Westf.: Kreis der
Freunde 1963 = Der Vier-Groschen-Bogen. 37. (2. Aufl.) /5486

LUTHER, Ernst (1894-1966)

Frankengold. Ernst und heitere Klänge aus Bad Kissingen, aus
der Rhön, aus dem Saale- und Maintal. - Bad Kissingen: Krämer (1951). /5487

Franka-Wei. Ernste und heitere Gedichte in fränkischer Mundart. -
Gerolzhofen: Kulturbeirat 1955 = Kulturbeirat des Landkreises Gerolzhofen. 3. /5488

Franka-Mä'dli. Mundartgedichte e. jungen Bauern aus dem Frankenland. - Nürnberg: Spindler 1959. /5489

LUTTENBERGER, Gottfried Christian (1929)
Ein Christ. Gar nicht sanftmütige Plaudereien über Allzumenschliches. Gedichte. - Nürnberg: Glock und Lutz (1964). /5490

Fruchtbar war der Alte Bund. Glossen zum Alten Testament.
Gedichte. - Ebenda (1964). /5491

LUTZ, Carolina
Vergeßt es nicht! Gedichte. Zeichnungen von Fritz Wettler. -
Chur: Bischofberger 1959. /5492

LUTZ, Desiré
Spaß un Ernscht. Alemannische Gedichte. Nachw. von Emil Baader.
- Lahr/Schwarzw.: Schauenburg (1962) = Silberdistel-Reihe. 51. /5493

LUTZ, Henry (1896-1968)
Näher zu Gott. Verse. - Wien: L. Eßbüchl (1958). /5494

Freut euch, ihr Christenleute. Verse. - Ebenda (1962). /5495

LUTZ, Joseph Maria (1893)
Gedichte. - Regensburg: Habbel /1948/ = Der Bogen /5496

Vater unser. (Sonette). - München: Ehrenwirth (1948). /5497

Vertrautes Land, vertraute Leut. Mundartgedichte. -
München: Süddeutscher Verlag (1956). /5498

Eine Auswahl. Hrsg. von Wilhelm Oberwallner. - Pfaffenhofen/Ilm:
Ilmgauverlag /1957/. /5499

Uns leuchtet ein Licht. Geschichten und Gedichte um Weihnachten. - München: Gersbach & Sohn (1967). /5500

LUTZ, Max Ulrich
Durch die Finger. Gedichte. - München, Würzburg, Wien:
Relief-Verlag (1965) = Der Viergroschenbogen. Sonderb. 31. /5501

LUTZ, Werner (1931)
Gedichte und Prosatexte. - Basel: Staatliche Literaturkreditkommission 1967. = Blätter des Basler Literaturkredits. 5. /5502

s.a. Rainer Brambach, Werner Lutz und Hans Werthmüller: Ein
großer Vogel fliegt über den Fluß.

LUTZ-GANTENBEIN, Maria (1902)
Aus den Monden reift das Jahr. Gedichte. - Frauenfeld:
Huber & Co. (1947). /5503

Die Muschel. Gedichte. - Ebenda (1952). /5504

Sommer ohne Glut. Gedichte. - Frauenfeld: Huber & Co. (1957). /550

LUTZE, Lothar
feldarbeit. 24 Reihungen. - Berlin: Fietkau (1967) = schritte. 13. /550

LUZIAN, Johan (1903)
Tag des Gerichts. Gleichnisse und Balladen. - Buenos Aires:
Ed. del Lago Chascomús 1945. /550

MAAS, Walter (1900)
... weil du weinen darfst. Stimme zur jüdischen Passion. -
Dülmen/Westf. : Kreis der Freunde (1962) = Der Vier-Groschen-Bogen.
Folge 10. /550

MAASS, Joachim (1901-1972)
Des Nachts und am Tage. Gedichte. - Hamburg: Verlag Hamburgische Bücherei /1948/. /550

MAASZ, Josefine
Auf der Sommerwiese. Bilder von Friedl Tegeser. - Wien:
Europäischer Verlag /1968/. /551

MACHULE, Martin (1899)
Gefährten meiner Jugend. Sonette. - Coburg: Nation Europa
Verlag (1952). /551

Siebenkreis. Gedichte. - Berlin-Lichterfelde: W. Kusserow (1968)
= Aus den Schriften der Arbeitsgemeinschaft e. V. 4. /551

Verse des Widerstandes. - Vaterstetten: Arndt-Verlag (1969)
= Bausteine. 16. /551

MADER, Helmut (1932)
Lippenstift für die Seele. Gedichte. - Wiesbaden: Limes
(1955) = Dichtung unserer Zeit. 2. /551

Selbstportrait mit Christopher Marlowe und andere Gedichte. - Wiesbaden: Limes 1965. /551

MÄÄRTENS< MERTEN>,Gustav
Gustav Määrtens un Eemil Straotüms<Emil Stratmann>: Rirrepärlen. Gedichte un Beller un süßß no lükk. - Mönster<Münster>: Wilm
Knaak <Wilhelm Knaack>(1951). /551

MÄCHLER, Robert
Der Optimysiker. Menschenfreundliche und andere Gedichte. -
Zürich: Gropengießer /1948/. /551

MAEDER, Fritz
Am andern Ufer.- Zürich: Oprecht (1946). /551

MAEDER, Julius
Das Leben. Gedanken. - St. Gallen: Selbstverlag /1948/.(masch. /551
vervielf.)
Ein bunter Strauß. Gedichte. - Ebenda (1949). /552

Einklang.Gedanken in Versform. - St. Gallen: Mea Verlag (1963). /552

Ausweg nach innen. Gedanken in Versform. Trilogie 1-3.

1. Einklang (1963)
2. Einsicht (1964)
3. Einkehr (1965)
St. Gallen: Mea-Verlag (1963-65). /5522

MÄHL, Albert (1893-1970)
Niederdeutsche Gedichte. - Hamburg: Hermes 1948. /5523

Grappenkram. Verse. - Hamburg: Quickborn-Verlag 3. Aufl. 1958.
(zuerst 1935) /5524

Magischer Strom. Verse aus der Elblandschaft. Hrsg. von der
Hamburger Bücherei. - Hamburg: Hamburg Gesellschaft e. V. 1952. /5525

Ünnerwegens. Gedichte un Vertellen. Zusgst. von Hans Ehrke. -
Itzehoe/Holst.: Verlag Georg Christiansen /um 1970/ = Moderspraak- /5526
böker. 8.

MÄHRLÄNDER, Elfriede
Die blaue Brücke. Gedichte. - Reutlingen: Die Zukunft (1947) =
Lyrikreihe Das Wort der Zukunft. 2. /5527

MÄNDLI, Jakob
Licht und Schatten. Gedichte. - Andelfingen-Zürich: Thur-
Verlag /1965/. /5528

MÄNNLE, Katja
Zwischenbilanz. Gedichte. - Karlsruhe: Lyrik unserer Zeit 1968
= Lyrik unserer Zeit. 3. /5529

MAGKA, Heinz (1904-)
Gedichte des Abends. - Duisburg: Visser 1947. /5530

MAGERL-WUSLEBEN, Emil (1912)
Heimat und Welt. Gedichte. - Scheinfeld: Eigenverlag bei Karl
Goldammer 1962. /5531

Su schai(n) singt koa(n) Vügherl. Gedichte in Egerländer
Mundart. - Ebenda 1962. /5532

O Land, mein Land. Gedichte. Bildschmuck von Günter Wittbold.-
Ansbach: Ansbach: Selbstverlag bei Paul Schmid 1969. /5533

MAHLKE, Franz (-1957)
Im Zeichen des Ringes. Gedichte. Zum einjährigen Todestag am
20. Juli 1958 hrsg. von Paul Wegner. - Karlsruhe: Der Karlsruher
Bote (1958). /5534

Antlitze der Seele. 24 Sonette. - Ebenda (1960). /5535

MAHLOW, Erika d.i. Erika Siebrands (1909)
Schlag deinen Schatten. - München, Würzburg, Wien: Relief-
Verlag 1966 = Der Viergroschenbogen. Sonderb. 38. /5536

MAIER, Gerhard
Aus meinem Bilderbuch. Gedichte. Buschschmuck von Doris
Hummel. - Karlsruhe: Der Karlsruher Bote /1958/. /5537

Der Blumenvagabund. - Ebenda 1961. /5538

MAIER, Wolfgang
Sehen und Hören. - Berlin: Literarisches Colloquium (1969)
= LCB-Editionen. 13. /553

MAIERHEUSER, Hermine   d. i. Hermine Maier-Heuser   (1882)
Du fernes Herz. Wanderweg vom Abschied zum Wiedersehen. -
Karlsruhe: Der Karlsruher Bote 1957. /554
Schöne Akelei. Letzte Gedichte. - Ebenda 1968. /554

MAITZ, Georg
Gesänge zwischen Tag und Nacht. - Graz: Querschnitt-
Verlag /1947/. /554
„Traumbeladen zieht mein Schiff..." - Ebenda (1947). /554

MAK   d. i. Max Kneubühler
Makericks. Eine heitere Fibel mit 60 Zeichnungen von Lindi (d. i.
Albert Lindegger). - Bern: Lukianos (1970). /554

MALLY, Leo Hans   (1901)
Unter den Türmen von Prag. Ein Gedichtbuch. - München:
Lerche Verlag vorm. Calve, Prag 1964. /554

MALTER, Wilhelm   (1900)
Poiterlasdeitsch. (Gedichte). - Nürnberg : Glock und Lutz /1962/
= Nürnberger Mundartdichtung in der Gegegnwart. /554

MALTZ, Artur Ferdinand   (1894-1966)
Am Rande des Alltags. Gedichte. - Groß-Biewende: H. v. Hirsch-
heydt (1955). /554
Letztes Suchen. Gedichte. - Ebenda (1962). /554

Mein Pegasus fraß bittres Gras. Ungereimtes Gereimtes. -
Pöttmes: Selbstverlag 1965. (29 lose Blätter) /554

MALY, Karl Anton   (1884-1959)
Sterne im Fenster. Gedichte. Mit e. Vorw. von Rudolf Felmayer.
- Wien: Verlag für Jugend und Volk (1954). /555

Uns bleibt das Salz. Neue Gedichte. - Wien: Bergland-Verlag
(1960) = Neue Dichtung aus Österreich. 66. /555

Herz auf da Zungen. Gschriebn wia gredt. (Gedichte). - Ebenda
(1964) = Neue Dichtung aus Österreich. 114/15. /555

MANGOLD, Christoph   (1939)
Sei's drum. Gelegenheits-Gedichte. Mit e. Nachw. von Kurt Marti.
- Bern: Kandelaber Verlag (1968). /555

MANN, Monika   (1910)
Tupfen im All. Prosa und Gedichte. - Köln, Olten: Hegner 1963. /555

MANTHEY, Paul von
Urds Brunnen. - Weinfelden: Strom-Verlag (1956) = Das kleine
Buch: Poesie. /555

Spiegelscherben Pulcinell's. Vignetten vom Verfasser. - Zug:
Strom-Verlag (1958) = Das kleine Buch: Poesie. /555

MARCHWITZA, Hans (1890-1965)
Gedichte. Hrsg. von der Akademie der Künste zu Berlin. - Berlin,
Weimar: Aufbau-Verlag 1965. /5557

Hans Marchwitza 1890-1965. Zusstg. von Jürgen Bonk. - Berlin: Deutscher Kulturbund 1965. /5558

MAREK, Alexander (1908)
Abendsonne. Gedichte. - Wien: Europäischer Verlag 1952. /5559

MARGUL-SPERBER, Alfred d.i. Alfred Sperber (1898-1967)
Zeuge der Zeit. - Bukarest: Staatsverlag für Kunst u. Literatur
(1951). /5560

Ausblick und Rückschau. Mit e. Vorw. von Lotar Rădăceanu. -
Ebenda 1955. /5561

Mit offenen Augen. Gedichte für die Jugend. - Bukarest: Jugendverlag 1956 /5562

Taten und Träume. Gedichte. - Bukarest: Staatsverlag für Kunst
und Literatur 1959. /5563

Unsterblicher August. Gedichte. - Bukarest: Jugendverlag 1959./5564

Gedichte. Vorwort von Demostene Botez. - Ebenda (1963). /5565

Sternstunden der Liebe. (Clipe de dragoste, dt.) Gedichte. -
Bukarest: Literatur-Verlag 1963. /5566

Ausgewählte Gedichte. Die Auswahl besorgten Alfred Kittner und
Dieter Schlesak. - Ebenda 1968. /5567

Weltstimmen. Nachdichtungen. - Ebenda 1968. /5568

Das verzauberte Wort. Der poetische Nachlaß 1914-1965. Von
Alfred Kittner besorgt. - Bukarest: Jugendverlag (1969). /5569

MARIE ADELHEID, Prinzessin Reuss-zur Lippe
Weltfrömmigkeit. - Hameln: Soltsien /1961/ = Die gute Gabe. 1. /5570

MARK, Paul J.
Randsteine. - Zürich: Regenbogen Verlag (1968) = Regenbogen-
Reihe 11. (350 num. u. sign. Ex.) /5571

MARKL, Siegfried Wolfram
Gedichte. - Regensburg: Habbel /1948/ = Der Bogen. /5572

MARKO, Hans Anno
Das heilige Lachen. Gedichte. - Wien: Europäischer V. 1957. /5573

MARNAU, Alfred (1918)
Fred Marnau: Gesammelte Gedichte. - Nürnberg: Nest-Verlag
(1948). /5574

Räuber-Requiem. Gedichte. Mit e. Zeichnung des Verfassers von
Oskar Kokoschka. - Salzburg: Otto Müller (1961). /5575

MARSCHALL, Josef (1905-1966)
Herbstgesang. Gedichte. - Düsseldorf: Vier Falken V. (1949). /5576

Wir Lebendigen. Gedichte. - Wien, München: Donau-Vlg. (1952). /557
Schritt im Unendlichen. Gedichte. - Ebenda (1953). /557
Alles Atmende. Gedichte. - Wien: Bergland-Verlag (1955). /557
Flöte im Lärm. Gedichte aus den Jahren 1945-1960. Endgültige Fassung. - Wien: Österreichische Verlags-Anstalt (1961); 2. durchges. und verm. Aufl. (1965). /558
Fahrt ans Ufer. Gedichte. - Wien, München: Verlag für Jugend und Volk (1967). /558

MARTI, Adolf
Gereimte Impressionen und Ironien. - Solothurn: Lüthy (1958). /558

MARTI, Ernst Otto (1903)
Gedichte. - Olten: Vereinigung Oltner Bücherfreunde 1951 = Veröffentlichung der Oltner Bücherfreunde. 52. /558

MARTI, Kurt (1921)
republikanische gedichte. Mit 6 Original-Linolschnitten von Max Sulzer. - St. Gallen: Tschudy-Verlag (1959) = die quadrat-bücher. 2.; veränd. Neuauflage Neuwied, Berlin: Luchterhand (1971). /558

Boulevard Bikini. Gedichte. Hrsg. von Jörg Steiner. Holzschnitte von Willy Leiser. - Biel: Vorstadtpresse (1959). /558

liebeskino. (Vorabdruck aus „gedichte am rand") Neujahrsgabe. - Teufen: Niggli (1962). /558

gedichte am rand. - Teufen/AR: Niggli; Köln: Kiepenheuer & Witsch (1963); 2. korrig. Aufl. 1968. /558

gedichte alfabeete & cymbalklang. - Berlin: Fietkau (1966) = schritte. 11. /558

rosa louis. vierzg gedicht ir bärner umgangschprach. - Neuwied, Berlin: Luchterhand Ed. Otto F. Walter (1967). /558

leichenreden. (Mit je einem Zitat-Teil und einem rhetorischen Teil). - Neuwied, Berlin: Luchterhand Ed. Otto F. Walter (1969). /559

MARTI, René
Dom des Herzens. Gedichte. Original-Holzschnitte von Werner Eberli. - Elgg-Zürich: Volksverlag (1967). (300 vom Dichter und Künstler handsign. Ex.) /559

MARTIENSSEN-LOHMANN, Franziska
Gestern und immer. Vier Gedichtzyklen aus vier Jahrzehnten. - Freiburg i. Br. /Zürich/: Atlantis (1966). (bibliophile, num. Ausg.) /559

MARTIN, Adrian Wolfgang (1929)
Apollinische Sonette. - Bern: Francke /1950/. /559
Sänge der Liebenden. Ein Zyklus. - St. Gallen: Tschudy (1952). /559
Die apokalyptischen Reiter. (Gedicht). - Ebenda /1952/. /559
Herbstgesang. Gedicht aus dem Zyklus „Zwischen zwei Welten". -

Bern: Amt für berufliche Ausbildung 1953. /5596
Zwischen zwei Welten. Ein Zyklus von 12 Gesängen. - St. Gallen:
Tschudy Verlag 1953. /5597
Phoenix. Ein Gedicht-Zyklus. - Ebenda 1955. /5598
Gedichte 1957-1966. Mit e. Nachw. hrsg. von Dominik Jost. -
Frauenfeld, Stuttgart: Huber (1967). (400 num. u. sign. Ex.) /5599

ARTIN, Paul Friedrich
Sonette einer Liebe. - Hamburg: Maria Honeit (1946). /5600
Das Antlitz. Gedichte. - Hamburg: J. P. Toth Verlag 1947. /5601

ARTIN, Werner
Freundesgabe. Gedichte.-o.O. Privatdruck 1958. (Hermann-Hesse
Nachlaß, Schiller-Nationalmuseum Marbach) /5602

ARTON, Jenö
Die blauen Sonette. Ill. von Heinrich Herzig. - Gais:
H. Kern /1947/. /5603

ARTYN, Karol K.
Sonette. - Bremen: schöngeist-belesprit 1967. /5604
lotterreigen. Gedichte. - Ebenda 1968 = Kladde. 2. /5605

ARWITZ, Roland (1896-1961)
Nachklang. Gedichte. - München: Drei-Fichten-Verlag, Rudolf
Vonficht. (1946). /5606

ARX, Fritz
Drüban Roan. Gedichte in steirischer Mundart. Buchschmuck von
Martha Elisabeth Fossel. - Graz: Alpenland-Buchhdlg. Südmark 1961. /5607

ARX, Helene (1889)
Alle meine Quellen sind in dir. Gedichte. - Hamburg:
Appel /1953/. /5608

ARX, Hilde (1911)
Bericht. Gedichte. - New York: Selbstverlag 1951. /5609

ARX, Josef (1901)
Ja, so san s'. Gedichte in bairischer Mundart. Zeichnungen von
Hans Prähofer. - Feldafing: Brehm (1959). /5610
Unterm Weihnachtsstern. Gedichte. Zeichnungen von Hans
Prähofer. - Ebenda /1961/. /5611
Versuchungen. Verse. - Karlsruhe: Der Karlsruher Bote /1965/. /5612
Boarische Köpf. Gedichte. - Feldafing/Obb.: Brehm 1967. /5613
Französische Meister. Gedichte. - Karlsruhe: Der Karlsruher
Bote /1968/. /5614

ARX, Karl (1902)
(Gedichte). Ausgewählt von Bernd Jentzsch. - Berlin: Verlag Neues
Leben /1970/ = Poesiealbum. 32. /5615

ASCHMANN, Hans (1887)

Der Tod im Tanz. Ein Zeit-Gedicht. - Hamburg-Gr. Flottbek:
Akazien-Verlag 1953. /561

MATEEN, Gabbo
Kunststoff. Gedichte. Grafik von Heinz Müller. - Gersthofen:
Maro-Verlag 1970. /561

Friederike Roth und Gabbo Mateen: minimal-erzählungen.
Gedichte und Prosa. - Stuttgart: E. Walther (1970) = rot. 42. /561

MATHEIS, Max (1894)
Bayerisches Bauernbrot. Mundartgedichte. Ill. von Josef Fruth. -
Straubing: Attenkofer 4. Aufl. 1954; Grafenau: Morsack 5. Aufl. /1970/.
(zuerst 1939) /561

Spiegel einer Heimat. Gedichte. - Passau: Institut für Ostbai-
rische Heimatforschung (1965) = Neue Veröffentlichungen des Instituts
f. Ostbair. Heimatforschung. 14. /562

Besondere Leut. Heitere Geschichten und Gedichte. Ill. von Josef
Fruth. - Grafenau: Morsak (1968). /562

MATT, Franz (1882-1957)
Blumen und Ähren. Ausgew. Gedichte. - Speyer/Rh.: Jaegersche Buchdruckerei 1946. /562

MATT, Josef von (1901)
Nidwaldnerchost. Liädli, Gedicht und es paar Sprüch. Bilder von
Hermann Schelbert. - Stans: von Matt (1965). /562

MATTER, Mani
Us emene läare Gygechaschte. Berndeutsche Chansons. -
Bern: Kandelaber Verlag (1969). (mit Notenbeispielen) /562

dasselbe. mit Noten. - Ebenda (1970) = Kandelaber-Werk-Reihe. 4. /562

MATTHES, Dorothea
Dein ist die Zeit. Nachdenkliches in Lyrik und Prosa. Hrsg. von
d. Pressestelle d. Evangel.-Luther. Kirche in Thüringen. - Berlin:
Evangel. Verlagsanstalt (in Verbindung m. d. Warburg Verlag Keßler
(1967). /562

MATTHIES, Kurt
Zwischen Stund und Stunde. Gedichte. - München: Kösel (1957). /562

MATTLI, Margit
Gedichte und Impressionen. - Davos: Georg Mattli 1970. /562

MATUTINA, Renata Stella
Palmström Redivivus. Gedichte. - Schwäbisch-Gmünd: Dietenberger 1965. /562

MATZIG, Richard Blasius (1904-1951)
Magischer Lautenklang. Sieben Gedichte. - St. Gallen: Tschudy
/1948/. Privatdruck. /563

Der enthüllte Stern. Neue Gedichte. - Zürich: Artemis (1950). /563
Die Gedichte. (Richard Matzig u. s. Werk von Dominik Jost). -
St. Gallen: Zollikofer (1961). /563

MAURACHER, Isabella
Herzschlag der Zeit. Gedichte. - Wien: Österreichische Verlags-
Anstalt (1970). /5633

MAURER, Adolf (1883)
Alles was Odem hat. Gedichte. - Basel: R. Reinhardt /1954/. /5634

Herz, sing und spiel! Gedichte. Eine Auswahl. - Ebenda /1963/./5635

Um's Chrippli ume. Wiehnachtsvärs. - Zürich, Stuttgart: Gotthelf-Verlag (1968). /5636

Vom hellen Schein. Weihnachtsgedichte. - Basel: R. Reinhardt (1968). /5637

MAURER, Agathe
Ich fasse deine Hand. Gedichte. - Düsseldorf: A. Maurer /1956/./5638

Badengele. Greimte Geschichte vu dr Liabe, vu Kinder und sust äl-
lerhand. - Reutlingen: Knödler (1968). /5639

MAURER, Georg (1907-1971)
Gesänge der Zeit. Hymnen und Sonette. - Leipzig: Rupert-
Verlag 1948. /5640

Zweiundvierzig Sonette. - Berlin: Aufbau-Verlag 1953. /5641

Die Elemente. Freie Rhythmen. - Leipzig: Insel-Verlag 1955 =
Insel-Bücherei. 601. /5642

Gedichte aus zehn Jahren. - Berlin: Verlag Volk und Welt
(1956) = Antwortet uns! 4. /5643

Lob der Venus. Gedichte. Mit Zeichnungen von Max Schwimmer. -
Berlin: Verlag der Nation /1956/. /5644

Poetische Reise. Gedichte. Mit Zeichnungen von Arno Mohr. -
Ebenda 1959. /5645

Dreistrophenkalender. Ill. von Werner Klemke. - Halle:
Mitteldeutscher Verlag 1961. /5646

Gedichte. Mit e. Nachw. von Hans Dahlke. - Leipzig: Reclam
(1962) = Reclams Universal-Bibliothek. 8941 C. /5647

dasselbe. - Ebenda 2. erw. Aufl. (1968) = Reclams Universal-
bibliothek. 379. /5648

Sprechplatte: Lob der Venus. Liebesgedichte. Gesprochen von Inge
Keller und Wolfgang Heinz. - Berlin: Dt. Schallplatten Eterna 1962. /5649

Gestalten der Liebe. - Halle: Mitteldeutscher Verlag 1964. /5650

Stromkreis. - Leipzig: Insel-Verlag 1964 = Insel-Bücherei. 553. /5651

Im Blick der Uralten. Ein Zyklus. - Leipzig: Insel-Verlag
1965 = Insel-Bücherei. 514. /5652

Variationen. Gedichte. - Halle : Mitteldeutscher Verlag 1965. /5653

Gespräche. (Gedichte). - Ebenda 1967. /5654

K r e i s e . Gedichte. - Halle: Mitteldeutscher Verlag 1970. /5655

MAURER, Joseph
N a t u r und G e i s t . Lyrische Gedichte. - Bozen: Cappelli (1949). /5656

MAURER, Stepan-Christian
Christian Maurer: D i e H ä n d e . (Gedichte). Buchausstattung von Petre
Hagiu. - Bukarest: Jugendverlag (1964). /5657

MAXHEIMER, Paul Erich (1924)
Im S t r o m des L e b e n s . Gedichte und Skizzen. Ill. von G. Müller.
- Wiesbaden: Metopen-Verlag (1946). /5658

MAYER, Alois
W a c h a u e r E i g e n b a u . Poesie und Prosa. - Krems a. d. Donau:
J. Faber (1964). /5659

MAYER, Hans Jörg
a l p h a b e t e n q u a d r a t e . - Stuttgart: E. Walther /1966/ = rot. 26. /5660

MAYER, Jakob
D e r Weg zu G o t t . Gedichtbüchlein. - Fellbach: Christlicher Buchvertrieb und Verlag /1946/. /5661

MAYER, Karl Adolf (1889-1957)
B e s o n n t e S t e i n e . Gedichte. - Graz: Leykam (1957). /5662

MAYER, Paul (1889-1970)
W a n d e r e r ohne E n d e . Ausgewählte Gedichte. - Berlin-Grunewald
Herbig (1948) = Herbig-Bücherei. /5663

MAYER, Rudolf W.
t o r e ins u n g e w i s s e . - Wien: Europäischer Verlag 1956. /5664

a p h o r i s m e n der l a n d s c h a f t . gedichte. - Wien: Europäischer
Verlag 1959. /5665

MAYER, Ruth (1943)
D i e W i n k e l . (Gedichte). - München, Würzburg, Wien: Relief-
Verlag Eilers (1965) = Der Viergroschenbogen. 67. /5666

E n d l o s e s W a n d e r n . - Wien: Europäischer Verlag (1968). /5667

MAYER-ESCHENBACHER, Ferdinand
E r h ö r u n g . Gedichte. - Wien: Europäischer Verlag 1956. /5668

D i e T u r m u h r . Gedichte. - Salzburg, Klosterneuburg: Stifterbibliothek /1958/ = Stifterbibliothek. Dichtung der Zeit. 76. /5670

L e b e n s w a n d e r u n g . Gedichte. - Wien: Österreichische Verlags-
Anstalt (1963). /5671

MAYER-FREINBERG, Karl
D ö w a h r e L i a b . Dichtung in oberösterreichischer Volksmundart. -
Linz: Muck (1949). /5672

MAYER-KÖNIG, Wolfgang
S i c h t b a r e P a v i l l o n s . Gedichte. - Wien: Bergland-Verlag (1969). /5673

s t i c h m a r k e n . Gedichte. - Bern: Lukianos Verlag 1969. /5674

MAYER-TASCH, Peter Cornelius
Wellenfehde. (Gedichte). Mit 9 Holzschnitten von F. W. Bernstein. -
Göppingen: Herwig (1963), /5675

MAYR, Resl
D' Berchtl. Dichtung in österreichischer Mundart. - Wien: Europäischer Verlag 1952. /5676

Lied der Schöpfung. - Ebenda 1963. /5677

MAYR, Rolf (1899-1961)
Beredtes Schweigen. Gedichte. - Düsseldorf: Schwann 946. /5678

MAYR, Rudolf (1942)
Stolperschritte zum Quadrat. Gedichte. - München, Würzburg,
Wien: Relief Verlag Eilers (1964) = Der Vier-Groschen-Bogen. 45. /5679

MAYR-MELNHOF, Franziska
Lied der Stille. - Wien, Innsbruck: Rohrer (1961). /5680

MAYRÖCKER, Friederike (1924)
metaphorisch. - Stuttgart: E, Walther /1964/ = rot. 18. /5681

texte. Auswahl von Peter Weiermair. - Innsbruck: Mayröcker und
Allerheiligenpresse (1966) = Druck der Allerheiligenpresse. 2. /5682

Tod durch Musen. Poetische Texte aus den Jahren 1945-1965. Mit
e. Nachw. von Eugen Gomringer. - Reinbek b. Hamburg: Rowohlt (1966).
1000 Ex., davon 800 num. u. sign. /5683

Sägespäne für mein Herzbluten. 39 Gedichte mit 7 Zeichnungen
der Autorin. - Berlin: Rainer Verlag 1967. (200 num. u. sign. Ex.) /5684

MECHTEL, Angelika d. i. Angelika Eilers (1943)
Gegen Eis und Flut. - Dülmen: Kreis der Freunde (1963) =
Der Vier-Groschen-Bogen. 40. /5685

Hinter der Windwand. Lyrik I Hinter der Windwand. - München:
Relief-Verlag (1964). /5686

Lachschärpe. Gedichte mit Autografen. - Ebenda (1965). (In 100 Ex.
als Werkdruck erschienen) /5687

MECKAUER, Walter (1889-1966)
Der ewige Kalender. Gedichte. Mit e. Geleitw. von C. F. W. Behl. -
München: Langen/Müller 1953. /5688

Der Lebenspsalm. (Hermann Hesse zum 80. Geburtstag gewidmet. -
Krefeld, Baden-Baden: Agis-Verlag /1957/. /5689

Fremde Welt. - Karlsruhe: Der Karlsruher Bote /1959/. /5690

Heroisches Tagebuch. Aufzeichnungen eines Zivilisten(...). -
München: Bergstadtverlag Korn 1960. /5691

Positano, die heiligen Träume. (Gedichte). - 1962 (b. n. e.) /5692

Schwalben über der Stadt. - Karlsruhe: Der Karlsruher Bote 1964.
MECKEL, Christoph (1935) /5693

Tarnkappe. 7 Gedichte. 4 Graphiken. - München: Unverhau (1956)
= Die Überflüssigen-Hefte. Sonderh. /569

Hotel für Schlafwandler. Gedichte. Mit 4 Ätzungen des Verfassers. - Stierstadt: Eremiten-Presse 1958. /569

Nebelhörner. Gedichte. - Stuttgart: Deutsche Verlagsanstalt (1959). /569

Wildnisse. Gedichte. - Frankfurt: S. Fischer (1962). /569

Gedichtbilderbuch. 11 Bilder und 11 Gedichthandschriften. - Stierstadt: Eremiten-Presse 1964. (in d. Masch. gemalt, 200 num. u. sign. Ex.) /569

Lyrik, Prosa, Graphik aus zehn Jahren. Hrsg. von Wilhelm Unverhau. - München: Unverhau (1965). (Normalausgabe und signierte Ausgabe. Mit Bibliographie) /569

Bei Lebzeiten zu singen. Gedichte. - Berlin: Wagenbach (1967) = Quarthefte. 18.

Christoph Meckel und Volker von Törne: Die Dummheit liefert uns ans Messer. Ein Zeitgespräch in 10 Sonetten. - Berlin: Friedenauer Presse 1967. /570

In der Tinte. Gedicht mit 10 mehrfarbigen Zeichnungen und e. Titelholzschnitt. - Berlin: Neue Rabenpresse 1968. (25o num. Ex.) /570

Die Balladen des Thomas Balkan. - Berlin: Dieter Stollenwerk 1969. /570

Jasnandos Nachtlied. Gedichtzyklus mit 5 Farbgraphiken des Autors. - Freiburg: Edition Syrinx o. J. = Quadrate. (90 Ex. sign. und num., davon 20 mit beigelegter signierte Graphik) /570

Zettelphilipp. Gedichte. Mit Graphiken. - Berlin: Atelier Siebrasse 1970. /570

MECKEL, Eberhard (1907-1969)
Gesammelte Gedichte. - Wiesbaden: Insel-Verlag 1949. /570

Die Scherbenschwelle. Gedichte. - Berlin: Aufbau-Verlag 1956. /570

MEDHAT, Lili
Gedichte. - Wien: Bergland-Verlag (1965) = Neue Dichtung aus Österreich. 124. /570

MEDREA, Hedy
Wanderers Geige. Gedichte. - Bukarest: Staatsverlag für Kunst und Literatur 1957. /570

MEHL, Hans
Des derf mer doch nu sogn. Heitere und besinnliche Verse. - Nürnberg: Glock und Lutz = Nürnberger Mundartdichtung in der Gegenwart. /1969/. /570

MEHLERT, Wilhelm
Von Barge un Bergern. Plattdeutsche Gedichte. Hrsg. von Gerhard Cordes. - Goslar: Geschichts- u. Heimatschutzverein e. V. 1963. /571

MEHRING, Walter (1896)
Arche Noah SOS. Alte und neue Gedichte. Lieder und Chansons. -
Hamburg: Rowohlt (1951). (zuerst 1931. Arche Noah SOS. Neues trost-
reiches Liederbuch.) /5711

Der Zeitpuls fliegt. (Chansons, Gedichte, Prosa). Eine Auswahl
mit e. Nachw. von Willy Haas. - Reinbek b. Hamburg: Taschenbuchverlag Rowohlt 1958 = rororo. 282. /5712

Morgenlied eines Gepäckträgers. Hrsg. von Friedrich Rasche.
Zeichnungen von Walter Mehring. - Hannover: Fackelträger Verlag
(1959) = Die kleine Reihe. /5713

Das neue Ketzerbrevier. (Balladen und Songs). - Köln, Berlin:
Kiepenheuer & Witsch (1962). /5714

dasselbe - München: Dt. Taschenbuchverlag (1966) = dtv. 353. (Neues
Ketzerbrevier. Vom Autor durchges. u. erg. Ausgabe) /5715

Sprechplatte: Walter Mehring spricht seine Gedichte aus sechs Landschaften. - Hamburg: Dt. Grammophon Gesellschaft /1963/ =
Literarisches Archiv. /5716

Kleines Lumpenbrevier. Gossenhauer und Gassenkantaten. Zeichnungen von Walter Mehring. - Zürich: Sanssouci (1965) = Ein Buch
der Arche. /5717

MEIDINGER-GEISE, Inge (1923)
Helle Nacht. Gedichte. - Mannheim: Kessler Verlag /1956/. /5718

Saat im Sand. Neue Gedichte. Lithographien von Oskar Koller. -
Nürnberg: Glock und Lutz (1963). /5719

Gegenstimme. Gedichte. - Hamburg: Evangel. Verlag H. Reich
(1970) = Hamburger Lyriktexte. 3. /5720

MEIDNER, Ludwig (1884-1966)
Hymnen und Lästerungen. Hrsg. und eingel. von Hans Maria
Wingler. - München: Langen/Müller (1959) = Langen-Müllers kleine
Geschenkbücher. 91. /5721

MEIER, Gerhard (1917)
Das Gras grünt. Gedichte. - Bern: Benteli (1964) = Offene
Folge. 4. /5722

Im Schatten der Sonnenblumen. Gedichte. - Bern: Kandelaber Verlag (1967). /5723

MEIER, Heinrich Christian (1905)
Der Weg ins Sein. - Hamburg: Mölich (1947). /5724

Aus wachsender Stille. Gedichte. Auswahl von Hermann Lober. -
Hamburg: Robert Mölich Verlag (1948). /5725

Verschüttete Klänge. Gedichte. Ebenda (1948). /5726

Goldene Perspektiven. Gedichte. - Hamburg-Wellingsbüttel:
Solstitium 1960. /5727

MEIER, Herbert (1928)
Dem unbekannten Gott. Oratorium. Textbuch. Musik von Albert
Jenny. - Zürich: Arche (1956). /572

Siebengestirn. Gedichte. - Ebenda (1956) = Die kleinen Bücher
der Arche. 235/236. /572

Sequenzen. Ein Gedichtbuch. Graphische Gestaltung von Fredy Knecht.
- Zürich, Einsiedeln, Köln: Benziger (1969). /573

MEIER, Hugo
s. u. Jakob Ehrensperger, Hans U. Müller, Hugo Meier: Im Heute
wohnen.

MEIER-CLASSEN, Peter
Der Horizont ist keine Grenze. - Zürich: Classen (1968) =
Probe junger Dichtung. 2. /573

MEIER-LENZ, Dieter Paul
Gefälle in Oktaven. Gedichte. - Hamburg: Appel /1968/. /573

MEILER, Luisa
Missa in nocte. Gedichtzyklus. - München: G. Bauer (1963). /573

MEINECKE, Otto
Mit Herz und Hand für's Kärntnerland. - Wien: Europäischer Verlag (1956). /573

MEINKE, Hanns (1884)
Die wahllose Garbe. - Karlsruhe: Der Karlsruher Bote /1959/. /573

Die Ballade vom Roß Bayard. - 1969. (b. n. e.) /573

MEINRAD, (Pater) d. i. Alexius Nossek
Ich möcht om liebsta hejm. Mundartgedichte aus dem Riesengebirge von Pater Meinrad. - Kempten: Renner (1962). /573

MEISEL, Hilde d. i. Hilde Meisel-Olday (1915-1945)
s. u. Hans Lehnert und Hilde Meisel: Gedichte.

MEISER, Werner (1923)
Gedichte. - Saarbrücken: Saar-Verlag /1947/. /573

MEISSEL, Wilhelm Josef (1922)
Träume auf der Zugbrücke. - Graphik von Hans Kothbauer. -
Wien, München: Verlag für Jugend und Volk (1967) = Neue Perspektiven./573

MEISTER, Ernst (1911)
Der Sittentag. Gedichte. - Hagen; Privatdruck 1946. /574

Gedicht. - Ebenda 1946. /574

Unterm schwarzen Schafspelz. Gedichte. - Frankfurt: Eremiten-Presse 1953. /574

Dem Spiegelkabinett gegenüber. - Ebenda 1954. /574

Der Südwind sagte zu mir. - Ebenda 1955. /574

... und Ararat. - Wiesbaden: Limes (1956) = Dichtung unserer
Zeit. 9. /574

Fermate. - Stierstadt: Eremiten-Presse 1957. /5746

Pythiusa. - Ebenda 1958. /5747

Zahlen und Figuren. Gedichte. - Wiesbaden: Limes (1958). /5748

Lichtes Labyrinth. Schrift von Flora Klee-Palyi. - Gießen:
Walltor Verlag (jetzt Gideon Verlag) (1959). /5749

Die Formel und die Stätte. Gedichte. - Wiesbaden: Limes
(1960). /5750

Les Yeux les barques. Trad. de Flora Klee-Palyi et Louis
Guillaume. (dt. +franz.) Paralleldruck. - Paris: Editions André Silvaire (1960). /5751

Flut und Stein - Neuwied, Berlin: Luchterhand (1962). /5752

Au delà de l'au delà. Trad. de Eckhart et Louis Guillaume.
(dt. +franz.) Paralleldruck. - Paris: Édition André Silvaire (1964). /5753

Gedichte 1932-1964. - Neuwied, Berlin: Luchterhand (1964). /5754

dasselbe. Ebenda /1969/ (Sonderausgabe) /5755

Zeichen um Zeichen. Gedichte. - Ebenda (1968). /5756

Schein und Gegenschein. Gedichte. Mit 3 Radierungen von Emil
Schumacher. - Duisburg: Guido Hildebrandt (1969) = Hundertdruck. 5. /5757

Es kam die Nachricht. Gedichte. - Neuwied, Berlin: Luchterhand
(1970). /5758

MEISTER, Georg Wilhelm
Ein Lächeln lang. Gedichte. Mit Zeichnungen von Michael Smigula.
- München: Verlag Graphikum Mock 1968 = „Dichter und Zeichner". 5.
(200 num. und sign. Ex.) /5759

MEISTER, Karl (1903)
Gastweise. Gedichte. - München, Würzburg, Wien: Relief-Verlag
1965 = Der Viergroschenbogen. Sonderb. 32. /5760

Gedichte 2: Stiegenhausbeleuchtung. - Ebenda (1968) =
Der Viergroschenbogen. Sonderb. 56/57. /5761

MELL, Max (1882-1971)
Gedichte. Liebhaberdruck zum 70. Geburtstag des Dichters. - Wiesbaden: Insel-Verlag (1952). (500 Ex. auf Bütten) /5762

Eines Jahres Ewigkeit. Gedichte zum 80. Geburtstag des Dichters. - Dülmen/Westf.: Kreis der Freunde 1962 = Der Vier-Groschenbogen. Sonderausg. 2. /5763

Gesammelte Werke. Bd. 1 Gedichte u. a. - Wien: Amandus
Verlag (1962). /5764

MELZER, Peter
Rot Ran. Superharte Agit-Prop-Underground-Lyrik. Kampfverse und
Revolutionsschulung. - Dortmund: junge presse d /1970/. /5765

MEMER, Rudolf

Rund um den Hochschwab. Gedichte. - Wien: Europäischer
Verlag /1954/. (Mit Notenbeilage). /5766

MENDHEIM, Gertrud Magdalene (1907)
Der helle Klang. - München, Zürich: Schnell & Steiner (1955). /5767

MENDT, Dietrich
Abgekanzelt. Satiren und Parodien. Mit Zeichnungen von Henry
Büttner. - Berlin: Union Verlag 1964. /5768

MENG, Brigitte (1932)
Spürst du die Schatten? Gedichte. Original-Lithographien von
Natalia von Goldschmidt. - Basel: Pharos Verlag; München: Ehrenwirth
-Verlag (1965). (700 num. u. sign. Ex.) /5769

dasselbe. - Baden-Baden: Signal-Verlag /1967/ = Signal-Bücherei. 7. /5770

Die Leuchtschrift.(Gedichte, Prosa) - Zürich: Regenbogen Verlag
(1967) = Regenbogen-Reihe. 1+2. /5771

MENKIN, Min d. i. Mina Müller-Menk
Die Windharfe. Gedichte. - Westerburg: Selbstverlag /1969/. /5772

MENNINGER, Karl
Kugelbauch. Gedichte aus dem Reich der Mathematik. Mit Zeichnungen von Wolfgang Menninger. - Göttingen: Vandenhoeck & Ruprecht
(1961). /5773

MENZ, Maria
Innenwelt. Gedichte. - München: Hueber (1968). /5774

MENZEL, Roderich (1907)
Gesänge und Balladen. - Hamburg: Robert Mölich Verlag (1946). /5775

Lied am Brunnenrand. Gedichte. - Heidelberg: Meister /1953/. /5776

MENZEL, Wolfgang Peter
Doppelfenster. Gedichte mit 10 Graphiken von Ernst Volland. -
Berlin: Edition Galerie am Abend 1969. /5777

MERK, Gert-Peter
Zu Aussagen. - München, Würzburg, Wien: Relief-Verlag 1969 =
Der Viergroschenbogen. 96. /5778

MERKEL, Georg
Gott laß Dein Heil uns schauen. Gedichte. - Neuendettelsau:
Freimund-Verlag /1948/. /5779

MERKER, Emil (1888)
Die große Trunkenheit. Gedichte. - Frankfurt: Umschau-Verlag (1950). /5780

Das brennende Staunen. Gedichte. Ausgew. und hrsg. von Josef
Heinrich i. Auftrag der Sudetendeutschen Landsmannschaft, Landesgruppe
Bayern. (Dr. Emil Merker zum 70. Geburtstag) - Düsseldorf, Köln:
Diederichs (1958). /5781

Bäuerliches Jahrbüchlein. Ausstattung von Hans Pape. -
München: Aufstieg-Verlag /1964/. /5782

BERLIN, Winfried
　Erste Lese. - Naarden: A.Rutgers 1949, später Joppe: Littera /5783
BERODE, Johannes　　　　　　　　　　　　　　Scripta Manet
　Beutelschneidergassenlieder. Liederliche und überkandidelte
　Verse. - Berlin: Blanvalet (1969).　/5784
BERSMANN, Heinrich　(1916)
　Gesang unter Sternen. - Braunschweig: Westermann 1947.　/5785
　Wandrer im Morgenlicht. - Ebenda 1948.　/5786
BERZ, Hermine
　Christliche Gedichte. Band 4. - Menziken: Selbstverlag 1946.　/5787
BERZ, Klaus
　Mit gesammelter Blindheit. Gedichte. - St. Gallen: Tschudy
　Verlag 1967 = Der Bogen. 76.　/5788
　Geschiebe mein Land. - Aarau: Sauerländer (1969).　/5789
BERZ, Martin
　Gedichte eines Kindes. - Zürich: Fretz & Wasmuth (1968).　/5790
BESCHENDÖRFER, Adolf　(1877-1963)
　Gedichte. Mit e. Nachw. von Georg Scherg. - Bukarest: Literatur-
　verlag 1967.　/5791
BESSOW, Kurt
　Dichter. Gedichte. - Berlin: Blaschker 1954.　/5792
　Poeten. Gedichte. - Ebenda 1955.　/5793
　Wie das Wort so wichtig dort war. Dichterprofile. - Berlin:
　Blaschker 1955.　/5794
　Auge. Gedichte. - Ebenda 1958.　/5795
　Nimm den roten der Weisen. Ebenda 1959.　/5796
　Seele. Gedichte. - Ebenda 1960.　/5797
　Laune. Gedichte. - Ebenda 1961.　/5798
　Nachlese. Gedichte. - Berlin: Blaschker 1962.　/5799
BETTAUER, Remigius
　Wermut und Balsam. Gedichte. - Düsseldorf, München: Verlag
　Helmut Küpper vorm. Georg Bondi 1965 = Stefan-George-Stiftung. 3.　/5800
BETTLER, Arthur (Artur)　(1901)
　Armen-Trost. - Karlsruhe: Der Karlsruher Bote /1959/.　/5801
　Bild der Rebe. - Ebenda (1959).　/5802
BETZ, Franz
　Fata Morgana. Gedichte. - Freilassing: Pannonia-Verlag 1960.　/5803
BETZGER, Helmut　(1917)
　Trotz allem : Pfälzer Humor. Pfälzerische Mundartverse. Ill.
　von Alfred Metzger. - Neustadt a. d. H.: Kranz-Verlag 1947.　/5804

Mit Wei(n) gedaaft - mit Wei(n) begrawe. Pfälzerische
Mundartverse. - Bad Dürkheim: Verlag Rheinberger 1953. /58C

Er war Beamter. Heitere Beamtenfibel in hochdeutschen Versen.
Es„simmelte" Franz Müller. - Bad Dürkheim: Selbstverlag 1959. /58C

Mir sin halt wie mer sin! Pfälzerische Mundartverse. -
Ebenda 1961. /58C

Die Pälzer Rass - viel Wei(n), viel Spaß. - Ebenda 1964. /58C

Ebbes. Pfälzerische Mundartverse. - Ebenda /1970/. /58C

METZGER, Dorothea (1903)
Thea Metzger: Rhythmus des Lebens. - Nürnberg: Spindler 1967.
/58}
MEURER, Kurt Erich (1891-1962)
Gruß der Stunde. Neue Gedichte. - Heidelberg: Meister 1946. /58}

Abenteuer der Seele. Neue Dichtungen. - Ebenda 1947. /58}

Osterhochzeit. Ein Gedichtkreis. - Ebenda 1952. /58}

Gedichte an die Unverlorene. - Ebenda /1953/. /58}

Spiegel und Glocke. Zweite Folge der„Gedichte an die Unverlorene".
Sonette. - Ebenda /1953/. /58}

Cellokonzert. Ausgewählte Gedichte. Leitwort von Johannes von
Guenther. - Ebenda /1955/. /58}

Traumspiegel. Gedichte, Legenden, Balladen. - Ebenda /1957/. /58}

Umdichtungen. (Das Buch Ruth. Die Spitze des Turms.) - Meister
/1960/. /58}

MEURER, Max (1882-1959)
Kölsche Aar. Gesamtausgabe der Erzählungen und Gedichte in
köln. Mundart. - Köln: Höfer in Komm. 1965. (zuerst 1929) /58}

MEURER, Waldemar
Kammerstücke. Neue Gedichte. 1. Folge. - Kettig üb. Koblenz:
Osiris-Verlag 1966. /58:

MEY, Reinhard
Spechplatte: Songs, Bänkellieder, Balladen. Vortrag: Reinhard
Mey. - Bad Godesberg: Voggenreiter, Xenophon. /1968/. /58:

MEYER, Alfred Richard (1882-1956)
Wenn nun wieder Frieden ist... Neue Gedichte. - Lübeck:
Selbstverlag 1948. (als Manuskript gedruckt) /58:

Munkepunkes törichte Jungfrauen. 15 ausgewählte Gedichte.
Mit 6 Zeichnungen von Cordes Hauer - Berlin: Neue Rabenpresse (1967)
= Das Kabinett. 2. (200 num. Ex.) /58:

MEYER, Carla (1885)
Auf den Nähtisch zu legen. Gedichte. Mit 49 Bildern von Gerda
Riege. - Celle: Schulzesche Buchhandlung 3. Aufl. /1955/. (zuerst 1928)/58:

MEYER, Conny Hannes (1931)
den mund von schlehen bitter. gedichte. - Salzburg: Otto
Müller (1960). /5825

abseits der wunder. Bilder von Franz Stadlmann. - Wien, München: Jugend und Volk (1963) = Neue Perspektiven. /5826

MEYER, Ernst Eduard (1887-1955)
Vom geistlichen Leben. Gedichte. - Genf: Kandelaber-Verlag
1953. /5827

Meditationen. Gedichte Herbst 1954. - Genf: Kandelaber (1954). /5828

MEYER, Gerhard
Gnadenfrei. 13 Gedichte. - Hannover: Stephanstift (1948). /5829

MEYER, Gottlieb (1893)
Nur a Vertlstündla. - Nürnberg: Glock & Lutz /1964/ = Nürnberger Mundartdichtung in der Gegenwart. /5830

MEYER, Hans Bernhard (1898)
Möwen umkreisen das Krantor. Erzählungen und Gedichte. -
Leer/Ostfr.: Rautenberg & Möckel 1954. /5831

MEYER, Heinrich, genannt Kunnrädel (1878-1966)
Baurehochzig in de Palz. Gedichte und Prosa. - Neustadt/Weinstraße: Meininger (1958). /5832

MEYER, Kurt (1945)
Gedichte 1920-1945. Hrsg. von Willy Dietschi. - Olten: Vereinigung der Oltner Bücherfreunde (1945). (Privatdruck) /5833

MEYER, Rudolf (1896)
Gottesfreundschaft. Ein Spruchbüchlein. - Arlesheim: Columban-Verlag 1953. (4.-6. Tsd., 1. Aufl. b. n. e.) /5834

Weltenherz. Gedichte. - Stuttgart: Verlag Urachhaus /1954/. /5835

Menschheits-Legenden. Gedichte. - Ebenda (1961). /5836

Zur Erlösung der Tierwelt. Betrachtungen und Gedichte. -
Ebenda (1970). /5837

MEYER, Traugott (1895-1959)
Stimmen und Stunde. Värs und Rymus 25 Johre. - Aarau: /5838
Sauerländer & Co. 1951.

MEYER-EBERHARDT, Kurt (1895)
Brösl-der unkundige Jäger. Verse und Bilder. - Stuttgart:
Schuler Verlag /1964/. /5839

MEYER-HOLZAPFEL, Monika
Mosaiksteine. Sonette. - Bern: Benteli (1965). /5840

MEYERHOFF, Walter (1890)
Das Weltkind und der Diener der Ewigen Weisheit.
Mystische Sonette. - Celle: Giesel Verlag 1947. /5841

Die alte Krone. Sagen und Legenden. - Göttingen: Herder /1952/. /5842

MICHAEL, Friedrich (1892)
Blume im All. Gedichte. - Hamburg: Hans Dulk 1946. /584

MICHAELIS, Kurt
Liebe unter der Lupe. Aphorismen und Gedichte. - Karlsruhe:
Der Karlsruher Bote /1967/. /584

MICHAELIS, Paul (1903)
Hymnen. - Wiesneck: Paul Michaelis (1946). /584

MICHAUD, Helmuth
Gedichte. - Hamburg: J. P. Toth 1946. /584

Das ewige Herz. Gesammelte Lieder und Balladen. - Ebenda 1948./584

MICHEL, Fritz (1895)
Stunden der Besinnung. Späte Lese. - Hamburg-Bergstedt: Evang.
Verlag H. Reich (1960). /584

MICHEL, Otto (1892)
Lebenskreise. Neue Gedichte. - Karlsruhe: Der Karlsruher Bote.
/1968/. /584

MICHEL, Winfried
Frühstück an der Grenze.(Gedichte). - München, Würzburg, Wien:
Relief-Verlag 1966 = Der Viergroschenbogen. 64. /585

MICHELERS, Claus
anfragen. gedichte und kurzprosa. - Bremen: schöngeist-bel esprit
1968 = Kladde. 3. /585

s. a. Hans-Uwe Jaensch und Claus Michelers: Wortgemüse.

MICHELS, Peter (1902)
Der Brunnen Gottes. Lothringische Gedichte. - St. Augustin/Sieg-
burg:Steyler Verlagsbuchhandlung (1959). /585

Der Garten der Gerechtigkeit. Lothringische Gedichte. -
Ebenda (1963). /585

Der Engel des Herrn. Lothringische Gedichte. - Ebenda (1966). /585

Der Sohn des Jonas. Lothringische Gedichte. - Ebenda (1970). /585

MICHELSEN, Elisabeth (1920)
Die Waage. Gedichte. - Karlsruhe: Der Karlsruher Bote 1952. /585

Niemandsland. Gedichte. - Ebenda 1957. /585

MICKEL, Karl (1935)
Lobverse & Beschimpfungen. - Halle: Mitteldeutscher Verlag 1963. /585

Vita nova mea. Mein neues Leben. Gedichte. - Berlin, Weimar:
Aufbau-Verlag (1966). /585

dasselbe: -Reinbek b. Hamburg: Rowohlt (1967). /586

MICKO, Heinrich (1899-1969)
Wuldaland. Gesänge in böhmerwäldischer Mundart. - Wien:
Bergland Verlag (1959). /58

MIEGEL, Agnes (1879-1964)
Du aber bleibst in mir. Flüchtlingsgedichte. - Hameln: Bücherstube F. Seifert 1949. /5862

Gesammelte Gedichte. - Düsseldorf: Diederichs 1949. /5863
(zuerst 1927)

Ausgewählte Gedichte. - Düsseldorf: Diederichs (1952). /5864

Gesammelte Gedichte. Ebenda (1952) = Gesammelte Werke in 7 Einzelbänden. Bd. 1. /5865

Gesammelte Balladen. Ebenda (1953) = Gesammelte Werke in 7 Einzelbänden. Bd. 2. /5866

Mein Weihnachtsbuch.(Erinnerungen, Gedichte, Weihnachtsspiel). Ebenda (1959). /5867

Sprechplatte: Letzte öffentliche Lesung. (Gedichte). - Hamburg: Dt. Philips GmbH. /1960/. /5868

Sprechplatte: Heimatland Ostpreußen. Agnes Miegel liest aus eigenen Werken. Sprecherin: Agnes Miegel. - Ebenda /1961/. /5869

Ostpreußische Heimat. Erzählungen, Balladen, Gedichte. - Lübeck, Hamburg: Matthiesen /1962/ = Die Leserunde. 6. /5870

Gedichte - Erzählungen - Erinnerungen. Mit e. Nachwort von Lore Reinmöller. - Düsseldorf, Köln: Diederichs (1965). /5871

Mein Weihnachtsbuch. - Ebenda 1965 = Gesammelte Werke in 7 Einzelbänden. Bd. 7. /5872

MIEHE, Ulf (1940)
s. u. Gertrud Höhler und Ulf Miehe: Gedichte.

MIHALY, Jo d. i. Elfriede Alice Steckel (1902)
Jo Mihaly, Lajser Ajchenrand und Stephan Hermlin: Wir verstummen nicht. Gedichte in der Fremde. - Zürich: C. Posen /1945/. /5873

Bedenke, Mensch... Gedicht. Mit 25 Photogr. barocker Darstellungen des ländlichen Todes im Tessin von Rico Jenny. - Winterthur: Gemsberg-Verlag (1958). /5874

MIKESCH, Alfred
Gedichte für Freunde. - Wien: Mundus, Österreichische Verlagsgesellschaft 1951. /5875

MIKSCH, Willy (1904)
Vertraut mit Werken, Schloten und Maschinen.Gedichte. - Wien: Bergland Verlag (1964) = Neue Dichtung aus Österreich. 116. /5876

MILLER, Arthur Maximilian (1901)
Hymnen an Ottobeuren. Zeichnungen von Hugo Lange. - Memmingen: Dietrich /1952/. /5877

Schwäbische Gedichte. Mit e. Geleitwort von Joseph Bernhart. - Ebenda /1954/. (zuerst um 1933) /5878

Der Becher der Gestirne. Gedichte. - Ebenda (1959). /5879

MILLER, Otto
    Wo nimmt man jetzt das Lachen her? Empfehlungen eines
    freien Geistes. - Nürnberg: Glock und Lutz 1966. /5880

MILLNER, Fritz S. (1898)
    Die Straße hat kein Ende. Gedichte. - Zürich: Arche (1966). /5881

    Ich suchte ein Grab. Gedichte. - Ebenda (1958). /5882

MILLNER-HELMICH, Pauli
    Tröstliche Gestalt. Gedichte. - Wien: Amandus Ed. 1946. /588

MISSON, Josef
    Vier nachgelassene Gedichte. Schülerarbeit, den Freunden und
    Gönnern d. Staatlichen Graphischen Lehr-u. Versuchsanstalt gewidmet. -
    Wien: Staatl. Graphische Lehr-u. Versuchsanstalt 1947. /588

MISTELI d.i. Hermann Mistelli (1904)
    Auf Flügeln. Mit Original-Holzschnitten von Meinrad Peier. -
    Breitenbach: Jeger-Moll 1964. /588

MISTELLI, Hermann (1904)
    Eisen und Herz. Gedichte. - Zürich, leipzig, Wien: Amalthea-
    Verlag (1957). /588

    Wintergedichte. - Wien, München, Zürich: Amalthea-Verlag(1962)/588

MITRINGER, Albert
    Land in Sicht. Gedichte. - Wien: Bergland-Verlag (1965) =
    Neue Dichtung aus Österreich. 130. /588

MITTERER, Erika (1906)
    Zwölf Gedichte 1933-1945. - Wien: Luckmann (1946). /588

    Gesammelte Gedichte. - Ebenda 1956. /589

    Die Welt ist reich und voll Gefahr. Auswahlband. Eingel.
    und ausgew. von Edwin Rollet. - Wien: Stiasny Verlag (1964) = Das
    österreichische Wort. Stiasny Bücherei. 147. /589

    Weihnacht der Einsamen. Erzählungen und Gedichte. Ill. von
    Robert Wyss. - Zürich: Arche (1968) = Die kleinen Bücher der Arche.
    486/487. /589

    Klopfsignale. - Wien, München: Jugend und Volk (1970) = Neue
    Perspektiven. /589

MITTERHUBER, Willy (Wilhelm) (1927)
    Die Stille tönt. Gedichte. - Regensburg: Habbel /1958/. /589

    Reif und Blüte. Gedichte. - Buxheim/Allg.: Martin Verlag Berger
    /1965/. /589

MITTLER, Franz (1893)
    Franz Mittlers Gesammelte Schüttelreime. Hrsg. von Friedrich
    Torberg. Bebildert von bil. - Wien, München: Gardena Verlag (1969). /589

MLEINEK, Mischa (1927)
    Kleine Menagerie. Chansons und Gedichte für bessere Kreise.

Ill. von Helmut Hellmessen. - Hommerich: Eckhardt (1959). /5897
OCK, Bernhard
Das Buch Aufbruch. Lyrik. - o.O. o.V. 1947. (Schiller-
Nationalmuseum, Hermann Hesse - Nachlaß) /5898
ODENA, Maria d.i. Erna Kreis (1899)
Die Sonette um Dorian Sun u.a. Gedichte. - Bern-Bümpliz:
Benteli Verlag /1945/. /5899

Musik des Lebens. Gedichte. - Ebenda 1948. (num. Ausgabe) /5900

Heimat im Süden. Gedichte vom Lago Maggiore und aus Italien. -
Bern: Benteli Verlag 1959. /5901

Die Verwandlung der Schiffe. Gedichte. - Ebenda 1963. /5902

ODER, Josef (1909)
Immer greifen wir nach neuen Sternen. - 1953. (b.n.e.) /5903

Una Graslitz. Mundartgedichte. Ill. von Fritz Schiffner. - Dettin-
gen: Kolb 1961. /5904

ODERSOHN, Ruth
Bis hin zum Ziel! Gedichte. Scherenschnitte und Schrift von Kurt
Hofmann. - Bad Blankenburg: Harfe-Verlag /1946/. /5905

Ewigkeit, in die Zeit leuchte hell herein! Gedichte. Geschrieben und gezeichnet von Kurt Hofmann. - Ebenda /1946/. /5906

In Jesu Dienst. Gedichte. - Ebenda 1946. /5907

dasselbe. - Berlin: Evangel. Verlagsanstalt (1950). /5908

dasselbe. - 4. erw. Aufl. Ebenda (1964). /5909

ODLMAYR, Hans-Jörg (1940)
Blech-Konserven-Romantik. Mit Original-Linolschnitten von
Fritz Möser. - Bern: Sinwel-Verlag 1968. /5910

Heidelberger Protokolle. 22 Texte. - Cambridge, Heidelberg:
H.-J. Modlmayr 1970. /5911

ODLMAYR, Jörg (1905-1963)
Kleine Landschaft. Gedichte. (b.n.e.) /5912

Zwischen Himmel, Fluß und Auen. Gedichte. - München:
Bergstadtverlag Korn 2. Aufl. (1957). /5913

Tore zum Licht. Mit Original-Linolschnitten von Fritz Möser. -
Karlsruhe: Der Karlsruher Bote. 1963. /5914

dasselbe. - Ebenda 2. Aufl. Tore zum Licht. Sonette. 1964. /5915

dasselbe. - Buxheim/Allgäu: Martin Verlag Berger (1965) 40 Sonette. /5916

Die Menschen sind gleich den Gestirnen, die einen glühen
und senden Licht aus, die anderen sind schon erloschen. - Buxheim:
Martin Berger Verlag (1965). (Umschlagtitel: Habe Mut, Mut zur
Nachsicht) /5917

MODROW, Willi (1909)
Bilder und Gestalten. Gedichte. - Herne: Grabski (1959) =
Spuren der Zeit. 3. /591

MÖHLER, Franz Joseph
Gedichte. Hrsg. von Hilde Möhler. - München: Selbstverlag /1961/. /591

Gedichte 2. Geliebte kleine Seele. (Religiöse Gedichte). Hrsg.
von Hilde Möhler. - Ebenda /1961/. /592

MÖBIUS, Gertrud
Am Abend, wenn alles zum Frieden kommt. Gedichte. -
Ulm: Hess (1964). /592

MÖBIUS, Mary
Stundenschlag. Gedichte. - Wien: Europäischer Verlag 1964. /592

MOEHN, Albert
Logarythmen und Sinngedichte. Alberts saemmtliche Lieder.
Wohlfeile Ausgabe nach dem Einschlafen zu lesen. - Stierstadt: Eremiten-Presse 1964. /592

Deswegen. Gedichte und kleine Prosa. Buchschmuck von Friedrich
Leinbereiter. - Berlin: Rainer Verlag (1967). /592

MOELLER, Lies (1907)
Gedichte. - Jerusalem: Jerusalem Post Press 1953. /592

Sahar Zaïr. (Junger Mond). Gedichte. - 1958. (b. n. e.) /592

Lied in Zeiten. Gedichte. Ill. von Jacov Wexler. - Haifa: Maisler, M. Sochowolsky's Press 1960. /592

MÖRL, Anton (1883-1958)
Stimmungen. (Gedichte). - Innsbruck: Universitätsverlag Wagner
/1955/. /592

MÖRSCHEL, Rolf (1924)
... und sind am Ende am Beginn. Gedichte. - Hamburg-
Blankenese: Selbstverlag /1960/. /59.

Lyrische Städtefahrt. Gedichte. - Herne: Schulte-Kortnack 1969. /593

MÖTSCH, Ila d. i. Herta Ila Koenen-Mötsch (1902)
Wie Rauch ist verflogen... Zeichnungen von Bregida Olbrecht.
- Wien: Europäischer Verlag 1968. /59.

MÖTTELI, Olga
Gedichte. - Frauenfeld: Huber & Co. (1947). /59.

MOHNNAU, Ralph Günther d. i. Günther Philipps
Rote Blutkörperchen. Gedichte. - Tübingen: Hopfer-Verlag
/1964/ (in Komm. Alpha Literatur Verlag, Ffm.) /593

Antikörper. - Frankfurt: Alpha Literatur Verlag /1969/. /591

MOHR-MÖLLER, Vera d. i. Vera Möller (1911)
durchschaut. Gedichte. Mit vielen Zeichnungen der Verfasserin.
- Hamburg: Christians 1961. /593

MOKKA, Irene
Alle Brunnen liegen offen. Gedichte. - Bukarest: Literatur-
verlag 1968. /5936

MOLAR d.i. Karlernst Hockemeyer (1907)
Lebendiges Sein. Gedichte. - Überlingen/Bodensee: Dikreiter
(1951). /5937

MOLITOR, Victor
Glanz im Gewitter. (Gedichte aus der Umsiedlung und dem Krieg).
- Luxemburg: Luja-Beffort /1946/. /5938

MOLL, Michael d.i. Gerhard Prager (1920)
Die Schaukel des Gewissens. Zeitgedichte. Ill. und Ausstg. von
Günther Stephan. - Düsseldorf, Berchtesgaden: Vier Falken Verlag
(1948). /5939

Liebe und anderer Unfug. Prosaische Lieder und liederliche
Prosa. Nachw. von Thaddäus Troll. Illustr.v. Wolfgang Bohm. - Wiesbaden: Falken-Verlag /1966/ = Die Falken-Bücherei. 23 0. /5940

MOLO, Walter von (1880-1958)
Lob des Leides. - Baden-Baden: Keppler Verlag 1947. /5941

Aus dem Loblied des Leides. - Hannover: Hahn (1948) = Dichtung und Wahrheit. Bücherei Hahn. 26. /5942

MON, Franz d.i. Franz Löffelholz (1926)
artikulationen. (Gedichte und Essays). - Pfullingen: Neske (1959). /5943

Franz Mon und Bernhard Schultze: Protokoll an der Kette.
14 Gedichte mit 6 Original-Lithographien und 14 Handzeichnungen. -
Köln: Galerie Der Spiegel 1960/61. /5944

verläufe. Mit Lithographien von K.O. Götz. - Stuttgart: Müller 1962. /5945

sehgänge. (eine demonstration). - Berlin: Fietkau (1964) =
schritte. 8. /5946

Rückblick auf Isaak Newton. Text mit einer handsignierten
Lichtgraphik in Metall von Hajo Bleckert. - Köln: Hake 1965) =
tangenten. 3. (1oo num. Ex.) /5947

5 beliebige fassungen. - Stuttgart: Walther (1966) = rot. 28. /5948

ainmal nur das alphabet gebrauchen. - Stuttgart: Mayer (1967).
Lesebuch. Mit e. Nachwort von Helmut Heißenbüttel. - Neuwied, /5949
Berlin: Luchterhand, Ed. Otto F. Walter (1967) = Luchterhand-Druck. 1. /5950

herzzero. - Neuwied, Berlin: Luchterhand (1968). /5951

(Text und Grafik). - Steinbach bei Gießen: Anabas-Verlag G. Kämpf
/um 1970/ = Anabas-Literatur-Plakat. 7. /5951a

MOOS, Karl Heinz
...Zwar nur ein paar Worte. Gedichte. - Zug/Schweiz:
Marc-Aurel-Verlag (1969). /5952

MOOSDORF, Johanna (1911)

Brennendes Leben. Gedichte. - Berlin: Dietz Nachf. /1946/. /595

MORAWIETZ, Kurt (1930)
Die Ihr noch atmet. Gedichte aus 13 Jahren. - 1958. (b.n.e.) /595

Deutsche Teilung. Ein Lyrik-Lesebuch. Nachwort von Reimar Lenz. - Wiesbaden: Limes (1966). /595

Zerschlagt die Trommeln. (Gedichte). - Brelingen i. d. Wedemark: Machangel-Verlag /1970/. /595

MORELL, Pit (1939)
signale. München, Eßlingen: Bechtle (1967) = Bechtle-Lyrik. 14. /595

MORELLI, Alfredo
Mohn. Gedichte. - Zürich: Selbstverlag 2. Aufl. /1949/. /595

Tierisches, Satirisches. - Winterthur: A. Vogel in Komm. 1949./595

MORF, Hedi
My Buscheli. - Basel: Brodbeck-Frehner (1946). /595

MORF, Werner
Sing, mys Hëërz. Züritüütsche Vëërs mit Zäichnige vom Verf. - Zürich: Zwingli-Verlag (1948) = Zwingli-Bücherei. 57. /596

Gönd uuf - irr gwaltige Toor. Zwänzg Psalme uf Züritüütsch. (Gedichte). - Ebenda (1970). /596

MORGENROTH, Friedrich (1906)
Bele Bachem und Friedrich Morgenroth: Manegen-Zauber. Mit 28 Versen von Friedrich Morgenroth. Zeichnungen von Bele Bachem. Ausgewählt und hrsg. von Walter Pogge van Ranken. - Flensburg: Wolff /1954/. /596

das tier in dir. Verse von Friedrich Morgenroth. Zeichnungen von Kurt Steinel. - Frankfurt: Bärmeier & Nikel (1956) = Die kleinen Schmunzelbücher. 5. /596

Jochen Blume und Friedrich Morgenroth: Eine Dackel-Ballade. Fotos von Jochen Blume. Verse von Friedrich Morgenroth. - Hamburg: Verlag Mohrendruck /1957/. /596

Jochen Blume und Friedrich Morgenroth: Katzen-Geschichten. Fotos von Jochen Blume. Verse von Firedrich Morgenroth. - Ebenda 1958. /596

Herbert Scheurig und Friedrich Morgenroth: In Krieg und Frieden. Zeichnungen von Herbert Scheurig. Verse von Friedrich Morgenroth. - Ebenda 1959. /596

Jochen Blume und Friedrich Morgenroth: Kleiner Zoo-Bummel. Fotos von Jochen Blume. Verse von Friedrich Morgenroth. - Ebenda (1959). /596

Jochen Blume und Friedrich Morgenroth: Dackel-Streiche. Fotos von Jochen Blume. Verse von Friedrich Morgenroth. - Ebenda (1961). /596

s. a. u. Pseud.: -th

Kandelaber Verlag (1970). /5969

MORITZ, Edeltraut
Spätes Lied. Lyrik und Graphik. - Baden bei Wien: Weilburg-
Verlag (1967). /5970

MORLOCK, Martin
Regeln für Spielverderber. (Gedichte). Vorwort von Erich
Kästner. - München, Bern: Scherz Verlag 1967. /5971

MORSTEIN, Petra von (1941)
An alle. Gedichte. - Frankfurt: S. Fischer (1969). /5972

MOSBERGER, Cathérine
Die Schatten folgen. Gedichte. - München, Würzburg, Bern:
Relief-Verlag (1967) = Der Viergroschenbogen. Sonderb. 53. /5973

MOSER, Bernhard (1897-1959)
Das Opfer. (Gedichte). Hrsg. von der Akademia. - Olten: Komm.
Buchhandlung Müller-Wilhelm 1947. /5974

Hohe Fahrt. (Gedichte). Hrsg. von der Akademia. - Olten:
Komm. Buchhandlung Müller-Wilhelm 1947. /5975

Wende. Neue Gedichte. - Olten: Vereinigung Oltner Bücherfreunde
1947 = Veröffentlichung d. Vereinigung Oltner Bücherfreunde. 34. /5976

Geliebtes Leben. Gedichte. - Bern: Benteli 1953. /5977

(Gesammelte Werke) Bd. 2. De Stärne zue. Mundartgedichte. -
Elgg: Volksverlag /1956/. /5978

Splitter und Späne. Gedichte und Aphorismen aus dem Nachlaß.
Hrsg. von Gottfried Wyss-Jäggi. - Solothurn: Buchdruck. Gigandet
1963 = Gigandet Privatdruck. /5979

dasselbe. 2. Aufl. - Gerlafingen: Verlag Buchpresse 1969. /5980

MOSER, Carl (1902)
s' Heimetdörfli am Maiegrüen. Mundartgedichte zu Carl Mosers
60. Geburtstag. - Aarau: Buchdruckerfachschule (1952). /5981

dasselbe. s' Heimetdörfli am Maiegrüen. E paar Gedicht i
Freiämter Mundart. - Hägglingen: Selbstverlag 2. Aufl. /1958/. /5982

MOSER, Fritz Alexander (1908)
Die ungeweinten Tränen. Balladen vom gelben Stern. - Berlin:
Chronos-Verlag (1947). /5983

MOSER, Hans W. (1891-1959)
Denk nach und lach a weng. Ausgewählte Dichtungen in steiri-
scher Mundart. Mit 10 Holzschnitten von Hans Hauke. - Graz, Wien,
Köln: Styria Verlag (1966). /5984

MOSER, Hildegard d. i. Hildegard Meschenmoser (1883- um 1933)
Ich klage nicht. - Wien: Europäischer Verlag 1968. /5985

MOSER, Karl
Am Wege. Gedichte. - Garmisch-Partenkirchen: Moser /1966/. /5986

MOSIMANN, Walter Paul
Zu neuen Ufern. Neujahsgedichte. - Chur: Selbstverlag /1967/. /598

MOSSEY, Bobo
Na so was - von Gedichten. Glossiert, gereimt und heiter. - Köln: Bergwald-Verlag /1956/. /598

MOSTAR, (Gerhart) Herrmann d. i. Gerhart Herrmann (1901-1973)
Einfache Lieder. - Frankfurt: Knecht-Carolusdruckerei 1947 = Lyrik dieser Zeit. /598

In diesem Sinn - Dein Onkel Franz. Eine Sittenlehre in 6-Episteln. Mit vielen Bildern von Claus Arnold. (Gedichte). - Stuttgart: Scherz & Goverts (1956). /599

dasselbe. Ill. von Horst Lemke. - Frankfurt, Berlin: Ullstein (1970) = Ullstein Bücherei. 2745. /599

In diesem Sinn - die Großmama. Eine Erziehungsbeihilfe. Mit Bildern von Claus Arnold. - Stuttgart: Scherz & Goverts (1958). /599

In diesem Sinn - Ihr Knigge II. Der gute Ton in allen Liebeslagen. (Verse). Mit vielen Bildern von Kurt Halbritter. - Stuttgart: - Goverts /1960/. /599

Kritischer Kalender...Knüppelverse von Gerhart Herrmann Mostar. Lithographien und Zeichnungen von Andreas Paul Weber. - Frankfurt: Bärmeier u. Nikel (1960). /599

In diesem Sinne, vergnügte Messe! Eine Rede in Versen zur Eröffnung d. Frankfurter Buchmesse 1962. Offiziell bestellt bei auf höheren Wunsch nicht gehalten von u. deshalb d. dt. Sortiment in gedruckter Form überreicht durch Gerhart Herrmann Mostar. Ohne Privilegien d. Börsenvereins d. Dt. Buchhandels an Tag bracht. Ill. von Kurt Halbritter. - Stuttgart: Goverts (1962). /599

Das kleine Buch vom großen Durst. (Ein Wein-, Weib- und Gesangbuch). Mit vielen Bildern von Kurt Halbritter. - Bern, Stuttgart: Wien: Scherz Verlag (1963).= Weltgeschehn durchs Glas gesehn. 2. /599

Sprechplatte: Herrmann Mostar spricht: In diesem Sinn Dein Onkel Franz. - Hamburg: Dt. Grammophon-Gesellschaft, Literarisches Archiv (Literarische Kleinkunst) /1963/. /599

In diesem Sinn wie Salomo. Sittliches und Sittenloses frei nach Moses. Mit Bildern von Kurt Halbritter - München, Bern, Wien: Scherz Verlag (1965). /599

Liebe, Klatsch und Weltgeschichte. Menschliches und Allzumenschliches in Versen und Prosa. Ill. von Kurt Halbritter. - Stuttgart, Hamburg: Dt. Bücherbund /1965/. /599

dasselbe. - Stuttgart: Goverts /1966/. /600

dasselbe. - Erw. Neuausgabe - Stuttgart: Goverts (1969). /600

dasselbe. - Frankfurt: Büchergilde Gutenberg (1970). /600

Sprechplatte: In diesem Sinn Ihr Knigge II. Der gute Ton in allen
Liebeslagen. Für die Schallplatte einger. von H. G. Mertens u. Nils
Sustrate. Sprecher Martin Held u. a. Musik: Friedrich Meyer. - Hamburg:
Telefunken-Decca /1966/ = Schall und Rauch. 17. /6003

In diesem Sinn Ihr Herrmann Mostar. Ein Hausbuch für Liebhaber. Mit e. Geleitwort von Peter Bamm. Ill. von Kurt Halbritter. - Bern,
München, Wien: Scherz Verlag (1966). /6004

dasselbe. - Ebenda. Sonderausgabe. /1969/. /6005

dasselbe. - Stuttgart, Zürich, Salzburg: Europäischer Buchklub 1968. /6006

dasselbe. - Berlin, Darmstadt, Wien: Dt. Buchgemeinschaft /1968/. /6007

In diesem Sinn Verlag und Buch. Eine Rede in Versen. (aus
Anlaß des 20jähr. Jubuläums d. Verlags Dokumentation in München-
Pullach am 30. August 1968). Illustr. v. Kurt Halbritter. - München-Pullach:
Verlag Dokumentation 1968. /6008

Galantes und Pikantes. Geschichten und Geschichtchen nebst lockeren Gedichtchen. Hrsg. mit e. Nachwort von Heinz Hartwig. - Freiburg:
Hyperion-Verlag /1969/ = Hyperion-Bücherei. /6009

MOUSSON-RUEGG, Elisabeth
Suchen. Tagebuchblätter und Gedichte. - Basel: Reinhardt (1951). /6010

MRASEK, Karl Norbert (1892)
Barocke Sonette - o. O. Privatdruck 1947. /6011

Aus innerer Schau. Kleine lyrische Auslese. - Herne: Grabski
(1956). /6012

MROSSKO, Kurt-Dietrich
exekution der sonne. Gedichte. Ausgew. von Reinhard Krömer. -
Göttingen: Sass 1963. /6013

13 Ich-Gedichte im alten Stil. - Reutlingen: Selbstverlag 1967.;
Tübingen: Succurs-Verlag (1967). (Als Manuskr. gedr.) /6014

MUCKE, Dieter
(Gedichte). - Berlin: Verlag Neues Leben (1969) = Poesiealbum. 19. /6015

MÜCK, Maximilian
Im Dom der Welt. Gedichte. Hrsg. von Emilie Mück. - Wien:
Kaltschmid (1958). /6016

MÜHLBERGER, Josef (1903)
Gartengedichte. - Lorch/Württ., Stuttgart: Bürger (1947). /6017

Gedichte. Auswahl. - Wiesbaden: Insel-Verlag 1948. /6018

Lavendelstraße. Provencalische Gedichte. - München, Eßlingen:
Bechtle (1962) = Bechtle Lyrik. 3. /6019

MÜHLE, Hans
Schöne Gotteswelt. Gedichte. - Berlin: Christlicher Zeitschriftenverlag /1962/. /6021

MÜHLETHALER, Hans (1930)
zutreffendes ankreuzen. (Gedichte). - Bern: Kandelaber Verlag (1967). /6021

(Text). Grafik von Jobst Meyer. - Steinbach b. Gießen: Anabas- Verlag
G.Kämpf /1969/ = Anabas-Literatur-Plakat. 5. /6023

MÜHRINGER, Doris (1920)
Gedichte 1. - Graz: Stadtverwaltung 1957; Linz: Kulturamt der
Stadt Linz 1957. /6024

Gedichte 2. - Wien: Österreichische Verlagsanstalt 1969. /6025

MÜLHAUSE-VOGELER, Therese (1893)
Stunde zwischen Tag und Traum. Gedichte. - Regensburg:
Mittelbayerische Druckerei-u. Verlagsgesellschaft (1961). /6026

MÜLLER, Alfred (1926)
Gott & Co. Gebete eines renitenten Laien. (Gedichte). - Friedberg
b. Augsburg: Pallotti-Verlag (1966) = Sammlung Pallotti. 3. /6027

MÜLLER, Armin (1928)
Hallo, Bruder aus Krakau! - Weimar: Thüringer Volksverlag
1949. /6028

Seit jenem Mai. Gedichte. - Berlin: Neues Leben 1953. /6029

Schwarze Asche - weiße Vögel. - Weimar: Volksverlag 1958./6030

Das weiße Schiff. Ein Zyklus. Ill. von Heinz Bormann - Berlin:
Neues Leben (1959). /6031

Poem neunundfünfzig. - Weimar: Volksverlag 1959. /6032

Reise nach S. Gedichte. Mit zeitgenössischen polnischen Grafiken.-
Berlin: Neues Leben (1965). /6033

MÜLLER, August Erich
Gedichte. - St. Gallen: Tschudy Verlag (1954). /6034

MÜLLER, Christian Adolf
Heimat und Ferne. Streiflichter mit der Feder dargestellt. (Gedichte und Federzeichnungen). - Liestal: Selbstverlag /1963/. /6035

MÜLLER, Gustav Emil (1898)
Abseits. Gedichte. - Bern: Francke (1946). /6036

Indien. Drei Kreise. (Gedichte). - Ebenda (1948). /6037

Lese. - Ebenda (1951). /6038

Der Augenblick. Gedichte und Doppelreime. - Norman, Oklahoma:
Selbstverlag d. Verfassers /1955/. /6039

Querschnitt. Gedichte und Doppelreime. Zeichnungen von Helmut
Rehm. - Innsbruck: Universitätsverlag Wagner /1964/. /6040

MÜLLER, Hans Konrad
Armagedon. Gedichte. - Affoltern: Ähren Verlag (1951). /6041

MÜLLER, Hans U.
s. u. Jakob Ehrensperger, Hans U. Müller, Hugo Meier: Im Heute
wohnen.

MÜLLER, Jörg
Neun Gedichte. Mit neun Linolschnitten von Angelo Brun del Re.-
Weiningen: Graphis-Scripta-Verlag 1968. /6042

MÜLLER, Julie
Om d' Leonhardskirch rom. Allerlei Gereimtes aus Kriegs- und
Friedenstagen im Stuttgarter Bohnenviertel und anderswo. - Stuttgart:
Selbstverlag (1949). /6043

MÜLLER, Jupp (1927)
Im Auftrag meiner Klasse. Gedichte. - Berlin: Aufbau-Verlag
1959 = Die Reihe. 33. /6044

Blas heller die Welt. Gedichte, Poeme und Lieder. - Halle:
Mitteldeutscher Verlag 1970. /6045

MÜLLER, Karl Christian (1900)
Wünschelrute. Gedichte. - Saarbrücken: Minerva-Verlag 1954
= Die kleine Minerva-Reihe. 2. /6046

Blütenleiter. Gedichte. - Heidelberg: Meister 1963. /6047

Hügel auf katalaunischem Feld. Gedichte. - Saarbrücken:
Steinwald-Verlag 1965. /6048

Waldsteine.(Gedichte). - Heidenheim/Brenz: Südmarkverlag (1967). /6049

MÜLLER, Klaus Götz
Gedichte. - Regensburg: Habbel Verlag /1948/ = Der Bogen. /6050

MÜLLER, Ludwig
Bayerischer Himmel, bayerische Höll. - München: Scharl-
Verlag 1968. /6051

MÜLLER, Otto
Hinter Gittern. Gedichte. - Stuttgart: Kulturaufbau-Verlag (1947). /6052

MÜLLER, Paul
Deheim i dr Wält. Aargauer Mundart-Värs. - Aarau: Sauerländer (1959). /6053

MÜLLER, Paul Emanuel
Wandlungen über Bleibendem. - Chur: Calven-Verlag (1967). /6054

MÜLLER, René E. (1929)
Poetische Aderlässer. - Bern: Viktoria Verlag (1960). /6055

Geheul um Gabriele. Ein lyrisches Pamphlet. - Bern: Lukianos-
Verlag H. Erpf (1968). /6056

MÜLLER, Robert
Gedichte. Geleitwort von Xaver von Moos. Zeichnungen von Adolf
Herbst. - Zürich: Artemis (1955). /6057

MÜLLER, Rudolf

Ein Lebensbild. Empfindungen, Erfahrungen, Herzensergüsse
eines alten Mannes. - Wien: Europäischer Verlag 1959. /6058

MÜLLER, Walter
Gedichte. - Zürich: Fretz & Wasmuth (1967). /6059

MÜLLER, Walter Heinz
Rast am Ufer. - Bern: Francke in Komm. (1946). /6060

Aus Welt und Stille. Neue Gedichte. - Zofingen: Feuilleton-
Vertrieb (1947). /6061

MÜLLER-BAYER, Liesel
Unvergessene Heimat. Gedichte und Erinnerungen an die Jugendzeit
in Nürtingen. - Nürtingen: Verlag der Nürtinger Zeitung (1963). /6062

MÜLLER-BINZ, Eduard
Eigentlich. Artige und auch unartige Verse. Es zeichnet Manfred
Vehlow. - Berlin, Mainz, München: Nenge 1950. /6063

MÜLLER-von BROCKHUSEN, Agnes (1883-1968)
Über dem Staub. Versdichtung. - Karlsruhe: Der Karlsruher
Bote (1959). /6064

MÜLLER-FRANCKE, Barbara (1908)
Gedichte. Auswahl zum 60. Geburtstag. Ausgew. und eingel. von
Leonhard Neußer. - Vaterstetten: Arndt-Verlag (1968) = Bausteine. 20a/6065

MÜLLER-GÖGLER, Maria d.i. Maria Müller (1900)
Gedichte. Vorwort von Eugen Zeller. - Ulm: Aegis-Verlag 1947. /6066

Gedichte. Neue Folge - Ebenda 1954. /6067

Lieder und Gesänge. - Ebenda 1960. /6068

MÜLLER-INDRA, Maria (1899)
Sieh die Welt -das Licht ist groß. Gedichte. -Stuttgart:
Ichthys Verlag (1966). /6069

Wir überlebten. Gedichte. - Ebenda (1970). /6070

MÜLLER-JÜRGENS, Wilhelm (1883)
Rast am Ufer. Gedichte und Gedanken. - Schaa/Liechtenstein:
L. Hilty /1963/. /6071

MÜLLER-OSTEN, Kurt
Brich an, du großer Tag. Gedichte und Lieder. - Kassel:
Stauda Verlag /1950/. /6072

MÜLLER-SCHLOSSER, Hans (1884-1956)
Von Blömkes e Kränzke. Gedichte. - Düsseldorf: Droste (1957). /6073

MÜLLER-WARINGHOLZ, Walter (1886)
reimspiele.
    folge 1 orlando. - Genf: Neuer Pfeil-Verlag i. Komm. 1958. /6074
    folge 2 henriette.-Ebenda 1958 /6075
    folge 3 schifanoia. - Ebenda 1958. /6076
    folge 4 ein dutzend rosen. - Ebenda 1958. /6077

folge 5 antlitze. - Ebenda 1958. /6078
folge 6 aquarelle. - Ebenda 1959. /6079
folge 7 jardin anglais - Ebenda 1959. /6080
folge 8 köstlich duftet orient. - Ebenda 1959. /6081
folge 9 apulische variationen. - Ebenda 1959. /6082
folge 10 mensch armer clown. - Ebenda 1959. /6083
folge 11 vineta‹variationen›. - Ebenda 1959. /6084
folge 12 untergang 1. (tränengeboren) - Ebenda 1960. /6085
folge 13 untergang 2. schimmernde scherben. - Ebenda 1960. /6086
folge 14 untergang 3. letzter apollo. - Ebenda 1960. /6087
folge 15 ben brahim spricht. - Ebenda 1960. /6088
folge 16 spiegelungen. - Ebenda 1960. /6089
folge 17 übermalungen. - Ebenda 1961. /6090
folge 18 euryanthe. - Ebenda 1961. /6091

nachdichtung. - Genf: Neuer Pfeil-Verlag i. Komm. 1962. /6092

giulianu. - Ebenda 1963. /6093

MÜLLER-ZITZKE, Martha
Ein neuer Tag. Gedichte. - Göttingen: Vandenhoeck & Ruprecht (1947) /6094

MÜNCH, Alo
Und unsre Heimat ist die Ewigkeit. Ausgewählte Gedichte.
(Ein Gedenkheft für die Freunde Alo Münchs). - München: Kaiser(1950). /6095

MUESSLE, Hans Peter (1927)
Vor Tag und Nacht. - München, Würzburg, Wien: Relief-Verlag
1966 = Der Viergroschenbogen. Sonderb. 37. /6096

Vivendi ars moriendi. - Darmstadt: Bläschke 1970. /6097

MUFFAT, Karl Heinz (1926)
Wolkengedichte. - o.O. Selbstverlag 1948. /6098

Oberbayerischer Obstgarten. Obstgartengedichte. Nachwort vom
Verfasser. - Karlsruhe: Der Karlsruher Bote 1954. /6099

Die Fichte. Tuschzeichnungen v. Wilhelm Imschweiler. - o.O. Selbstverlag 1957. /6100

MUIGG, Heinrich
Guglhupfzwöbn. Gedichte in Tiroler Mundart. (Wipptal, Stubaital.
Innsbruck). Buchschmuck von Franz Korger. Hrsg. von Johannes Hauer.
- Wels: Welsermühl (1965) = Lebendiges Wort. 29. /6101

MUMELTER, Hubert (1896)
Gedichte. 1940-1950. Bozen: Ferrari-Auer 1952. /6102

Heimat in der Zeit. Gedichte. - Bozen: Heimatschutzverein
(1966). /6103

MUMENTHALER, Max (1910)
Windgedichte. Zeichnungen von Otto Bachmann. Privatdruck. -
Trimbach-Olten: Rentsch 1945. /6104

Monika, der Mannequin. Verse. - Zürich: Rosy Mumenthaler
1946. /6105

Pipifax. Verse mit Pfeffer und Salz. - Zürich: Rosy Mumenthaler
(1947). /610

Die Liebe von der Katze stammt! Verse. Zeichnungen von
Otto Bachmann. - Olten: Vereinigung von Freunden d.Oltner Liebhaber-
drucke 1964 = Oltner Liebhaber Druck. 3. /610

Es pfeift der Spatz. Satirische Verse. - Tübingen: Privatdruck.
Buchdr. Laupp (1964). /610

Bitte weiter sagen. Sprüche aus dem Nebelspalter. Ill. von Wolf
Barth. - Rorschach: Nebelspalter-Verlag (1964). /610

Ein gutes Wort zur rechten Zeit. 100 neue Verse zum Weiter-
sagen aus dem Nebelspalter. Ill. W.Barth - Ebenda (1966). /611

Wie reimt sich das? Nebelspalter-Moritaten. Vignetten von
Jacques Schedler. Ebenda (1970). /611

MUNDSTOCK, Karl (1915)
(Gedichte). - Berlin: Verlag Neues Leben (1970) = Poesiealbum. 29. /611

MUNDT, Hans Josef (1914)
Unter Fahnen und Galgen. Wolfsweisen. - Frankfurt: Siegel-
Verlag (1948) = Begegnung der Generationen. /611

MUNTZ, J.de
Ein Regenbogen. (Gedichte). - Wien: Europäischer Verlag 1959. /611

Herbstliches Wetterleuchten. Gedichte. - Ebenda (1963). /611

MUSSBACHER, Norbert
Die lichte Pforte. Gedichte. - Wien, St. Pölten: Universum Verlagsgesellschaft (1964); 3. erw. Aufl. Ebenda (1969). /611

MUTH, Frank d.i. Franz Muth (1905)
Im Schatten der Sphinx. - 1951. (b.n.e.) /611

Ruf in die Nacht. - Stuttgart-Bad Cannstatt: Cantz Verlag (1952). /611

dasselbe. - Wien: Europäischer Verlag 1955. /611

s.a.u. Frank Togo Muth

MUTH, Frank Togo d.i. Franz Muth (1905)
In Flammen und Frost. - Stuttgart: Konkonverlag 1961. /612

MYSS, Walter d.i. Walter Miess (1920)
Doch Liebe wiegt mehr. Gedichte. - München: Meschendörfer
1960. /612

NABER, Mary-Rose
Gufespitzli. Baseldytschi Värs. Ill. von Emilie Kehl. - Basel:
Joos (1955) = Zer dornigen Ros. 5. /612

dasselbe. Mit neije baseldytsche Värs, offeriert als „Suurssiessi
Däfeli". Ebenda /1956/. /612

NACHREINER, Herbert
Burgundische Lieder. Ein Fragment. Geschenk des Verlages
Georg D.W.Callwey für seine Freunde. - München: Callwey (1952)
(200 num. Ex.) /612

NACK, H.R. d.i. Hans Nack-Meyroser Edler von Meyberg (1894)
Zeit und Weg. Gedichte. - Wien: Bergland Verlag 1954. /6125
NADLER, Lotte
Der Sonne verwandt. Aphorismen und Gedichte. - Winterthur:
W. Vogel i. Komm. (1966). /6126
JÄGELI, Ernst
Acker des Lebens. Gedichte. - Meiringen: W. Loepthien /1945/. /6127
JÄGELI-MARTI, Ernst
Mein Freund - der Wein. (Gedichte). - Schaffhausen: Meier
& Cie. (1966). /6128
JAGL, Herbert
Vorfrühling. - Wien: Europäischer Verlag (1966). /6129
Blütenschnee. - Ebenda (1969). /6130
JARBESHUBER, Maximilian (1896-1963)
Gedichte. - Aichkirchen, Wien: Schönleitner (1946). /6131
JAUJOK, Rudolf (1903)
Die geretteten Gedichte. - Oldenburg/Oldb. Siebert 1952. /6132
JAWRATH, Marta (1906)
Mein Lied ist laut. Ill. von Rolf F. Müller. - Halle: Mittel-
deutscher Verlag 1960. /6133
JEBEL, Otto (1892)
Das Rad der Titanen. Des Inneren Wortsinns Weiser-Oden eines
reinen Innewerdens. Zwölf-Runen-Folge. 1926-1955. - Zürich, Stuttgart:
Classen (1957). /6134
JEDBAL, Käte Juana
Die blaue Stunde. Gedichte. - Wien: Europäischer Verlag 1957. /6135
JEELS, Jules (1915)
Ich saz uf eime steine. - Karslruhe: Der Karlsruher Bote
/1968/. /6136
JEHLERT, Benno
Schlesisches Herz ohne Heimat. Gedichte. - Berlin: Stiftung
Haus der Ostdeutschen Heimat /1954/. /6137
JEHMER, Wolfgang (1911-1969)
Ein Tag sagt es dem anderen. Ausgewählte Gedichte. - Ham-
burg-Bergstedt Evangel. Verlag H. Reich 1965. /6138
JEIE Rosemarie (1925)
Zwischenreich der Grenzen. Gedichte. - München, Würzburg,
Wien: Relief-Verlag Eilers 1965 = Der Viergroschenbogen. Sonderb. 23./6139
JELS, Maria (1894)
Es führt ein Weg nach oben. Verse und Gedanken. - Kevelaer:
Butzon & Bercker (1958). /6140
So viel hab ich zu danken. Aquarelle von Elly Christoffel. -
München: Jos. Müller (1962). /6141

Maria Nels und Ruth Haehnel: w e i ß t du noch? Gedichte zu 24
farbigen Stimmungsbildern. - München: Verlag Ars sacra,Josef Müller (1967). /614

NEMITZ, Max
Vom Lebensweg. Pommersche Lyrik. - Aachen-Forst: Selbstverlag 1964. /614

NESKE, Brigitte (1924)
Zeichen im Staub. Gedichte für Martin Heidegger zum 70. Geburtstag 26. IX. 1959. - Pfullingen: Neske 1959. (Sonderdruck i. kl. Aufl.) /614

Erde mein Teil. (Gedichte). - Ebenda (1967). /614

NESSLER, Gloria
Kaskaden. Gedichte. Hrsg. vom Turmbund, Gesellschaft für Literatur und Kunst, Innsbruck. - Karlsruhe: Der Karlsruher Bote 1968. /614

NESTLER, Maria
zeit worte wort zeiten.(Gedichte.) - München, Eßlingen:
Bechtle (1969) = Bechtle Lyrik. 18. /614

NETTESHEIM, Josefine (1895)
Rufe zu Gott. Buch der Klage. - Warendorf/Westf.: Schnell 1946 =
Die religiöse Entscheidung. /614

Sonette an Christus. Buch des Lobes. - Ebenda 1946. /614

Heiliges Spanien. Terzinen. - Münster: Regensbergsche Verlagsbuchhandlung 1947. /615
Begegnungen. - Wien : Europäischer Verlag 1969. /615

NEUBRONNER, Karl Heinrich von (1913-1963)
Sammlung 1952. Gedichte. - Bochingen: Hirt Verlag 1952. /615

Der Löwenbrunnen. Gedichte. - Ulm: Hesse /1957/. /615

Alles wird Sonnengesang. 12 Gedichte. o. O. o. V. 1961.
(Schiller-Nationalmuseum Marbach, Hermann-Hesse-Nachlaß) /615

NEUENFELS, Hans (1941)
Ovar und Opium. Zyklus aus 5 Gedichten, ein manieristisches
Diktat. - Stierstadt i. Ts.: Eremiten-Presse 1959. /615

Absprung in anderen Atem. Zyklus I - V. Gedichte. - Wiesbaden:
Limes 1960. /615

Gedichte. - 1961. (b. n. e.) /6156

mundmündig. Gedichte. Mit 3 Reproduktionen nach Zeichnungen
von Max Ernst. - Köln: Verlag Galerie Der Spiegel (1963). /615

Sprechplatte: Ovar und Opium. Gedichte aus d. Zyklus ‚Absprung in
anderen Atem'. Sprecher: Hans Neuenfels. - Wiesbaden: Limes /1961/./615

NEUENS, Victor
Kreiz a Kro'n. Gedichter aus schwe'rer Zeit. - Esch-Uelzecht:
Ney-Eicher 1946. /615

NEUENSTEIN, Meta von

Der Engel mit dem Pflug. Gedichte. - Einsiedeln: Johannes-
Verlag (1968). /6160
NEUFELD, Hubert (1906)
Der ewige Ruf. Gedichte. - Passau: Passavia-Verlag 1947. /6161
dasselbe. - 3. Aufl. - München: Manz Verlag (1961). /6162
Heimweh der Herzen. - München: Pfeiffer (1948). /6163
Aller Tod ist Tor zum Leben.(Gedichte). - Ebenda /1949/. /6164
Lied der Erde. - Passau: Passavia (1950). /6165
dasselbe. - 2. Aufl. - München: Manz (1961). /6166
Unterm Himmelsbogen. - Passau: Verlag d. Bücherstube am
Paulusbogen (1953). /6167
Straße der Königin. Ein Marien-Zyklus. - Ebenda (1954). /6168
Preis der Stadt. Verse über Passau. - Passau: Passavia 1956. /6169
NEUHAUSER, Maria d. i. Maria Loibl-Neuhauser (1906)
Österreichische Sonette. Ein Zweigesang. - Wien: Ed. Aman-
dus, jetzt Amandus-Verlag 1945. /6170
NEUHAUSER-KÖRBER, Margret d. i. Margret Körber
s. u. Eva Loewenthal, Margret Neuhauser-Körber, Paula Weinhengst:
Gedichte
NEUKOMM, Fritz
Ein Neujahrsgruß. (Gedichte). - Bern: Buchdr. Neukomm 1953. /6171
Eine Auswahl von Gedichten "Aus meinem Leben". Erinnerungen
und Betrachtungen. - Bern: Selbstverlag 1954. /6172
Mit Humor ins neue Jahr. (Gedichte). - Ebenda 1955. /6173
NEUMAIER-SUCHY, Julia
Sterne wandern, Wälder träumen. Lieder der Liebe. - Wien:
Europäischer Verlag /1954/. /6174
NEUMANN, Gerhard Walter Chr. (1928)
Wind auf der Haut. Gedichte. - Wiesbaden: Insel-Verlag 1956. /6175
Salziger Mond. Gedichte. - Ebenda 1958. /6176
NEUMANN, Margarete (1917)
s. a. u. Günther Deicke, Lori Ludwig und Margarete Neumann: Geliеb-
tes Land

Brot auf hölzerner Schale. Gedichte und Lieder. - Berlin:
Aufbau-Verlag 1959 = Die Reihe. 29. /6177
NEUMANN, Max
Max Neumann und Erwin H. Stegentritt: handliches. Zeichnungen und
Gedichte von Max Neumann. Texte von Erwin H. Stegentritt. - Saar-
brücken: Werkstatt Koop ; Dudweiler: Erwin H. Stegentritt 1970. /6178

NEUMANN, Walter (1926)
Biographie in Bilderschrift. Gedichte. - Darmstadt:
Bläschke (1969) = Das neueste Gedicht. Sonderb. /617

Klares Wasser. Gedicht. - Bielefeld: Galerie Jesse 1970 =
Galeriedruck.1. (500 Ex.) /618

NEUMANN-GUNDRUM, Elisabeth
Der Fährmann. Marburger Christophorus. (Hymnische Dichtung).
Text und Bildwahl von Saiwala (d.i. Elisabeth Neumann-Gundrum). -
Marburg: Verlag Hermann Bauer (1960). Bibliophile Ausgabe mit Fotos
der Freske in der Schloßkapelle Marburg. zu beziehen nur über Verf. /618

NEUMEYER, Hermann (1905)
Heimat auf Hohenried. Gedichte. - Passau: Neue Presse Verlagsgesellschaft /1959/. /618

NEUSS, Wolfgang (1923)
Sprechplatte: Das jüngste Gerücht. Live-Mitschnitt im „Domizil"
Berlin. Sprecher: Wolfgang Neuss. - Hamburg: Fontana /1964/. /618

Sprechplatte: s.a. Wolf Biermann (Ost) zu Gast bei Wolfgang
Neuss (West)

Asyl im Domizil. Bunter Abend für Revolutionäre unter Mitarbeit
von Thierry und Hans Magnus Enzensberger. -Reinbek b. Hamburg:
Rowohlt Taschenbuch Verlag 1968 = rororo.1072. /618

Sprechplatte: Asyl im Domizil. Bunter Abend für Revolutionäre.
Vortrag: Wolfgang Neuss. - Hamburg: Fontana /1968/. /618

s.a. Franz Josef Degenhardt, Wolfgang Neuss, Hanns Dieter Hüsch,
Dieter Süverkrüp: Da habt ihr es!

NEUSSER, Leonhard (1918)
Nußjahr. Neue Gedichte und uralte Weisen. - Offenhausen: Verein
zur Errichtung u. Erhaltung des Dichtersteines (1965) = Dichterstein-Reihe. /618

NEUWEILER, Arnold
Am Rande vermerkt. 70 Tierverse. Zeichnungen von Gustav
Wendt. - Bern: Selbstverlag /1961/. /618

NEUWIRTH, Walther Maria
Gedichte. (Eine Auslese aus den Jahren 1925-1964). - Perchtoldsdorf: Neuwirth /1964/. /618

Die Hälfte des Mantels. Neue Gedichte. Folge 2. - Wien:
Bergland-Verlag /1966/ = Neue Dichtung aus Österreich.127. /618

Versunken die bitteren Worte. Gedichte. Folge 3. - Wien :
Österreichische Verlagsanstalt (1970). /619

NICHAU, Hans Ulrich (1925)
Gespräche im Urwald. Heitere Verse. Ill. von Adi Idelberger.-
Bochum: Kleff Verlag (1956). /619

NICK, Dagmar d.i. Dagmar Schnorr (1926)
Märtyrer. Gedichte. - München: Drei Fichten Verlag (1947). /619

Das Buch Holofernes. Gedichte. - Freiburg i. Br.: Klemmsche
Verlagsanstalt 1955. /6193

In den Ellipsen des Mondes. Gedichte. - Hamburg, München:
Ellermann 1959. /6194

Zeugnis und Zeichen. Gedichte. - Freising: Marburger Kreis
/1967/ = Marburger Bogendrucke. 9. /6195

dasselbe. - München: Delp (1969). /6196

ICKEL-FORST, Grete (1913)
Ohne Maske. (Gedichte). - München, Würzburg, Wien: Relief-
Verlag Eilers 1965 = Der Viergroschenbogen. Sonderbogen. 30. /6197

Wendepunkte. - Ebenda 1966 = Der Viergroschenbogen. Sonderbogen. 44. /6198

Bonner Fragebogen. (Gedichte). - München: Relief-Verlag 1970. /6198a

ICOLAI, Hans Martin
Arche Licht. - München, Würzburg, Wien: Relief-Verlag Eilers
1967 = Der Viergroschenbogen. 81. /6199

ICOLAS, Lucretia
Mein Trösterlein. Eine poetische Katzenfibel. - Luzern: Räber
(1955). /6200

Euer Herz betrübe sich nicht. Ein kleines Trostbuch für
Trauernde. - Elgg: Volksverlag /1964/. /6201

ICOLAS, Waltraud d. i. Irene Cordes (1897-1962)
Schattenland. Sonette. - Hamburg: Hoffmann und Campe 1948. /6202

IEBELSCHÜTZ, Wolf Friedrich Magnus von (1913-1960)
Posaunen-Konzert. - Hamburg: Ellermann (1947) = Das Gedicht.
Blätter für die Dichtung. 1947. 3. /6203

Sternen -Musik. Gedichte 1942-1951. - Frankfurt: Suhrkamp (1951). /6204

Die Gedichte. Gesamtausgabe. Hrsg. von Ilse von Niebelschütz. -
Düsseldorf, Köln: Diederichs 1962. /6205

Gedichte und Dramen. Hrsg. von Ilse von Niebelschütz:
Ebenda (1962). /6206

Der Helikon. Idylle. Handgeschrieben. Faksimile-Druck. - Ebenda
(1965). /6207

EDERGESÄSS, Siegfried (1945)
i. c. h. Gedichte. - Starnberg: Raith (1970) = junge autoren bei
raith. /6208

EFENTHAL, Ernst (1894)
Dr Weg berguf. Alemannische Gedichte. Nachwort von Emil Imm. -
Lahr/Schwarzwald: Schauenburg /1956/ = Silberdistel-Reihe. 14. /6209

Hinterem Pflueg. - Ebenda (1967) = Silberdistel-Reihe. 110. /6210

EHÖRSTER, Thomas Chr. (1947)
streiflichter oder Ich lebe in Dortmund. Reflektion einer

größeren Stadt. - Dortmund: junge presse d (1969).

NIEKRAWIETZ, Hans (1896)
Oderlieder. Mit 10 Zeichnungen von Georg Nerlich. - Stuttgart: Brentano-Verlag 1949. (zuerst 1936)

Wo ist der Mensch? Gedichte. - Metzingen: Die Zukunft (1949) = Lyrikreihe Das Wort der Zukunft. 3.

Östliche Melodie. Gedichte. - München: Bergstadtverlag Korn (1957).

Der goldene Schlüssel. Geschichten und Gedichte. - 1958. (b. n. e.)

Kantate O/S. - Augsburg: Oberschlesischer Heimatverlag 1965. (zuerst 1935)

NIEMER, Gotthard (1904-1966)
Ich und Du. Ein heiterer Ehekursus. Verse. Mit 36 Federzeichnungen von Wilhelm Martin Busch. - Hamm/Westf.: Grote (1953).

NIEMEYER, Wilhelm (1912)
Die Gesellen. (Gedichte). - Krefeld: Düsselberg-Offizin /1948/

Der Ring. (Gedichte). - Ebenda /1949/.

Das Klangbuch. Die lyrische Dichtung von Wilhelm Niemeyer. - Hamburg: Saucke in Komm. 1954.

NIESSEN, Theodor
Gedichte und Öskerche Verzällche. - Euskirchen: Stadtverwaltung 1967.

NIESSNER, Emil Josef
Sang zwischen den Zeiten. - Wien: Europäischer Verlag 1958.

NOBILI, Aligi
Fünfundzwanzig Gedichte gewidmet seinen Wohltätern, Freunden und Bekannten anläßlich seiner Aufnahme in d. Bürgerrecht der Stadt Zürich 6. April 1960. - Zürich: Selbstverlag 1960.

Zeichen des Dankes. 25 weitere Gedichte. - Ebenda /1961/.

Zeichen der Gnade. 25 neue Gedichte. Ebenda /1963/.

Meine Legende der roten Rose und weitere Gedichte. - Ebenda (1965).

Es war ein Bächlein allerliebst und weitere Gedichte. - Ebenda /1967/.

Ich weiß es nicht und weitere Gedichte. - Ebenda /1969/.

NOBS-HUTZLI, Clara
Nachklang. Ausgewählte Gedichte. - Bern: Francke /1953/.

NÖDL, Karl (Carl)
Mit kleinen Worten. Gedichte. - Wien: Madress, Selbstverlag (1951).

NOEGGERATH, Felix
Die Gedichte. - Nürnberg: Carl Verlag (1961). /6231

NÖRTEMANN, Rolf
tackalooaff bumm. beat-prosa & stempel & fritz willem & gedichte & mehrfarbige siebdrucke & texte & comic & sign.- numeriert & ein
zwei-meter-langes faltbuch mit farbigen siebdrucken des autors. -
Gersthofen: Maro-Verlag o. J. /6232

NÖTHIGER, Heinz
Etwas - und andere Gedichte. - Aarburg: H. Woodtli (1965). /6233

NÖTZOLDT, Fritz (1908)
Die Gauklerblume. Lieder und Gedichte des Fritz Nötzoldt und
Bilder des Helmut Nötzoldt. - Heidelberg: Ähren-Verlag /1946/. /6234

NOGGLER, Luis
Was bleibt. Gedichte. - Bludenz: Selbstverlag 1957. /6235

NONVEILLER, Heinz
Und die Erde hört zu blühen nimmer auf. (Gedichte über
Blumen, Pflanzen, Bäume und Früchte). - Wien: Europäischer Verlag
/1952/. /6236

NORBERT d. i. Walter Fischer
Einst in Arkadien. Dichtungen mit 20 Monotypien von Tonio Cioli-
na. - Biel: Vorstadtpresse (1958). /6237

NOSKA, Luise
Fein gmischt. Gedichte in oberösterreichischer Mundart. Buch-
schmuck von Franz Korger. - Wels: Welsermühl (1963) = Lebendiges
Wort. 18. /6238

NOSSACK, Hans Erich (1901)
Gedichte. - Hamburg: Wolfgang Krüger /1947/. /6239

NOVAK, Helga-Maria (1935)
Ballade von der reisenden Anna. Gedichte. - Neuwied, Berlin: Luchterhand (1963). /6240

Colloquium mit vier Häuten. Gedichte und Balladen. - Ebenda
(1967). /6241

NOWACKA, Helene
Du und ich. - Buxheim/Allgäu: Martin Verlag Berger /1960/. /6242

NOWAK, Ludmilla (1883-1947)
Ausgewählte Erzählungen und Gedichte. Hrsg. von Johann
Gottfried Nowak. Band 1. - Wels: Oberösterreichischer Landesverlag
1950. /6243

dasselbe. Band 2 - Ebenda 1956. /6244

NÜCHTERN, Hans (1896-1962)
Die Apostel. Gedichte - Wien: Ed Amandus (1946). /6245

Passion der Stille. - Graz: Querschnitt-Verlag 1946. /6246

Hornwerk und Glockenspiel. (Gedichte). Ein Salzburger Buch.

Mit Zeichnungen von Willi Bahner. - Wien: Donau-Verlag (1947). /624'

Zwischen den Zeiten. Gedichte. - Wien: Zsolnay Verlag 1950. /624⁸

Der steinerne Psalter. Lobgesang des Domes. - Wien: Bergland-Verlag (1961) = Neue Dichtung aus Österreich. 78/79. /624⁹

NÜESCH, Elsa
Gedichte aus dem Nachlaß. - St. Gallen: Tschudy /1955/. /625⁰

NURVONMIR d. i. Paul Baur
Das Sandkorn. (Literarische Satire, Gedichte) - Basel: Selbstverlag (1950). /625¹

NUSKO, Konrad
Unta da Haustür. (Mundartgedicht) Randverzierungen und Schrift von F. Wesselsky. - Saalfelden: Eigenverlag K. Nusko /1968/. /625²

(Gedichte). 8 Spruchkarten. - Ebenda /1968/. /625³

NYLAND, Rose (1929)
Genosse Mensch. Gedichte. - Berlin: Aufbau-Verlag 1959 = Die Reihe. 18. /625⁴

... und waren dennoch Sieger. Gedichte. - Ebenda 1960 = Die Reihe. 41. /625⁵

Fünf Kiesel im Bach. Gedichte. Fotos von Thomas Billhardt. - Berlin: Neues Leben (1964). /625⁶

OBER, Josef
Einsame Gnaden. (Gedichte u. a.) - Wien: Europäischer Vlg. (1954). /625⁷

OBERHOLZER, Seline (1899)
Poèmes. (nur deutsche Gedichte). - Bern: chez l'auteur, Buristr. 8. /1970/. /625⁸

OBERKOFLER, Joseph Georg (1889-1962)
Triumpf der Heimat. Gedichte. - Innsbruck, Wien: Tyrolia (1947) = Tyrolia-Bibliothek. /625⁹

Und meine Liebe, die nicht sterben will... Gedichte. - Wien: Schmeidel (1947). /626⁰

Verklärter Tag. Gedichte. - Innsbruck, Wien: Tyrolia (1950). /626¹

Nie stirbt das Land. Gedichte. - Wien: Kremayr & Scheriau (1953). (zuerst 1937, Jena: Diederichs) /626²

dasselbe. - Innsbruck, Wien, München: Tyrolia (1967) = Tyrolia-Geschenkbücher. 43. /626³

OBERLÄNDER, Hans-Georg (1899)
Rhythmus eines Schicksals. Gedichte aus 3 Jahrzehnten. - Stuttgart-Degerloch: Merian 1961 = Merian-Bücher. /626⁴

OBERLIN, Urs (1919)
Eos. Gedichte. - Zürich: Origo Verlag (1951). /626⁵

Gedichte. - Sins: Borgis-Verlag (1954) = Borgis-Mappe. 1. /626⁶

Gedichte. - Zürich: Classen (1956). /6267

AÉA. Poèmes. Gedichte. (franz.+ dt.). Version française de Urs Oberlin et Jean Hercourt. Avec le text allemand en regard. - Genève: Jeune Poésie (1958) = Collections Echange. 4. /6268

Gedichte. - Hamburg: Claassen (1961). /6269

Zuwürfe. (Gedichte). - Pfullingen: Neske (1964). /6270

)BRIST, Walter
Erika. Ein Sträußlein von Berg und Halde. Hrsg. von Hugo Klein. - Innsbruck: Universitätsverlag Wagner (1966). /6271

)DEMAN, Robert T. (1914)
Der kleine Zauberberg. Ein klinisch-epigonaler Roman in Versen. Mit Ill. von Eva Schwimmer. - Berlin: Der Neue Geist Verlag (1948). /6272

dasselbe. Neuausgabe.Ein Trostbüchlein in Versen für(und über) Ärzte Schwestern und Patienten. - Berlin: Blanvalet (1953). /6273

Frechdachsereien eines Junggesellen. Lachen und Lieben in Versen geschrieben. - Ebenda (1953). /6274

Kein Blatt vor'm Mund. Verse eines dreisten Zeitgenossen. - Ebenda (1955). /6275

Unkraut vergeht nicht. Verse eines Unverbesserlichen. - Ebenda (1957). /6276

Sprechplatte: Robert T. Odeman spricht Robert T. Odeman: Verse eines dreisten Zeitgenossen. - Hamburg: Teldec /1959/. /6277

Aus der Reihe getanzt. Verse eines stillvergnügten Querflöters. - Berlin: Blanvalet (1960). /6278

Sprechplatte: Robert T. Odeman spricht Robert T. Odeman: Der Alltag ist nicht grau... Verse eines Unverbesserlichen. - Hamburg: Teldec /1960/. /6279

Sprechplatte: In flagranti. Sprecher: Robert T. Odeman. Am Flügel: Olaf Bienert. - Ebenda /1962/. /6280

Ins Fettnäpfchen getreten. Versbuch von einem, der auszog, das Lachen zu lernen. - Berlin-Wannsee: Blanvalet /1963/. /6281

Sprechplatte: Ungeschminkt bei feinen Leuten. Sprecher: Robert T. Odeman. Am Flügel: Olaf Bienert. - Hamburg: Teldec /1962/. /6282

Sprechplatte: Reden wir nicht darüber. Sprecher: Robert T. Odeman. - Ebenda /1964/. /6283

Sprechplatte: Ganz unter uns. Sprecher: Robert T. Odeman. - Ebenda /1965/. /6284

Im Vertrauen gesagt... Heiteres hinter der hohlen Hand geflüstert. - Berlin : Blanvalet (1967). /6285

)DEMER, Erika
Der tiefe Brunnen. - Wien: Europäischer Verlag 1968. /6286

OEBEL, Katharina
Feuer aus Nacht. Gedichte. - Wuppertal: Privatdruck 1960. /628

OEHLER-HEIMERDINGER, Elisabeth (1884-1955)
Froher Dienst. Gedichte und Geschichten aus China und der Heimat. Nachwort von Wilhelm Oehler. - Stuttgart: Evangel. Missionsverlag (1955) = Kronbüchlein. N. F. 19. /628

Elisabeth Oehler-Heimerdinger 1884-1955, ihr Leben und ihre Botschaft im Lied. (Gedichte). Einl. und Ausw. von Wilhelm Oehler. - Metzingen/Württ.: Franz /1959/. /628

OELFKEN, Tami (1888-1957)
Zauber der Artemis. Gedichte. - Wedel i. Holst.: Alster Verlag Curt Brauns (1947). /Ausgabe 1948/. /629

OELRICH, Otto (1892-1968)
Hinter jener Pforte. Mit einem Geleitwort von Hanns Martin Elster. - Hamburg: Hamburger Kulturverlag 1963. /629

OELRICHS, Hans-E. d.i. Hans-Erich Müller (1912)
Der Brunnen. Gedichte. - Hamburg-Bergedorf: Stromverlag(1947). /629

OESCH, Margrit
Keiner kennt mich. Gedichte. - Bern: Neukomm & Salchrath /1946/. /6292

OESS, Helmut
99 1/2 groteske Reflexe. (Gedichte). - Heidelberg: Jedermann-Verlag 1946. /629

OESTERREICHER, Felix
Poesie. - Wien: Europäischer Verlag 1964. /629

Erschauter Klang. -Wien: Europäischer Verlag 1968. /629

OHLERT, Reinhold P.
Nun ist die Zeit der Gnade. - Karlsruhe: Badenia-Verlag 1947. /629

OHNEWALD, Fred
Mei Luisle ond i. Heitere schwäbische Gschichtle ond Gedichtle. Aalen/Württ.: Verlag Heimat und Wirtschaft (1967). /629

Woisch no, Luisle? Heitere schwäbische Gschichtle ond dichtle. Ebenda (1968). /629

dasselbe. 2. Aufl. - Aalen, Stuttgart: Theiss (1970). /629

OHRTMANN, Fritz (1925)
Tee mit Rum. (Erzählungen und Gedichte). - Lübeck, Hamburg: Matthiessen /1. um 1959, 2./1963/ = Die Leserunde. 20. /630

OHSE, Traugott (1928)
Hiob. Ein Gedichtzyklus mit Holzschnitten von Peter Opitz. - Berlin: Evangel. Verlagsanstalt (1959). /630

OJEH d.i. Hans Küpfer

Ready! Ein heiteres Tennisbüchlein mit überaus weisen Ratschlägen.
Verse. Zeichnungen von Heinrich Nyffenegger. - Bern, Stuttgart:
Haupt (1959). /6302

OKOPENKO, Andres (1930)
grüner november. Gedichte. - München : Piper (1957). /6303

Seltsame Tage. (Gedichte). - München, Eßlingen: Bechtle /1963/ =
Bechtle Lyrik. 7. /6304

Warum sind die Latrinen so traurig? Spleengesänge. -
Salzburg: Residenz Verlag (1969) = RV-Lyrik. /6305

OLDEN, Georg
Liebe, Rausch und Tod. (Gedichte). - Karlsruhe: Der Karlsruher Bote /1965/. /6306

OLSCHAK, Blanche Christine
Rhythmus zwischen Leben, Liebe und Tod. Mit 4 Tafeln
nach altchinesischen Originalen. - Winterthur: Mondial-Verlag 1947. /6307

OLSEN, Hans Wilhelm (1892)
Binsenwahrheiten. Wahrheiten und Wirklichkeiten aus dem Alltag
des Lebens. (Gedichte). - Hamburg: Hans Köhler Verlag 1956. /6308

Narren-Brevier. Gedichte. - Hamburg: Hans Christians Verlag
1964. /6309

ONIEH, Reyam
Nicht anerkannte Kritik der reinen Vernunft. (Gedichte).
- Affoltern: Aehren-Verlag (1954). /6310

OPEL, Fritz von
Zwischen Schatten und Licht. Lyrik, Übertragungen. - Wiesbaden: Limes (1968) = Limes nova. 24. /6311

OPITZ, Georg (1877-1970)
Dreimal schlug die Sonnenuhr. 500 Zeiler. (Epigramme). -
München: Bergstadtverlag W. G. Korn (1959). /6312

Zuweilen lohnt es sich zu weilen. 500 Zeiler. Ill. von Wilhelm M. Busch. - Ebenda (1960). /6313

Im Anfang das Herz. 500 Zeiler und Aphorismen. Ill. von Wilhelm M. Busch. - Ebenda (1962). /6314

Viechereien eines Poeten. Tierzeiler. Ill. von Wilhelm M.
Busch. - Ebenda (1963). /6315

Rhythmische Gedanken. Einzeiler. Mit Zeichnungen von Wilhelm M. Busch. - Ebenda /1967/. /6316

OPITZ-HINDEMITH, Luise (1894)
Selig sind... Verse. - Herne: Grabski /1956/. /6317

Schläs'sche Durfjugend. Eine Versreihe. Mundartgedichte. -
Eckweisbach/Rhön: Selbstverlag; Freiburg i. Br.: Angst V. /1962/. /6318

Was bleibt? (Gedichte). - Wien: Europäischer Verlag 1965. /6319

Oh Erde! Oh Leben! Sinnbilder in Vers und Prosa. Ill. von Robert
Falge. Mit e. Radierung von Fr. Iwan und e. Federzeichnung von Paul Riedel. - Heusenstamm: Orion-Verlag (1969). /632

OPLUSTIL, Ingeborg
Die Blumenflöte. (Gedichte). - Wien: Europäischer Verlag (1969). /632

OPPENBERG, Ferdinand (1908)
Erst Kleider machen Laune. Verse, für die Sie nicht zu jung
sind. Zeichnungen von Artur Schönberg. - Rheinhausen: Verlagsanstalt
Rheinhausen (1955). /632

Das Waldjahr. Gedichte. - Rheinhausen: Dt. Waldverlag 1959. /632

Gespenster im Moor. Naturballaden. Hrsg. vom Kreis d. Freunde
niederrheinischer Kunst u. Dichtung, Duisburg. Mit Scherenschnitten d.
Verfassers. - Ebenda (1960). /632

OPPERMANN, Karl (1881-1946)
Unter der Lasur. Gedichte und Zeichnungen. - Berlin: Edition
Galerie am Abend (1970). /632

ORF, Mara
Mein schlimmer Traum. Gedichte. - Berlin: Polyphem (1968). /632

ORTHBANDT, Eberhard (1920)
Aufruhr und Stille. Gedichte 1. - Tübingen, Stuttgart: Rainer Wunderlich / Leins (1946). /632

Das Schiff aus dem Süden. Gedichte 2. - Ebenda (1946). /632

OSER, Fritz
Jetzt da wir uns wieder die Augen verbinden. (Gedichte).
- Solothurn: Verlag Galerie Bernard (1966). /632

OST, Heinrich Hermann (1935)
Wind wäre angenehm. Gedichte. Mit 4 Original-Linolschnitten
von Oskar Sommer. - Stierstadt: Eremiten-Presse /1960/. (num.
Ausgabe, 300 Ex.) /633

OSTAU, Ruth von d. i. Ruth von Brandenstein (1899)
Flüchtlingsgedichte. - Konstanz: Südverlag (1948). /633

OSWALD, Marianne
Gedichte. - Regensburg: Habbel /1948/ = Der Bogen. /633

OSWATITSCH, Felizitas
Ausgewählte Gedichte. - Wien: Europäischer Verlag 1957. /633

OTT, Gustav
Stunden und Träume. Gedichte. - Karlsruhe: Der Karlsruher
Bote (1959). /633

OTT, Liesl (1900)
Die Knoppschachtel. Uff Pälzisch Gereimtes. Zeichnungen von
Hans Ott. - Zweibrücken: Selbstverlag 1958. /633

Sunneblume. Uff Pälzisch Gereimtes. Zeichnungen von Hans Ott.
Lieder vertont von Anni Becker. - Zweibrücken: Zweibrücker Drucke-

rei und Verlagsgesellschaft 1967. /6336

OTTEN, Karl (1889-1963)
Herbstgesang. Gesammelte Gedichte. - Neuwied, Berlin: Luchterhand (1961). /6337

OTTO, Bertram (1924)
Vor dem Nichts und dem Morgen. Monologe in d. Zeit. Mitgestaltet von Marlis Grünberg-Otto. - Würzburg: Arena-Verlag (1959). /6338

Zwischen Deutschland und Deutschland. (Gedichte). - Bonn: Berto-Verlag /1962/. /6339

s. a. u. Pseud.: Baladin

OTTO, Erich
Auto-Freuden. Heitere Verse mit Karikaturen. - Duisburg: Freude-Verlag 1957 = Freuden-Serie. 1. /6340

OTTO, Karl (1902)
Heimat. (Gedichte). - Chemnitz: Willisch 1947. /6341

Leuchtendes Erbe. 20 Sonette um den Dresdner Zwinger. - Lengefeld i. Erzgeb.: Heimat-Verlag 1956. /6342

Und setzet ihr nicht das Leben ein. 3 Dichtungen. - Berlin: Dietz 1958. /6343

Gestern - Heute und Morgen. Gedicht-Auswahl aus 20 Jahren.- Leipzig: Dt. Zentralbücherei für Blinde 1953. /6344

OVERHOFF, Julius (1898)
Die Pflugspur. Gedichte. - Köln, Olten: Hegner (1962). /6345

Rechenschaft eines Verantwortungsbewußten. Texte von Alpha bis Omega. - Nürnberg: Glock und Lutz (1969). /6346

OWLGLASS, Dr. d. i. Hans Erich Blaich (1873-1945)
Tempi passati. Letzte Gedichte. Nachwort von Oskar Jancke. - München: Piper (1947). /6347

Und ewig rollt das Rad der Zeit. Gesammelte Gedichte. Mit e. Nachwort hrsg. von Oskar Jancke. - München: Nymphenburger 1948. /6348

Auf den Nachttisch zu legen. Eine kleine Bettpostille. Die Textabb. zeichnete Fritz Fischer. - Stuttgart: Spemann /1946/. (zuerst 1940) /6349

Des Leib- und Seelenarztes Dr. Owlglass Rezeptbuch. Gereimtes und Erzähltes. Mit einem Nachwort von Sebastian Blau (d. i. Josef Eberle). Die Hrsg. besorgten S. B. und Erich Scheirer.- Ebenda (1955). /6350

PAAR, Carl Egmont (1914)
Löwenritt und Pfauenschrei. Verse und Visionen. Linolschnitte von Herwig Zens. Hrsg. von Ernst Wurm. - Baden b. Wien: Weilburg Verlag /1968/. /6351

PAARMANN, Winfried
Jenseits der Trennung. Gedichte. - Bietigheim/Württ.: Turm-

Verlag (1968) = Turm-Bücherei. 21. /6352
PABST, Heinrich
Die Nacht hat vieler Augen Licht. Nachdichtungen englischer
Lyrik. - Hannover: Beeck (1947). /6353
PACHELHOFER, Anton
Die kleine Hand. (Gedichte). - Dachau: A. Pachelhofer (1958). /6354
Aus dem Autoklaven. (Gedichte). - Passau: Neue Presse-Verlags-
gesellschaft /1960/. /6355
Silbenthalam. Gedichte. - Wien: Altus Druck und Verlag 1962. /6356
Die Wortwabe. - Passau: Neue Presse /1964/. /6357
Geigengarn. Gedichte. - München: Delp (1967). /6358
PACHLEITNER, Hugo Maria (1902)
Die alte Stadt. - Linz: Österreichischer Landesverlag 1960. /6359
PAECH, Gustav (1899)
Un höger stiggt de Sünn. Gedichten. - Hamburg-Wellingsbüttel:
Verlag der Fehrs-Gilde /1951/. /6360
PALECEK, Rudolf
Lieder der Schiene. Eisenbahnverse und Federskizzen des Autors.
- Bern: Rudolf Palecek (1970). /6361
PALL, Oswald
Ideenland. (Gedichte). - Wien: Europäischer Verlag 1966. /6362
PALM-NESSELMANNS, C. d.i. Clemens Plassmann
Schüttelreime. (als Manuskr. gedr.) - Münster: Aschendorff 1948./6363
dasselbe. - Stuttgart: Deutsche Verlagsanstalt (1967). /6364
PALOCSAY-PALOCSA, Theodor
Batalha. (Gedichte). - Wien: Europäischer Verlag 1969. /6365
Mitten im Kreise. Gedichte. - Ebenda 1969. /6366
PANITZ, Walter d.i. Carl A.von Pentz
Polen? Deutschland? Nachdichtungen aus der polnischen National-
literatur sowie eigene Gedichte in Mecklenburger Mundart. Hrsg: Nieder-
deutsche Kartei, Vermittlungsstelle Heinrich Gehle. - Warburg/Westf.:
Karteistelle Warburg, Werth i. Komm. 1968. /6367
PANNWITZ, Rudolf (1881-1969)
Landschaft-Gedichte. Mit einem Nachwort. - Zürich, Salzburg,
München: Verlagsgemeinschaft Stifterbibliothek; New York: The New
York Stifter Library; Johannesburg: The Africa Stifter Library; Wien:
Braumüller = Stifterbibliothek.62. Dichtung der Zeit (1954). /6368
dasselbe. - Nürnberg: Carl (1954) /6369
Wasser wird sich ballen. Gesammelte Gedichte. - Stuttgart:
Klett (1963). /6370
Ostern. Gedichte von 1967. - Salzburg, München: Stifterbibliothek
(1968) = Stifterbibliothek. 23. /6371

PANTAK, Ida
  Über Hügel und Wolken. Bildentwürfe von Wolfgang Pantak. -
  Wien: Europäischer Verlag 1959. /6372
PAPENTRIGK, Benno d. i. Anton Kippenberg (1874-1950)
  Benno Papentrigk's Schüttelreime, wie er sie seiner Freund-
  schaft auf den Ostertisch zu legen pflegte. - Wiesbaden: Insel-Verlag
  (1946) = Insel-Bücherei. 219. (zuerst 1939) /6373
PARKER, Felix (1894)
  Bunte Flocken. Gedichte, Sprüche, Aphorismen. - Wien, München,
  Zürich: Frick 1955. /6374
  Funken auf Besuch. - Wien, Innsbruck: Rohrer (1965). /6375
  Der neue Tag. Gedichte und Sprüche. - M. Theiss Verlag 1966. /6376
  Heiteres aus Stadt und Dorf. Gedichte. - E. Kaiser Verl. 1966/6377
PARSONS, Karl
  Das Weihnachtsspiel und Gedichte. - Wien: Europäischer
  Verlag 1965. /6378
  Die weiten Wege. Gedichte. - Wien: Eigenverlag (1969). /6379
PARZER, Franz (1905)
  "Es brennt ein Licht..." Verse um Advent und Weihnacht. -
  Bilder von Elisabeth Buzek. - Wien: Kloiber /1948/. /6380
PASSARGE, Gustav
  Unterwegs... Gedichte eines besinnlichen Wanderers. Zeichnungen
  von W. Hausammann. - Chur: Selbstverlag /1948/. /6381
PASSERA, Sonja (1930)
  Mohn und Ahorn. Eine Wegspur. (Gedichte). - Karlsruhe: Der
  Karlsruher Bote (1964). /6382
  dasselbe. 2. erw. Aufl. - Walenstadtberg: Selbstverlag (1968). /6383
PASTIOR, Oskar (1927)
  Offene Worte. Gedichte. - Bukarest: Literatur-Verlag 1964. /6384
  Gedichte. - Bukarest: Jugendverlag (1965). /6385
  Vom Sichersten ins Tausendste. Gedichte. - Frankfurt:
  Suhrkamp (1969). /6386
PATAKI, Heidi (1940)
  Schlagzeilen. Gedichte. - Frankfurt: Suhrkamp (1968) = Deutsch-
  sprachige Autoren-Reihe. 1. /6387
PATOCKOVA-KOKOSCHKA, Berta
  Mein Lied. Ausgewählte Gedichte. Mit 7 Lithographien von Oskar
  Kokoschka. - Wien, Linz, München: Gurlitt 1952 = Die kleine
  Gurlitt-Reihe. 2. /6388
PAUK, Anton (1905-1969)
  Heimkehr in das stille Herz. (Gedichte). - 1954. (b. n. e.) /6389

Glaube und Heimat. - Wien: Europäischer Verlag 1962. /639
PAUL, Friedrich
s. u. Paul Bornefeld und Friedrich Paul: Späte Garben

PAULA-SOESER, Josefine
Jahreszeiten der Liebe. Gedichte. - Wien: Europäischer Verlag 1957. /639

PAULIK, Ludwig
Gedenken und Besinnung. (Gedichte). - Wien: Europäischer Verlag /1953/. /639

PAULIS, Konrad d.i. Paul Schütz (1891-1955)
Passion vor dem Herbst. Ein Wachtraum in Gedichten. - Klagenfurt: Kaiser (1947). /639

Seele im Weltsturm. Gedichte. Federzeichnungen von Otto Reihs. -Innsbruck, Wien: Rohrer 1947. /Ausg. 1948/. /639

Variationen im Regen. Thema mit 18 Variationen. - Wien: Berglandverlag /1950/. /639

Licht hinter den Tagen. - 1953. (b. n. e.) /639

PAULSEN, Rudolf (1883-1966)
Das Zwölfgedicht von Raum und Erde. - 1952 (b. n. e.) /639

Musik des Alls und Lied der Erde. Gedichte. Auswahl und Nachwort von Willy Arndt. - Heidelberg: Meister (1953). /639

Träume des Tritonen. Neue Gedichte. - Ebenda 1955. /639

Das allerschönste Blümelein. Gedichte. - 1956 (b. n. e.) /640

Mnemeion. Gedichte. - 1957 (b. n. e.) /640

Glanz des Unvergänglichen. Gedichte. - Heidelberg: Meister 1958. /640

Christi Lichtnacht. Weihnachtsgedichte... o. O., o. V. /1960/. /640

Werte bewahrt im Wort. Neuere und ältere Gedichte. - Heidelberg: Meister (1960). /640

Oh dunkler Wind, Vorwinterwind! Gedichte. - Ebenda 1962. /640

Schwarz und Weiß auf blauem Grunde. - (b. n. e.) /640

PAULUN, Dirks (1903)
Die vielseitige Nachtigall. Triller und Pfiffe. (Humoristische Gedichte und Skizzen.) - Hamburg: Köhler 2. veränd. Auflage 1947. (zuerst 1939) /640

Nach dem Fest. Gedanken zur Lage. (Gedichte). - Hamburg: Richard Hermes Verlag 1948. /640

Missingsch. Vorwort von Walter Deppisch. - Hamburg: Köhler 1950 = Studien in Hamburger Hochdeutsch. 1. /640

Hömmazuh. Vorwort von Ingolf Jungclaus. - Hamburg: Köhler 1951
= Studien in Hamburger Hochdeutsch. 2. /6410

Ehmuntehm. - Hamburg: Köhler 1952 = Studien in Hamburger Hochdeutsch. 4. /6411

Musenküsse. Zeichnungen von Gustav Tolle. Vorwort von Hans Harbeck. - Hamburg: Köhler 1952. /6412

Wommasehn. Vorwort von Hans Harbeck. - Hamburg: Köhler 1952 = Studien in Hamburger Hochdeutsch. 3. /6413

Die vielseitige Nachtigall. Mit neuen Trillern und Pfiffen. (Gedichte und Prosa). - Düsseldorf: Progreß-Verlag (1954). /6414

Kleins Album foll Hamburch. Texte von Dirks Paulun. Zeichnungen von Hans-Jürgen Heidtmann. - Hamburg: Köhler 1958. /6415

Aumblick Pause. - Ebenda 1962. (enthält die 4 Bände der,, Studien in Hamburger Hochdeutsch") /6416

Sprechplatte: Aumblick Pause. Sprecher: Dirks Paulun. - Gütersloh: Ariola (1963). /6417

Lihbes Hamburch! schenkich Dihr. Poetischer Blumenstrauß in Missingsch. Mit Zeichnungen von Rudolf Wernitz. - Hamburg: /6418

Missing Sex. Mit Illustr. v. John Günther. - Hamburg: Asmus (1970)./6419

PAULUS, Helmut (1900)
amerika-ballade. Nachwort von Hermann Pongs. - Stuttgart: Silberburg-Verlag Werner Jäckh 1957. /6420

Sprechplatte: Amerikaballade. Sprecher: Klaus Kinski. - Wien, Kassel: Amadeo /1962/. /6421

PAUMGARTTEN, Rotraut von
Nocturno. Gedichte. - Wien: Europäischer Verlag 1966. /6422

PAUR, Leopold (1889)
Ausgewählte Gedichte 1939-1947. - Selbstverlag /1948/. /6423

Sizilien. Gedichte. - Freiburg i. Br.: Poppen & Ortmann (1964) /6424

Brunnenmaske. Gedichte. - Ebenda (1965). /6425

Beschreibungen. Gedichte. - Ebenda (1967). /6426

Sprühwind. Gedichte. - Ebenda (1968). /6427

Segelflug. Gedichte. - Ebenda (1970). /6428

PAWLIK, Walter
Öffnet weit die Herzen. Gedichte. - Wien: Europäischer Verlag 1963. /6429

Mein Österreich. Gedichte und Erzählungen. Illustr. von Leopold Vitt. - Wien: Selbstverlag (1968). (300 Ex. i. Original-Handdruck hergestellt und in Handarbeit gebunden, davon 270 im Buchhandel) /6430

PAWLOWSKI, Klaus (1935)

",... jedoch dein Haar hat der Wind". Gedichte. Privatdruck.
PECHER, Heinrich   Hannover: Gewerbl. Berufsschule 1 /1960/.   /643
Am Abend. Gedichte. - Wien, München: Europäischer Verlag 1957.   /643

PEDRETTI, Erica
Harmloses, bitte.(Gedichte). - Frankfurt: Suhrkamp (1970).   /643

PEHERSTORFER, Hannes   (1895)
Durch meine Brille. Ill.vom Verfasser. - Linz: Verlag Gutenberg 1957.   /643

Durch meine Brille. Neue Folge. Satirische Verse-Aphorismen-Spottlinien. Ill. vom Verfasser. - Ebenda 1965. (Freunde zeitgenössischer Dichtung)   /643

Durch meine Brille. Satirische und andere Verse, Aphorismen, graphische Spiele. Ill. vom Verfasser. - Linz: Verlag Gutenberg (1968)/643

PEHERSTORFER-DÜRNBERGER, Anne   (1910)
Der Mensch von heute. Gedichte. - Linz: Verlag Gutenberg 1957./643

Des Jahres Bogen.Nächtliches Tagebuch. Gedichte. - Linz: Freunde zeitgenössischer Dichtung 1965.   /643

Flucht und Flug. Gedanken und Linienlaunen. Ill. von der Autorin. - Linz: Verlag Gutenberg (1968).   /643

PEITLSCHMIDT, Hedy
Leben in Liedern. (Gedichte). - Wien: Europäischer Verlag(1969)./644

PEINEMANN, Georg   (1912)
Abglanz des Jahres. Gedichte. - Hamburg: Hoffmann u. Campe 1947.   /644

PELET, Emma von
Singender Stein. Gedichte. - Zürich: Oprecht (1946).   /644

PELLICH, Marcell   (1908-1945)
Dom des Herzens. Gedichte. - Zürich: Oprecht (1946).   /644

PELZER, Herbert
Und weiß nichts von Seide. Gedichte. - Herne: Schulte-Kortnack /1969/ = Kleine Reihe. 6.   /644

PENK, Alf Erik
Lava. (Gedichte). - St. Gallen: Eirene M. Pfändler (1954).   /644

PENTZ, Alfred   (1895-1947)
Die große Mutter. Gedichte. - Wien: Amandus-Verlag 1953.   /644

PENZOLDT, Ernst   (1892-1955)
Fünfzehn Gedichte. Graph.Gestaltung von R. Krämer. - Lichtenfels: Fränkische Bibliophilengesellschaft (1954).   (250 num.Ex.)   /644

PENZOLDT, Fritz   (1887)
Bestialische Gedichte.<Tete-à-bete>. - München: Bayerischer Landwirtschaftsverlag 1952.   /644

PERKONIG, Josef Friedrich   (1890-1959)
Mich selbst im Spiegel gesehen. Autobiographische Schriften
und ausgewählte Gedichte. Textdurchsicht: Erich Nussbaumer. Hrsg. v. d.
Josef-Friedrich-Perkonig-Gesellschaft. - Klagenfurt: Heyn (1965) =
Ausgewählte Werke. 2.   /6449

PERL, Änne   (1897-1970)
Hymnus auf die neun Chöre der Engel. - Bonn:
Schwippert 1946 = Wort und Kunst. 3.   /6450

PER PLEX   d. i. Erwin Lüddeke   (1902)
Zweigeleisiges. (Gedichte). - Lübeck: Robert /1958/.   /6451

PERLWITZ, Erich   (1927)
Auch mir gehört die Erde nicht. (Gedichte). - Berlin-Zehlendorf: Fietkau 1960 = schritte. 2.   /6452

PERRET, Franz (François)
Lob des Sarganserlandes. Laudes Sarunetiae. - St. Gallen:
Staatsarchiv, Selbstverlag des Verfassers /1952/.   /6453

Waldlicht. Gedichte aus lichten und trüben Tagen. - St. Gallen:
Fehr'sche Buchhandlung in Komm. 1965.   /6454

PERTZ, Otto Ferdinand Georg   (1885-1962)
In Einsamkeit und Wendezeit. Gedichte von Otto Pertz. Hrsg.
von dem internationalen Versöhnungsbund, Schweizer Vereinigung. -
Zürich: Schweizer Vereinigung (1945).   /6455

dasselbe. - Zürich: Börsig 1946.   /6456

PESCHEK, Alois
Der Versemacher aus Flattendorf. Ernste und heitere Gedichte.
- Flattendorf/Steiermark: Selbstverlag /1959/.   /6457

PESINGER, Rudolf
Stille Stunden. - Wien: Europäischer Verlag 1969.   /6458

PETER, Luise
Gedichte. - Marbach: Adolf Remppis 1956.   /6459

PETER, Ursel   (1923-1970)
42 deutsche Gedichte. Ausgew. und eingel. von Hans Grimm. -
Lippoldsberg üb. Hofgeismar: Klosterhaus-Verlag /1960/.   /6460

Nachgelassene Gedichte. Gesammelt und hrsg. von Otto Jungmair.
- Linz: Oberösterreichischer Landesverlag (1970).   /6460a

PETERICH, Eckart   (1900-1968)
Sonette einer Griechin. Übertragen von Eckart Peterich. -
Freiburg i. Br.: Herder 1946. (zuerst 1940)   /6461

dasselbe. - Düsseldorf: Christophorus-Verlag 1947.   /6462

dasselbe. - Basel: Thomas Morus Verlag 1947.   /6462a

Die Heimkehr. Ein erzählendes Gedicht. - Frankfurt: V. J. Knecht,
Carolusdruckerei (1949).   /6463

Gedichte 1933-1946. - Freiburg i.Br. Herder (1949). /6464

Liebesliederbuch. Gedichte. - Zürich: Arche (1949) = Die kleinen
Bücher der Arche. 78. /6465

Ein Fischzug und andere Gedichte. - Köln, Olten: Hegner
Verlag (1959). /6466

Reise auf den britischen Inseln besungen auf einer irischen Harfe. Holzschnitte von Eugen Sporer. - Passau: Passavia
Druckerei 1963. (Als Manuskr. gedr.) /6467

Sprechplatte: Eckart Peterich spricht: Sonette einer Griechin. -
Freiburg i.Br.: Christophorus-Verlag /1963/. /6468

Gesammelte Gedichte. - München: Prestel (1967). /6469

PETERLI, Martha
Frisches Gmües und Suppegrües. (Gedichte). - St. Gallen: B.
Traub (1945). /6470

Mer fyred und fäschted. Allerlei Versli för allerlei Fäscht. -
Luzern: Rex-Verlag (1957). /6471

Mer gratuliered. Glückwunschvers för Verlobig, Hochzig, Taufi,
Neujohr, Geburts-und Muettertag und verschiedeni anderi Alööß. -
Ebenda (1957). /6472

Zwei Ringli, zwei Härzli. Darbietungen an Verlobungs-und Hochzeitsfeiern - Ebenda (1962). /6473

PETERNELL, Pert (Rupert) (1909-1970)
Alles Schwindel! Verse. Fröhliche Reise in die Vergangenheit. Mit
18 Zeichnungen von Hans Menzel. - Salzburg: Das Bergland-Buch (1949) /6474

PETERS, Friedrich Ernst (1890-1962)
Bangen und Zuversicht. Gedichte. - Göttingen: Deuerlichsche
Verlagsbuchhandlung (1947). /6475

Gebild und Leben. Eine Auswahl aus den Schriften. - Schleswig:
Hildegard Bernaerts /1955/. /6476

Ausgewählte Werke in zwei Bänden. Band 1: Gedichte.
Hrsg. von Christian Jenssen. - Hamburg : Hoffmann & Campe (1958). /6477

PETERS, Georg Asso (1902)
Sieben Jahre. Gedichte. - Wien: Europäischer Verlag 1968. /6478

PETERSEN, Adelheid d.i. Adelheid Petersen-von Sybel (1876-1966)
Die Schwelle. Gedichte. - Engelberg/Württ.: Kempter (1957). /6479

PETERSEN, Jörg
Haare aufwärts. Gedichte. - München, Würzburg, Wien: Relief-
Verlag Eilers 1966 = Der Viergroschenbogen. Sonderb. 45. /6480

PETRAUSCH, Walter (1896)
Der Eintopf. Ein Vortrags- und Schmunzelbuch. - Herne: Grabski
(1957). /6481

ETRI, Johann (1881-1957)
Lerchegsang un Wachtlschlag.(Gedichte). Hrsg. in Verbindung
m. dem Schoweer Heimatausschuß. Nachwort von Martha Petri. - Stuttgart: Landsmannschaft der Donauschwaben in Baden-Württ. e. V. 1962 =
Donauschwäbisches Schrifttum. 6.   /6482

ETRICK, Erika
Zwischen Zeit und Ewigkeit. Gedichte. - Bietigheim/Württ.:
Turm-Verlag (1968).   /6483

ETRITZ, Siegfried Alexander
Stumme Schreie. Gedichte. - Klagenfurt, Wien, München, Basel:
Dr. Petrei (1966).   /6484

ETRY, Marte (1914)
Ernte vieler Jahre. - München: Türmer-Verlag (1965).   /6485

ETSCHER, Hans
"Was der Kalchbartl erzählt". Heitere und besinnliche Gedichte in Kärntner Mundart. - Wien: Europäischer Verlag 1964.   /6486

ETUELLI, Franz (1905-1950)
Die seligen Orte. Gedichte. - Klagenfurt: Kleinmayr 1949.   /6487

ETZET, Wolfgang (1896)
Die Sonette des Satans. - Starnberg: Bachmair 1947.   /6488

ETZOLD, Alfons (1882-1952)
Gedichte und Erzählungen Hrsg. von Hans Sauer. Bilder von
Willy Dachauer. - Wien: Jugend und Volk 2. Ausg. (1947). (zuerst
1924)   /6489

Pfad aus der Dämmerung. Gedichte und Erinnerungen. - Wien:
Wiener Verlag 1947.   /6490

Die hundert schönsten Gedichte. Auswahl und Nachwort von
Felix Braun. Gedenkausgabe zum 70. Geburtstag des Dichters. - Wien:
Volksbuchverlag 1952.   /6491

ETZOLD-HEINZ, Irma (1913)
Du warst wie einer, der besiegt den Drachen.(Gedichte).
- Düsseldorf-Oberkassel: Arbeitskreis gegen die Suchtgefahren (1956).   /6492

FANDLER, Josef (1900)
Schrift im Granit. Gedichte. - Wien: Berland-Verlag (1955).   /6493

Wenzel Wiskočils sehr vergniegglichе, paarmal leicht'
sinnliche teilweise leider auch giftige Fersen von mir
ab' tretten an und in Umlauf 'bracht durch Josef Pfandler. - Gmünd:
Pfandler 1965.   /6494

FANNMÜLLER, Walter
Gedichte. - Londorf: Jammer 1951.   /6495

FAUNDLER, Hermann von
Die Landschaft ruft. Ausgewählte Gedichte. - Wien: Berland-
Verlag (1959).   /6496

Sturm und Stille. Gedichte aus 5 Jahrzehnten. - Wien: Luckmann /1965/. /649

PFEFFER, Alfons
Segelfliegereien. Lustige Verse u. Zeichnungen vom Werden und Sein der Segelflieger. - Zürich: Aero - Verlag 1945 = Ikarus-Sammlung. 8. /649

PFEIFFER, Gisela
Das Geschrei der Fische. Gedichte. - München: v. Hatzfeld (1963). /649

Attacke der Hähne.(Gedichte). Ill. von Annemarie Albert-Popp. - Bad Honnef: Osang-Verlag 1968. /650

PFEIFFER, Johannes (1902-1970)
Die Stunde des Menschen. Betrachtungen, Gedichte, Geschichten zum Advent und für d. Weihnachtsfest. - Hannover: Lutherhaus-Verlag; Berlin: Verlag die Spur (1967). /650

Vom Maßstab und von der Richtung. Gedanken, Gedichte, Betrachtungen. - Berlin : Verlag „Die Spur" Dorbandt (1968). /650

PFEIFFER, Norbert
Die Aufzeichnungen eines Meerfahrers. Gedichte. - Nürnberg: Akademie der bildenden Künste 1966. /650

PFEIFFER, Willy Eberhard
Amphoren im Regen. Gedichte. - Wien: Europäischer Vlg. 1969. /650

PFEIFFER, Thadeus
s. u. Frank Geerk, Rainer Brambach und Thadeus Pfeiffer: Gedichte

PFERSCHY, Hermann
Gedichte. - Wien: Österreichische Verlags-Anstalt (1964). /650

PFISTER, Max
Schreite gegen Morgen zu. Gedichte. - Zürich: Origo (1959). /650

PFISTER, Paul Maria
Farben und Harfen.(Gedichte). Mit e. Original-Holzschnitt von Jean Chièze. - Versailles: Pfister 1957. (198 num. Ex.) /650

PFLÜGL, Elfriede
Bildnisse und Impressionen. - Wien: Europäischer Vlg. 1959. /650

PFLUG-FRANKEN, Hans   d. i. Hans Pflug   (1899)
Das Mondschiff. Gedichte. Illustr. von Paul August Kontny. - Nürnberg: Verlag Der Turm (1958). /650

Der Persilkarton. Unbotmäßige Gedichte zur Erbauung des Bürgers und solcher, die keine sein wollen. - Fürstenfeldbruck: Steinklopfer-Verlag (1960) = Die Steinklopfer-Reihe. /651

Gespräche mit dem Wind. Späte Gedichte. Portrait-Zeichnung von Paul August Kontny. - Nürnberg: Spindler 1969. (600 num. u. sign. Ex.)

PHILIPP, Hugo Wolfgang   (1883-1969)   /651

Melodie der Fremde. Lieder aus dem Exil. Mit e. Vorwort von
Paul Vogt. - Zürich: Oprecht (1945). /6512

Melodie der Heimkehr. Heimweh-Lieder. - Zürich: Schwarzenbach (1947). /6513

Schlacht am Birkenbaum. Ein Sang von der Zeitenwende. - Emsdetten: Lechte (1966) = Stimmen aus Westdeutschland. 11. /6514

'HILIPP, Walter (1910)
Carol und Caroline. Gedichte. - Wien: Europäischer Verlag 1967 /6515

'HILIPPS, Werner (1915)
Auch Kiefernwälder sind ein großer Gesang. Gedichte. - Dülmen/Westf.: Kreis der Freunde (1963) = Der Vier-Groschen-Bogen. Sonderdruck. /6516

'ICARD, Jacob (1883-1967)
Der Uhrenschlag. (Gedichte). Mit einem Nachwort von Hans Reetz. - Eremiten-Presse 1960 = Veriloquium. 2. (num. Ausg.) /6517

'ICHLER, Rainer
Gesang zum Ende. Wien: Avantypidy 1967 = &cetera. 9. /6518

Tanz der sterbenden Sonnen. Mit Ill. von Hrdlicka, Lehmden
u. a. - Baden b. Wien: Weilburg Verlag (1968). /6519

'ICHLER-CORONA, Grete
Dorf in Kärnten. Gedichtreigen. Mit Holzschnitten von Suitbert
Lobisser. - Klagenfurt, Wien: Leon (1948). /6520

'ICK, Georg
Freireligiöses Leben. (Gedichte u. Essays). - Mainz: Freireligiöse Gemeinde /1962/. /6521

IECHOWSKI, Joachim (1926)
Provokationen. (Gedichte). Ill. von Joachim Piechowski. - Hamburg:
Matari Verlag (1966). /6522

IENTKA, Liddy
Auf dem Wege zu Lenin. Gedichte anläßlich seines 100. Geburtstages. - Leipzig: Sozialistische Einheitspartei Deutschlands, Stadtleitung (1970). /6523

IEPER, Walter (1887-1951)
Ein Selbstbildnis in neun Terzinen. - Olten: Vereinigung
Oltner Bücherfreunde 1952 = Privatdruck für d. Vereinigung Oltner
Bücherfreunde. /6524

dasselbe. - Düren: Papierfabrik Zerkall, Renker & Söhne (1952) =
Werkdruck aus d. Hausdruckerei d. Papierfabrik Zerkall Renker & Söhne.7.
/6525
IERITZ, Hildegard (1899)
Zwei Fäuste Schnee. Gedichte. Graf. Buchausstattung von Margarete Schauer. - Berlin: Paian-Verlag (1970). /6526

IETSCH, Gerti
Mit Mucken und anderen Tieren. - München: Relief-Vlg. 1970. /6527

PIETSCHMANN, Helmut
　　Das kurze Glück. (Gedichte) - Wien: Europäischer Verlag(1962).　/652
PIEZUNKA, Gerhard　(1905)
　　Treppen, Traumrausch, spitze Kurven.(Gedichte). - Rothenburg o. d. T.: J. P. Peter Gebr. Holstein (1962).　/652
PIKOLA, Rudolf　(1916-1970)
　　Herz der Erde. Gedichte. - Hausham, Bonn: Haushamer Werkdruck (1952).　/653
　　Doch ist eine Brücke... Gedichte. - Hausham/Obb.: Glasl /1964/.　/653
PINELLI, Aldo von　(1913)
　　Man trägt wieder Herz. Gedichte. - Linz, Pittsburgh, Wien: Ibis-Verlag (1947).　/653
PIONTEK, Heinz　(1925)
　　Die Furt. (Gedichte). - Eßlingen: Bechtle 1952.　/653
　　Die Rauchfahne. Gedichte. - Ebenda 1953.　/653
　　dasselbe. - Ebenda 2., um neue Gedichte u. ‚ Die Furt' erw. Aufl. (1956).　/653
　　Wassermarken. Gedichte. - Ebenda (1957).　/653
　　Mit einer Kranichfeder. Gedichte. - Deutsche Verlagsanstalt (1962).　/653
　　Randerscheinungen. - Darmstadt: Bläschke (1965) = Das neueste Gedicht. 18.　/653
　　Klartext. Gedichte. - Hamburg: Hoffmann und Campe (1966) = Cabinet der Lyrik.　/653
PIRKER, Lotte
　　Blüten vom Lebensbaum. Gedichte. - Wien: Europäischer Verlag 1957.　/654
PIRON, Johannes　(1923)
　　Farbenspiele. (Gedichte). - Frankfurt: Eremiten-Presse /1954/.　/654
PLATEN, Max Egon von　(1891-1967) d. i. Max Egon Graf von Platen-Hallermund
　　Pfade und Schwellen. (Gedichte). - Wien: Rohrer (1947).　/654
PLATTEN-LISEI　d. i. Lisl Bayer
　　Ein Jahr geht durch das Dorf. Geschichten und Gedichte von Dorf und Zeit und Lieb und Leid der Menschenkinder. - Salzburg: Salzburger Druckerei und Verlag (1954).　/654
PLATTENSTEINER, Richard　(1878-1956)
　　Kaleidoskop. Gedichte. - Wien: Lese-Gemeinde Plattensteiner' scher Werke 1950.　/654
PLAUE, Ernst
　　Ohne Bügelfalte. Heitere Verse. - Wien: Europäischer Verlag /1954/.　/654
PLEYER, Wilhelm　(1901)

Dennoch. Neue Gedichte. - Lochham bei München: Türmer-Verlag
(1951). /6546
Musenbusserln. Unernste Gedichte. - Ebenda (1957). /6547
So tief ist keine Nacht. Geschichten und Lieder aus der Zeit. -
München, Stuttgart: Bogen-Verlag (1957). /6548
Gedichte vieler Jahre. - Ebenda 1964. /6549

PODEHL, Heinz Georg
Stadt ohne Ende. Gedichte. Zeichnungen von Heinz Georg Podehl.
Nachwort von Horst Wolff. - Dortmund: Wulff 1969 = Kleine Reihe:
Lyrik und Prosa. 2. /6550

Grüner Abend. Mit Zeichnungen. - Ebenda 1970 = Kleine Reihe:
Lyrik und Prosa. 5. /6551

PODESSER, Franz (1895-1969)
s'Hamatbrünnd'l. Allahand Gedichtlen und Geschichtlen ausn Karntna-
land. - Wien: Europäischer Verlag /1951/. /6552

s'Hamatgleit. Gedichte und Geschichten aus Kärnten. - Wien:
Europäischer Verlag 1953. (mit Notenbeispielen) /6553

Bergwassalen. Gedichte und Geschichten aus Kärnten. - Ebenda 1955.
Aus'n Hamatgartlen. Neue Gedichte, Geschichten und Lieder aus /6554
Kärnten. - Ebenda (1958). (mit Noten) /6555

Aus mein Schatztrüglen. Sammelband der Gedichte, Geschichten,
Tagebuchblätter und Lieder. - Klagenfurt: Heyn 1960. (mit Notenbeil.)/6556

Aufn Hamwög. Neue Gedichte, Geschichten und Lieder aus Kärnten. -
Wien: Europäischer Verlag (1962). /6557

Auf da Gassenbank. Gedichte, Geschichten und Tagebuchblätter. -
1964. (b. n. e.) /6558

Samholz und Sagspän. Mundartliche Geschichten und Gedichte aus
Kärnten. - Wien: Europäischer Verlag 1965. (mit Noten) /6559

PODEWILS, Clemens Graf (1905)
Savan. Gedichte. - Hamburg: Claassen & Goverts (1948). /6560

Clemens und Sophie Dorothee Podewils: Gedichte. Hrsg. z. 40-jährigen
Bestehen der Akademie für das Graphische Gewerbe. - München: 1967. /6561

PODEWILS, Sophie Dorothee Gräfin (1909)
Spur der Horen. Gedichte. - Hamburg: Dulk 1948. /6562

s. a.: Clemens und Sophie Dorothee Podewils: Gedichte

PÖGGELER, Franz (1926)
Alarm des Laubes. Gedichte. - Recklinghausen: Paulus Vlg. (1958)/6563

PÖHLER, Therese (1891-1970)
Gun Dag int Hius. Reymsels in Paderbüörner Platt. Zeichnungen
von Michelis. - Paderborn: Halbig 1952 = Schriftenreihe des Heimat-
gebietes Paderborner Land in Weisf. Heimatbund. /6564

Das kleine Wolkenschiep. Gedichte.-1955. (b.n.e.) /6565
O Menske, bist en Wannersmann. - Paderborn: Schöningh 1957. /6566
PÖSCHL, Franz
Des Bergmanns Licht. Ausgewählte Gedichte und eine Erzählung. -
Wien: Montan-Verlag 1969 = Leobener grüne Hefte. 83. /6567
PÖTTINGER, Anna
Besinnliche Lese. Gedichte. - Wien: Europäischer Verlag /1954/. /6568
POETHEN, Johannes (1928)
Lorbeer über gestirntem Haupt. Sechs Gesänge. - Düsseldorf,
Köln: Diederichs (1952) /6569

Risse des Himmels. Gedichte. - Eßlingen: Bechtle (1956). /6570

Stille im trockenen Dorn. Neue Gedichte. - Ebenda (1958). /6571

Ankunft und Echo. Gedichte und Prosagedichte. - Frankfurt:
S. Fischer 1961. /6572

Baumgedicht. Luxusdruck. Handpressendruck von Klaus Burkhardt. -
Stuttgart: 1961. (30 num. und sign. Ex.) /6573

Gedichte. Mit einem Vorwort von Klaus Birkenhauer. - Darmstadt:
Moderner Buch-Club (1963). /6574

Wohnstatt zwischen den Atemzügen. Gedichte. Nachwort von
Marie Luise Kaschnitz. - Hamburg: Claassen (1966). /6575

Kranichtanz. Mit 7 Fotografiken von Ludwig Fischer. - Stuttgart:
Collispress Eckhardt (1967). /6576

Aus der unendlichen Kälte. 14 Gedichte, 7 Sprüche, 3 Fragmente. - Darmstadt: Bläschke (1969) = Das neueste Gedicht. 46. /6577

Johannes Poethen und HAP Grieshaber: Im Namen der Trauer.
Gedichte von Johannes Poethen mit 11 farbigen Holzschnitten von HAP
Grieshaber (Helmut Andreas Paul Gr.). - Hamburg, Düsseldorf: Claassen
(1969). (100 num., vom Autoren u. Künstler sign.Ex.) /6578
PÖTZSCH, Arno (1900-1956)
Brot ist Gnade. Tischgebete und Tischgesänge. - Hamburg: Nölke
(1946). /6579

Die Madonna von Stalingrad. Ein Gedenken vor der Weihnachtsmadonna von Stalingrad. Verse. Zeichn. von Kurt Reuber. - Ebenda (1946).
/6580
Von Gottes Zeit und Ewigkeit. Worte und Lieder einer Wegfahrt. - Hamburg: Reich & Heidrich (1947); jetzt Herbert Reich
Evangelischer Verlag, Hamburg. /6581

Gottes Gabe täglich Brot. Tischgebete und Tischgesänge. -
Ebenda 1948. /6582

Mensch in Gottes Fährte. Geistl. Gedichte u. Lieder. - Ebenda
(1952). /6583
Gnade und Wagnis. Geistl. Gedichte u. Lieder. - Ebenda
1956. /6584
Dennoch in Gott geborgen. Geistl. Gedichte. Geleitwort von

Helene Pötzsch. Zusammenstllg. unter Mitwirkung von Helmut Lamparter. - Stuttgart: Verlag Junge Gemeinde (1962). /6585

Was Leben ist, weiß Gott allein. Geistliche Lieder zum Kirchenjahr. Mit Vorwort von Helene Pötzsch. Zusammenstllg. unter Mitarbeit von Helmut Lamparter. - Ebenda (1962). /6586

Wer kann's ergründen? Gedichte zum Tageslauf und Jahreskreis. - Ebenda (1963). /6587

Sein Wort geht durch die Zeiten. Ein Sammelband aus 3 Gedichtbänden. - Ebenda 1968. /6588

POGGE VAN RANKEN, Walter (1913)
Nebenbei notiert. (Gedichte). Mit Zeichnungen von Nils Graf Stenbock. - Flensburg, Hamburg: Wolff /1947/ = Heitere Bücherei. 1. /6589

s. a. Kurt Schwabach, Heinz Wunderlich, Walter Pogge van Ranken: Drei Mann auf einem Pegasus.

POHL, Richard
Inspirationen des Ule Warnfried. (Gedichte). - Ebelsberg: Pohl; Ansfelden: Orbis /1967/. (mit Noten) /6590

POITSCHEK, Gottfried Julius (1897)
Antlitz der Berge. (Gedichte). - Frauenfeld: Verlag Thurgauer Volkszeitung /1947/. /6591

POLITZER, Heinz (1910)
Die gläserne Kathedrale. Gedichte. - Wien: Bergland-Verlag (1959) = Neue Dichtung aus Österreich. 59. /6592

POLK, Herbert
Unterwegs zu ihr. Gedichte. - Wien-Purkersdorf: Star-Verlag (1946). /6593

POLLREISZ-MAYERHOFER, Lucia
Von Freud und Leid im Sturm der Zeit. Gedichte. - Wien: Europäischer Verlag /1949/. /6594

PONERT, Ernst
Die letzte Nacht. (Gedichte). Bilder von Rudolf Ponert. - Wien: Europäischer Verlag 1966). /6595

PONSTINGL, Hans
Zwei Menschen. Heitere Verse. - Wien: Europäischer Vlg. 1955. /6596

Zan Lachen. Heitere und besinnliche Verse. - Ebenda 1956. /6597

Land der Burgen. (Gedichte). - Ebenda 1959. /6598

POPE, Ina
Im Zug. (Gedichte). - Wien: Europäischer Verlag 1969. /6599

POPP, Rainer H. (1946)
Gelächter. Gedichte 1965-1968. - Dörnten: Achat-Verlag (1968) Achatbuch. 1. (ungekürzte Ausgabe) /6600

PORTMANN, Rolf (1928)
Ingo. Gedichte. - o. O. Königsfelder Verlag 1946. /6601

Es bleiben die Kräne. Bilder mit meinen Augen gesehen. - Dülmen: Kreis der Freunde (1962) = Der Vier-Groschen-Bogen. 6. /6602

POSCH, Manfred
Am Glasweiher. Gedichte. Hrsg. von Carl Egmont Paar. Linolschnitte von Klaus Kogelnig. - Baden bei Wien: Weilburg-Verlag (1963) = Lyrik-Taschenreihe. /6603

POSCHMANN, Lothar
Ein Messer für den Hund. Gedichte. - Berlin: Stollenwerk 1968. /6604

POTOTSCHNIG, Heinz (1923)
Flieder ist die Sekunde. 1961. Monographien in der Reihe /6605
In einer Spirale von Staub. 1961. „Der Bogen, Dokumente neuer Dichtung", hrsg. von /6606
Schaum vom Wasserfall. 1961. Hans Leb, Villach. Mit /6607
Schimmer und Schatten. 1961. Linolschnitten von Hans Leb. /6608

Schatten schrägen ins Licht. Gedichte. Mit Illustr. von Franz Schneeweiß. Hrsg. von Franz Schneeweiß. - Villach: Gesellschaft zur Förderung neuer Kunst. Franz Schneeweiß 1961. /6609

Nachtkupfer. Gedichte. Illustr. von Heinz Goll. Vorwort von Walther Nowotny. - Klagenfurt: Kleinmayr (1962). /6610

Den Rest teilen die Sterne. (Gedichte). - Ebenda /1963/. /6611

Lotungen. Lyrisches Spiel für Stimmen. - Ebenda (1965). (300 Ex., 50 num., bibliophile Ausgabe) /6612

PRAGER, Gerhard (1920)
Gedichte. - Lorch/Württ., Stuttgart: Bürger-Verlag 1946. /6613

Geigerzähler. Gedichte 1955-1957. - Wiesbaden: Limes (1957) = Dichtung unserer Zeit. 14. /6614

s. a. u. Pseud.: MOLL, Michael

PRATSCHKE, Gottfried (1923)
„Alles Glück, nach dem ihr fragt...". Gedichte und Prosa. - Wien: Europäischer Verlag 1961. /6615

Gott - Mensch - Teufel. Gedichte über die letzten Dinge. - Ebenda /1961/. /6616

„Seid mit Worten nicht bescheiden...". Zeit- und Streitgedichte. - Ebenda 1966. /6617

PREIN, Ilse
Gedichte. - Rostock: Hinstorff (1946). /6618

PREISSLER, Helmut (1925)
Stimmen der Toten. Gedichte. - Berlin: Volk und Welt 1957 = Antwortet uns! 10. /6619

Stimmen der Lebenden. Gedichte. - Ebenda 1958 = Antwortet uns! 18. /6620

Sprechplatte: Stimmen der Lebenden. - 1959 (b. n. e.) /6621

Berichte der Delegierten. Linolschnitte von Gabriele Meyer-
Dennewitz. - Berlin: Verlag Neues Leben. 1959. (mit Schallplatte) /6622

Stimmen aus den Brigaden der sozialistischen Arbeit. (Gedichte). Ill. von Ingo Kirchner. - Ebenda 1960. /6623

Wer - Wen? Songs und Agitationsverse. Mit Noten. - Leipzig: Hofmeister 1960 = Agitprop. /6624

Stimmen der Nachgeborenen. (Gedichte). - Berlin: Neues Leben 1961. /6625

Stimmen der Toten. Stimmen der Lebenden. Stimmen der Nachgeborenen. - Ebenda 1962. /6626

Zwischen Gräsern und Sternen. (Gedichte). Ill. von Sepp Womser. - Ebenda 1963. /6627

Wege und Begegnungen. Gedichte. (Unterwegs - Kritische Beschreibung einiger Mitbürger - Das kann kein Mensch bestreiten -Lob der Genossen). - Ebenda (1966). /6628

(Gedichte). - Ebenda (1968) = Poesiealbum. 9. /6629

Sommertexte. Mit Grafiken von Armin Münch. - Ebenda (1968). /6630

Wer - wenn nicht wir! Zum 100. Geburtstag Lenins. Gedichte und Songs. - Ebenda (1970) = Poesiealbum. 31. /6631

PRERADOVIĆ, Paula von d. i. Paula Molden-Preradović (1887-1951)
Ritter, Tod und Teufel. Balladen. - Innsbruck: Felizian Rauch; Innsbruck: Österreichische Verlags-Anstalt 1946. /6632

Gesammelte Gedichte. Teil 1: Verlorene Heimat. - Innsbruck: Österreichische Verlagsanstalt (1951). /6633

dasselbe. Teil 2: Schicksalsland. - Ebenda (1952). /6634

dasselbe. Teil 3: Gott und das Herz. - Ebenda (1952). /6635

Meerferne Heimat. (Auswahl). Eingel. u. ausgew. von Werner Röttinger. - Graz, Wien: Stiasny (1961). /6636

Gesammelte Werke. Hrsg., eingel., mit Vor- und Nachwort versehen von Kurt Eigl. - Wien: Molden (1967). /6637

PRESSER, Christian
Daschaut und dalöbt. (Gedichte). - Wien: Europäischer Verlag (1966). /6638

PRESSER, Helmut (1914)
Das irdische Paradies des Sylvanus. Gedichte. - Mainz: Eggebrecht-Presse (1956). /6639

Aufregende und allen Menschen nützliche Erfindungen von dem weisen bücherliebenden Petermann. Ill. von Werner Labbé. (Gedichte). - Berlin, Frankfurt: Linotype GmbH. 1960. (Jahresgabe) /6640

PREUSCH-MÜLLER, Ida
Alles, Haimet, isch dy lied. Alemannische Gedichte. - Freiburg: /6641

Verlag Rombach. (1964). /664:

PRIEBATSCH, Heinz (1905)
Gedichte. - London: The Fortune Press /1951/. /664:

PRIESTER, Eva (1910)
Aus Krieg und Nachkrieg. Gedichte und Übertragungen. - London: Austrian Centre 1945. /664

dasselbe. - Wien: Globus-Verlag 1946. /664

PRIETZ, Adolf (1899)
Mir soviel. Gedichte. Mit e. Geleitw. von Gottfried Pratschke. - Wien: Europäischer Verlag 1966. /664

Im hellsten Kreis. (Gedichte). - Ebenda 1970. /664

PRILLINGER, Elfriede (1922)
Gedichte. - Linz: Kulturamt der Stadt Linz 1960. /664

PRITZL, Alto (1915-)
Des Herzens unendlicher Anfang. (Hymnen). - Kempten/Allg.: A. Pröbster (1952). /664

PROBST, August
Ollahond ausm Steiralond. Gedichte in steirischer Mundart. Pinselzeichnungen von Augusta Koch-Probst. - Graz: Verlag der Alpenland Buchhandlung Südmark 1962. /665

PROSSINAGG, Ernst (1886-1966)
Ernte im Herbst. Ausgewählte Gedichte. - Wien: Holzhausen (1956).

PRÜFER, Guntram (1906) /665
Gedichte. - Heidelberg: Schneider (1948). /665

PRUNKUL-SAMURCAŞ, Adrienne
Gedichte. Red.: Erica Constantinescu. - Bukarest: Literaturverlag 1969. /665

PSCHORN, Karl (1922)
Mei Gartl. Gedichte in niederösterrichischer Mundart. Buchschmuck von Franz Korger. - Wels: Welsermühl (1963) = Lebendiges Wort. 19. /665

PSCHORN, Margareta (1922)
Brennende Kerzen. Gedichte. - Ansbach: Verlag C. Brügel und Sohn (1956). /665

Erdverwurzelt. Egerländer Mundartgedichte. Ill. von Waldemar Fritsch. - Geislingen/Steige: Egerland-Verlag 1958 = Bücher der Egerländer. 23. /665

Und Wolken drüber. Gedichte und Prosa. - Frankfurt: Heimreiter Verlag 1960. /665

Heimweg nach Böhmen und Mähren. Eine Weihefeier in Gedichten. - Ebenda 1961. /665

Im abendmilden Schimmer. Gedichte. - Dülmen/Westf.: Kreis der Freunde (1963) = Der Vier-Groschen-Bogen. Sonderausg. 27. /665

Frauenminne und Frauenleid. Gedichte. Mit e. Geleitwort von
Gottfried Pratschke. - Wien: Europäischer Verlag (1968). /6660

PUCHINGER, Johann B.
Der ewige Wanderer. Gedichte. - Wien: Europäischer Verlag 1956.
/6661

PÜHRINGER, Franz (1906)
Die Wiesenfestung. Gedichte. - Wien: E. Müller 1947 = Stimme
aus Österreich. /6662

Das Paradies. Gedichte. Hrsg. gemeinsam mit d. Kulturamt der
Stadt Linz. - Wien, Stuttgart: Humboldt-Verlag /1950/. /6663

Gedichte I. Letzter Duft der Gartenfrühe. - Wien:
Österreichische Verlags-Anstalt (1963). /6664

An den Quellen der Nebenflüsse. Band II der Gedichte. -
Ebenda (1964). /6665

Kompendium für Freunde. Gedichte aus fünf Jahrzehnten <1923-
1967>. - Linz: Kulturamt der Stadt Linz (1967). /6666

PUFFLER, Rudolf Josef
Das tönende Herz. Gedichte. - Wien: Wiener Verlag 1946 =
Kaleidoskop. 8. /6667

Der Wiesenweg. Gedichte. - Ebenda = Kaleidoskop. 4/5. /6668

PUKALL, Hans-Heinz d. i. Johannes Heinrich Pukall (1928)
Der Gralssucher. Gedichte und Aufsätze. Privatdruck. - Hamburg:
im Freundeskreis (1946). /6669

Stab und Kreuz. Gedichte. Bilder von Margarete Dunkel-Treu.
Privatdruck. - Ebenda 1948. /6670

Meditieren und träumen. (Gedicht). Privatdruck. - Offenbach:
Gebr. Klingspor 1949. (500 Ex.) /6671

Gedichte. Privatdruck. - Hamburg: im Freundeskreis (1966). /6672

PULVER, Max (1882-1952)
Übergang. Gedichte. - Zürich: Orell Füssli (1946). /6673

PUNT, Friedrich (1898-1969)
Luimes. Gedichte um ein altes Wort. - Innsbruck: Universitätsverlag
Wagner (1956). /6674

Anblick und Gedicht. - Wien, Innsbruck, Wiesbaden: Rohrer
(1959). /6675

Von Wort zu Wort. Gedichte. - Wien: Österreichische Verlags-
Anstalt (1967). /6676

PUNZ, Franz
Das Kellerwunder von Dürnstein. (Gedichte). - Wien: Europäischer Verlag /1953/. /6677

dasselbe. - Wien: Erw. Neuauflage im Selbstverlag, Andreas Hofer-
straße 2 /1970/. /6678

PUNZENBERGER, Karl
  A Muada. Mundartgedichte. - Wien: Europäischer Verlag (1967). /6679

PUTTNER, Mario
  ... und lach' mal drüber. Poetische Lebensbetrachtungen eines
  unverbesserlichen Optimisten. Mit Zeichnungen von Hanna Berg-Brüx. -
  München: Scharl 1962. /6680

  Traum und Trauma. Satirisches Pastell. (Gedichte). - Wien:
  Europäischer Verlag 1967. /6681

  Es lebt der Mensch. (Gedichte). - Ebenda /1969/. /6682

PUTZIG, Peter   d.i. Fritz Pudor   (1899)
  Germanische Wege. Gedichte. - Essen: Pudor (1956) = dies und
  das. 4. /6683

  Vorzeit in Versen. - Ebenda (1956) = dies und das. 2. /6684

PUZICHA, Waltraud
  Brot und Wasser. Gedichte. - Stuttgart: Colomb (1961). /6685

  Der dreizehnte Ton. Gedichte. - Ebenda (1969). /6686

QUACK, Paulheinz   (1921)
  Die Insel. Sonette. - Karlsruhe: Stahlberg-Verlag = Ruf der Jugend. 1.
  1946. /6687

QUADE, Traute   (1921)
  Durch das geöffnete Tor. (Gedichte). - Ebenda (1946) = Ruf
  der Jugend. 2. /6688

RABE, Fritz
  Das kleine Brevier eines Kriegsgefangenen. Worte und
  Verse. Textill. von Helmut Fuchs. - Jever: C.L. Mettcker 1950. /6689

RACHMÉ-JEDEK, Helena
  Melodien der Seele. Gedichte. - Wien: Europäischer Verlag 1957. /6690

RACKWITZ, Doris
  Das Lied der Seele. Gesammelte Gedichte. - Berlin: D. Rackwitz
  (1947). /6691

RADEBRUCH, Heinz
  4 Gedichte. Das Licht. (Skizze von Ruedi König). Holzschnitte
  von Peter Herbener. - Zürich: Handsetzerei Ernst Gloor. (1963). /6692

RADEMACHER, Gerhard   (1935)
  Die Flamme im Totenfeld. 4 Gedichtzyklen. - Heidelberg:
  Meister 1960. /6693

  Taubenflug. Gedichte. - Ebenda 1967. /6694

  Weide am Betonufer. Kurzgedichte. Grafik von Walter Podschwadek. - o.O. o.V. 1970. (12 Bl.) /6695

RADETZKY, Robert von   (1899)
  An die toten Freunde. (Gedichte). - Berlin: Minerva-Verlag 1948/6696

  Ausgewählte Gedichte. - Berlin-Dahlem: Colloquium-V. (1954). /6697

Salz und Brot. Gedichte. - Berlin-Dahlem: Colloquium-Verl. 1957. /6698
Unter dem Siegel der Sonnenuhr. Gedichte. - Ebenda 1960. /6699
Tag und Nacht-Gleiche. Gedichte. - Ebenda 1963. /6700
Fließende Fährte. Gedichte. - Ebenda 1967. /6701

RADTKE, Günter (1925)
Fluchtlinien. - München, Würzburg, Wien: Relief-Verlag Eilers 1966 = Der Viergroschenbogen. 69. /6702
Die Kreidestimmen sind verbraucht. Gedichte. Graf. Einlagen von H. Arved. - München: Relief-Verlag Eilers (1967). /6703

RADUSCH, Hilde
Weißer Kristall. - München, Würzburg, Wien: Relief-Verlag Eilers (1967) = Der Viergroschenbogen. Sonderb. 48. /6704

RAEBER, Kuno (1922)
Gesicht am Mittag. - Basel: Vineta-Verlag (1950). /6705
Die verwandelten Schiffe. Gedichte. - Berlin-Frohnau, Darmstadt, Neuwied: Luchterhand (1957). /6706
Gedichte. - Hamburg: Claassen 1960. /6707
Flußufer. Gedichte. - Ebenda (1963). /6708

RÄDLE, Eginhard
Wie der Vogel singt. Graf. Gestaltung von Fritz Möser. - Karlsruhe: Der Karlsruher Bote 1962. /6709

RAEL, Czest
Von Madrid bis Stalingrad. Gedichte. - Tel-Aviv: Selbstverlag 1945. /6710

RAINER, Maria
Derweil noch de Sunnroasn blüaht. (Mundartgedichte). - Klagenfurt: Heyn (1969). /6711

RAKOVSKY, Gertrude
Das Mondschiff. Gedichte. - Wien: Bergland-Verlag /1968/ = Neue Dichtung aus Österreich. 142/143. /6712

RAMO, Johannes d.i. Martin Scholkmann
Gedichte aus den Tagebüchern des Malers Johannes Ramo. Ill. von Ramo. - Stuttgart: Aurora Verlag (1963). /6713

RAMSEGER, Artur
Leben, Tod, Trauer, Trost. (Gedichte). - Castrop-Rauxel, Boppard: Heimversand A. Ramseger 1967. /6714

RAMSEIER, Ernst
Glaskugeln. (Gedichte und Grafik). - Krattingen üb. Spiez: Selbstverlag (1961). /6715

RANDAK, Ernst (1920-1968)
Tonales Prisma. Gedichte. - Wien, Linz, München: Gurlitt 1953. /6716

RANNER, Herta
Die Lieblinge, die kleinen holden! Gedichte. Ill. von
Editha Pert-Strobl. - Wien: Ranner /1967/. /671

RAPPAPORT, Ernest A.   (1903)
Wienerisch von dazumal bis heute. (Gedichte). Biogr. Vorwort von Peter Herz. - Wien: Europäischer Verlag 1968. /671

RARISCH, Klaus Max   (1936)
Not, Zucht und Ordnung. Ultimistische Gedichte. Mit Ill. von
Dieter H. Vogt und e. Nachw. von Dieter Volkmann. - Köln: Hake 1963. /671

RASCHE, Friedrich   (1900-1965)
Gedichte. - Konstanz: Südverlag (1949) = Neue deutsche Lyrik. 2. /672

Aus allen vier Winden. Gedichte. Nachw. von Karl Krolow. -
Hamburg: Hoffmann und Campe (1967) = Cabinet der Lyrik. /672

RASCHKE, Ulrich   (1943)
kadaver. gedichte. Auswahl u. Zusammenstllg. von Peter Reus. -
München: Maistraßenpresse (1965) = Lyrik. 1. /672

Ausgesetzt. (Gedichte). - Ebenda (1966) = Lyrik. 8. (500 num.
und sign. Ex.) /672

karneval. gedichte. Mit sieben Originalgraphiken von Manfred
Garstka. - Stierstadt i. Ts.: Eremiten-Presse 1967. (170 num. u. sign. /672

dasselbe, auf Lochkarten gestanzt. - Frankfurt: Euphorion 1970. Ex.) /672

Lebenslügen. Gedichte. Grafik von Peter Reus. - München:
Maistraßenpresse 1967. /672

Nächstenliebe. Gedichte. - Bremen: schöngeist-bel esprit 1967 =
Kladde. 1. /672

Zungenreden. (Gedichte). - München: Maistraßenpresse 1968. /672

RASE, Charlotte   (1908)
Helle Klänge. Gedichte. - Herne: Grabski (1957). /672

Gott hinter Gittern. (Gedichte). Linolschnitte von Fritz Möser. -
Karlsruhe: Der Karlsruher Bote (1958). /673

Erinnerung an die Genesis. Gedichte. - Ebenda /1960/. /673

Zeitprofil. Gedichte, Maximen, allegorische Geschichten. - Heidelberg: Meister (1964). /673

RASP, Renate
Eine Rennstrecke. Gedichte. - Köln, Berlin: Kiepenheuer &
Witsch (1969). /673

RATH, Georg
Fabeln. 50 Gedichte. - Hamburg: Christians 1969. /673

RATH, Gerty
Reise ums Herz. Gedichte. - Bukarest: o. V. 1947. /673

RATH, Karl vom

Gedichte. - Berlin: E.Schmidt (1948). /6736

ATHGEBER, Jup
Gedichte. - Schwaz: galerie eremitage 1969. /6737

ATISLAV, Josef Karl (1890-1955)
Das andere Ufer. Gedichte. - Wien: Amandus-Ed. 1945. /6738

AUBER, Egon
Gegen eine Wand. 22 Gedichte. Ill. von Jörg Binz. - Liebefeld/Schw.:
Lukianos-Verlag Hans Erpf (1967). /6739

AUCHFUSS, Hildegard Maria (1918)
So anders fällt das Licht. Gedichte. - Halle: Mitteldeutscher
Verlag 1959. /6740

Versuch es mit der kleinen Liebe. Gedichte, Lieder, Chansons. Ill. von Erika Baarmann. Noten mit Text. - Berlin: Henschel
1970 = Neue kleine Bühne. /6741

AUNER, Liselotte (1920)
Der Wechsel ist fällig. (Gedichte). Mit e. Nachwort von Josef
Reding. - Recklinghausen: Bitter (1970) = Anstöße. 1. /6742

AUSER, Jürgen
Traumfährten. Gedichte 1954-1964. - Kirchberg/Jagst: Wettin-
Verlag (1968). /6743

AUTEK, Franz
120 köstliche Reime. Graph. Ausführung von Susi Storch-
Rossmanit. - Wien, Zürich, München: Pechan (1954) = Perlen-
Reihe. 311. /6744

AWE, Cecil
Auf der Suche. Vergebliches in Versen. - Wien: Europäischer
Verlag 1959. /6745

ECHENBERG, Friedrich Georg (1891-1966)
„Mein Freund ist mein..." . Lieder der Seele. - Basel:
H. Majer (1945). /6746

ECK-KOTZBUE, Alexander
Schicksalsgrüße. - Wien: Europäischer Verlag 1970. /6747

ECKLINGHAUSEN, Jettli von
Totenklage. Gedichte. - München: Yin-Verlag /1952/. /6748

Du schöner Sturm. Verse aus 4 Jahrzehnten. - Ebenda /1955/. /6749

EDERN, Hedwig von
Weggeleit. Folge 1.2. je 24 Gedichtblätter in Form von Briefbeila-
gen. - Hamburg: Verlagsbuchhdlg. Bethel /1951/. /6750

EDL, Gertrud
Wanderer, tritt aus dieser Schlucht. Gedichte. Zeichnungen
von Eugen Krismer. Sonderdruck. - Bad Goisern: Neugebauer Press
(1966). /6751

Gelöste Traube. Gedichte. - Linz: Trauner Druck 1967. /675
REDLICH, Annelise
Am Born der Ruhe. Ausgewählte Gedichte. Zeichnungen von Walter Schmidt. - Ulm: Aegis-Verlag /1947/. /675
REDLICH, Berthold
Am Anfang. Eine Auswahl besinnlicher und heiterer Gedichte. - Basel: Buchdr. Linsenmann /1959/. /675
REDSLOB, Edwin (1884-1973)
Gestalt und Zeit. Begegnungen eines Lebens. (Sonette). - München, Wien: Langen/Müller 1966. /675

Spiegel des Lebens. Ein Band Gedichte. - Berlin: Blaschker/1969/. /675
REHWINKEL, Edmund (1899)
Zwischen gestern und heute. Gedichte. Zeichnungen von Kläre Goldbach. - Hannover: Landbuch-Verlag (1952) = Das Landbuch. 1. /675

Mosaik. Alte und neue Gedichte. - Hannover: Landbuch-Verlag 1956. /675

Auslese. Eine Sammlung alter und neuer Gedichte. - Ebenda (1966). /675
REICH, Etta
Tage, die man nicht vergißt. Prosastücke und Gedichte. - Zürich: Arche (1967). /676
REICH, Hanns Leo (1902-1959)
Der Heimat zur Feier. Gedichte. - Wien: Ergon-Verlag Löffler 1947. /676
REICHEL, Wilhelm (1894)
Musik der Stille. (Gedichte). - Wien: Kaltschmid /1946/. /676

dasselbe. - 2. erw. Aufl. - Ebenda /1947/. /676
REICHERT, Willy (Wilhelm) (1924)
Baum der Erkenntnis. Gedichte und Geschichten. - Würzburg: Halbig 1962. /676

Spätlese. Kredenzt von Heinz Hartwig. - Offenbach: Kumm (1966). /676
REICHOLD, Andreas
Erlebte Heimat. Gedichte. - Hof/Saale: Selbstverlag 1968. (als Manuskr. gedr.) /676
REICKE, Ilse d. i. Ilse von Hülsen (1893)
Klang und Klage der Geschichte. Gedichte. - Wien: Europäischer Verlag 1968. /676

Stimmen der Erdengeschlechter. Ein Gedichtkreis. - Wien: Europäischer Verlag 1969. /676
REIDEMEISTER, Kurt
Von dem Schönen. Essays und Gedichte. - Hamburg: Claassen & Goverts (1947). /676
REIF, Egon
Wie empfunden, so gebunden. - Wien: Europäischer V. 1952. /67

REIF-SCHERE, Ilse
„Im Vorübergehen...". (Gedichte). - Wien: Europäischer
Verlag 1967. /6771

Die leisen Dinge. - Ebenda /1969/. /6772

REIFEGGER, Luis
Gedanken in Versen.Sprüche und Elegien - Linz: Selbstverlag
(1960). /6773

REIMANN, Hans (1889-1969)
Fruchtsalat. 30 heitere Gedichte. Streuzeichnungen von Roland
Litzenburger. - München: Pohl /1955/. /6774

REINACHER, Eduard (1892-1968)
Unter Irrlichtern. Knappe Strophen. - Aichelberg Kr. Eßlingen:
Privatdruck des Verf. 2. Aufl. 1958; 3. verm. Aufl. Archivausg. 1963. /6775

Todes Tanz. Archivausgabe. Privatdruck d. Verf. - Ebenda 1959. /6776

Silberspäne. Gesammelte und erweiterte Neuauflage. - Aichelberg
Kr. Eßlingen: Privatdruck des Verf. Archivausgabe. 1960. (enthält:
Silberspäne, zuerst 1930; Zyklen, zuerst 1930; Im blauen Dunst, zuerst
1931; An den Schlaf, zuerst 1938). /6777

Im vorbestimmten Reigen. Ausgewählte Gedichte. Hrsg. von
Gerhard Reinacher und Quirin Engasser. - Bernau: Ufer-Verlag 1969. /6778

REINDL, Ludwig Eduard (1899)
Tanzende. Gedichte. - Konstanz: Südverlag (1948). /6779

Herbstlaub. Gedichte. - Amriswil: Bodensee-Verlag (1960). /6780

REINERS, Rita (1911)
Glückhafte Schau. Gedichte. - Krefeld: Scherpe (1946). /6781

Die leisenStimmen. (Gedichte). - Ebenda /1947/. /6782

Der schmale Pfad. Sonette. - Donauwörth: Cassianeum /1948/. /6783

Fülle des Lebens. Gedichte. - Düsseldorf: Die Fähre 1952. /6784

Der Jubel wird nicht schweigen. (Gedichte). - Krefeld:
Scherpe /1955/. /6785

Einsame Fährte. Gedichte. - Kleve/Niederrh.: Boss (1958). /6786

Hirngespinste. Satirische Gedichte. - Ebenda (1958). /6787

dasselbe. hirngespinste. Ill. von Peter Steinthal - Krefeld:
Scherpe /1968/. /6787

Traumwirklichkeit. Gedichte. - Kleve/Niederrh.: Boss (1960). /6788

Leuchtspur der Träume. Eine Auswahl. - Ebenda (1961). /6789

Schnittpunkte. (Gedichte). - Krefeld: Scherpe (1963). /6790

Der Dornbusch. (Gedichte). - Ebenda (1966). /6791

Schwarze Spiegel. Gedichte. - Ebenda 1969. /6792

Die Achillesferse. Heiter satirische Gedichte. - Krefeld: Scherpe 1970. /6794

REINERT, Werner (1922)
halte den tag an das ohr. Gedichte. - München: Piper (1966). /6795

REINFRANK, Arno K. (1934)
Vor der Universität.(Gedichte). - Fürstenfeldbruck: Steinklopfer-Verlag (1959) = Die Steinklopfer-Reihe der Außenseiter. /6796

Pfennigweisheiten. Gedichte und Fabeln. - Berlin: Aufbau-Verlag 1959 = Die Reihe. 25. /6797

Fleischlicher Erlaß. Gedichte. - Ebenda 1961 = Die Reihe. 57. /6798

Vorübergehende Siege. Gedichte. Ill. von Hans Ruedi Giger. - Egnach/TG: Steinklopfer (1963). /6799

Auf unserem Stern.(Gedichte). Mit e. Vorwort von Max von der Grün. - Jugenheim/Bergstr., Frankfurt: Weltkreis-Verlag /1964/. /6800

Die Davidsschleuder. Gedichte. - Berlin, Weimar: Aufbau-Verlag 1966. /6801

Deutschlandlieder zum Leierkasten. Satirische Balladen. - Berlin: total-hirsch-verlag 1968 = Manuskriptreihe. 3. /6802

Sprechplatte: Deutschlandlieder. 4 satirische Balladen. Musik und Interpretation: Reiner Rowald. - Ebenda /1960/. /6803

Rauchrichtung. Gedichte. - Hamburg, Düsseldorf: Claassen (1970) = claassen poetica. /6804

REINHARD d.i. Friedrich Reinhard Frosch (1935)
zornige gedichte. - Egnach/Th.: Clou-Verlag (1959). /6805

REINHARDT, Karl
E beßche Hessisch. Gedichte und Erzählungen in hessischer Mundart. Die Zeichnungen stammen aus der Feder d. Graphikers Paul Markl. - Gießen: Brühl (1950) = Hessisch Oart un Dreiwe. 1. /6806

REINHART, Josef (1875-1957)
Im grüene Chlee. Alti und neui Liedli ab em Land. 5. verm Aufl der im Verlag Francke erschienenen Ausgabe. - Aarau: Sauerländer /1948/ (1. Aufl. 1913) = Gesammelte Werke. 6. /6807

REINIG, Christa (1926)
Die Steine von Finisterre. Gedichte. - Stierstadt: Eremiten-Presse 1960. (num. Ausg.) /6808
Gedichte. - Frankfurt: S. Fischer (1963). /6809

Schwabinger Marterln. Nebst zwei preußischen Marterln. Freche Grabsprüche für Huren, Gammler und Poeten. - Stierstadt i. Ts.: Eremiten-Presse (1968). /6810

Schwalbe von Olevano. Neue Gedichte. Mit Originallinolschnitten von Axel Hertenstein. - Ebenda (1969) = Broschur. 3. (Ex. 1-100 handnum. und sign.) /6811

REININGHAUS, Hans
Lieder des Doktor Sauhirt. - Wien: Europ. Verlag /1953/. /6812

REINKE, Klaus
Handzeichen eines Biertrinkers. Gedichte. Hrsg. von Karlhans
Frank. Zeichnungen von Stephan Boeder. - Essen: Verlag Serigrafie
/1965/. /6813

REINOW, Hans   d. i. Hans Johann Reinowski   (1900)
Lied am Grenzpfahl. Gedichte. - Darmstadt: Reba-Verlag 2. durchges. Aufl. 1960. (zuerst 1940, Oprecht Zürich) /6814

Die traurige Geschichte des hochedlen Grafen von
Itzenplitz, in munteren Verslein erzählt. Zeichnungen von Hartmuth
Pfeil. - Offenbach: Bollwerk-Verlag 1947. /6815

REINTHALER, Hans   (1900-1964)
Heimkehr. Gedichte in oberösterreichischer Mundart. Mit 6 Bildern
von Johannes Wanke u. 4 Liedern, vertont von Ernst Tittel. - Wien:
Sexl 1946 = Obelisk-Ausgabe. (in d. Originalhs. d. Komponisten u. des   /6816
Dichters).

Da Zaubabrunn. Neue Lieder und Gedichte in oberösterr. Mundart.
Buchschmuck von Franz Korger. - Wels: Welsermühl (1963) = Lebendiges Wort. 25. /6817

Märzngsang. Gedichte in d. Mundart des Hausruckviertels. -
Linz: Oberösterreichischer Landesverlag (1968). /6818

REIPRICH, Elisabeth Sophie   (1922)
Der schmale Steg. Gedichte. - Karlsruhe: Der Karlsruher Bote
1961. /6819

Signale und Träume. Gedichte. - Wien: Europäischer Verl. 1963. /6820

REIPRICH, Walter   (1924)
...und eine Stimme rief in der Nacht. Zeitkritische Gedichte. - Herne: Grabski (1956). /6821

Die Quelle. Gedichte. - Karlsruhe: Der Karlsruher Bote. 1960. /6822

Noch im Staub rufe ich deinen Namen. Briefe an Sie. Gedichtzyklus. - Ebenda (1961). /6823

Rufe an das schlummernde Gewissen. Gedichte. Nachwort
von Peter Coryllis. - Hobbach üb. Aschaffenburg: Lampion -V. (1963). /6824

Auf den Stufen der Jahre. Gedichte. - Buxheim: Martin-
Verlag Berger /1966/. /6825

REISCH, Wolfram
Enzephallogramme. 36 Gedichte. Mit 6 Collagen von Wolfgang
Schlick. - Wiesbaden: Kubatzki /1969/. (300 sign u. num. Ex.) /6826

REISENBERGER, Anna Elisabeth   d. i. Anna Delapina   (1890-1969)
Aber das Herz ist die Mitte. Gedichte. - Wien: Hollinek 1961./6827

REISNER, Uwe   (1936)
Friedhöfe des Mondes. Gedichte. Mit 4 Original-Holzschnitten
von Sigurd Kuscherus. - Stierstadt/Ts.: Eremiten-Presse 1960. /6828
(300 num. Ex.)

REISSERT, Oswald

Mensch, sei jung! Des Philologen Lust und Leid. Heitere und
satirische Gedichte. - München: Bergstadtverlag Korn (1959). /682

REITBÖCK, Ilse F.
Wandlungen.(Gedichte). - München, Würzburg, Wien: Relief-Verlag
Eilers 1967 = Der Viergroschenbogen. 78. /683

REITER, Käte
Ja und Nein.(Gedichte). Mit 3 mehrfarbigen Siebdrucken von Gerhard
Wind. - Duisburg: Guido Hildebrandt 1970 = Hundertdruck. 7. /683

REITZ, Diuscha
Gang ins Licht.(Weisheitssprüche und Gedichte). - Zürich: Rascher
1962 = Urgrund des Seins. Fackel der Wahrheit. 3. /683

REMANÉ, Martin (1901)
Zwischen-Rufe. Gedichte. - Berlin: Verlag Lied der Zeit /1950/. /683

REMOLD, Josef (1902)
Berg und Mensch. Ein besinnliches Büchlein für den Sonntag. -
München, Bonn, Wien: BLV-Verlagsgesellschaft 1956. /683

dasselbe. - 2. erw. Auflage. Ebenda 1959. /683

Erlebtes und Erschautes aus der sowjetischen Gefangenschaft. Gedichte und Erzählungen. - München: Olzog (1963). /683

REMUND, Marguerite Elisabeth
Gedichte. Nachwort von Hugo Remund. - Olten: Vereinigung Oltner
Bücherfreunde 1947 = Privatdruck Oltner Bücherfreunde. 40. /683

Sechs Gedichte. - Lenzburg: Neujahrsblätter /1948/. /683

RENDL, Georg (1903)
Gedichte. - Salzburg: Festungsverlag 1948. /683

RENGER, Hanns
Eine Nuß voll Pfauenblau.(Gedichte). Linolschnitte von Franz
P. Moro. - Klagenfurt: Kleinmayr (1963). /684

Wo die Wolken fließen, ist der Regen jung. Gedichte. -
Klagenfurt: Carinthia (1966). /684

RENKER, Armin (1891-1961)
Klang aus der Stille. Gedichte. - Heidelberg: Schneider 1949. /684

Fülle der Gesichte. Neue Gedichte. - Karlsruhe: Der Karlsruher
Bote /1957/. /684

Römische Gedichte. Geschrieben von Walter Gleinig. - Zerkall:
Zerkall Renker (1963) = Werkdruck aus d. Hausdruckerei d. Papierfabrik Zerkall Renker & Söhne. 18. (Umschlagt.: Amor Roma.) /684

Malouinisches Gestade. (Gedicht), Zeichnungen von Ernst Ohst. -
Ebenda (1965) = Werkdruck. 20. /684

RENNEFELD, Otto (1887-1957)
Ein heimatloser Mensch. Drei Gedichtbücher mit einem Epilog
auf ein Totengedichtbuch. - Basel: R. Geering 1945. /684

Gedichte. In Gedenken an Otto Rennefeld hrsg. von Albert Steffen. -
Dornach/Schw.: Verlag für Schöne Wissenschaften (1965) = Veröffent-
lichung d. Albert Steffen Stiftung. (Hrsg. v. Friedrich Kempter) /6847
RENNER, Hermann Th. L.
Vom verwunschenen Kaktus. Sonette. - Hamburg: Wöll 1949. /6848
Kakteenblüten. Sinngedichte. - Ebenda 1951. /6849
Stimme aus dem Kakteenhain. Gedichte. - Ebenda 1952. /6850
RENNER, Julia
An die Deutschen. Gedichte. (Traumdichtung, Ausz.). - Paris:
Editions Réalité /1946/. /6851
RENNER, Karl (1870-1950)
Lyrisch-soziale Dichtungen. Eine Auswahl. Zum 80. Geburts-
tag des Verf. im Auftrag des „Literarischen Instituts" gesamm. u. hrsg.
von Ernst K. Herlitzka. - Wien: Danubia-Verlag (1950). /6852
RENTSCH, Verena
Und immer noch wächst der Mond. Gedichte. Mit Holzschnitten
von Hanns Studer. - Liestal/Schw.: Heinzelmann & Kunz (1967) =
Ergolzreihe. 2. /6853
RENTROP, Peter C. E.
Grausam die Frage. (Gedichte). - München, Würzburg, Wien:
Relief-Verlag Eilers 1966 = Der Viergroschenbogen. Sonderb. 46. /6854
RENZL, Theodor
Hoamatliab.(Gedichte in Innviertler Mundart). - Wien: Europäischer
Verlag 1951. /6855
Frohe Eintracht. Gedichte und Geschichten in Innviertler Mundart
- Wien: Berglandverlag (1962). /6856
REPPIN, Ursula d. i. Ursula Zwirner (1935)
Schapdetten. Gedichte und Zeichnungen. - Schleiden-Olef/Eifel:
Verlag Hagar 1963. /6857
RESCHKE, Rudolf Helmut (1931)
Dictum. (Gedichte). - Gütersloh: S. Mohn (1967). /6858
RESL, Franz (1883-1954)
Was mir der Tag so bringt... Heitere und besinnliche Kurzge-
schichten und Reimereien. - Salzburg: Das Bergland-Buch /1953/. /6859
REULAND, Marcel
Gedichter vum Marcel Reuland. - Luxemburg: St. Paulus-
Druckerei 1957 = LVB Der Freundeskreis Luxemburg. 11. /6860
REUSCHE, Fedor Hermann
Wandern, schauen, lauschen. Buntes Laub vom Lebensherbst
eines alten Wanderers. Auswahl u. fotograf. Aufnahmen von Rudolf Wittig.
- Bremen-Obernneuland: Selbstverlag (als Manuskr. gedr.) (1962). /6860a
REUSCHLE, Max (1890-1947)
Wesensbild. Ausgewählte Gedichte. Hrsg. von Frieda Margarete

Reuschle. - Stuttgart: Röhm 1955. /686

REUSCHLE, Sophie d. i. Sophie Reuschle-Rühlemann (1891)
Schneeglöckchen läutet. Frühlingsgedichte und Scherenschnitte. -
Bielefeld: Bechauf (1948). /686

Gedichte. - Karlsruhe: Der Karlsruher Bote 1964. /686

Bambusgeflüster. (Gedichte). Bilder und Klänge aus dem Chinesischen. - Karlsruhe: Der Karlsruher Bote 1965. /686

REUTER, Wilhelm
Hauch der Erde. - Lahr/Schwarzw.: Schauenburg /1954/. /686

REUTINER, Alice H. d. i. Alice Hochreutiner
Londoner Sonette und andere Gedichte. - Zürich: Speer-Verlag (1949). /686

Ein Blumenstrauß. Blumen-Sonette und Blumen Ritornelle. - Ebenda (1950). /686

Von Kunst und Leben. Sonette. - Ebenda (1952). /686

Sein und werden. Sonette. Ill. von Fred Troller. - Ebenda (1955). /686

Lied im Wind. Gedichte. - Ebenda (1958). /687

Aus Zeit und Traum. Gedichte. - Zürich, Stuttgart: Classen (1961). /687

Klänge am Abend. Gedichte. - Ebenda (1964). /687

Welt voll Licht und Schatten. Gedichte. - Ebenda (1967). /687

REXHAUSEN, Felix (1932)
Gedichte an Bülbül. Mit 5 Konterfeis nach der Natur, dargestellt von Bernard Jäger - Stierstadt: Eremiten-Presse 1968. (300 num. und sign. Ex.) /687

REXROTH, Franz von (1900)
Die Schwestern. Gedichte. Mit Zeichnungen von R. May. - Wiesbaden: Kesselring (1947). /687

Spannung und Lösung. Gedichte. - 1957. (b. n. e.) /687

Das Sonett schreibt über sich selbst. Gedichte. - 1955. (b. n. e.) /687

RHEIN, Jan
Hinter den hohen Mauern roter Mohn. Gedichte. - Berlin: Aufbau-Verlag 1961 = Die Reihe. 64. /687

RHEINDORF, Käthe (1898-1965)
Blume und Lied. - Düsseldorf: Schwann (1947). /687

RHYN, Hans (1888-1967)
Liebe Bäume. Gedichte. - Bern: Francke (1945). /688

Blühender Stein. Gedichte. - Ebenda (1947). /688

Dank. Gedichte. - Ebenda (1955). /688

Geheimnis und Wunder. Gedichte. - Bern: Francke (1961). /6883
Mathematische Gedichte. Ebenda (1965). /6884
Aus dem Stadtanzeiger. Gedichte. Ebenda (1966). /6885
Bern. Dächer und Türme. Ein Dank im Gedicht. - Ebenda (1967). /6886

RICHARTZ, Maria
Aus der Heimat kommt ein Schein. Ein Weihnachtsgruß an
Schlesierherzen. - Beuron: Hohenzollern-Verlag /1947/. /6887

RICHTER, Egbert
Der Perlenfischer. Gedichte, Haikus, Epigramme. - Bremen:
E. Richter (jetzt Pennigbeck/Osterholz) (1969). /6888

RICHTER, Franz
Wir, die an den Grenzen wohnen. Gedichte. - Wien:
Verlag für Jugend und Volk /1955/. /6889

Anbruch der Vergangenheit. Gedichte. - Wien: Bergland-
Verlag (1964) = Neue Dichtung aus Österreich. 95/96. /6890

RICHTER, Gustav (1906)
Der tanzende Faun. Buch Schlagmichnichtauf. (Gedichte). - Köln,
Garmisch-Partenkirchen: Schweitzer 1959 = Schweitzers Weltbücherei. /6891

RICHTER, Helmut (1933)
Land fährt vorbei. Gedichte. Ill. von Frank Ruddigkeit. - Halle:
Mitteldeutscher Verlag (1967). /6892

RICHTER, Helmuth (1892)
Das Jahr der Liebe. Gedichte. - Stuttgart: Brentano Verlag 1951./6893

RICHTER-RUHLAND, Walter d.i. Walter Richter (1910)
Eine Reise, ein Tag, eine Rose. Gedichte. - Wiesbaden:
Limes (1968) = Limes nova. 26. /6894

RICHTHOFEN, Bolko Frhr. von (1899)
A Schtickla Heemte. Gedichte in schlesischer Mundart. - Rends-
burg: Möller Söhne 1953. /6895

Aus fünf Erdteilen. Gedichte über fremde Länder und Völker. -
Herne: Grabski (1955). /6896

Heimat im Herzen. Schlesische Gedichte. - Ebenda (1956). /6897

Dank an Bayern. Gedichte. Mit einem Vorwort von Joseph Huber. -
Ebenda (1957). /6898

RICKENMANN, Pius
Stadt am See. Rapperswiler Gedichte. - Rapperswil: Verlag Berti
(1964). /6899

RIEDEL, Gerhard (1932)
Der herzliche Kreis. Gedichte. - Frankfurt, Stierstadt: Eremiten-Presse 1952. /6900

Die reine Gestalt. Gedichte. - Frankfurt, jetzt Stierstadt:
Eremiten-Presse /1953/. /6901

Wilder Flieder. Gedichte. - Augsburg: - Presse-Druck- und
Verlags-Gesellschaft 1954. /6902

Schweige und sieh. . .(Gedichte aus 5 Jahren). - Buxheim/Iller:
Martin-Verlag /1956/ = Das christliche Taschenbuch, Reihe:
Lebendiges Leben. 29. /6903

Werdende Mütter. Gedichte. - Ebenda 1957. /6904

RIEDEL, Otto Rudolf (1908)
Habt ihr's schon vernommen? Advents- und Weihnachtslieder. -
Berlin: Evangelische Verlagsanstalt 1951. /6905

Im Schatten Gottes. Ausgewählte Gedichte. - Ebenda (1951). /6906

Kleiner Reigen. Ausgewählte Gedichte. - Ebenda /1952/. /6907

Das Leben ist erschienen. Erzählungen und Gedichte. - Ebenda
(1957). /6908

Auf Tod und Leben. Erzählungen und Gedichte. - Berlin: Union-
Verlag (1960). /6909

Es schließt sich der Ring. Vom Weltlichen im Geistlichen. Vom
Geistlichen im Weltlichen. (Gedichte). - Hamburg-Bergstedt: Herbert
Reich Evangelischer Verlag 1961. /6910

Die einsame Straße. Erzählungen und Gedichte. Hrsg. von der
Pressestelle d. Evangel. -luther. Kirche in Thüringen. - Berlin: Evangel.
Verlagsanstalt in Verbindung m. d. Wartburg-Verlag Keßler, Jena. (1966) /6911

RIEDER, Albert d. i. Johannes Schreyer (1891)
Das Jahr der Pflanze. Gedichte. - Pfaffenhofen: Selbstverlag
1966. /6912

Durch das Jahr. Gedichte. - Ebenda /1968/. /6913

Natur und Wissenschaft. Gedichte. - Ebenda 1970. /6914

RIEDL, Anton
Gedichte. - Wien: Selbstverlag /1950/. /6915

RIEGEL, Werner (1925-1956)
Werner Riegel und Peter Rühmkorf: Heiße Lyrik. - Wiesbaden:
Limes (1956) = Dichtung unserer Zeit. 6. /6916

Gedichte und Prosa. Nachwort von Peter Rühmkorf. - Ebenda
(1961). /6917

RIEGER, Othmar (1904-1966)
Es ist eine Stadt. Lyrisches Volksbuch. Buchschmuck von Adolf
Anton Osterider. - Hartberg/Steiermark: J. Schönwetter (1954). /6918

dasselbe. - 3. erw. Aufl. Ebenda (1967). /6919

Gericht über das Feuer. Balladen. 8 Ill. von Alfred Werner. -
Graz, Wien: Stiasny (1955). /6920

Hiaz was is? Gedichte in oststeirischer Mundart. Holzschnitt-
Illustr. von Karlmann Müller. - Hartberg: Schönwetter (1968). /6921

RIEMANN, Hans
Hans Riemann und Ernst von Xylander: Das fröhliche Horoskop.
Astrologische Verse. Zeichnungen von Christa Kemper. - Zürich: Origo
Verlag 1955. /6923

RIEMANN, Helga
150 Schüttelreime. Mit 24 Illustrationen von Friedrich Kral. -
Gmunden: Javorsky Verlag /1966/. /6924

RIEMERSCHMID, Werner (1895-1967)
Ergebnisse. Gedichte, Gedanken, Dichtungen in Prosa. Mit 3 Ill.
von Hans Fronius. - Wien, Linz, München: Gurlitt Verlag 1953 = Kleine Gurlitt-Reihe. 7. /6925

Die Himmel wechseln. Eingel. und ausgew. von Ernst Randak. -
Graz, Wien: Stiasny (1960) = Das Österreichische Wort. Stiasny Bücherei. 54. /6926

Steinbrüche. Gedichte aus 40 Jahren. - Salzburg: Müller (1965). /6927

Brandwache. Gedichte. - Wien: Bergland-Verlag (1969) = Neue
Dichtung aus Österreich. Sonderb. 7. /6928

RIEPE, Heinrich (1894-1962)
De Viggelinenstrieker. Gedichte und Erzählungen. - Osnabrück:
Wenner 1952. /6929

Pottkooken un Swattbraut. Gedichte und Erzählungen. - Osnabrück: Fromm 1953. /6930

Spanndümmel. Gedichte. - 1961 (b. n. e.) /6931

De Sünnen stigg un sinket. Hrsg. mit e. Nachwort von Georg
Tiemeyer. Geleitwort von Wilhelm Fredemann. - Osnabrück: Fromm
(1963). /6932

RIEPLE, Max (1902)
Die heilige Nacht. Ein Gedichtkreis. - o. O. Selbstverlag 1946. /6933

Ausgewählte Gedichte. - Karlsruhe: Braun (1953). /6934

Bodensee-Sonette. Nachwort von Wilhelm Zentner. Federzeichnungen von Karl List. - Lahr/Schwarzw.: Schauenburg /1955/ = Silberdistel-Reihe. 13. /6935

Kleine Kräuterapotheke. Kräuter nach alten Rezepten in Versen
zusammengemengt. Mit 25 mehrfarbigen Bildern von Herbert Thiele. -
Freiburg i. Br.: Hyperion (1962) = Hyperion Bücherei. /6936

Die Räderspur. (Gedichte). - Todtmoos, Basel, Mühlhausen: Dreiländer-Verlag (1964). /6937

Freude mit Blumen. (Gedichte). Blumenaquarelle von Marianne
Mayer-Schneegans. - Mühlacker: Stieglitz Verlag (1966) /6938

Freude an Tieren. (Gedichte). Tieraquarelle von Marianne Mayer-
Schneegans. - Ebenda (1967). /6939

RIETHMÜLLER, Otto

Gedichte. - Berlin-Dahlem, Gelnhausen: Burckhardthaus-Verl. /1951/. /6940

RIETMANN, Oskar
O Täler weit, o Höhen. Gedichte. - St. Gallen: Selbstverlag 1947. /6941

RILZ, René
Blaise. Ein Gedicht in Prosa. Mit 10 Original-Holzschnitten von
Wolfgang Schlick. - Wiesbaden: Priapos Presse /1970/. /6942

RINGGENBERG, Fritz (1891)
Gedichte. - Meiringen: Brügger /1961/. /6943

Si sägen, das vor alten Zyten... En Hampfella grümd Haslisagi.
(mundartl., in Balladenform). - Bern: Francke (1968). /6944

RINGLER-KELLNER, Ilse (1894-1958)
Wege der Liebe. Erzählungen und Gedichte. Ausgewählt u. mit einem Nachwort versehen von Herbert Wessely. Textzeichnungen von Sepp
Ringler. - München: Aufstieg-Verlag (1963). /6945

RINGSEIS, Franz d. i. Anton Neuhäusler (1919)
A Wassafoi mechat i sei. Bairische Gedichte. - München:
Ehrenwirth (1968). /6946

Durchd Wand spuit a Klavier. Bairische Gedichte. - Ebenda
(1969). /6947

i konn koane Engal mehr seng. Bairische Gedichte. - Ebenda
(1970). /6948

RINNERHOFER, Ferdinand
"Wir schreiten und schreiten...". (Gedichte). - Wien:
Europäischer Verlag 1957. /6949

RITTER, Heinz (1902)
Lebensquellen. Gedichte. - Osnabrück: Sternbergkreis /1949/ =
Schriften des Sternberg-Kreises. 1. (Als Manuskr. gedr.) /6950

Liebe Erde. Gedichte und Sprüche. Vignetten von Willi Harwerth. -
Kassel, Basel: Bärenreiter 1951. (zuerst 1933) /6951

dasselbe. - Stuttgart: Mellinger 4. Aufl. 1966. (keine Vignetten) /6952

Der goldene Wagen. (Gedichte). - Rinteln: Bösendahl (1953) =
Das kleine Bösendahl-Buch. /6953

Das Maulwurf-Igelchen. Heitere und besinnliche Verse zu allerlei Klecksografien. - Kassel, Basel: Bärenreiter-Verlag 1954. /6954

Ich ging in Stille durch die Erdenräume. Gedichte, Gesichte und Sagen. Eine Jubiläumsgabe. - Dülmen/Westf.: Kreis der Freunde (1963) = Der Vier-Groschen-Bogen. Sonderausg. 11. /6955

Blauer Turm. Gedichte. - Rinteln: Druck und Verlag Rasche 1964.
RITTER, Karl Bernhard (1890-1968) = Schriften des Sternbergkreises. /6956
Heilige Feier. (Gedichte). - Kassel: Stauda (1950). /6957

RITTER, Karl Franz (1900)
Licht im Untergang. Gedichte. - Ulm: Hess-Verlag /1957/. /6958

Wir Gefangenen. Gedichte. - Ulm: Hess Verlag (1958). /6959

Spiel und Abstrahl. Gedichte. - Ebenda (1963). /6960

Gedichte. 1964-1966. - Ebenda (1967). /6961

Gang im Dunkel. Gedichte 1967-1969. - Ebenda (1970). /6962

RITTER, Roman (1943)
Vorlesungen. 13 Gedichte. - München: Takete-Verlag 1968.
(Umschlagt.: Verzeichnis der kritisch-poetologischen Vorlesungen des
aussergewöhnlichen Professors Roman Ritter) /6963

RITTERSHAUS, Daisy
Reziprok. Magische Gedichte. Mit Handschriften-Faksimiles und
Graphiken der Verfasserin. - Karlsruhe: Der Karlsruher Bote /1968/. /6964

Heroin. Chiffrierte Briefe. Gedichte. - München: Relief-Verlag (1968).
/6965

ROBBIN, Jen
Gedichte. - Heidelberg: Meister /1960/. /6966

ROBRAHN, Karl Heinz (1913)
Herz in Gott. (Gedichte). - Leipzig: St. Benno-Verlag (1957). /6967

Gesang des Lebens. - Berlin: Union Verlag (1960). /6968

Ich möchte Liebes tun und sagen. Gedichte. - Leipzig:
St. Benno Verlag /1963/. /6969

ROCH, Herbert (1907)
Irdene Scherben. Gedichte. - Berlin, München: Weiss (1954) /6970

ROCHOW, Joachim (1938-1966)
Den Tod laß und lynchen. Gedichte. Graphik von Fritz Möser. -
Karlsruhe: Der Karlsruher Bote 1961. /6971

Der leise Krieg. Gedichte. Hrsg. mit e. Nachwort von Hilde Domin.
- Andernach: Atelier Verlag (1968). /6972

ROCKMANN, Siegfried (1910-1969)
Der Nibelungen Not. Aus tausend Nächten Workuta. (Gedichte). -
Hannover: H. Pfeiffer 1968. /6973

RODEN, Max (1881-1968)
Tod und Mond und Glas. Neue Gedichte. - Wien: Bergland-Verlag
(1959) = Neue Dichtung aus Österreich. 56. /6974

Amerika ist um mich her. Gedichte. - Wien: Neue Galerie 1961./6975

Gestalt im Wandel. Gedichte. - Ebenda 1961. /6976

Imagina. Gedichte. - Wien: Bergland-Verlag (1964) = Neue Dichtung
aus Österreich. 109. /6977

RODLAUER, Walter
Verweile. Gedichte. - Wien: Europäischer Verlag 1954. /6978

ROELLI, Hans (1889-1962)
Balthasar. Aus Leben und Liedern eines Spielmanns. Mit Melodien.
- Olten: Vereinigung Oltner Bücherfreunde 1945 = Veröffentlichungen
d. Vereinigung Oltner Bücherfreunde. 27. /6979

Zuversicht. Gedichte und Verse aus dem Jahre 1944. Zeichnungen
von Hanny Fries. - Bern: Verlag die Nation /1945/. /6980

Ein blauer Tag ist gekommen. 12 Wanderlieder. Worte und
Melodien. - Bern: Müller & Schade /1946/. /6981

Sommerliches Verweilen. Gedichte. Zeichnungen von Hanny
Fries. - Zürich: Interverlag /1947/. (2. Luxusausgabe, nicht im Buchhandel) /6982

Gewagt - gesagt. (Sprüche). - Olten: Vereinigung Oltner Bücherfreunde (1949). /6983

Schnee. Gedichte. - Zürich: Amstutz und Herdeg 1949. /6984

100 ausgewählte 2-stimmige Lieder. Worte und Melodien
von H.R. - Zürich: Fretz & Wasmuth /1951/. /6985

Die Familie. Zumeist heitere und lausbubige Verse aus meiner
fernen Jugendzeit. - Zürich: Amstutz & Herdeg (1953). /6986

Freude erfüllt mich. Lieder zur Laute. Zeichnungen von Otto
Bachmann. - Zürich: H.R. Stauffacher (1959). /6987

Lob des Winters und seiner Spiele. Handschrift-Faksimile.
Mit Zeichnungen von Alex Walter Diggelmann. - Zürich: A.W. Diggelmann (1961). /6988

Blinder Griff in die irdische Tiefe. Gedichte in Prosa. -
Zürich: Orell Füssli (1962). /6989

Ein Totentanz. Worte, Melodien und Lautenbegleitungen. Zeichnungen von Otto Bachmann. - Ebenda 1962. /6990

ROEMER, Henri Rolf
Gebundene Zeit. (Gedichte). - Zürich: Speer-Verlag (1946). /6991

Herbst am See. Die Zeichnungen stammen von Gertrud Horn-Lieven.
Ebenda (1954)   (Jubiläumsausgabe) /6992

RÖMER-KRUSEMEYER, Maria   (1894)
Die Wiege. (Gedichte). - Paderborn: Schöningh (1947). /6993

ROESER, Ernst   (1881)
Ein Leben lang. Gedichte. - 1958.   (b.n.e.) /6994

Irgendwo, irgendwann im All.(Gedichte). - Kleve/Niederrh.:
Boss (1960). /6995

Halte, was du hast. - Karlsruhe: Der Karlsruher Bote 1965. /6996

Siehe was bleibt. Gedichte. - Ebenda /1965/. /6997

RÖSSEL-MAJDAN, Karl
„Ich bin der Mensch von heut'...". Eine Auswahl besinnlicher und heiterer Verse. - Wien: Europäischer Verlag 1950. /6998

RÖSSLER, Angelika   (1935)
Zwischen silbergrau-grünen Kolibris. (Gedichte). In und
nahe Hagenbecks Tierpark. - Dülmen: Kreis der Freunde (1963) = Der
Vier-Groschen-Bogen. Sonderausg. 17. /6999

RÖSSLER, Hans (1889-1965)
Is Schläsisch ihs mer oageboarn. Lustige und besinnliche Gedichte und Geschichten in schlesischer Mundart. - München: Gräfe und Unzer (1958). /7000

Heemte, guldne Heemte. Gedichte in schlesischer Mundart. - München: Bergstadtverlag Korn 3. Aufl. (1960) (zuerst 1939) /7001

Das Hans-Rössler-Buch. Gedichte. Erzählungen. Tagebuchbätter. - Wolfenbüttel: Grenzland Verlag 1964. /7002

RÖSSLER, Herbert
Sternbildwege. Gedichte. Auswahl und Zusammenstllg. von Wolf Peter Schnetz. - München: Maistraßenpresse 1965 = Lyrik. 2. /7003

RÖSSLER, Tile
(Gedichte). - Frankfurt: Brungs (1959). (nicht im Buchhandel) /7004

RÖTHLISBERGER, Rudolf
Und sonst ist alles still. Gedichte. - Grenchen: Spaten-V. 1960./7005

ROETSCHI, Robert
Am Wellenblühn der Aare. - Bern: Francke 1945. /7006

Der Schleier der Mutter. Lyrischer Zyklus< in sapphischen Strophen>. - Solothurn: A. Lüthy (1953). /7007

RÖVER, Hermann
Jugend und Heroische Landschaft. (jeci li ili nici li?) - Hamburg: Gerd Rösch i. Komm. Charta Fahnen und Fackeln. (Als Manuskr. gedr.) 1954. /7008

ROFKAR, Karl-Heinz
texturen. - Ahrensburg/Holst., Paris: Damokles (1966) = damoklesrotdrucke. 5. /7009

ROGALLA, Anny de
Das Schwert des Geistes. (Gedichte). - Wien: Europäischer Verlag 1953. /7010

ROGGAN, Bruno
Gedichte. - Berlin-Britz: Selbstverlag B. Roggan /1955/. /7011

ROGGE, Alma (1894-1969)
Sprechplatte: Erzählungen und Gedicht. Sprecherin: Alma Rogge. - Leer: Schuster Verlag /1967/. /7012

Land aus dem ich geboren bin. (Gedichte). - Bremen: Schünemann (1970). /7013

ROGGE, Johannes Friedrich
Hymnen an Berlin, Textzeichnungen von Averdung. - Berlin: Arnold 1948. /7014

ROGGENDORF, Heinrich (1926)
Der Dom. (Geistlicher Zyklus). - Privatdruck 1948. /7015

Frankenfahrt. (Reisedichtung). - Privatdruck 1961. (bibliophiler

Bogen, 100 num. u. handsign. Ex.) /7016

Italienische Suite. (Reisedichtung). - Privatdruck 1961. (bibliophiler Bogen, 1oo num. u. handsign. Ex.) /7017

Rheinländische Wanderung.(Reisedichtung). - Privatdruck 1961. (bibliophiler Bogen, 100 num. u. handsign. Ex.) /7018

Tagebuch und Kartengruß. (Reisedichtungen). - Privatdruck 1961. (bibliophiler Bogen, 100 num. u. handsign. Ex.) /7019

Weserweg. (Reisedichtung). - Privatdruck 1962 (bibliophiler Bogen, 100 num. u. handsign. Ex.) /7020

Durch Zeit und Landschaft. (Reisedichtung). - Privatdruck 1963. (bibliophiler Bogen, 100 num. u. handsign. Ex.) /7021

Oberpfalz und Bayerwald. (Reisedichtungen). - Privatdruck 1963. (bibliophiler Bogen, 100 num. und handsign. Ex.) /7022

Missa ad pontes gratiae. (Gedichte). - Karlsruhe: Der Karlsruher Bote /1960/. /7023

Motive. Lyrik einer kleinen Frist. - Köln: Kürten Verlag 1962 = Blätter für moderne Dichtung. /7024

Kölnische Lese. (Gedichte). Mit Zeichnungen von Gerold A. Rebholz. Nachwort von Paul Gabrisch. - Ebenda 1967 = Blätter f. mod. Dichtung. /7025

Mittelterrasse.(Landschaftsdichtung). - Ebenda 1970. /7026

ROGIVUE-WASER, Emmy
Gedichte. - Zürich: Speer-Verlag (1951). /7027

ROHLEDER, Paul
Fröhlich unterwegs. Kleine Lieder von der großen Wanderschaft des Lebens. - Stuttgart: Kreuz-Verlag 1951. /7028

ROHMANN, Karlwalther
Braunschweiger Butzenscheiben-Lyrik. - Braunschweig: Graff (1970). /7029

ROLFS, Rudolf (1920)
Das Bein und zwar das linke.(Gedichte). - Ahrensburg, Paris: Damokles Verlag (1970) = songbuch. 7. /7030

ROMAY, Roman d. i. Roman Laussa-Mayr (1901)
Am Rande der Wiesen. Gedicht. Scherenschnitte von Maria Laussa-Mayr. - Innsbruck: Universitätsverlag Wagner /1962/. /7031

ROOME, Walter
Gereimtes und Ungereimtes. - Schweinfurt: Verlag Neues Forum 1967. /7032

ROON, Maria Luise von (1889-1968)
Komm ew'ges Licht. Gedanken für alle Tage unseres Lebens. (Gedichte). - Bielefeld: Bechauf /1946/. /7033

ROSENBERG, Maximilian
Die Muschel. Neue Gedichte. - Berlin: Arnold 1948. /7034

ROSENDORFF, Linda
  Das kleine Leuchten. Gedichte. - Wien: Europäischer V. 1968.   /7035
ROSENFELD, Michael   (1943)
  Gedichte. Holzschnitte von Gerhard Ausborn. - Hamburg: Sirius Presse
  Hellmut Saucke 1967 = Druck der Sirius Presse. 11.   /7036
ROSENSTOCK, Georg   (1918)
  Der Garten am Meer. Hamburg: Hans Dulk (1948).   /7037
ROSENTHAL, Josef
  Erkennen. (Gedichte). - Wien: Europäischer Verlag (1967).   /7038
ROSIÉ, Paul
  Sing Sing Singsang Songs. Mit 12 Zeichnungen des Verfassers.
  - Berlin-Grunewald: Herbig (1951).   /7039
ROSOWSKY, Norbert
  Spinnweben. - München, Würzburg, Wien: Relief-Verlag Eilers
  1965 = Der Viergroschenbogen. 55.   /7040
  Adern. Gedichte. - München: Maistraßenpresse (1965) = Lyrik. 3.   /7041
ROSSATO, Gerhard
  Uf'm Gässel, drinn im Haus. Gedichte iwwer kläne un grosse
  Kinner. - Neustadt a. d. Weinstr.: Meininger (1961).   /7042
ROSTEUTSCHER, Joachim   (1908)
  Traum und Wirklichkeit. (Gedichte). - Basel: Amerbach (1947).   /7043
ROSTOK-MANNLICHER, Cäcilie
  Balladen. Zeichnungen Inge Ute Brunner. - Wien: Hoynigg /1955/.   /7044
ROT, Diter   (1930)
  Scheiße. Neue Gedichte. Mit einem Anhänger von Albrecht Fabri. Gedichte. - Providence: o. V. (1966).   /7045
  80 wolken 1965-1967. - Stuttgart: Dr. E. Walther (1967) =
  rot. 32.   /7046
  die blaue flut. (Gedichte). - Stuttgart: Hansjörg Mayer (1967).   /7047
  301 kleine Wolken in Memoriam big J and big G, ein fingierter Bericht der inneren Fremde von D. R., dem Schweizer im inneren Ausland. 48 tiefliegende Wolken für Rudolf Rieser. - Stuttgart: Hansjörg Mayer 1967.   (130 Ex.)   /7048
  Mundunculum. (Ein tentatives Logico-Poeticum, dargest. wie Plan u. Programm oder Traum zu einem provisor. Mytherbarium für Visionspflanzen) - Köln: DuMont-Schauberg (1967) = Bd. 1. Das rot'sche Videum.   /7049
  Die gesamte Scheiße. Gedichte und Zeichnungen. - Berlin: Rainer-Verlag (1968).   /7050
  Diter Rot und Emmet Williams: Noch mehr Scheiße. (Gedichte). Eine Nachlese von Diter Rot. - dhe book of thorn and edh, being footnotes to sweethearts and odher things von Emmet Williams. (Gedichte). - Stuttgart: Hansjörg Mayer (1968).   /7051

Poetry 5 bis 1. Zeitschrift für Posiererei, Pometrie, Poeterei
und Poesie. - Köln, London, Reykjavik: Edition Hansjörg Mayer
(1969) = Diter Rot: Gesammelte Werke. 15. /7052

ROTH, Eugen (1895)
Mensch und Unmensch. Heitere Verse. - München: Hanser (1948);
2. veränd. Aufl. 1950. /7053

Eugen Roths Tierleben. Mit Bildern von Julius Himpel. 1. 2. -
München: Hanser (1948), (1949). /7054 und /7054a

Ein Mensch... Heitere Verse. - München: Hanser (1949); Neuausgabe (1955). (zuerst 1935) /7055

dasselbe. Sonderausgabe zum 60. Geburtstag Eugen Roths. - Ebenda
/1954/. (500 sign. Ex.) /7056

dasselbe. - Wien: Buchgemeinschaft Donauland; - Gütersloh: Bertelsmann; - Stuttgart: Europäischer Buch- und Phonoclub (1969). /7057

Ernst und heiter. (Gedichte und Prosa). - Saarbrücken: Club
der Bücherfreunde /1949/. /7058

dasselbe. - München: Dt. Taschenbuch Vlg. (1961) = dtv Taschenb. 10. /7059

Der Wunderdoktor. Heitere Verse. - München: Hanser (1950).
Die Frau in der Weltgeschichte. Ein heiteres (zuerst 1939) /7060
Buch. Ill. von Fritz Fliege. - Ebenda (1951). (zuerst 1936) /7061

Rose und Nessel. Gedichte. - München: Hanser (1951). /7062

Gute Reise! Heitere Verse. - München: Hanser (1954). /7063

Heitere Kneipp-Fibel. Mit Zeichnungen von Claus Arnold. -
München: Ehrenwirth (1954). /7064

Mensch und Zeit. - Offenbach am Main: Kumm /1954/. /7065

Ein Mensch... Heitere Verse. Hrsg. und erläut. von Henrik Caspari.
- Stockholm: Svenska Bokförlaget Norstadt (1959). (mehreren Bdn. entn.)
/7066
Eugen Roths Kleines Tierleben. Bilder von Julius Himpel.
- München: Hanser (1956). /7067

Eugen Roths Humorapotheke. (Kassette mit mehreren Versbänden). - München: Hanser (1957). /7068

Neue Rezepte vom Wunderdoktor. Heitere Verse. - Ebenda
(1959). /7069
Sprechplatte: Eugen Roth liest Eugen Roth. Mensch
und Unmensch. Gute Reise. - Hamburg: Dt. Grammophon Ges.,
Literarisches Archiv /um 1959/. /7070

Auf geht's! Eine oktoberfestliche Moritat. Zeichn. von Karl Arnold
(u.a.). - Hannover: Fackelträger-Vlg. (1960) = Die kleine Reihe. /7071

Von Mensch zu Mensch. Ein Hausbuch. Illustr. von Alfred Zacha-
rias. Nachwort von Hermann Seyboth. - Stuttgart, Düsseldorf: Deutscher
Bücherbund /1960/. /7072

dasselbe. - Wien: Buchgemeinschaft Donauland /1960/. /7073
dasselbe. - Zürich: Buchclub Ex Libris /1961/. /7073a

dasselbe. - Frankfurt, Wien, Zürich: Büchergilde Gutenberg (1968). /7074

dasselbe. - Gütersloh: Bertelsmann - Lesering 1968. /7074a

dasselbe. - Berlin, Darmstadt, Wien: Deutsche Buch-Gemeinschaft
1968. /7074b

dasselbe. - Stuttgart: Europäischer Buch- und Phonoclub 1968. /7074c

Hausarzt des Humors. Heitere Verse und Geschichten. Mit einem
Nachwort hrsg. von Fritz Fröhling. - Freiburg i. Br.: Hyperion-Vlg.
/1961/ = Hyperion-Bücherei. /7075

Sprechplatte: Gedichte und Prosa. Sprecher: Eugen Roth, Ella
Büchi, Axel von Ambesser. - Hamburg: Teldec /1962/. /7076

Der letzte Mensch. Heitere Verse. - München: Hanser (1964). /7077

Heiter bis wolkig. Neue Verse und neue Geschichten. Hrsg. mit
einem Nachwort von Fritz Fröhling. - Freiburg i. Br.: Hyperion-Vlg.
/1965/ = Hyperion-Bücherei. /7078

Das Eugen-Roth-Buch. - München: Hanser (1966). Einmalige
Sonderausgabe. /7079

dasselbe. - Berlin, Darmstadt, Wien: Deutsche Buch-Gemeinschaft
(1968). /7080

Menschliches in Scherz und Ernst. Eine Auswahl. (Gedichte). -
Stuttgart: Reclam (1966) = Reclams Universal-Bibliothek. 7486. /7081

Ansichten und Einsichten. Eine Auswahl. - Stuttgart, Zürich,
Salzburg: Europäischer Buchklub. Stuttgart, Zürich, Wien: Europäische
Bildungsgemeinschaft /1967/. /7082/und /7082a

Wie man's nimmt. Eine Auswahl neuer Verse und neuer Geschichten.
Hrsg. von Fritz Fröhling. - Freiburg i. Br.: Hyperion-Verlag /1967/ =
Hyperion-Bücherei. /7083

Die große Eugen Roth Kassette. 12 Bände. - München: Hanser
1968. (Enthält: Ein Mensch. Mensch und Unmensch. Der Wunderdoktor.
Neue Rezepte vom Wunderdoktor. Die Frau in der Weltgeschichte. Gute
Reise, u.a.) /7084

Ins Schwarze. Limericks und Schüttelreime. - Ebenda (1968). /7085

Das neue Eugen Roth Buch. - Ebenda (1970) Einmalige Sonderausgabe. /7086

Eine Auswahl. - Zürich: Neue Schweizer Bibliothek /1970/. /7087

ROTH, Friedrich (1897)
Im Glühen des Lichts. Erzählungen, Verse, Betrachtungen. -
Lahr/Schwarzw.: Schauenburg /1955/ = Silberdistel-Reihe. 15. /7088

Fülle der Tage. Alte und neue Lieder, Oden und Sonette. - Karlsruhe: Der Karlsruher Bote (1962). /7089

War das doch ein lautes Prunken. Gedichte. - Ebenda 1970. /7090

ROTH, Paul (1896-1961)

Im Strom der Poesie. Aus dem Liederbuch meines Lebens. Original-Zeichnungen von Adelheid u. Jan Pieter Keuris-Roth. - Affoltern: Aehren-Verlag (1956). /709

ROTHENBURG, Alwis von   d. i. Alois Gütling   (1886-1970)
Aus Sklavenjoch zur Freiheit. (Gedichte). Ein Leidensbericht eines Deutschpragers. - Berchtesgaden: Selbstverlag 1952. (Druck: Manz, München) /709

Wohin, Heimatloser? Gedichte und Lieder. - München: Lerche vorm. Calve, Prag   1953. /709

ROTHER, Hans-Jörg
(Gedichte). - Berlin: Verlag Neues Leben (1970) = Poesiealbum. 39. /709

ROTHER, Thomas
Arschleder zwickt. Kritische Liedertexte, Ost-Westdeutsche Abzählverse und Ruhrgebiets-Kinderreime. - Mülheim/Ruhr: Piscator- Verlag 1968. /709

ROTHFUSS, Adolf
Heimeliges am Wegrand. Gedichte in schwäbischer Mundart. - Freudenstadt: Kaupert (1954). /709

ROTTER, Felicie   (1916)
Schnee und Nüsse. Gedichte. - Wien: Bergland-Verlag (1960) = Neue Dichtung aus Österreich. 74. /709

ROTTER, Kurt Erich   (1907)
Solange das Herz nur schlägt. Erzählungen und Gedichte. - Wien: Mont Blanc Verlag (1947). /709

Mit leiser Stimme. Ausgewählte Gedichte. - Wien: Privatdruck Augartenverlag Szabo (1968). /709

ROWALD, Reiner
20 Balladen zum Vor- und Nachdenken. Samt einer Anleitung zum Protest. Zusammenstellg. von Erik Spiekermann u. Andreas Villain. - Berlin: Ça-ira-Presse (1967). /710

Berlin zum Beispiel. Lieder zur Kulturrevolution. - Dortmund: Verlag „Pläne" /1969/.   Mit Schallplatte. /710

RUCKSTUHL, Josef   (1908)
Landschaften der Schweiz. Gedichte. Zeichnungen von Werner Beutler. - Wabern-Bern: Eigenverlag 1962. /710

RUDNIGGER, Wilhelm   (1921)
Gesetzt den Fall... Heitere Reflexionen aus dem Spiegel menschlicher Schwächen. Ill. von Sepp Schmölzer. - Klagenfurt: Carinthia (1952).
/710
Frisch von der Feder weg! Heitere Gedichte im Volkston. Mit 3 Holzschnitten von Suitbert Lobisser. - Wien: Europäischer Verlag 2. Aufl. 1953.   (1. Aufl. b. n. e.) /710

Gedichtlan seind Gloggn. Gedichte im Volkston. Ill. von Sepp Schmölzer. - Klagenfurt: Sonderdruck d. Allgemeinen Bauernzeitung 1954. /710

In jeglichem Dunkel lebt Licht. Gedichte. - Klagenfurt:
Verlag Carinthia (1954). /7105

Wia a Joahr is das Lebn... Gedichte in Kärntner Mundart.
Buchschmuck von Franz Korger. - Wels: Welsermühl 1959) = Lebendiges Wort. 4. (Titelergänzung auf Innenseite: a Haus mit vier Wänd', wo
das Lachn und Wanan zwa Gschwista drin send!) /7106

Gedichte mit doppeltem Boden. Mit e. Zeichnung von Richard
Kerschnitz. - Villach: Franz Schneeweiß, Ges. zur Förderung neuer
Kunst 1961. /7107

mein schildkrötenschlitten. Mit e. Zeichnung von Egon Wucherer. - Klagenfurt: Carinthia (1963). /7108

Silvester Skurillo. Gedichtgrotesken. Vorwort von Walther Novotny. Ill. von Werner Lössl. - Maria Rain: Dr. B. Petrei (1963). /7109

"A Mendsch ohne Lachn is a Schlaf ohne Tram".(Gedichte
im Volkston). Maria Rain, Wien, München, Basel: Dr. Petrei (1964). /7110

dasselbe. - 2. erw. Aufl. Mit Ill. von Steffi Chiavacci. - Ebenda (1965). /7111

dasselbe. - 5. erw. Aufl. - Klagenfurt: Carinthia (1967). /7112

Gebete aus dem Garten Gottes. Gedichte. Ill. von Fritz Berger. - Maria Rain, Wien, München, Basel: Dr. Petrei (1964). /7113

dasselbe. - 3. erw. Aufl. Ebenda (1965). /7114

dasselbe. - 7. erw. u. umgest. Aufl. Ill. von Waltrude Neumann. -
Klagenfurt: Carinthia (1967). /7115

Sprechplatte: Silvester Skurillo. Gedichtgrotesken. Sprecher: Wilhelm
Rudnigger. Musik: Josef Huber, Klavier. - Wien, Kassel: Amadeo
/1964/. /7116

Bethlehem ist überall. (Gereimte Weihnachtslegende im Volkston.
Zeichnungen nach Originalpuppen der Elli Riehl von Waltrude Neumann).
- Wels: Welsermühl 1965 = Lebendiges Wort. 57. /7117

Kumm guat ham! A g'reimte Fahrschul. Vignetten von Werner Lössl.
- Klagenfurt: Carinthia (1965). /7118

dasselbe. - A g'reimte und gezeichnete Fahrschul von Wilhelm Rudnigger und Rolf Totter. - Ebenda (1966). /7119

Sprechplatte: Kumm guat ham! Sprecher: Wilhelm Rudnigger. - Wien:
Columbia /1965/. /7120

Liebesgedichte. Graphiken von Kurt Schmidt. - München: Dr. Petrei
1965. (gedr. auf dopp. Blättern in chines. Stil) /7121

Zum verloschnen Stern. Gedichte vom greimten Tod. - Wien,
München, Klagenfurt, Basel: Dr. Petrei (1966). /7122

In vier Zeilen. Miniatur-Satiren.(Gedichte). - Klagenfurt: Johannes
Heyn 1967. /7123

Kleine Schmunzelkur. (Gedichte). Ill. von Klaus Amsüß.

Villach: Landskronverlag 1967. /712

Lustige Anatomie und heitere Berufsbilder. (Gedichte im Volkskon). Ill. von Klaus Amsüß. - Ebenda 1967. /712

Unser täglicher Zirkus. Gedichte. Zeichnungen von Waltraude Neumann. - Klagenfurt: Carinthia (1967). /712

"Am bestn redt ma, das is gwiß, wia an da Scnnabl gwachsn is..." Vergnügliche Vortragsgedichte im Volkston. - Ebenda (1968). /712

Ein Baum voll Nachtigallen. Ausgewählte Gedichte. - Ebenda (1968). /712

Auf meiner Narrenkappn klimparn de Stern... Vergnügliche Vortragsgedichte im Volkston. Buchschmuck von Franz Korger. - Wels: Welsermühl (1969) = Lebendiges Wort. 45. /712

Ihr heiteres Horoskop. (Gedichte). Ill. von Werner Lößl. - Baden bei Wien: Weilburgverlag 1970. /713

(Sprechplatten: Gebete aus dem Garten Gottes. Lustige Viechereien. /um 1965/ b.n.e.)

RUDORF, Günter (1921)
Schwarz schreit die Sonne. Gedichte. - Düsseldorf: Renaissance-Verlag 1947. /713

RÜCK, Fritz (1895-1959)
Der Mensch ist frei. Gedichte. - Stuttgart: Selbstverlag 1955. /713

RÜCKEL, Klaus Günter
Membranen-Seligkeit. Gedichte. - München, Würzburg, Wien: Relief Verlag Eilers 1968 = Der Viergroschenbogen. 89. /713

RÜDIGER, Kurt (1913)
Das Thema heißt Liebe. Gedichte. - Karlsruhe: Der Karlsruher Bote 1952. /713

A und O. Gedichte. - Ebenda (1958). /713

Gärtlein. (Gedichte). - Ebenda (1958). /713

Psälterlein. (Gedichte). - Ebenda (1958). /713

Der Abgrund aus Liebe. Neue Gedichte. - Ebenda /1959/. /713

Der Knabe und der Wind. Jugendgedichte 1934-1937. - Ebenda (1959). /713

Knabenreich. Jugendgedichte 1933-1935. Grafische Gestaltung von Fritz Möser. - Ebenda (1959). /714

Lieder für Helene. Gedichte und Lieder. - Ebenda /1959/. /714

Dämon, starker Engel. Sonette 1934-1959. - Ebenda /1960/. /714

Sonette für Simone. - Ebenda (1961). /714

Stern überm Haupte. Gedichte. - Ebenda 1962. /714

Jedem Tag sein Licht. Ausgewählt u. zusammengestellt. Linolschnitte von Fritz Möser. - Karlsruhe: Der Karlsruher Bote 1963. /7145

Zyklen.(Gedichte). Mit Linolschnitten von Fritz Möser. - Karlsruhe:
Der Karlsruher Bote /1963/. /7146

Unus unae. Gedichte. - Ebenda /1965/. /7147

Kurz und Gut. Spüche und Kurzgedichte. Linolschnitte von Waltraud
Schaffer. - Ebenda /1967/. /7148

Unus Unae II. Gedichte. - Ebenda 1968. /7149

RUEFENACHT, Eduard
Ackersegen. Gedichte. - Bern: Francke (1963). /7150

Rückblick und Aufblick. Gedichte. - Ebenda (1964). /7151

Die Höherwende. Gedichte. - Ebenda (1965). /7152

Die Überfahrt. Gedichte. - Ebenda (1966). /7153

Im Sternenlicht. Gedichte. - Ebenda (1967). /7154

Am Wasserspiegel. Gedichte. - Ebenda (1969). /7155

Bekenntnis zum Daseinssinn. Gedichte. - Ebenda (1970). /7156

RÜHLE, Ludwig (1895)
Eich will dr mol n Spass verzehl'! Gedichte und Geschichten
aus dem bäuerlichen Lebenskreis der Hessenheimat. - Wiesbaden: Nero-
Verlag (1965) = Die Hessentruhe. /7157

Ei dann wolle merr emal. Hessesächelcher Gedichte und Geschichten. - Ebenda (1956). /7158

RÜHM, Gerhard (1930)
s. a. Friedrich Achleitner, Carl Bronislavius Artmann, Gerhard Rühm:
hosn, rosn, baa.

Sprechplatte: Baa. (Beilage zu Achleitner/Artmann/Rühm: hosn, rosn, baa)
- Wien: Frick 1959. (zusammen mit je 1 Schallpl. von Achleitner und
Artmann) /7159

konstellationen. - Frauenfeld: Gomringer Press /1961/ = konkrete poesie - poesia concreta. 4. /7160

betrachtung des horizonts. (Lyrische Prosa) - Berlin: Magdalinski (1965).; dasselbe - Berlin: Rainer-Verlag (1968). /7161

farbengedicht. - Berlin: Magdalinski (1965). /7162

dasselbe. - Berlin: Rainer-Verlag (1968). /7163

Selbstmörderkranz. Gedichte in Wiener Dialekt.(Mit e. Bildnis
u. 4 Selbstbildnissen d. Autors, nebst Wörterverzeichnis. - Berlin:
Rainer-Verlag R. Pretzell & F.Siebrasse (1966). (150 num. Ex.) /7164

daheim. 10 textmontagen. auf- oder untergehende sonnen.
10 fotomontagen. - Ebenda 1967. /7165

fenster. Texte. (Prosa und Gedichte). - Reinbek bei Hamburg:
Rowohlt (1968). /7166

rhythmus r. (Gedichte). - Berlin: Rainer-Verlag (1968). /7167

Thusnelda-Romanzen. (Zyklus).- Stierstadt/Ts.: Eremiten-
Presse (1968). (zweifarbiger Druck) /7168

dasselbe. - 2.Aufl. Faksimile-Ausgabe Ebenda (1969). /7169

Gesammelte Gedichte und visuelle Texte. - Reinbek bei
Hamburg: Rowohlt (1970). /7170

RÜHMKORF, Peter (1929)
s.a. Werner Riegel und Peter Rühmkorf: Heiße Lyrik

Irdisches Vergnügen in g. 50 Gedichte. - Hamburg: Rowohlt
(1959). /7171

Kunststücke. 50 Gedichte nebst einer Anleitung zum Widerspruch. -
Ebenda (1962) = Rowohlt Paperback. 15. /7172

Sprechplatte: Lyrik und Jazz. Gedichte aus ‚Kunststücke' und‚Irdi-
sches Vergnügen in g'. Montage: Joachim Ernst Behrendt. Ausführung:
Johnny Griffin and his Quartet, Sextet and Orchestra. Sprecher: Gert
Westphal. - Hamburg: Philips (1964) = twen. /7173

Gemischtes Doppel. (Gedichte). Mit Lithographien von Wolff Buch-
holz. - Köln: Hake (1967) = tangenten. 8. (8 sign. u. num. Lithographien,
100 Ex.) /7174

RÜSCH, Ernst Gerhard
Das Münster zu Basel. (Gedichte). - St. Gallen: Tschudy 1955. /7175

RUFFY, Eugène
Gedichte. - Wabern: bei Bern: Selbstverlag des Verf. /1946/. /7176

RUH, Hanna
Gottes Verheißungen sind Ja und Amen in Ihm. Biblische
Gedichte. - Schaffhausen: Selbstverlag (1966). /7177

RUHRMANN, Erika
Gedichte für kleine Leute. - Heidelberg: Kemper (1963) =
Kempers Freizeit-Reihe. 50. /7178

RUHRMANN, Manfred H. d.i. Hanns Ruhrmann (1910)
Auferstehung. Sonette. - Steinfeld/Eifel: Salvator-Verlag (1952). /7179

Kleiner Liebeskalender. Sprüche. - Buxheim: Martin-Verlag
1955. /7180

Von unseren Müttern. Gedichte. Illustr. von Hildegard Schieb. -
o.O. Privatdruck und Selbstversand 1958. /7181

Das Herz inmitten. (Gedichte). - Wien: Europäischer Verlag 1968./7182

Sommernde Hoffnung. (Gedichte). - Ebenda 1970. /7183

RUINER, Hans
Zu dir. Gedichte. - Wien: Europäischer Verlag 1951. /7184

Kennst du es auch? (Gedichte). - Wien: Grenz-Verlag (1969). /7185

RULAND, Heinrich

Land der Maare. Erzählungen und Gedichte. Ausgewählt, mit einem
Nachwort versehen und hrsg. von Ernst Karl Plachner. - Ahrweiler/Rhld.:
Are-Verlag (1955) = Are-Bücherei. /7186

RUMPLER, Peter
Alltag. (Gedichte). - Wien: Europäischer Verlag (1970). /7187

RUNES, Dagobert David
Jordan-Lieder. Frühe Gedichte. - New York: The Philosophical
Library (1948). /7188

RUNGE, Frieda
Ebbe und Flut. (Gedichte). - Buxheim im Allg.: Martin Vlg.
Berger /1963/. /7189

RUNKEL, Tobias   d.i. Karl Ludwig Schneider   (1919)
Bumke-Gedichte von Tobias Runkel. Zeichnungen von Klaus Bertelsmann. - Hamburg, München: Ellermann 1957. /7190

RUOFF, Fritz
Fritz Ruoff: Zwei Beispiele. Peter Härtling: Meine zwei
Stimmen. - Stuttgart: manus presse (1968) = konzepte. 3. /7191

RUPP, Friedrich   (1893)
Album aus Wien. (Gedichte). - Wien: Europäischer Vlg. (1966). /7192

Zeitspiegel. "Immer die andern...". - Ebenda (1968). /7193

RUPP, Hanns   (1898-1971)
Erntekranz und Sichelhenke. Schwäbische Bauernlyrik. -
Augsburg: Seitz (1953). /7194

Beglückung und Einkehr. Gedichte. - 1957 (b.n.e.) /7195

Acker der Seele. Gedichte. - 1957 (b.n.e.) /7196

Moustgöiker. Fränkisches Most- und Weinbrevier. (Gedichte). -
Gerolzhofen: Kulturbeirat Gerolzhofen (1958) = Der Kulturbeirat des
Landkreises Gerolzhofen. 4. /7197

Die stählernen Jahre. Gedichte. - 1959 (b.n.e.) /7198

Die romantische Straße, von den Alpen bis zum Main. Zeichn.
von Walter Mutter. (Gedichte). - Buxheim: Martin-Vlg. /1959/. /7199

... denn Euch ist heute der Heiland geboren. Lukas
2/11. (Gedichte). Illustr. von Walter Mutter. - Ebenda /1960/. /7200

Die fränkische Patrulltasch. Fränkische Mundartgedichte. -
Würzburg: Halbig 1960. /7201

Großstadtmelodie. Ein Zyklus. Bilder von Fritz Möser. -
Buxheim: Martin Verlag Berger (1961). /7202

Unter fränkischer Sonne. Mainfränkische Mundartgedichte. -
Volkach: Verlag Hartdruck 1965. /7203

Echo der Stunden. ⟨Fränkisches Credo⟩. Gedichte. -
Volkach: Verlag Hartdruck 1968. /7204

Krackareisi'. Heitere fränkische Mundartgedichte und lustige Anekdoten. - Volkach: Verlag Hartdruck 1969. /7205

RUPPEL, Heinrich (1886)
Sohn der Erde. Gedichte. - Kassel: Thiele & Schwarz (1962). /7206

RUSCH, Heinz (1908-1965) (zuerst 1928)
Alle Quellen fließen wieder. - Halle: Mitteldeutscher V. 1952. /7207

RUSTESCH, Gerhard d. i. Karl Emerich Krämer (1918)
Bitte gehorsamst melden zu dürfen. Die Lieder des Obergefreiten Rustesch. - Zürich, Darmstadt: Georg Büchner Verlag (1955). /7208

RUTTMANN, Rupert
D'Herzsoatn. Gedichte in der Mundart des oberösterr. Mühlviertels. Buchschmuck von Franz Korger. - Wels: Welsermühl (1960) = Lebendiges Wort. 5. /7209

RUTZINGER, Erwin
Tannazapfn. Gedichte in Salzburger Mundart. Buchschmuck von Franz Korger. - Wels: Welsermühl (1970) = Lebendiges Wort. 52. /7210

RUZICZKA, Walther F.
Ernte am Wege. Sonette und andere Gedichte. - Wien: Europäischer Verlag (1968). (teilweise bereits 1939 veröffentl. in Ruziczka: „Dreißig Bekenntnissonette" /7211

RYBA-AUE, Sophie d. i. Sophie Mildner (1890-1956)
Sophie Ryba-Aur und Bruno Kittel: Etz lacht amol!. Gereimtes und Ungereimtes in schlesischer Mundart. Bildschmuck von Wilhelm Aue. - Grettstadt bei Schweinfurt: Burgberg-Verlag 1951 = Die Burgbergwarte. 3/4. /7212

RYCHNER, Max (1897-1965)
Glut und Asche. Gedichte. - Zürich: Conzett & Huber Manesse-Verlag /1945/. /7213

Die Ersten. Ein Epyllion. - Ebenda 1949. /7214

Bedachte und bezeugte Welt. Prosa, Gedichte, Aphorismen, Aufsätze. (Laudationes zum 65. Geburtstag, 8. April 1962) Zusammengestellt von Manfred Schlösser. - Darmstadt: Agora Verlag; Hamburg: v. Schröder Verlag (1962) = Agora. 16. (enthält 7 Gedichte) /7215

SAALBERG, Christian d. i. Christian-Udo Rusche (1926)
Die schöne Gärtnerin. Gedichte. - Nürnberg: Glock und Lutz (1963). /7216

Ländliches Sonett. - Ebenda 1966. /7217

Pastorale. Gedichte. - Ebenda /1967/. (Neuauflage /1970/.) /7218

Das Land der Ferne. Gedichte. - Ebenda (1968). /7219

SAALEMANN, Peter
Außenbezirke. Gedichte. - Karlsruhe: Lyrik unserer Zeit 1968 = Lyrik unserer Zeit. 5. /7220

SAALFELD, Martha d. i. Martha vom Scheidt (1898-)

Deutsche Landschaft. (Gedichte). Buchausstattung von Werner vom
Scheidt. - Düsseldorf: Drei Eulen Verlag 1946. /7221

Martha Saalfeld und Werner vom Scheidt: O sieh Ophelia. Gedichte
und Holzschnitte.(Elisabeth Langgässer zum Gedächtnis). - o. O. Selbstverlag 1950. (kleine Aufl. f. gemeinsame Freunde. Handdruck auf Bütten) /7222

Herbstmond. Gedichte. - Wien, München, Basel: Desch (1958). /7223

SABAIS, Heinz Winfried   (1922)
und über allem sei Liebe. Gedichte. Graph. Ausgestaltg. von
Kurt Hofmann. Nachwort von Karl Dietz. - Rudolstadt: Greifenverlag
/1947/. /7224

Mein Acker ist die Zeit. Gedichte. - Nachwort von Franz Hammer.
Weimar: Thüringer Volksverlag 1948. /7225

Looping über dem Abendland. Rhapsodien. - Darmstadt, Düsseldorf: Georg Bücher Verlag (1956). /7226

SACHER, Friedrich   (1899)
Vom Kahlenberg. Ausgewählte Gedichte. - Wien: Wiener Verlag
1946 = Kaleidoskop. 20/21. /7227

Milder Mond. Ausgewählte Lyrik. - Wien: Kremayr & Scheriau
(1953). /7228

Spätlese. Gedichte, Sprüche, Glossen. - Ebenda (1961). /7229

Ausgewählte Werke in drei Bänden. (Lyrik in Band 3). Von
früh bis spät. Märchen, Parabeln, Lyrik. - Ebenda (1964). /7230

SACHER-MASOCH, Alexander v.   (1901-1972)
Zeit der Dämonen. Ein Gedicht. Zeichnungen von Walter Behrens. -
Wien: Wiener Verlag (1946). /7231

SACHS, Nelly   (1891-1970)
In den Wohnungen des Todes. (Gedichte). Zeichnungen von Rudi
Stern. - Berlin: Aufbau Verlag 1947. /7232

Sternverdunkelung. Gedichte. - Berlin: Suhrkamp 1949. /7233

dasselbe. - Wien: Bermann-Fischer 1949. /7234

dasselbe. - Amsterdam: Bermann-Fischer/Querido Verlag 1949. /7234a

Und niemand weiß weiter. Gedichte, - Hamburg, München:
Ellermann 1957. /7235

Flucht und Verwandlung. Gedichte. - Stuttgart: Deutsche
Verlags-Anstalt (1959). /7236

Fahrt ins Staublose. Die Gedichte der Nelly Sachs. - Frankfurt:
Suhrkamp (1961). (enthält folgende Sammlungen und Zyklen: In den Wohnungen des Todes - Sternverdunkelung - Und niemand weiß weiter -
Flucht und Verwandlung - Fahrt ins Staublose - Noch feiert der Tod
das Leben) /7237

dasselbe. - Zürich: Buchclub Ex Libris /1967/. /7238

Ausgewählte Gedichte. Nachwort von Hans Magnus Enzensberger. - Frankfurt: Suhrkamp (1963) = edition suhrkamp. 18. (mit Verzeichnis der Schriften von und über Nelly Sachs) /7239

dasselbe. - Ebenda (1969) = edition suhrkamp. 18. suhrkamp texte. /7240

Das Leiden Israels. (Gedichte). (enthält: Eli - In den Wohnungen des Todes - Sternverdunkelung). Nachwort von Werner Weber. - Frankfurt: Suhrkamp (1963) = edition suhrkamp. 51. /7241

Glühende Rätsel. Gedichte. - Frankfurt: Insel-Verlag (1964) = Insel-Bücherei. 285. /7242

Sprechplatte: Nelly Sachs liest: Gedichte. (Aus: Fahrt ins Staublose. 15 Gedichte - Glühende Rätsel. 36 Gedichte). - Frankfurt: Suhrkamp /1965/ = Suhrkamp Sprechplatte. /7243

Späte Gedichte. - Frankfurt: Suhrkamp (1965) = Bibliothek Suhrkamp. 161. (enthält: Flucht und Verwandlung - Noch feiert der Tod das Leben - Glühende Rätsel I-III) /7244

Al di là della polvere. Fahrt ins Staublose. (dt. +ital.). Prefazione di Hans Magnus Enzensberger. Trad. di Ida Porena. - Torino: Einaudi 1966 = Collezione di poesia. 39. /7245

Die Suchende. Ein Gedichtzyklus. - Frankfurt: Suhrkamp (1966). (erscheint z. 75. Geburtstag der Dichterin am 10.12.1966 in 2000 Ex.) /7246

Flykt och förvandling. Flucht und Verwandlung. Ett dikturval redigerat av Erwin Leiser med inledning av Johannes Edfelt. (Gedichte teilweise in dt. Sprache). - Stockholm: Folk i Bilds Lyrikklubb (1966) = Folk i Bilds Lyrikklubbs Bibliotek. 68. (zuerst 1961 nur schwed.) /7247

Glödande gåtor. Glühende Rätsel. (dt. + schwed.). En diktcykel i svensk tolkning av Gunnar Ekelöf. - Stockholm: Bonnier (1966). /7248

Landschaft aus Schreien. Ausgewählte Gedichte von Nelly Sachs. Ausw. u. Nachw. Fritz Hofmann. - Berlin, Weimar: Aufbau-Vlg. (1966). /7249

Wie leicht wird Erde sein. Ausgewählte Gedichte. Auswahl und Nachwort von Werner Grau. - Gütersloh: Bertelsmann Lesering /1966/ = Kleine Leseringbibliothek. /7250

Brasier d'énigmes. Glühende Rätsel et autres poèmes. (dt. + franz.) Trad. de l'allemand par Lionel Richard. - Paris: Lettres nouvelles, Denoël (1967) = Les Lettres nouvelles. /7251

O the Chimneys. O die Schornsteine. (dt. + engl.) Selected poems, including the verse play Eli. Transl. from the German by Michael Hamburger (u.a.). - New York: Farrar, Straus & Giroux (1967). /7252

dasselbe. - London: Jonathan Cape 1968. /7253

Das Buch der Nelly Sachs. Hrsg. von Bengt Holmqvist. - Frankfurt: Suhrkamp (1968) = Suhrkamp Hausbuch. (enth.: In den Wohnungen des Todes - Sternverdunkelung - Und niemand weiß weiter - Flucht und Verwandlung - Fahrt ins Staublose - Noch feiert der Tod das Leben) /7254

Gedichte. - Zürich: Coron-Verlag /1971/. Diese Ausgabe ist eine auf den Kreis der Nobelpreisfreunde beschränkte Auflage und erscheint mit Genehmigung des Suhrkamp Verlages sowie von Les Editions Rombaldi im Coron-Verlag. Begleittexte: Kjell Strömberg, Josef Bernfeld. Illustr. von Hanna Nagel. = Nobelpreis für Literatur. 62: 1966.

Suche nach Lebenden. Die Gedichte der Nelly Sachs. Hrsg. von Margaretha Holmqvist und Bengt Holmqvist. (Gilt als Band 2 zu Sachs, Fährt ins Staublose.) - Frankfurt: Suhrkamp (1971). (enth.: Glühende Rätsel I-IV - Teile dich, Nacht I-IV) /7255

/7256

Teile dich, Nacht. Die letzten Gedichte. Hrsg. von Margaretha Holmqvist und Bengt Holmqvist. - Frankfurt: Suhrkamp (1971). /7257

SACHS, Walter (1901)
Der Wintergast. Ausgewählte Gedichte. - Wien: Hollinek (1956). /7258

Der Karneol. Gedichte - Ebenda (1960). /7259

Schlehdorn. (Gedichte). - Krems: Faber (1964). /7260

Spätherbst. (Gedichte). - Wien, München: Jugend und Volk (1969). /7261

SACHSE, Wolfgang (1910-1961)
Schrei und Lobgesang. - Hamburg-Bergstedt: Evangel. Verlag H. Reich 1963. /7262

SADU, Rillo
Der fremde Gast. Gedichte. - Graz: Sadu, Steiermärkischer Landesdruck (1957). /7263

SAENGER, Eduard (1880-1948)
Die fremden Jahre. Gedichte aus der Emigration. - Heidelberg, Darmstadt: Lambert Schneider 1959 = Veröffentlichungen der Dt. Akademie für Sprache und Dichtung, Darmstadt. 19. /7264

SÄTTELE, Paul (1884)
Überlingen im Spiegel des Sees. Gedichte. - Konstanz: Rosgarten Verlag 1959. /7265

SAGER, Ludwig
Es jauchzen Wald und Heiden! Gedichte. - Paderborn, Osnabrück: Schönongh 1948. /7266

Meine Freunde. (Gedichte). - Nordhorn: Heimatverein d. Grafschaft Bentheim 1968. /7267

SAGOSCHEN, Anton
Glashaus des Lebens. (Gedichte). - Wien: Europäischer V. 1964. /7268

SAHLIGER, Josef
Über dir ist immer ein Himmel. Gedichte. - Wien: Kaltschmid (1962). /7269

SAILER, Dieter (1937)
Glutgehölz - München, Eßlingen: Bechtle (1963) = Bechtle Lyrik. 5. /7270

Einen Einbaum zu brennen. Gedichte. - München: Starczewki 1965. /7271

SAINT-RAVEL, Pierre de
Sonnen. Gedichte, Gadanken. - Wien: Europäischer Verlag (1963).

Sonnen. Gedichte, Gedanken. - Wien: Europäischer Verlag (1963). /7272

SALBEI, Conrad
Bruno Salbei in memoriam. 181 Verse. - Birkenfeld: beckpresse 1968. /7273

SALFINGER, Hanny
Situationen. 10 Gedichte. - Zürich: Regenbogen-Verlag (1967) = Regenbogen-Reihe. 5. /7274

SALIN, Brigitte
Ebbe und Flut. - Godesberg: H. Küpper, vorm. G. Bondi 1951. /7275

SALIS, Flandrina von
Mohnblüten. Abendländische Haiku. Holzschnitt-Zeichnungen von Conrad Meili. - Olten: Vereinigung Oltner Bücherfreunde 1955 = Veröffentlichungen für d. Oltner Bücherfreunde. 67. /7276

SALIS, Richard (1931)
Richard Salis, Günter Bruno Fuchs und Dietrich Kirsch: Fenster und Weg. Gedichte. Monotypien von Winand Victor. - Halle: Mitteldeutscher Verlag 1955. /7277

Lyrik für Eingeweihte. - Reutlingen: Einbuch-Verlag (1956). /7278

Striche durch deine Existenz. Gedichte, Pamphlete und Zeichnungen. - Ebenda (1957). /7279

Richard Salis & Frank Auerbach: Respektlose Lieder. Frechheiten gereimt und ungereimt heimtückisch zusammengeschustert. Böswillig ausgemalt von Karlheinz Groß. - Tübingen, Basel: Erdmann (1970). (mit Literaturverzeichnis) /7280

SALM, Hedwig (1889)
Brunnen am Weg. Alemannische Gedichte und Sprüche. Nachwort von Richard Gäng. - Lahr/Schwarzw.: Schauenburg (1954) = Silberdistel-Reihe. 7/8. /7281

Aus des Herzens Fülle. Ein Spruchbuch. - Ebenda (1959) = Silberdistel-Reihe. 44. /7282

Rosen im Heimatgarten. Gedichte in alemannischer Mundart. - Ebenda (1968) = Silberdistel-Reihe. 55/56. /7283

SALOMON, Horst (1929)
s. a. Werner Bräunig und Horst Salomon: Für eine Minute.

Getrommelt, geträumt und gepfiffen. (Gedichte). Ill. von Wolfgang Würfel. - Berlin: Neues Leben 1960. /7284

Sprechplatte: Aus: Getrommelt, geträumt und gepfiffen. Gesprochen von Alfred Knop. - Berlin: Dt. Schallplatten Eterna /1960/. /7285

SALPETER, Wolfgang
Achilles-(F)Verse. 69 zeitgemäße Epigramme. - Heusenstamm: Orion-Heimreiter-Verlag (1966). /7286

Gedanken-Sprünge. Ill. von Franz Reins. - Ebenda (1970). /7287

SANDEN-Guja, Walter von (1888)
Gedichte. Vignetten von Edith von Sanden-Guja. - Hannover: Landbuch-Verlag (1965). /7288

SANDER, Ernst (1898)
Das Überwundene. Gedichte. - Freiburg i. Br. : Albert (1961). /7289

SANDERS, Ricardo
Der Andarin. Lieder eines Globetrotters. (Poesias). - Rio de Janeiro Marysa Wilk 1946. /7290

SANDERS, Rino (1921)
Wider den Trost. Gedichte. - Göttingen: Manz & Lange 1948. /7291
Kardiogramme. Gedichte. - Reinbek bei Hamburg: Rowohlt/(1964). /7292

SANTER, Anton
Verse und Reime. - Innsbruck: Wagnersche Universitäts-Buchhandlung (1956). /7293

SAPPER, Theodor (1905)
Schmerz vor Tag. Gedichte - Wien, Innsbruck, Wiesbaden: Rohrer 1957. /7294
Alle Trauben und Lilien. Gedichte der Frühzeit. Hrsg, von Hertha Wittmann-Kirschbaum. - Wien: Europäischer Verlag 1967. /7295

SARDI, Desiderius
Ds Türli uf! Gedichte. Stille Gedanken. Linolschnitte von Werner Richard. - Gümlingen/CH: Selbstverlag (1960). /7296

SARNETZKI, Detmar Heinrich (1878-1961)
Kölner Elegien. - Köln: Greven Verlag 1953. (Zum 75. Geburtstag des Dichters D. H. S. , vom Autor sign.) /7297

SARTORI, Herbert
Der Liebe Lied. - Lahr/Schwarzw. : Schauenburg (1961) = Silberdistel-Reihe. 48. /7298

ASSELLA, Maria
Trost in Gottes Welt. Gedichte. - Beuron/Hohenzollern: Beuroner Kunstverlag /1951/. /7299

ATTLER, Fritz
Was mich bewegte... (Gedichte). - Weimar: Thüringer Volksverlag 1946. /7300

AUER, Albert (1911)
Die hohe Heide. Lieder und Sänge aus dem Altvater. Walter Kromp-Troppau fertigte die 3 Federzeichnungen. - Donauwörth: Cassianeum (1949). /7301

AUER, Julius
Lyrisches Vermächtnis. Gedichte. - Wien: Österreichische Verlagsanstalt (1968). /7302

AUER, Karl Adolf (1909)
Stundenglas und Flügel. Gedichte aus 30 Jahren. Ausgew. u. hrsg. v. Freunden und Hörern. - Ravensburg: Oberschwäb. Verlags-Anstalt /1962/. /7303

SAUTER, Lilly d.i. Juliane Sauter (1913-1972)
Spiegel des Herzens. Gedichte. - Innsbruck: Österreichische
Verlags-Anstalt 1948. /730

SAUVAGERD, Karl
Häideblomen. Gedichten en Geschichten ut de Groafschup Bentheim.
Met Noawoord en Woordsliste van Arnold Rakers. - Paderborn, Osnabrück: Schöningh 1948 = Das Bentheimer Land. 31. /730

SAVELSBERG-MÜLLBAUER, Lu
Die Flöte. (Gedichte). - Wien: Europäischer Verlag 1970. /730

SAVIGNY, Hans von (1900-)
Liebste Herrin... (Sonette). - Überlingen: Wulff 1946. /730

Die Ballade vom verlorenen Engel. - Ebenda 1948. /730

SAWATZKY, Valentin
Lindenblätter. Ausgewählte Gedichte. - Waterloo/Ont.: Selbstverlag /1958/. /730

Heimatglocken. Lyrik und Balladen. - Ebenda (1962). /731

SCALA, Franz Johannes
Ziele und Wege. Streitbare Gedanken. (Gedichte). - Wien:
Sensen-Verlag (1959). /731

SCANZONI VON LICHTENFELS, Gustav (1895)
Herbstzeitlose. Gedichte. - 1960 (b.n.e.) /731

SCHAAF, Paul (1897-1967)
Was ich noch sagen wollte. (Gedichte). - Opladen: Middelhauve (1950). /731

SCHACK, Alard von (1914)
Rechenschaft. Neue Gedichte 1943-1955. - Heidelberg: Meister 1956.
/731
SCHADE, Herbert
Unsere Tage sind ein Gespräch. (Gedichte). - München:
Verlag Ars sacra (1957) = Sammlung Sigma. /731

SCHADEWINKEL, Klaus
Horizonte. Gedichte. Grafik von Peter Lipmann-Wulf. - München:
Relief-Verlag Eilers (1968). /731

SCHÄDLER, Beat
Gedichte. Privatdruck. - Bern: Selbstverlag 1957. /731

SCHÄFER, Amanda (1894)
Zeichen am Wege. Gedichte. - Donauwörth: Auer/Cassianeum
/1957/. /731

Ruf in den Morgen. Gedichte. - Buxheim/Allg.: Martin Verlag
Berger 1962. /731

SCHAEFER, Anneliese
Moderato cantabile. Gedichte. Festgabe zur Vollendung des 85.
Lebensjahres von Elly Ney. - Wien: Europäischer Verlag 1967. /732

Genien. (Gedichte.) - Ebenda (1970). /732

SCHÄFER, Franz
  Einsame Blüten. Sinnsprüche und Gedichte. Bd. 1 Von Sehnsucht,
  Liebe und Leid. - Mödling b. Wien: Selbstverlag, Missionsdruckerei
  St. Gabriel /1956/. /7322

SCHÄFER, Hans Dieter (1940)
  Fiktive Erinnerungen. Gedichte. - Darmstadt: Bläschke 1968. /7323

  Das Familienmuseum. Prosagedichte. - Ebenda (1970) = Das
  neueste Gedicht. 41. /7324

SCHÄFER, Imo
  Heimkehr. Gedichte aus einem Gefangenenlager. - Waldfischbach:
  Verlag d. Evangel. Schriftenmission /1947/. /7325

SCHAEFER, Oda d. i. Oda Lange (1900)
  Irdisches Geleit. Gedichte. - München: Kurt Desch (1946). /7326

  Kranz des Jahres. Zwölf Monatsgedichte. Mit Zeichnungen von
  Asta Ruth-Soffner. - Stuttgart: Hans Müller 1948. /7327

  Grasmelodie. Neue Gedichte. - München: Piper (1959). /7328

SCHÄFER, Walter (1903)
  Stille Woche. Sieben Lieder nach bekannten Melodien der Passions-
  zeit. Als Manuskr. gedr. - Verden/Aller: Selbstverlag 1964. /7329

  Frohe Zeit. Neun Lieder. - Ebenda 1965. /7330

  Ernster Weg. Neun Lieder. - Ebenda 1966. /7331

SCHÄFFER, Kristiane d. i. Kristiane Schumacher (1936-1965)
  Der Wind legt sein Ohr an mein Herz. Gedichte. - Stierstadt i. Ts.: Eremiten-Presse 1956. /7332

  Aschenbaum. Gedichte. Mit 3 Zeichnungen von Charlotte Strech-
  Ballot. - Ebenda 1960. (300 num. Ex.) /7333

  Maulwurfslied. Gedichte. Mit 6 farbigen Originallinolschnitten
  von Wolfgang Jörg und Erich Schönig. Auswahl u. Nachw. von Klaus Sauer. - Berlin: Berliner Handpresse, Hessling-Verlag in Komm. (1966). /7334

  Einblatt, Zweiblatt. Gedichte. Mit 6 Lithographien von Christa
  Pyroth. - Zweibrücken: Beck 1970. /7335

CHÄR, Oskar
  Im Dämmerschein. Gedichte. - Frauenbrunnen: Glauser Buchdr.
                                                              /1964/. /7336
CHÄRER, Ida
  Traumland. Gedichte. - Bern: Poesie-Verlag (1961). /7337

  Oase I. Gedichte. - Ebenda (1962). /7338

CHAEUFFELEN, Konrad Balder (1929)
  engros & en détail. (Gedichte). - Stuttgart: E. Walther 1962 =
  rot. 22. /7339

  raus mit der sprache. - Frankfurt: Suhrkamp (1969). /7340

CHAFFEN, Hans

Ein Engel wacht auf allen Straßen. Gedichte. - Köln:
Verlag Der Löwe 1951. /734

SCHAFFER, Otto
Schaffer-Gedichte. Liebe und Philosophie. - Wien: Selbstverlag
(maschinenschriftl. autogr.) /1952/. /734

Schaffer-Gedichte. Mensch, Gott und Friede. Uranialesung 30.4.
1954. - Ebenda 1954. (maschinenschriftl. vervielf.) /734

Gedanken in Gedichten. - Ebenda /1956/. (maschinenschr.
vervielf.) /734

SCHAFFER, Ulrich (1942)
gedichte im gegenwind. Mit Graphiken des Autors. - Karlsruhe:
Der Karlsruher Bote 1964. /734

gurluana. Gedichte und Graphiken. - Ebenda 1965. /734

SCHAICH, Adolf (1889)
Jetz isch letz. Gedichte in schwäbischer Mundart. - Stuttgart:
Bonz (1955). /734

SCHALLER, Robert
Zu neuen Ufern. Gedichte und Aphorismen. - Rapperswil: Gasser
& Co. (1953). /734

Der Lebensbaum. Splitter und Späne. - Ebenda (1972). /734

SCHALLÜCK, Paul (1922)
Gesichter. Farbige Original-Linolschnitte von Wolfgang Jörg und
Erich Schönig. - Berlin: Berliner Handpresse (1967). /735

SCHANOVSKY, Hugo
Die Weltkarte. Gedichte. - Linz: Kulturamt der Stadt Linz 1960. /735

Abgesang auf die Menschenrechte. Zeitgedichte und lyrische
Reportagen. - Linz: Gutenberg-Verlag (1970). /735

SCHARF, Helmut (1915)
Als Toter leben. Gedichte. - Innsbruck: Österreichische Verlags-
Anstalt (1956) /735

Saumpfad. Neue Gedichte. Die Holzschnitte stammen von WernerBerg.
- Ebenda (1963). /735

Wären auch Worte wie Gras. Gedichte. Mit 4 Holzschnitten von
Werner Berg. - Graz: Leykam-Verlag /1966/. (100 num. Ex., ein Teil
von Autor u. Künstler sign., Sonderdruck aus: Wolke aus Ankora) /735
s.a. Volkmar Haselbach, Josef Hopfgartner, Helmut Scharf:
Wolke aus Ankora.

SCHARPENBERG, Margot d.i. Margot Wellmann (1924)
Gefährliche Übung. Gedichte. - München: Piper & Co. (1957). /735

Spiegelschriften. Neue Gedichte. - Ebenda (1961). /735

Brandbaum. Graphik von Erich Martin. - Darmstadt: Bläschke (1965)
= Das neueste Gedicht. 22. /735

Schwarzweiß. Gedichte mit 3 Radierungen von Rolf Sackenheim. -

Duisburg: Guido Hildebrandt 1966 = Hundertdruck. 2. (100 v. Autor
und Künstler sign. Ex.) /7359

Vermeintliche Windstille. Vierzehn Gedichte. Vier Lithographien von Rudolf Schoofs. - Krefeld: Verlag der Galerie am Bismarckplatz 1968. (500 num., von Autor u. Künstler sign. Ex.) /7360

Mit Sprach- und Finger-Spitzen. Gedichte. Mit Zeichnungen
von Rolf Sackenheim. - Duisburg: Gilles & Francke (1970). /7361

SCHATZDORFER, Hans (1897)
Spatzngsang und Spinnawitten. Neue Mundartgedichte. - Groß-
Piesenham/Oberösterr.: Selbstverlag 1949. /7362

Zeidige Zwötschkn. Innviertler Mundartgedichte. - Ried im Innkreis:
Oberösterr. Landesverlag (1969). /7363

SCHAUB, Franz (1914)
Ruf der Amseln. Sonette. Scherenschnitte von Elisabeth Emmler. -
Würzburg: Lothar-Sauer-Morhard-Verlag (1965). /7364

SCHAUFELBERGER, Otto (1901)
Ruchbrot und Ankeweggli. Zürioberländer Bilder in Mundartvärse.-
Wetzikon: Buchdruck Wetzikon und Rüti 1957. /7365

Durs Oberland uuf und durs Oberland aab... Kurzgeschichten, Anekdoten und Gedichte in d. Mundart des oberen Tösstales.
- Ebenda (1969). /7366

SCHAUHUBER, Alfred Michael (1896-1954)
Lindes Leuchten. (Gedichte). - Wien: Metten (1947). /7367

SCHAUMANN, Ruth d.i. Ruth Fuchs-Schaumann (1899)
Kleine Schwarzkunst. Scherenschnitte und Verse. - Heidelberg:
Kerle 1946. /7368

Die Vorhölle. Gedichte. - Baden-Baden: Verlag Hans Bühler jr.
1947. /7369

dasselbe. Illustriert von der Dichterin. - Luzern: Rex-Verlag (1948)=
Rex-Kleinbücherei. 31/32. /7370

Klage und Trost. Gedichte. - Heidelberg: Kerle 1947. /7371

Ländliches Gastgeschenk. Gedichte. - Ebenda 1948. /7372

Das Passional. - München: Kösel 3. Aufl.(1950). (zuerst 1926) /7373

Der Weihnachtsstern. Geschichten, Legenden und Gedichte. Mit
5 Zeichnungen von Ruth Schaumann. - Freiburg i. Br.: Herder 2. veränd. Aufl. (1954). (zuerst 1938) /7374

Die Kinderostern. 25 Holzschnitte mit Versen. - Köln: Greven
(1954). /7375

Die Sternnacht. Gedichte. Auswahl von Edgar Hederer. - München:
Kösel (1959). /7376

Sprechplatte: Helga Roloff liest Gedichte. (enth. auch Prosa: Kurt

Ebbinghaus liest: Amai). - Freiburg i. Br.: Christophorus, -V. /1961/. /737%

Am Krippenrand. Weihnachtsgedichte. - Zürich: Arche (1969) =
Die kleinen Bücher der Arche. 497. /737£

SCHAUMBERGER, Wilhelm
Wia ölder-wia hölder. Ernste und heitere Mundartgedichte. -
Steyr: Vereinsdruckerei Steyr (1970) /737%

SCHAUWECKER, Carl
Gedichte. Mit 5 Federzeichnungen von Rolf Dürig. Beilage: Gedicht:
Dem Tondichter Jean Sibelius zum vollendeten 90. Lebensjahr. 1 Blatt. -
Bern: Selbstverlag /1955/. /738(

Spätlese. Gedichte. Originallithographie von Rolf Dürig. Privatdruck.
Hrsg. von Max Altorf. - Ebenda (1959). (Kernen in Komm.) /738]

SCHAUWECKER, Heinz (1894)
Worte an Dein Herz. Gedichte. - Kallmünz üb. Regensburg: Michael
Laßleben (1956). /738:

Wirf in den Himmel-! Gedichte. - Dülmen/Westf.: Kreis der
Freunde (1963) = Der Vier-Groschen-Bogen. Sonderausg. 6. /738:

Neue Welt. Ein Zyklus von 12 Gedichten um eine Reise. - Kallmünz:
Michael Laßleben (1965) = 1. Folge der Reisegedichte. /738<

Spur im Sand. - Ebenda (1967) = 2. Folge der Reisegedichte. /738!

Stilles Wissen. Gedichte. - München, Würzburg, Wien: Relief-
Verlag Eilers 1969 = Der Viergroschenbogen. Sonderb. 67. /738(

SCHEDE, Wolfgang Martin (1898)
Das gerettete Eiland. Gedichte. - Stuttgart, Calw: Hatje 1946. /738"

SCHEDLBERGER-DURNWALDER, Maria
Heimat, verlorene und wiedergefundene. (Gedichte). - Wien:
Europäischer Verlag 1952. /738%

Septemberliebe. (Gedichte). - Ebenda (1970). /738!

SCHEELE, Hellmuth
Bruder Mensch. Gedichte. - Körbecke/Möhnesee: Paul Niederrei-
ter-Verlag (1969). /739(

Dem Du. Gestern, heute, morgen. Gedichte, Kurzgeschichten. -
Ebenda (1969). /739

SCHEER, Adolf (1897)
Gesang des Jahres. Gedichte. Linolschnitte von Theo Kerg. -
Fürstenfeldbruck: Steinklopfer-Verlag (1958) = Steinklopfer-Reihe der
Aussenseiter. /739

Zünde dein Licht an! Daß er nicht vergessen werde. (Gedichte). -
Dülmen/Westf.: Kreis der Freunde (1963) = Der Vier-Groschen-Bogen.
Sonderausg. 19. /739

SCHEER, Friedrich (1892-1973)
Gestillte Flut. Eine Gedichtlese. - Melsungen: Bernecker 1956. /739%

Des Herzens Besinnung. - Heusenstamm: Orion Verlag 1967. /7395

SCHEERBART, Paul
Katerpoesie. Hauptsächliche Gedichte. Hrsg. von Hellmut Draws-Tychsen. - Stuttgart: Goverts (1963) = Goverts Neue Bibliothek der Weltliteratur. /7396

SCHEFFER, Thassilo von (1873-1951)
Wende und Wandlung. Zeitgedichte. - Ulm: Aegis-Verlag (1947). /7397

SCHEFFLER, Walter (1880-1964)
Mein Königsberg. Spaziergänge in Sonetten und Liedern. Mit 8 Bildern. - München: Gräfe und Unzer 4. Aufl. 1955. (zuerst um 1924) /7398

Erde und Licht. Erzählungen und Gedichte. - Mülheim/Ruhr: Gehörlosenverlag 1956. /7399

SCHEIBE, Anna Katarina (1885)
Die verborgene Welt. Geschichten, Gedanken und Gedichte einer deutschamerikanischen Hausfrau. Mit e. Geleitw. von Gottfried Pratschke. - Wien: Europäischer Verlag 1968 = Die Stillen im Lande. /7400

SCHEIBELREITER, Ernst (1897)
Gastgeschenke. Gedichte. - Wien: Humboldt-Verlag 1946. /7401

SCHEIBL, Eligius
Salzburg. Lob eines schönen Landes. Eine Eine Sammlung von Gedichten. Ill. mit 17 Aquarellen und 20 Zeichnungen von Clemens Holzmeister. 19 Faksimiles. - Salzburg, Stuttgart, Zürich: Das Bergland-Buch 1970. /7402

SCHEID, Erna
Musik gebannt ins Wort. (Gedichte). - Wien: Europäischer Verlag 1959. /7403

Ein Blumenstrauß der Poesie. (Gedichte). Ill. von Sepp Ringler. - Wien: Studioverlag Beyer (1967). /7404

SCHEID, Richard
Gedichte der Verfolgung. Privatdruck. - München: Grafpresse. 1959. (30 Ex. unverkäuflich) /7405

SCHEIDT, W. E. vom
Die rote Kerze. (Gedichte). - Schweinfurt: Neues Forum 1968. /7406

SCHEITERBAUER, Victor (1907)
Glanz zwischen Disteln und Dornen. Ausgewählte Gedichte. - Frankfurt: Siegel-Verlag (1946). /7407

Der Tänzer. Gesichte und Gestalten. (Ein lyrischer Zyklus). - Wien: Fleischmann (1947). /7408

SCHELL, Hermann Ferdinand (1900)
Zürcher Altstadt. Ein Gedicht-Zyklus. - Zürich: Classen (1949). /7409

Neun Gedichte. - Ebenda (1960). /7410

Elf Balladen. - Ebenda (1962). /7411

SCHELLE, Anton

Lach ma wieda! 99 lustige Vortragsgedichte in bayrischer Mundart.
- München: Höfling 1950. /7412

Allerhand Durchanand. Vortragsgedichte in bayerischer Mundart.
- Ebenda /1966/. /7413

SCHELLENBERG, Dore
Herr, laß mich Stimme sein! Geistliche Gedichte. - Gladbeck:
Schriftenmissions-Verlag (1948). /7414

SCHENCK, Ernst von
Das Vaterunser. Oratorium. (geschrieben 1937-39). - Aarau:
Verlag der AZ-Presse 1945. /7415

Gedichte aus den 13 Jahren 1933-1945. - Ebenda 1945. /7416

SCHENK, Johannes (1941)
Bilanzen und Ziegenkäse. 15 Gedichte. Mit 7 in d. Maschine gez.
Originalen von Natascha Ungeheuer. - Berlin: Neue Rabenpresse 1968 =
Gedichte... Gedichte. 1. /7417

Zwiebeln und Präsidenten. Fünfunddreißig Gedichte. - Berlin:
Wagenbach (1969) = Quarthefte. 33. /7418

(Text) Grafik von Natascha Ungeheuer. - Steinbach: Anabas-Verlag G.
Kämpf /1970/ = Anabas-Literatur-Plakat. 9. /7419

SCHENKE, Ernst (1896)
Bei ins derrheeme! Heitere und besinnliche Gedichte und Geschichten in schlesischer Mundart. - Eichstätt: Eichendorffgilde Diözesanstelle (1949). /7420

Die bunte Schlesiertruhe. Ein Lese-, Spiel- und Vortragsbüchlein. - Troisdof: Kammwegverlag 1950; 2. veränd. Aufl. 1957. /7421

Sprechplatte: Ernst Schenke spricht: Eigene Gedichte in schlesischer Mundart. - München: Gräfe und Unzer /1960/. /7422

SCHERER, Bruno Stephan (1929)
Vom Geheimnis des Kindes. Lyrischer Text. Ill. von Hans Tomamichel. - Luzern, München: Rex-Verlag &1959). /7423

Die dritte Stunde. Vom Singen der Mönche und Priester. (Gedichte 1950-1958). - Ebenda (1960). /7424

Sommer und Winter - ein Jahr. Gedichte 1956-1965. - Ebenda (1966). /7425

Die gläserne Kathedrale. Gedichte. - Ebenda (1969). /7426

Silbergraue Welt Musik. (Gedichte). Aufnahmen von Leonhard
von Matt. - München: Verlag Ars sacra (1970) = Sammlung Sigma. /7427

SCHERF, Michael
Ausfahrt und Heimkehr. Gedichte. - Graz, Wien, Köln: Stiasny (1965). /7428

SCHERF, Walter (1920)
Zeltpostille. Geschichten und Lieder. - Recklinghausen: Paulus
Verlag (1956) (mit Noten) /7429

SCHERG, Georg (1917)
Die Silberdistel. Gedichte. Prolog von Ion Caraion. - Bukarest: Literaturverlag 1968. /7430

SCHERPNER, Stefan
Weil ich ein Arbeiter bin. Gedichte und Prosa. - Berlin, Weimar: Aufbau-Verlag 1959 = Die Reihe. 31. /7431

SCHERR, Käti (1925)
Bunte Sternchen. Gedichte. - Köln: Bergwald-Verlag /1954/. /7432

SCHERZER-AUSLÄNDER, Rose d.i. Rose Ausländer (1907)
Blinder Sommer. Gedichte. - Wien: Bergland Verlag (1965) = Neue Dichtung aus Österreich. 110/111. /7433

SCHEU, Robert (1873-1964)
Sonnentränen. Gedichte. - Wien: Europäischer Verlag 1960. /7434

SCHEUBER, Josef Konrad (1905)
Singendes Land. Gedichte. - Luzern: Räber & Cie. (1955). /7435

SCHEUCH, Manfred (1929)
Im Netz. Gedichte. - Wien: Bergland-Verlag (1960) = Neue Dichtung aus Österreich. 67. /7436

SCHEUER, Grete von (1900)
Der Kirschbaum. (Gedichte). 4 Ill. von Günter Waldorf. - Graz: Imago-Verlag (1967). /7437

SCHEYTT, Paul
Achillesverse. Poesie in Gänsefüßchen. - Ettlingen: Narrenbrunnen-Verlag /1960/. /7438

SCHIBLI, Emil (1891-1958)
Erdenfreude. Gedichte aus 10 Jahren. - Aarau: Sauerländer (1950). /7439

Reife und Abschied. Aus dem Nachlaß von Emil Schibli. Hrsg. von Erwin Heimann. - Bern: Benteli (1962). /7440

SCHICHT, Franz Josef (1911-1970)
Trauer um nichts. Gedichte. - Wien: Bergland Verlag (1966) = Neue Dichtung aus Österreich. 126. /7441

SCHIEBELHUTH, Hans (1895-1944)
Gedichte nach den unsterblichen des Li-Tai-Po. Die Lithographien zeichnete Ilse Kayser-Kuhn. - Darmstadt: Darmstädter Verlag 1948. /7442

In memoriam Hans Schiebelhuth. Gedichte. Hrsg. von Herbert Nette. - Ebenda 1949. /7443

Lyrisches Vermächtnis. Hrsg. von Fritz Usinger mit einem Geleitwort. - Heidelberg, Darmstadt: Lambert Schneider 1957 = Veröffentlichungen d. Dt. Akademie für Sprache und Dichtung, Darmstadt. 12. /7444

Wir sind nicht des Ufers. Gedichte aus dem Nachlaß. Hrsg. im Auftrag des Magistrats d. Stadt Darmstadt von Fritz Usinger. - Darmstadt: Justus Liebig-Verlag 1957 = Darmstädter Schriften. 6. /7445

Übertragungen chinesischer Gedichte. Aus dem Nachlaß
hrsg. von Fritz Usinger. - Darmstadt: Roether (1965) = Hessische
Beiträge zur deutschen Literatur. /7446

Hans Schiebelhuth.Werkausgabe in 2 Bänden. Hrsg. von Manfred
Schlösser (aufgrund der Original-Hss). Bd.1. Gedichte 1916-1936.
Übertragungen. - Darmstadt, Zürich: Agora (1966) = Agora. Eine humanistische Schriftenreihe. 20. /7447

(Gedichte). Eine Einführung in sein Werk und eine Auswahl von Fritz
Usinger. - Wiesbaden: F.Steiner 1967 = Verschollene und Vergessene.13.
Akademie der Wissenschaften und der Literatur. Schriftenreihe der
Klasse der Literatur. /7448

SCHIEBER, Anna (1867-1945)
Heimkehr zum Vater. Erzählungen und Gedichte. - Heilbronn:
Salzer (1961) = Salzers Volksbücherei. 76. /7449

SCHIEFER, Jack
Die Zuchthaus-Ballade. - Aachen: Hollands 1946. /7450

SCHIERBAUM, Lieselotte
Mimosen im Schnee. Gedichte. - Bodman/Bodensee: Hohenstaufen-
Verlag (1967). /7451

SCHIESS, Richard
Einfälle. (Verse). - Wuppertal-Barmen: Selbstverlag /1962/. /7452
(500 num. Ex.)

Sonst nichts. Gedichte. - Ebenda /1968/. /7453

SCHIFERL, Lois (1906)
Heimat im Weinland. (Mundartgedichte). - Wien-Stammersdorf:
Stanzell 1946. /7454

A schöni Köllastund. (Gedichte in niederösterreichischer Mundart)
- Wien-Atzgersdorf: Stehlick & Pühringer /1949/. /7455

Weinlandheimat. Mundartgedichte. - Wien: Österreichischer Agrarverlag /1953/. (zuerst 1946 u. d. Titel: Heimat im Weinland) /7456

SCHIFF, Hans Bernhard (1915)
Gerecht ist die Erde. Gedichte. - Saarbrücken: Universitäts-
und Schulbuchverlag 1962. /7457

s. a. u. Pseud.: GEYSE, Wolfgang

SCHIFFERS, Winfried (1931)
Du hast die Antwort längst. Gedichte. - St.Augustin: Steyer
Verlag 2.Aufl. 1965. /7458

SCHILDENFELD, Zoë von (1890)
Der Weg. Gedichte und Sprüche. - Innsbruck: Rauch 1947. /7459

Von Ewigem. Gedichte und Sprüche. - Innsbruck: Universitätsverlag
Wagner 1950. /7460

Der große Sämann. (Gedichte). - Wien: Europäischer Verlag (1967)./7461

Von der Güte des Menschen. Gedichte. - Wien: Peters (1946). /7462
SCHILLER, Edith
    Mondwinden. - Karlsruhe: Der Karlsruher Bote 1970. /7463
SCHILLER, Herbert Arnold
    Im Zwielicht des Herzens. Gedichte. Eine Auswahl. - Stuttgart:
    Conradi 1961. /7464
SCHILTZ, Roger
    Gedichte. - Luxembourg: Druckerei Luja-Beffort (1963). /7465
SCHIMANSKY, Gerd
    Gerufene sind wir. (Gedichte). - Bielefeld: Bechauf /1956/. /7466
SCHIMMEL, Annemarie (1922)
    Lied der Rohrflöte. Ghaselen. - Hameln: Seifert 1948. /7467
SCHIMMELPFENG, Hans
    Durchblicke. 200 und einige Sinnsprüche. - Berlin, Stuttgart: Lett-
    ner-Verlag (1961). /7468
SCHINDLER, Elsi
    Gebete aus dem Alltag. - Zürich: NZN Buchverlag (1967). /7469
SCHIRMER, Horst (1907)
    Hürtgenwald. Gedichte und Worte um ein Fronterleben. Mit 24 Zeich-
    nungen im Text und 15 ganzseitigen Fotos. Die Vignetten zeichnete Carl
    Weingartz. - Düren/Rheinl.: Kirsch /1950/. /7470
SCHIRMER, Kilian
    Gedichte und Radierungen. - Hannover: Fischersträßner
    Presschen 1969. /7471
SCHIRNDING, Albert von (1935)
    Falterzug. Gedichte. - München: Hanser (1956) = Reihe: Junge
    Autoren. /7472

    Blüte und Verhängnis. Gedichte. - Ebenda /1958/. /7473
SCHISTER, Joseph (1921)
    s'Berglüfterl. Gedichte. - Graz: Bergheimatverlag /1949/ =
    Gedichte in steirischer Mundart. 1. /7474
SCHLACHTER, Elisabeth
    Sorget nichts! - Basel: Brunnen-Verlag 3. Aufl. (1947) = Brunn-
    quell-Sammlung. (2. Aufl. 1943) /7475
SCHLÄGER, Wilhelm
    Der Mausetot im Kammerzoo. Gedichte. - Berlin: Polyphem
    1968. /7476
SCHLAG, Oskar R.
    Frühe Gedichte. - Zürich: Origo (1955). /7477
SCHLATTER, Heinrich (1904)
    Gedanken um Mitternacht. (Gedichte). - Wien: Europäischer Vlg.
    1965. /7478
    Meine Hände - deine Hände. Gedichte. - Ebenda 1969. /7479

SCHLAUPITZ, Katharina
Unter einem guten Dach. Gedichte. Hrsg. u. mit e. Vorwort eingeleitet von Gottfried Pratschke. - Wien: Europäischer Verlag 1968 = Die Stillen im Lande. /7480

SCHLEEF, Wilhelm
Schulte-Wuordelbuk. (Gedichte). - Dortmund: Ruhfus 1968. /7481

SCHLEGEL, Ferdinand
Wenn i a mine Hoamat denk. (Gedichte). Ill. vom Verfasser. - Bregenz: Ruß (1959). /7482

SCHLEINHEGE, Tons
Ohne Manuskript. Lyrik und Lieder. - Handorf bei Münster: Selbstverlag /1965/. /7483

s. a. u. Pseud.: SCHLEINIGGEN, Tüens

SCHLEINIGGEN, Tüens   d. i. Tons Schleinhege
Bunnene Flittken. Lyrik un Leeder. - Handorf bei Münster: Selbstverlag /1966/. /7484

SCHLESAK, Dieter   (1934)
Grenzstreifen. (Gedichte). - Bukarest: Literatur Verlag 1968. /7485

SCHLIER, Paula   (1899)
Die mystische Rose. Eine Dichtung. - Freiburg: Herder (1949). /7486

Morgen ist der Tag des Erwachens. Ein Gedichtzyklus. - Graz, Wien, Köln: Styria (1967). /7487

Stille Bilder für die Weihnachtszeit. (Gedichte). - Schüttorf: Selbstverlag 2. Auflage 1945.   (1. Aufl. b. n. e.) /7488

SCHLITTLER, Ulrich
Am Schlösslirai. Es paar Versli i Glarner Mundart uss mim Heimetdörfli Niderurne und siner Umgäbig. - Niederurnen: Selbstverlag (1967). /7489

SCHLÖPKE, Ernst Otto
tieden sünd dat... plattdüütsche leder för triangel un söben pauken. - Hamburg-Wellingsbüttel: Verlag der Fehrs-Gilde (1963). /7490

SCHLOZ, Wilhelm   (1894)
Das Jahr. 12 Gedichte. - Stuttgart: o. V. 1947. /7491

Ernte einer Gezeit. Gedichte. - Stuttgart: Knöller 1955. /7492

Wenn e an di denk, Muetter, no wird's halt schwäbisch. Gedichte und Prosastücke in schwäbischer Mundart. - Stuttgart: Hünenburg-Verlag (1955). /7493

dasselbe. - 2. erw. Aufl. ders. Verlag, Burg Stettenfels bei Heilbronn: (1960). /7494

Geliebte Landschaft. Eselshaldener Vierzeiler und 12 Zeichnungen. - Winterbach: Greifen-Kunst /1963/. /7495

SCHMACHTENBERG, Carl
Ausgewählte Gedichte in niederberg. Mundart. Mit e. Nachwort von

Dieter Leisegang. - Frankfurt: Horst-Heiderhoff-Presse (1967) =
Druck der Hort-Heiderhoff-Presse. 2. /7496

SCHMALZ, Hedi
Es Chörbli Bärner Rose. Värs und Lieder. - Münsingen: Buchdruck Fischer (1963). /7497

SCHMANDT, Edgar
man, du, ich, es. (Gedichte). - Darmstadt: Bläschke 1967. /7498

s. a. Maria Heilig und Edgar Schmandt. Moritat: Neunzehnhundert + Übermorgen.

SCHMAUS, Philipp Heinrich
Belauschtes Leben. Vogelsberger Mundartgedichte und andere. -
Wetterfeld Kr. Gießen : Selbstverlag (1961). /7499

SCHMERLER, Max (1873-1960)
Ich waß an' schien Winkel. Gedichte, Geschichten und Lieder in
der Mundart d. vogtländ. Musikwinkels. - Leipzig: Hofmeister 1957. /7500

dasselbe. 3. Aufl. Hrsg. von Rosemarie Zimmermann. - Ebenda 1967.
(mit Noten und Bibliogr.) /7501

SCHMETZER, Maria (1899)
Wünsche, Träume, Wirklichkeiten. Buchschmuck von Ernst
Schrom. - Wien: Siebenberg-Verlag 1947. /7502

SCHMICK, Heinrich
Riimcher us dm Seejerland. Va 'nem Seejerländer (d. i. Heinrich Schmick). - Siegen: Vorländer 1951. /7503

SCHMID, Anton
Allerhand vom Karntnerland. Ill. von Hermann Bauer. - Wien:
Europäischer Verlag /1959/. /7504

SCHMID, August
Schönes Land und liebe Leute. Gedichte. - St. Gallen: K. Weis
/1951/. /7505

SCHMID, Clarita
Gedichte. - Luzern, Stuttgart: Räber (1965). /7506

SCHMID, Eugen
Himel über em Acher. Gedichte in Mundart und Schriftsprache. -
Winterthur: Vogel (1957) = Gabe der Literarischen Vereinigung Winterthur. (27). /7507

SCHMID, Jakob
Die Bonziade. Gespielt von unserem Hunde, beschrieben und gezeichnet von Onkel Doktor in Lugano. - Luzern: Blau-Weiß-Verlag /1960/. /7508

SCHMID, Martin (1889-1971)
Der kleine Leuchter. Gedichte aus den Jahren 1943-1947. - Affoltern: Aehren-Verlag 1948. /7509

Tag und Traum. Ausgewählte Gedichte aus den Jahren 1947-1954. -
Ebenda 1956. /7510

Ausgewählte Gedichte 1930-1956. - Chur: Calven-Verlag
(1964) /7511

SCHMID, Monika
Verloren. - Wien: Europäischer Verlag 1968. /7512

SCHMID, Otto
Dur's Johr und dur's Läbe. Gedichte. Ill. von Josef Waldispühl.
- Sempach-Station: Buchdruckerei Schnarwiler /1965/. /7513

SCHMID-HEINISCH, Ruth
Gedichte. Graphik von Gregor Kintzel. - Essen: Folkwangschule für
Gestaltung /1964/. (Umschlagt.: Die Picadores haben mich
umstellt. 250 num. Ex.) /7514

SCHIMD-WALLIMANN, Anton
Glockenklänge. Gedichte und Rätsel. - Beromünster: Buchdruck
Wallimann 1949 = Heimatklänge. 2. /7515

SCHMIDER, Hermann (1906-1967)
Melodie des Lebens. - Freiburg i. Br.: Volk 1951. /7516

SCHMIDL, Leo (1904)
Das Ebenbild. L'Image. Ausgewählte Gedichte 1937-1954. (franz.
+ dt.). - Paris: La Table Ronde, Edition billingue (1955). /7517

Das Licht Liebe. La Lumière Amour. Gedichte. Zweispra-
chige Ausgabe. - Paris: Editions Points et Contrepoints. 1963. /7518

SCHMIDLI, Werner
Gebet eines Kindes vor dem Spielen. Gedichte. - Bern:
Lukianos Verlag (1970) = Lukianos-Editionen. /7519

SCHMIDT, Ernst Walter d.i. Walter Schmidt (1894)
Wage, wandre - und die Welt geht mit. Gedichte. - Bremer-
haven-Lehe: Nordwestdeutscher Vlg. Ditzen & Co. /1953/. /7520

SCHMIDT, Ferdinand
Ausgewählte Mundartgedichte aus der Wöld'n Hejde. Gereimtes
in der Mundart d. Jeschken-und Isergebirges. Hrsg. von Erich Huyer. -
München: Höfling 1949. (aufgekl.: H. Rösler Augsburg) /7521

Wölde Hejde. Gereimtes und Ungereimtes in d. Mundart d. Jesch-
ken- und Isergebirges. Aus den 4 Trieben d. Originalausgabe ausgew. von
Hans Kuderna. Textzeichnungen von Ernst Scholz. - München: Aufstieg-
Verlag (1965). /7522

SCHMIDT, Friedrich Wilhelm
Bootsfahrt. Gedichte mit Federzeichnungen des Verfassers. - Karlsruhe: Der Karlsruher Bote /1968/. /7523

SCHMIDT, Heinrich
Strandgut. Gedichte. - Ratingen: Henn 1955. /7524

SCHMIDT, Huldreich Carl (1897)
Wegspuren. Gedichte 1913-1947. - Lutry-Lausanne: Château de la Rive,
Institut Dr. Schmidt (1948). /7525

Im Kreislauf des Jahres. Gedichte. 1952. (b.n.e.) /7526
Schwingungen. Gedichte. 1955/56. (b.n.e.) /7526a
Wolken und Wellen. Gedichte aus den letzten Jahren. - Lutry-
Lausanne, Chateau de la Rive,Institut Dr. Schmidt 1963. /7527
Jahre kamen, Jahre gingen. Eine Gedichtfolge. - Ebenda 1965. /7528
Mittelmeer-Fahrten. (Gedichte). Ein Gruß an liebe Freunde. Text
und Bilder von H. C. S. - Ebenda 1966. /7529
Und der Abend kam... Gedichte aus den letzten Jahren. -
Ebenda 1970. /7530

SCHMIDT, Margot von
Zwischen Traum und Tag. Poesie und Prosa. - Wiesbaden:
Neuland-Verlag 1951. /7531

SCHMIDT, Siegfried Johannes (1940)
Visuelle Poesie. Thesen.Textzyklus „wahr". - Andernach: Atelier-
Verlag (1970) = AVA-Manifest. 1. /7532

SCHMIDT, Uve (1939)
Mit Rattenflöten. Gedichte und Linolschnitte. - Stierstadt: Eremiten-
Presse 1960. (mit Linolschnitten des Autors, 300 Ex.) /7533

Puppenpalmarum. Gedichte. - Ebenda 1961. /7534

Schöne Gegend mit Figuren. Gedichte und Prosa. - Neuwied a.Rh.,
Berlin-Spandau: Luchterhand (1965). /7535

SCHMIDT, Victor
Spitzewàdri. Luschtige un àrnschte Vàrsle. Illustr. von Dorette Muller. -
Mulhouse: Editions Salvator 1953. /7536

SCHMIDT, Wilhelm (1898-1965)
Leechtstonn. Verzeallcher on Rimmcher. - Siegen: W. Schneider (1952).
/7537

SCHMIDT, Wilm (1904-1970)
Die Atombombe. Situation und Perspektive der Gegenwart. Zeitge-
dichte. - Fürstenfeldbruck: Clou Verlag im Steinklopfer-Verlag (1958) =
Die Steinklopfer-Reihe der Außenseiter. /7538

Stapfen und Sterne. Gedichte. - Karlsruhe: Der Karlsruher Bote
1965. /7539

SCHMIDT, Wolfgang
Brennender Tag. Gedichte. - München, Würzburg, Wien: Relief-
Verlag Eilers 1967 = Der Viergroschenbogen. 73. /7540

In der Pupille des Sperbers. Gedichte. - Bern: Lukianos-
Verlag Hans Erpf (1969). /7541

SCHMIDT-BLEIBTREU, Ellen
Kraniche. Mit Zeichnungen von Chow Chung-cheng. - Bonn, Bad
Godesberg: Kirschbaum (1970). /7542

SCHMIDT-ENDRES, Annie (1903)
Land in Licht und Leid. Gedichte und Balladen. - Aalen:

Donauschwäbischer Heimatverlag 1957. /7543

Bevor die Nacht sich senkt... Gedichte. - Dülmen/Westf.: Kreis
der Freunde (1963) = Der Vier-Groschen-Bogen. Sonderausg. o. Nr. zur
Vollendung des 60. Lebensjahres der Dichterin. /7544

Ein Schwabenmädel bin ich... Lieder. - 1965. (b. n. e.) /7545

Akazieblädder. G'schichte on Gedichte vom Pfälzer Mundart-Dichter-
Wettstreit, vom Südwestfunk-Mundart-Wettbewerb on annere... - Aalen:
Donauschwäbischer Heimatverlag (1968). /7546

SCHMIDT-KÖNIG, Fritz   d. i. Fritz Schmidt   (1906)
Blühende Erde. Gedichte und Sprüche. - Berlin-Kleinmachnow:
Verlag Naturkundliche Korrespondenz (1945). /7547

Lichtstrahlen im Alltagsdunkel. - Stuttgart, Waiblingen:
Verlag d. Plakatmission /1949/. /7548

Es wird nicht dunkel bleiben. Gedichte und Erzählungen. Ein
Trostbüchlein mit Scherenschnitten von Margarete Post. - Gießen, Basel:
Brunnen-Verlag (1956). /7549

Loben, lieben, leiden, leuchten. (Gedichte). - Ebenda (1956)./7550

Geliebte Mutter. (Gedichte und Erzählungen). Mit Scherenschnitten
von Margarete Post. - Gießen, Basel: Brunnen-Verlag (1958). /7551

Von Mutter und Kind. (Gedichte u. Erzählungen) - Neuffen/Württ.:
Sonnenweg-Verlag (1965). /7552

SCHMIDTSDORF, Karl
Meine Seele sucht dich... Gedichte. - Halle, Burg Giebichen-
stein: Kunstwerkstätten der Stadt Halle/S. /1945/. /7553

SCHMIED, Wieland   (1929)
Wein von den Gräbern. Gedichte. Holzschnitte von HAP Griesha-
ber (Helmut Andreas Paul G.) - Wülfrath i. Rheinl.: Privatdruck von Horst
Heiderhoff und Manfred Marschner (1962). /755

Seefahrerwind. Ein Gedicht. Mit 3 Holzschnitten von Hans Arp. -
Ebenda (1963). /755

Worte für Worte. - Darmstadt: Bläschke (1964) = Das neueste
Gedicht. 8. /755

Landkarte des Windes. Gedichte. Nachwort von Gerhard Fritsch.
- Salzburg: Otto Müller (1957). /755

SCHMIEMANN, Albin   (1886)
Der singende Brunnen. Gedichte. - Bethel bei Bielefeld: Gieseking 1964. /755

SCHMIT, Tomas
Das gute Duenken. - Berlin: Schmit 1970 = Aus der Welt der Welt. 1. /755

SCHMITT, Fritz
Unterwegs... Gedichte. - München: Alpiner Verlag Fritz Schmitt
(1946). /756

SCHMITT, Georg   (1892)
Mein Glatzer Land. Stille Lieder. - Gelsenkirchen-Buer: Post
1948. /7561

SCHMITT, Nora
Die goldene Straße. (Gedichte). - Wien: Europäischer Vlg. 1963. /7562

SCHMITT, Saladin   (1883-1951)
Die so gegangen sind. Seine Gedichte u. sein Verhältnis zu Stefan
George. Hrsg. u. erzählt von Robert Boehringer mit Georg Peter Landmann. - Düsseldorf, München: Küpper 1964 = Stefan George Stiftung. /7563

SCHMITT-SULZTHAL, Rudolf   d.i. Rudolf Schmitt   (1903-1971)
Unterm Maibaum. Versbilderbogen. - Starnberg: Bachmair 1946. /7564

Wege am Abend. Gedichte. - Bad Wörishofen: Drei-Säulen-Verlag
(1947). /7565

Sternenkorn ist ausgesät. Gedichte. - Dülmen/Westf.: Kreis
der Freunde (1963) = Der Vier-Groschen-Bogen. Sonderdruck. /7566

SCHMITZ, Emil-Heinz   (1912)
Schreckliches, schönes Leben. Ein Spiegelbild unserer Zeit in
e. Auswahl von Gedichten aus 20 Jahren. - Garmisch-Partenkirchen:
Schweitzerverlag zu Köln = Schweitzers Weltbücherei. /7567

SCHMITZBERGER, Ludwig   (1883)
Aus Zeit und Ewigkeit. (Gedichte). - Wien: Europäischer Verlag 1947. /7568

SCHMITZER, Wilhelm   (1905)
in die rillen eines steines geritzt... Gedichte. Mit 4 Original-Seriographien des Autors. - Nürnberg: W. Schmitzer (1967) =
spiegelungen. 1.   (bibliophiler Sonderdruck) /7569

SCHMOLCK, Hans-Christoph
10 Mopop's. (Gedichte). - Frankfurt: Edition Kölling 1969. /7570

SCHMOLL, Otto Theophil
Auf dem Wege. Gedichte. - Bietigheim: Turm-Verlag 1951. /7571

SCHMUTZ-HÖBARTHEN, Franz   d.i. Franz Schmutz   (1888)
Hoamgaong. Gedichte in Waldviertler Mundart. - Wien: Europäischer Verlag /1952/. /7572

Türen und Tore. Dichtungen aus dem Waldviertel in Mundart und
Schriftsprache. - Ebenda 1955. /7573

Der Stieglitz. Bunte Verse. - Krems a.D.: Faber (1956) = Buchgemeinschaft Heimatland. 1. /7574

Wo die Krähen schrein. Dichtungen aus dem Waldviertel in Mundart und Schriftsprache. - Ebenda (1961) = Buchgemeinschaft Heimatland. 3. /7575

Ringelblumen. Geschichten und Gedichte aus dem Waldviertel. -
Wien: Österreichischer Agrarverlag (1965). /7576

SCHNABL, Rosa Friederike   (1894)

Gedichte. - Wien: Kaltschmid (1952). /7577

Neue Gedichte und zwei Spiele. - Ebenda in Komm. (1954). /7578

Lyrische, epische und dramatische Dichtungen. - Ebenda in Komm. (1956). /7579

SCHNACK, Anton (1892-1973)
Der Annoncenleser. Gedichte. Illustr. von Asta Ruth-Soffner - München: Winkler (1947). /7580

Mittagswein. Ein Gedichtbuch. - Hamburg: Hoffmann und Campe. (1948). /7581

Das fränkische Jahr. Eine Kalender-Kantate. Holzschnitte und Buchausstattung von Helmut Münch. - Frankfurt: D. Stempel 1951. (300 num. Ex. f. die Fränkische Bibliophilengesellschaft gedr.) /7582

dasselbe. - Aschaffenburg: Pattloch (1952). /7583

" Jene Dame, welche... ". Gedichte zu kleinen Anzeigen. - München: Pohl Verlag /1953/. /758

Weinfahrt durch Franken. Betrachtungen und Gedichte. - München: Süddeutscher Verlag /1965/. /7585

SCHNACK, Friedrich (1888)
Kleine Auslese. Gedichte mit e. Einleitung. - Hamburg: Heinrich Ellermann (1946) = Das Gedicht 1946/47. 8. /7586

Die Traube. Gedichte und Erzählungen. - Bad Wörishofen: Drei-Säulen-Verlag (1947) = Das kleine Säulenbuch. 4. /758

Eine kleine Gartenillusion. Gedichte und Prosa, Zeichnungen von Hans Tomamichel. - Wilen bei Wil: Wiesli (1948) = Stern und Blume. 2. /758

sieben sträuße. (Gedichte). Aquarelle von Elsbeth Schneidler-Schwarz. Baden-Baden: Orion Verlag /1948/. /758

dasselbe. - Saarbrücken: Saar-Verlag /1948/. /759

Ländliches Tagebuch. (Immerwährendes poetisches Kalendarium). Pflanzenzeichnungen von Irmgard Erckens. Tierzeichnungen von Gertrud Horn. - München: Desch 1949. /759

Die Lebensjahre. Gesammelte Gedichte. - München: Kösel (1951). = Schnack: Gesamtausgabe des poetischen Werkes in sieben Bänden. 3. /759

Gesammelte Werke in 2 Bänden. Band 1. Prosa und Gedichte 1. Band 2. Prosa und Gedichte 2. Mit Nachwort u. Anhang. - Hamburg: Rütten & Loening 1961. /759

dasselbe. - Gütersloh: Bertelsmann Lesering /1962/. /759

Heitere Botanik. (Gedichte). Mit farbigen Bildern von Bruno Gutensohn. - München: Obst - und Gartenbauverlag (1962). /759

Schuld in der schönen Nacht. - Dülmen/Westf.: Kreis der Freunde (1962) = Der Vier-Groschen-Bogen. 9. /759

SCHNEEWEISS, Heinrich G.   (1930)
   Auf meiner Zunge der Kobold... Gedichte. - Dülmen/Westf.:
   Kreis der Freunde (1963) = Der Vier-Groschen-Bogen. Sonderausg. 10. /7596
   Memorandum eines Antipoden. -Wien: Europäischer Vlg. (1968)./7597
SCHNEID, Otto   (1900)
   Das späte Gedicht. - Toronto, Canada: Source Books /1970/.   /7598
SCHNEIDER, Camille   (1900)
   Der Tannenhof. Sonette in zwei Sprachen. (dt. + franz.) Ill. von L. Ph.
   Kamm. - Straßburg: C. Schneider. Vertr.: Vlg. Oberlin 1958 = Reihe:
   Meine doppelsprachigen Gedichte. 1.   /7599

   Molsheim, meine Heimat. - Sonette in zwei Sprachen. Ill. von E. H.
   Cordier. (dt. + franz.) - Ebenda 1960 = Meine doppelsprachigen Ged. 2. /7600

   Albert Schweitzer. Sonette in zwei Sprachen. (dt. + franz.) Ill. von
   E. H. Cordier. - Ebenda 1962 = Meine doppelsprachigen Gedichte. 3.   /7601

SCHNEIDER, Erich Herbert
   Gedichte aus dem Gefängnis am Paulustor. - Graz:
   Leykam 1946.   /7602

SCHNEIDER, Georg   (1912-1972)
   Die Fensterrose. (Sonette). - Hamburg: Ellermann (1946) = Das
   Gedicht. Blätter für die Dichtung. 1946/47. 2.   /7603

   Nur wer in Flammen steht. Sonette. - Coburg: Winkler (1946). /7604

   Fries der Lauschenden. 9 Figuren von Ernst Barlach. - Hamburg:
   Ellermann (1947) = Das Gedicht. Blätter für die Dichtung. 1947. 10.   /7605

   Das Blumengärtlein. Ein Ritornellenkranz. In Bildern von Karl
   Vollmer. - Aschaffenburg: Pattloch /1949/. (100 num. u. handsign. Ex.) /7606

   Sieben Töne. Gedichte. - Düsseldorf: Streckfuß 1953 = Lyrische
   Blätter. 8.   /7607

   Atem der Jahre. Gedichte. - München: Langen/Müller (1960)

   Signaturen. - Dülmen/Westf.: Kreis der Freunde (1962) 2. Aufl. =   /7608
   Der Vier-Groschen-Bogen. 4.   /7609

   Am Grenzstein. Neue Gedichte. Vorrede von Emil Staiger. - München, Wien: Langen-Müller (1965).   /7610

   Nach verschollenen Noten. Gedichte. - Ebenda (1968).   /7611

SCHNEIDER, Hans
   Kleiner Advent. Ausgewählte Gedichte. - Klagenfurt: Leon sen.
   /1962/.   /7612

SCHNEIDER, Hansjörg
   Geschichten, Gedichte. Hrsg. von Peter Stöckli. - Binningen:
   P. Stöckli (1966).   /7613

SCHNEIDER, Herbert   (1922)
   D'Münchner Rass'. (Gedichte). Ill. von Hildegard Mössel. -

Dachau: Zauner (1958). /7614

Kinder der Bavaria. Bairische Gedichte. Ill. von Sepp Eibl. - München: Münchener Zeitungsverlag /1958/. /7615

Geliebter Spektakel. Münchner Gedichte. - Ebenhausen b. München: Langewiesche-Brandt (1961). /7616

SCHNEIDER, Josef (1911)
Abschied und Heimkehr. Bildnis einer Mutter. Erzählungen und Gedichte. - Leimen-Heidelberg: Die Heimatbrücke. Verlag für heimatliches Schrifttum 1960 = Brünner Buchring. 41. /7617

Du lebst in mir. Gedichte. - München: Aufstieg-Verlag (1960). /7618

SCHNEIDER, Karl Ludwig (1919)
Disteln und Dornen. (Gedanken und Gedichte a. d. Zeit der politischen Haft). - Hamburg: Hansischer Gilden-Verlag 1946. /7619

Die frohe Botschaft vom Tode. Ein Sonettenkranz. (Die Holzschnitte sind dem Totentanz von Hans Holbein entnommen). - Ebenda 1947.
s. a. u. Pseud.: RUNKEL, Tobias /7620

SCHNEIDER, Peter
Ansprachen. Reden, Notizen, Gedichte. - Berlin: Klaus Wagenbach (1970) = Quarthefte. 47. /7621

SCHNEIDER, Reinhold (1903-1958)
Die letzten Tage. 25 Sonette. - Zürich: Arche (1945) = Die kleinen Bücher der Arche. /7622

dasselbe. - Baden-Baden: Hans Bühler jr. 1946. /7623

dasselbe. - Ebenda 1946. Sonderdruck. /7624

dasselbe. - Baden-Baden: Bühler jr.; Recklinghausen: Paulus 1946. /7625

s. a. Rudolf Alexander Schröder: Geistliche Gedichte.

Apokalypse. Sonette. - Baden-Baden: Hans Bühler jr. 1946. /7626

Die neuen Türme. Ausgewählte Sonette. - Wiesbaden: Insel-Verlag 1946. /7627

Erscheinung des Herrn. Sonette. - Waibstadt bei Heidelberg: Kemper (1949). /7628

Herz am Erdensaume. (Gedichte). - Heidelberg: Kerle 1947. /7629

Gnade der Zeit. 8 Sonette. Geschrieben von Alfred Riedel. - Freiburg, Berlin, Düsseldorf: Christophorus-Verlag (1947). /7630

Stern der Zeit. Sonette. - Krefeld: Scherpe 1948. /7631

Die Sonette von Leben und Zeit, dem Glauben und der Geschichte. - Köln, Olten: Jacob Hegner 1954. /7632

dasselbe. - Köln: Bachem /1956/ = Neujahrsgabe 1957 für die Freunde des Hauses. /7633

dasselbe. Mit einem Vorwort von Harald von Koenigswald. - Düsseldorf:

Deutscher Bücherbund; Stuttgart: Stuttgarter Hausbücherei /1959/. /7634

Sprechplatte: Reinhold Schneider spricht: D i e h e i ß e n Q u e l l e n . V i e r
S o n e t t e u.a. - Freiburg: Christophorus- Verlag /1958/. /7635

Sprechplatte: Gert Westphal liest: S o n e t t e und Die Rede Las Casas' vor
Kaiser Karl V. - Ebenda /1961/. /7636

H a l l und W i d e r h a l l . Eine Auswahl, besorgt von Hans-Martin Dahlmann. - Wuppertal: E. Müller (1967). /7637

SCHNEIDER, Robert (1875-1945)
D e s un S e l l von B i e n c h e n B i m b e r n e l l . . Gedichte in Hesse-Darmstädter Mundart. (Aus d. Nachlaß hrsg. von s. Tochter). - Darmstadt:
Laturner Verlag Otto Schrader (1949). /7638

D ä r r o b s t . Gedichtcher un Geschichtcher in Hesse-Darmstädter Mundart. - Darmstadt: Roether 1951. (zuerst 1940) /7639

K r a u t un R i e w e . Gedichte un Geschichte in Hesse-Darmstädter Mundart. - Ebenda 1951. (zuerst 1939) /7640

L y r i s c h e s un L u s t i g e s . Gedichtercher in Hesse-Darmstädter
Mundart. - Ebenda 1951. /7641

H e i n e r b l u t . Gedichte in Darmstädter Mundart. - Ebenda 1955. (zuerst 1905/07) /7642

SCHNEIDER-BRUNNER, Frieda
B ä r n e r - L i e b i , F r e u d u L e i d . - Bärner Wätterbricht. 60 bärndütschi Gedicht. - Bern: Dürrenmatt /1955/. /7643

SCHNEIDER-LENGYEL, Ilse
s e p t e m b e r - p h a s e . (Gedichte). - Frankfurt: Frankfurter Verlagsanstalt (1952) = studio frankfurt. 3. /7644

SCHNEIDEWIN, Wilhelm
S i e g e l . Verse. (in dt. + latein. Sprache) - Göttingen, Norden: Selbstverlag (1963). /7645

N e u e s Q u o d l i b e t in V e r s e n . - Ebenda 1965. /7646

SCHNEITER, Erwin (1917)
A u s m e i n e n S t u n d e n . Gedichte. Zeichnungen von Emil Zbinden. Bern: Francke 1946. 3. Aufl. (zuerst 1942) /7647

(Gedichte auf Briefkarten) - Zollikofen: Selbstverlag /1952/. /7648

A n s t i l l e n U f e r n . (Gedichte). - Bern: Francke (1955). /7649

I c h s u c h e D i c h . Eine Dichtung. (Religiöser Zyklus). - Ebenda 1957.
(zuerst 1944) /7650

A u f k l a n g und Ü b e r g a n g . (Gedichte). Zeichnungen von Hans Zaugg.
- Ebenda 1967. /7651

SCHNELL, Robert Wolfgang (1916)
M u z e s F l ö t e . Prosa, Gedichte. - Berlin, Neuwied: Luchterhand 1966.
A r t h u r M ä r c h e n ' F a b e l w e s e n . Mappe mit 4 Gedichten von R.W.S. /7652

Mit 10 farbigen Textur-Graphiken und 2 Linolschnitten. - Berlin:
Atelier Siebrasse 1969. /765

SCHNETZ, Wolf Peter (1939)
Geometrie der Stille. Gedichte. Graphik von Winfried Tonner. -
Regensburg: Selbstverlag (1962). /765

    dasselbe. - München: Verlag der Zs. „Relief" (1963) = Sonderdruck. 2.
aus „Relief" 1963. /765

    Traisa. (Gedichte). - Regensburg: Selbstverlag /1963/. /765

    s. a. Guntram Vesper und Wolf Peter Schnetz: Je elementarer
der Tod, desto höher die Geschwindigkeit.

    Variationen um Orfeus. 5 Versuche der Sprache zur 4. Dimension.
- München: Selbstverlag (1964). (als Manuskript vervielf.) /765

    10 Texte zum Mitnehmen. - 1968 (b. n. e.) /765

SCHNIBBE, Wilhelm (1908)
Engel wohin? - Wiesbaden: Limes (1957) = Dichtung unserer
Zeit. 12. /765

SCHNIDTMANN-LEFFLER, Elisabeth d. i. Elisabeth Schnidtmann (1891-)
Der singende Brunnen. (Gedichte). - Nürnberg: Spindler
/1953/. /766

    Lichterspruch im Advent. (Gedichte). - 1956 (b. n. e.) /766

    Die Schale meiner Hände. - 1957 (b. n. e.) /766

    Aus Freude gesungen. (Gedichte). - Nürnberg: Spindler 1961. /766

SCHNIEDER, Edmund
In allem Tageskampf. Gedichte. - Wien, München: Manutiuspresse (1964) = Delphin Bücher der Manutiuspresse. /766

SCHNOG, Karl (1897-1964)
Jedem das Seine. Satirische Gedichte. Zeichnungen von Herbert
Sandberg. Nachwort von Eugen Kogon. - Berlin: Ulenspiegel - Verlag
(1947). /766

    Zeitgedichte - Zeitgeschichte von 1925 - 1950. Mit einem
Vorwort von Arnold Zweig. - Berlin: Allgemeiner Deutscher Verlag
1949. /766

SCHNURRE, Wolfdietrich (1920)
Kassiber. (Gedichte). - Frankfurt: Suhrkamp 1956. /766

    Abendländer. (Satirische Gedichte). Zeichnungen von Wolfdietrich
Schnurre. - München: Langen/Müller (1957). /766

    Kassiber. Neue Gedichte. Formel und Dechiffrierung. Nachwort von
Walter Jens. - Frankfurt: Suhrkamp (1964) = edition suhrkamp. 94.
suhrkamp texte. /766

  Sprechplatte: Schnurre liest Schnurre. Der Autor liest Gedichte
und Prosa. - Hamburg: Deutsche Grammophon-Gesellschaft,
Literarisches Archiv /1966/. /767

Schnurre heiter.(Ein Sammelband mit bekannten und noch unveröffentlichten Erzählungen, Fabeln, Gedichten). Mit Zeichnungen des Autors. - Olten, Freiburg i.Br.: Walter Verlag (1970). /7671

SCHOBEL, Armin
Gedichte. Hrsg. von Gudrun de Elias-Blanco. - Wien: Hemma Schobel /1960/. (Österreich. Agrarverlag i.Komm.) /7672

SCHOBER, Georg Walter
Poetischer Alltag. Lebensweisheit in Bild und Vers. Federzeichnungen von Marta Elisabet Fossel. - Graz: Leuschner & Lubensky in Komm. 1954. /7673

SCHOBLOCH, Therese
Eine Handvoll Spätfrüchte.(Gedichte). - Wien: Schobloch 1969. /7674

SCHOCK, Benedikt (1901)
Guckt dr Mo'durch's Ladespältle. Gedichte in schwäbischer Mundart. - Schwäbisch-Gmünd: Dietenberger /1964/. /7675

SCHÖFFMANN, Gustav
Herz im Steinfelde. (Gedichte). - Wien: Europäischer Vlg. 1952. /7676

Kathedralen der Vergänglichkeit. (Gedichte). - Ebenda 1953. /7677

SCHÖKE, Benno (1912)
Saum der späten Dinge. Gedichte. - Aachen: Willibrord Verlag (1961). /7678

SCHÖLLY, Karl (1902)
Gedichte. Eine Auswahl. - St.Gallen: Tschudy (1963). /7679

SCHÖLZKE, Karl-Heinz
Semmliaden. Eine Philosophie des Alltags. Sinnliche und besinnliche Verse. - Essen-Kray: E.Engelmann 1950. /7680

dasselbe. Mit Illustr. von Erich Liesegang. - Essen: Vulkan-Verlag Classen (1963). /7681

SCHÖLNHAMMER, Resi
Aus der Eisenwurzen. Gedichte. - Großhollenstein a.d.Ybbs: Selbstverlag 1952. /7682

SCHÖN, Adolf
Unsere liebe Frau. Gedichte. - Heidelberg: Gral-Verlag 1946. /7683

Der Herr im Elend. Passionsgedichte. - Ebenda 1947. /7684

St. Josef, Nährvater der Liebe Christi. Gedichte. - Ebenda /1948/. /7685

SCHÖNBERG, Willi
Tschedra und Tschutra. Gedichte und Prosa in Kärntner Mundart. - Wien: Europäischer Verlag 1952. /7686

Feldwegalan. Gedichte in Kärntner Mundart. Zeichnungen von Paul Kriwetz. - Klagenfurt: Carinthia (1960). /7687

„Spinnradl, spinn..." Heimatliche Gedichte. Zeichnungen von Lothar Kappl. - Ebenda (1963). /7688

Blattlan und Blüah. Kärntner Lyrik. Zeichnungen von Waltrude
Neumann. - Klagenfurt: Carinthia (1965). /7689

"Vier Vierling voll...". Volkstum im Reim. Zeichnungen von
Waltrude Neumann. - Ebenda (1970). /7690

SCHÖNLANK, Bruno (1891-1965)
Mein Tierparadies. Verse. Mit Bildern von Pia Roshardt. -
Zürich: Artemis (1949). /7691

Funkenspiel. (Gedichte). Illustr. von Robert Wyss. - Zürich: Alpha-
Presse (1954) = Handdruck der Alpha-Presse. 9. (150 num. Ex.) /7692

SCHÖNWALD SCHNEIDER, Margarethe
Seelenerwachen. (Gedichte). - Heusenstamm: Orion-Verlag 1965. /7693

SCHÖNWIESE, Ernst (1915)
Ausfahrt und Wiederkehr. Gedichte. - Wien: E. Müller 1947 =
Stimme aus Österreich. /7694

Der siebenfarbige Bogen. Ein Zyklus von sieben mal sieben
Gedichten. - München: Weismann 1947. /7695

Nacht und Verheißung. Gedichte. - Wien: Ibach /um 1948/;
Wien, Linz, München: Gurlitt-Verlag (1950). /7996

Das Bleibende. (Ausgewählte Gedichte). - St. Gallen: Pflug-Verlag
in Thal 1950 = Die Ausfahrt. /7997

Das unverlorene Paradies. Dichtungen von Demut, Tod und Ewigkeit. Zu neun Steinzeichnungen von Ernst Barlach. - Wien, Linz, München: Gurlitt-Verlag (1951). /7998

Ein Requiem in Versen. In memoriam Lilly Christiansen-Agoston.
Mit 10 Illustr. von Hans Orlowsky. - Ebenda 1953 = Kleine Gurlitt-Reihe. 5.
/7999
Stufen des Herzens. Neue Gedichte. - Ebenda (1956) = Kleine
Gurlitt-Reihe. 13a. /8000

Der alte und der junge Chronos. Ausgewählte Gedichte. -
Wien: Bergland-Verlag (1957) = Neue Dichtung aus Österreich. 39/40. /8001

Traum und Verwandlung. Gedichte, Erzählung, Aphorismen. Eingeleitet u. ausgewählt von Joseph Strelka. - Graz, Wien: Stiasny (1961) =
Stiasny Bücherei. 96. /8002

Baum und Träne. Gedichte. - Wiesbaden: Limes (1962). /8003

Geheimnisvolles Ballspiel. Gedichte. - Ebenda (1964). /8004

Odysseus und der Alchimist. (Gedichte). - Ebenda (1968) =
Limes nova. 23. /8005
SCHÖPFER-VOLDERAUER, Maria
Zwischen Traum und Wachen. (Gedichte). - Wien: Europäischer
Verlag 1967. /8006
SCHOEPKE, Helmut (1903)
In Angst getrost. Gedichte. Hrsg. von d. Evangel. Pressestelle der
Evangel. Kirche in Thüringen. - Berlin: Evangel. Verlagsanstalt (1958). /8007

SCHOLL, Albert Arnold (1926)

Die gläserne Stadt. Gedichtzyklus. - Düsseldorf: Diederichs
1953. /8008

Keiner zu Hause. Gedichte. Mit 4 Holzschnitten von Günter Bruno
Fuchs. - Stierstadt: Eremiten-Presse 1960). (300 num. Ex.) /8009

SCHOLLE, Bernd von der
Gedichte. - Regensburg: Habbel /1948/ = Der Bogen. /8010

SCHOLZ, Walter
Bogen der Zeit. (Gedichte.) - Ahrensburg/Holstein: Damokles
Verlag (1966) = damokles rotdrucke. 4. /8011

Vibrationen. (Gedichte.) - München: Jürgen Willing (1968). /8012

SCHOLZ, Wilhelm von (1874-1969)
Die ausgewählten Gedichte. Die Auswahl erfolgte aus der bis
zum 70. Geburtstag des Dichters entstandenen Lyrik. - Gütersloh:
Bertelsmann (1953) = Das kleine Buch. 49. /8013

Raum über uns. Neue Gedichte. - Ebenda (1954) = Das kleine
Buch. 69. /8014

Bilder und Gestalten. Auswahl meiner Balladen. - Ebenda
(1956) = Das kleine Buch. 88. /8015

Unter den Sternen. Ausgewählte Gedichte. - Gütersloh: Bertelsmann Lesering /1963/ = Die kleinen Begleiter. /8016

dasselbe. - Bodman am Bodensee: Hohenstaufen Verlag (1966).
(fotomechanischer Nachdruck der Bertelsmann-Ausgabe) /8017

SCHONGAUER, Friedrich d.i. Walter Friedrich Konrad-Schaffner
Die kleine Garbe. Gedichte. - St. Gallen: Selbstverlag (1947). /8018

SCHOOP, Jürg (1934)
So tanz ich in den Tanz. Gedichte. Auswahl von Georges Ammann.
Mit Original-Collages. - Egnach CH: Clou Verlag (1958). /8019

SCHOOR, Wolfgang
Zwischen Last und Straße.(Gedichte). - Berlin: Volk und Welt
1960 = Antwortet uns!22. /8020

SCHOTKOVSKY-STORFER, Herma
Da roate Brunn. Gedichte in Kärntner Mundart. - Klagenfurt:
Carinthia (1967). /8021

SCHOTT, Rolf (1891)
Orbis pictus.(Gedichte). - Basel: B. Schwabe & Co. (1946) =
Sammlung Klosterberg, Europäische Reihe. /8022

Lebensbaum. Gedichte. - Einsiedeln: Johannes Verlag (1958) =
Christ heute. Reihe 4. 9. /8023

Ein Glanz aus Dir. (Gedichte). - Ebenda (1965). /8024

Heimweg. (Gedichte). - Bern: Kober'sche Verlagsbuchhandlg. (1970)./8025

SCHRADER, Werner Wolf
Der Meister. Zeitgedichte. - Frankfurt: Siegel-Verlag 1947. /8026

Phoenix. Gedichte. - Wolfenbüttel: Heckner (1948). /8027

SCHRAMM, Erich
Gedichte. Tempel, Trümmer, Sterne. Eine Schwetzinger Sinfonie. - Stuttgart: Kulturaufbau-Verlag (1947). /8028

SCHRAMM, Godehard (1943)
Im Schein des Augenblicks. Gedichte. - Karlsruhe: Der Karlsruher Bote 1964. /8029

Schneewege. Gedicht-Zyklus. - München, Wien: Relief-Verlag 1965 = Der Viergroschenbogen. Sonderb. 35. /8030

Lieber rot als rot. Mit graf. Beiträgen von Peter Wörfel. - München: Relief-Verlag Eilers (1970). /8031

SCHRAMM, Heinz-Eugen (1916)
Mariele, komm! Gedichte in schwäbischer Mundart. - Stuttgart: Bonz (1956). /8032

Ein schwäbischer Gruß. Hintergründig-fürwitzige Verse und Reimereien in Mundart. Zeichnungen von Rudolf Misliwietz. - Tübingen: Schlichtenmayer /1963/. /8033

Magscht mi? Gedichte in schwäbischer Mundart über die Liebe und ihre Folgen. - Stuttgart: Bonz (1968). /8034

Moinscht, mögscht Mooscht? Eine schwäbische Existenzfrage für durstige Seelen in Mundart erörtert und lyrisch verdichtet. (Gedichte). - Ebenda (1969). /8035

SCHRAMM, Joachim
warum glaubt ihr nicht... Gedichte. - Berlin: Müller 1969. /8036

SCHREIBER, Mathias (1943)
Ein Steinbock steht im Zimmer. Gedichte. Mit drei Collagen von Christian Honig. - Neuwied, Berlin: Luchterhand (1967). /8037

SCHREITER, Helfried
(Gedichte). Grafik von Willi Sitte. - Berlin: Neues Leben (1968) = Poesiealbum. 7. /8038

SCHREYER, Isaac (1890-1948)
Psalm eines einfachen Mannes. (Gedichte 1911-1947). Nachwort von Ernst Waldinger. - New York, Wien: Selbstverlag 1950. /8039

Das Gold der Väter. Gedichte. Mit e. Nachwort von Ernst Schönwiese. - Wien: Bergland-Verlag (1969) = Neue Dichtung aus Österr. 152. /8040

SCHREYVOGL, Friedrich (1899)
Wir Kinder Gottes. Gedichte. - Hamburg, Wien: Zsolnay 1957. /8041

SCHRIEFER, Werner (1910)
Stimme des Zorns. Sonette. - Vaterstetten: Arndt, Offenhausener Bausteine 1969 = Bausteine. 22. /8042

Uns ruft die Pflicht. Gedichte der Zeit. - Ebenda 1969 = Bausteine. 23. /8043

SCHRÖDER, Hugo (1883)
Dei Kirch in'n Dörp.Plattdütsche Gedichte.- Berlin: Evangel.
Verlagsanstalt (1950). /8044

SCHROEDER, Michel
dort wo ich wohne.(Gedichte). - Zürich:Regenbogen-Verlag (1968) =
Regenbogen-Reihe. 13. /8045

SCHRÖDER, Paul
Gedichte. - München: Ernst (1961). /8046

SCHRÖDER, Rudolf Alexander (1878-1962)
Ein Weihnachtslied. Geschrieben und gezeichnet von Kurt Wolff. -
Wuppertal-Barmen: Westdeutscher Jungmännerbund 1945. /8047

Rudolf Alexander Schröder: Geistliche Gedichte. Werner Bergengruen: Dies irae. Reinhold Schneider: Apokalypse. Initialen von Arno Reins. - London: World's Alliance of the Young Men's Christian Associations War Prisoner's Aid /1945/ = Zaunkönig-Bücher. 526. (nicht im Buchhandel) /8048

Auf dem Heimweg. (Gedichte). - Kassel: Bärenreiter-Verlag
(1946). /8049

Der Mann und das Jahr. Ein Nachtgespräch Sylvester 1945. Gedichtzyklus. - Berlin: Suhrkamp 1946 = Beiträge zur Humanität. /8050

Weihnachtslieder. - Kassel: Bärenreiter-Verlag (1946). /8051

Alten Mannes Sommer.(Gedichte). - Berlin: Suhrkamp 1947. /8052

Die Ballade vom Wandersmann. - Berlin: Suhrkamp vorm. Fischer 1947. Vollständige Ausgabe. (zuerst 1937) /8053

Gute Nacht. Lieder. - Kassel: Bärenreiter-Verlag (1947). /8054

Die geistlichen Gedichte. (1. Gesamtausgabe). - Berlin,
Frankfurt: Suhrkamp vorm. Fischer (1949). /8055

Neue Gedichte. - Olten: Vereinigung Oltner Bücherfreunde (1949)
= Veröffentlichungen Oltner Bücherfreunde. 44. /8056

Achtzig Gedichte. Eine Auswahl aus den Weltlichen Gedichten. -
Frankfurt: Suhrkamp 1951. /8057

Hundert geistliche Gedichte. Eine Asuwahl. - Frankfurt:
Suhrkamp 1951. /8058

Das Sonntagsevangelium in Reimen. Zyklus. - Frankfurt:
Suhrkamp 1952. /8059

Gesammelte Werke in fünf Bänden. Band 1: Die Gedichte.
(enthält: Die weltlichen Gedichte, Die Übersetzungen, Die geistlichen
Gedichte.) - Berlin, Frankfurt: Suhrkamp 1952. /8060

Wir sind noch in der Hütten. Eine Auswahl geistlicher Gedichte.
Vorwort von Friedrich Bartsch. - Berlin: Evangelische Verlagsanstalt
(1953). /8061

Fülle des Daseins. Bürger, Weltmann, Christ, Mittler, Dichter.

Eine Auslese aus dem Werk. Ausgewählt von Siegfried Unseld. - Berlin,
Frankfurt: Suhrkamp (1958). Suhrkamp Hausbuch. Die Bücher der
Neunzehn. 40. Einmalige Sonderausgabe. /8062

dasselbe. - Berlin, Darmstadt, Wien: Deutsche Buchgemeinschaft
(1960). /8063

Sprechplatte: Rudolf Alexander Schröder spricht: Meine erste
Begegnung mit Goethe. Eine Erinnerung. Macht und Ohnmacht des Geistes.
Eine Pfingstrede. Acht Gedichte. Vier Evangelienlieder. Aus: Sonntags-
evangelium in Reimen. - Freiburg: Christophorus-Verlag /1958/. /8064

Ausgewählte Werke (in 3 Bdn.) Auswahl von Johannes Pfeiffer.
1.: Geistliche Gedichte. Mit 3 Versuchen über Kunst und Religion.
- München, Hamburg: Siebenstern-Taschenbuchverlag (1965) =
Siebensterntaschenbuch. 51. /8065

2.: Weltliche Gedichte. Mit 3 Versuchen über Dichtung und
Deutung. - Ebenda (1966) = Siebensterntaschenbuch. 67. /8066

SCHRÖDINGER, Erwin (1887-1961)
Gedichte.-Bad Godesberg: Küpper vorm. Bondi (1949). /8067

SCHROEPFER, Siegfried
Exhibition des Ersten. Nebst e. Anhang, Sermon zur Influenz,
Regieanweisungen & Fotos des Autors. - Soest: Turf & Presse 1969. /8068

SCHRÖER, Rolfrafael (1928)
Nebeneinander. Lyrische Texte mit Grafiken von Gralf-Edzard Hab-
ben. - Stierstadt: Eremiten-Presse 1960. (300 num. Ex.) /8069

was raum wächst stirbt zeit. spruchgedichte. - Kassel: Staatl.
Werkkunstschule 1963 = Drucke d. Staatlichen Werkkunstschule. /8070

Schaufelschnulzen für Reibeisenstimme. Gedichte. Die Kompositionen (S. 24-27) stammen von Prof. Ferdinand Bruckmann. - Andernach: Atelier Verlag 1969. /8071

SCHRÖTER, Hans (-1946)
Heimfahrt. Ein Vermächtnis mit e. Geleitwort... von Willy Fries. -
Zürich: NZN-Verlag (1948). /8072

SCHRÖTER, Karl Heinz (1936)
Die Sekunde der Sanduhr. (Gedichte). - Berlin-Zehlendorf:
Fietkau 1959 = schritte. 1. /8073

SCHROTT-PELZEL, Henriette von (1877-1962)
Die eingesperrte Nachtigall. Gedichte. Textzeichnungen von
Hedwig Zum Tobel. Nachwort von Dr. Hermann Holzmann. - Innsbruck:
Universitätsverlag Wagner 1961. /8074

SCHUBART, Gertrud
Sou reide mir. Rothenburger Gedichte. Mit 16 Zeichnungen der Verfasserin. - Rothenburg o. d. T.: Hegereiter-Verlag (1967). /8075

SCHUBERT, Frida
Die goldenen Stufen. Gedichte. - Graz: Adyar-Verlag 1956. /8076

SCHUBERT, Karl Leopold (1893)
Perchtoldsdorfer Elegien. - Wien-Perchtoldsdorf: Selbstverlag 1949. /8077

Karl Leopold Schubert und Karl Engel: Kalendarium für das neue Jahr und alle folgenden Jahre. Monatsgedichte von K. L. Sch. Monatsbilder von K. E. - Wien: Montan-Verlag 1961 = Leobener grüne Hefte. 55. /8078

Ewig ragen die Säulen. Griechische Elegien. - Wien: Österr. Verlagsanstalt (1970). /8079

SCHUBERT, Max
Sonnenaufgang. (Gedichte). - Wien: Europäischer Verlag 1970. /8080

SCHUBIGER, Erika Gertrud (1907)
Krippenfiguren. Weihnachtsgedichte. Ill. von Margrit Schill. - Luzern: Rex-Verlag (1946); 2. erw. Aufl. (1957). /8081

Arche des Bundes. Mariengedichte. - Ebenda (1958). /8082

SCHÜNEMANN-KILLIAN, Lotte (1898)
Die Heimfahrt. Gedichte. - Baden-Baden: Bühler jr. 1947. /8083

SCHÜRCH, Gertrud (1916)
Mein Engel, bleibe. Gedichte. - Zürich, Tübingen: Speer-Verlag (1963). /8084

Bringe mir heim alle Schiffe. Gedichte. - Ebenda (1966). /8085

Hinter dem siebenten Berg. Gedichte. - Ebenda (1969). /8086

SCHÜRR, Thekla Maria von d. i. Thekla Rabitsch (1897)
Im Hexenkreis. Lyrik. - Klagenfurt: Kollitsch 1957. /8087

Antlitz der Erde. (Gedichte). - Wien: Europäischer Verlag (1962)./8088

Doch in der goldenen Schale. (Gedichte). - Ebenda 1966. /8089

SCHÜRZHOLZ, Hermann
Aufgang. Gedichte. - Siegen, Leipzig: Schneider 1947. /8090

SCHÜTT, Bodo (1909)
Lieder am Strand. (Gedichte). - Düsseldorf: Diederichs (1953). /8091

Jahr der Insel. Gedichte. - Flensburg: Wolff (1968). /8092

SCHÜTT, Peter (1939)
Sicher in die siebziger Jahre. Straßentexte (mit politischer Plakatgrafik). - Hamburg: Quer-Verlag /1969/. /8093

SCHÜTZ, Hans (1913-1949)
Aus Tag und Jahr. Gedichte. - Olten: Vereinigung Oltner Bücherfreunde 1946 = Veröffentlichung der Oltner Bücherfreunde. 29. /8094

dasselbe. Gedichte und Prosa. Hrsg. von Cécile Flotron u. a. - Ostermundigen: Viktoria-Verlag (1969). /8095

Der Wanderer. Gedichte. - Bern: Francke (1950). /8096

SCHÜTZ, Hans Rudolf

Du und ich. Den Liebenden gewidmet. (Gedichte). Rötelzeichnungen
von Ruth Hess. - Hünibach-Thun: Eichbühl-Verlag (1960). /8097

SCHÜTZBACH, Rupert (1933)
Für Straßenbahn-Passagiere. Gedichte. - München, Würzburg,
Wien: Relief-Verlag Eilers 1965 = Der Viergroschenbogen. 59. /8098

Die Einsamkeit ist unverkäuflich. Gedichte. Hrsg. von Michael Groißmeier. - Dachau: Seismograph-Verlag 1966. /8099

Cocktails aus Illusionen. (Gedichte). - München, Würzburg, Wien:
Relief-Verlag Eilers 1968 = Der Viergroschenbogen. 88. /8100

Marktbericht. Gedichte. - München: Delp (1970). /8101

SCHÜTZE, Alfred (1903-1972)
Alles ist Saat. (Gedichte). - Stuttgart: Verlag Urachhaus (1963). /8102

SCHUHBÖCK, Gebhard (1922)
Heimat und Fremde. Gedichte. Ill. von Wilhelm Klier. - München:
Jo-Ma-Druck und Verlag (1954). /8103

Im Nachtwind der Welt. (Gedichte). - Heidelberg: Meister (1959) /8104

Credo in heilloser Zeit. (Gedichte). - Ebenda (1967). /8105

SCHUHMACHER, Frida (1892-1964)
Findest du das rechte Wort... Gedichte. - Stuttgart: Bonz
(1956). /8106

SCHUHMACHER, Gerhard
Manchmal geschieht's... Gedichte. - Wiesbaden: Neuland-
Verlag 1951. /8107

SCHUHMANN, Paul d. i. Karl Gerold (1906)
Es lohnt sich noch... Gedichte, Chöre. - Paris: Éditions Asra
(1967). (zuerst 1936) Darin außerdem: 1. Gerold, Gedichte (zuerst 1943)
- 2. Gerold, Die graue Gruft (zuerst 1945) - 3. Gerold, Aus dunklen
Jahren (zuerst 1946). /8108

SCHULDT, Herbert (1941)
Steinigung der Nacht. (Gedichte). Mit Ill. von Hans Platschek. -
Basel: Panderma Verlag Carl Laszlo 1960 = Dädalus-Reihe. 1. /8109

SCHULER, Elizabeth
Zwischen gestern und morgen. - Stuttgart: Schuler (1963). /8110

SCHULLER, Frieder
Kreise ums Unvollendete. Gedichte. - Bukarest: Jugendverlag
(1969). /8111

SCHULLER, Hans (1934)
Bekenntnis. Gedichte. - Bukarest: Jugendverlag 1957. /8112

Weil in mir das Leben singt. Gedichte - Ebenda 1962. /8113

Wenn ich vor dir stehe. Gedichte. - Ebenda (1966). /8114

SCHULLERN, Heinrich von (1865-1955)
Am Felsenquell. Ausgewählte Gedichte. Hrsg. von Irmgard Webhofer.-

Innsbruck: Universitätsverlag Wagner (1955). /8115

SCHULT, Friedrich (1889)
An einem frischen Grabe. Für Elisabeth. Güstrow, im Dez. 1945.-
Hamburg: Stichowsky (1946). (4 Bl., anonym erschienen) /8116

Über einen Schlafenden geneigt. - Ebenda (1949) (2 Bl.,
anonym erschienen) /8117

Wechselgesang. - Güstrow: Friedrich Schult (1951). Nicht im
Buchhandel. (2 Bl.) /8118

Gesammelte Gedichte. Privatdruck. - Hamburg: Grillen-Presse
(1954) = Kleiner Druck der Grillen-Presse. 4. /8119

Gib dich aus Händen. Gedichte. - Berlin: Union Verlag 1965. /8120

Was schauderts dich, wirf ab den alten Schrecken...
Gedicht. Privatdruck. - Güstrow: F. Schult (1967). /8121

Totentanz. (Gedichte). - Hamburg: Grillen-Presse (1967). /8122

SCHULTE BERGE, Erich (1927)
Der Glaube an die Ewigkeit. Gedanken in Vers und Reim. -
Marl: Selbstverlag /1969/. /8123

Die Macht und die Freiheit. Gedanken in Vers und Reim. -
Ebenda /1969/. /8124

Eine Flugreise nach Teneriffa. Ein Reisebericht in Vers und
Reim. - Ebenda /1969/. /8125

Freiheit, Wohlergehn und Sicherheit. Gedanken in Vers
und Reim. - Ebenda /1969/. /8126

Freude am Studium. Skizzen in Vers und Reim. - Ebenda /1969/. /8127

Gedanken kluger Leute. In Vers und Reim gebracht. - Ebenda
/1969/. /8128

Rings um den Globus. Gedanken in Vers und Reim. - Ebenda
/1969/. /8129

Wunder und Weisheit des Glaubens. Skizzen in Vers und Reim.
- Ebenda /1969/. /8130

Ein kluges Wort zur rechten Zeit. Skizzen in Vers und Reim. -
Ebenda /1970/. /8131

s. a. u. Pseud.: Michael Bergstedt

SCHULTE-GNADENAU, Heinz
Vom Spaten zur Feder. (Verse). - Neuhaus üb. Ravensburg: H.
Schulte-Gnadenau 1966. /8132

SCHULTHESS, Jörg
Brennende Wurzeln. Auszüge aus den Schulthess-Dichtungen. Mit
Illustrationen. - Basel: ISDI-Verlag (1965). /8133

SCHULTZ, Wolfgang
Der runde Bogen. Gedichte. - Wien: Europäischer Verlag 1970. /8134

SCHULTZE, Bernhard   (1915)
   15 Texturen. - Frankfurt: Eremiten-Presse 1952. (50 Maschinendr.) /8135
   Die zerschlagenen Schalen eines Gesprächs mit sich
   selbst. (Gedichte). - Wiesbaden: Limes 1966.   /8136

SCHULTZE, Bruno Alexander   (1917)
   Oden 1935-1945. - Könitz b. Bern: B. A. Schultze (1950).   /8137

SCHULZ, Georg Friedrich
   Ein Ende, ein Anfang. Gedichte. - Köln: Gaia Verlag (1969).   /8138

SCHULZ, Jo   (1920)
   Abrechnung. Gedichte. - Berlin: Volk und Welt 1959 = Antwortet
   uns! 20.   /8139

   Zwischen Frühling und Frost. Gedichte. Mit zwölf Federzeichnungen von Heidrun Hegewald. - Berlin: Verlag der Nation 1968.   /8140

SCHULZ-FIELBRANDT, Hans   (1912)
   Hinter der Wand wird gelacht. Lyrik und Prosa. - Gevelsberg:
   Weggefährten-Verlag Phil. Baltin 1970 = Bunte Weggefährten-Bücher. 3.   /8141

SCHULZE, Axel   (1943)
   Nachrichten von einem Sommer. Fangtage, Spuren, Ansichten.
   Gedichte. - Halle: Mitteldeutscher Verlag 1967.   /8142

   Ortsdurchsage. Gedichte. - Ebenda 1968.   /8143

SCHUMACHER, Ernst   (1921)
   Eurasische Gedichte<1942-1956>. - Berlin: Rütten & Loening (1957).   /8144

SCHUMACHER, Fritz   (1869-1947)
   Nachlese. Philosophische Betrachtungen und Gedichte. Privatdruck. -
   Hamburg: Fritz Schumacher Erben (1951).   /8145

SCHUMACHER, Hans   (1910)
   Kreis des Kalenders. (Gedichte). - Olten: Privatdruck Vereinigung Oltner Bücherfreunde 1946 = Privatdruck Oltner Bücherfreunde. 31.   /8146

   Schatten im Licht. Gedichte. - Herrliberg-Zürich: Bühl-Verlag
   1946.   /8147

   Der Horizont. Gedichte. - Zürich: Fretz & Wasmuth (1950).   /8148

   Zum Ruhme Zürichs. Eine Gedichtfolge. - Zürich: Classen (1951). /8149

   Jahraus - Jahrein. (Gedichte). - Zürich: Buchbinderei Grossen-
   bacher (1959).   /8150

   Meridiane. Gedichte. - Zürich, Stuttgart: Artemis 1959.   /8151

   dasselbe. - Ebenda 1959. Signierte Luxusausgabe.   /8152

   Celestino Piatti und Hans Schumacher: A B C der Tiere. Gedichte.
   Text von Hans Schumacher. Bilder von C. Piatti. - Zürich, Stuttgart:
   Artemis (1965).   /8153

SCHUMACHER, Richard Josef
   Gedichte. Leben und Licht. - Luzern: Selbstverlag 1962.   /8154

SCHUMANN, Felix
　Meine Liebe ist grün wie der Fliederbusch. Gedichte.
　Ausgew. und m. Nachwort hrsg. von Max Flesch-Thebesius. - Stuttgart:
　Engelhornverlag (1947). /8155

SCHUMANN, Gerhard (1911)
　Die große Prüfung. Neue Gedichte. - Mannheim: Kessler (1953) /8156

　dasselbe. - Bodman/Bodensee: Hohenstaufen-Verlag (1965). /8157

　Freundliche Bosheiten. Heitere und besinnliche Verse. - Mannheim: Kessler (1955). /8158

　dasselbe. Mit Zeichnungen von Karl Staudinger. - Bodman/Bodensee: Hohenstaufen-Verlag (1966). /8159

　Die Tiefe trägt. Gedichte einer Jugend. - Mannheim: Kessler (1957). /8160

　Stachel-Beeren-Auslese. Neue besinnlich-heitere Verse. Mit Zeichnungen von Karl Staudinger. - Stuttgart: Silberburg-Verlag Jäckh. (1960). /8161

　dasselbe. - Eßlingen/Neckar: Hohenstaufen-Verlag (1963). /8162

　Leises Lied. Gedichte. - Stuttgart: Silberburg-Verlag Jäckh; Eßlingen/Neckar: Hohenstaufen-Verlag (1962). /8163

　Zwanzig Spruchkarten. Mit Zeichnungen von Karl Staudinger. - Ebenda o. J. /8164

　Sprechplatte: Gerhard Schumann liest: Heiter-besinnliche Verse. - Bodman/Bodensee: Hohenstaufen-Verlag 1964. /8165

　Der Segen bleibt. Gedichte. - Ebenda (1968). /8166

SCHUMANN, Hans Wolfgang (1928)
　Maske. - Düsseldorf: Streckfuß 1953 = Lyrische Blätter. 4. /8167

SCHUMANN, Werner (1898)
　Andacht und Beschwörung. Gedichte. - Kettwig: Flothmann 1953. /8168

　Licht und Schatten. (Gedichte). - Dülmen/Westf.: Kreis der Freunde (1963) = Der Vier-Groschen-Bogen. 22. /8169

SCHUON, Frithjof
　Sulamith. (Gedichte). - Bern: Urs-Graf-Verlag 1947. /8170

　Tage- und Nächtebuch. (Gedichte). - Ebenda 1947. /8171

SCHURDA-HÄNEL, Johanna (1903)
　Irgendein Wort. Gedichte. (Lied auf S. 51 von Mia Hoogland). Mit einem Geleitwort von Gottfried Pratschke. - Wien: Europäischer Verlag 1969 = Die Stillen im Lande. /8172

SCHUSTER, Gottfried
　Hoamatwasserl. Steirische Mundartgedichte. - Wien: Europäischer Verlag 1955. /8173

SCHUSTER-DUTZ d. i. Gustav Schuster (1885)
　Das Kulturpfeifen. Geschichten und Gedichte. Besorgt, eingeleitet u.

mit einem Nachwort versehen von Harald Krasser. Ill. von Viktor Stürmer. - Bukarest: ESPLA Staatsverlag für Kunst und Literatur. 1956. /8174

dasselbe. - Ebenda 3. durchges. und erw. Aufl. 1969. /8175

SCHWAB, Edmund
Blumen und Bäume.(Gedichte). - Wien, Innsbruck: Rohrer (1961). /8176

Wiener Veduten. Saxa loquuntur. Gedichte. Scherenschnitte von Gertrud Istler. - Wien: Hollinek /1951/. /8177

Jahresreigen. (Gedichte). Scherenschnitte von Gertrud Istler. - Wien, Innsbruck: Rohrer (1963). /8178

SCHWABACH, Kurt (1898)
Kurt Schwabach, Heinz Wunderlich, Walter Pogge van Ranken: Drei Mann auf einem Pegasus. Gedichte, Songs, Chansons. - Flensburg: Wolff /1959/. /8179

SCHWACHHOFER, René (1904-1970)
Im Prisma der schwarzen Erleuchtung. Gedichte. - Dülmen/Westf.: Kreis der Freunde (1963) = Der Vier-Groschen-Bogen. 44. /8180

Die Gestalten. Gedichte. - Berlin: Verlag Volk und Welt 1957 = Antwortet uns! 11. /8181

Über Asche und Feuer. Gedichte 1923-1963. - Berlin: Union-Verlag (1964). /8182

Credo 1965. Gedichte. - München, Würzburg, Wien: Relief-Verlag Eilers 1965 = Der Viergroschenbogen. 60. /8183

Blick aus drei Fenstern. Gedichte. - Berlin: Verlag der Nation (1969). /8184

SCHWANDER, Martin (1949)
Neutralrot + Westenweiß. 10 Gedichte. - Liebefeld/CH.: Lukianos-Verlag Hans Erpf (1967) = bogen. 2. /8185

SCHWARZ, Georg (1902)
Unter einem Baum. Gedichte. - München: Piper (1949). /8186

Der letzte Faun. (Gedicht). - München: Meisterschule für Deutschlands Buchdrucker /1955/. /8187

Die Liebesranke. Gedichte. - Halle: Mitteldeutscher Verlag 1956. /8188

Das Sommerschiff. Gedichte. - Mühlacker: Stieglitz-Verlag Händle (1967). /8189

SCHWARZ, Hans (1890-1967)
Soli Deo Gloria. Gedichte. - Stuttgart: Deutsche Verlags-Anstalt (1951). /8190

SCHWARZ, Hertha
Leben ist Wachsein. (Gedichte). - Wien: Europäischer Verlag 1956. /8191

Gott ist noch jung. Neue Gedichte. - Wien: Europäischer Vlg. 1958. /8192

Schon fallen die Schatten später. Neue Gedichte. -Ebenda 1961. /8193

SCHWARZ, Wolfgang (1916)
   Die Komödie des Satans. Ein lyrischer Querschnitt durch neun Jahre sibirischer Kriegsgefangenschaft. - Berlin-Grunewald: F. A. Herbig /1954/ = Herbig Bücherei. /8194
   Abschied von Ithaka. (Gedichte). - Darmstadt: Ehlers /1962/. /8195
   Sonette aus Athen. - Bonn: v. Schweinitz 1965. /8196

SCHWARZBAUER, Helga
   Stufen zum Ich. Gedichte. - Graz: Kienreich (1966) /8197

SCHWARZE, Hans Dieter (1926)
   Flügel aus Glas. Gedichte. - Stierstadt: Eremiten-Presse 1954. /8198
   Tröste, blasse Straße. Gedichte. - Emsdetten: Verlag Heinr. u. J. Lechte 1956. /8199
   Clowns. (Gedichte). Mit Linolschnitten von Inge Becker. - Stierstadt: Eremiten-Presse 1960. /8200
   Jeder ist Columbus. (Gedichte). - Emsdetten: Lechte 1966. /8201

SCHWARZENAU, Paul (1923)
   Die Welt sucht Heimstatt. Gedichte. - Hemer/Westf.: Braun in Komm. (1963). /8202

SCHWEDHELM, Karl (1915)
   Fährte der Fische. Gedichte. - Stuttgart: Victoria Verlag Martha Koerner /1955/. /8203

SCHWEITZER, Peter Paul
   Kleiner Augentrost. (Gedichte). - Zerkall üb. Düren: Papierfabrik Renker & Söhne (1968) = Werkdruck aus d. Hausdruckerei d. Papierfabrik Zerkall, Renker & Söhne. 23. (Weihnachtsgabe) /8204

SCHWENDINGER, Klara
   Be üs dahoam. Gedichte in Vorarlberger Mundart. Buchschmuck von Leopold Fetz. Hrsg. von Johannes Hauer. - Wels: Welsermühl (1965) = Lebendiges Wort. 30. /8205

SCHWENGELER, Arnold Hans (1906)
   Der goldene Wagen. Gedichte. Vignette von Gunter Böhmer. - St. Gallen: Tschudy (1959). /8206
   Ein Boot fährt heim. Gedichte. - Bern: Benteli (1968). /8207

SCHWENN, Günther d. i. Günther Franzke (1903)
   Zwischen sämtlichen Musen. Espresso-Elegien. Ill. von Bele Bachem. - Berlin: Peters (1964). /8208

SEEBALD, Anton
   Wunder der Heimat und Ferne. Gedichte. - Wien: Europäischer Verlag /1954/. /8209

SEEGER, Bernhard (1927)
   Millionenreich und Hellerstück. Geschichten in Versen. - Berlin: Verlag Neues Leben 1956. /8210

SEELIG, Carl (Karl Wilhelm)   (1894-1962)
   Gang durch die Dämmerung. (Gedichte). Vignetten von Gunter
   Böhmer. - Zürich: Oprecht (1953).   /8211

SEEMANN, Gerda
   Im Singen des Windes. (Gedichte). - Zürich: Artemis (1954).   /8212

   Aquarell der Ahnung. Gedichte. - Zürich, Stuttgart: Artemis
   (1957).   /8213

   Der gelbe Schleier. Gedichte. - Zürich: Hans Frei (1969).   /8214

SEEMANN, Karl   (1928)
   Im Antlitz der Nacht. - Stierstadt i. Ts.: Eremiten-Presse. 1955./8215

   Stufen und Anker. Gedichte. - Dülmen/Westf.: Kreis der Freunde
   1963 = Der Vier-Groschen-Bogen. 30.   /8216

   Impression eines Sommers. Gedichte. - Buxheim/Iller: Martin-
   Verlag /1956/.   /8217

SEEWALD, Heinrich (Heinz)   (1918)
   Traumgesicht. Gedichte. Handgeschrieben von Hela Seewald. -
   Stuttgart: Engelhorn Verlag (1947).   /8218

SEEWALD, Richard   (1889)
   An die Dinge dieser Welt. Oden. Mit 8 Zeichnungen. - Zürich:
   Thomas-Verlag 1947.   /8219

SEHID(ZEHID) BEN NUR   d. i. Felix O. Steigerwald
   Das Herzblut der Heimat. (Gedichte). - Strahlungen über Bad
   Neustadt/Saale: F. O. Steigerwald (1965).
      Band 1 Gedanken und Gebete.   /8220
      Band 2 Glocken der Kindheit.   /8221
      Band 3 die fabeln von den vögeln.   /8222
      Band 4 Lieder zur Liebe. (2. erw. Aufl. 1965.)   /8223
      Band 5 Tränen und Träume. (3. erw. Aufl 1967).   /8224
      Band 6 Zeichnung der Zeit.   /8225
      Band 7 Das Schlagen des Schicksals.   /8226

   Poesia polyglotta. Polyglot Poetry. Poésie polyglotte.
   - Ebenda (1966).   /8227

   lichter des lebens. runenreime. Buch 1. - Ebenda (1968).   /8228

SEIDEL, Ina   (1885-1974)
   Gedichte. Eine Auswahl. - Stuttgart: Deutsche Verlagsanstalt (1949).   /8229

   Gedichte. Festgabe zum 70. Geburtstag der Dichterin. - Ebenda
   (1955).   /8230
   Sprechplatte: Ina Seidel spricht: Aus Manuskripten und dem Band
   Gedichte. - Freiburg: Christophorus Verlag /1957/.   /8231

   Gedichte. Auswahl der Verfasserin. - Wiesbaden: Insel-Verlag 1958
   = Insel-Bücherei. 668.   /8232

SEIDENFADEN, Theodor   (1886)

Wunder im Mass. Gebete. Die Sizilianen des Theodor Seidenfaden.
aus: Die Schale der Erinnerung (bisher undegruckt). - Dülmen/Westf.:
Kreis der Freunde 1962 = Der Vier-Groschen-Bogen, Sonderausg. 1. /8233

Das ewige Korn. Bauerngedichte. - Ebenda (1963) = Der Vier-
Groschen-Bogen. Sonderdruck. /8234

Zwiegespräch mit dem Krist. Ein Sonetten-Kranz. - Karlsruhe:
Der Karslruher Bote 1964. /8235

Europa. Oden. - Wien: Europäischer Verlag 1966. /8236

Elueisa. (Gedichte). - München, Würzburg, Wien: Relief-Verlag Eilers 1967 = Der Viergroschenbogen. 75. /8237

Leuchtturm-Flammen. 12 Gedichte. In Zusammenarbeit mit d.
Literar. Union, Gruppe München, zusgest. und hrsg. unter Vorsitz von
Angelika Mechtel. - München: Relief-Verlag (1968). /8238

Meine Ketzer. Oden. - Wien: Europäischer Verlag 1968. /8239

Zum ewigen Frieden. Gespräch zwischen Immanuel Kant und dem
Engel. Ein Sonetten-Kranz. - Karlsruhe: Der Karlsruher Bote /1968/. /8240

SEIDL, Florian (1893-1972)
Gedichte. - Kallmünz: Lassleben 1953. /8241

Der Baumeister. Balladen in Prosa. - Ebenda (1958). (zuerst 1941) /8242

SEIDLITZ-SCHILD, Gerda
Ritornelle. Gedichte. - o. V. o. O. 1950. (Hermann-Hesse-Nachlaß,
Schiller-Nationalmuseum, Marbach) /8243

SEIFFERT, Johannes Ernst
hier sei kühl. (Gedichte). - Stuttgart: E. Walther (1968) = rot. 35. /8244

SEITZ, Robert
Der Antiquitätenladen. (Gedichte). Mit Zeichnungen von Klaus
Dipke. - Berlin: Neue Rabenpresse 1967 = Das Kabinett. 1. /8245

SEMENTOWSKY-KURILO, Nikolaus von
Lebensspuren. Gedichte. - Zürich, Stuttgart: Classen (1968). /8246

SEMMER, Gerd (1919-1967)
Die Engel sind müde. Verse und Prosa aus dem Schlaraffenland. -
Berlin: Aufbau-Verlag 1959 = Die Reihe. 16. /8247

Widerworte. Gedichte und Chansons. Mit 6 Ill. von Dieter Süverkrüp.
- Berlin, Weimar: Aufbau-Verlag 1965. /8248

SENDELBACH, Hermann (1894-1971)
Erdgeschwister. Gedichte. - Regensburg: Habbel 1953. /8249

Unermeßlicher Augenblick. Vierzeiler. - Ebenda /1956/. /8250

SENDEN, Hermann von
Unter offenem Himmel. Gedichte. - Gütersloh: Der Rufer (1947). /8251

SENFT, Fritz (1922)
Aufblick. Gedichte. - St. Gallen : Tschudy 1952 = Der Bogen. 21. /8252

Undine. (Gedichte). - St. Gallen: Tschudy /1953/. /8253

Der Teppichknüpfer. Gedichte. - Zürich: Fretz & Wasmuth (1957). /8254

Lichtes Geleit. Gedichte. - St. Gallen: Tschudy 1961. /8255

Kreiselspiel. Gedichte für Kinder und ihre Freunde. Zeichnungen von Kurt Hedinger. - Frauenfeld: Huber (1965). /8256

SENN, Werner
Im Glück der Ruhe. Besinnliches in Versen. - Langenthal: Selbstverlag 1962. /8257

SÉQUIN, Ruth
Boten des Lebens. Gedichte. - Zürich: Rascher 1953 /Ausg. 1952/. /8258

SERTORIUS, Lili
Leere, die große Botschaft. - Freiburg i. Br.: Herder 1947. /8259

SESSLER-ZEIZ, Thomas (1915)
Die Unendlichkeit wird bleiben. Ausgewählte Gedichte. - Wien: Österreichische Verlagsanstalt (1969). /8260

SEUREN, Günter (1932)
Winterklavier für Hunde. Gedichte. - Köln, Berlin: Kiepenheuer & Witsch (1961). /8261

SEVERIN, Paul
Das Buch Aerotica. (Gedichte). - Gelsenkirchen-Buer: Buersche Druckerei Dr. Neufang (1968). /8262

SICHE-TARNOWSKI, Gertrud d. i. Gertrud Siche (1892)
Anruf aus der Tiefe. (Gedichte). - Berlin: A. Nauck & Co. (1946). /8263

SICHELSCHMIDT, Gustav (1913)
Hinter der Wolga. Gedichte aus russischer Kriegsgefangenschaft. - Ratingen b. Düsseldorf: Henn (1957). /8264

SIDOW, Max
Requiem. (Gedichte). - Hamburg: Morawe & Scheffelt 1947. /8265

Der edle Herr von Ossenkopp. (Gedichte). - Recklinghausen: Seemann (1963). /8266

SIDNEY, Nicola
Die Passion. Gedichte. - Wien: Donau-Verlag (1949). /8267

SIEBERT, Wernher (1909)
Legende am Strom. - Bremen: Friedrich Trüjen 1947. /8268

Gewalt der Zeit. Gedichte. - Ebenda 1947. /8269

SIEBURG, Erich
Wege mit dir. Gedichte. - Bochum: Kleff (1958). /8270

SIEFKES, Wilhelmine (1890)
Tüschen Saat un Seise. (Gedichte). - Hamburg-Wellingsbüttel: Fehrs-Gilde (1959). /8271

Sprechplatte: Gedichte u. a. Sprecherin: Wilhelmine Siefkes - Leer: Schuster Verlag /1967/. /8272

SIEGERT-dell'ANTONIO, Claudia
  Empor die Herzen. Gedichte. - Moena-Trento: Verlag d. "Scuola
  d'arte" (1952). /8273

SIEGL, Edith
  Muse dreht den Leyerkasten. Ausgewählte Gedichte. Mit e. Nachwort von Felix Braun. - Wien: Bergland-Verlag (1956) = Neue Dichtung
  aus Österreich. 26. /8274

  Mit laubverhülltem Munde. Neue Gedichte. - Ebenda (1962) =
  Neue Dichtung aus Österreich. 87. /8275

SIEGRIST, Reinhold (1899-1966)
  Runde im Steigen. Gedichte und Hymnen. - Karlsruhe: C. F. Müller
  (1948). /8276

SIEMENS, Christian (1889-1957)
  Gedichte. - Regensburg: Habbel /1948/ = Der Bogen. /8277

SIENKIEWICZ, Leonore
  Die Lebenswarte. Philosophie-Gedichte u. diverse Prosa. - Wien:
  Glatz-Verlag 1948. (maschinenschriftl. autograph.) /8278

SIGEL, Kurt (1931)
  Traum und Speise. Gedichte und Zeichnungen. - Heidelberg: Lambert Schneider 1958. /8279

  Sperrzonen. Gedichte. Sämtliche Zeichnungen stammen vom Verfasser.
  - Hamburg: Wegner (1960). /8280

  Flammen und Gelächter. Gedichte mit Zeichnungen. - München,
  Wien: Langen/Müller (1965). /8281

  Feuer! De Maa brennt... Allerlei kauzige Verse, Sauf-, Liebes-
  und Kannibalenlieder in Frankfurter Mundart. Bebildert u. mit leichtem
  Strich versehen von ihm selbst. - Frankfurt: Werkstätten Galerie Timm
  Gierig (1968). /8282

  dasselbe. - Ebenda /1970/. Mit einer Schallplatte. /8283

  Knigge verkehrt. (Gedichte). Mit Zeichnungen von Kurt Halbritter. -
  Frankfurt: Bärmeier & Nikel 1970. /8284

  Lieder & Anschläge. Gedichte. - München: Delp (1970). /8285

SIGRIST, Armin (1904)
  Traumblicke. Gedichte. - Affoltern a. A.: Aehren-Verlag (1949). /8286

  Tröstliches Wort. Gedichte. - Ebenda (1950). /8287

  Quellen und Gründe. Gedichte. - Zürich: Origo-Verlag (1952). /8288

  Wolke im Flug. Gedichte. - Zürich: Classen (1956). /8289

SIMADER, Willi
  Schmunzel-Alphabet. - Feldafing/Obb.: Brehm 1967. /8290

SIMHANDL, Fritz
  Bauernleben. Gedichte in Mostviertler Mundart. - Wien: Österr.
  Bundesverlag (1957). /8291

SIMMINGER, Bernhard (1885)
Sicht ins Blaue. Gedichte. - Luxemburg: St. Paulus-Druckerei 1951. /8292

SIMON, Edith
Besinnliche Gedanken. (Gedichte). - Wien: Europäischer Verlag 1967. /8293

SIMON, Senta
My Wäg. (Gedichte). - Fryburg: Schwyzerlüt-Verlag G. Schmid (1955). /8294

Troscht u Chraft. (Gedichte). - Herzogenbuchsee: Schelbi /1965/. /8295

SINGER, Eric (1896-1960)
Immer gleiten die Flüsse. Gedichte. - Köln, Berlin: Kiepenheuer & Witsch (1956). /8296

SINGER, Friedrich (1896)
Dein Reich. 20 Sonette. - Baden-Baden: Fehrholz 1946. /8297

Land im Licht. Gedichte. - Karlsruhe: Der Karlsruher Bote 1961. (Vorzugsausgabe in blauem Kunstleder m. Goldaufdr., vom Verlag ausgeliefert) /8298

Aus alt' und neuen Mären. Balladen, Verserzählungen, Gedichte. Mit Linolschnitten von Fritz Möser. - Karlsruhe: Der Karlsruher Bote 1963. /8299

s. a. u. Pseud.: EISENBACH, Karl

SINGER, Josef
Menetekel. Gedichte. - Wien: Europäischer Verlag 1964. /8300

SINT, Josef
Suchende Seele. Gedichte. - Wien: Europäischer Verlag 1950. /8301

SI-OSIRE d. i. Ignaz Schweitzer-von Coellen
Becher des Dionysos. Lieder eines Trunkenen, Bekenntnis des Wiedergebornen. - Köln, Garmisch-Partenkirchen: Schweitzer 1956. /8302

SKALA, Karl
Feierabend-Andacht. (Gedichte). - Wien: Europäischer Vlg. 1956. /8303

... und ringsum ist Heimat. Gedichte. - Ebenda (1957). /8304

„Wia's holt so geht". Gedichte u. Geschichten in steirischer Mundart. - Wartberg im Mürztal: Skala /1966/. /8305

SKALITZKY, Sepp (1901)
Zwischen Nacht und Tag. Gedichte. Graph. Gestaltung von Fritz Möser. - Buxheim/Iller: Martin-Verlag (1959). /8306

freut euch mit mir. Gedichte, Gedanken u. Geschichten für Advent und Weihnacht. - Ebenda /1966/. /8307

SKRZYPCZAK, Henryk
Randloser Tag. Gedichte. - Berlin: Colloquium Verlag (1969). /8308

SKULIMA, Loni (1912)
Ich strahle in dich. Gedichte. - Heidelberg, München: Palladium Verlag /1957/. /8309

SKUTSCH, Karl Ludwig
  Dichterische Weisung.(Gedichte). - Wiesbaden: Insel-Verlag
  1947. /8310

SLABIK, Hanns (1913)
  Gesang des Lebens. Gedichte. - Osterode/Harz: Giebel & Oehlschlägel 1958 = Verlagsreihe Goldener Spiegel. 19. (vielm. 21.) /8311
  Licht überm Abgrund. Aus einem Zyklus. - Dülmen/Westf. Kreis der Freunde (1963) = Der Vier-Groschen-Bogen. Sonderausg. 15. Reihe Lyrik im Zeitgewand. /8312
  Nach Jahr und Tag. Gedichte. - Osterode/Harz: Giebel & Oehlschlägel 1963. /8313
  Aufbruch vor Dämmerung. Ein Zyklus. - Wien: Europäischer Verlag 1964. /8314
  Bald wird kommen ein Tag. Neue Gedichte. - Horn/Niederöst.: F. Berger & Söhne /1967/. /8315
  Was kommt danach. Gedichte. - München, Würzburg, Bern: Relief-Verlag Eilers 1968 = Der Viergroschenbogen. 84. /8316

SLANG d. i. Fritz Hampel
  Slang. Eine Auswahl. Lyrik und Prosa. Hrsg. von Rudolf Hoffmann und Elisabeth Simons. - Berlin: Verlag d. Ministeriums für nationale Verteidigung /1958/ = Kämpfende Kunst. /8317

SLARK, Dittker d. i. Dieter Schlorke
  Wolken am Himmel. Gedichte. - Bodman/Bodensee: Hohenstaufen-Verlag (1967). /8318

SLOMAN, Richard
  Das wiedergewonnene Paradies. (Gedichte). - Hamburg: Verlag d. Gemeinnützigen Schutzdienstes f. Volksgesundheit e. V. 1953 = Schriftenreihe „Vom Sinn und Unsinn des Lebens". 1. /8319

SLOVENČIK, Franz
  Schößlinge. Gedichte. - Wien: Bergland-Verlag (1959) = Neue Dichtung aus Österreich. 64. /8320

SMEKAL, Richard (1888-1954)
  Die Frühlingsblumen-Fibel. Verse von Richard Smekal. Bilder von Gerda Born. - Wien: Neff Verlag (1947). /8321

de SMITH, Peter
  Gespräche mit Amres. Gedichtzyklus. - Binningen: Yamsknoll 1970. /8322

SOEHN, Gerhart (1921)
  In ein Gewand. (Gedichte). - München, Würzburg, Wien: Relief-Verlag Eilers 1966 = Der Viergroschenbogen. 71. /8323

SÖLLE, Dorothee (1929)
  meditationen & gerbauchstexte. (Gedichte). - Berlin: Fietkau (1969) = schritte. 16. /8324

SÖLLNER, Dora Tatjana
　　Ausfahrt. Gedichte. - München: Ehrenwirth /1948/. /8325

SÖLLNER, Rudolf
　　Johannes Grüger und Rudolf Söllner: Maria unsere Mutter. Verse
　　von Rudolf Söllner. Bilder von Johannes Grüger. - Zürich: Christiana-
　　Verlag 2. geänd. Aufl. (1965). (1. Aufl. n. e.) /8326

SÖMMER, Karl
　　D's Kraachenknöbbchen. Gedichte in Kasseler Mundart. - Kassel:
　　Hessische Verlagsanstalt ^{4}1950 = Hessische Heimat. 1. /8327

SÖRGEL, Hermann (1885-1952)
　　Spuren, Stufen und Gestade. Dichtungen aus verschiedenen Lebensaltern. - Heidelberg: Meister (1950). /8328

SOFFÉ, Elisabeth (1888-)
　　Gedichte. - Wien: Bergland-Verlag (1961). /8329

SOHR, Renatus
　　Das Hungertuch und andere poetische Zeitsatiren. - Bonn: Verlag
　　der Europäischen Bücherei (1947). /8330

SOIK, Helmut Maria (1911)
　　Die zerbrochene Balalaika. Gedichte. - Celle: Verlag „Die Neue
　　Bauhütte" (1950) = Bücher der Bauhütte. 2. /8331

SOKL, Richard (1884-1966)
　　Gedichtlan zun Nochdinka ond zun Lachen für Minscha, die
　　noch schlesisch sprachen. Hrsg. von d. Forschungs- u. Kulturstelle der
　　Österreicher aus dem Donau-, Sudeten- u. Karpatenraum. - Wien: Typographische Anstalt 1962 = Schöngeistige Reihe. 3. /8332

SOLMS, Marylou (1914)
　　Erde - Haus Türlos. - Stierstadt: Eremiten-Presse 1957. /8333

　　Kunde aus Kar. (Gedichte). Hommerich: Eckhardt 1965. /8334

SOLMS-LAUBACH, Georg Friedrich Graf
　　- und ist doch Liebe. Gedichte. Von Herbert Sahliger geschrieben.
　　(Repr. nach d. Hs.) - München: Wittenzellner /1959/. (300 num. u. sign.
　　Ex., zu bez.: H. Sahliger) /8335

SOLVEEN, Henri (1891-1956)
　　Die stille Stunde. 12 Gedichte. - Woerth, Bas Rhin: Editions
　　Sutter (1952). /8336

SOMMER, Anton
　　Rudolstädter Klänge. Aus dem mundartlichen Gesamtwerk ausgewählt von Julius Kober. - Würzburg: Verlag der Thüringer Tageszeitung Nonne 1960 = Thüringer Heimatbücherei. 3. /8337

SOMMER, Max Rolf
　　Oberlausitzer Begegnungen. (Gedichte). - Löbau: Freier Dt.
　　Gewerkschaftsbund (1964). /8338

SONKA d. i. Hugo Sonnenschein (1889-1953)
　　Schritte des Todes. Traumgedichte. Von Sonka d. i. Hugo Sonnen-

schein. - London: T. Spenser; - Zürich: Limmat-Verlag (1964). /8339

SONNENSTERN, Werner
In der Badewanne zu singen. Ill. von Fredy Pletscher. - Zürich:
Sanssouci (1969). /8340

SONNLEITNER, Charlotte
Der Aufbruch. - Wien: Europäischer Verlag 1964. /8341

SONNLEITNER, Hanns S.
Globetrotter der Lyrik. - Baden b. Wien: Weilburg-Verlag (1967) /8342
Gedanken. (Gedichte). - Ebenda 1969. /8343

SONNWALD, Leo (1896)
Das Leben in Gedichten. - Wien: Europäischer Verlag 1955. /8344

Wir warten. Gedichte. - 1957. (b. n. e.) /8345

Heimweh nach Österreich. Eines Heimatvertriebenen Gedichte. -
Wien: Europäischer Verlag 1958. /8346

Flucht zu Gott. Gedichte. - Ebenda 1959. /8347

Von Zeit und Ewigkeit. Gedichte. - Ebenda (1960). /8348

Von Mensch zu Mensch. (Gedichte). - Ebenda 1961. /8349

Aus meiner Seele. Gedichte. - Ebenda 1962. /8350

Herz ohne Heimat. (Gedichte). - Ebenda 1963. /8351

Über allem aber waltet Gott. (Gedichte). - Ebenda (1964). /8352

Emigrantenlieder. - Ebenda 1966. /8353

Der Ewigkeit nahe. (Gedichte). - Ebenda (1968). /8354

SORELLA, Maria
Verborgene Lieder. Vom überwundenen Leid. Mit Vorwort von Dr.
Karl Hartenstein. Geleitwort von Maria Sorella. - Stuttgart: Evangel.
Missionsverlag (1950) = Kronbüchlein. N. F. 3. /8355

SORGER, Friedrich
Musik des Lichts. Gedichte. - Wien: Selbstverlag 1970.
(Wien, Langergasse 15) /8356

SORTOFF, Michael
Unter uns. Neue Auswahl-Poesie. Band 1. 1-50. - Köln: M. Sortoff
(1953). /8357

SOUMAGNE, Ludwig
Ech an mech. Gedichte in rheinischer Mundart. - Krefeld: van Acken
1966 = Stimmen der Landschaft. 15. (Köln, Höfer in Komm.) /8358

Onger ungs jesait. Neue Gedichte in landkölnischer Mundart. - Köln:
Höfer in Komm. 1967 = Beiträge zur kölnisch. Geschichte, Sprache,
Eigenart. 49. /8359

Minsche! Minsche? (Gedichte). Neues in landköln. Mundart. Geleitwort von Hans Peter Keller. - Köln: Höfer in Komm. 1970. /8360

SPACHTHOLZ, Otto Josef (1912)
Neue Dichtung. Gedichte u.a. - München: O.J. Spachtholz Krähdruck 1949. /8361

Strophen jenseits von Haß und Spaltung. (Gedichte). - Karlsruhe: Der Karlsruher Bote /1958/. /8362

Gesang im Lichte des Ewigen. (Gedichte). - Wien: Europäischer Verlag 1966. /8363

Gott als Erlebnis. (Gedichte). - Ebenda /1967/. /8364

Die Wirklichkeit als Gotteserlebnis. (Gedichte). - Ebenda 1970. /8365

SPAETH, Maximilian (1902)
Glück der Mutter. Kindheits-und Muttergedichte. - Berlin, Hamburg, Stuttgart, Bad Nauheim: Christian-Verlag (1949). /8366

SPANJER, Geerd d.i. Gerhard Spanjer (1905)
Von Heimat und Weite. Gedichte. - Schleswig: Schleswiger Nachrichten 1953. /8367

Aquarelle der Landschaft. Gedichte. - Wilster/Holst.: Johann Schwarck 1961. /8368

SPARRE, Joachim
Saite über gehöhltem Stein. (Gedichte). - Karlsruhe: Der Karlsruher Bote /1959/. /8369

SPATH, Otto
Till Eulenspiegel einst und jetzt. (Gedichte). - Wien: Europäischer Verlag /1961/. /8370

Melodie der Dinge (und) Balladen. - Ebenda (1951). /8371

Wollt ihr lachen? Heitere Verse. - Wien: Carl Gerold's Sohn /1952/. /8372

Kaleidoskop der Lieder. - Ebenda /1952/. /8373

SPATSCHEK, Anton
Promethiden und Pygmäen. Ein Sonettenzyklus. - Herne: Grabski (1957). /8374

Lyrisches Mosaik. Geleitsonette von Walter Oskar Rischka. Geleitwort von Gottfried Pratschke. - Wien: Europäischer Verlag 1970 = Die Stillen im Lande. /8375

SPECHT, Gustav (1885-1956)
Feiertage meines Lebens. (Gedichte). - Überlingen: Wulff 1946. /8376

Tausend Jahre waren wie ein Tag. Politische Gedichte. - Ebenda 1946. /8377

SPECHT, Jochen
Ein Blatt fliegt über Stadt und Land und wir - wir reisen mit! Bilder und Verse. - Berlin, Rastatt: Eos-Verlag (1949). /8378

SPERL, Anton von
Gedichte. - Wien: Bergland Verlag (1956). /8379

SPICKER, Friedrich
Sekunden, Sekanten, Sekundanten. - Schweinfurt: Neues Forum 1970. /8380

SPIESS, Gerty (1897)
Theresienstadt. Gedichte. Mit 4 Bildern von O. Nückel. - München: Freitag-Verlag /1946/. /8380a

SPINDELDREHER, Elisabeth
Marienklänge. (Gedichte). - Arnsberg: Selbstverlag (1958). /8381

SPITTA, Ruth
Leise Dinge. Gedichte. - Berlin: Christl. Zeitschriftenverlag (1965). /8382

SPITZEGGER, Leopold
Kampfgedichte. - Wien: Gesellschaft für soziale Studien und Propaganda 1945. /8383

SPIX, Hermann
Undurchsichtige Durchsichtigkeiten. Ausgewählte Texte. - Mettmann: Hodes 1970. /8384

SPRATTE, Johann
Treibholz. Eingesammelte Gedichte. - Emsdetten: Lechte (1969). /8385

SPRECHER, Ines
Gedichte. Linolschnitte von Peter Herbener. - Basel: Peter Herbener (1966). /8386

SPRECHER, Silvio Victor
Mahnruf der Toten. (Gedichte). - Chur: Selbstverlag /1952/. /8387

SPREYERMANN, Max
Tage des Erlebens. Ausgewählte Gedichte und Essais. - Zürich K. Spreyermann /1946/. /8388

s'taget. Heitre Prosa und Gedichte. - Zürich: Literarischer Verlag /1959/. /8389

SPRICK, Hermann
Ich hab dein Wort. Lieder zur Menschwerdung Jesu Christi. - Bielefeld: Bechauf (1948). /8390

SPRINGER, Fritz
Schwäbische Gedichte. - Brackenheim: o. V. um 1955. /8391

Schwäbisch- Fränkische Spätlese. - Gerabronn, Crailsheim: Hohenloher Druck- und Verlashaus 1967. /8392

SPRUTH, Paul (1902)
Zur Ernte hin. Gedichte und Sprüche. - Siegen: W. Schneider (1956). /8393

SPUNDA, Franz (1890-1963)
Die Phädriaden. Gedichte und Gesänge. - Eßlingen: Langer (1970). /8394

STAAS, Peter (1894-1964)
Lob des Selfkants. Gedichte und Sprüche. - Heinsberg: Heimatverein der Heinsberger Lande. 2. Aufl. 1964 = Heimatkundliche Schriftenreihe des Selfkantkreises Gelsenkirchen-Heinsberg. /8395

STADEN, Udo
    Humor am Steuer. (Wiener Satirische Gedichtreihe) - Wien:
    Staden /1963/. /8396

STADLER, Johann Baptist
    Johann Baptist Stadler und Toni Bludenz: Songs, Couplets, Moritaten. - München: Don Bosco Verlag 1962 = Werkbuchreihe für die Jugendarbeit. /8397

STADLER, Karl Heinrich
    Gedichte. - Linz a. d. Donau: Oberösterreichischer Landesverlag in
    Komm. (1958). /8398

STADLIN, Paul
    Lamellenblick. Ein Glossarium nach Versen. Vignetten von Peter
    Herbener. - Zug: Balmer /1968/. /8399

STADLINGER, Hans
    Drehorgala dreh' di. (Gedichte). - Nürnberg: Glock und Lutz /1965/.
    = Nürnberger Mundartdichtung in der Gegenwart. /8400

STADTKUS, Ernst
    Ein Himmel blaut, ein unerschöpflich freier. (Gedichte).
    Hrsg. von Erika Paschke. Linolschnitte von Adolf Wolf. - Kyritz: Rat
    des Kreises, Abt. Kultur (1966). /8401

STÄGER, Johannes
    Aufbruch nach innen. Optimistische Gedichte. - Bern: Selbstverlag /1964/; 2. erw. Aufl. /1967/. /8402

STÄGER, Robert   (1867-1962)
    Stimmen der Stille. 2 Teile. II. Sprüche und Gedankensplitter. -
    Basel: Verlag Nazareth 1945. /8403

    Das Paradiesgärtlein. Gedichte. 1950. (b. n. e.) /8404

    Us mym Schnitztrögli. Schwyzerdütschi Värsli. - Lugano: Selbstverlag /1951/. /8405

    Ährenlese. (Gedichte). - Ebenda /1952/. /8406

    Die Hööchscht im Doorf. Freiämtertüütschi Gedicht. Hrsg. von
    d. Aargauischen Kulturstiftung Pro Argovia, Aarau. Derzue Bilder vom
    Max Widmer. - Aarau: Sauerländer (1966). /8407

    Das Vaterunser. (Gedichte). - Luzern: J. Stockmann (o. J.). /8408

STÄGLICH, Hans   (1912)
    Am Gottesacker. Gedichte. - o. O. /1947/. Als Privatdruck in 25
    num. Ex. ; Bad Honnef/Rhein: Selbstverlag 2. Aufl. 1956. /8409

STÄNDER, Charlotte
    Sinnzeichen. Sonette. - Warendorf/Westf.: Schnell 1946. /8410

STAHL, Hermann   (1908)
    Wolkenspur. Gedichte. - Bremen: Carl Schünemann (1954). /8411

STAHL, Maré   d. i. Margarete Kauffmann   (1897-1971)
    Das Jahr am Bodensee. (Gedichte). Ill. von Marie-Anne Berlé. -

Konstanz: Oberbadische Verlagsanstalt 1946. /8412

STAIMER, Andreas
Erlauschtes und Erlebtes. Ausgewählte Gedichte. - Kallmünz:
Laßleben 1967. /8413

STALDER, Heinz
Ching hei si gnue. Gedichte. - Bern: Benteli (1970). /8414

STALZER, Anton
Messe der Menschen. (Gedichte). - Wien: Österreich. Verlagsanst. ('63). /8415

Kieselstein und Mauerriß.(Gedichte). - Ebenda (1965). /8416

STAMMLER, Georg   d. i. Ernst-Emanuel Krauss (1872-1948)
Nachts unter Sternen. Richtworte und Gedichte. - Schrobenhausen:
Knyrim; Westerbrak üb. Vorwohle: Wilhelm Kotzde-Kottenrodt Gemeinde
1962 = Stimmen deutscher Dichter. 2. /8417

STANGE, Carl
Das Lied von Gottes Welt. Gedichte. - Bremen: Bremer Schlüssel Verlag 1949 = Bremer Liebhaber-Druck. 18. /8418

Begegnungen. Gedichte. - Hannover: Feesche 1951. /8419

Bursfelder Gedichte. - Göttingen: Reise-Verlag (1955). /8420

STANGE-FREERKS, Magdalene   (1886)
Die Rose und ihr Traum.(Gedichte). - Hamburg: Agentur des Rauhen Hauses 1966. /8421

STANINGK, Alfred   (1886-1971)
Vogelliederbuch. - Hamburg-Bergedorf: Selbstverlag 1956. /8422

Vogelsang und tröstender Klang. Gedichte. Hrsg. von Kurt
Rüdiger. - Karlsruhe: Der Karlsruher Bote (1959). /8423

Wunderwelt und Wunderweisheit. Sprüche. - Hamburg-Bergedorf: Selbstverlag (1959). /8424

Sprüche zu Trost und Ermunterung. - Ebenda; Karlsruhe:
Der Karlsruher Bote (1961). /8425

STANKA, Emmy
Arbeitsleben. Gedichte. - Wien: Europäischer Verlag 1952. /8426

STAUB, Herta Felicia   (1908)
Der Feen-Rufer. Neue Gedichte. - Wien: Bergland-Verlag (1958) =
Neue Dichtung aus Österreich. 47. /8427

STAUB, Ruth
s' Härz-Gygeli. Värse für Großi und Chlini. - Aarau: Sauerländer
/1945/. /8428

Sommervogel im Garte.(Hrsg. von der Aargauischen Kulturstiftung Pro Argovia. - Ebenda   (1964). /8429

STAUB-HUBER, Alice
S git tuusig Sache... Züritüütschi Věrs. - Elgg: Volksverlag
/1962/. /8430

STAUDACHER, Wilhelm (1928)
Bänkelsang der Zigeuner. (Gedichte). - Karlsruhe: Der Karlsruher Bote (1960). /8431

Des is aa deitsch. Gedichte in Rothenburger Mundart. - Rothenburg o. d. T.: Verlag J. P. Peter, Gebr. Holstein 1961. /8432

Im Metall der blanken Worte. (Gedichte). - Dülmen/Westf.: Kreis der Freunde 1962 = Der Vier-Groschen-Bogen. 3. /8433

Liebe Menschen. Heiteres und Besinnliches in Vers und Prosa. Mit Scherenschnitten von Alice Staudacher-Voit. - Rothenburg o. d. T.: J. P. Peter, Gebr. Holstein (1965). /8434

Eckstaa und Pfennbutze. Gedichte im Rothenburger Dialekt der fränkischen Mundart. - Ebenda (1967) = Mundartlich literarische Reihe. MLR. (mit einer Schallplatte und einem Glossar) /8435

Über Nei-Bejter-e-Schroll. Gedichte im Rothenburger Dialekt d. fränk. Mundart. - Ebenda 1970 = MLR. 3. (mit Schallplatte und einem Glossar) /8436

STAUDE, Bernhard
Kleine Welt - große Welt. Deutsche Haiku und Tanka. (Kurzgedichte nach japanischer Weise). - Karlsruhe: Der Karlsruher Bote /1963/. /8437

Ich sah dich wohl. Auch ein Totentanz. - Karlsruhe: Der Karlsruher Bote 1969. /8438

STAUDENMANN, Lilly
Der liegende Grund. Gedichte. - Zofingen: Selbstverlag (1960). /8438

STAUDT, Jean
Gedichter. I. - Esch-sur Alzette: chez l'auteur /1963/. (hectogr.) /8439

Gedichter. II. - Ebenda /1965/. (hectogr.)

Gedichter. III. Spaas an Iecht. - Esch/Uelzecht: chez l'auteur 1966. (hectogr.) /8440

Gedichter. - Esch-Alzette: chez l'auteur /1968/. (dactylogr.) /8441

STAUFFENBERG, Alexander Graf Schenk von (1905-1964)
Der Tod des Meisters. Dichtung zum zehnten Jahrestag des Todes Stefan George. - Überlingen: Delfinverlag 1948. /8442

Denkmal. Hrsg. mit e. Nachwort von Rudolf Fahrner. - Düsseldorf, München: Helmut Küpper vorm. Georg Bondi 1964 = Stefan George Stiftung. /8443

STAVENHAGEN, André (Andrey) (1939)
Verschweige das Wort genießen. (Gedichte). - Stierstadt i. Ts.: Eremiten-Presse 1958. /8444

STEBICH, Max (1897-1972)
Blumenlieder. Gedichte. Buchschmuck von Hilde Schimkowitz. - Wien: Donauverlag 1948. /8445

In Parischem Marmor. Gedichte. - Wien: Baron Verlag /1950/. /8446

O Herz in spätem Glück und Traum. Gedichte. - Wien: Kremayr & Scheriau (1947). /8447

Lyrisches Kaleidoskop. (Gedichte). - Wien, München: Verlag für Jugend und Volk (1967). /8448

STEBLER, Jakob (1898)
Unverblümtes und Verblümtes. Gedichte. - Elgg: Volksverlag /1945/. /8449

Gereimte Glossen. - Bern: Francke (1949). /8450

STEEG, Peter Emanuel
Über uns der Regenbogen. Besinnliche Gedichte um Liebe, Sein und Werden. - München: Jolis Verlag (1964). /8451

STEENKEN, Eduard Heinrich (1910)
Der kleine Krug. Neue Gedichte. - Burgdorf: E. Jenzer /1947/. /8452

So geh ich hin. Neue Gedichte. - Thal/St. Gallen: Pflug Verlag 1948. = Bücher der Ernte. 1. /8453

Craponne. (Gedichte in Prosa). - Ebenda /1951/ = Der kleine Pflugbogen. /8454

Kleiner Bilderbogen aus Frankreich. Gedichte. - Interlaken: Schlaefli /1954/. /8455

Erinnerung an ein Jahr. Neue Gedichte. - Genève: Verlag Die Ausfahrt /1955/. /8456

Der schöne Augenblick. (Gedichte). Linolschnitte von Fritz Möser. - Karlsruhe: Der Karlsruher Bote 1957 /Ausg. 1958/. /8457

Bocage. (Gedichte). - Ebenda /1957/. /8458

Großer Landregen. (Gedichte). - Olten: Dietschi /1959/. /8459

Voralpe. Neue Gedichte. - Ebenda /1964/. /8460

STEFFEK, Else
Gnade. (Gedichte). - Wien: Europäischer Verlag (1967). /8461

STEFFEN, Albert (1884-1963)
Ausgewählte Gedichte. Hrsg. von Walter Muschg. - Klosterberg, Basel: B. Schwabe & Co. (1945) = Sammlung Klosterberg. Schweizerische Reihe. /8462

Spätsaat. Gedichte. - Dornach: Verlag für Schöne Wissenschaften (1947). /8463

Am Kreuzweg des Schicksals. Gedichte. - Ebenda (1952). /8464

Krankheit nicht zum Tode. Gedichte. - Ebenda (1955). /8465

Steig auf den Parnass und schaue. Gedichte. - Ebenda (1960). (m. Bibliogr.) /8466

Gedenkbilder für Elisabeth Steffen. - Ebenda (1961). (12 Tafeln in Mappe) /8467

Im Sterben auferstehen. Gedichte. - Dornach: Verlag für Schöne
Wissenschaften (1964). (Mit Bibliogr.) /8468

Wegzehrung. Gedichte. - Ebenda /1965/ 5. Aufl. (zuerst 1921) /8469

Selected Poems.(Gedichte, dt. + engl.) Transl. from German by
Daisy Aldan. - New York: Folder Editions (1968). /8470

STEFFEN, Ernst Siegfried (1936)
Lebenslänglich auf Raten.(Gedichte). - Neuwied, Berlin: Luchterhand (1969). /8471

STEFFEN, Hans
Vom Leuchten der Liebe. - Zürich: Gotthelf-Verlag (1948). /8472

STEFFEN, Karl
Blick in die Landschaft. Gedichte. - Wien: Frick (1949). /8473

Die rasche Zeit. Gedichte. - Wien: Europäischer Verlag 1956. /8474

STEGENTRITT, Erwin H. (1946)
s.u.: Max Neumann und Erwin H. Stegentritt: handliches.

STEHELIN-HOLZING, Lonja (1898-1964)
Das Lied, eine Flamme. Gedichte und Nachdichtungen. Vorwort
von Benno Reifenberg. Nachwort von Marie Luise Kaschnitz. - Hamburg,
Düsseldorf: Claassen (1969) = Claassen poetica. /8475

STEIB, Regina
Sterne unter sich. Eine kleine heitere Sterndeutung. Verse und
Zeichnungen. - Paderborn: Junfermann /1962/. /8476

STEIGER, Robert
Geheimnisse des Meeres.(Gedichte). - Karlsruhe: Der Karlsruher Bote /1961/. /8477

STEIGER, Wehrfried Dominik
Wende. (Gedichte). - Wien: Selbstverlag (1961). /8478

STEIN, Ernest-Pierre dit Poutty
Seng bescht Lidderćher. Als Manuskript gedréckt. - Letzeburg:
Impr. Buck 1959. /8479

STEIN, Erwin Walter (1908)
Andacht am Wege. Gedichte. - Graz: Stiasny (1949). /8480

Am Strom des Daseins. Gedichte. - Graz, Wien, München:
Stiasny (1951). /8481

Freu dich des Lichts. Gedichte. - Wien: Europäischer Verlag
/1952/. /8482

Im Paradies des Fortschrittes. Satirisch-utopische Gedichte. -
Graz: Selbstverlag des Verf.; Leykam (1963). = Stein: Unheimliche
Dinge. 4. /8483

Schwarze Schatten. Gedichte. - Wien: Europäischer Verlag 1964. /8484

Das Halbeglas. Ungereimtes in Reimen. - Graz: Stiasny (1968). /8485

STEIN, Gregor   d.i. Pierre Grégoire   (1907)
...zu bekennen Geist und Herz. Die lyrische Ernte. - Luxemburg: Verlag LVB Der Freundeskreis, St-Paulus-Druckerei 1960 = LVB Der Freundeskreis. 16.   /8486

Mein Buch der tausend Sprüche. - Luxembourg: De Frendeskrees 1969 = Pflichtbücher d. Frendeskrees. 31.   /8487

STEIN, Wilhelm
Dreiklang. - Aarau: Privatdruck 1946.   /8488

Sprüche. - Ebenda 1946.   /8489

Wieder Sprüche. (Gedichte). Privatdruck. - Bern: Selbstverlag 1956.   /8490

STEINBACH, Walter   (1902-1947)
Die Balladen und Songs. - Berlin: Dietz (1948).   /8491

Worte der Zeit. (Gedichte). Hrsg. von René Schwachhofer. - Halle: Mitteldeutscher Verlag 1956.   /8492

STEINBECK, Walter
Aus meinem gereimten Tagebuch, Neue Gedichte. - Rupperswil AG: Selbstverlag 1961.   /8493

Spiegel der Seele. Gedichte. - Ebenda 1962.   /8494

STEINBERG, Werner   (1913)
Es leuchtet ein Licht. Gedichte. - Reutlingen: Verlag Die Zukunft (1947) = Das Wort der Zukunft. 1.   /8495

STEINBERGER, Regimbert
Der Morgenstern. Lieder der Frühe. - Wiesbaden: Neuland-Verlag /1951/.   /8496

STEINDL, Norbert   (1927)
Im Stundenglas verrinnt der Sand. Gedichte und Prosa. Mit e. Geleitwort von Gottfried Pratschke. - Wien: Europäischer Verlag 1968 = Die Stillen im Lande.   /8497

STEINEN, Wolfram von den   (1892-1967)
Über der Zeit. (Gedichte zum 70. Geburtstag des Dichters). - Bern-Bümpliz: Benteli Verlag; L. Gschwend (1962) = Angelus Druck. 2.   /8498

STEINER, Beat
Atem der Heimat. Gedichte. Photos von Benedikt Rast. - Pensier: Botschaft-Verlag (1967).   /8499

STEINER, Franz Baermann   (1909-1952)
Unruhe ohne Uhr. Ausgewählte Gedichte aus dem Nachlaß mit einem Nachwort von H. G. Adler. - Heidelberg: Lambert Schneider 1954 = Veröffentlichungen der Deutschen Akademie für Sprache und Dichtung Darmstadt. 3.   /8500

Eroberungen. Ein lyrischer Zyklus. Mit e. Nachwort von Hans Günther Adler. - Ebenda 1964. = Veröffentlichungen der Deutschen Akademie für Sprache und Dichtung Darmstadt. 33.   /8501

STEINER, Hannes

Einkehr. Band 1. (Gedichte). - Wien: Europäischer Verlag /1970/. /8502
STEINER, Hedwig (1898)
    Ostdeutsche Balladen. - 1962 (b.n.e.) /8503
    Gang durch das Jahr. Liederzyklus. - 1963 (b.n.e.) /8503a
    In den Wind gesprochen. Gedichte. - Vaterstetten: Arndt
    1968 = Bausteine. 18a. /8504
STEINER, Jörg (1930)
    Jörg Steiner und Edwin Keller: Feiere einen schönen Tag.
    2 Gedichtkreise und 6 Zeichnungen. Texte von Jörg Steiner. Zeichnungen
    von Edwin Keller. - Biel: Arena-Verlag H. Sommer /1955/. /8505
    Episoden aus Rabenland. (Gedichte). Auswahl von Adrian Wolfgang
    Martin. Mit 6 Grattages von Georges Item. - Küsnacht: Eirene-Verlag
    Pfändler (1956). /8506
    Der schwarze Kasten. Spielregeln. Mit einem Nachwort von Kurt
    Marti. - Olten, Freiburg i. Br.: Walter (1965). /8507
STEINER, Wilhelm Josef
    "Und denat blüaht da Äpflbam... ". Mundartgedichte. -
    Salzburg: Verlag der Salzburger Druckerei (1969) = Schriftenreihe
    des Salzburger Bildungswerkes. /8508
STEINERT, Bernhard
    St. Blasien. Gedichte. - Sankt Blasien: Weissenberger /1960/. /8509
STEINHAUSER, Franz Karl
    Im Aufwind. Gedichte. - Hirschbach: Willibald Edinger (1968).
    (enthält auch Gedichte in englischer Sprache) /8510
STEINIGER, Kurt (1928)
    Jahr ohne Ende. (Gedichte). - Weimar: Volksverlag 1956. (später
    Aufbau-Verlag, Berlin) /8511
    Es öffnet sich der Kreis. (Gedichte). - Halle: Mitteldeutscher
    Verlag 1959. /8512
    Aufgepasst! Gedichte zur Agitation. - Berlin: Henschelverlag
    1962 = Agitprop. /8513
    Ferne und Nähe. Gedichte. Illustr. von Werner Ruhner. - Halle:
    Mitteldeutscher Verlag 1965. /8514
STEINWARZ, Sophia (1877-1967)
    Heimkehret alle Kreatur. Gedichte. - Westheim/Ziemetshausen:
    Wiborada Verlag Rost & Dietrich (1947). /8515
    dasselbe. - 2. veränd. Aufl. Memmingen/Allgäu: Dietrich (1960). /8515a
STELLING, Jürgen
    Fünf Gedichte. - Berlin: Selbstverlag; Fellbach: Schwertschlag
    1966. /8516
STEMBERGER, Rudolf (1901-1964)
    Stirb und werde. Eine Sammlung religiöser Gedankenlyrik. -

Innsbruck: Rauch /1964/. /8517

STEMMANN, Ernst
Der Kreis. Ein Dichtergang durch das Jahr. Mit Federzeichnungen
von Lisa Beyer-Jatzlau. - o.O. Selbstverlag (1947). Auslieferg. K. P.
Hofmann, Zella/Rhön. /8518

STEMMER, Irene (1909)
Wiener Veduten. (Gedichte). - Wien: Gerlach & Wiedling 1946. /8519

STENGEL, Hansgeorg (1922)
mit schrubber und besen. (Gedichte). Zeichnungen von Rolf
Reimann. - Weimar: Thüringer Volksverlag 1950. /8520

Gelichter und Gelächter. Ein humoristisch-satirischer Streifzug.
Illustr. von Peter Dittrich. - Dresden: Verlag der Kunst 1954. /8521

Die neue Leier. Heitere Verse. Illustr. von Werner Klemke. -
Berlin: Eulenspiegel Verlag 1964. /8522

Mit Stengelszungen. Epigramme. Illustr. von Rolf F. Müller. -
Ebenda (1967). /8523

Frühling, Sommer, Herz und Kinder. Heitere Gedichte.
Illustr. von Thomas Schleusing. - Ebenda (1970). /8524

STENGEL (Czjzek-Stengel), Roman
Laut ist die Straße, still ist die Welt. Gedichte. - Wien:
Czjzek-Stengel /1949/. /8525

STENGEL-VON RUTKOWSKI, Lothar (1908)
Spur durch die Dünen der Zeit. Zwei Gedichtfolgen. Teil I:
1938-1948, Teil II: 1948-1958. (in einem Band) - Marburg/Lahn:
Verlag „Marburger Spiegel" 1958. /8526

Die Gesichte des Einhorns. (Gedichte). - Bodman/Bodensee:
Hohenstaufen-Verlag (1968). (vom Autor sign. Ausgabe) /8527

STENGG, Alfred Ernst (1908)
Jahreszeiten. Gedichte. - Wolfsberg/Kärnten: Ernst Ploetz 1960. /8528

Meditationen. (Des Engels Horn.) (Themen und Gedichte). -
Ebenda 1964. /8529

Muschelfunde. Gedichte. Mit 4 Graphiken von Ilse Dagmar Pertlik. -
Graz, Wien, Köln: Styria (1969). /8530

Des Himmels blasser Opferstein. Meditationen, Verse, Apo-
strophe, Signale, Texte. - Wolfberg: Ploetz 1970. (bibliophile Ausg.) /8531

STEPHAN, Fritz (1881-1961)
Lache isch gsund. (Gedichte). Neji elsässer Schnirichle üss unsere
miese Zitte, in Vers verzehlt. - Colmar: Ed. Alsatia 1946. /8532

Alts un Neys züm Lache. (Gedichte). Luschtigs Dings üss güete
un schlechte Zitte, in Vers verzehlt. - Ebenda 1947. /8533

STEPHAN, Karl (1891)
Als Deutschlands Adler sank... 11 Kriegsschuldgedichte. -

Privatdruck für die Freunde; im Selbstverlag 1959. /8534

Der Winde Weltgesang. 20 Gedichte. - Karlsruhe: Der Karlsruher Bote 1962. /8535

Kristall im Gestein. Prosa und Gedichte. - Dülmen/Westf.: Kreis der Freunde 1962 = Der Vier-Groschen-Bogen. Sonderausg. 3. /8536

Die Empörung des Lazarus. (Rahmengedicht zum gleichnamigen Drama.) - Karlsruhe: Der Karlsruher Bote 1963. /8537

Quo vadis? 6 zeitkritische Gedichte. - München, Würzburg, Wien: Relief Verlag Eilers 1964 = Der Viergroschenbogen. Sonderbd. 29. /8538

Gedanken warf ich in die Sterne. 119 Epigramme. - Karlsruhe: Der Karlsruher Bote (1965). /8539

Vom großen Spiel. 52 Aussagen. (Gedichte) - Eigendruck o. O. 1967. /8540

STEPHANI, Claus
Frage der Concha. Gedichte. - Bukarest: Jugendverlag (1968). /8541

STERN, Gerson (1874-1956)
Stille Wege. Lyrik. - Jerusalem: P. Freund (vervielfältigt) 1945. /8542

STERN, Joel
Gedichte. - Jerusalem: Selbstverl. 1949. (maschinenschriftl.) /8543

STERNBERG, Henri (1905-1967)
Der Liebeskreis. Gedicht-Zyklus. Hrsg. von der Neuen Uhrmacher-Zeitung. - Ulm: Verlag W. Kempter 1951. /8544

STERNEDER, Hans
Der Sang des Ewigen. Das Hohelied der schöpferischen Urkraft. - München: Drei Eichen Verlag (1959). /8545

STETTLER, Michael
Das goldene Vliess. Gedichte. - Aarau: Verlag der AZ-Presse 1948. (Privatdruck) /8546

dasselbe. - Düsseldorf, München: Küpper vorm. Bondi 1965 = Drucke der Stefan George Stiftung.(4). /8547

Neue Verse. - Bern: Selbstverlag 1956. /8548

Gedächtnis. Verse in Auswahl. - Aarau: AZ-Presse 1963. (Privatdruck) /8549

Kentaur. Verse in Auswahl. 2. - Ebenda 1964. /8550

STEURER, Charlotte Ilona
Gedämpfte Akkorde. Gedichte. - Wien: Europ. Vlg. 1956. /8551

STEURER, Maria (1892)
Das tiefe Blühen. Gedichte. Ill. von Heinz Filipowsky. - Wolfsberg/Kärnten: Ploetz & Theiss (1946). /8552

STIBILL, Rudolf (1924)
Vox humana. Gedichte. - Graz, Salzburg, Wien: Pustet (1947). /8553

Die köstliche Flamme. Gedichte. - Salzburg: Otto Müller (1951). /8554

STIBILL, Rudolf (1924)
Leute aus der Sonnenstadt. - Wien, München: Verlag für Jugend und Volk 1964. /8555

STICKEL, Wolfgang
Alte Chinesen. Verse. - Fürstenfeldbruck: Steinklopfer-Verlag (1961) = Die Steinklopfer-Reihe. /8556

STICKELBERGER, Emanuel (1884-1962)
Blumen im Föhn. (Gedichte). - Burgdorf: Verlag n. e. 1947. /8557

Neue Gedichte. - Olten: Vereinigung Oltner Bücherfreunde 1947 = Veröffentlichungen d. Vereinig. Oltner Bücherfreunde. 35. /8558

Gesammelte Werke in 12 Einzelbänden. Band 12: Bunte Ufer u. a. Mit e. Geleitwort von Max Huber. - Frauenfeld: Huber 1953. /8559

Liebet eure Feinde. Inimicos vestros diligite. - Ich aber sage euch! - Nachwort von Hermann Burte. - Lahr/Schwarzw.: Schauenburg (1954) = Silberdistel-Reihe. 4. (Abdruck aus d. Gesammelten Werken zum 70. Geburtstag des Dichters) /8560

STIEBEL, Marie-Anne
Gedichte. - Zürich: Origo Verlag (1959). /8561

STIEFENHOFER, Anton
Noch springen lebendige Brunnen. Gedichte. - Darmstadt: L. Saeng (1958). als Manuskript gedr. /8562

Das Glossenbüchlein. (Gedichte). - Darmstadt: L. Saeng in Komm. 1960. Als Manuskr. gedr. /8563

STIEGER, Hermann
Am Wegrand. Gedichte. Privatausgabe. - Brunnen: Selbstverlag (1965). /8564

STIERL, Johann
Alle Quellen sind in Dir! Gedichte. - Wien: Europäischer Verlag 1963. /8565

Wanderer auf den Wegen. (Gedichte), - Ebenda 1967. /8566

STILLE, Anton
Kölsche Blömcher. (Gedichte). Ill. von Paul Dümpelmann. - Köln: Greven (1960) = Beiträge zur kölnischen Geschichte, Sprache, Eigenart. Bd. 6. H. 3. /8567

STILLER, Margot
bordstein und basilika. (Gedichte). - Hannover: H. Pfeiffer in Komm. (1965). /8568

STILLING, Bernhard
Heimweh nach Gott. Worte der Stille für suchende Menschen. - Winden TG: Die Arve (1958). /8569

STIMMLER, Karl-Oskar (1928)
Der zerbrochene Spiegel. Gedichte. - Rheinhausen: Deutscher Wald-Verlag (1959). /8570

Überstunden des Herzens. Gedichte. - 1960. (b. n. e.) /8571

STIMPFL, Franz
Auf'n Hadrachberg. Gedichte in Kärntner Mundart. Buchschmuck
von Franz Korger. - Graz, Wien: Stiasny (1955) = Lebendige Heimat. 2./8572
Dar Pfluag. Gedichte in Kärntner Mundart. Holzschnitte von Johann
Piccotini. - Wien: Europäischer Verlag 1963. /8573
Blüah untarn Gwölb. Gedichte in Kärntner Mundart. Buchschmuck
von Franz Korger. Hrsg. von Johannes Hauer. - Wels: Welsermühl
(1965) = Lebendiges Wort. 31. /8574
De Orgel im Wind. 6 Gedichtzyklen in Kärntner Mundart. Mit Holzschnitten von Hans Piccotini. - Villach: Eigenverlag d. Verf. 1966. /8575

STIRNEMANN-ZYSSET, Mary
Sonnenschein ins tägliche Leben. Gedichte. Auswahl aus d. i.
Selbstverlag d. Verf. (Aarau 1936) erschienenen Bandes. - Zürich: Diogenes Verlag (1965). /8576

STITZER, Karl (1896-1972)
Wir bahnen den Weg. Gedichte. - Potsdam: Märkische Druck-u.
Verlagsgesellschaft (1950). /8577

Professor Julius Kunkels seltsame Erlebnisse. (Gedichte).
- Berlin: Aufbau-Verlag 1959 = Die Reihe. 22. /8578

STOCK, Hermann
Gedichte. Eine Auswahl. - München: Kaiser 1948. /8579

STÖCKLI, Alban (1888-1964)
Unsere liebe Frau. Lieder zu Ehren der Gottesmutter. - St. Maurice: Augustinus Druckerei (1953). /8580

STÖHRER, Jörg
Minotaurus. Gedichte. Mit 4 farbigen Offsets von Horst Antes, im
Impressum signiert. - Köln: Hake Verlag (1966) = tangenten. 6. /8581

STÖLTING, Wilhelm (1903)
Opfergang und Auferstehen. Ostdeutsche Gedichte. - Bremen:
Buch-und Zeitschriftenverlag Dr. Wilhelm Stölting 1955. /8582

STOHL, Emil
Saat und Ernte. Gedichte. (Bd. 1.) - Wien: Europäischer Vlg. (1952) /8583
dasselbe. Band 2. - Ebenda (1957). /8584

STOLTZE, Friedrich
Ein Stück Alt-Frankfurt. Erinnerungen an die Biedermeierzeit in
Frankfurter Mundart. - Frankfurt: Kramer 1966. /8585

STOOP-WINTSCHNIG, Marianne
Der Wind singt durchs Sarganserland. (Gedichte). Federzeichnungen von Rudolf Lasz. - Bad Ragaz: Buchdruckerei AG. (1963). /8586

STORCK, Emile
Lieder vu Sunne un Schatte. - Colmar: Impr. Alsatia 1962. /8587

STORCK, Willi
Antworten. Gedichte. Mit 3 Graphiken von Esau Punt. - Olef/Eifel:
Olefer Hagarpresse, Rolf Kuhn 1967. /8588

Was sonst nicht geschieht. (Gedichte). Mit Monotypien von Hedwig Beilhack-Frick. - Zweibrücken, Paris: Ed. Monika Beck (1969). /8589

STORNI, Alfonsina
Verwandle die Füsse... Ausgewählte Gedichte. (span.+ dt.). Berechtigte Übertragung von Waltrud Kappeler. Paralleldruck. - Zürich: Arche (1959) = Die kleinen Bücher der Arche. 296/297. /8590

STOSSIER, Josef Adolf
Unterm Dachtrauf. Allerlei Gereimtes und Ungereimtes. Zeichnungen von Franz Friedl. - Wien: Europäischer Verlag 1952. /8591

STOTZ, Paul (1902)
Innere Freiheit. Gedichte und Essay. - Heilbronn: Jo Stotz 1949. /8592

STOYE, Gerhard
Die Erlösten. Gedichte. - Düsseldorf: Costard /1961/. /8593

STRÄUSSL, Ursula
Lichtspuren. Gedichte. - Freising: Marburger Kreis /1968/ = Marburger Bogendrucke. 11. /8594

STRAHL, Rudi (1931)
Souvenirs, Souvenirs. Gedichte. Ill von Eberhard Binder-Staßfurt. - Berlin: Eulenspiegel-Verlag (1961). /8595

Mit 1000 Küssen. Gedichte. - Berlin: Eulenspiegel-Verlag (1964). /8596

Von Mensch zu Mensch. Gedichte und Geschichten. Ill. von Hans-Georg Hirsch. - Halle: Mitteldeutscher Verlag 1969. /8597

Ewig und 3 Tage. Gedichte. Ill. von Louis Rauwolf. - Berlin: Eulenspiegel-Verlag (1970). /8598

STRAMETZ, Kurt
Im Schatten der Kastanie. (Gedichte). - Wien: Europ. Vlg. 1960. /8599

"Es horcht der Wind..." (Gedichte). - Ebenda 1963. /8600

STRANG, Gero
Über Sternen weit. Gedichte. - Frankfurt: Una Edition /1961/. /8601

STRANKA, Walter (1920)
Gesänge unserer Kraft. Gedichte. Auswahl. - Berlin: Neues Leben 1954. /8602

Heimat, ich rufe dein rastloses Herz. Gedichte, Berichte, Balladen. - Weimar: Volksverlag 1959. /8603

STRANSKY, Hubert
Osterstimmung. Gedichte. - Wien: Europäischer Verlag 1968. /8604

STRAOTÜMS d.i. Emil Stratmann
s.u. Määrtens, Gustav un Emil Straotüms: Rirrepärlen.

STRASSL-FLUCK-OPPITZ, Herthamaria
Nachtigall Gottes. Gedichte. - Wien: Europäischer Verlag 1968. /8605

STRAUSS, Georg (1896)
Davidia. - Griechische Elegie. Zwei Gedichtzyklen. - Zürich, Stuttgart: Classen (1966). /8606

Höllisches Jahrzehnt. Gedichte. - Zürich, Stuttgart: Classen (1966). /8607

STRAUSS, Ludwig (1892-1953)
Heimliche Gegenwart. Gedichte 1933-1950. - Heidelberg: Lambert Schneider 1952. /8608

Dichtungen und Schriften. Hrsg. von Werner Kraft. - München: Kösel 1963. /8609

STREICH, Albert (1897-1960)
Underwägs. Verse. - Interlaken: Verlag Schlaefli AG. 1945. /8610

Sunnigs und Schattmigs. Niww Brienzer Värsa. - Bern: Francke 1958. /8611

Der Heiwwäg. Värsa vom Albärt Streich. Auswahl von Erwin Schneiter. - Meiringen: Brügger 1961. /8612

Briensertiitsch Väärsa. - Bern: Francke (1070). /8613

STREIFF, Kaspar Willy
Über hohe Mauern. Gedichte. - Zürich-Seebach: Selbstverlag/1957/. /8614

STREITENBERGER, Rudolf
Frankforder Gebabbel. Gedichte in Frankfurter Mundart. - Frankfurt: Verlag Bornheimer Brücke 1952. /8615

STREUBEL, Manfred (1932)
Laut und leise. Gedichte. - Berlin: Volk und Welt 1956 = Antwortet uns! 1. /8616

Zeitansage. Gedichte aus 10 Jahren 1957-1967. Mit mehrfarbigen Ill. von Rolf Kuhrt. - Halle: Mitteldeutscher Verlag 1968. /8617

STRIETHOLT, Elisabeth
Münster. Worte der Erinnerung. (Gedichte). - Münster: Regenbergsche Verlagsbuchhandlung 1947 = Der Schatzkamp. 3. /8618

STRIK-STRIKFELDT, Wilfried
Gedichte. - Meine/Gifhorn: Kluge & Ströhm 1954. /8619

STRNADT, Georg (1909)
Aus da mitlan Lod. (Gedichte). Mit Zeichnungen von Wilfried Zeller-Zellenberg. - Wien, München: Österreichischer Bundesverlag (1965). (nebst Schallplatte) /8620

Sprechplatte: Aus da mitlan Lod. Es spricht Richard Eybner. Die Prosatexte spricht der Autor. - Wien, München: Österreichischer Bundesverlag /1965/. /8621

Sprechplatte: Konzert in füzbodschn. Die Donau. Sprecher: Richard Eybner. - Wien, Kassel: Amadeo /1965/. /8622

Gschimpft, gredt und graunzt. Mit Zeichnungen von Wilfried Zeller-Zellenberg. - Wien, München: Österreichischer Bundesverlag (1967). (nebst Schallplatte) /8623

Sprechplatte: Gschimpft, gredt und graunzt. Sprecher: Richard Eybner. - Wien, München: Österreichischer Bundesverlag /1967/. /8624

Wossa und Wein. Gedichte. Mit Zeichnungen von Wilfried Zeller-
Zellenberg. - Wien, München: Jugend und Volk (1969). (mit Schallplatte)
/8625
Sprechplatte: Wossa und Wein. Sprecher: Richard Eybner,
Fritz Lehmann. Musik: Klassisches Wiener Schrammel-Quartett. -
Wien: Amadeo /1969/. /8626

Waunzn, Flee und Läus. Gedichte. Mit Zeichnungen von Wilfried
Zeller-Zellenberg. - Wien, München: Jugend und Volk (1970). (mit
Schallplatte) /8627

STROHSCHNEIDER, Bianca
Leidzerpflügtes, blühendes Seelenland.(Gedichte). - Wien:
Europäischer Verlag 1952. /8628

STROM, Peter d.i. Ernst Stimmel (1891)
Legende vom heiligen Bimbam. Federzeichnungen von Willy
Widmann. - Ulm: Hess 1970. /8629

STROMMER, Anna
Leithastrand und Heiderand. Lieder und Gedichte. - Wien:
Europäischer Verlag (1958). /8630

STRUB, Urs Martin (1910)
Lyrik. - Zürich: Atlantis (1946). /8631

Lyrische Texte. Gedichte. - Köln, Berlin: Kiepenheuer & Witsch
(1953). /8632

Die Wandelsterne. Prosadichtungen (Gedichte). - Ebenda (1955). /8633

Signaturen - Klangfiguren. Gedichte. - Hamburg: Hoffmann und
Campe (1964). /8634

Klangfiguren.(2 Gedichte). Mit 2 farbigen Holzschnitten von Hanns
Studer. - Hamburg: Asmus /1965/ = Graphik und Gedicht. 3. /8635

STRUTZ, Herbert (1902)
Gesicht im Weiher. Gedichte. - Klagenfurt: Kleinmayr 1952. /8636

Vor dem Dunkelwerden. Gedichte. - Klagenfurt: Carinthia (1959)./8637

Der Mond hat keine gute Zeit. Gedichte. - Ebenda (1959). /8638

Bogen der Jahre. Ausgewählte Gedichte. - Ebenda 1964. /8639

Bedrängtes Dasein. Gedichte aus 4 Jahrzehnten. - Ebenda (1967). /8640

STUCHL, Rudolf
Gedichte. - Wien: Selbstverlag 1948. /8641

Was ist unsittlich? (Gedichte). - Ebenda /1949/. /8642

Wahrheiten, Bosheiten, Dummheiten.(Gedichte). - Ebenda
1949. /8643

Liebe und Ehe in Versen. - Ebenda 1951. /8644

Was ich noch sagen wollte. (Gedichte). - Ebenda 1952. /8645

STUDER, Heinrich (1889-1961)

Musik. Neue Gedichte und Hymnen. - Zürich, Leipzig, Wien: Amalthea-Verlag (1946). /8646

STUDINSKI, Walther (1905)
Die festlichen Gesänge. Weg ins Grenzenlose. 2 Gedichtfolgen. - Lugau/Erzgeb.: Selbstverlag 1945. /8647

Die magischen Nächte. Gefühl und Huldigung. 2 Gedichtfolgen. - Ebenda 1945. /8648

Kleines buntes Mosaik. Gedichte. - Ebenda 1945. /8649

Liederkranz des Herzens. Gedichte. - Ebenda 2. Aufl. 1945. /8650

Meiner Heimat stilles Leuchten. Sonette um die deutsche Landschaft. - Ebenda 2. Aufl. 1945. /8651

Preiset selig das Jahr! Gedichte. - Ebenda 1945. /8652

Sonne über den Wäldern. Ein Sonetten-Kranz vom Erzgebirge. - Ebenda 1945. /8653

Rückkehr nach Aziluth. Gedichte. Privatdruck. - Berlin-Lichterfelde: Selbstverlag 1959. /8654

STÜBER, Fritz (1903)
Herz im Heimatland. Gedichte. Wappenzeichnungen von Inge Jahn. - Wien: Günther 1949. /8655

Die Märchenwiese. Gedichte. - Zürich, Leipzig, Wien: Amalthea-Verlag 1954. /8656

Die Offenbarung. (Versdichtung). Mit 16 Textillustr. von Oskar Larsen. - Ebenda (1955). /8657

Segel im Süden. Gedichte. - Wien: Vlg. Kunst ins Volk (1960). /8658

Ich hab's gewagt. Gedichte und Balladen. - München: Bogen-Verlag, Exakt-Druck (1964). /8659

Mit Blut geschrieben. Deutsche Gedichte aus 3 Jahrzehnten. - Wien: Werner (1966). /8660

dasselbe. - Frankfurt: Heimreiter-Verlag (1966). /8661

Mensch auf ein Wort. Gedichte. - Wien: Verlag Kunst ins Volk /1959/; Neuausgabe (1968). /8662

Der Zeit zum Trotz. Gedichte. 2 Bände. - Heusenstamm: Orion Verlag 1969. /8663

STÜMPFIG, Erich
D's Kommodche. Eine Auswahl heiter-besinnlicher Mundartverse. Wetterauer Deutsch. - Friedberg/Hessen: Bindernagel 1965. /8664

STÜSSI, Balz
Es Kunterbunt für jede Stund. Glarner Mundartgedichte für alt und jung. - Glarus: Buchhandlung Baeschlin /1968/. /8665

STÜSSI, Herbert Ernst
Bilder der Erfüllung. (7 Gedichte). - Zürich: Speer Vlg. (1946). /8666

STUMMER, Josef Viktor (1910)
Ernst und heiter. Vermischte Dichtungen. - Linz-Urfahr: Orchideen-Verlag /1948/. /8667

Losts mazua! Gedichte in der oberösterreichischen Mundart. - Linz-Urfahr: Eigenverlag 1951. /8668

Stille Stunde. Gedichte. Ebenda 1951 /8669

Abseits. Gedichte aus gedruckten u. ungedruckten Werken. - Wien: Europäischer Verlag 1953. /8670

Fürn Feirabnd. Neue Gedichte in der oberösterreichischen Mundart. - Linz: Selbstverlag 1954. /8671

Dreiklang. Gedichte aus ungedruckten Zyklen. - Wien: Europäischer Verlag 1956. /8672

G'spoaß und Ernst. Neueste Gedichte in der oberösterreichischen Mundart. - Ried im Innkreis: Oberösterr. Landesverlag 1957. /8673

Schlicht erzählt. Volksnahe Verse aus gedruckten und ungedruckten Werken. - Wien: Europäischer Verlag 1958. /8674

Leichtes Gepäck. Gedichte und Skizzen. - Ried im Innkreis: Oberösterreichischer Landesverlag 1962. /8675

Zán Lachá und zán Dengá. Allerneueste Mundartgedichte in der oberösterr. Mundart. - Ebenda 1963. /8676

In der Kelter des Lebens. Gedichte aus leidvollen Jahren. - Ebenda 1966. /8677

Regenbogen. Auswahl aus den Gedichten des Autors zu dessen 60. Geburtstag. - Linz: Artina-Verlag 1970. /8678

STUMP, Hans
Hans Stump blättert in einem Fotoalbum. (Gedichte). Bilder von Paul Senn, Hans Stump u. a. - Bern: Selbstverlag 1966. /8679

STURMANN, Manfred (1903)
Die Sanduhr. Gedichte. - St. Gallen: Tschudy Verlag /1954/. /8680

STURZENEGGER, Rascha
Gedichte. - Glarus: Tschudy & Co. Neuaufl. (1946). (zuerst 1928) /8681

STUTTERHEIM, Kurt von (1888)
Götter und Gärten. Gesammelte Gedichte 1907-1954. - Berlin - Grunewald: Herbig (1954). /8682

STUTZKE, Peter (1938)
Schiff nach Avalun. (Gedichte). - München, Eßlingen: Bechtle (1965) = Bechtle Lyrik. 11. /8683

Rede an einen Fisch. Gedichte. - Ebenda (1968) = Bechtle Lyrik. 17. /8684

SUCHY, Viktor (1912)
Selbstbildnis und Anrufung. Gedichte. - Wien: Bergland-Verlag (1961) = Neue Dichtung aus Österreich. 69. /8685

SÜVERKRÜP, Dieter (1934)

s. a. Franz Josef Degenhardt, Wolfgang Neuss, Hanns Dieter Hüsch und Dieter Süverkrüp: Da habt ihr es!

Sprechplatte: Die widerborstigen Gesänge des Dieter Süverkrüp. - Dortmund: Verlag „pläne" /1969/. /8687

Sprechplatte: Fröhlich ißt du Wiener Schnitzel. - Ebenda /1969/. /8688

Sprechplatte: Der Baggerführer Willibald. Kinderlieder. - Ebenda /1970/ = Pläne-Peng-Serie.(6). /8689

Sprechplatte: Stille Nacht, allerseits. Garstige Weihnachtslieder. Ebenda /1970/ = Pläne-Peng-Serie.(5). /8690

Sprechplatte: Süverkrüps Hitparade. Neue Lieder und Chansons. - Ebenda /1970/. /8691

Sprechplatte: Vietnam. Für 5 Sprech- und Singstimmen, Streicher, Bläser, Orgel, Bass, Schlagwerk, Klavier, 2 Gitarren und verschiedene Geräusche. Ausführende: Dieter Süverkrüp und Floh de Cologne. - Ebenda /1970/. /8692

SULSER, Gottfried
Fallende Tropfen. Gedicht eines jungen Menschen. - Balgach: Selbstverlag 1955. /8693

SUMMER, Karl
Nimm dir Zeit.(Gedichte). - Wien: Europäischer Verlag (1963). /8694

SUPE, Peter (1886-1961)
Kindheit in Nürnberg. Gedichte. Zeichnungen von Lily Wiessner-Zilcher. - Nürnberg: Nürnberger Presse 1949. (zuerst 1926) /8695

Trippstrill. Heitere Verse mit Zeichnungen von Hildegard Roedelius. - Stuttgart: Drei Brunnen Verlag /1956/. /8696

Lieder aus den Lüften. Gedichte eines Fliegers. - Ebenda 2.Aufl. (1960). (zuerst 1919 bei Diederichs) /8697

SURI, Werner
Gedichte. Zum Andenken an Hella Suri-Seelände. - München: Eigenverlag (1967). /8698

SUSMAN, Margarete d.i. Margarete von Bendemann-Susman (1874-1966)
Aus sich wandelnder Zeit. Gedichte. - Zürich, Stuttgart: Diana Verlag (1953). /8699

SUTER, Peter
Die schwimmenden Inseln. Poesie. - Bern: Selbstverlag /1969/. /8700

SWIRIDOFF, Paul
Gedichte. - Stuttgart: H. Müller (1948). /8701

SWOBODA, Karin
Der Spiegel. (Gedichte). - Wien: Europäischer Verlag 1967. /8702

SYLVANUS, Erwin (1917)
Die Muschel. Gedichte. - Hamburg: Hans Dulk (1947). /8703

SYLVAR, Maria d.i. Maria Heinzel

Vom Einssein mit der Schöpfung. Gedichte. Hrsg. mit einem
Vorwort von German Gerhold. - Stuttgart: Kulturaufbau-Verlag (1947). /8704

SYLVIUS, Raban   d. i. Rudolf Schätzle   (1875-1960)
Bunter Alltag.(Gedichte). - Stuttgart: Vahlberg /1955/. (als
Manuskr. gedruckt) /8705

Goldene Abendsonne. (Poetische Tabletten). - Ebenda /1958/.
(als Manuskr. gedruckt) /8706

SZABO, Wilhelm   (1901)
Das Unbefehligte. Gedichte. - Wien: Herder; München: Alber 1947/8707

Herz in der Kelter. Gedichte. - Salzburg: O. Müller (1954). /8708

Landnacht. (Gedichte). Graphik von Hans Preiss. - Wien, München:
Verlag für Jugend und Volk (1965) = Neue Perspektiven. /8709

Schnee der vergangenen Winter. Eingel. u. ausgewählt von
Johann Gunert. - Graz, Wien, Köln: Stiasny (1966) = Das österreichische Wort.   Stiasny-Bücherei. 167. /8710

SZERDOTZ, Gusta   (1897-1962)
Sterne thronen, Engel wohnen. Gedichte. - Ried im Innkreis:
Oberösterreichischer Landesverlag /1958/. /8711

SZIMITS, Johann
(Gedichte). Einführg. von Albin Franz Scherhaufer. - Wien: Typograph.
Anstalt 1963 = Kleine Reihe. 1. /8712

SZOSZNA-DIEBL, Greta A.
Urquell. Gedichte. - Wien: Europäischer Verlag /1961/. /8713

SZTOJANOVITS, Vera Feodora
Das ewige Bildnis. Gedichte und Briefe. Privatdruck. - Wien:
Holzhausen 1963 = Blätter für das Wort. 2. /8714

TACCIO   d. i. Marcel Pfändler   (1927)
Gedichte. - St. Gallen: Eirene-Verlag M. Pfändler (1951). /8715

TAEGE-RÖHNISCH, Erna   d. i. Erna Röhnisch   (1909)
Wind över de Heid. Plattdeutsche Gedichte und Erzählungen. -
Schwerin: Petermänken-Verlag (1955). /8616

TALHOFF, Albert   (1890-1956)
Sprechplatte: Improvisationen und Lyrik. Gespielt und gesprochen.
- München: Diaton /1961/. /8717

TANDLER, Max   (1895)
Erzgebirgsweisen. Gedichte in der Mundart von Zinnwald. -
Troisdorf: Kammwegverlag 1952. /8718

Die Mutter an der Wiege. Gedichte in der Mundart von Zinnwald
im Erzgebirge. - Forchheim, Ofr.: Schöffl /1965/. /8719

Sprechplatte: Freit eich, ihr Leit. Fröhliche Plaudereien und Gedichte
in der Mundart des Erzgebirges. Von und mit Max Tandler. Lieder von
Anton Günther. Gesungen von der Helmuth-Stapff-Gruppe. - München:
Aufstieg-Verlag /1965/ = Die Stimme der Heimat. /8720

Besinnliches aus dem Erzgebirge. 365 Zweizeiler in der
Mundart von Zinnwald. - Forchheim, Ofr.: Schöffl /1968/. /8721

TANKER, H.
Verse à la Majakowski. Mit einer Original-Graphik von Katrin
Hieke. - Berlin: total-hirsch-verlag 1969 = 1. Lyrik-Los. /8722

TARNOWITZ, Wilhelm von (1896)
Auslese. Gedichte aus allen Augenblicken meines Lebens. Mit einem
Geleitwort von Gottfried Pratschke und Bildern von L. v. Matolczy. -
Wien: Europäischer Verlag 1966. /8723

TASCHAU, Hannelies (1937)
Verworrene Route. Gedichte. Mit 4 Original-Gummischnitten von
H. U. Buchwald. - Stierstadt: Eremiten-Presse 1961/62. /8724

Gedichte. - Hamburg: Chr. Wegner (1969). /8725

TAUBE, Otto Frhr. von (1879-1973)
Vom Ufer, da wir abgestoßen. (Gedichte). - Wiesbaden: Insel-
Verlag (1947). /8726

Lob der Schöpfung. - Starnberg: Jägerhuber (1954). /8727

Selig sind die Friedbereiter. Geistliche Gedichte und Lieder.
Hrsg. von Helmut Schoepke. - Berlin: Evangel. Verlagsanstalt (1956). /8728
dasselbe. - Göttingen: Vandenhoeck & Ruprecht (1956). /8728a

Goldene Tage. (Gedichte). - Starnberg: Jägerhuber 1959. /8729

Zeugnis. (Gedichte). - Darmstadt: Peter-Presse Christoph Kreicken-
baum (1960) = Jahresgabe der Peter-Presse. Sonderdruck. (400 num.
u. sign. Ex.) /8730

TAUBITZ, Monika
Fallende Sterne. Gedichte. Mit Linolschnitten von Fritz Möser. -
Buxheim: Martin-Verlag Berger /1067/. /8731

TEDREY, Karl Friedrich
Gesammelte Gedichte. 3 Bände. - München: Relief-Verlag (1969)/
   Band 1 Im Wind der Zeit. - /8732
   Band 2 Der Jahresring. /8733
   Band 3 Natur und Schicksal. - Ebenda (1969). /8734

TENNE, Otto (1904-1971)
Vun Dör to Dör. Plattdeutsche Gedichte. - Hamburg: Quickborn-
Verlag (1964) = Quickborn-Bücher. 61. /8735

TERA, N. O. d. i. Carl Wilhelm Kühns
Stunden der Einkehr. 2. (Gedichte). - Bordesholm: Weber 1953.
(Behre in Komm., Hamburg) /8736

TERTSCH, Hans Wilfried
Kunst und Form. Gedichte. - Wien: Europäischer Verlag 1951. /8737

TESCHAU, Alfons d. i. Robert Wohlleben
Veilchen und Mährrettich. 7 Gedichte mit 7 Zeichnungen von
Frank Böhm. - Hamburg: Frank Böhm u. Robert Wohlleben (1969) =
Meiendorfer Drucke. 5. /8738

TESSAR, Sepp
   Wahr wie das Leben. (Gedichte). - Wien: Sensen-Verlag 1964.   /8739
TEUBER, Alfons   (1903)
   Produkte eines Altmodischen. Gereimte Zeilen. Federzeichnungen von Modestus. - Darmstadt: Bläschke /1970/.   /8740
TEUBERT, Erhard
   Grillentage. (Gedichte). - München, Würzburg, Wien: Relief-Verlag 1966. = Der Viergroschenbogen. Sonderb. 40.   /8741
TEUFFENBACH, Ingeborg d. i. Ingeborg Capra   (1914)
   Der große Gesang. - Leinfelden b. Stuttgart: Engelhornverlag A. Spemann (1953) = Sammling Adolf Spemann.   /8742
- th   d. i. Friedrich Morgenroth   (1909)
   Belichtet und bedichtet. Constanze Fotos mit Versen von th. - Hamburg: Constanze-Verlag (1957) = Constanze-Buch. 11.   /8743
THALAND, Rijn
   Die Regina-Gedichte. - Rottach-Egern: Oliva 1967.   /8744
THALHAMMER, Franz
   ",... mit'n Gold-Rand". Gedichte: Vom Bauernleben. Kleine Chronik der Karikaturen. Jenseits der Äcker. - Wien: Europäischer Verlag 1952./8745
THEISS, Fritz
   Gedichte bei Gelegenheit. - Kassel: Magistrat d. Stadt Kassel, Kultur- und Presseamt (1962).   /8746
THEISSEN, Peter
   Schnapsideen. (Gedichte). - Soest: Turf & Sagga Presse 1968 = Reihe Falschmünze. 1.   /8747
THELEN, Albert Vigoleis   (1903)
   Vigolotria. (Gedichte). - Düsseldorf, Köln: Diederichs 1954.   /8748
   Der Tragelaph. Gedichte. - Ebenda (1955).   /8749
   Runenmund. Gedichte. - Ebenda (1963).   /8750
THEOBALD, Günther
   Gedichte. Ill. und Layout vom Autor. - Baumholder: Selbstverlag /1969/.   /8751
THERSTAPPEN, Paul   (1872-1949)
   Die Zeit. Zwischen Untergang und Aufgang. (Gedichte). - Aachen: Grenzlandverlag 1947.   /8752
THEURER-SAMEK, Heinz
   Bergfahrt. Gedichte. - Krems, Wien: Heimatland-Verlag /1969/.   /8753
THIEKÖTTER, Friedel
   Zum Beispiel Immergrün. (Gedichte). - München, Würzburg, Wien: Relief-Verlag Eilers 1967 = Der Viergroschenbogen. 77.   /8754
THIEL, Hermann Otto   (1899)
   Von dieser und jener Welt. Ausgewählte Gedichte. - Roth bei Nürnberg: K. Müller 1949.   /8755
   Strom und Stern. Ausgewählte Gedichte. - Nürnberg: Spindler 1958./8756

Ausweg und Einkehr. Gedichte, Briefe, Notizen. Mit Briefdokumenten von K. S. und Alfred Kubin. - Nürnberg: Spindler 1964. /8757

THIELE, Inge (1903)
Die Insel. (Gedichte). - Wien: Europäischer Verlag 1968. /8758

THIEM, Jochen
Sonette an Aristide Maillol. (Nach Werken A. Maillols.) - Lorch/Württ., Stuttgart: Bürger Verlag (1946). /8759

Frühe Verse. Ausgewählt von seinen Freunden. - Ebenda 1948. (Umschlagtitel: Was wir sind und was wir hatten, wird kein Herbst von dannen wehn.) /8760

THIES, Rolf (1920)
Bilder und Klänge. (Gedichte). - Stuttgart: Behrendt (1947) = Das kleine Gildenbuch. 6. /8761

Verklärtes Licht. Lyrische Prosa. - München: List (1958). /8762

THILL, Jean
Jang Thill: Bekannt Kirchelidder a lëtzeburger Sprôch. 2 Bändchen. - Lëtzeburg: Sankt-Paulus-Dréckerei 1946. /8763

Mei Lidd. - Ebenda 1952. /8764

Am Kirchejoer. Reliéis Gedichter a Lidder vum Jhang Thill. - Ebenda /1961/. /8765

THILLENS, John
Dem Lîewen ofgelauschtert. Gedichter. Matt 5 Zéchnongen ‹Del I› vum Ger Maas a 5 Zéchnongen ‹Del II› vum Gab Weis. - Lëtzeburg: Bourg-Bourger /1968/. /8766

THOMAS d. i. Victor Wilhelm Steiner (1896-1964)
Schatten. (Gedichte). - Wien: Alvé-Verlag 1949. /8767

THOMAS, Manuel Johannes d. i. Wolfgang Johannes Müller (1940).
Ein Tag für heute. 12 Sonette für das Jahr. Federzeichnungen vom Autor. - Essen: Driewer (1964). /8768

Indios. Gedichte, Zeichnungen und Reisenotizen aus Peru. - Ebenda (1968). (100 num. und sign. Ex. und 2 Lithogr. von M. Th.) /8769

THOMKINS, André (1930)
Oh cet Echo. Palindrome, Scharniere. - 1963 (b. n. e.) /8770

Dogmat-Mot. Polyglotte Wortmaschine. - 1965 (b. n. e.) /8771

THOMMEN, Elisabeth (1888-1960)
Es Buscheli grynt. Zeichnungen von Alois Carigiet. - Zürich: Verlag der Wolfsbergdrucke 3. erweit. Aufl. 1961. (zuerst 1937) /8772

THOOR, Jesse d. i. Peter Karl Höfler (1905-1952)
Sonette. - Lauf bei Nürnberg: Nest-Verlag (1948). (im Exil entst.) /8773

Die Sonette und Lieder. Hrsg. von Alfred Marnau. - Heidelberg: Schneider 1956 = Veröffentlichungen der Dt. Akademie für Sprache und

Dichtung. 7. (enth. d. Lyrik d. letzten Lebensjahre soweit vom Dichter als gültig bezeichnet) /8774

Dreizehn Sonette. Hrsg. von Wilhelm Sternfeld. Mit e. Zeichnung von Ludwig Meidner. - Stierstadt: Eremiten-Presse 1958 = Veriloquium. 1. (150 Ex.) /8775

Das Werk. Sonette, Lieder, Erzählungen. Eingel. und hrsg. von Michael Hamburger. - Frankfurt: Europäische Verlagsanstalt (1965). (enth. schon früher Veröffentlichtes und Schriften a. d. Nachlaß) /8776

THORMANN, Philipp
Nachklänge. (Gedichte). - Bern: Selbstverlag 1951. (Privatdruck) /8777

THÜRER, Georg (1908)
Vrinelisgärtli.Schwyzertüütschi Värs. (in Glarner Mundart) - Glarus: Tschudy (1946). /8778

Der Ahorn. Neue Gedichte. Holzschnitt von Josef Weisz. - St. Gallen: Tschudy Verlag (1955). /8779

Gloggestube. Schwyzertüütschi Värs. Glarner Mundart. - Glarus: Tschudy (1960). /8780

THULLEN, Peter
Der Windgeier. Lieder, Gedichte, Gedanken. - München: Relief-Verlag 1967. /8781

THURMAIR, Georg (1909)
Georg Thurmair mit Maria Luise Thurmair-Mumelter: Liebesgespräch im Kriege. Dialog. (Gedichte). Weisen von Alois Koch. Graphik von Ernst Vollmer. - Düsseldorf, Köln, Freiburg: Christophorus Verlag (1946). /8782

dasselbe. - Buxheim: Martin Verlag 2. Aufl. 1958. /8783

Still, still, still, wer Gott erkennen will. Erzählungen und Gedichte. - Ebenda 1956. /8784

THURMAIR-MUMELTER, Maria Luise (1912)
s. a. Georg Thurmair mit MariaLuise Thurmair-Mumelter: Liebesgespräch im Kriege.

Lieder der Tröstung. Linolschnitte von Fritz Möser. - Buxheim: Martin Verlag (1957). /8785

THYLMANN, Karl
Die Furt. Gedichte und Holzschnitte. - Kassel, Basel: Bärenreiter 1950. /8786

Gedichte. - Stuttgart: Gülistan Verlag (1968) = Gesamtwerk: Dichter und Grafiker. Bd. 1. /8787

TIDEMANN, Wilhelm (1889-1949)
Sonette eines Deutschen. - Bremen, Hannover: Dorn (1946). /8788

Sonette eines Deutschen aus dem Jahre 1942.(Ausz.) - Hamburg: Ellermann (1946) = Das Gedicht. 1946/47. 3. /8789

Europäische Beschwörung. Politische Gedichte. - Bremen,
Hannover: Dorn (1947) /8790

TIEDEMANN, Lotte (1901)
Wechselspiel des Lebens. Gedichte. - Regensburg: Habbel (1959). /8791

TIEFENBACHER, Josef (1892)
Vom Baum der Erkenntnis. Gedichte. Privatdruck. - Hamburg:
Druckgestaltung u. Ausführung Johannes Schulz 1948. /8792

Erinnerungen. Gedichte. - Ebenda 1949. /8793

TILGNER, Leo
„Unten und Oben". Eine Linolschnittfolge mit Versen. - Hannover:
Dikreiter (1948) = Liebhaberausgaben. Druck. 5. /8794

TILGNER, Wolfgang (1932)
(Gedichte). - Berlin: Verlag Neues Leben (1969) = Poesiealbum. 25. */8795

TILL, Ludwig d. i. Ludwig Franck
Psychotherapillen. In 10 Reimdosen. Zur inneren Vitalität. Zeichnungen von Rosemarie Phönix-Eberle. - Egnach TG : Steinklopfer Verlag (1963). /8796

TILLACK, Karl Heinz
Mosaik. Gedichte. Holzschnitte von Jörg Ostertag. - Münster: Joachim
Breschke 1951. /8797

Strophen eines begonnenen Lebens. - Göppingen: Frank Gottfried Herwig 1951. /8798

TINTI, Boga
Erlebtes und Erdachtes. Gedichte. - Wien: Europäischer Verlag 1967. /8799

Aus meinem Leben. - Ebenda 1968. /8800

TKACZYK, Wilhelm (1907)
Wir baun uns eigne Himmelswiesen. Gedichte. - Berlin:
Volk und Welt 1958 = Antwortet uns !. 13. /8801

Auf dieser Erde. Gedichte. Nachdichtungen. Ill. von Hanns Georgi.
- Halle: Mitteldeutscher Verlag 1963. /8802

Regenbogenbaldachin. Gedichte. Mit farbigen Holzschnitten von
Christine Schneider. - Ebenda (1969). /8803

TOASPERN, Paul
Geheimnis der Freude. Geistliche Gedichte. Hrsg. v. Evangel. -
Kirchl. Gnadauer Gemeinschaftswerk. Scherenschnitte von Ursula Toaspern.
- Berlin: Evangel. Verlagsanstalt (1965). /8804

Ich bin bei euch. Geistliche Gedichte in Anlehnung an Worte der
Heiligen Schrift. Hrsg. vom Evangel. -Kirchl. Gnadauer Gemeinschaftswerk. Scherenschnitte von Ursula Toaspern. - Ebenda (1967). /8805

TOBLER, Rudolf
Gedichte. - Zürich: A. Tobler /1954/. /8806

TOBLER-SCHMID, Frieda
E Hääметstrüüssli ossem Appezellerland. Versli ond
Gschichtli i de Appezellersproch. - Herisau: Selbstverlag (1960). /8807

TOCHTERMANN, Wilhelm (1912-1974)
Der Bogen des Lebens. Gedichte. - Privatdruck 1947. /8808

Wandler in der Götter Spur. Sinn-Gedichte und Sprüche. -
Wertingen bei Augsburg: Krauss 1951; 2. verb. und erweit. Aufl. 1959. /8809

Pintschereien. Satirische Gedichte. - Ebenda 1957. /8810

Ich muß dich lieben... Sinngedichte der Liebe. - Karlsruhe:
Der Karlsruher Bote (1957); erweit. Aufl. 1965. /8811

Recreatio in Deum. Ein Zyklus von Sinngedichten. - Ebenda 1958. /8812

Recreatio in vitam. Ein Zyklus von Sinngedichten. - Ebenda
(1958). /8813

Sonette von den toten Dingen. Zyklus von Sinn-Gedichten in
6 Sätzen mit einem Anhang. - Ebenda (1959). /8814

In der Kürze liegt die Würze. Epigrammatische Portraits.
(Sprüche). - Ebenda (1960). /8815

Der Hüter der Schwelle. - Wertingen b. Augsburg: Krauss /1961/.

Herz an der Grenze. Sinn-Lyrik. - Dülmen/Westf.: Kreis der /8816
Freunde (1963) = Der Vier-Groschen-Bogen. 20. /8817

Heimstatt im Grau. Sinn-Lyrik. - Wertingen: Krauss & Söhne 1964.
/8818
Zwischen Fackel und Neon. Sinn-Lyrik. - Wien:
Europäischer Verlag 1966. /8819

TÖLCKE, Johannes
Rum aus Jamaika. Eine Auswahl heiterer und ernster Verse. -
Hamburg: Christians 1961. /8820

TÖNNIES, Herta
Von Blumen und Tieren. (Gedichte). - Wien: Europäischer
Verlag 1961. /8821

Herbstlaub. (Gedichte). - Ebenda 1964. /8822

Lyrische Arabesken. - Ebenda /1967/. /8823

Die Wegwarte. (Gedichte). - Ebenda (1968). /8824

Sternschnuppen. Gedichte. - Ebenda 1970. /8825

TÖRNE, Volker von (1934)
Fersengeld. 25 Gedichte. - Berlin: Ansgar Skriver Verlag 1962. /8826

Nachrichten über den Leviathan. Mit 14 Graphiken von Uwe
Bremer. - Stierstadt im Taunus: Eremiten-Presse 1964 = Passgänge. 7. (250 num. und sign. Ex.) /8827

s. a. Christoph Meckel und Volker von Törne: Die Dummheit
liefert uns ans Messer.

Wolfspelz. Gedichte. Lieder. Montagen. Mit fünf Grafiken von Peter
Schwandt. - Berlin: Klaus Wagenbach (1968) = Quarthefte. 30. /8829

TOHDE, Edith
Insel des Schauens. Gedichte. - Büdingen: Hesperus-Verlag (1953).
/8830
TOMAN, Walter (1920)
Distelvolk. Gedichte. Mit 6 Zeichnungen von Gerhard Swoboda. -
Wien, München, Basel: Kurt Desch (1955). = Neue Lyrik aus Österreich./8831

TORBERG, Friedrich (1908)
Lebenslied. Gedichte aus 25 Jahren. - München: Langen/Müller
(1958). /8832

PPP-Pamphlete, Parodien, Post Scripta. - München, Wien:
Langen/Müller (1964) = Gesammelte Werke in Einzelbänden. (3). /8833

Mit der Zeit, gegen die Zeit. Eingeleitet von Herbert Ehren-
reich. - Graz, Wien: Stiasny /1965/ = Stiasny-Bücherei. 142. /8834

Sprechplatte: Parodien und Pamphlete. - Hamburg: Dt. Grammophon Gesellschaft, Literarisches Archiv /1967/. /8835

Parodien und Post Scripta. - Frankfurt, Hamburg: Fischer-
Bücherei /1969/ = Fischer Bücherei. 998. /8836

TORGGLER, Siegfried
So hingegeben sein! Gedichte. - Linz: Oberösterreichischer Landesverlag (1969). /8837

TORNIUS, Valerian (1883-1970)
Chiemsee-Sonette. - Prien : Bücking (1957). /8838

TRAGUTH, Georg
Weiße Rose. (Gedichte). - Wien: Europäischer Verlag 1961. /8839

TRANCHIRER, Raoul d. i. Ror Wolf (1932)
Mein Famili. 12 Moritaten und 4 Collagen des Autors. Nachwort von
Karl Riha. - Steinbach: Anabas-Verlag 1968. /8840

TRANSTRÖMER, Thomas
Gedichte. - Berlin: Literarisches Colloquium (1969) = LCB-Editionen. 11. /8841

TRASTON, Simon d. i. Gert Simon (1929)
Tag, Nacht und Traum. (Gedichte und Prosa). - Hamburg:
Merlin-Verlag (1964). /8842

TRAUNER, Hans
Spatfrucht. Gedichte in oberösterreichischer Mundart. - Linz, Ried
im Innkreis: Landesverlag und -druckerei Linz 1945. /8843

TRAUNER, Richard (1900)
Der Gast. Gedichte. - Graz: Leykam (1952). /8844

TRAUTENWEILER, Elfriede
Die Sonette einer Frau an ihren Mann. - Wien: Europäischer Verlag 1959. /8845

TRAUTMANN, Arthur Alfred   (1894)
„... poetisch gesehen".(Gedichte). Ill. von J. v. Somogyi. -
Buchen im Odenwald: Wittemann 1961.   /8846

TREBBIN, Adolf Heinrich
Singe wieder, deutsche Seele. Gedichte und Gedanken. - Wien:
Dr. Heinreich /1962/.   /8847

TREBITSCH, Siegfried   (1869-1956)
Aus verschütteten Tiefen. Gedichte. - Zürich: Artemis (1947).   /8848

„... Glück und Unglück wird Gesang". Hundert und ein Gedicht.
- Zürich: Classen (1954).   /8849

TREFZER, Friedrich
Im blühenden Tale des Lebens.(Gedichte), - Basel: Selbstverlag 1953.   /8850

Bilder und Gleichnisse.(Gedichte). - Ebenda 1955.   /8851

TREICHLER, Rudolf   (1909)
Gedichte. - Karlsruhe: Stahlberg-Verlag (1946).   /8851

TREO, Hugo
Aufbruch des Herzens. Gedichte. - Wien: Wallishausser (1947).   /8852

dasselbe. - Wien: Austria-Verlagsgesellschaft /1963/.   /8853

Der schöne Garten. Gedichte. - Ebenda (1960).   /8854

Sei ohne Furcht! Gedichte. - Ebenda (1967).   /8855

ich sage du zu dir. Gedichte. - Ebenda (1969).   /8856

TRESKO, Carl
Meridiane.(Gedichte). - Nürnberg: Glock und Lutz (1969).   /8857

TRESS, Josef   (1893)
Vater Unser. Gedichte. - Regensburg: Habbel /1956/.   /8858

TRILLING, Karl-Heinz
Das Dollarschiff. Gedichte. - Berlin: Aufbau-Verlag 1961 =
die Reihe. 61.   /8859

TRINKS, Ferdinand d. i. Ferdinand von Trinks   (1893-1966)
Im Kreislauf. Gedichte. - Wien: Europäischer Verlag 1951.   /8860

Die Palette. Gedichte. - Ebenda 1958.   /8861

Schräge Sonne. Gedichte. Linolschnitte von Robert Peter Floquet. -
Baden bei Wien: Weilburg-Verlag (1966).   /8862

TROG-CELLIER, Edith
Pause. 4 Gedichte et 4 poésies and 4 poems. Ill. von Franz Olivier
Trog- Cellier. - Dieticon-ZH: Ed. Tusculum (1957).   /8863

TROTT ZU SOLZ, Ernestine von
Du, Herr... bleibst. (Gedichte). - Hamburg: Verlagsbuchhdlg.
Bethel (1946).   /8864

Gebet wird Lied. - Hamburg: Appel (1962).   /8865

TSAKIRIDIS, Vagelis (1936)
Staatsbahnen und andere Texte. - Frankfurt: S. Fischer 1965. /8866

Daß ich zufrieden bin. - Frankfurt: Verlag törn (1967) = EKG. 4. /8867

Gedichte für die Jungfrau am Brunnen und Prosa. - Neuwied, Berlin: Luchterhand (1967). /8868

TSCHEBULL-SCHERRL, Maria
Gott und Mensch. (Gedichte). - Wien: Europäischer Verlag 1957. /8869

TSCHEER, Rosmarie
Ich bin, der alle Namen hat. Gedichte. - Luzern, Stuttgart: Räber (1967). /8870

TSCHERMAK, Klemens (1891)
Nachdenkliche Musik.(Gedichte). - Wien: Europäischer Verlag 1955. /8871

Verklungene Lieder. - Ebenda 1956. /8872

TSCHERPEL, Rudolf Maria (1921)
Gedichte. - Stuttgart: Holoch 1953. /8873

TSCHOPP, Charles
Gedichte. - St. Gallen: Tschudy 1952 = Der Bogen. 23. /8874

TSCHUDI, Fridolin (1912-1966)
Heissgeliebte Karoline. Verse. Zeichnungen von Fritz Butz. - Zürich: Sanssouci /1953/. /8875

Sie liebt mich, sie liebt mich nicht... (Gedichte). Zeichnungen von Robert Wyss. - Zürich: Sanssouci 1955. /8876

dasselbe. - 4. Aufl. Luzern: Schweizer Volks-Buchgemeinde (1969). /8877

Guter Mond... Ein lyrischer Kalender. - Zürich: Sanssouci (1957)./8878

dasselbe. - Neuausg. Guter Mond... Heitere Verse für das ganze Jahr. Zeichnungen von Alois Carigiet. - Ebenda (1967) = Sanssouci Souvenirs. /8879

Handbuch der Heiterkeit in hundertelf Versen.(Gedichte). - Ebenda (1958). /8880

Lächle lieber, statt zu lachen. (Gedichte). Vignetten von Robert Wyss. - Ebenda (1960) = Sanssouci-Bücherei. /8881

Lyrisches Leierkästchen. Vignetten von Robert Wyss. - Zürich: Sanssouci (1962) = Sanssouci Edition. /8882

Dir zuliebe. Neue Verse. - Zürich: Sanssouci (1964) = Sanssouci-Bücherei. /8883

dasselbe. - Luzern: Schweizer Volksbuch-Gemeinde /1967/. /8884

Vom vergnüglichen Lesen.(Ausgewählte Verse) - Offenbach a. M. Kumm (1964). /8885

Die fünfzehn Fabeln. (Gedichte). - Zürich: Sanssouci (1965). /8886

Ausgewählte Verse. Mit einem Gedenkwort von Alois Carigiet. -
Zürich: Sanssouci (1966). (Vom Autor zusammengestellt) /8887

Auto-Weisheiten. In Verse gefaßt; optisch erläutert von Fritz
Butz. - Wabern: Büchler (1966). /8888

Sprechplatte: Fridolin Tschudi liest Fridolin Tschudi. Am
Flügel: Emil Moser. - Zürich: Grammoclub Ex Libris /1967/. /8889

Statt Blumen.(Gedichte). Ein heiteres Vermächtnis. Nachwort von
Werner Weber. - Zürich: Sanssouci (1967) = Sanssouci-Edition. /8890

Wolkenlatein.(Aus den in Buchform unveröffentlichten Versen ausgewählt von Marti Tschudi. - Ebenda (1968). /8891

Sieben sanfte Turteltauben. Verse. Mit Vignetten von Robert
Wyss. - Ebenda (1969). /8892

TSCHUGGUEL, Margarethe
Die schöne Liebe.Gedichte. - Wien: Europäischer Verlag 1957. /8893

TÜGEL, Tetjus d.i. Otto Martin Eduard Tügel (1892)
Daß ich so schlicht verbliebe. Gedichte. - Hamburg: Wegner
(1946). /8894

Gedichte. - Hamburg: J.P. Toth Verlag 1949. /8895

Das Vagabündel. Gedichte. - Stuttgart: Schriftgießerei C.E. Weber
1952 = Kleine Beiträge zur Buchkunde, Kunstgeschichte und Literatur. 7.
(200 Ex., davon 100 Ex. num. und sign.) /8896

Ungestüm und still geworden. Gedichte. - 1965. (b.n.e.) /8897

TÜRK, Georg (1883-1962)
Verse für alle Tage einer Woche. - Schwabach: Millizer
1946. /8898

TÜRMLER von TÜRMLIKON, S. (Pseud.)
„Oh, mein Türmlikon! 25 Städtebilder aus dem Nebelspalter. Zeichnungen von Alfred Kobel. - Rorschach: Nebelspalter-Verlag /1954/. /8899

TUMLER, Franz Ernest Aubert (1912)
Liebes-Lobpreisung. Ein Gedichtzyklus. - Hameln: Bücherstube F. Seifert 1947. /8900

Welche Sprache ich lernte. Prosagedichte. - Berlin: Literarisches Colloquium (1970) = LCB-Editionen.19. /8901

TUPPEN, Gerlinde
An den Ufern der Zeit.(Gedichte). - Wien: Europäischer Verlag 1965. /8902

TUREL, Adrien (1890-1957)
Vom Mantel der Welt.Dichtung. - Zürich: Selbstverlag;
Verlag Stampfenbach in Komm. (1947). /8903

Ergreif' das Heute. Gedichte. - St.Gallen: Tschudy 1954 = Der
Bogen. 36. /8904

Eros Demiurgos.(Gedichte). - Zürich: Stiftung Adrien Turel (1959).
/8905

Weltsaite Mensch. Ausgewählte Gedichte. Zum 70. Geburtstag des Dichters ausgew. von Hans Rudolf Hilty. - St. Gallen: Tschudy (1960) = Die Quadrat-Bücher. 13. /8906

TURNWALD, Erik Wilhelm (1918)
Kirnbach in Versen. - Kirnbach über Wolfach: Johannes-Mathesius-Verlag (1964) = Die kleine Reihe. 2. /8907

TUSCHEL, Karl-Heinz
Da sagte Kalle . . . Gedichte. Illustr. von Rolf Kiy. - Halle: Mitteldeutscher Verlag 1960. /8908

Das geschieht am hellen Tag. (Gedichte). Bildauswahl von Heinz-Peter Frodra. - Ebenda 1961. /8909

Ein guter Rat. Gedichte, Szenen, Songs für Agitprop. - Leipzig: VEB Hofmeister 1961. /8910

TWAROCH, Johannes (1942)
Zweiunddreißig Gedichte. Illustr. von Karlheinz Pilocz. - Wien: J. Twaroch 1962. (500 num. und handsign. Ex.) /8911

Spiegel des Mondes. (Gedichte). - Wien: Europäischer Vlg. 1965 /8912

Mitteilung vom Zwischenreich. Gedichte. - Wien: edition avantypidy 1966 = &cetera. 4. /8913

Kennkarte. Gedichte. - Wien, München, Zürich: edition avantypidy 1967. /8914

TZSCHEUSCHNER, Irmtraud
Gedichte. - München, Würzburg, Wien: Relief-Verlag Eilers 1966 = Der Viergroschenbogen. Sonderb. 42. /8915

Maya und andere Texte. Grafik von Katrin-Sybille Schlüter. - München: Relief-Verlag (1969). /8916

UBAC, Raoul
Raoul Ubac: Torso. Peter Härtling: Bruchstücke. - Stuttgart: manus presse (1965) = Konzepte. 1. /8917

ÜBERZWERCH, Wendelin d. i. Karl Fuss (1893-1962)
Uff guat schwäbisch. (Gedichte). Zeichnungen von G. Weidig. - Reutlingen: Oertel & Spoerer (1951). /8918

Mr ka' nia wissa. Gedichte in schwäbischer Mundart. - Stuttgart: Bonz /1955/. /8918a

Kosmisches Schaufenster. Mehr oder minder heitere Verse eines skeptischen Optimisten. - Ebenda /1956/. /8919

Gaisburger Marsch. Schwäbisches in Vers und Prosa. - Ebenda (1962). /8920

UHDE, Gerhard (1902)
Moosburger Tafeln. (Lyrischer Zyklus). - Freiburg: Novalis /1950/. /8921

Der sprechende Stein. Gedichte. Mit Zeichnungen von Wilhelm Kneisel. - Bad Hersfeld: Hans Ott - Verlag 1956. /8922

Umtrunk im Sternensaal. Gedichte. - München, Uelzen: Verlagshaus Bong & Co. 1962. /8923

UELI DER SCHREIBER   d. i. Guido Schmezer
   Ein Berner namens... 52 Verse aus dem Nebelspalter. (1.) Illustr.:
   Herbert Auchli. Vorw.: Klaus Schädlin. - Rorschach: Nebelspalter Vlg.
   2.: Illustr.: Markus Rätz. Vorw.: Klaus Schädlin. - (1965). (1961). /8924
   /8925
   3.: nebst einer Auswahl von mehr oder weniger passenden Äußerungen
   mehr oder weniger prominenter Berner. Illustr.: Hanspeter Wyß.
   Vorwort: Klaus Schädlin. - (1967). /8926
   4.: nebst einem lehrreichen Berner ABC. Vignetten von Wolf Barth.
   Vorwort von Klaus Schädlin. - 1970. /8927

UHLENBUSCH, Hugo Paul   d. i. Hugo Paul Schreiber-Uhlenbusch   (1905)
   Gedichte und Nachdichtungen schwedischer Lyrik. -
   Herrsching vor München: Zaunkönigverlag 1955. /8928

UHLENHUT, Walter
   Traum ohne Anker. Gedichte. - Wien: Bergland Verlag (1968)
   = Neue Dichtung aus Österreich. 147. /8929

UHLMANN, Joachim   (1925)
   Gemaserte Stille. (Gedichte). - Heidelberg: Profile-Vlg. (1955). /8930

   Feuer in Würden. Gedichte. - Berlin: Karl H. Henssel Verlag
   1960 = Das neue Lot. 3. /8931

   Serpentinen. Gedichte. - Ebenda (1967). /8932

UHU, Peter   d. i. Balduin Thieme
   Der Mensch erlebt sein blaues Wunder. Heitere und nach-
   denkliche Verse. Illustr. von Barbara Grahl. - Berlin: Buchverlag
   Der Morgen 1964. /8933

   Mit roter Tinte an den Rand geschrieben. Heitere und
   nachdenkliche Verse. Illustr. von Barbara Grahl. - Ebenda 1966. /8934

ULBRICH, Martin
   Ums Abendrot. Letzte Lieder eines betagten Erdenpilgers. -
   Witten/Ruhr: Bundes-Verlag (1950) 2. Aufl. (1. Aufl. n. e.) /8935

ULBRICHT, Hanns
   Landschaft, Traum, Nacht und Musik. Gedichte. - Büdingen:
   Hesperus-Verlag (1950). /8936

ULLMANN, Regina   (1884-1961)
   Gesammelte Werke (2 Bände). Band 1: Prosa und Gedichte.
   Zusammengestellt in Zusammenarbeit mit Ellen Delp. - Einsiedeln,
   Zürich, Köln: Benziger (1960). (mit Bibliographie) /8937

ULRICHS, Timm   (1940)
   klartexte, konkrete texte. Folge 1 zur ausstellung optische poesie
   in der bauhütte hannover ab 18. 11. 1966. - Hannover: T. Ulrichs 1966. /8938

   spielpläne. - Hannover, Modena: Selbstverlag 1967. /8939

   beschriebene blätter. kurze prozesse totaler poesie & totalen
   theaters. - Hannover, Göttingen: Selbstverlag 1967. /8939a

um nicht zu sagen: ganz zu schweigen von. - Hannover, Bern: Selbstverlag 1968. /8940

lesarten und schreibweisen. - Stuttgart: Walther (1968) = rot. 33. /8941

weiter im text. (Mappe mit 10 visuellen Texten 1960-1965). - Hannover: Selbstverlag 1969. /8942

ULRICI, Jennika
Das ist Zubunt. Gereimte Konterfeie von grimmigen und sanften Zeitgenossen. Grimmig und sanft ins Bild gesetzt von Reiner Zimnik. - München: Ehrenwirth /1961/. /8943

UNRUH, Fritz von (1885-1970)
Politeia. Aufrufe, Proteste, Gedichte, Reden. - Frankfurt: Societäts-Verlag (1968). (Studienausgabe) /8944

UNTERBUCHNER, Georg (1908)
Heimat des Herzens. Gedichte. Mit einer Einführung von Rudolf Alexander Schröder. - Regensburg: J. Habbel 1948. /8945

Gedichte. - Ebenda /1948/ = Der Bogen. /8946

Von fernem Klang. Gedichte. - Thannreit/Obb.: Selbstverl. 1963. /8947

UNTERDÖRFER, Gottfried (1921)
Du lebst vom Du. Gedichte. - Berlin: Union Verlag (1959). /8948

Ich will den Bogen setzen. Gedichte. - Ebenda (1964). /8949

URECH, Armin
Im Wandel dr Zyt. Gedichte. - Seon: Selbstverlag /1964/. /8950

URMANN, Berta
Ewiger Zauber dunkler Wälder. (Gedichte). - Wien: Europäischer Verlag (1956). /8951

Sonne über taufeuchten Waldwiesen. (Prosa, Gedichte) - Ebenda 1961. /8952

URSIN, Maximilian (1909)
Der 55. Herbst. Gedichte. - Frankfurt: dipa-Verlag (1964) = i-Punkt-Reihe. 1. /8953

URZIDIL, Johannes (1896-1970)
Jahrestag. Gedicht. Einblattdruck. - o.O., o.V. 1956. (Hermann Hesse - Nachlaß, Schiller-Nationalmuseum, Marbach) /8954

Die Memnonssäule. Gedichte. - Wien: Bergland (1957) = Neue Dichtung aus Österreich. 30. /8955

USINGER, Fritz (1895)
Das Glück. (Gedichte). - Darmstadt: Darmstädter Verlag 1947. /8956

Hesperische Hymnen. - Stuttgart: Hans Müller 1948. /8957

Gesang gegen den Tod. - Frankfurt: Eremiten-Presse 1952. /8958

Fest der Geister. Elegie. Sonderdruck der Deutschen Akademie für Sprache und Dichtung zum 60. Geburtstag Fritz Usingers am 5. März 1955. - Heidelberg: Lambert Schneider (1955). (250 Ex., nicht im Buchh.) /8958a

Der Morgenstern.(Lyrik). Linolschnitte von Flora Klee-Pályi. -
Wuppertal: Werkkunstschule /1957/. /8959

Niemandsgesang. (Gedichte). - Offenbach: Kumm (1957). /8960

Der Stern Vergeblichkeit.(Gedichte). - München: Verlag Johannesdruck 1962. /8961

Krokus-Gesang. Gedicht. Geschrieben von A. Zukunft. - Offenbach:
Kumm (1965) = Offenbacher Drucke. 5. /8962

Pentagramm. Gedichte. Auswahl und Nachwort von Marcella Roddewig. - Wiesbaden: Limes Verlag (1965) /8963

Canópus. Gedichte. - Ebenda /1968/. (mit Bibliographie) /8964

UTHOFF, Reiner
Nekrolog eines Pfeiles.(Gedichte). - Wien: Europäischer Verlag 1959. /8965

Über den Bahnen der Raubvögel. (Gedichte). - Ebenda 1962. /8966

VALANGIN, Aline d.i. Aline Vogel-Ducommun (1889)
Raum ohne Kehrreim. Ausgewählte Gedichte. Espace sans refrain.
Poèmes choisis. Übertr. von Hans Rudolf Hilty mit 3 Scherenschnitten von
Hans Arp. - St. Gallen, Stuttgart: Tschudy (1961) = die Quadratbücher. 23..
(Die nur in dt. Sprache wiedergegebenen Texte sind im Original deutsch) /8967

Traumschalmei - Göttinnen - Einkehr - Der Stylit.(Gedichte). - Karlsruhe: Der Karlsruher Bote /1968/. /8968

VALENCAK, Hannelore d.i. Hannelore Mayer (1929)
Nur dieses eine Leben. Gedichte. Hrsg. von Rudolf Felmayer. -
Wien: Bergland-Verlag (1966) = Neue Dichtung aus Österreich. 125. /8969

VALENTICH, Ludwig
Wiedergeburt. Ein Beitrag zur Besinnung. (Gedicht). - Eugendorf
bei Salzburg: L. Valentich 1955. /8970

VALENTIN, Gerhard (1919)
Ihr Leute hört nun die Geschichte. Ein Dutzend gemischter
Gefühle. - Wuppertal: Jugenddienst-Verlag 1965. /8971

VALENTINI, Gabriele
Das Lächeln des Kindes. Das Antlitz der Frau.(Gedichte
und Prosa). - St. Gallen: Tschudy (1953). /8972

Im Anblick. Gedichte. - Ebenda (1959). /8973

VARGA, Eleonore
Der Kristall. Lyrische Gedichte. - Wien: Europäischer Verlag
(1962). /8974

VASOVEC, Ernst (1917)
Der silberne Leuchter.(Gedichte). - Wien: Europäischer Verlag (1954). /8975

VEGESACK, Siegfried von (1888-1974)
Das ewige Gericht. Eine Dichtung. - Baden-Baden: Kepler 1946. /8976

Das Unverlierbare. Gedichte. - Flensburg, Hamburg: Wolff 1947
= Die Wellen -Reihe. 4. /8977

dasselbe. - Heilbronn: Salzer (1968) = Salzers Volksbücher. 124. /8978

Die kleine Hausapotheke. Mit Zeichnungen von Nils Graf Stenbock. (Prosa und Gedichte). - Flensburg, Hamburg: Wolff (1948) = Heitere Bücherei. 3. (zuerst 1944) /8979

Mein Junge. Ein Nachruf. Gedichte. - Hamburg: Mölich (1948). /8980

In dem Lande der Pygmäen. Gedichte. Zeichnhngen von Rudolf Güthinger. - Tübingen: Wunderlich/Leins (1953). /8981

dasselbe. Zeichnungen von Jochen Bartsch. - Neuausgabe München, Wien: Langen/Müller (1965). /8982

Schnüllermann sieht das Leben heiter an. (Gedichte). - München: Braun und Schneider (1953) = Die bunte Reihe. /8983

dasselbe. - München: Langen/Müller (1969). /8984

Geliebte Erde. (Gedichte). - Olten: Vereinigung Oltner Bücherfreunde 1956 = Privatdruck f. die Vereinigung Oltner Bücherfreunde. /8985

Kleines Handgepäck. Geschichten und Gedichte. Zeichnungen von Ernst Weil. - München: Langen/Müller 1956. /8986

Krug und Quelle. Ausgewählte Gedichte. - Ebenda (1963). /8987

Sprechplatte: In dem Lande der Pygmäen. Sprecher: Siegfried von Vegesack. - Neckargemünd: Da Camera /1964/. /8988

Sprechplatte: Schnüllermann sieht das Leben heiter an. Sprecher: Siegfried von Vegesack. - Ebenda /1964/. /8989

Kleiner Hauskalender für jedes Jahr. (Geschichten und Gedichte). Buchschmuck von Hans Hermann Hagedorn. - München, Wien: Langen/Müller (1966). /8990

Sprechplatte: Zum 80. Geburtstag. Sprecher: Siegfried von Vegesack. - Neckargemünd: Da Camera (1968). /8991

VEIDT, Werner
I möcht amol wieder e Lausbue sei. - Stuttgart: Bonz & Co. (1948). (zuerst 1940) /8992

Bröckelesweis. Gedichte und Geschichten in schwäbischer Mundart u. ein Straßenverkehrssketsch. - Stuttgart: Bonz 3. Aufl. (1968) (1. Aufl. b. n. e.) /8993

VEIT, Maria
Wochenstubenbüchlein. Zeichnungen von Otto Veit. (Gedichte). - Stuttgart: Quell-Verlag (1950). /8994

VELDTRUP, Josef (1907)
Stimmen der Stille. Gedichte. - Emsdetten/Westf.: Lechte /1951/. /8995

Ferner lief: Der Pegasus. Heitere Gedichte. Zeichnungen von Jochen Bartsch. - München: Braun & Schneider. (1957) = Die bunte Reihe. /8996

VENATIER, Hans   (1903-1959)
   Gefährtenruf. Gedichte. Veröffentlichung aus d. Nachlaß in Zusammenarbeit m. d. Arbeitskreis f. dt. Dichtung. - Westerbrak üb. Vorwohle: Wilhelm Kotzde-Kottenrodt Gemeinde 1959; Schrobenhausen, Knyrim in Komm.
   Komm. = Stimmen deutscher Dichter. 1.   /8997
VENETIANER, Lili
   Der Weg von Almonit. (Gedichte) - Jerusalem: Selbstverlag (1959).   /8998
VENKER, Kurt   (1897-1965)
   Wandlung. (Gedichte). - Minden/Westf.: Ising (1955) = Menschen und Begegnungen. 1.   /8999
VERA d. i. Vera Groschoff   (1934)
   O diese Mädchen! Muntere Reime von Vera. Beschwingte Skizzen von Lilo. - Bern, Berlin: Zwei-Bären-Verlag (1956) = Roe-Reihe. 2.   /9000
   Interwiews mit Küssen. Verse von Vera. Zeichnungen von Lindi (d. i. Albert Werner Lindiger). - Ebenda (1957) = Roe-Reihe. 3.   /9001
VERANNEMAN, Georg
   Land im Licht. Gedichte. - Wien: Europäischer Verlag /1952/.   /9002
   Sonette. - Ebenda (1953).   /9003
   Trost der Landschaft. (Gedichte). - Ebenda 1961.   /9004
VERBORGEN, Luzian
   Totentanz. - Hamburg: Selbstverlag 1965.   /9005
VERENO, Matthias
   Worte der Ferne. Gedichte. - Lahr/Schwarzw.: Schauenburg (1948).   /9006
VERSPOHL, Cilly   (1910)
   Kleine Medizin für den Alltag. Heiteres in Versen. - Krefeld: Scherpe Verlag /1952/.   /9007
   Im Wechsel der Stimmen. Gedichte. -Ebenda /1959/.   /9008
   ... wer über sie ragt, sieht Licht! (Gedichte). - Dülmen: Kreis der Freunde /1963/ = Der Vier-Groschen-Bogen. 23.   /9009
   Liebe. Spiegelungen. Gedichte.   Grafik von Dina Mitrowsky. - Krefeld: Scherpe /1964/.   /9010
VERWEYEN, Johannes Maria   (1883-1945)
   Seelenstimmungen in Hymnen. Geleitwort von Karl Kamps und Johann Wehner. - Kleve, Kevelaer: Boss-Druck und Verlag 1950.   /9011
VESPER, Guntram   (1941)
   Fahrplan. Gedichte. Mit 4 Montagen von Bernd Otto Wallmann. - Stierstadt: Eremiten-Presse 1964 = Passgänge. 4. (150 num. u. sign. Ex.)   /9012
   Guntram Vesper und Wolf Peter Schnetz: Je elementarer der Tod, desto höher die Geschwindigkeit. - München: Relief-Verlag Eilers (1964).   (50 num. Ex. auf Bütten)   /9013
   Gedichte. - Gütersloh: Sigbert Mohn (1965).   /9014
VESPER, Will   (1882-1962)

Briefe zweier Liebenden. Mutter und Kind. (Gedichte). - Oldenburg/Oldb.: Stalling 1957. 3. Aufl. (zuerst 1941) /9015

Kleiner Kranz des Lebens. Auswahl meiner Gedichte aus 50 Jahren. - Lippoldsberg: Klosterhaus-Verlag (1960). /9016

Letzte Ernte. Erzählungen und Gedichte aus dem Nachlaß. Privatdruck. - Triangel: Will-Vesper-Haus Privatverlag 1962. (200 Ex.) /9017

VETTER, Karl
Gedichte. Band 1. - Darmstadt: Tonos-Verlag /1970/. /9018

dasselbe. Band 2. Allerlei Tiere. - Ebenda (1970). /9019

dasselbe. Band 3. (o. Titel). - Ebenda /1970/. /9020

dasselbe. Band 4. (o. Titel). - Ebenda /1970/. /9021

VICTOR, Walther (1895-1971)
Von gestern - für morgen. Legenden und Balladen. - Weimar: Thüringer Volksverlag 1948. /9022

Ich kam aus lauter Liebe in die Welt. Lebensgeschichten und Gedichte. - Weimar: Volksverlag (1961) = Ausgewählte Schriften. Band 2. /9023

dasselbe. - Berlin, Weimar: 2. Aufl. Aufbau-Verlag 1965. /9024

Weimarer Erinnerungen. Sonette. - Weimar: Volksverlag /1963/ /9025

dasselbe. - Berlin, Weimar: Aufbau-Verlag 2. Aufl. 1966. /9026

VIEBAHN, Fred
Knopflochgesinnung. 12 Gedichte à la mode. 1 Nachwort Autobiografisches. Grafiken von Johannes Vennekamp. - Berlin: Neue Rabenpresse 1968. (300 num. u. sign. Ex.) /9027

VIEDGE, Bruno (1894)
Chronica Heidelberg. Gedichte. - Heidelberg: Officin Brausdruck 1961. /9028

VIELHABER, Gerd (1908)
Siebengestirn. 7 Sonette. Ill.: Karl-Heinz Heymann. - Privatdr. 1946. /9029

Bekränzte Lanze. Zeichnungen von Marianne Jory-Nakatenus. - Düsseldorf: Kurt Streckfuß 1948. /9030

Kölner Sonette. - Köln, Krefeld: Staufen-Verlag (1951). (Bütten) /9031

Flügelschlag im Unsichtbaren. Gedichte. - Düsseldorf: Streckfuß (1953) = Lyrische Blätter. 2. (Auswahl aus „Bekränzte Lanze") /9032

VIERA-SEGERER, Josef (1890-1970)
Wanderer auf Erden. Gedichte. - München: Habedank /1960/. /9033

VIERTEL, Berthold (1885-1953)
Der Lebenslauf. Gedichte. - New York: Aurora Verlag (1946). /9034

dasselbe. - Berlin: Aufbau-Verlag 1947 /Ausg. 1948/. /9035

Dichtungen und Dokumente. Gedichte, Prosa, Autobiogr. Fragmente. Ausgew. und hrsg. von Ernst Ginsberg. - München: Kösel (1956). /9036

VILLANDERS, Uta
 Meine Beichte.(Gedichte). - Wien: Europäischer Verlag 1952. /9037

VLADO, Kristl
 Geschäfte, die es nicht gibt.(Gedichte). - München: Längsfeld 1966. /9038

VLASICS, Hans (1897-1962)
 Aus Abendweiten.Gedichte. - Linz: Länderverlag 1955. /9039

VOCKENHUBER, Gottfried
 Gesprochene Bilder.(Gedichte).Ein Zyklus um Wien. - Wien: Europäischer Verlag 1952. /9040

VÖLKLEIN, Friedrich (1880-1960)
 In den lichten Morgen.Gedichte und Worte. - Kempten/Allgäu: Verlag des Heimatpflegers von Schwaben, jetzt Verlag für Heimatpflege /1954/. /9041

 Wende und Wandlung.Gedichte. - Rothenburg: J. P. Peter 1960. /9042

VOGEDES, Alois (1887-1956)
 Lied bricht den Turm.Ausgewählte Gedichte. - Ratingen: Henn /1960/. /9043

VOGEL, Alois (1922)
 Im Gesang der Zikaden. Mit 10 Hochätzungen, Original-Handdrucke von Oskar Matulla. - Wien: Edition Tusch-Druck 1964. (25 vom Autor und Graphiker num. u. sign. Ex.) /9044

 Zwischen Unkraut und blühenden Bäumen. Gedichte. - Wien: Bergland-Verlag (1964) = Neue Dichtung aus Österreich. 113. /9045

 Lampe im Nebel.Haiku. Mit einer original zweifarbigen Metallographie von Peter Baum u. 8 Offsetdrucken auf Japanpapier nach Tuschzeichnungen von Peter Baum. - Bad Goisern, Oberöst.: Neugebauer Press Verlag (1967) = Druck des Verlags Neugebauer Press. 4. /9046

 Vorläufige Grabungsergebnisse. Drei Texte. - Wien, München: Jugend und Volk (1970) = Neue Perspektiven. /9047

VOGEL, Anna (1883)
 Aus de Mannemer Kinnerstubb. Mannheimer Mundartgedichte. Ill. von Albert Hohenester. - Weinheim, Berlin: Beltz 1955. /9048

VOGEL, Hanns (1912)
 Zeit lass'n, Leut! Ein bairisches Kalendarium in Geschichten und Gedichten. Mit 30 Zeichnungen von Erich Hölle. - München, Bonn, Wien: Bayerischer Landwirtschaftsverlag (1960). /9049

VOGEL, Heinrich (1902)
 Auf der Schwelle. Neue geistliche Gedichte. - Hamburg-Bergstedt: Evangel. Verlag H. Reich (1963). /9050

VOGEL, Heinrich (1879-)
 Der Kommende.Balladen und Elegien. - Berkin: Verlag Haus und Schule, jetzt Lettner 1947. /9051

Rühmung. Psalmen und Kirchenlieder. - Berlin:Verlag Haus und
Schule, jetzt Lettner 1948. /9052

Erhebet eure Herzen. Neue geistliche Lieder. - Berlin, Darmstadt: Merseburger (1952) = Ed. Merseburger. 716. (mit Noten) /9053

dasselbe. - Ebenda 2. veränd. Aufl. (1959). (mit Noten) /9054

Der Fremdling. Gedichte. - Berlin-Dahlem: Lettner-Verlag (1953). /9055

Alles ist Gnade. Geistliche Lyrik. - Berlin: Evangel. Verlagsanstalt (1958). /9056

VOGEL, Luise (1897)
Alles ist Gnade. Ausgewählte Gedichte. - Schwäbisch Gmünd: Dietenberger (1965) = Gothaer Aufbauwege. 1. /9057

VOGEL, Magdalena
Klingel und Raster. Gedichte. - Zürich, Stuttgart: Artemis (1966). /9058

Entwurf einer Oase. Gedichte. Ill. Hanns Studer. - Liestal: Heinzelmann & Kunz (1970) = Ergolzreihe. 3. /9059

VOGEL, Manfred (1923)
Die Feuertaufe. Zwei Gedichte. - Wien: Donau-Verlag 1952. /9060

So ein Theater. Gedichte. - Wien, Stuttgart, Zürich: Frick 1960. /9061

Traum und Tag. Gedichte. - Wien: Privataufl. Vogel 1967. /9062

VOGEL, Theodor Maria (1881-1957)
Schwarzataler Klänge. Niederösterreichische Mundartgedichte. - Wien: Europäischer Verlag /1951/. /9063

VOGELSANGER, Luise
Im Zeichen der Rose. Gedichte. Zeichnungen von Günter Strech. - Schleitheim: Stamm 1963. /9064

VOGL-HÜGER, Anna Valeria
Worte und Orte. - München, Würzburg, Wien: Relief-Verlag Eilers 1967 = Der Viergroschenbogen. 80. /9065

VOGLER-BRACHER, Lore
Gefährten meiner Nacht. (Gedichte). Privatdruck. - Derendingen: Buchdruck Habegger 1966. /9066

VOGT, Friedrich Emil (1905)
Allerlei Schwäbisches. Gedichte in Stuttgarter Mundart. - Stuttgart: Bonz Verlag (1961). /9067

Poetisches Schwabenelixier. Heitere und besinnliche Mundartgedichte. Mit Ill. von Georg Koschinski - Eßlingen: Bechtle (1953). /9068

Schwäbische Delikatessen. Gedichte und Erzählungen. - Stuttgart: Bonz Verlag (1964). /9069

Schwäbisch gewürzt und gespickt. Gereimtes und Ungereimtes zum Vortragen. - Stuttgart: Bonz Verlag (1965). /9070

Sauer-süeß. Schwäbische Gedichte und Geschichten. - Ebenda (1966). /9071

Besonders süffige Tröpfla. Die Schwaben und ihre Mödele - auf
die Schippe genommen. (Gedichte). - Stuttgart: Bonz 1970. /9072

schwäbische spätlese in versen. Graphik von Willi Vogt. -
Magstadt: Bissinger 1970. /9073

VOGT, Hannah (1910)
Der zweite Reiter. Gedichte. - Lüneburg: Heliand-Verlag 1946 =
Lyrik der Gegenwart. /9074

Der Regenbogen. Gedichte. - Ebenda 1948. /9075

VOGT, Jacques
In der Obesunne. Ill. vom Verfasser. - Basel: G. Krebs AG. (1950). /9076

VOGT, Paul
Ein Loblied deiner Treue. Gedichte. - Bern: Blaukreuz Verlag (1957). /9077

Loben und Danken. 24 Lieder zum Abschied nach 38 Jahren Dienst
als evangelischer Pfarrer. - Ebenda (1964). /9078

VOGT, Selma
Dryßg Bilder vo Bethlehem. Wiehnachtsgedicht und Lieder. -
Bern: Haller /1963/. /9079

Gedanken im Advent in Versen. - Bern: Haller Verlag (1965). /9080

VOGT, Walter (1927)
alle irrenhäuser sind gelb. 10 Gedichte. - Liebefeld: Lukianos
Hans Erpf (1967) = bogen. 1. /9081

VOGTS, Hanns (1900)
Und es wird Abend und Morgen. Gedichte. Mit einem Holzschnitt
von Frans Masereel. - Wildbad/Württ.: Ed. Pan (1948). (enthält auch
die Gedichte aus der Emigration und aus dem Untergrund 1933-1945) /9082

Und wir leben auf der Erde. Ausgewählte Gedichte aus den
Jahren 1945-50. - Neuenbürg/Württ.: Sonderdruck der Neuenbürger
Verlagsdruckerei Fr. Biesinger 1952. /9083

Tätowierter Tag. Gedichte 1961-1970. - Wiesbaden: Limes
(1970) = Limes nova. 31. /9084

VOIGT, Rudolf (1899-1956)
Das sehnsüchtige Herz. Gedichte. - Osterode/Harz: Giebel &
Oehlschlägel 1953 = Verlagsreihe Goldener Spiegel. 16. /9085

VOIGT-RAUTENBERG, Charlotte
Wegwarte. Gedichte. Privardruck. - Düsseldorf: Diederichs (1961).
Privatdruck. /9086

VOLK, Vera Maria
Mein Herz. Gedichte. - Wien: Europäischer Verlag 1950. /9087

VOLKART, Otto (1880-1960)
Letzte Gedichte. - Arbon: Eichen-Verlag 1960. /9088

VOLLENWEIDER, Erwin
Hammer und Amboss. Gedichte. Hrsg. von Gertrud Vollenweider.
Liechtenstein: Europaruf-Verlag 1959. /9089

VOLLMER, Dieter
Russische Elegie. - Wiesbaden: Verlag Wulffenpresse (1960).
(400 Ex.) /9090
VOLLMER, Heinz
Gedichte. Das Vermächtnis meines Sohnes Heinz Vollmer. Hrsg. von
Hermine Vollmer. - Aurich: Selbstverlag der Hrsg. /1953/. /9091

VOLLMER, Martin (1869-1954)
Lebenswille. Neue und ausgewählte Gedichte und Sprüche. - Stuttgart:
Schröder Verlag 1950. /9092

VOLLMOELLER, Karl (1878-1948)
Gedichte. Eine Auswahl. Hrsg. mit e. Nachwort von Herbert Steiner. -
Marbach: Schiller-Nationalmuseum (1960) = Turmhahn-Bücherei. N. F. 1. /9093

VOLLSDORF, Erwin d. i. Karl Heinz Köhn (1915)
Herz in der Schwebe. Erste Gedichte. - Berlin: Dietz (1947). /9094

VOM ENDT, Rudolf (Rudi)   VOM RATH, Karl   VOM SCHEIDT, W. E.
s. u. ENDT, Rudolf (Rudi) vom   RATH, Karl vom   SCHEIDT, W. E. vom

VONTOBEL, Peter
Im Dunkeln zu singen. Lyrik. - Rapperswil: Manuskript-Vlg. /1969/.
/9095
Was ich noch sagen wollte. Lyrik. - Ebenda /1969/.
/9096
Bekanntmachungen. Gedichte. - Ebenda /1970/. /9097

VOSS, Margarete
Unbewältigte Gegenwart. Zeitkritische Gedichte. Hrsg. von
Peter aus dem Winckel. - Köln-Marienberg: Selbstverlag (1965). /9098

VOSS, Norbert (1913)
Dagg un Dau. Gedichte in Arnsbiärger Platt. Nachwort von Norbert
Voss: Et plundert im Platt. - Balve: Vlg. Gebr. Zimmermann 1964. /9099

VOSS-HOLST, Jürgen d. i. Jürgen Voss (1902)
Maler-Poet. (Gedichte). - Hamburg: Schlichting /1949/. /9100

VOSZ, Manfred
Songbuch. - München: Damnitz (1968) = Kürbiskern 1968. Sonderheft.
(mit Noten) /9101

VRIES, Berend de d. i. Bernhard de Vries (1883-1959)
Dat Schipp „Mannigfual". Gedichten und Balladen. - Aurich:
Ostfriesische Landschaft. Rautenberg & Möckel, Leer, in Komm. 1953. /9102

VRING, Georg von der (1889-1968)
Verse für Minette. - München: Piper (1947). /9103

Abendfalter. Ausgewählte Gedichte. - Ebenda (1952) = Piper-
Bücherei. 54. /9104

Kleiner Faden Blau. Gedichte. - Hamburg: Claassen (1954). /9105

Die Lieder des Georg von der Vring. 1906-1956. - München:
Langen/Müller (1956). /9106

Der Schwan. Lieder und Gedichte. - Ebenda (1961). /9107

Die Muschel. Gedichte. - Dülmen/Westf.: Kreis der Freunde (1963)

= Der Viergroschenbogen. 27. (zuerst 1913). /9108

Der Mann am Fenster. Neue Gedichte. - München, Wien: Langen/ Müller (1964). /9109

Gedichte. Eine Auswahl, ausgewählt zum 75. Geburtstag des Verfassers. Nachwort von Ludwig Goldscheider. - Frankfurt: Verlag Ars librorum (1965). (300 num. Ex.) /9110

Gesang im Schnee. Neue Gedichte. - München, Wien: Langen/ Müller (1967). /9111

WAAGE, Edmund
Aus Tag und Traum. Ein Schaffensquerschnitt. (Gedichte). - Wien: Europäischer Verlag 1956. /9112

WAAS, Johannes Baptist (1904)
Ausgewählte Gedichte. - Minden: Aeon Verlag 1949. /9113

Gesänge von Himmel und Erde, dem Unendlichen und All-Einen. - Bad Oeynhausen: Verlag zum Turm der Alten Mutter (1953). /9114

Der kosmische Psalter. (Sonette). - Ebenda (1954). /9115

Deutsches Requiem. (Sonette). 1. vollständige Ausg. in 2 Teilen. - Ebenda (1955). (zuerst 1942) /9116

Sinnbild der Landschaft. Gedichte. - Ebenda (1955). (2. Aufl., 1. vollständige Ausgabe; zuerst 1937) /9117

Musik der Dinge und der Kräfte. Gedichte in Prosa. - Ebenda (1957). (erweitert; zuerst 1934) /9118

Val Belle Davos. Elegien. - Ebenda (1958). (neu bearb. und erg., zuerst 1931 u. d. Titel Davoser Elegien) /9119

Requiem für John Fitzgerald Kennedy. - Ebenda (1964). /9120

WACHE, Karl (1887-)
Der Ring des Lebens. Gedichte. - Wien: Europäischer Verlag (1951). /9121

Was euch gefällt. Neue Gedichte. - Ebenda 1962. /9122

WACHENDORF, Fritz (1879-1959)
Am Sagenquell. Balladen und Humoresken. - Hamburg-Harburg: G. Lühmann 1950. /9123

Lenz und Liebe. (Gedichte). - Ebenda 1951. /9124

WACHLER, Dietrich
Gezeiten. Gedichte 1951-1963. - Münster: Kramer 1965. /9125

WACHTER, Hanna
Mein Schatzkästlein. Gedichte. - Wien: Europäischer Vlg. 1952. /9126

Vielerlei Gedanken. (Gedichte). - Ebenda 1967. /9127

WADSACK, Herbert
Gewaltige Fuge des Lebens. Gedichte. Hrsg. von Rudolf Fel-

mayer. - Wien: Bergland-Verlag (1966) = Neue Dichtung aus Österreich. 121. /9128

WÄBR, Fritz
Verheißung. 3 Gedichte mit e. Rötel des Autors. - Basel: Verlag zer dornigen Ros,F. H. Weber 1947. /9129

WÄSCHER, Aribert (1895-1961)
Unter den Sternen. Gedichte. - Berlin: Blanvalet (1947). /9130

Ich mach mir meinen Vers. (Gedichte). - Ebenda (1956). /9131

WAFFENSCHMIDT, Karl
Zahn um Zahn. Heitere Verse. Bebildert von Karl Strack. - Stuttgart: Tazzelwurm-Verlag /1952/. /9132

WAGGERL, Karl Heinrich (1897-1973)
Heiteres Herbarium. Blumen und Verse. Blumenaquarelle von K. H. Waggerl. - Salzburg: Müller (1950). /9133

dasselbe. - Neudruck. - Leipzig: St. Benno-Verlag (1961). /9134

Sprechplatte: Heiteres Herbarium. Gestaltung: Gertrud Loos. Laute: Walter Gerwig. Sprecher: Karl Heinrich Waggerl. - München: Ariola, Athena /1962/. /9135

Kleine Münze. Aquarelle von K. H. W. (nebst Schallplatte: Sprecher Karl Heinr. Waggerl. /enthält auch 4 Gedichte aus Heiteres Herbarium /). - Salzburg: O. Müller (1957). (zuerst 1940, b. n. e.) /9136

WAGNER, Ernst (1877-1951)
Aufbruch. Gedichte. Den Text schrieb Friedrich Mayer-Beck. - Graz: Akadem. Druck- u. Verlagsanstalt (1950). /9137

WAGNER, Georg (1916)
Herold des Abendreiches. Ein Versbuch. - Graz, Wien, München: Stiasny 1952 = Dichtung der Gegenwart. 27. /9138

WAGNER, Hans
Einer zum Andern. Gedichte aus dem Nachlaß. - Bern: Viktoria-Verlag (1962). /9139

WAGNER, Ida
Die Blumenwiese. Federzeichnungen von Paul Werth. - Soest: Mocker & Jahn 1952. /9140

WAGNER, Ludwig
Mein abendliches Land. Gedichte eines Herbstes. - Bad Ischl: Patria-Verlag /1947/. /9141

WAGNER, Maria (1902)
In Muadastüberl. Gedichte in oberösterreichischer Mundart. Buchschmuck von Franz Korger. - Wels: Welsermühl (1968) = Lebendiges Wort. 37. /9142

Zan Mitnehman gricht. Gedichte in steirischer Mundart. (an etla Bildl, wia s' in a Stammbüachl ghörn, hat Maria Wagner selbm zeichnet). - Wels: Welsermühl (1969) = Lebendiges Wort. 48. /9143

WAHALA, Maria

Die Farben singen. Gedichte. - Wien: Eigenverlag /1970/. /9144
Glück am Rande. Gedichte. - Ebenda (1970). /9145

WAHL, Fritz (1879-1971)
Pegasus im Schütteltrab. Heitere Verse. Mit Zeichnungen von
M. Bertina. - Zürich, Stuttgart: Classen (1956). /9146

WAHLSTER, Eduard
Edi Wahlster: E Tut voll Gutzjer. Gedichte in Saarbrigger Mundart. Die Bilder im Text zeichnete Anton Miedreich. - Saarbrücken:
Minerva-Verlag 1948. /9147
Schräge Schatten überm Tal. Gedichte. Holzschnitte von Otto
Lackenmacher. - Frankfurt, Hamburg: Rütten & Loening (1957). /9148

WAIS, Hildegard (1909)
Amsel des Herzens. Gedichte. - München: Türmer-Vlg. (1961). /9149

WALCH, Roger Fernand
Ein anmaßendes Vorwort, gefolgt von sieben Froschsängen. - Basel: Selbstverlag 1955. /9150
Bleicher Sommer. Maskentraum. - Ebenda 1956. /9151
Harlekin im Frostmond. (Gedichte). Privatdruck. - Castelló de
la Plana, Espanya: Fills de F. Armengot (1957). /9152
13 Zirbelreime für Harlekin. - Basel: Selbstverlag 1960. /9153

WALCHER, Eduard
Aus da gmolnan Truchn. Weststeirische Mundartdichtung. Mit
Holzschnitten von Hans Hauke. - Graz, Wien, Köln: Styria (1964). /9154

WALDBAUER, Hanna
O wundervolles Sein! Gedichte. - Linz: Druck- u. Verlags-Anstalt
Gutenberg /1952/. /9155
Brich auf in dein hartes Land. Gedichte. - Wien: Europäischer Verlag 1957. /9156
Die Erde ist, um unsern Tritt zu spüren. (Gedichte). -
Ebenda 1959. /9157
Morgen blüht die Erde. (Gedichte). - Ebenda (1963). /9158
Ein Neues wird aus Geist und Demut. (Gedichte). - Ebenda
(1967). /9159

WALDECK, Heinrich Suso
Balladen. Einführung v. Franz Ser. Brenner. Illustr. von Carl Maria
Hauser. - Luzern: Rex-Verlag (1948) = Rex-Kleinbücherei. 28. /9160

WALDEMAR, Charles (1912)
Rosa mystica. Eine erste Auswahl der Gesänge, Hymnen und geistlichen Lieder. - Öhningen: Selbstverlag 1945. /9161
Das Gesicht des Magiers. Gedicht. - Konstanz: Romer 1947. /9162
Das innere Paradies. Gesänge, Hymnen, Visionen. Mit e. Essay

des Verfassers „Gedicht und Sonne" und e. Nachwort von Henri Birven.
- Zürich: Classen (1950)   (4. Ts. d. Gedichtausg. „Rosa mystica" und
„Die Vision des Leonardo") /9163

WALDEN, Alma
Spiegel und Engelsgesicht. - Wien: Europäischer Verlag (1968). /9164

WALDEN, Nell   (1887)
Bilder und Gedichte. (Zum 70. Geburtstag) dargebracht von Lothar
Schreyer und Hannes Urech. - Schinznach-Bad: H. Urech-Walden 1957. /9165

WALDER, Gobi
Unterhaltung mit Gobi Walter. Arrangement von August Fitze.
- Bern: Casino /1949/. /9166

WALDINGER, Ernst   (1896-1970)
Musik für diese Zeit. Ausgewählte Gedichte. - München: Willi
Weismann Verlag (1946). /9167

Die kühlen Bauernstuben. Gedichte. - New York: Aurora-Verlag
/1946/. /9168

dasselbe. - Wien: Continental-Ed. Sexl (1947) = Aurora-Bücherei. /9169

dasselbe. - Berlin: Aufbau-Verlag 1949 = Aurora-Bücherei. /9170

Glück und Geduld. Gedichte. - New York: F. Ungar Publ. Co.
/1952/. /9171

Zwischen Hudson und Donau.-Wien: Bergland-Verlag (1958) =
Neue Dichtung aus Österreich. 44. /9172

Gesang vor dem Abgrund. Gedichte, Prosa, Nachdichtung. Eingeleitet u. ausgewählt von Ernst Schönwiese. - Graz, Wien: Stiasny (1961)
= Das österreichische Wort. Stiasny-Bücherei. 85. (mit bibliogr. Daten) /9173

Ich kann mit meinem Menschenbruder sprechen. Gedichte. -
Wien: Bergland-Verlag (1965) = Neue Dichtung aus Österreich. 112. /9174

WALDL, Johanna
Spanisches Tagebuch. - Nachtlichter. Mit Ill. der Autorin. -
Wien: Bergland-Verlag (1969). /9175

WALDMEIER-HÄFELFINGER, Anny
Heimetchoscht. (Gedichte). - Rheinfelden: U. Herzog 1952. /9176

WALDSTEIN, Wilhelm   (1897)
Die goldene Blume. Dichtungen nach dem Japanischen. Bilder von
Rudolf Schmidt. - Wien: Bellaria-Verlag (1948) = Bellaria-Taschenb. /9177

Pole der Menschheit. Dichtungen aus den Jahren 1938-1945. -
Wien: Humboldt-Verlag (1949). /9178

Waage des Lebens. Gedichte und Epigramme 1946-1956. - Graz:
Leykam (1956). /9179

Brennspiegel. Buch der Epigramme. - Innsbruck, München: Universitätsverlag Wagner /1967/ = Turmbundreihe. 7. /9180

Herbstpastorale. Gedichte 1956-1966. - Wien: Bergland-Verlag
(1967) = Neue Dichtung aus Österreich. Sonderb. 3. /9181

WALDT, Gustav (1883-1959)
  Die Rückkehr. (Gedichte). - Büdingen-Gettenbach: Schwab (1958). /9182

WALENTA, Hermann
  Licht in der Welt. - Wien: Europäischer Verlag (1955). /9183

WALLI, Adolf
  Von der Obrigkeit. Lustige Gedichte in niederösterreichischer
  Mundart. - Wien: Europäischer Verlag 1951. /9184

  Von kloan' Gsindl. Gedichte in niederösterreichischer Mundart. -
  Wien, München: Europäischer Verlag 1957. /9185

  Aus der bucklaten Welt. Lustige Gedichte in niederösterreichischer Mundart. Bilder von Fritz Schönpflug. - Ebenda (1966). /9186

WALLISCH, Friedrich (1890-1969)
  Diese Tage der Freude. Ein lyrischer Lebenskreis. - Wien:
  Bergland-Verlag (1957). /9187

  Gefäß des Geistes. Neue Gedichte. - Dülmen/Westf.: Kreis der
  Freunde (1963) = Der Vier-Groschen-Bogen. 24. /9188

WALSER, Fridolina
  Heimat. Sonettenfolge. - Winterthur: Gemsberg-Verlag (1956). /9189

WALSER, Robert (1878-1956)
  Unbekannte Gedichte. Hrsg. mit e. Nachwort von Carl Seelig.
  (enthält auch „Die Gedichte"). - St. Gallen: Tschudy (1958). /9190

WALTER, Cäcilie
  Zartes Weben. Gedichte. Zeichnungen von Hermann Schröder. -
  München: Süddeutscher Verlag (1948). /9191

WALTER, Hans (1912)
  Gedichte. - St. Gallen: Tschudy /1946/. (200 num. u. sign. Ex.) /9192

WALTER, Ida
  Alphabetisch von du zu du. Gedichte. - Wien: Europäischer
  Verlag 1962. /9193

  Einer Seele sei's gesagt. (Gedichte). - Ebenda 1965. /9194

  Tönender Alltag. (Gedichte). - Ebenda 1964. /9195

WALTER, Käte (1886)
  Zu Gottes Lob. Gedichte und Betrachtungen. Mit Bildern von Rudolf
  Walter. - Witten: Bundes-Verlag (1957). /9196

  Von Deiner Gnade will ich singen. Gedichte. Mit Bildern von
  Rudolf Walter. - Ebenda (1965). /9197

WALTER, Robert (1883)
  Die Windharfe. Gedichte. - Hannover: Sponholtz (1947). /9198

WALTER, Silja d.i. Sr Maria Hedwig (1919)
  Gedichte. - Zürich: Arche erw. Aufl. (1950) = Die kleinen Bücher der
  Arche. 107/108. (zuerst 1944 als „Die ersten Gedichte") /9199

  Es singt die heil'ge Mitternacht. Oratorium. - Ebenda 1956

= Die kleinen Bücher der Arche. 228. /9200

Der Tanz des Gehorsams oder Die Strohmatte. - Ebenda
(1970). /9201

WALTERS, Hellmut (1930)
Wind im Sieb. Gedichte. - Freising: Marburger Kreis /1964/ =
Marburger Bogendrucke. 1. /9202

Kerbzeichen. Gedichte. - München: Delp (1967). /9203

WALTERSHAUSEN, Hermann von d.i. Hermann Wolfgang Frhr. Sartorius
                    von Waltershausen (1882-1954)
Gedichte aus den Jahren 1930 - 1934. Privatdruck. - Nördlingen:
C. H. Beck /1952/. /9204

WALTHER, Gertrud von
Jenseits der Stille. Gedichte. - Bozen: Ferrari-Auer 1953. /9205

WALTI, Friedrich
Uf em Stallbänkli. Humoristisch-satirische und ernste Gedichte.
Ill. von Rudolf Levers. - Baden: Verlag Junges Landvolk (1961);
2. erweiterte Aufl. (1961). /9206

Sonneblueme. Sonnigi Gedicht i Mundart und zwe luschtigi Dorfgschichte. - Baden: Gyr (1969). /9207

WALTI, Hans
Es guldigs Fädeli um s Chuerete-Mättli. (Novellen und
Gedichte) - Aarau: Sauerländer (1961). /9208

WALZ, Herbert (1915)
Brücke in den Morgen. Gedichte. - Stuttgart: Tazzelwurm-Vlg.
(1951). /9209

Traum und Sendung. Neue Gedichte. - Ebenda (1952). /9210

Das heilige Abenteuer. Gedichte. - Mühlacker: Stieglitz Vlg. 1961.
Frucht und Stachel. Gedichte. - Ulm: Hess 1965. /9211
/9212

WANDEL, Fritz
Noch 'em Obedessa. Schwäbische Gedichte. - Reutlingen:
Bardtenschlager /1948/. /9213

WANDL, Leopold
Kirschblüten. Gedichte. - Wien: Europäischer Verlag 1966. /9214

Dort und da z'sammklaubt. Gedichte in Mundart. - Ebenda (1968).
/9215

WANDREY, Uwe (1939)
Reizreime. Nonnenverse in 7 Dosen. - Hamburg: Quer-Vlg. 1966. /9216

Kampfreime. Handliche, mit scharfen Kanten ausgestattete Kampfausgabe für die Phase des revolutionären Widerstands. (Für Transparente,
Wände, Bretterzäune, Mauern, Plakate, Flugblätter, Wandzeitungen,
Schultafeln und als Sprechchöre.) - Ebenda 1968. /9217

Songs. - Ebenda 1970. /9218

WANGENHEIM, Gustav von   (1895)
  Im Kampf geschrieben. Drama, Prosa, Lyrik. - Berlin:
  Tribüne 1962.   /9219

WANTOCH, Susanne   (1912-1959)
  Von Nichts zu Nichts, ein eiserner Balkon. Gedichte. -
  Wien: Bergland (1970) = Neue Dichtung aus Österreich. 161.   /9220

WANZENBÖCK, Hellmuth
  Der Ruf aus dem Innern. Gedichte. - Wien: Europäischer
  Verlag 1958.   /9221

WAPPLER, Erich   (1899)
  Silberseiler. Gedichte. - Gerabronn, Crailsheim: Hohenloher
  Druck- und Verlagshaus (1968).   /9222

WARNACH, Walter   (1910)
  Der Morgen. Eine weltliche Sequenz zu Ehren der heiligen Büßerin
  Maria Magdalena von der Sainte-Baume. - Pfullingen: Neske (1954).   /9223

WARNES, Alfred
  Die ungleichen Zähne. Gedichte. - Wien: Bergland (1967) =
  Neue Dichtung aus Österreich. 141.   /9224

WASSMER, Hans Ulrich
  Un- und Menschliches. Eine Auswahl. - Amriswil: Bodensee-
  Verlag 1959.   /9225

WATZDORF-BACHOFF, Erika von   (1878-)
  Im Abendschein. Ausgewählte Gedichte. Zum 70. Geburtstag der
  Dichterin. (Im Auftrag des Kulturbundes zur demokratischen Erneuerung
  Deutschlands in Altenburg als Sonderdruck hrsg. von Karl-Fritz Bernhardt)
  - Altenburg: Altenburger Druckerei-, Buch- und Verlags-Gesellschaft
  in Komm. 1948.   /9226

WAWRA, Karl   (1924)
  Gärtchen in Moll. Illustr. von Wolfgang Hutter. - Wien: Jung-
  brunnen-Verlag /1952/ = Junge österreichische Autoren. 10.   /9227

  Der Stufenbrunnen. Neue Gedichte. - Wien: Bergland (1956) =
  Neue Dichtung aus Österreich. 13.   /9228

  Die Boten jeder Stunde. Graphik von Georg Rauch. - Wien,
  München: Verlag für Jugend und Volk (1962) = Neue Perspektiven.   /9229

  Die Auferstehung der Sonnenblume. Gedichte. - Wien:
  Bergland (1968) = Neue Dichtung aus Österreich. 148/149.   /9230

WAYRER-FAULAND, Egon
  Tau auf Gräser. - Wien: Europäischer Verlag (1966).   /9231

WEBELS, Willi   (1889-1968)
  Meine kleine „Freundin". Eine fröhlich-besinnliche Lese- und
  Vortragsstunde. - Essen-Skele: Webels (1946).   /9232

WEBER, Fritz   (1895-1972)
  Der Weisheit letzter Schluß. - Wien: Europäischer Verlag
  (1951).   /9233

WEBER, Ludwig Philipp
Ihr Tiere seid mir lieber! Vielleicht sind es Gedichte. - Wien:
Europäischer Verlag /1961/. /9234

WEBER, Martha (1904)
Die Eberesche. Gedichte. - Berlin: Aufbau-Verlag 1960 =
die Reihe. 49. /9235

Wenn die Gerste reift. Erzählungen und Gedichte. - Berlin:
VOB Union Verlag (1963). /9236

WEBER, Wilhelm
Nah und Fern. Gedichte. Privatdruck. - Homburg-Saar: Unger &
Sohn 1956. /9237

WEBHOFEN, Dieter
Fällungen. (Gedichte). - Deizisau: Webhofen /1966/. /9238

WECK, Wolfgang
Irrohnie. - Düsseldorf: Selbstverlag 1969. /9239

WEDEL-PARLOW, Ludolf von
Und immer kann ich nur dein Lob verkünden. Gedichte. -
Krefeld: Scherpe 1946. /9240

WEDER, Heinz (1934)
Kerbel und Traum. (Gedichte). - München, Eßlingen: Bechtle
(1962) = Bechtle Lyrik. 1. /9241

Figur und Asche. (Gedichte). - Bern: Benteli (1965) = Offene
Folge. 5. /9242

Gegensätze. Gedichte. - Frankfurt: S. Fischer (1970). /9243

WEGENER, Ditha (1902)
Hörst du den Mond wohl klingen? Wiegenlieder. Ill. und in
Holz geschnitten von Julia Suvelack. - Bremen: Paul Meyer (1947). /9244

WEGERICH, Theodor
Aus vergangenen Tagen. Was das Leben schrieb. Erzählt. (Gedichte). - Lübeck: Wegerich 1959. (Ausl. Korff & Wegerich) /9245

WEGERT, Carl-Heinz
Tuschfederspuren. Gedichte. - München: Jung 1957. /9246

WEGMANN, Hans
Himmel und Erde. Gedichte. - St. Gallen: Tschudy 2. erw. Aufl.1945 /9247

Riva piana. (Gedichte). Mit Zeichnungen von Gunter Böhmer. -
Ebenda (1946). /9248

WEGNER, Paul (1887-1965)
Garten der Kindheit. Gedichte. - Karlsruhe: Der Karlsruher
Bote /1959/. /9249

Menschengedanken. Ein Sinngedicht. - Ebenda /1961/. /9250

Wandrer sind wir. Ausgewählte Gedichte. - Ebenda 1964. /9251

Der dunkle Weg. Ausgewählte Gedichte. - Ebenda /1966/. /9252

WEHNER, Josef Magnus (1891)
Blumengedichte. - Baden-Baden: Keppler (1950). /9253
Erde, purpurne Flamme. Gedichte. - Heidelberg: Meister 1962. /9254

WEHREN, Hans K. (1921)
Im Wechsel zwischen Tag und Jahr. Gedichte. - Dülmen/Westf.:
Kreis der Feunde 1962 = Der Vier-Groschen-Bogen. 5. /9255

Aufstand der Disteln. Gedichte. - München: Relief-Vlg. 1964 =
Der Viergroschenbogen. Sonderdruck der Blätter für zeitgen. Literatur. /9256

Zikadenstunden. Gedichte. Mit 12 Original-Linolschnitten von
Walter Podschwadek. - Iserlohn, Wuppertal: Podschwadek 1970. /9257

Zwischen Lanzetten. Gedichte. Mit 12 Original-Linolschnitten von
Walter Podschwadek. - München: Relief-Verlag Eilers 1970/71. /9257a

WEHRLE, Siegfried
Jugendfrühling. (Gedichte). - Wien: Europäischer Verlag 1963. /9258

Aquamarin. Feldkirchen-Waiern:1966-1967. - Ebenda 1967. /9259

WEIBEL, J.
Der bunte Spiegel. (Gedichte). - Luzern: Selbstverlag 1946. /9260

WEICHELT, Fritz (1901)
Mann in blauer Bluse. Gedichte eines deutschen Arbeiters. -
Weimar: Thüringer Volksverlag 1953. /9261

Unterwegs. (Gedichte). - Berlin: Volk und Welt 1960 = Antwortet
uns! 23. /9262

WEIDACHER, Sepp
Das Auge des Pan. Gedichte. Einführung und Auswahl von Gert
Müller. - Wien: Schendl Verlag (1968). /9263

WEIDEMANN, Magnus (1880)
Gott ist die Freude. Lieder aus neuem Glauben. - Hannover:
Dikreiter Verlag (1948) = Liebhaberausgaben. Druck. 1. /9264

Wege und Ziel. Gedichte. - Karlsruhe: Der Karlsruher Bote (1959). /9265

Geist-Verwandtschaft. Geichte. - Ebenda (1959). /9266

WEIDENEDER, Franz
Gedichte und Sinnsprüche. - München: Selbstverlag /1951/. /9267

WEIDENHEIM, Johannes d.i. Johannes Schmidt (1918)
Gelassen bleibt die Erde aufgetischt. Gedichte. - Stuttgart:
Steinkopf (1961). /9268

WEIDENMANN, J.
Ausgewählte Gedichte. - St. Gallen: Tschudy 1945. /9269

WEIKMANN, Ilse
Dem Wind gegenüber. (Gedichte). - Wien: Europäischer
Verlag /1969/. /9270

WEILAND, Josef (1882-1961)

Hirigst i mein' Weinbiri. Ausle(g)weinbar und Leskern. Ausgewählte Dichtungen in d Ui-Mundart des niederösterr. Weinviertels. - Wien: Wiener Dom-Verlag /1949/. (Umschlagt.: Herbst in meinem Weinberg) /9271

WEILGART, Wolfgang Johann
Gedichte. Die Bilder nach graph. Blättern von Pepi Weixlgärtner. - Wien: Österreich. Staatsdruckerei Concordia-Verlag (1952). /9272

WEILHARTNER, Rudolf
Schneefelder. (Gedichte). - Linz: Kulturamt der Stadt Linz 1968. /9273

WEIMAR, Peter
Lehrgedichte. - Darmstadt: Bläschke /1970/. /9274

WEINBERG, Jehuda Louis (1877-1960)
In den Vorhöfen des Heiligtums. Sonette. - Tel Aviv: Ed. Olympia /1950/. /9275

Sonette des Gedenkens. - Ebenda /1952/. /9276

dasselbe. - Tel Aviv: Mafil /1953/; weitere Ausgabe ebenda /1953/ mit Umschlagtitel Die Scholle. /9277

WEINBERGER, Alois d.i. Alois Mair (1887)
Steirische Ballade. Balladen und balladenartige Gedichte. - Wien: Europäischer Verlag /1959/. /9278

WEINDL, Maria
Laurentiustränen. (Gedichte). - Wien: Europäischer Verlag 1955. /9279

Römische Gedichte. - Ebenda 1955. /9280

Nimm und lies. (Gedichte). - Ebenda 1970. /9281

WEINHANDL, Margarete (1880)
Gesammelte Gedichte. - Graz, Wien: Stiasny (1956). /9282

Frühlicht, Traum und Tag. (Gedichte). - Graz: Kienreich (1965). /9283

WEINERT, Erich (1890-1953)
Kapitel II der Weltgeschichte. Gedichte über das Land des Sozialismus. - Berlin: Dietz (1947). /9284

Rufe in die Nacht. Gedichte aus der Fremde 1933-1943. - Berlin: Volk und Welt /1947/. /9285

dasselbe. - Berlin: Volk und Welt 1955 = Gesammelte Werke, hrsg. im Auftrag der Deutschen Akademie der Künste von Li Weinert unter Mitarbeit von Alfred Kantorowicz. /9286

Gedichte. Mit Holzschnitten von Werner Klemke. - Berlin, Leipzig: Volk und Wissen 1949 = Volk und Wissen Sammelbücherei, Gruppe 1. Serie H. 36. /9287

Lieder um Stalin. Nachdichtungen aus Dichtungen der Völker der Sowjetunion. - Potsdam: Potsdamer Verlagsges. (1949). (zuerst 1939) /9288

Das Zwischenspiel. Deutsche Revue von 1918-1933. Mit e. Einführung von Bruno Kaiser. - Berlin: Volk und Welt (1950). /9289

dasselbe. - Eingeleitet von Bruno Kaiser. Bd. I (1918-1927), Bd. II (1928-1933). - Berlin: Volk und Welt 1956 = Gesammelte Werke, hrsg. im Auftrag der Deutschen Akademie der Künste von Li Weinert unter Mitarbeit von Alfred Kantorowicz. /9290

Gedichte. Eine Auswahl. Nachwort von Bruno Kaiser. - Berlin, Leipzig: Volk und Wissen (1950) = Bibliothek fortschrittl. dt. Schriftsteller. /9291

dasselbe. - Berlin, Weimar: Aufbau-Vlg. 1956 = Deutsche Volksbibliothek. /9292

Camaradas. Ein Spanienbuch. - Berlin: Volk und Welt 1951. /9293

dasselbe. Zusammengestellt von Peter Kast. - Ebenda (1956); mit einem Nachwort von Peter Kast, ebenda 1960 = Gesammelte Werke, hrsg. im Auftrag der Deutschen Akademie der Künste zu Berlin von Li Weinert unter Mitarbeit von Ursula Münchow. /9294

Dem Genius der Freiheit. Nachdichtungen aus Liedern der Sowjetvölker. - Berlin: Rütten & Loening (1951) = Kleine R & L - Bücherei. (früher u. d. Titel Lieder um Stalin) /9295

Im Herzen der Völker. Nachdichtungen von Gedichten der Sowjetvölker um Stalin. - Berlin: Rütten & Loening (1952) 2. Aufl. (Erweit. Ausgabe der u. d. Titel Lieder um Stalin erschienenen Ausgabe) /9296

Gedichte. Auswahl und Nachwort von Hans Marquardt. - Leipzig: Reclam /1954/ = Reclams Universal-Bibliothek. 7968/69, ab 13. Aufl. (1970) Nr. 300. /9297

Gedichte. Eine Auswahl. - Berlin, Weimar:Aufbau-Verlag = Deutsche Volksbibliothek. /9298

Erich Weinert. Eine Auswahl. Gedichte, Erzählungen, Skizzen, Reden. Zusammengestellt u. eingel. von Willi Bredel. - Berlin: Verlag des Ministeriums f. nationale Verteidigung (jetzt: Dt. Militärverlag) /1958/. /9299

Nachdichtungen. - Berlin: Volk und Welt 1959 = Gesammelte Werke, hrsg. im Auftrag der Dt. Akademie der Künste zu Berlin von Li Weinert unter Mitarbeit von Ursula Münchow. /9300

Und diese Welt wird unser sein. Gedichte. Hrsg. von Hans Marquardt zum 10. Jahrestag der Gründung der DDR. Mit 17 Graphiken und e. Photomontage. - Leipzig: Reclam (1959). /9301

Erich Weinert. 1890-1953. Zusammenstellung: Joachim Plötner. Als Manuskript gedruckt. - Berlin: Deutscher Kulturbund 1960. (mit Bibliographie) /9302

Nachgelassene Lyrik aus drei Jahrzehnten. - Berlin: Volk und Welt 1960 = Gesammelte Werke, hrsg. im Auftrag der Dt. Akademie der Künste zu Berlin von Li Weinert unter Mitarbeit von Ursula Münchow. /9303

Ausgewählte Gedichte. Ill. von Shu Chuan-hsi. - Leipzig: Hochschule für Grafik und Buchkunst 1961. /9304

Weinert. Ein Lesebuch für unsere Zeit. Von Franz Leschnitzer unter

Mitarbeit von Li Weinert. - Weimar: Volksverlag Weimar 1961 = Lesebücher für unsere Zeit. /9305

Die juckt es wieder. Gedichte. Ein Vortragsbuch mit 100 Gedichten und 3 Aufsätzen. Auswahl von Werner Sellhorn. In Zusammenarbeit mit Li Weinert. - Berlin: Volk und Welt 1963; 2. Aufl. 1964 mit Bibliographie. /9306

(Gedichte) - Berlin: Neues Leben (1967) = Poesiealbum. Sondernummer. /9307
dasselbe. - Ebenda (1968) = Poesiealbum. 5. /9308

Das Lied vom roten Pfeffer. 100 Gedichte. Zusammengest. von Li Weinert (u.a.). - Berlin, Weimar: Aufbau-Verlag (1968). /9309

dasselbe. - Berlin: Buchclub 65 (1968). /9310

Der Frühling braust, wir ziehn fürbaß. Verse vom Kabarett. - Berlin: Henschelverlag 1969. (mit Noten) /9311

Gesammelte Gedichte. Hrsg. von der Deutschen Akademie der Künste zu Berlin. Zusammenstellung, Textrevision und Anmerkungen von Edith Zenker. Bd. I. 1919-1925, Bd. II. 1926-1927. - Weimar: Aufbau-Verlag (1970). /9312

WEINHANDL, Wilhelm (1925)
Kalte Welt. Gedichte. Hrsg. von Joseph Schister. - Wolfsberg in Kärnten: Ploetz /1959/. /9313

WEINHARDT, Horst (1934)
Unentwegt meißelt sich die Erinnerung ein bleibendes Denkmal. Gedichte. - Herne: Schulte-Kortnack 1968 = Spuren der Zeit. 4. /9314

WEINHENGST, Paula
s. u. Eva Loewenthal, Margret Neuhauser-Körber, Paula Weinhengst: Gedichte

WEINRICH, Franz Johannes (1897)
Trost in der Nacht. Gedichte. - München: Verlag Karl Alber 1947. /9315
Die wunderbare Herberge. Geschichten in Vers und Prosa. - Donauwörth: Cassianeum (1950). /9316

Alles was Odem hat. Nachdichtung der Psalmen. - Buxheim/Iller: Martin Verlag (1957). /9317

Lobgesang auf das lebendige Brot. Sakramentsgedichte. - Ebenda (1957). /9318

Die kleine Weile. Gedichte und Dichtungen aus 4 Jahrzehnten. - Ebenda (1962). /9319

WEINZIERL, Walter
Mine liabe Wealt. Gedichte in Vorarlberger Mundart. Buchschmuck von Franz Korger. - Wels: Welsermühl (1963) = Lebendiges Wort. 21. /9320

Erblühe Mensch zu neuer Wesenheit! Gedichte. - Dornbirn: Jochum 1969. /9321

WEINZINGER, Erich P.
　Treibholz und andere Gedanken. Frei Gesagtes und Gereimtes.
　Holzschnitte von Rudolf Pleban. - Wien: Europäischer Verlag 1956. /9322

WEIS, Wilhelm (Guillaume)　　(1894-1964)
　Geseent Stonnen. Gedichter. - Luxemburg: Verlag P. Linden
　1956 = Die kleine Heimatbücherei. 11. /9323

　　Späte Garbe. Ausgewählte Schriften. - Luxemburg: Sankt-Paulus-
　　Druckerei /1961/ = Pflichtbücher der Buchgemeinschaft De Frendes-
　　krés. 18. /9324

　　Letzte Lese. Aus dem literarischen Nachlaß. Teil 1.: Frachtgüter
　　des <Messager>. Vorwort von Pierre Grégoire. - Ebenda 1965 =
　　Pflichtbücher der Buchgemeinschaft De Frendeskrés. 25. /9325

　　Teil 2.: Brösel und Brocken in Versen und Prosa. - Ebenda 1966
　　= Pflichtbücher der Buchgemeinschaft De Frendeskrés. 27. /9326

WEISBACH, Reinhard
　Köpenicker Flaschenpost. Heller- und Batzengedichte. - Berlin,
　Weimar: Aufbau-Verlag 1965. /9327

WEISBROD, Christophe George
　vergessene flüge, ansichten, für s. - Zug/Schweiz: Verlag
　Marc-Aurel (1969) = Reihe Werkausgaben. 3. /9328

WEISENBURGER, Hansjörg　　(1927)
　Schatten dieser Tage. Gedichte. - Düsseldorf: Streckfuß (1953) =
　Lyrische Blätter. 5. /9329

WEISKOPF, Franz Carl　　(1900-1955)
　Brot und Sterne. Nachdichtungen tschechischer und slowakischer
　Lyrik. - Berlin: Dietz 1951. (Erweit. Neuauflage von „Das Herz -
　ein Schild", zuerst 1938) /9330

　　Gesammelte Werke (in 8 Bänden). Hrsg. von der Deutschen Akade-
　　mie der Künste zu Berlin. Auswahl und Zusammenstellung besorgten Grete
　　Weiskopf und Stephan Hermlin unter Mitarbeit von Franziska Arndt. Bd. 5
　　Gedichte und Nachdichtungen. - Berlin: Dietz 1960. /9331

　　F. C. Weiskopf 1900-1955. Zusammenstellung: Ruth Greuner,
　　Redaktion: Ruth Plötner. Als Manuskript gedruckt. - Berlin:
　　Deutscher Kulturbund 1960. /9332

　　Weiskopf. Ein Lesebuch für unsere Zeit. Von Achim Roscher unter
　　Mitarbeit von Grete Weiskopf. - Weimar: Volksverlag 1963 = Lese-
　　bücher für unsere Zeit. /9333

WEISS, Marie　　(1884)
　Stürme und Stille. Gedichte. Worte zum Geleit von Arthur S. Seher.
　- Vancouver: Continental Book Centre 1956, Hamburger Kommissions-
　buchhandlg. (in Komm.). /9334

WEISS-RÜTHEL, Arnold　　(　-1949)
　Die Herzensuhr. Gedichte. - Bad Wörishofen: Drei-Säulen-Vlg.
　(1947). /9335

WEISSER, M.
    13 & 5. 13 Texte von M. Weisser und 5 Originalradierungen von
    U. Brandi. - Bonn: Amöben-Presse 1969. (50 sign. u. num. Ex.)   /9336

WEIT, Rudolf   (1910)
    Sodele, sell wär's. - Ulm: Hess (1964).   /9337

WEITBRECHT, Andreas   (1929)
    Verwunderliche Blumenmahlzeit oder Taschenbarock.
    Mit 4 Original-Lithographien von Reiner Schwarz. - Stierstadt:
    Eremiten-Presse 1964 = Passgänge. 2.   /9338

WEITZ, Hugo   (1891-1965)
    Heiteres und Weiteres. Kurzgeschichten und Gedichte. Bilder von
    A. O. Koeppen. - Braunschweig: Schlösser (1946); 2. erweit. Aufl.:
    Braunschweig: Oeding (1960).   /9339 und /9340

WELK, Ehm   (1884-1966)
    Geliebtes Leben. Gedanken und Gedichte. Gesammelt und hrsg. von
    Agathe Lindner-Welk. - Rostock: VEB Hinstorff (1959).   /9341

WELLNER, Franz   (1889-1956)
    Drei Kränze. - Wien: Frick /1948/.   /9342

WELSER, Konrad
    Maß und Gnade. Gedichte. - Wien: Victoria Druck u. Verlags-
    Gesellschaft (1965).   /9343

WENDE, Bernhard
    Dichtungen. - Bad Kissingen: Selbstverlag /1955/.   /9344

WENDEBOURG, Wilhelm
    ... und der Himmel ist mein Wanderstab. Gedichte. - Fallers-
    leben: Just & Seiffert 1958 = Jahresgabe 1958 der Hoffmann von Fallers-
    leben-Gesellschaft.   /9345

WENDLING, Wilhelm   (1895)
    Nach Strich und Faden. (Verse und Figuren) - Bad Salzig,
    Boppard a. Rh.: Rauch (1949).   /9346

WENIGER, Claus   (1928)
    Zwischen Nacht und Morgen. Gedichte. - Karlsruhe: Der
    Karlsruher Bote (1962).   /9347

    Aus Sturm und Stille. - Ebenda 1963.   /9348

WENK, Häm
    In der zweite Heimet. - Selbstverlag 1949.   /9349

WENK, Stephan
    Vagabunden-Brevier. 113 Betrachtungen eines Außenseiters.
    (Gedichte) - Zürich: Furttal-Verlag 1954.   /9350

    dasselbe. - Zürich: Buchclub Ex Libris /1954/.   /9351

WENZL, Carlo   (1907)
    Bunte Steine. Gedichte. Mit Abbildungen nach Arbeiten von Marion
    Wenzl-Thomae. - Fellbach: Selbstverlag /1962/. (als Manuskr. gedr.)
      /9352
    dasselbe. 4. Aufl. - Fellbach: Heimdall-Vlg. /1963/.   /9352

Raunen und Staunen. Zeichnungen von Karlheinz Flau. - Ebenda
/1966/. /9354

Strahlen im Gitter. Aus Kerkern und Lagern. Zeichnungen von
Karlheinz Flau. - Ebenda /1967/. /9355

WENZL, Friedrich M.
Das Sichelwunder. - Wien: Europäischer Verlag 1955. /9356

WERDERMANN, Ilse (1894)
Unsere Zeit im Lichte der Ewigkeit. Gedichte. - Beuern
über Gießen: Posern in Komm. (1954). /9357

WERDMANN, Hans
Londoner Elegien. - Weimar: Kiepenheuer 1950. /9358

WERF, Fritz (1934)
Gegenlicht. Gedichte. - Andernach: Atelier Verlag (1966). /9359

WERFEL, Franz (1890-1945)
Gedichte aus den Jahren 1908-1945. Hrsg. von Ernst Gottlieb und
Felix Guggenheim. Geleitwort von Alma Mahler-Werfel. - Los Angeles:
Privatdruck der Pazifischen Presse 1946. /9360

Schönste Gedichte. - New York: Rosenberg 1946. /9361

Zehn Gedichte. Für die Freunde gedruckt. - Leipzig: Werkstätten
der Akademie für Grafik und Buchkunst 1948. /9362

Gesammelte Gedichte 1908-1945. Im Auftrag von Alma Mahler-
Werfel hrsg. von Adolf D. Klarmann. - Frankfurt: S. Fischer (1953).
(vgl. Nr. 9360: um wenige Gedichte verringerte Neuauflage) /9363

Sprechplatte: Franz Werfel spricht: Gedichte. - Frankfurt:
S. Fischer o. J. /9364

Sprechplatte: Gedichte. Sprecher: Albin Skoda. - Wien, Kassel:
Amadeo /um 1960/. /9365

Das lyrische Werk. Hrsg. von Adolf D. Klarmann. - Frankfurt:
S. Fischer 1967 = Gesammelte Werke. /9366

dasselbe. - Stuttgart, Hamburg: Dt. Bücherbund (1967). /9367

Menschenblick. Ausgewählte Gedichte. Ausw. und Nachw. von
Richard Christ. - Berlin, Weimar: Aufbau-Vlg. (1967). /9368

Eine Auslese. Ausgew. und hrsg. von Ruth Stadelmann. Einführung
von Willy Haas. - Wien, Heidelberg: Ueberreuter /1969/. /9369

WERLIN, Antoine
Melodien des Lebens. - Colmar: Impr. „Les Editions d'Alsace"
(1961). /9370

Blüten am Wegrand gepflückt. - Mulhouse: Impr. Centrale
(1963). /9371

Wo die Liebe führt. - Lutterbach, Ht. Rhin /France: Selbstverlag
1965. /9372

WERLING, Sina
Jupedihei. Neui Versli. Bilder von Marion Römer. - Zürich:

Speer-Verlag (1945). /9373

WERNER, Carl (1919)
Berliner Gedichte. Mit vier Zeichnungen von Hans Platschek. - München: Verlag ‹ludus› 1961. /9374

Ist ein Unglück in der Stadt. Gedichte. - Wiesbaden: Limes 1962. /9375

Knoten im Netz. Gedichte. - München: Post-Presse 1964. /9376

Pestlied. - München: Akademie für das graph. Gewerbe 1964 = Jahresgabe der Akademie für das graphische Gewerbe. /9377

vorschlag für eine passion. (sprechabläufe). grafik design von Christian Chruxin. - Berlin: Fietkau (1970) = schritte. 18. /9378

WERNER, Georg
Wolkig bis heiter. Gedichte in diesem Sinne. - Zürich: Juris-Verlag (1949). /9379

WERNER, Katharina d. i. Gerd Götz
märchen? (texte) MitGrafiken und Rosenblättern. - Bonn: Amöben-Presse, Verlag M. Weisser (1970). /9380

WERNER, Martina
Monogramme. - Frankfurt: Suhrkamp (1965). /9381

WERNER, Nils (1927)
Gewitterharfe und andere Saiten. Aufgezogen von Nils Werner. Illustr. von Wilmar Riegenring. - Berlin: Eulenspiegel-Verlag (1955). /9382

Herr Wenner und Herr Hätter. Schmunzelverse, Spottgedichte. Illustr. von Peter Nagengast. - Ebenda (1967). /9383

WERNER, Walter (1922)
Licht in der Nacht. Gedichte. - Weimar: Volksverlag 1957 = Erbe und Gegenwart. 1. /9384

Dem Echo nach. Gedichte. - Berlin: Volk und Welt 1958 = Antwortet uns! 14. /9385

Bewegte Landschaft. Gedichte. - Halle: Mitteldt. Verlag 1959. /9386

Sichtbar wird der Mensch. Ein Poem. Illustr. von Karl-Erich Müller. - Ebenda 1960. /9387

Blüte, Welle, Stein. 15 Gedichte mit Zeichnungen von Werner Ruhner. - Leipzig: Institut für Buchgestaltung (1962) /9388

Herz von Ahnung weit... Hrsg. von Helmut Wiele. - Dülmen/Westf.: Kreis der Freunde (1963) = Der Vier-Groschen-Bogen. 35. /9389

in den Liedern geboren. Gedichte. - Halle: Mitteldeutscher Verlag 1963. /9390

Die Strohhalmflöte. Skizzen, Etüden, Aufzeichnungen. Illustr. von Werner Ruhner. - Ebenda 1965. (enthält Gedichte) /9391

Das unstete Holz. Gedichte. - Ebenda 1970. /9392

WERTHEIM, Max (1908)

Zeit und Traum. Gedichte. - Zürich: Oprecht (1946). /9393
WERTHMÜLLER, Hans (1912)
    Erleuchtete Fensterzeile. 49 Gedichte. - Zürich: Fretz &
    Wasmuth (1962) = Akazienreihe. /9394

    Jahr des Augenblicks. Gedichte. - Ebenda (1965). /9395

    s. a. Rainer Brambach, Werner Lutz und Hans Werthmüller: Ein großer Vogel fliegt über den Fluß.

WESCHKE, Eugen (1901)
    Am Straßenkreuzweg. Gedichte. - Berlin: Renner (1957). /9396

    Biblische Sonette. Grafik von Rudi Wagner. - Berlin: Verlag Hans Winter 1961. /9397

WESSELY, Herbert (1908)
    Im Schilf des Maises. Gedichte. - Freising: Marburger Kreis
    /1966/ = Marburger Bogendrucke. 6. /9398

WESSENBERG, Ignaz Heinrich Karl von
    Mein Glaube. (Gedichte). - Olten: Privatdruck der Vereinigung Oltner Bücherfreunde 1961. /9399

WEST, Arthur
    Die große Selbstverständlichkeit. Lyrische Suite. - Wien:
    Die Buchgemeinde (1955). /9400

WESTER, Karl (1912)
    Ut minner Schmetten. Solinger Mundart. - Krefeld: van Acken
    1969 = Stimmen der Landschaft. 18. /9401

WESTERHOFF, Günter
    Gedichte und Prosa. (Im Auftrag der Dortmunder Gruppe 61 hrsg.
    mit e. Nachwort von Fritz Hüser). - Recklinghausen: Paulus Verlag
    (1966) = Neue Industriedichtung. (5). /9402

WETROW, Wassilij
    Blätter des Lebens. Gedichte. Linolschnitte von A. Schnittke. -
    Berlin: Verlag „Tägliche Rundschau" /1947/. /9403

WETTACH, Clara (1888)
    Us mim Martinisömmerli. (Gedicht). - Freiburg/Schw.: Verlag
    Schwyzerlüt (1961). /9404

WETTSTEIN, Hedy
    Ewige Sehnsucht. Gedichte. Text u. Buchschmuck in Holz geschnitten und handbemalt von Gottfried Grieshaber. - St. Moritz:
    G. Grieshaber (1946). /9405

WEVER, Heinz (1890)
    Buernkost. Gedichte in Mundart. - Hagen/Westf.: Verlag Westfalenpost (1953). /9406

WEYRAUCH, Wolfgang (1907)
    Von des Glückes Barmherzigkeit. Gedichte. - Berlin:
    Aufbau-Verlag 1946. /9407

    Lerche und Sperber. Gedichte. - München: Piper (1948). /9408

　　　　An die Wand geschrieben. Gedichte. - Hamburg: Rowohlt (1950).
　　　　　　　　　　　　　　　　　　　　　　　　　　　　　　　　　　/9409
　　　　Bitte meiner älteren Töchter. Gedichte. - München, Wien,
　　　　Linz: Gurlitt 1952.　　　　　　　　　　　　　　　　　　　　/9410

　　　　die minute des negers. (Ballade). - Hamburg: Rowohlt (1953).　/9411

　　　　Gesang, um nicht zu sterben. Neue Gedichte. - Ebenda (1956)./9412

　　　　Nie trifft die Finsternis. Gedichte. - Berlin: Volk und Welt
　　　　1956. = Antwortet uns! 5.　　　　　　　　　　　　　　　　　/9413

　　　　Die Spur. Neue Gedichte. - Olten, Freiburg: Walter Vlg. (1963).　/9414

WEZEL, Wolf
　　　　meinsein. Visuelle Gedichte. - München: Willing Verlag 1968.　/9415

WIBBELT, Augustin　(1862-1947)
　　　　Mäten Gaitling. Gedichte in Münsterländer Mundart. - Essen:
　　　　Fredebeul & Koenen 1948.　　　　　　　　　　　　　　　　　/9416

WICHSER, Werner
　　　　Junger Herbst. Gedichte. (In deutscher, englischer und französischer Sprache). - Affoltern a. Albis: Aehren-Verlag (1952).　/9417

WICKERT, Thekla　(1897)
　　　　Gereimtes aus dem Schnitztal - Murgtal. - Lahr/Schwarzw.:
　　　　Schauenburg (1960) = Silberdistelreihe. 103.　　　　　　　　/9418

WIDMER, Charlotte
　　　　Dir. Gedichte und Gedanken für dich. Graphik von Helmut Margreiter. -
　　　　St. Gallen: Amboß-Verlag (1970) = Amboß-Funken. 9.　　　　/9419

WIDMER, Margherita
　　　　Gedichte. - Zürich: Bruderer 1951.　　　　　　　　　　　　　/9420

WIDMER, Walter　(1903-1965)
　　　　Berufe für Unberufene. (Gedichte). - Teufen AR: Niggli (1963)./9421

WIEBACH, Angelika
　　　　Kristallin. Gedichte. - München: Maistraßenpresse (1966) = Lyrik. 4.
　　　　　　　　　　　　　　　　　　　　　　　　　　　　　　　　　　/9422
WIECHERT, Ernst　(1887-1950)
　　　　Totenmesse. (Dichtung). - Zürich: Rascher 1946 = Europäische
　　　　Bibliothek. 21.　　　　　　　　　　　　　　　　　　　　　　　/9423

　　　　Meine Gedichte. - München: Desch (1952).　　　　　　　　　/9424

　　　　Die letzten Lieder. (Gedichte). - Zürich: Arche (1951).　　　/9425

　　　　Sämtliche Werke in 10 Bänden. 10.: Spiele. Reden. Gedichte. Miscellanea. - München: Desch (1957).　　　　　　　　　　/9426

WIECHERT, Lilje
　　　　Gedichte. - München: Desch (1949).　　　　　　　　　　　　/9427

WIECK, Carl Ernst　(1890)
　　　　Alles ist Licht, alles ist Klang. Gedichte. - Heidelberg:
　　　　Meister /1960/.　　　　　　　　　　　　　　　　　　　　　　/9428

WIED, Martina　d. i. Alexandrine Weisl　(1882-1957)

Brücken ins Sichtbare. Ausgewählte Gedichte 1912-1952. - Innsbruck: Österreichische Verlagsanstalt (1952). /9429

WIEDEBACH-NOSTITZ, Ada von
Requiem. (Gedichte). Mit e. Geleitwort von Gottfried Pratschke. - Wien: Europäischer Verlag 1969 = Die Stillen im Lande. /9430

WIEDERHOLT, M. Theodora
Zum Lobe Seiner Herrlichkeit. Unser Leben in Gott und mit Gott. Gedichte. - Celle: Giesel 1946. /9431

WIEGMANN, Margarete
Gesegneter Weg. Gedichte und Erzählungen. Illustr. von Artur Liebeg. Hrsg. von der Pressestelle d. Ev.-luth. Kirche in Thüringen. - 2. Aufl. Berlin: Evangel. Verlagsanstalt (1964). (1. Aufl. b. n. e.) /9432

WIELE, Helmut (1938)
Antworten. Lyrischer Versuch einer Problematik. Bd. 1 der Trilogie: Problematische Lyrik - Hobbach üb. Aschaffenburg: Lampion-Verlag H. Bauer (1962) = Lampion-Riehe. 4. (Bde 2 u. 3 d. Trilogie nicht erschienen) /9433

Der Mensch im Menschen. - Dülmen/Westf.: Kreis der Freunde (1963) = Der Vier-Groschen-Bogen. 36. /9434

Das Gewissen hat eine Stimme. Hrsg. von der deutschen Postgewerkschaft anläßlich ihres 8. Jugendtages in Nürnberg am 20./21. Mai 1965. - Frankfurt: Hauptpostamt (1965). Sonderdruck der deutschen Postgewerkschaft. /9435

WIEMER, Rudolf Otto (1905)
Das kleine Rasenstück. Gedichte. - Stuttgart: Steinkopf (1959). /9436

Seht den Stern. Gedichte und Geschichten von Advent bis Dreikönig. Ill. von Robert Eberwein. - Weinheim/Bergstr.: Dt. Laienspielverlag /1959/. /9437

Ernstfall. Gedichte. - Stuttgart: Steinkopf (1963). /9438

WIENER, Ludwig (1928)
Der Kormoran. Ein mediterraner Gedichtzyklus. - Schweinfurt: Schweinfurter Druckerei und Verlags-Anstalt (1959). /9439

WIENS, Paul (1922)
s. a. Uwe Berger, Manfred Kiessler und Paul Wiens: Begeistert von Berlin.

Beredte Welt. Gedichte und Lieder. - Berlin: Aufbau-Verlag 1953 /9440

Zunftgenossen - Kunstgefährten. Verse. - Ebenda 1956. /9441

Nachrichten aus der dritten Welt. Gedichte. - Berlin: Volk und Welt 1957 = Antwortet uns!. 8. /9442

Dienstgeheimnis. Ein Nächtebuch. (Gedichte). - Berlin: Verlag der Nation (1968). /9443

WIES, Theodore
(Œuvres:) Briefe und Skizzen. Gedichte und Gebete. La pensée du

dimanche. Édités par Jean Pastoret. - Luxembourg: Imprimerie
Saint-Paul /1968/. /9444

WIESNER, Adolfine
Der warme Strom. (Gedichte). - Wien: Europäischer Verlag 1964. /9445

WIESNER, Heinrich 1925
Der innere Wanderer. Gedichte. - Basel: Verlag Bücherfreunde (1951). /9446

Leichte Boote. Gedichte 1954-1957. - Küsnacht: Eirene Verlag
(1958). /9447

WILD, John Henry
Um der Liebe willen. (Gedichte, Aphorismen, Balladen) - Zürich,
Stuttgart: Fretz & Wasmuth (1970). /9448

WILD, Marta
Dennoch blühen. Geschichten und Gedanken vom getrosten Altwerden.
(enthält Gedichte). - Bern: Blaukreuz Verlag (1965). /9449

WILDBERGER, Albert
Vom Baum des Lebens. Gedichte. - Affoltern a.A.: Aehren -
Verlag (1956). /9450

WILDENBACH, Rainer
Schwarze Rosen. Gedichte. Hrsg. von Georg Wüstendorfer. - Hamburg-Bergedorf: Selbstverlag o.J. (15 Blätter) /9451

WILHELM, Anton
Lied ohne Sänger. (Gedichte). - Wien: Europäischer Vlg. (1962). /9452

WILHELM, Gerda
Ein Pau rauscht auf. Gedichte. - Windhoek: Afrika-Verlag Der
Kreis /1963/ = Kleine Reihe. 10. /9453

WILHELM, Gerhard
De Schläsing vu hüb' m und drüb' m. Gedichte in schlesischer
Mundart. Ill. von Wilhelm Martin Busch. - München: Bergstadtverlag
Korn (1959). /9454

WILHELM, Wolfgang (1913)
Ausgewählte Gedichte. - Karlsruhe: Der Karlsruher Bote /1965/./9455

WILKE, Reinhard (1907)
Schöpfer im Geschöpf. (Gedichte). - München: Winkler (1965). /9456

WILKE, Rolf (1899)
Ich schwing der Sonne meinen Hut. Gedichte. - Harpstedt-
Dünsen: Verlag Der Heide König 1961. /9457

Du wunderlicher Spielmann, du! (Gedichte). - Dülmen/Westf.:
Kreis der Freunde (1965) = Der Vier-Groschen-Bogen. Sonderausg. 21. /9458

WILKE-JARCKE, Lene
Ich singe dir mit Herz und Mund. (Gedichte). - Kettwig:
Flothmann 1952. /9459

WILKER, Gertrud

Vier Gedichte. Rhythmische Anordnung der Gedichte von Bruno Pfäffli. Mit einer zweifarbigen Kaltnadelradierung von Rudolf Mumprecht. - Zürich: Flamberg (1966). (100 num. und sign. Ex., 1-10 mit Handzeichnung von Rudolf Mumprecht) /9460

WILLE, Hans-Jürgen (1902)
Gedichte. - Potsdam: Stichnote 1949. /9461

WILLEUTHNER, Georg (1928)
Antwort der Frühe. Gedichte. - 1950 (b. n. e.) /9462

Wüste, Mohn, Delphin. Gedichte. - 1963 (b. n. e.) /9463

WILLS, Franz hermann (1903)
Aussaat und Ernte. Gedichte. - Berlin: E. Schmidt 1946. /9464

WILMS, Otto (1919)
E pälzisch Buch. (Mundartgedichte). - Neustadt: Meininger /1952/ /9465

WILSKI, Wolf
Landeplätze für Seifenblasen. (Essays, Apercus und Gedichte). - München: Literarisches Büro Dr. Herbst 1968 = Manuskriptdrucke. 2. /9466

WILTENS, Katharine d. i. Catherine Andrée Wiltens (1898)
Auf der Schwelle. Gedichte. Mit einem Geleitwort von Hanns Martin Elster. - Düsseldorf: Leiner /1956/. /9467

WIMMER, Edgar (1883-1972)
Vor Toresschluß. Gedichte. - 1953. (b. n. e.) /9468

Wege. Gedichte. Neue Folge. - Berlin-Wilmersdorf: Westliche Berliner Verlagsgesellschaft Heenemann (1962). /9469

WIMMER, Paul (1929)
Unterwegs. Gedichte. - Wien: Österreichische Verlagsanstalt (1963) /9470

WINCKLER, Josef (1881-1966)
Die Schöpfungsfeier. (Gedichte). - Karlsruhe: Schwerdtfeger 1949. /9471

Die Wandlung. Ausgewählte Gedichte. Folge 1. - Stuttgart: Deutsche Verlags-Anstalt (1957). /9472

Ausgewählte Werke. Westfälische Dichtungen in 4 Bänden. Bd. 3: Im Schoß der Welt. Das Mutterbuch. (enthält Gedichte). - Emsdetten: Lechte (1963). /9473

WINDHAGER, Juliane (1912)
Der linke Engel. (Gedichte). Mit e. Nachwort von Ernst Schönwiese. - Wien: Bergland-Verlag (1959) = Neue Dichtung aus Österreich. 53. /9474

Die Disteltreppe. Gedichte. - Salzburg: Otto Müller (1960). /9475

Talstation. Gedichte. - Hamburg: Hoffmann & Campe (1967) = Cabinet der Lyrik. /9476

WINDISCH, Konrad
Gefängnislieder. Gedichte. - Wolfsberg i. Kärnten: Brod (1966). /9477

Ob Gott die Stille ist? Gedichte. - Ebenda (1968). /9478

Steine im Strom. Gedichte. - Vaterstetten: Arndt-Verlag;

Wolfsburg in Kärnten : Brod (1970). /9479

WINKELMÜLLER, Friedrich (1898)
Herz in Aufruhr. Gedichte. - Wien: Österreichische Verlagsanstalt (1970). /9480

WINKLER, Konrad (1918)
Musica Viva. Gedichte. - 1953. (b. n. e.) /9481

Gedichte. - 1954. (b. n. e.) /9482

Der Lampiongarten. (Gedichte). - Wien: Europäischer Verlag (1965). /9483

WINKLER, Leopold
Sicht und Schau in Japan. Gedichte. - Tokyo: Ikubundo 1959. /9484

WINKLER, Manfred (1922)
Tief pflügt das Leben. Gedichte. - Bukarest: ESPLA, Staatsverlag f. Kunst u. Literatur 1956. /9485

WINKLER, Walter
Berlin in Vers und Bild. - Berlin: Colloquium-Verlag (1969). /9486

Berchtesgadener Impressionen. 14 Gedichte. Mit Zeichnungen von Heiner Mock. - München: Verlag Graphikum Mock (1970) = Dichter und Zeichner. 6. /9487

WINTER, Karl (1908)
Waldbauernjohr. Gedichte in der Mundart des mittleren Böhmerwaldes. Mit Zeichnungen des Verfassers. - Neumarkt-St. Veit/Obb.: Karl Winter (1957). /9488

Der Waldler. Gedichte in der Mundart des mittleren Böhmerwaldes. - Vaterstetten: Arndt-Vlg. 1969 = Bausteine. 21a. /9489

WINTERNITZ, Walter
Balladen. Teil I. Mit einem Vorwort von E. Dzimirsky. - Graz, Wien: Leykam /1949/ = Heimat- und Welt-Bücherei. 1. /9490

Teil II. - Ebenda /1949/ = Heimat- und Welt-Bücherei. 2. /9491

WIPLINGER, Peter Paul
Hoc est enim. - München, Würzburg, Wien: Relief-Verlag 1966 = Der Viergroschenbogen. 70. /9492

WIRTHNER, Raymund
Eisblumenzeilen. - Bern: edition rüedi (1968). /9493

Ins Blaue geschraubt. - München, Würzburg, Bern: Relief-Vlg. /1969/ = Der Viergroschenbogen. 82. /9494

WIRZ, Hans Georg
Lebensfahrt. (Gedicht) - Bern: Selbstverlag (1958). /9495

WISMER, Emil
Zytrose. Luzärnerdütschi Gedicht. - Fryburg: Schwyzerlüt-Vlg., G. Schmid (1950). /9496

WISSENBACH, Else (1898)

Pfeffer und Salz. Gedichte. - Marburg: Elwert (1957). /9497

WITT, Friedrich Karl (1928)
Aber Du bist! - Dülmen/Westf.: Kreis der Freunde (1963) = Der
Vier-Groschen-Bogen. 38. /9498

WITT, Klaus   d. i. Arthur Nicolaus Witt   (1890-1964)
Plattdüütsche Dagwiser 1948. Rimels vun Klaus Witt. Biller: Alexander
Funck. - Verden: Mahnke /1947/ (Umschlagtitel: De twölf Bröder)/9499

Die Fährmann-Lieder. Gedichte von Tod und Ewigkeit.
- Flensburg: Privatdruck, Johann Hoops 1948. /9500

Kinnerhöög up Dörpen. Gedichten, Leder un Rimels. Mit Biller
vun Wilhelm Petersen. - Flensburg: Verlagshaus Wolff (1949). /9501

Leevslüüd vun de Waterkant. Gedichte. - 1955. (b. n. e.) /9502

WITTKOWSKI, Victor   (1909- um1960)
Leichtsinn und Schwermut. Gedichte. - Zürich: Artemis 1945. /9503

An den Wassern Babylons. Gedichte. - Mönchengladbach:
Weiß & Zimmer 1958. /9504

WITTMANN, Heinz   d. i. Heinrich Wittmann   (1907)
Balladen. - Uzés: Editions de la Cigale (1969). (limitierte Ausgabe,
z. T. auf Bütten) /9505

Tandaradei. Gedichte und Lieder. - Wien, Krems: Heimatland-Vlg.
(1969) = Der Kreis. /9506

WITTMANN-KIRSCHBAUM, Hertha   d. i. Hertha Kirschbaum
Schein und Sein. - Wien: Europäischer Vlg. 1964; 2. verb. Aufl. 1966 /9507

Letzte Rosen im Herbst. - Ebenda 1965. /9508

Mondviolen. - Ebenda 1966. /9509

Das Unnennbare. - Ebenda 1968. /9510

Metamorphose. - Ebenda 1968. /9511

WITTNER, Viktor   (1896-1949)
Das Haarpfand. Gedichte aus dem Nachlaß. - Wien: Bergland-
Verlag (1956) = Neue Dichtung aus Österreich. 23. /9512

WITTSTOCK, Nora-Liane
Standpunkte. - München, Würzburg, Wien: Relief-Verlag 1967 =
Der Viergroschenbogen. Sonderb. 54. /9513

WITTWER-GELPKE, Martha   (1876-1959)
Zwischen Sturm und Stille. - Affoltern: Aehren-Verlag 1946. /9514

Bekenntnisse einer Frau. (Gedichte). - Ebenda /1948/. /9515

Bewußtwerdung. (Gedichte). - Ebenda (1948). /9516

Welten wandern ihren Schicksalsweg. - Ebenda (1948). /9517

Im Atem der Erde. - Ebenda 2. Aufl. (1949). (zuerst 1939) /9518

Jahresring. Gedichte. - Ebenda 2. Aufl. (1949). (zuerst 1936) /9519

Meine Nächte. - Ebenda 2. Aufl. (1949). (zuerst 1932) /9520

Zwischen Verzicht und Gewinn. Dichtung in 5 Rubriken. - Ebenda (1953). /9521

Auf der Brücke. - Ebenda 1954. /9522

Begegnung. (Gedichte und Prosa). - Ebenda 1955. /9523

WITZER, Witz
Witzereien. (Gedichte). - Wien: Europäischer Verlag 1970. /9524

WÖLFLE, Gebhard
Gedichte und Schwänke in Bregenzerwälder Mundart. - Dornbirn: Vorarlberger Verlagsanstalt 1959. /9525

WÖLGER, Martha (1920)
Dahoam. Gedichte in steirischer Mundart. - Wien: Europäischer Verlag 1955. /9526

dasselbe. 2. verm. Aufl. - Graz: Alpenland-Buchhandlung Südmark 1959. /9527

In da Oanschicht. Gedichte in steirischer Mundart. Illustr. von Franz Korger. - Graz, Wien: Stiasny (1957) = Lebendige Heimat. 5. /9528

Unser liabe Frau. Gedichte. - Graz, Wien, Köln: Styria (1963). /9529

Obersteirischer Hoamatkalender. (Gedichte). mit 11 Holzschn. von Hans Hauke. - Ebenda (1964). /9530

WÖLL, Arthur
Symphonien des Lebens. - Wien: Europäischer Verlag 1957. /9531

Besinnung. (Gedichte). - Ebenda 1959. /9532

WOHLGEMUTH, Hildegard (1917)
Gedichte. - Recklinghausen: Paulus Verlag 1965 = Neue Industriedichtung. (3). /9533

WOHLGEMUTH, Otto (1884-1965)
Des Ruhrlandes Rauch. Gedichte und Bilder eines Bergmanns. - Gelsenkirchen-Buer: Post 1949. /9534

Aus seinen Gedichten. - Bochum: Vereinigung der Freunde von Kunst und Kultur im Bergbau e. V. (1954). /9535

Liebe, schöne Heimat. Ein Buch Gedichte. Zum 70. Geburtstag des Dichters. - Hattingen: Heimatverein 1954 = Hattinger heimatkundliche Schriften. 1. /9536

Lieder eines Ruhrkohlenbergmanns. Zeichnungen von Otto Wohlgemuth. - Wien: Montan-Vlg. 1956 = Leobener grüne Hefte. 24. /9537

Aus der Tiefe. Gedichte eines Bergmanns. Mit einem Nachwort von Hans Thiekötter. - Münster: Aschendorff (1959). (zuerst 1937). /9538

WOHLLEBEN, Robert
Zwölf Gedichte. 12 Zeichnungen von Frank Böhm. - Hamburg: Meiendorfer Beiträge zum Vergnügen des Verstandes und Witzes 1967 = Meiendorfer Drucke. 1. /9539

WOHLRAB, Maria
  Einst und jetzt. (Gedichte). - Wien: Europäischer Verlag (1967). /9540
WOIKE, Fritz   (1890-1962)
  Über den Stürmen. (Gedichte). - Wuppertal-Barmen: Müller (1949)./9541

  Fallendes Korn. (Gedichte). - Gladbeck: Schriftenmissions-Vlg.
  (1949). /9542
  Wo Gottes Brunnen rauschen. Ausgewählte Gedichte. -
  Stuttgart-Sillenbuch: Verlag Goldene Worte /1952/. /9543

  Wo Heimat ist. (Gedichte). - Gladbeck: Heilmann-Verlag 1952. /9544

  Alle Wege führen zu dir. Sinnsprüche. - Stuttgart-Sillenbuch:
  Verlag Goldene Worte /1953/. /9545

  Du bist Heimat allen Herzen. Sinnsprüche. - 1955 (b. n. e.) /9546

  Reicher Tag. Gedichte. - Wuppertal-Barmen: E. Müller /1958/. /9547

WOLF FRIED
  s. u. FRIED, Wolf
WOLF, Friedrich   (1888-1953)
  Ausgewählte Gedichte. Die Auswahl besorgte Walther Pollatschek
  im Einvernehmen mit Else Wolf. - Berlin: Aufbau-Verlag 1954. /9548

  Rufe übern Graben. Sketche, Gedichte, Lieder und Fabeln. Zusammengest. u. kommentiert von Peter Korb (d. i. Rudolf Brock). - Leipzig:
  Hofmeister 1955.   (mit Noten) /9549

  Wolf. Ein Lesebuch für unsere Zeit. Von Else Wolf u. Walther Pollatschek. - Weimar: Volksverlag Weimar 1961 = Lesebücher f. uns. Zeit. /9550

  Gesammelte Werke. Hrsg. von Else Wolf und Walther Pollatschek.
  (in 16 Bänden) Bd. 12: Gedichte, Erzählungen 1911-1936. - Berlin:
  Aufbau-Verlag 1963. /9551

WOLF, Jakob   (1914)
  Stoppelgang. Gedichte eines Vertriebenen. - Stuttgart: Landsmannschaft d. Donauschwaben i. Bund d. vertriebenen Deutschen /1954/ =
  Donauschwäbisches Schrifttum. Kleine Reihe. 2. /9552

  Salz und Brot. Gedichte. - Stuttgart: Landsmannschaft d. Donauschwaben in Baden-Württemberg e. V. (1961) = Donauschwäbisches
  Schrifttum. 4. /9553

WOLF, Josef Ludwig
  Drunt im Liechtenthal. Gedichte. - Wien: 2. erw. Aufl. Eigenverlag 1957.   (1. Aufl. b. n. e.) /9554

WOLF, Otto
  Lueg is Land. Mundartgedichte. - Elgg: Volksverlag /1966/. /9555

WOLF, Peter   (1896)
  Schwäbischer Durchanand. Lustige Gedichte aus m' Schwoباländle. Zusammenstellung und Vorwort von Horst Eckert. - Augsburg:
  Verlag Die Brigg (1963). /9556

WOLF, Paul   (1871 -   )

Mein Thüringen. (Gedichte). Aus dem Nachlaß ausgew. von Jochem
Nietzold. - Würzburg: Nonne 1962 = Thüringer Heimatbücherei. 8. /9557

WOLF, Ror (1932)
s. a. u. Pseud.: TRANCHIRER, Raoul

(Text) Grafik von Helga Kämpf-Jansen. - Steinbach bei Gießen: Anabas-
Verlag G. Kämpf /1970/ = Anabas-Literatur-Plakat. 8. /9558

WOLF, Volker Dieter
Wette. Lyrik + Prosa. - St. Gallen: Aria-Verlag 1968 = Aria-
Privatdruck. 1. (Vertrieb Fehrsche Buchhandlung) /9559

staub. (Gedichte). - Ebenda 1969. /9560

Flut. Lyrik. - Ebenda (1970). /9561

WOLFF, Gertrud-Karola (1911)
Das immergrüne Herz. Gedichte. - Heidelberg: Meister 1945. /9562

WOLFF, Hans (1888)
Lied des Lebens. Gedichte. Ausgewählt mit e. Einführung von
Karl Vollmoeller. - New York: Willard Publishing Company /1945/. /9563

In den silbernen Nächten. Gedichte. - New York: T. Gaus'
Sons 1950. /9564

Auch der Herbst kommt wieder. Gedichte. - Ebenda 1958. /9565

WOLFF, Horst Franz Heinrich (1933)
Bis die Rose zerfällt. Gedichte. Mit e. Nachwort von Hugo Ernst
Käufer. - Emsdetten/Westf.: Lechte (1963) = Stimmen aus Westdeutsch-
land. 4. /9566

Spirale der Vögel. (Gedichte). Zeichnungen von Angelika Lüls-
dorf. - Recklinghausen: Paulus Verlag (1967). /9567

Afrika-Gedichte. Nachwort und Zusammenstellung von Sigrid Kruse.
Zeichnungen von Schwester Paula, Tisa von der Schulenburg. - Dortmund:
Wulff (1969) = Kleine Reihe: Lyrik und Prosa. 1. /9568

Zerbrochene Bilder. Nachwort u. Zusammenstellung von Sigrid
Kruse. Zeichnungen von Heinz Georg Podehl. - Ebenda (1969) = Kleine
Reihe: Lyrik und Prosa. 3. /9569

Tropischer Rapport. Lyrik und Prosagedichte. Mit Zeichnungen. -
Ebenda 1970 = Kleine Reihe: Lyrik und Prosa. 7. /9570

WOLFFHEIM, Hans (1904-1973)
Gäische Jahreszeichen. (Gedichte). - Frankfurt: Europäische
Verlagsanstalt (1963). /9571

Zu dieser deiner Zeit. Gedichte. - Ebenda (1966). /9572

WOLFSKEHL, Karl (1869-1948)
An die Deutschen. (Gedicht). - Zürich: Origo (1947). /9573

Hiob oder Die vier Spiegel. (Gedichte). Mit e. Nachwort von
Willy Haas. - Hamburg: Claassen Verlag (1950). /9574

Sang aus dem Exil. (Gedichte). - Zürich: Origo /1950/. /9575
dasselbe. - Heidelberg: L.Schneider /1951/. /9576
Gesammelte Werke. (2 Bände). Hrsg. von Margot Ruben und
Claus Victor Bock. 1.: Dichtungen. Dramatische Dichtungen.
2.: Übertragungen. Prosa. - Hamburg: Claassen 1960. /9577

WOLKEN, Karl Alfred (1929)
Halblaute Einfahrt. Gedichte. - Stuttgart: Deutsche Verlags-
Anstalt (1960). /9578

Wortwechsel. Gedichte. - Ebenda (1964) = dva Beispiele. /9579

Klare Verhältnisse. Gedichte. - München: Hanser (1968). /9580

WOLLHEIM, Günther (1896)
Dies eine blieb. Verse aus den Jahren 1933-45. - Freiburg i.Br.:
Selbstverlag 1958. /9581

WONG, Elizabeth
(Gedichte). Mit Linolschnitten von Ernst Krötlinger. - Wien: Ed. Avantypidy (1967) = &cetera. 5. /9582

WORSCH, Anton (1920)
Aufgetan ist dies und das. Gedichte. Ausgewählt u. zusammengestellt von Ernst Frank. - Frankfurt: Heimreiter-Verlag (1961). /9583

Sonette an die Musen und andere Gedichte. - Ebenda (1962). /9584

Oster-Sonette. Mit Linoldrucken des Verfassers. - Ebenda (1964). /9585

Impressionen. Gedichte. - Vaterstetten: Baustein-Verlag (1970) =
Bausteine. 7. /9586

WOSTALL, Nina d.i. Anna Misselwitz (1901)
Goralen. Lieder aus den Beskiden. (Nachdichtungen in Balladen und
Liedern, 3 Übertragungen). Einführung von Walter Kuhn. Ill. von Traude
Klein. - München: Delp (1964). /9587

WOWORSKY, Josef Rudolf (1886)
Die Lebenswaage. Ausgewählte Gedichte. - Graz: Styria (1956). /9588

A gsundi Mischung. Neue Gedichte in steirischer Mundart. Buchschmuck von Franz Korger. - Wels: Welsermühl (1962) = Lebendiges
Wort. 13. /9589

Der unter uns gewohnt. Ein Christus-Zyklus. - Graz, Wien,
Köln: Styria (1964). /9590

WOZELKA, Friederike
Aus stillen Stunden. Gedichte. Mit Holzschnitten der Dichterin.
Eingeleitet von Paula Grogger. - Graz, Wien, Köln: (1968). /9591

WREDE, Jürgen
Frühling, Sommer, Herbst und Winter. Lyrik. - Bad Pyrmont: J.Wrede /1965/. /9592

WÜNSCHE, Konrad (1928)
Schemen entsprechend. (Gedichte). - Neuwied, Berlin:

Luchterhand (1963). /9593

WÜHRER-JUNGBLUTH, Margaretha
Schimmernde Krone. Gedichte. - Salzburg: Die Silberrose
/1962/ = Schriftenreihe des Künstlerbundes "Die Silberrose". 2. /9594

Blumen des Dankes. Gedichte. - Ebenda /1969/. (veränderte
Neuauflage des vorigen) /9596

WÜLLNER, Dieter
(Textposter) - Hinwil/Zürich: edition galerie howeg 1969. /9597

WÜRL, Wilfried (1921)
Hort der Sehnsucht. Gedichte. - Wien: Europäischer Verlag
/1949/. /9598

Nach Mitternacht. - Ebenda 1957. /9599

Burg im Süden. - Ebenda /1961/. /9600

WÜRML, Franz
Das Vagantenjahr. Auswahl kleiner Lyrik aus Stunden der Muße und
des Erlebens. Linolschn. vom Verf. - Wien: Europ. Vlg. /1953/. /9601

WÜRTH, Heidy
E Hampfle Glugger. Baseldytschi Värsli. D'Helge het dr Fritz
Grogg zaichnet. - Basel: Basler Woche Verlag /1954/. /9602

E Stiggli blauc Himmel... E Hampfle Värs uff Baseldytsch. -
Liestal: Lüdin 1957. /9603

Du und ych. Baseldytschi Liebesgedicht. - Riehen: Th. Schudel (1964).
/9604

WULF, Berthold (1926)
Den Trostbrunnen hat er in seiner Hand. Gedichte. -
Bietigheim/Württ.: Turm-Vlg. 1962 = Turm-Bücherei. 10. /9605

Auf der Regenbogenbrücke. Gedichte. - Ahrweiler/Rhld.:
Are-Verlag /1963/ = Die kleinen Are-Bücher. /9606

Hinter unsern Hügeln. Gedichte. - Bietigheim/Württ.: Turm-
Verlag 1963. /9607

Melissa. Gedichte. - Ebenda 1963. /9608

Im Himmel und auf Erden. Eine Dichtung. O Tröstergott,
der du meine Schritte trägst. Gedichte. - Ebenda 1965. /9609

Kreuzapfel Welt. - Basel: Verlag Die Pforte 1965. /9610

Canticum mundi. (Terzinen) - Bietigheim/Württ.: Turm-Vlg. 1967. /9611

Ewiges Evangelium. 14 Elegien. Neue Gedichte. - Ebenda (1968). /9612

WUNDERLICH, Heinz (1907)
s.u. Kurt Schwabach, Heinz Wunderlich, Walter Pogge van Ranken:
Drei Mann auf einem Pegasus.

WUNDERLICH, Max Julius (1878-1966)
Erste Liebe. (Gedichte) - Wien: Europäischer Verlag 1955. /9613

WURM, Franz (1926)
Anmeldung. - Zürich: Arche (1959). /9614
Anker und Unruh. - Frankfurt: Insel (1964). /9615

WURMBACH, Adolf (1891)
Über den Tag hinaus. Sprüche. - Bielefeld: Verlag Ernst und
Werner Gieseking (1961). /9616
Die Weidenflöte. Gedichte und Sprüche. Zeichnungen von Ilse Mau.
- Siegen: Vorländer (1966). /9617

WUTTKE, Erwin M.
Hammer und Herz. Gedichte. Hrsg. von Joachim Kallée. - Rotenburg/Fulda: Selbstverl. des Hrsgs. 1961. /9618
dasselbe. - Bad Hersfeld: Hoehl 1961. /9619

WYDLER, Margrit
Värsli in Aargauer Mundart. - Zürich: Bellaria-Vlg. /1954/. /9620
Eusi Chli. Mit Zeichnige vo der Vreni Ritzmann. 2. Aufl. (des vorigen Titels) - Ebenda 1957. /9621
Es Chrättli voll Blueme. Värsli. - Zürich: Selbstverl. /1958/. /9622
Als ich ein kleines Mädchen war. (Gedichte) Ill. von Hans Jürg Limbach. Als Manuskript gedruckt. - Ebenda /1961/. /9623
Der Sunne noo. Värsli in der Mundart. Zeichnige vo der Lea Zanolli. - Ebenda 1963. /9624

WYSS, Dieter (1923)
Schlafende Sonnen. Prosagedichte. Mit 8 Original-Handpressendrucken von Rudolf Scharpf. - Frankfurt: Eremiten-Presse 1953. /9625
Tanz durch's Infrarot. Prosa und Gedichte. Mit Zeichnungen von Willibald Kramm. - Heidelberg: Lambert Schneider (1953). /9626
Nadir. Gedichte 1957-1967. - Ebenda (1968). /9627

WYSS, Johann Bernhard
Die Geschenke der Musen. - Zürich: Speer-Vlg. (1950). /9628
Zwiesprache unter wandelnden Gestirnen. - Zürich: Bruderer (1959). /9629
Gedichte. - Zürich: Speer-Verlag /1964/. /9630

XYLANDER, Ernst von
s.u. Hans Riemann und Ernst von Xylander: Das fröhliche Horoskop.

Z., E. R.
Indirekt. Gedichte von E. R. Z. Zeichnungen von Jochen Schlesinger. Als Manuskript gedruckt. - Uslar: Schlieper in Komm. (1964). /9631

ZAESKE-FELL, Johanna d.i. Johanna Fell (1894-1969)
Die weiße Barke. Gedichte. - Mainz: Matthias-Grünewald-Verlag 1948. /9632

ZAHN, Ernst   (1867-1952)
   Ein Läuten. Neue Gedichte. - Olten: Vereinigung Oltner Bücherfreunde 1946 = Veröffentlg. der Vereinigg. Oltner Bücherfreunde. 32.   /9633

ZAND, Herbert   (1923-1970)
   Die Glaskugel. Gedichte. Mit einem Geleitwort von Frank Thiess. - Wien, München: Donau-Verlag (1953).   /9634

ZANKER, Arthur   (1890-1957)
   Es duftet noch der Weichselstock. Ausgew. Gedichte. - Wien: Bergland-Vlg. (1957) = Neue Dichtung aus Österreich. 33.   /9635

ZASCHE, Gertrud
   s.u. Walther J. Beer, Heinz Kleinert und Gertrud Zasche: Bis ock nemieh biese.

ZAUNEGGER, Adele   (1884-1965)
   Mosaik aus Österreich. Heimatgedichte und „Aus der heiteren Mappe". - Wien: Lichtner 1948.   /9636

ZBINDEN, Hansruedi
   Kerzentropfen. Gedichte. - Spiez: Maurer /1957/.   /9637

ZECH, Helmut
   Bosheiten und Sticheleien. Heitere Verse. (Kleine Winke mit und ohne Zaunpfahl.) - Göppingen/Württ.: Globus-Vlg. (1949)   /9638

ZECH, Paul   (1881-1946)
   Sonette aus dem Exil. - Berlin: R. Zech (1948). (zuerst 1913) /9639

   Balladen von den Tieren. (Vorabdruck aus: „Die Balladen von den schönen und wilden Tieren".) - Ebenda (1949).   /9640

   Die Ballade von einer Weltraum Rakete. - Berlin-Friedenau: Trias-Verlag (1958).   /9641

   Abendgesänge und Landschaft der Insel Mara-Pampa. - Kronenburg/Eifel: Zech (1960). (entstanden 1935)   /9642

   Die Sonette vom Bauern. - Berlin: R. Zech (1960); 2. Aufl. mit Zeichnungen von John Uhl 1966.   /9643

   Omnia mea mecum porto. Eine selbstbiographische Ballade. - Ebenda 1961. (zuerst 1923)   /9644

   Venus Urania. Sieben Gesänge für Mirjam. - Berlin: R. Zech, Daphnis-Presse 1961. Handpressendruck.   /9645

   Hymnen von den zwölf Fenstern. - Berlin-Friedenau: R. Zech (1965).   /9646

ZECKL, Fred Rudolf
   Noch ist es Nacht. - Wien: Europäischer Verlag 1952.   /9647

ZEHID BEN NUR   s.u.   SEHID BEN NUR

ZEHNDER, Anna Iduna
   Gedichte und Sprüche. - Basel: Zbinden 1970. (Umschlagtitel: Aus einem Menschenleben)   /9648

ZEHNDER, Josef Niklaus   (1914)
   Kleine höllische Komödie. Ein eidgenössisch-zeitgenössisch

Tiefenlied. (Gedichte). - Affoltern: Aehren Verlag (1951). ·/9649
ZEHNTER, Louis (1868-1949)
Ährenlese. Reime und Gedichte. - Basel: Selbstverlag (1947). /9650
ZEILER, Alois (1868-1966)
Sammelreime. - Burgau/Schwaben: Alois Zeiler.(Kraus & Appel)
1955 in Komm. Donau-Vlg. Günzburg. /9651
ZEKENDORF, Paul Friedrich
Wiener Lavendl. Mundartgedichte. - Wien: Europäischer Verlag
1970. /9652
ZELENKA-ERNST, Anna
Feierab'nd - Gedanka. Gedichte in oberösterreichischer Mundart. - Wien: Europäischer Verlag 1957. (Umschlagt.:Die bo'nige Lad) /9653
ZELENY, Walter (1900)
Oktoberglanz. Gedichte. - Wien: Jugend und Volk (1961). /9654
Das Blumenjahr. Gedichte. - Wien: Kremayr & Scheriau (1970). /9655
ZELGER-ALTEN, Gertrud
Wie ein Acker ist meine Seele. - Wien: Europäischer Verlag 1960. /9656
ZELLE, Fritz
Ein Lied kommt leise über Nacht. (Gedichte). - Wien: Europäischer Verlag 1953. /9657
ZEMP, Werner (1906-1059)
Gedichte. - Zürich: Atlantis 2. verm. Aufl. /1954/. (zuerst 1943)/9658
Das Hochtal. Gedichte. - Olten: Vereinigung Oltner Bücherfreunde 1956 = Veröffentlichung d. Vereinigung Oltner Bücherfreunde. 71. /9659
Das lyrische Werk, Aufsätze, Briefe. Vorwort von Emil Staiger. Hrsg. von Verena Haefeli. - Zürich: Atlantis (1967). /9660
ZENKER, Hartmut
Mit einem Gruß. Gedichte. - Privatdruck o.O. 1952. (Hermann Hesse-Nachlaß, Schiller-Nationalmuseum, Marbach) /9661
ZENNER, Maria (1880-1967)
Stimme der Gezeiten. Gedichte. - Karlsruhe: Der Karlsruher Bote 1954 = Der Karlsruher Bote. 13. /9662
ZENNER, Timm (1942)
Gedichte für B.- Hamburg: Cicero-Presse 1963. /9663
Junichiro. Gedichte. - Ebenda 1966. /9664
ZENTNER, Wilhelm
Mein Herz am Bodensee. Gedichte und Erzählungen. - München: Schnell & Steiner (1951). /9665
ZERFASS, Julius (1886-1956)
Du Mensch in dieser Zeit. (Gedichte) - Zürich: Oprecht (1946)/9666
ZERLIK, Otto (1907)

Egerländer Bauernjahr. Mundartgedichte. Zeichn. von Rudolf
Zuber. - Frankfurt: Heimreiter-Verlag 1955. /9667

Der schönste Weg. Egerländer Liebeslieder. - Geislingen/Steige:
Privatdruck O. Zerlik 1958. /9668

Sage und Bekenntnis. Egerländer Mundartgedichte. - Ebenda 1959.
/9669
Saat und Segen. Egerländer Mundartgedichte. - Ebenda 1961. /9670

Das liebe Vieh. Egerländer Mundartgedichte. - Ebenda 1962. /9671

Baum und Blume. Egerländer Mundartgedichte. - Ebenda 1964. /9672

Sterne und Wolken. Egerländer Mundartgedichte. - Ebenda 1965. /9673

Erlebtes und Erprobtes. Egerländer Spruchweisheit. - Ebenda
1966. /9674

Die Bewährung. Egerländer Mundartgedichte. - Ebenda 1966. /9675

ZERNA, Herta (1907)
Lieder aus der Laubenkolonie. Gereimtes und Ungereimtes für
gutes und schlechtes Wetter. - Berlin: Blanvalet (1967). /9676

ZERNATTO, Guido (1903-1943)
Gedichte aus dem Nachlaß, hrsg. von Joh. Lindner. In: Kärntner Almanach 1946. Auch als Sonderdruck u. d. Titel Der Jahrmarkt. /9677

Gedichte. Gesamtausgabe. - Klagenfurt, Wien: Joh. Leon sen. (1950).
/9678
Die Sonnenuhr. Gesamtausgabe der Gedichte. Hrsg. von Hans
Brunmayr. - Salzburg: Otto Müller (1961). (zuerst 1933) /9679

... kündet laut die Zeit. Eingel. und ausgew. von Hans Brunmayr. - Graz, Wien: Stiasny (1961) = Das österreichische Wort.
Stiasny-Bücherei. 98. /9680

ZERZER, Julius (1889)
Die weite Sicht. Neue Gedichte. - Linz: Muck 1946. /9681

Das Bild wird Sinnbild. Gedichte. - Linz: Trauner /1965/. /9682

ZESKA, Philipp von (1896)
Philipp Zeska: Unsterblicher Prater. (Gedichte) Ill. von Alfred
Mieses. - Velden, Wien: Obelisk-Verlag (1947). /9683

ZETTL, Walter
Der sechste Tag. - Wien: Europäischer Verlag (1950). /9684

ZIDEK, Egon
Gang in der Dämmerung. - Wien, Innsbruck: Rohrer (1963). /9685

ZIEBUHR, Erwin R. (1925)
Mitten im schwarz-rot-goldigen Überzieher. Gesänge,
Lyrik und gedichtete Gedichtrepositionen. Grafische Beilage von H.
Arwed. - München, Würzburg, Wien: Relief-Verlag (1966). /9686

ZIEGLER, Josef Gerhard
Erfühltes Sein. Gedichte. - Wien: Europäischer Verlag 1959. /9687

In stiller Laube. - Ebenda 1960. /9688

ZIEGLER, Kosmas (1901)
   Du wirst mein Herz erkennen. Gedichte. - Salzburg: Kuhn 1950. /9689
   Das geheime Feuer. Gedichte. - Wien, Innsbruck, Wiesbaden: Rohrer (1960). /9690
   Vor einem Aquarium. Gedichte. Federzeichnung von Helmut Plontke. - Verona: Stamperia Valdonega, G. Mardersteig 1965. (auf Bütten gedr., bibliophile Ausg. von 200 num. Ex.) /9691

ZIELONKA, Michael (1942)
   78 Gedichte. - Saarbrücken: Astel (1969) = Lyrische Hefte. 33/34. /9692
   Ich, Zugabe zu meinem Nabelstrang. (Gedichte). - München: edition avantypidy, Relief-Verlag Eilers (1970). /9693

ZILLICH, Heinrich (1898)
   Gabe an die Freunde an meinem 50. Geburtstag. Gedichte. - Gütersloh: C. Bertelsmann (1948). /9694

ZIMMERING, Max (1909-1973)
   Im Antlitz der Zeit. Ausgewählte Gedichte. - Berlin: Dietz (1948). /9695
   Ernst Thälmann. Eine Gedächtniskantate zum 5. Todestag des großen deutschen Arbeiterführers am 18. August 1949. Hrsg. vom VVN, Landesverband Sachsen. - Berlin: VVN-Verlag (1949). /9696
   Und fürchte nicht den Tag. Balladen und andere Verse von gestern und heute. - Dresden: Sachsenverlag (1950). /9697
   Es ruft der Tag. Gedichte. - Berlin: Volk und Welt 1958 = Antwortet uns! 16. /9698
   Im herben Morgenwind. Ausgewählte Gedichte aus 2 Jahrzehnten. - Berlin: Dietz 1953; 2. durchges. und erw. Aufl. Ausgewählte Gedichte aus 25 Jahren. 1958. /9699
   Wegstrecken. Gedichte. Mit Zeichnungen von Lea Grundig. - Berlin, Weimar: Aufbau-Verlag (1966). /9700
   Das Mass der Zeit. Gedichte. - Leipzig: Reclam (1969) = Reclams Universal-Bibliothek. 258. /9701

ZIMMERMANN, Karl (1905)
   Frankfurter Gesänge. - Frankfurt: Kramer (1956) /9702

ZIMMERMANN, Karl Wilhelm
   Neue Verse. - Dürrenberg: Kulturbund zur demokratischen Erneuerung Deutschlands, Wirkungsgruppe Dürrenberg /1945/. /9703
   Karel Zimmermann: Klänge aus Dürrenberg. - Ebenda /1947/. /9704

ZIMMERMANN, Otto (1894-1961)
   Aufbruch der Sinne. Kammerkonzert in Gedichten. Mit Original-Lithographien von Agathe Schaltenbrand. - Basel: S. Joos 1954 = Zer dornigen Ros. 1. /9705
   Agathe Schaltenbrand, Otto Zimmermann: Schwarzes Licht. Lyrik. Lithographien von Agathe Schaltenbrand. Dichtung von Otto Zimmermann. - Basel: Wort und Bild 1955. /9706

ZINN, Willi (1893-1955)

Blumenlieder. Buchschmuck von Elsbeth Maith. - Frankfurt:
Selbstverlag 1951. (auch handkolorierte Ausgabe) /9707

ZINNEGGER, Hanna
Zum Nachdenken. Gedichte. - Wien: Europäischer Verlag 1969. /9708

Mit Herz und Sinn. Gedichte. - Ebenda 1969. /9709

ZINNER, Hedda d.i. Hedda Erpenbeck-Zinner (1907)
Fern und Nah. Gedichte und Lieder. - Weimar: Kiepenheuer (1947)./9710

ZINNIKER, Hans
Schattenauge. Gedichte. - St. Gallen: Tschudy Verlag 1965 =
Der Bogen. 75. /9711

Striemen. (Gedichte). - Aarau: Sauerländer (1969). /9712

ZINNIKER, Otto (1898-1969)
Im Dämmer. Gedichte. - Grenchen: Spaten-Verlag AG. 1952. /9713

Licht steigt aus dem Dämmer. Gedichte. - Aarau: Sauerländer (1959). /9714

Immer heller strahlt das Licht. Gedichte. - Grenchen:
Spaten-Verlag AG. 1961. /9715

ZINNER, Willi
Allerhand Viecher und Leut'. Mundartgedichte. Illustr. von Fritz
Berger. - Innsbruck: Universitätsverlag Wagner in Komm. /1966/. /9716

ZIPPERLING, Gerhard
Wechselnder Widerschein. 3 Jahrzehnte Wanderung. 30 Gedichte.
- Marburg a. d. L.: Selbstverlag 1970. Vertrieb: Symon-Fotodruck. /9717

ZIRAS, Franz
Kurven des Lebens. (Gedichte). - Wien: Europäischer Vlg. /1960/./9718

ZITTRAUER, Maria d.i. Maria Röhrer (1913)
Die Feuerlilie. Gedichte. - Salzburg: Otto Müller (1954). /9719

ZITZENBACHER, Walter (1928)
Übersehenes und Überseeisches. (Gedichte). Die Auswahl
besorgte Otto Hofmann-Wellenhof. - Graz, Wien: Stiasny (1955) =
Steirische Autoren. Dichtung der Gegenwart. 62. /9720

ZÖLFFEL, Erich (1908)
An den Mond. 13 Gedichte. - Göttingen: E. Zölffel 1952. /9721

Dissonanzen. 2. Gedichtzyklus. - Ebenda /1952/. /9722

ZÖLLER, Wilhelm (1893)
Der Schatz im Acker. Gedichte. - Radolfzell: Heim-Verlag
Dressler (1955). /9723

Am stillen Herd. (Gedichte). - Frankfurt: Renaissance-Vlg. /1960/./9724

Im Salon. (Gedichte). - Bayreuth: Reta Baumann Verlag 1962. /9725

ZÖLLNER, Michael d.i. Karl Olma
Ostschlesisches Credo. Gedichte. - München: Beskiden-

land-Verlag /1963/. /9726

ZÖPFL, Helmut
Geh weiter, Zeit, bleib steh. Bayrische Gedichte. Ill. von
Rudolf Seitz. - Starnberg: Raith (1970). /9727

ZORNACK, Annemarie   d. i. Annemarie Heise   (1932)
mobile. Nachwort von Walter Helmut Fritz. - Darmstadt: Bläschke
(1968) = Das neueste Gedicht. 33. /9728

   zwei sommer. Nachwort von Hans Dieter Schäfer. - Ebenda (1968)
= Das neueste Gedicht. 36. /9729

ZOTTMANN, Gretl   (1913)
Das Hühnerauge. Medizynische und andere Verse. Zeichnungen von
Dieter Zottmann. - Gerabronn, Crailsheim: Hohenloher Druck- und
Verlagshaus (1967). /9730

   Heimlich am Ufer. Gedichte. - Nürnberg: Vlg. Nürnberger Presse
1967. /9731

ZSCHARSCHUCH, Friedel
Ruhelos ratternd rollen Räder. Circus-Gedichte. - Preetz/
Holstein: Hansen /1958/. /9732

ZUCHHOLD, Hans   (1876-1953)
Aufstieg. Gedichte. - Lorch/Württ.: Weber 1953. /9733

ZUCKMAYER, Carl   (1896)
Gedichte 1916-1948. - Berlin, Frankfurt: Suhrkamp Vlg., vorm.
S. Fischer (1948). /9734

   Gesammelte Werke (in Einzelausgaben). (1-4). 2.: Gedichte
1916-1948. - Amsterdam: Bermann-Fischer 1948. /9735

   Gedichte. - Berlin, Frankfurt: S. Fischer 1960. /9736

   Gesammelte Werke. (1-4). 1.: Gedichte. Erzählungen. -
Berlin, Frankfurt: S. Fischer 1960. /9737

   dasselbe. - Stuttgart, Hamburg: Deutscher Bücherbund /1961/. /9738

Sprechplatte: Carl Zuckmayer spricht: Elf Gedichte. - Brücke
und Strom (u.a.). - Freiburg/Br.: Christophorus-Vlg. Herder 1961. /9739

Sprechplatte: Improvisationen: Die Hirschkuh - Gestalt und Maske -
Carl Michael Bellmans Lied an die Mutter. Sprecher: Carl Zuckmayer. -
Gütersloh: Ariola /1961/. /9740

ZÜRICHER, Ulrich Wilhelm   (1877-1961)
Traum und Mahnung. (Gedichte). - Affoltern a. A.: Aehren-Verlag
(1957). /9741

ZUFFO-HOFER, Madeleine
Blauer, lastender Kreis. 10 Gedichte. - Liebefeld/Schweiz:
Lukianos Verlag Hans Erpf (1967) = bogen. 3. /9742

ZULLIGER, Hans   (1893-1965)
Wiehnechtsvärsli. - Bern: Francke (1947).   (zuerst 1942) /9743

Es Büscheli Matte-Meie. Landbärndütschi Värsli. - Bern: Francke (1963). /9744

ZUMBÜHL, Adelhelm
Das goldene Jahr. Für jeden Tag ein Sprüchlein. - Einsiedeln: J. & K. Eberle 1950. /9745

Nei, säg ai Dui! 100 Gidichtli i-der Nidwâldner Sprach (...). - Stans: F. Niederberger (1963). /9746

ZUMBÜHL, Fritz
Zumbühl Fritz, Gelegenheitsarbeiter, Lebenskünstler, Vagabund, Philosoph und Lyriker. (Gedichte). Eingeleitet und hrsg. von Jacob Wyrsch. - Stans: Melas Oikia Verlag (1967). /9747

ZUSANEK, Harald
Hinter der Erde. Gedichte. - München, Wien: Donau-Vlg. /1955/. /9748

ZVACHULA, Herbert
Die Opalplombe. Ein Querschnitt. (Gedichte). - Wien: Europäischer Verlag (1968). /9749

ZWEIG, Arnold (1887-1968)
Arnold Zweig. Sonderheft der Zeitschrift „Sinn und Form", hrsg. von der Deutschen Akademie der Künste. 1952. (enth. Gedichte) /9750

Fünf Romanzen. Hrsg. von der Pirckheimer-Gesellschaft im Dt. Kulturbund. - Berlin, Weimar: Aufbau 1958. /9752

Ausgewählte Werke in Einzelausgaben. 14.: Jahresringe. Gedichte und Spiele. - Ebenda 1964. /9753

ZWEIG, Stefan (1881-1942)
Ausgewählte Gedichte. - Wiesbaden: Insel-Verlag 21.-29. Tsd. 1950 = Insel-Bücherei. 174. (zuerst 1931) /9754

Silberne Saiten. Gedichte und Nachdichtungen. Hrsg. und eingel. von Richard Friedenthal. - Frankfurt: S. Fischer 1966. (zuerst 1901) /9755

dasselbe. - Stuttgart, Hamburg: Deutscher Bücherbund 1966. /9756

ZWERENZ, Gerhard (1925)
Galgenlieder vom Heute. - Berlin: Kompass /1958/. /9757

Gesänge auf dem Markt. Phantastische Geschichten und Liebeslieder. - Köln: Kiepenheuer & Witsch (1962). /9758

ZWERGER, Karl Dankwart
Gedichte. - Freiburg/Br.: Eigenverlag Antonia Zwerger /1969/ : Schmerzeck, Bruck/Mur. /9759

ZWILLINGER, Frank (1909)
Wandel und Wiederkehr. Gedichte des Lebens. - Nürnberg: Nest-Verlag (1950). /9760

Der magische Tanz. Balladen. - Wien, Köln: Amandus-Vlg. (1960). /9761

Gedichte. - Wien: Limpert (1963).
1. Band. Buch 1: Glanz und Last. Buch 2: Das Brandmal. /9762

2. Band. Buch 3: Weg durch Welten.   Buch 4: Bauhütte des Lebens. /9763

3. Band. Buch 5: Wurf nach den Sternen.   Buch 6.
　　　　　　　　　　　　　　　　　　　Die heimliche Flur.   /9764

Ich sah die Jahre nur im Spiegel gehn. - Dülmen/Westf:
Kreis der Freunde (1963) = Der Vier-Groschen-Bogen. 28.   /9765

ZWINZ-BREYER, Maria
Verirrter Mensch - wohin? (Gedichte). - Wien: Europäischer
Verlag 1965.   /9766

Diesseits und Jenseits. Sonette. Band 1. - Wien: Europäischer
Verlag (1969).   /9767

CORRIGENDA

Siglen: (a) = bitte zu ergänzen
(c) = bitte zu berichtigen
(d) = bitte zu übergehen

(a)	231	(bibliophile Broschur in Klarsichtfolie, num., von Autor und Künstler sign. Ausgabe von 100 Ex.)
(a)	574	E. B. Ashton (d. i. Ernst Basch)
(a)	646	= Das christliche Taschenbuch. Lebendiges Leben. 10.
(a)	668	= Spuren der Zeit. 5.
(c)	895	Balladen, Gedichte und ein dramatischer Entwurf, der Seele Griechenlands zu begegnen.
(a)	936	= Bücher der Bauhütte. 1.
(a)	1065	Illustr. von Peter Meyer.
(a)	1228	= Eos-Reihe. 3.
(d)	1514	CHOTJEWITZ, Peter Otto: Vom Leben und Lernen.
(a)		nach 1803 DÖRING, Carl
		s. u. Ruth Hirschmann und Carl Döring: Gedichte.
(a)	2814	Mandala. (Der heilige Kreis).
(c)	2899	Medium. Junge Stimme inmitten des Jahrhunderts der Weltkriege.
(a)	2988	Wien: E. Müller 1945.
(a)	3023	= Mundartliche Literarische Reihe. 2. (mit Schallplatte und einem Glossar.)
(d)	3184	HARMS, Milon: Du bist min.
(a)	3686	Eine Auswahl seiner Gedichte. = Langen-Müllers kleine Geschenkbücher. 57.
(a)	4078	Mit 4 Federzeichnungen von Tatjana Batizky.
(a)	4186	= Das christliche Taschenbuch. Lebendiges Leben. 30.
(a)	4718	(500 sign. und num. Ex.)
(d)	4730	KOLBACH, Kurt: Sokratische Gespräche.
(a)		nach 5011 KUHNKE, Klaus
		s. u. Joachim Fuhrmann und Klaus Kuhnke: Thema Arbeit.
(a)	5076	Mit Graphik von Liselotte Sonntag.
(a)	5180	(zuerst 1942)
(c)	5407	Eva Loewenthal, Margret Neuhauser-Körber, Paula Weinhengst: Gedichte.
(a)	5429	(Spät- und Auslese)
(a)	5438	Scherenschnitte von Annemarie Faber.
(a)	5459	Zeichnungen von Arty Wittinghausen (d. i. Werner Filek) - Wien: Kurt Wedl 1959.
(a)	5523	= Niederdeutsche Bücherei. 229.
(a)	5650	Ausstattung von Werner Klemke.
(a)	5592	Mit einer Vorrede von Ricarda Huch.

(a)	5735	Festgabe für die Freunde des Autors zum 75. Geburtstag. (Vorzugsausgabe in Pergament erschien gleichzeitig)
(a)	5763	(enthält Gedichte aus den Jahren 1932-1953)
(c)	5824	unter Pseud.: MEYER-RASCH, Carla d.i. Carla Meyer
(a)	5923	Verlag der Königlichen Geheimen Hofbuchdruckerei Rainer Verlag, Rainer Pretzell, in der Eremiten-Presse. (1oo num. Ex.)
(a)	5929	= Kleine Reihe (handgedr. Auflage, 200 Ex.)
(a)	5976	(200 num. Ex., Offsetpapier, 100 num. Ex. Hldr.)
(a)	6802	Illustr. von Uwe Witt.
(a)	6950	Nachwort von Fritz Goll.
(a)	7057	Illustr. von Wilhelm M. Busch.
(a)	7065	Illustr. von Ilse Ungewitter.
(a)	7088	Nachwort von Hermann Wiedtemann.
(a)	7111	Ein Mundartbuch.
(a)	7112	(Vergnügliche Vortragsgedichte im Volkston).
(a)	7421	Ebenda. - 3. erw. und veränd. Auflage 1965.
(c)	7488	SCHLIKKER, Wilhelm: Stille Bilder für die Weihnachtszeit. (Gedichte). - Schüttorf: Selbstverlag 2. Aufl. 1945 (1. Aufl. b.n.e.)
(a)	7596	= Reihe Lyrik im Zeitgewand.
(d)	8135	15 Texturen. - Frankfurt: Eremiten-Presse 1952.
(a)	8360	= Beiträge zur kölnischen Geschichte, Sprache, Eigenart. 50.
(d)	8621	STRNADT, Georg: Sprechplatte: Aus da mitlan Lod.
(d)	8624	STRNADT, Georg: Sprechplatte: Gschimpft, gredt und graunzt.
(a)	8666	(Handpressendruck, 150 num. Ex.)
(a)	8958	(200 num. und sign. Ex.)
(a)	9166	Arrangement: August Fitze.
(a)	9311	Hrsg. von Helga Bemmann. = Klassische kleine Bühne.
(c)		nach 9312 WEINHANDL, Margarethe s.u. Nr. 9282 u. 9283
(a)	9610	Gedichte nach einer Ausstellung von Marc Chagall.

Nachwort

Die vorliegende Titelkompilation ist aus einer Arbeitskartei hervorgegangen, die vor etwa sechs Jahren begonnen wurde, als es mir darum ging, im Hinblick auf eine bestimmte Gedichtform einen Überblick über die Nachkriegslyrik zu gewinnen. Bibliographisch professionelle Gesichtspunkte machten sich nicht geltend: so erklärt sich der Verzicht auf Angaben, den ich später in manchen Fällen bedauert habe, den aber rückgängig zu machen einen schwer abschätzbaren, kaum zu rechtfertigenden Aufwand erfordert hätte. Der Entschluß, das als Handapparat entstandene Titelverzeichnis bis zu möglicher Vollständigkeit zu erweitern, wäre für einen weniger reizvollen Gegenstand sicher nicht gefaßt worden. Andererseits, das soll eingestanden sein, erwies sich bei dem zuweilen trockenen Geschäft der Gedanke als stimulierend, daß es sich bei diesem Projekt um ein offenbares Desiderat handelte. An Gattungsbibliographien herrscht Mangel, zumal an kontemporären. Das Fehlen verbindlicher Vor-Lösungen ließ den Bearbeiter frei, über Anlage und Methode seine eigenen Entscheidungen zu treffen. Mag das Unternehmen nur zum Teil gelungen sein: es muß sich lohnen, Erfahrungen zu sammeln mit einer Titelaufnahme, die zum größeren Teil kompiliert, zum kleineren bibliographiert ist. (Darüber unten mehr.)

Der systematischen Titel- und Datensammlung liegen folgende Quellen zugrunde:

Deutsche Bibliographie, Wöchentliches Verzeichnis
Reihe A 1947 - 1972   Reihe B 1965 - 1972

Deutsche Nationalbibliographie
Reihe A 1945 - 1972   Reihe B 1945 - 1972

(Lyrik-) Kataloge der Schweizerischen Landesbibliothek, Bern.

Österreichische Bibliographie 1945 - 1972

Bibliographie Luxembourgeoise 1945 - 1972

Lyriksammlung, einschl. Hermann Hesse - Nachlaß, des Schiller-Nationalmuseums, Marbach a. N.

Lyrik unserer Zeit. (Neuerwerbungen der Stadtbücherei Dortmund). Bearbeitet von Hansjürgen Bulkowski. Dortmund. 1966 - 1972.

Mini-Press-Report. Hrsg. von Norbert Kubatzki. Wiesbaden, vorher Mainz. Nr. 1 - 8, 1969 ff.

Sprechplattenkatalog. Bearbeitet von Helm Hartmann. Bielefeld. 1. - 11. Jahrgang, 1960/61 - 1970/71.

Kürschners Deutscher Literaturkalender. 51. - 55.(56.) Jahrgang. 1949, 1952, 1958, 1963, 1967, (1973), Nekrolog 1936 - 1970.

Deutsche Exil-Literatur 1933 - 1945. Eine Bio-Bibliographie von Wilhelm Sternfeld und Eva Tiedemann. Heidelberg, Darmstadt. 2. verbesserte und stark vermehrte Auflage 1970.

Außerdem sind Personalbibliographien, die bio-bibliographischen Anhänge der Anthologien, gelegentlich Verlags- oder Buchhandelsmaterialien, sowie in mehreren Fällen Auskünfte der Autoren ausgewertet worden. Daß auch bei diesem reichen Informationsangebot keine wirkliche Vollständigkeit in der Titelerfassung zu erreichen war, bedarf eigentlich nicht der Erwähnung. (Über die Dunkelziffer der von den Nationalbibliographien nicht erfaßten Titel kann man nur Vermutungen anstellen. Die Ablieferungspflicht von Neuerscheinungen wurde in der Bundesrepublik erst vor wenigen Jahren gesetzlich geregelt.) Es ist aber nicht wahrscheinlich, daß eine nennenswerte Anzahl von Titeln im Bereich jener Lyrik fehlen sollte, die wir heute als bedeutend ansehen. Es stand zur Wahl, überhaupt nur das Bekanntere aufzunehmen. Wir haben uns dagegen entschieden: es sollte auf diesem Gebiet keine Fragestellung der Literaturwissenschaft behindert, und es sollte eben das ganze Spektrum ausgebreitet werden, einschließlich seiner ultra-Bereiche, über die keine Einigkeit besteht.

Es geht also eigentlich um dieses Ganze, das hier im bibliographischen Notat dokumentiert werden sollte. Für fehlende Personalbibliographien bietet sich allenfalls ein erster Ersatz, unter Beschränkung auf das selbständig Erschienene. Auch hier kann grundsätzlich nicht die nur aus längerem Zugang zum gesammelten Material und oft genug mit Hilfe des Autors erwachsene Präzision geboten werden, die bei Personalbibliographien heute erwartet und geleistet wird. Der autoptische Anteil der Titelaufnahme bzw. -kontrolle bei dem hier vorliegenden Repertorium dürfte bei etwa 35% liegen. Darunter befinden sich keine Schallplatten. Autoptisch behandelt war zunächst der Bestand der anfänglichen Sammlung, wurden später die fraglichen Titel, d.h. solche, denen nicht anzusehen war, ob sie Lyrik enthielten, wurden ferner literarische Erscheinungsformen, über deren Aufnahme oder Nichtaufnahme entschieden werden mußte, außerdem manches bibliographisch Zweifelhafte sowie von Autoren oder Verlagen freundlicherweise Übersandte. Der geringe Autopsieanteil erweckte Bedenken, ob die Bezeichnung 'Bibliographie' zu vertreten sei; meinem Vorschlag, die vagere adjektivische Form wie in der Formulierung 'Bibliographische Notierungen...' zu verwenden, wurde vom Verlag zu Recht, wie ich meine, entgegengehalten, daß dabei der Hinweis auf das versuchte Umfassende der Sammlung verloren ginge. So blieb es bei der Bezeichnung.

Der Anfangspunkt des Berichtszeitraumes war vorgegeben, der Endpunkt gewählt, eine Sache des Beschlusses. Hätte er anderer nähergelegen? Die eigentliche Alternative ist die fortlaufende Berichterstattung. Es gibt sie. Sie liegt vor in dem von Hansjürgen Bulkowski zusammengestellten Verzeichnis der Neuerwerbungen der Stadtbücherei Dortmund, deren Sondersammelgebiet moderne Lyrik ist, einer jährlich seit 1966 erscheinenden, anfangs noch Besprechungen enthaltenden Bibliographie unter dem Titel 'Lyrik unserer Zeit', die zugleich auch als Beiheft der Zeitschrift PRO veröffentlicht wird. Es wäre sehr zu wünschen, daß Autoren und Verleger die Dortmunder Sammlung durch Hinweise und Zusendungen unterstützten, um so eine möglichst reichhaltige Lyrik-Bibliothek schaffen zu helfen. Soll es aber um bibliographische Vollständigkeit gehen, womöglich noch mit Hinweisen auf Erst- und Wiedererscheinungen, auf Gestaltungsformen in den verschiedenen literarischen Gattungen, vor allem in der Lyrik und in experimentellen Texten, bei Vertonungen und Lyrik/Graphik, so müßte man auf den Vorschlag zurückkommen, den Rolf Paulus in seiner Karl-Krolow-Bibliographie gemacht hat: eines modernen Dokumentationssystems mit Hilfe datenverarbeitender Maschinen, das, wenn es schon das Zurückliegende nicht aufarbeiten, doch das Gleichzeitige, Produktion wie Rezeption, festhalten könnte, das ein Team von Lektoren erforderte und vor allem getragen sein müßte von einer - angemessen finanzierten - Institution. Aber das sieht nach Utopie aus. So wird es denn wohl bei Versuchen wie diesem bleiben: Lyrik, 25 Jahre. Zum Beispiel 1945 - 1970.

Es ging in erster Linie um die originale Lyrik dieses Zeitraums. In zweiter um schon früher entstandene, aber erst in diesen Jahren veröffentlichte. Hier war der Ort für die posthum erschienenen Gedichtbände der Opfer des Nationalsozialismus, auch der im Exil gestorbenen und derer, die innerhalb des Machtbereichs zum Schweigen verurteilt waren. Endlich mußten die Wiederveröffentlichungen verzeichnet werden, die, in einigen prominenten Fällen von größtem Einfluß, im ganzen genommen das literarische Leben mitbestimmt haben. Beschränkung war dabei unumgänglich: von den erwähnten Ausnahmen abgesehen sind nur Wiederveröffentlichungen von Autoren aufgenommen, die heute leben oder nach dem 8. Mai 1945 noch gelebt haben.

So leicht sich diese Abgrenzungen ergaben, so schwierig ließ es sich manchmal an, die Grenzen dessen zu bestimmen, was als Lyrik gelten sollte. Es kann nicht die Aufgabe einer Bibliographie sein, im Bereich des Kontroversen Vorentscheidungen zu treffen. Sie soll induktiven Bemühungen um Definition vorarbeiten, indem sie das Sichere wie das Fragliche aufführt, und tunlichst so, daß die Trennlinien innerhalb des kompilierten Materials gezogen werden können oder doch wenigstens sehr nahe liegen. Aufgefordert die Aufnahme von 'Texten' zu begründen, würde ich auf die dichtungslogischen Analysen Käte Hamburgers verweisen, wonach die 'Texte' aufgrund der "Sichsetzung des Aussagesubjekts als lyrisches" in das Feld der lyrischen Aussage einzubeziehen sind. (K. Hamburger, Die Logik der Dichtung. 2. Aufl. 1968, insbes. S. 204-210). Die konkrete Poesie fällt nach Käte Hamburger nicht mehr in den Bereich der Lyrik. Wir haben sie aber aufgenommen: bibliographische Exklusion wäre in diesem Stadium zu bedenklich. Politische Lyrik aufzunehmen war eine Selbstverständlichkeit. Unsicherheit in der Einschätzung muß ich für das Gebiet des Kabarettistischen zugeben; hier wird im Supplement des zweiten Bandes noch einiges nachzutragen sein.

Auf den Nachtrag, den der zweite Band enthalten wird, sei ausdrücklich hingewiesen. Er war von vornherein geplant, um versehentlich übergangene und nachträglich erhaltene, etwa von Autoren noch zur Verfügung gestellte oder durch die Kritik als fehlend vermerkte Titel aufnehmen zu können. Die Quellen, die nicht mehr für den ersten Band ausgewertet werden konnten: Kürschners Deutscher Literaturkalender, 56. Jgg., 1973, (größtenteils) und Das gesprochene Wort, Jahresverzeichnis der deutschen literarischen Schallplatten, Deutsche Nationalbibliographie, Sonderhefte 1959 ff., werden für den Nachtrag auszuschöpfen sein. Etwa 300 bibliographisch gesicherte Titel liegen schon jetzt bei Manuskriptschluß vor. In einzelnen Fällen wurden im Typoskript Änderungen vorgenommen, wurden zugunsten wichtiger, spät erhaltener Titel einige nicht ganz so bedeutende für den Nachtrag zurückgestellt. Wir bitten auch Autoren, die auf unsere Anfragen geantwortet haben, um Verständnis dafür, daß nicht immer alle Auskünfte noch eingefügt werden konnten. Im zweiten Band werden auch Titel, die im ersten als bibliographisch nicht ermittelt bezeichnet sind, komplettiert wiederangeführt, wo es gelingt, noch Informationen zu finden. Diese Hoffnung geben wir auch noch nicht gänzlich auf für die rund 1200 'b. n. e.'- Titel, die noch ihrer Bestimmung harren. Wir werden Autoren sehr verbunden sein, die uns fehlende Titel mitteilen, unvollständige ergänzen. Bibliographisch nicht ermittelte Titel, von denen der erste Band nur eine Auswahl enthält, stammen in aller Regel aus Kürschners Deutschem Literaturkalender, wo zwischen fertiggestellten und erschienenen Arbeiten nicht unterschieden ist. Ein Teil dieser Titel ist zweifellos nicht veröffentlicht worden. Als Beispiel möge die Verifizierung der Werkangaben des Hamburger Dichters Walter Bauer (1898-1970) dienen: nur die zwei mit Impressum unter den Nummern 389 und 390 eingesetzten Titel waren publiziert worden, alle anderen bei Kürschner angeführten sind Titel von Manuskripten, die sich im Nachlaß bei der Familie befinden. Der Bereich des im Untertitel dieser Bibliographie verwendeten Begriffs 'Publikation' wird mit solchen Titeln überschritten; der Inhalt des Begriffs variiert insofern, als auch außerhalb des Buch- und Plattenhandels Erschienenes aufgenommen ist: in eigener Herstellung bzw. in Minimalauflage Produziertes schließt Verbreitungsweisen wie Ausstellung, Verteilung, Versendung, Selbstvertrieb ein.

Im einzelnen ist zu den Eintragungen zu bemerken: Eingeklammerte Zusätze nach dem Titel enthalten Informationen für den Benutzer, ohne daß ihre Herkunft von Autor, Bearbeiter oder anderen Quellen bezeichnet würde. Kleinschreibung haben wir nur im Titel, Untertitel, bei Reihen und Verlagen wiedergegeben. Frontispize und Photographien des Verfassers bleiben unerwähnt. Umschlagtitel werden nur angegeben, wo sie nicht nur abkürzen oder "Gedichte" verzeichnen, sondern wo sie wesentlich vom Buchtitel abweichen. Pseudonyme sind aufgelöst: Der wirkliche Name des Autors wird in solchen Fällen nur dann an seiner Alphabetstelle aufgeführt, wenn auch unter seinem eigenen Namen Veröffentlichungen einzutragen waren. Im zweiten Band wird ein Pseudonymenverzeichnis gebracht. Auflagenfolgen werden nur angegeben, wo sich Änderungen ergeben haben, wo z.B. ein neuer Titel gewählt ist, wo der Bestand überarbeitet, ausgewählt, erweitert worden, wo neuer Illustrator, neuer Verlag, neue Reihenzugehörigkeit eingetreten ist. Auch Bücher gattungsgemischten Inhalts sind aufgenommen, es sei denn, sie enthielten nur einzelne Gedichte. Hinzugefügt wurden, wo sie uns zugänglich waren, die Geburts- bzw. Todesjahre der Autoren. Sie sollen einer ersten Orientierung dienen: die ältesten Lyriker sind um 1870, die jüngsten um 1945 geboren, es sind also dreieinhalb Generationen vertreten.

Die Entscheidung, statt Bleisatz Offsetdruck zu verwenden, hatte zunächst nur den Sinn, die Herstellungskosten zu senken. Diese Veröffentlichungsform wirkte dann aber entspannend auf die Ansprüche an äußere Perfektion zurück. Unebenheiten der Titel-Stilisierung, Eigenarten der Schreiber, bedeutungslose Fehler, in einem Fall auch ein zu spät bemerkter Nummernsprung in der Durchzählung wurden nicht ausgeglichen. Das Erscheinungsbild des Manuskripts wird den Benutzer daran erinnern, daß dieses Instrument, wie jedes, nach seiner Wirksamkeit verwendet werden muß. Die ursprüngliche Konzeption sowohl wie der Kompilationsvorgang bestimmen diese Bestandsaufnahme für eher extensive Vorgänge: zu Gruppierungs- und Überblicksarbeiten, gewissermaßen kartographisch, sollte sie zu brauchen sein.

Für sehr großzügige Leihregelungen danke ich der Deutschen Bibliothek, Frankfurt am Main, und der Deutschen Bücherei, Leipzig. Die vielen Mitarbeiter der Deutschen Bibliothek und der Staats- und Universitätsbibliothek Hamburg, mit denen unsere Arbeit uns zusammenbrachte, kamen unseren Wünschen immer hilfreich und mit größtem Verständnis entgegen. Gern denken wir auch an die angenehmen Aufenthalte in Bern, Marbach am Neckar und Dortmund, an die einladend freundliche Arbeitsatmosphäre der Schweizerischen Landesbibliothek, des Schiller-Nationalmuseums und der Stadtbücherei am Markt. Dank schulden wir dem Kollektiv des Bertolt-Brecht-Archivs für die Überprüfung und Ergänzung unserer Brecht-Titel. Durch Überlassung eigenen Materials haben uns Herr Helm Hartmann und Herr Norbert Kubatzki aufs liebenswürdigste aus der Verlegenheit geholfen. Frau Professor Dr. Elisabeth Walther, Herrn Dr. Fritz Usinger und der Textdokumentation Gruner & Jahr, Hamburg, sind wir für Auskünfte verpflichtet. Im Besonderen sei hier noch einmal Frau Christa Hoos-Wilhelmi, Fräulein Christine Dreher und Fräulein cand. phil. Irene Maschmann Dank gesagt.

Im Oktober 1974   Hans-Jürgen Schlütter